Sociedade Brasileira: Uma História

Através dos Movimentos Sociais

AQUINO
FERNANDO
GILBERTO
HIRAN

Sociedade Brasileira: Uma História

Através dos Movimentos Sociais

EDITORA RECORD
RIO DE JANEIRO • SÃO PAULO
2000

CIP-Brasil. Catalogação-na-fonte
Sindicato Nacional dos Editores de Livros, RJ.

S662 2ª ed. Sociedade brasileira: uma história através dos movimentos sociais / Rubim Santos Leão de Aquino... [et al.]. – 2ª ed. – Rio de Janeiro: Record, 2000.

ISBN 85-01-05674-X

1. Brasil – História. 2. Movimentos sociais – Brasil – História. 3. Participação social – Brasil. 4. Participação política – Brasil. I. Aquino, Rubim Santos Leão de, 1929- . II. Título: Uma história através dos movimentos sociais.

99-1024 CDD – 981
CDU – 981

DISTRIBUIDORA RECORD DE SERVIÇOS DE IMPRENSA S.A.
Rua Argentina 171 – Rio de Janeiro, RJ – 20921-380 – Tel.: 585-2000

Impresso no Brasil

ISBN 85-01-05674-X

PEDIDOS PELO REEMBOLSO POSTAL
Caixa Postal 23.052
Rio de Janeiro, RJ – 20922-970

Sumário

Sociedade Brasileira: Uma História

Através dos Movimentos Sociais

APRESENTAÇÃO

"O Brasil não conhece o Brasil."
(Trecho de *Querelas do Brasil*,
samba de Aldir Blanc e Maurício Tapajós.)

Não conhece porque, tradicionalmente, a história da sociedade brasileira tem sido apresentada de forma conservadora, elitista, facciosa, distorcida da realidade.

No já distante ano de 1978, a revista *IstoÉ*, de 1º de julho, publicou um interessante artigo intitulado "A história mente?". Nele, constavam depoimentos de estudantes do Ensino Fundamental e do Ensino Médio, questionando a maneira como lhes era transmitido, em sala de aula, o conhecimento de nosso passado. Esses jovens percebiam que muitos fatos ensinados não correspondiam à realidade em que viviam.

Como aceitar o pacifismo da sociedade brasileira quando a violência está presente na televisão e nas ruas? Por que ficar decorando o nome de donatários e suas capitanias hereditárias sem saber por que elas foram organizadas ou como viviam os homens na sociedade colonial? Por que a sucessão de governantes sem qualquer referência aos governados? Por que os dirigentes são apresentados como verdadeiros heróis em contraste com a participação popular, e as pessoas quase sempre aparecem

> "(...) como passivas, obedientes ou então como supersticiosas, irracionais." (Nicholas Davies, *in*: Pinsky, Jaime, *O ensino de História e a criação do fato*, São Paulo, Editora Contexto, 1988, pág. 95.)

Como professores de História, defendemos a idéia de que todos nós, como agentes de transformação social, fazemos História, tendo portanto a responsabilidade de embasar o ensino da mais política de todas as ciências com um caráter formativo e não meramente informativo.

Essas foram algumas das razões que nos levaram a construir *Sociedade brasileira: uma história através dos movimentos sociais*.

Acreditamos e pretendemos que o nosso trabalho seja um patamar na reconstrução de nosso passado, ao valorizarmos a reprodução das relações de produção e os múltiplos episódios da luta por uma sociedade realmente justa, humana, democrática, soberana e solidária.

Nessa perspectiva, o estudo das múltiplas revoltas populares acentua o aspecto da resistência à opressão, da própria luta de classes. Assim, para entendê-las, é preciso inseri-las no contexto dos interesses político-econômicos que as geraram. Ou seja, essas lutas são compreendidas segundo o ponto de vista da totalidade do processo, e serão estudadas aqui como fruto de sua própria contradição, não como fatos isolados.

Por outro lado, este trabalho não esqueceu de abranger as pesquisas mais recentes, tanto no plano da história econômica como no da história cultural, tornando-se não só atualizado com as tendências inovadoras da historiografia como também atraente e dinâmico. As citações foram inseridas ao longo do texto, objetivando dar voz a documentos de época, assim como registrar enfoques de políticos, historiadores, sociólogos, cientistas políticos, literatos e jornalistas.

Visando contribuir com a abertura de caminhos que possibilitem repensar o Brasil, às vésperas dos 500 anos da presença portuguesa, esperamos estabelecer novas informações que permitam descobrir a nossa identidade, o comportamento da nossa sociedade, os caminhos e descaminhos da nossa História.

CAPÍTULO 1

A ORIGEM DAS SOCIEDADES INDÍGENAS

1.1 . OS ÍNDIOS ERAM SERES HUMANOS?

Ao chegar ao continente americano, os europeus se depararam com um mundo que os deixou admirados. Eram paisagens inteiramente desconhecidas. Com plantas e animais que nunca haviam visto anteriormente. Paisagens belíssimas. Com plantas exóticas. Coloridas por folhagens e flores variadas.

Mas a surpresa maior foi constatarem a presença de seres falando palavras incompreensíveis. Geralmente andando seminus. Carregando armamentos feitos de madeira endurecida. Lanças, tacapes e até arcos e flechas. Muitos deles tinham a pele avermelhada. Enfeitavam as orelhas, o nariz e, às vezes, o lábio inferior com pedaços de ossos ou de madeira.

Andavam descalços. Embora muitos tivessem longos cabelos lisos, quase não possuíam pêlos nas partes visíveis do corpo.

Por vezes, usavam enfeites de penas coloridas na cabeça.

Achegavam-se desconfiados aos europeus. Curiosos e assustados diante daqueles seres estranhos que desembarcavam nas praias das ilhas e do continente americano. Muitos dos recém-chegados eram ruivos e louros.

Não poucos tinham barbas e bigodes. Às vezes usavam brilhantes armaduras. Carregavam objetos estranhos. Que faziam barulho e matavam. Constantemente repetiam uma palavra incompreensível para os nativos. Essa palavra era *ouro*!

Os primeiros europeus que aportaram no continente eram comandados por um italiano chamado Cristóvão Colombo.

Colombo navegava a serviço do governo espanhol. Acreditou ter chegado às Índias. Por isso, chamou de índios aos habitantes da terra onde chegara. Por causa desse erro inicial de Colombo, a palavra acabou sendo consagrada até os dias atuais.

Alguns anos mais tarde, os europeus constataram que Colombo não havia chegado às cobiçadas Índias, como então era conhecida a Ásia Oriental.

Nessa época os europeus já haviam entrado em contato com outras populações deste continente. E quanto mais penetravam pelas terras continentais, mais heterogêneas populações indígenas conheciam.

Muitas indagações começaram a surgir entre os europeus. Seriam os índios seres humanos?

Em caso afirmativo, por que possuíam caracteres físicos e culturais tão diferentes dos povos brancos, negros e amarelos?

A maioria vivia da coleta, da caça e da pesca! Suas habitações eram rudimentares! Nem conheciam o dinheiro!

Muitos europeus chegaram a afirmar que os índios não eram seres humanos! Que não possuíam alma! Não tinham inteligência! E reforçavam seus argumentos citando a Bíblia! Esta não afirmava que eram brancos, amarelos e negros os homens criados por Deus? Se os índios possuíam peles avermelhadas, não podiam ser criaturas de Deus! Tanto assim que adoravam o Sol, a Lua, as forças da Natureza, e até era comum a prática de sacrifícios humanos!

A transcendência da questão ligava-se fundamentalmente ao fato de que, não sendo seres humanos, os índios poderiam ser legalmente escravizados.

Entretanto, o papa Paulo III, na bula *Universis Christi Fidelibus*, de 1536, afirmou que os indígenas eram *verdadeiros homens* e, assim sendo, constituíam seres racionais e aptos a serem convertidos ao catolicismo. Tal orientação pontifical explica-se pelo interesse da Igreja católica em buscar compensações no continente americano para as perdas que sofria com a expansão da Reforma Protestante na Europa.

Pouco depois, a Coroa Espanhola proibiu a escravização das populações indígenas, o que nem sempre foi acatado pelos colonizadores espanhóis e demais europeus.

1.2 . AS PRIMEIRAS EXPLICAÇÕES SOBRE A ORIGEM DOS ÍNDIOS

Outra questão polêmica prendeu-se à origem dos índios americanos. Já em 1520, o cientista Teofrasto Paracelso afirmou que os indígenas americanos, por serem tão diferentes dos tipos humanos conhecidos, não podiam descender de Adão e Eva! Não afirmava a Bíblia que, deste casal, descendiam todos os homens? Como explicar a cor avermelhada da pele dos índios americanos?

Paracelso, como a maioria dos europeus, desconhecia que muitas sociedades indígenas tinham o hábito de pintar a pele. E não era somente com tintas de cor avermelhada. Também usavam a cor preta, a amarela e outras mais.

Como punha em dúvida afirmativas da Bíblia, Paracelso acabou caindo nas malhas da Inquisição. Para não perder a vida, retratou-se. Seu caso serviu de exemplo para aqueles que não levassem em conta a estreita união existente entre Igreja e Estado. Na época, os Estados Nacionais Absolutistas empenhavam-se em preservar a unidade religiosa, considerada fundamental para a continuidade da unidade política. Nesses Estados era evidente o esforço dos reis em colocar sob seu controle a Igreja e o clero existentes em seus domínios.

A questão complicava-se mais ainda pela ocorrência das reformas, que intensificaram a intolerância e o fanatismo religioso. Reforçou-se inclusive a crença de que a Bíblia era a fonte de todos os conhecimentos.

Não é de espantar que inúmeros estudos, então elaborados, procurassem demonstrar que os indígenas eram americanos descendentes de povos citados na Bíblia. De acordo com essa concepção, os indígenas seriam alóctones, ou seja, teriam chegado ao continente americano procedentes de outras terras.

Ao longo dos séculos XVI e XVII a tendência era apresentar os indígenas como descendentes de egípcios, hebreus, cananeus, fenícios e outros povos semitas.

Como exemplo das explicações empregadas pelos defensores da origem bíblica do homem americano, citamos o espanhol Arias Montano. Em 1593 ele publicou a obra *Antigüidades judaicas* na qual afirmava serem os indígenas descendentes de populações judaicas, primeiras povoadoras da América. Um dos argumentos para justificar suas afirmativas era que a palavra Peru constituía um anagrama de Ophir. Ophir, ou Ofir, era um país oriental onde comerciantes judeus iam buscar ouro, perfumes, marfim, madeiras preciosas e outras mercadorias de valor. Não se sabe com certeza onde se situava a fabulosa Ofir. Talvez fosse um reino localizado em terras do Iêmen ou da Somália atuais. Montano argumentava ainda que o Peru constituía, como Ofir, uma região riquíssima em ouro e prata, e que a palavra índio era uma corruptela de *iudio.*

Outro grupo de teorias, que não se prendia a passagens da Bíblia, foi elaborado por autores que afirmavam ter sido a América povoada por populações procedentes de áreas litorâneas do mar Mediterrâneo.

Para fundamentar suas teorias, buscavam paralelismos culturais entre antigos povos mediterrâneos e povos americanos. Dentre os mais citados, encontramos egípcios, gregos, romanos, espanhóis, hititas, etruscos, cários e sírios.

O paralelismo cultural, tomado em aspectos particulares, nada prova, porque os grupos humanos são capazes de criar comportamentos semelhantes independentemente de interpretações culturais ou influências externas.

A título de ilustração das idéias presentes nos trabalhos dessa corrente da origem mediterrânea, indicamos dois exemplos:

- Frei Gregório Garcia, em seu estudo intitulado *Origen de los indios del Nuevo Mundo e Indias Ocidentales*, publicado em 1607, indicava que o homem americano era originário dos gregos. Explicava sua hipótese afirmando que:

1 . no Brasil viviam as amazonas, mulheres guerreiras que teriam vindo de terras gregas;

2 . sendo excelentes navegadores, os gregos foram fundadores de numerosas colônias, inclusive neste continente;

3 . assim como se afirmava que o príncipe troiano Enéias fora para a Península Italiana após a Guerra de Tróia, os argonautas também viajaram para a América;

- Andrés Rocha, que escreveu a obra *Origen de los Indios del Peru*, editada em 1681, defendia a tese que a primeira e principal corrente de povoamento da América foi de origem espanhola. Como argumento, indicava que indígenas e espanhóis diziam *ah!* quando se espantavam, e faziam *ah! ah! ah!* quando riam. Informava ainda que a primeira imigração se deu na época de Osíris, rei egípcio, segundo o autor.

1.3 . AS MODERNAS TEORIAS DO POVOAMENTO DA AMÉRICA

Somente a partir do século XIX a questão da origem do homem americano começou a ser discutida segundo critérios científicos, o que não impediu que continuassem a surgir publicações com afirmativas atualmente consideradas equivocadas.

Foi o caso dos defensores da origem autóctone e, portanto, do monogenismo do homem americano. Ainda que tivesse precursores, como Samuel Morton (1799-1851), foi o paleontólogo Florentino Ameghino (1854-1911), italiano de nascimento, mas argentino naturalizado, o principal defensor da tese de que o homem americano era originário da própria América. Dentre as suas diversas publicações, editadas no século atual, destaca-se *La Antiguidad del hombre en el Plata.*

> "Nosso autor é estritamente monogenista e admite uma origem única para toda a Humanidade. Esta surgiu em um único lugar, em um único momento e um único precursor. O lugar seria a parte austral da América do Sul; o momento, seria durante a Era Terciária; o precursor, uma forma animal de pequeno tamanho que Ameghino denominou *Homunculus Patagonicus.*" (CANALS FRAU, S., *Prehistoria de América*, Buenos Aires, Editorial Sudamericana, 1950, pág. 141.)

As afirmativas baseavam-se em diversos achados de esqueletos humanos (crânio e ossadas), ossos de animais extintos (como o mastodonte), pedras lascadas, terra cozida e outros achados feitos em escavações realizadas em diversas regiões da Argentina em fins do século XIX.

A idéia de que esse material pertencia à Era Terciária — uma das Idades Geológicas da Terra e que se estendeu até quinhentos mil anos — dava à América a primazia de ser o centro inicial da humanidade.

As teorias de Ameghino provocaram grande celeuma, pois várias conclusões eram de base puramente especulativa.

Cientistas, sobretudo norte-americanos, não hesitaram em viajar até à Argentina a fim de examinar os fósseis e terrenos que Ameghino utilizou para formular suas afirmativas.

> "Segundo os cientistas da Escola Norte-Americana, assim chamados porque seus integrantes viveram nos EUA — Ales Hrdlicka foi seu principal representante —, os primeiros povoadores da América eram *alóctones*, isto é, procediam de outras terras.
>
> Esses cientistas demonstraram que os povoadores da América vieram da Ásia Oriental e viviam como coletores e caçadores. Comprovaram que a entrada desses grupos humanos no continente americano fez-se através do atual Estreito de Bering, que, em épocas recuadíssimas, fora um istmo unindo terras do que hoje são o Alasca (América) e a Sibéria (Ásia). Por conseguinte, teria havido uma única imigração, feita por caçadores que, por terra, chegaram à América.
>
> Estudos posteriores provaram ser incompleta a teoria do aloctonismo único." (AQUINO, R. S. L. DE et al. *Fazendo a história: as sociedades americanas e a Europa na época moderna*. Rio de Janeiro, Editora Ao Livro Técnico, 1994, pág. 10.)

Atualmente, são aceitas as teorias do aloctonismo poligenista.

Estudiosos, como o argentino Salvador Canals Frau e o francês Paul Rivet, comprovaram que a primeira imigração verificou-se, realmente, através de um istmo que, em passado remotíssimo, unira América e Ásia, onde hoje existe o estreito de Bering.

> "É unânime a crença de que os primeiros imigrantes viviam em pequenos bandos, compostos por famílias aparentadas. Os homens eram principalmente caçadores, e as mulheres coletavam provavelmente plantas selvagens comestíveis e executavam

várias tarefas domésticas, tais como a preparação de peles para usar como proteção contra o vento, a chuva e o frio, e trançado de cestos. Os instrumentos de pedra não eram especializados e o mesmo implemento servia muitas vezes para cortar, raspar e bater." (MEGGERS, B.J., *América pré-histórica*, Rio de Janeiro, Editora Paz e Terra, 1979, pág. 27.)

Além desses primeiros povoadores mongóis, seguiram-se novas ondas migratórias de coletores e agricultores, procedentes da Polinésia, da Ásia Oriental (Malásia) e da Austrália.

Embora existam divergências quanto à data da entrada do homem na América, recentes descobertas arqueológicas apontam as primeiras migrações ocorrendo entre 35 mil e 20 mil anos atrás, provavelmente por volta de 27.500 anos atrás.

"Em 1975, todas as teorias existentes sobre a origem e a antigüidade do homem americano foram por terra em conseqüência de revelação feitas a partir de um fóssil encontrado no fundo de uma caverna no Estado de Minas Gerais.

Esse fóssil era um crânio, logo chamado pelo nome de Luzia. Presumivelmente pertencia a uma mulher, que teria vivido há cerca de 11.500 anos.

Após ser estudado por cientistas da Universidade Federal do Rio de Janeiro e da Universidade de São Paulo, o achado foi enviado á Universidade de Manchester, na Inglaterra, onde foi feita a reconstituição facial desse crânio.

As conclusões a que se chegou são realmente espantosas. Comprovou-se, então, que os primeiros seres humanos a povoarem o continente americano não eram asiáticos, mas pertenciam a grupos negróides. Comprovou-se ainda que esses homens e mulheres chegaram muito antes do que vinham afirmando os defensores de outras teorias!

Os primeiros agrupamentos humanos desenvolveram-se em um isolamento quase total. Do ponto de vista da Antropologia Física, já pertenciam à espécie *Homo sapiens*, e, de acordo com a classificação de Lewis Henry Morgan, considerado o pai da antropologia americana, encontravam-se no estágio cultural da *selvageria*." (AQUINO *et alii, História das sociedades americanas*, Rio de Janeiro, Editora Record, 2000, págs. 30 e 32.)

pelo

CAPÍTULO 2

A organização socioeconômica das sociedades indígenas

A conquista do território brasileiro pelos portugueses foi efetuada mediante o confronto com as populações indígenas que povoavam o litoral e que terminaram aculturadas, escravizadas, ou mesmo exterminadas, quando resistiam ao conquistador branco.

Estes grupos viviam sob o modelo da *comunidade primitiva*, caracterizada pela inexistência de propriedade privada, pelo trabalho coletivo, pela partilha comunitária dos frutos obtidos pela pesca, coleta e caça, e pela divisão sexual do trabalho não configurar uma relação de inferioridade social para as mulheres da comunidade.

A sociedade era nômade ou seminômade, indicando a ausência da domesticação de plantas, isto é, a agricultura. O caráter comunitário da produção implicava uma economia que buscava assegurar estritamente o que consumia, e, nos raros momentos marcados pelo aparecimento de um excedente, este era trocado por mercadorias com outras comunidades.

O litoral era povoado, em quase toda a sua extensão, por grupos indígenas do tronco lingüístico tupi-guarani, que se encontravam do litoral do atual Amapá até São Vicente. Entre os mais conhecidos estavam os tupinambás. Estes

> "eram recém-chegados à costa, de onde expulsaram as tribos inimigas, com exceção de alguns grupos, encaminhando-as para o sertão." (RIBEIRO, BERTA, *O índio na história do Brasil*, São Paulo, Global Editora, 1987, pág. 19.)

Para os tupinambás, todos os grupos indígenas que encontraram no litoral, que não falavam a sua língua e não praticavam os seus costumes, eram denominados tapuias, ou seja, *os que falavam uma língua enrolada.*

Geograficamente, os tapuias localizavam-se entre Ilhéus (sul da Bahia) e o Espírito Santo, embora a maior parte ocupasse as terras interioranas do território brasileiro. Destacava-se, entre os tapuias, a tribo dos aimorés, que opôs feroz resistência aos portugueses. Os aimorés também ficaram conhecidos como "botocudos, nome que na Bahia assemelhava-se ao termo 'bugre' usado no sul do país como epíteto de qualquer povo indígena hostil." (SCHWARTZ, STUART B., *Segredos internos. Engenhos e escravos na sociedade colonial*, São Paulo, Editora Cia. das Letras, 1995, 5ª edição, pág. 43.)

Além desses grupos, os portugueses travaram contatos com os aruaques, ou caraíbas, que ocupavam o litoral norte junto à atual Amazônia e que acabaram denominando o extenso mar que cerca a atual região do Caribe, o mar das Caraíbas.

Os tupinambás viviam em uma área entre o litoral de Sergipe e o sul da Bahia. Habitavam aldeias com uma população que oscilava entre 400 e 800 indivíduos, divididos, em "grandes unidades familiares que residiam em cerca de quatro a oito malocas alongadas". (SCHWARTZ, STUART B., *op. cit.*, pág. 41.)

Também pertencentes ao tronco tupi-guarani, encontravam-se ao sul do litoral baiano, em uma faixa de terra que se prolongava até o Espírito Santo, os tupiniquins. Estes disputavam com os aimorés o controle da região.

Uma das características dos tupinambás que os diferenciou dos outros grupos encontrados no litoral foi a prática da agricultura, centrada na produção de milho, feijão, abóbora e, principalmente, no cultivo da mandioca. A atividade agrícola não excluía a caça, a pesca e a coleta, que complementavam a culinária indígena e se intercalavam sazonalmente.

Aliás, a integração do tupi ao mundo colonial do português garantiu aos colonizadores lusitanos a sobrevivência na terra através da adaptação à cozinha das comunidades indígenas. O desconhecimento do ambiente florestal tornou os portugueses dependentes das informações transmitidas pelos indígenas, capacitando-os a uma efetiva adaptação ao território que lhes era estranho.

Assim, o índio passou a ser aceito como um integrante necessário ao projeto colonizador português não somente como mão-de-obra passível de escravização, mas também como um tradutor da realidade ambiental do *Novo Mundo* aos brancos invasores.

Apesar disso, perdurou por longo tempo a imagem do índio como um ser que vivia há séculos em território preterido por Deus,

> "em favor da Europa, Ásia e África, onde criou o homem, formou o Paraíso e enviou os patriarcas. A América permaneceu, até a chegada dos primeiros enviados da Igreja, sem a palavra revelada, sem luz, sem fé, sem salvação." (RAMINELLI, RONALD, *As imagens da colonização. A representação do índio de Caminha a Vieira*, Rio de Janeiro, Jorge Zahar Editor, 1996, págs. 23 e 24.)

Esse esquecimento representou — na leitura dos cronistas da Igreja — para as comunidades indígenas uma outra queda do Paraíso, posterior à de Adão. E a própria realidade dos índios foi caracterizada por

> "graves alterações na tonalidade da pele, na linguagem e, sobretudo, nos costumes. O canibalismo, a nudez e as inúmeras erronias perpetuadas pelos naturais do Novo Mundo representam a segunda degeneração, a segunda queda." (RAMINELLI, RONALD, *op. cit.*, pág. 31.)

Dessa forma, a colonização passou a representar, mediante a catequese, a possibilidade de regeneração dos índios, a sua *humanização*, e a posterior salvação de suas almas. Caberia ao cristianismo promover o retorno das comunidades indígenas ao seio da humanidade, eliminando os costumes, os vícios perniciosos e alimentando-lhes de um *maná espiritual* capaz de implantar em suas almas a crença da salvação no reino dos céus.

Claro que a humanidade referia-se ao mundo cristão-ocidental, o que configurou uma evidente leitura etnocêntrica dos europeus na lida com as comunidades indígenas americanas.

Outros elementos culturais indígenas eram desvalorizados pelos colonizadores portugueses no afã de legitimação de seu projeto colonizador. A estrutura familiar dos tupis era visualizada como fruto da barbárie e do desconhecimento das leis de Deus. O casamento era preferencialmente realizado "na forma avuncular (matrimônio do tio materno com a sobrinha) e na de matrimônio entre primos cruzados". (BUARQUE DE HOLANDA, SÉRGIO (org.), *História geral da civilização brasileira*, T. I, Vol. 1, *A época colonial*, Rio de Janeiro, Editora Bertrand Brasil, 1989, pág. 77.)

Através do casamento eram acertadas alianças construídas em torno de laços de parentesco que se renovavam continuamente, preservando-se assim relações de solidariedade familiar.

Contudo, a obtenção de esposas fora dos arranjos preestabelecidos era possível. Implicava, porém, para o noivo, a prestação de "serviços aos pais, tios e irmãos da noiva, antes e depois do casamento. Passava a viver como uma espécie de dependente no grupo doméstico do sogro". (BUARQUE DE HOLANDA, SÉRGIO (org.), *op. cit.*, pág. 77.) A ruptura desses laços só seria conseguida mediante uma compensação aos parentes da noiva. Esta compensação seria uma herança que o noivo recebia de *irmã ou sobrinha*, ou mesmo o nascimento de uma filha do casal, o que garantia o retorno do marido (se ele o desejasse) e de sua esposa para a maloca dos seus familiares.

Assim, garantiam-se os arranjos necessários para o primeiro casamento dos homens das famílias, escapando-se ao necessário oferecimento de um prisioneiro para sacrifício, o que significava sério risco para um jovem e inexperiente guerreiro. Só em um momento posterior caberia ao guerreiro, casado e amadurecido, presentear o irmão ou o tio da esposa com um prisioneiro que tivesse capturado. Claro que, nesse momento, o marido estaria enfrentando guerreiros com a mesma faixa etária e a mesma experiência em combates.

A poligamia, abominada pelos clérigos da colônia, representava a importância do arranjo de parentelas ampliadas, significando novas e maiores alianças junto aos membros da família da esposa. Ao mesmo tempo reforçava o prestígio pessoal do marido na comunidade: este tornava-se *xamã*, guerreiro, caçador ou pescador. A família poligâmica incluía o marido e três ou quatro esposas, das quais uma "podia ser eleita a predileta (*temericô ête*), passando a substituir as demais no papel de parceira sexual." (BUARQUE DE HOLANDA, SÉRGIO (org.), *op. cit.*, pág. 78.)

Na esfera religiosa, um dos mais originais movimentos surgidos entre os tupinambás foi o da *santidade*. Esse movimento assumiu aspectos messiânicos e se caracterizou pelas visitas que *profetas indígenas* realizavam a diferentes aldeias para pregar a vinda de um novo tempo, o retorno à *Idade do Ouro,* concepção tão comum nos milenarismos da sociedade européia.

Esse retorno dar-se-ia na ida a

> "um espaço sagrado, à longínqua 'terra da imortalidade', para onde iam os espíritos dos guerreiros mortos, das esposas dos bravos e dos que lidavam com os ancestrais, desde que ultrapassassem os perigos que obstavam a marcha para o paraíso. (VAINFAS, RONALDO, "Idolatrias luso-brasileiras: santidades e milenarismos indígenas", *in*: *América em tempo de conquista*, Rio de Janeiro, Jorge Zahar Editor,1992, pág. 176.)

Além disso, com o crescimento da importância da conversão do indígena à fé cristã no projeto de sociedade colonial visualizado pelos portugueses, as santidades assumiram o papel de um espaço de resistência à dominação lusitana. A dura realidade do domínio português, a escravização e a pregação da Igreja fortaleceram a crença indígena na busca da *Terra da Imortalidade*, ou a *Terra Sem Mal.*

Assim, a ida para a *terra sem mal* representava um prêmio obtido pelos espíritos dos bravos, o que acirrava o "ânimo guerreiro com que várias tribos tupi enfrentaram os colonos e seus aliados índios". (VAINFAS, RONALDO, *op. cit.* pág. 177.) Dessa forma, a morte era o caminho natural para o prêmio do guerreiro, mas a própria valorização das tradições e o ardor no combate também poderiam garantir ao guerreiro a salvação em vida.

Mas onde ficava o paraíso dos tupis? O avanço da presença portuguesa no litoral provocou o deslocamento de suas comunidades. A *terra sem mal* deslocou-se para o interior junto com os grupos indígenas. O litoral, marcado pela escravidão e pela morte, não poderia mais representar o sonho da *terra sem mal* das várias tribos tupis.

Para a Igreja católica, o movimento das *santidades* era uma ameaça concreta ao seu projeto de catequese e ao projeto colonizador. O clero via esse movimento como de origem herética e obra de feitiçaria. O combate sem trégua aos *pajés* que pregavam as *santidades* passou a ser defendido abertamente pela Igreja católicas, que utilizou o Tribunal do Santo Ofício como instrumento de investigação e punição adequado para garantir a homogeneidade religiosa na colônia.

A conversão indígena se tornou um importante instrumento para garantir um território pacífico aos colonos portugueses. As diversas revoltas indígenas que ocorreram entre os séculos XVI e XVIII foram contidas, em parte, pela ação dos missionários no Brasil, como, por exemplo, a *Guerrilha Mura* (1689-1789), afetando o avanço português pelo interior do Amazonas por um século e só dominada após o aldeamento dos mesmos por membros da *Ordem dos Carmelitas.*

Outras revoltas foram debeladas pelo uso contínuo da repressão portuguesa; caso da *Revolta de Manu Ladino* (1712-1719), que afetou parte do Nordeste (Maranhão, Piauí e Ceará) e expressou a resistência indígena ao poder dos grandes proprietários rurais; ou ainda, a *Guerra dos Manau* (1723-1728), que, liderada por Ajuricaba, impediu o avanço português nas terras próximas ao rio Negro por cerca de quatro anos, sendo finalmente vencida após bombardeio naval às aldeias ribeirinhas.

CAPÍTULO 3

As artes nas sociedades indígenas

Não obstante a grande variedade de sociedades indígenas que viviam no Brasil, nenhuma delas chegou a desenvolver uma produção artística comparável à criada por outras nações que habitavam o continente antes da chegada dos europeus.

Mesmo assim, o mundo indígena existente no Brasil pré-europeu desenvolveu variadas e ricas manifestações artísticas na música, na dança, na pintura, na cerâmica, na plumária, na cestaria...

A arte plumária, cujas realizações mais belas coube aos tupinambás, expressou-se mediante o aproveitamento de penas e plumas obtidas na rica avifauna brasileira. Podia se expressar através da colagem de penas coloridas no corpo ou por meio de adornos feitos de penas, como cocares, colares, pulseiras, braceletes, cintas e faixas com penas enfiadas. Penas coloridas eram empregadas em orelhas e narizes perfurados.

Os indígenas chegavam até a criar algumas aves para arrancar suas penas coloridas. Privilegiavam as araras vermelhas, pois o encarnado era a cor preferida da maioria das tribos. Os tupinambás criavam a guarajuba, ou papagaio-imperial, em cuja plumagem predominava a cor amarela.

Contudo, chegaram a processos diversos para alterar a coloração das penas e plumas, como aquecê-las ou friccioná-las com a gordura de certos peixes ou a seiva de plantas.

A cerâmica não era conhecida por todas as tribos. Todavia, os tapajós, com a chamada *cerâmica de Santarém* e a denominada *cerâmica marajoara*, desenvolvida pelas comunidades indígenas da ilha de Marajó, constituem exemplos da variada e magnífica cerâmica indígena.

Em suas primeiras manifestações, as criações em barro cozido tinham fins utilitários: produzir vasilhames e recipientes diversos. Em etapa posterior — além de tigelas, moringas e panelas — também produziram urnas funerárias, vasos, jarros, potes, cachimbos e até bonecos. Estes foram feitos pelos tapirapé e carajá, os conhecidos *licocós*. Essas figurinhas femininas são modeladas com coxas e nádegas desenvolvidas.

Muitos desses objetos eram pintados em cores diversas e ornamentados com formas variadas.

A música, associada ao canto e às danças rituais, foi amplamente utilizada por todas as sociedades indígenas. Todavia, à medida que a colonização avançou, tendeu a ser transformada e/ou desapareceu.

Por quê?

Porque foi considerada manifestação diabólica, sobretudo pelos sacerdotes.

> "Os jesuítas, assustados com o caráter selvagem do instrumental da música indígena — trombetas com crânio de gente na extremidade, flautas de osso, chocalhos de cabeças humanas etc. —, trataram de iniciar os catecúmenos nos segredos do órgão, do cravo e do fagote, que melhor se adaptavam à música sacra. Com o aprendizado desses instrumentos a estrutura natural da música dos indígenas, baseada em escalas diferentes da européia e, portanto, geradora de um esquema harmônico igualmente diverso, perdia sua razão de ser (...)." (TINHORÃO, JOSÉ RAMOS, *Música popular de índios, negros e mestiços*, Petrópolis, Editora Vozes, 1972, pág.11.)

Os jesuítas, principalmente, perceberam que a catequese seria facilitada mediante o emprego da música. Por isso, usaram composições musicais européias, escritas em língua tupi, para atrair os indígenas à Igreja católica. Um dos resultados foi o fim da original música indígena.

Mesmo assim, muitos dos 15 a 20 instrumentos musicais dos índios sobreviveram. Dentre, eles destacam-se trombetas, chocalhos ou maracás, tambores, assobios, rascadores de casca de tartaruga (reco-reco) e flautas (de osso, de cerâmica ou taquara).

O trocano era um instrumento de percussão usado como meio de comunicação. Tratava-se de um tronco de árvore percutido por varetas de borracha.

As máscaras constituíam impressionantes manifestações artísticas difundidas em cerimônias — rituais ou festivas — pelos tucanos, bacairis e demais tribos que viviam no Brasil.

> "No princípio, talvez, a máscara tenha sido usada como disfarce para as caçadas.
>
> (...) Em umas tribos, a máscara não permite o reconhecimento de seu portador por um espírito maléfico. Em outras, a função é inversa: a máscara serve para que a divindade reconheça o índio escondido e lhe transmita dons especiais.
>
> Há certas cerimônias em que a máscara, no caso de iniciação (admissão dentro da vida adulta da tribo), representa um espírito obsceno, petulante, violento, que deseja se apossar do iniciando."
> (ARAÚJO, ALCEU MAYNARD, *Brasil — histórias, costumes e lendas*, São Paulo, Editora Três Ltda., 1990, vol. II, pág. 243.)

Na realidade, para os índios, as máscaras tinham uma função mágica. Por isso, sua ornamentação variava em função do objetivo, podendo ser inclusive zoomórfica. Da mesma forma podiam ser de casca de árvore, de cerâmica ou de peles de animais.

Desde criança os indígenas aprendiam a pintar e, quando atingiam a idade adulta, embora todos soubessem utilizar as tintas, geralmente cabia às mulheres a preparação das tintas aplicadas em objetos de uso da comunidade. Muitas vezes empregando o sumo de cascas de árvores, pintavam suas máscaras, bonecos de palha ou de barro, os trançados e a cerâmica em geral.

Além disso, a pintura corporal, bastante difundida no mundo indígena, constituía uma forma de embelezamento. A boca e o queixo, contudo, não eram pintados.

A pintura corporal estava ligada igualmente a formas de comunicação, podendo representar o luto, o resguardo de uma mulher, uma doença. Mas também servia para expressar os diferentes grupos existentes na comunidade. Predominavam figuras geométricas e abstratas. Havia uma tendência em empregar tinta pretas, vermelhas e brancas, ainda que usassem o amarelo, o roxo-escuro e o azul.

Dava-se grande preferência à cor vermelha, obtida de sementes de urucu, de folhas de carajuru ou de argilas ricas em óxido de ferro.

> "De várias origens será também a matéria corante preta. Fuligem de panela ou carvão vegetal, sobretudo alcançada pela incineração de folhas de palmeira, além da tinta conseguida do fruto do jenipapo (...) ou da casca de várias árvores, por decocção ou infusão como murici (...) As tintas do cumatê e axuá são primitivamente de uma tonalidade roxo-escuro (...)
>
> É das argilas alvas (tabatinga) e ocreosas que se preparam as tintas branca e amarela (...)" (CRULS, GASTÃO, *Artes plásticas no Brasil–Arte indígena*, Rio de Janeiro, Tecnoprint Gráfica Ltda., 1952, págs. 42 e 43.)

Trabalhos em madeira (batoques, banquinhos, pentes, animais e raríssimas estátuas) e de trançados de palha (cestas, esteiras) representam outras manifestações artísticas dos indígenas brasileiros.

CAPÍTULO 4

O legado indígena

O legado cultural indígena na sociedade brasileira iniciou-se com a própria conquista portuguesa, quando os índios ensinaram os colonizadores a alimentarem-se com os frutos da terra. Assim, iniciou-se o consumo pelos portugueses da mandioca, do milho, da batata-doce, do amendoim, da abóbora, do abacaxi, do caju, da pimenta, do mamão, entre outras iguarias que tanta alegria produzem ao paladar do brasileiro. Quem nunca saboreou um mingau de fubá ou um peixe assado ou cozido? Como esquecer as delícias do beiju, da tapioca, da paçoca e da canjica? Quantas vezes você matou a sede bebendo um guaraná ou um mate? Essas bebidas eram desconhecidas dos europeus, mas amplamente consumidas pelos indígenas!

O branco incorporou também diversas técnicas adotadas pelos indígenas. Podemos destacar: a pesca por tarrafa, a *coivara* dos campos (consiste em clarear os campos com fogo e hoje é mais conhecida como *queimada*) e o *mutirão*, originado da prática tupi de realização coletiva de determinada atividade necessária para a manutenção da organização da tribo.

A medicina também utilizou-se da sabedoria indígena para auxiliar na cura dos homens. A quinina, empregada para a malária, ainda hoje é utilizada como medicamento básico. A copaíba, que os tupis utilizavam para curar feridas, igualmente continua a ser utilizada. Podemos citar, ainda, o curare, usado como anestésico, e a pajelança (invocação dos espíritos para efetivar a cura de doenças), praticada mediante a intermediação dos *pajés.*

A economia industrial européia, desde as últimas décadas do século XIX e ao longo do século XX, utilizou o tabaco, do qual os índios foram os primeiros consumidores para fins cerimoniais. O algodão, como insumo industrial, tornou-se básico na expansão da produção de tecidos.

Também o folclore foi e ainda é marcado por mitos indígenas. Destacamos o *curupira,* que protegia a caça e a natureza, garantindo um permanente equilíbrio entre as necessidades do homem e a preservação do ambiente natural; o *boto-tucuxi,* que, no folclore amazônico, era o responsável pela gravidez de jovens virgens e de mulheres cujos maridos costumavam ausentar-se por longos períodos...

Podemos apontar ainda: o hábito de dormir em redes, tão difundido, sobretudo no Nordeste. O branco igualmente aprendeu a usar instrumentos de pesca, como as redes, o puçá, e a empregar pequenas embarcações, denominadas pirogas, para cortar os rios.

Contribuição inestimável encontramos na utilização de numerosas palavras de origem indígena. Como esquecer a origem de palavras comuns ao nosso cotidiano, como carioca, que significa *a casa do homem branco,* além de paraná, paranaguá, maracanã, ipanema, tatu e tantas outras empregadas principalmente para nomear acidentes geográficos, como rios, serras etc.

A influência étnica se manifestou na figura do *mameluco,* chamado ainda de *caboclo* e *curiboca,* resultado da miscigenação principalmente de pai branco e mãe indígena; ou do *cafuzo,* ou *carafuz,* resultante da mestiçagem de índios e negros.

A construção de casas sertanejas apresenta elementos culturais indígenas, como a cobertura de palha, as paredes formadas por galhos entrelaçados, recoberta de barro e com chão de barro batido.

Os indígenas também vulgarizaram hábitos de higiene, como o costume do banho diário.

Dessa forma, a sociedade brasileira vive uma eterna contradição diante das comunidades indígenas: por um lado, convive com uma forte herança cultural recebida pelo conquistador português, e não se furta de saborear um bom guaraná, comer um pirarucu na brasa, degustar do açaí com tapioca; por outro lado, assassina índios em conflitos entre tribos e garimpeiros no interior da Amazônia, ou até mesmo, incendeia e mata um índio pataxó cujo um único crime foi dormir num banco de um ponto de ônibus, em Brasília, na noite de 19 de abril de 1997, o Dia do Índio, e ter sido avistado por jovens da classe média alta da cidade que queriam fazer uma *brincadeira* com o cacique Galdino, da tribo dos pataxós, não sem ironia, a primeira tribo a travar contato com os *brancos civilizados* por volta de 22 de abril de 1500.

Podemos identificar uma rede comercial envolvendo o Norte da Europa, abrangendo a cidade de Flandres, os mares Báltico e do Norte. No Sul, era o Mediterrâneo que direcionava os négocios a longa distância, beneficiando as cidades italianas, privilegiadas em relação ao comércio com o mundo oriental. Aliás, devemos acrescentar que se convencionou chamar todo este incremento comercial, ocorrido a partir do século XI, de Renascimento Comercial.

A feira marcaria o ápice dos negócios itinerantes, surgindo muitas vezes como entroncamento das rotas entre o Norte e o Sul da Europa. Essas feiras eram imunizadas pela *paz do mercado* e pela anulação do *aubaine* — direito que um senhor possuía de apropriar-se dos bens daquele que morria em suas terras. Favorecidas pela situação geográfica, pela duração e pela própria organização dos mercadores, as feiras de Champagne tornaram-se os mais influentes pólos econômicos da Baixa Idade Média, chegando mesmo, em meados do século XIII, a figurar entre os principais centros cambiais da Europa.

Paralelamente ao incremento do comércio, o espaço urbano, até então secundarizado, ganhou maior projeção. Lugar privilegiado da diferença, a cidade desagregou e aproximou, submeteu e libertou, transformando a noção temporal e determinando nova concepção espacial. No meio de vizinhos, entre diversos ofícios, trocando experiências e idéias, o citadino vivia experiências bem diferentes daqueles nobres e camponeses que moravam nos feudos. Já dizia um velho ditado alemão que *o ar da cidade é o ar da liberdade.* Vale dizer que, apesar da crise feudal estar intrinsecamente ligada ao meio rural, a cidade foi pólo de atração ou repulsa durante os momentos mais críticos dos séculos XIV e XV, sendo responsável também pelos primeiros indícios de superação dessa crise. Além disso, foi a cidade que registrou as mais expressivas imagens do medo coletivo, no final da Idade Média.

O citadino e as regras da cidade davam novas cores ao mundo medieval, representando o aparecimento de novos tipos no esquema trifuncional da sociedade feudal, marcado tradicionalmente por clérigos, nobres e camponeses. Foi este um dos principais fenômenos históricos descortinados na Baixa Idade Média. Sem esquecer do intelectual, convém ressaltar o papel do mercador — tipo por excelência do meio urbano — e suas tarefas pioneiras. Invadir o espaço do tempo, afirmar sua individualidade, basear-se na ética do trabalho e lutar pelas liberdades necessárias para suas atividades, eis alguns de seus grandiosos desafios. Sem dúvida, legitimar-se enquanto peça fundamental na sociedade acabava sendo um dos objetivos mais importantes.

Necessário — uma vez que a concepção de subsistência varia segundo os segmentos sociais —, mas também repudiado, o mercador tinha contra si os grandes pilares do cristianismo. Para a Igreja, a associação do mercador com o usurário era quase sempre automática. Afinal, desde 1179 — Terceiro Concílio de Latrão — passou-se a considerar a usura como pecado e o usurário como o pior dos ladrões, uma vez que roubava o tempo, pertencente unicamente a Deus. Entretanto, uma questão nos chama a atenção! Em uma sociedade onde o número de analfabetos era esmagador, como a Igreja podia divulgar suas idéias e influenciar tanta gente? A resposta deve ser buscada nos sermões, momento em que os clérigos utilizavam o recurso dos *exempla*.

Vindos da Antiguidade, os *exempla* (pequena história com uma lição de moral) se transformariam em peças fundamentais do discurso disciplinador da Igreja e da simbologia medieval, constituindo elementos da *pedagogia do medo* e mesmo de uma função histórica, já que eram apresentados como verídicos. Muitos pregadores consideravam-nos o recurso mais indispensável e *edificante* em uma fala ao público. Os *exempla* medievais associaram o usurário, identificado inicialmente como judeu, ao pecado da avareza e, portanto, em vítima capital da Providência Divina.

> "Na *Tabula exemplorum*, é um macaco, caricatura do homem, que é encarregado, numa cerimônia de inversão, de purificar a bolsa do usurário: 'um peregrino fazia a travessia da viagem à Terra Santa. Um macaco que estava no navio roubou-lhe a bolsa e trepou no alto do mastro e abrindo a bolsa fez uma triagem: colocava de lado algumas moedas e recolocava na bolsa, as outras, jogava-as no mar. Quando recuperou a bolsa, o peregrino percebeu que o macaco havia jogado fora todas as moedas mal adquiridas (por usura) e as outras não'." (LE GOFF, JACQUES, *A bolsa e a vida*, São Paulo, Editora Brasiliense, 1989, pág. 34.)

É bem verdade que usura, juro, lucro e comércio não eram totalmente equivalentes. Os doutores da Igreja haviam delimitado minuciosamente a diferença. Entretanto, tinham um ponto comum, por demais comprometedor para que não fossem encarados monoliticamente: o estatuto do dinheiro, que os embasava e os realimentava. Na visão eclesiástica, aí estava a possibilidade maior de erosão dos valores cristãos. Devemos lembrar que todo este tipo de censura valia muito mais para os outros, pois a própria Igreja estava envolvida em práticas usurárias e até mesmo comerciais, lucrando muito acima do que o chamado *justo preço.*

Mesmo censurado, o mercador ganhava espaços e se envolvia com novas modalidades de vida, sendo um dos promotores da lenta laicização da cultura em curso. Seria impensável um comerciante completamente desconhecedor de outras línguas ou de rudimentos matemáticos e contábeis. Conhecemos casos de filhos de mercadores italianos que aprendiam inglês e alemão para os futuros ofícios. Esta nova visão quantitativa promovida pelo comércio foi um elemento decisivo na formação de uma mentalidade aritmética. Aliás, foram as necessidades mercantis que promoveram a transposição da numeração romana para a árabe (possibilidade do zero) e a introdução do relógio na praça da cidade, assim como a uniformização do calendário.

> "O calendário eclesiástico, com suas festas móveis e a oscilação do início do ano — entre o dia 22 de Março e o 25 de Abril — deixa de se adequar aos homens de negócios, que necessitam de uma forma de subdivisão mais exata; para satisfazer essa necessidade, o início do ano é fixado no dia da Circuncisão de Cristo: 1º de Janeiro." (GUREVIC, ARON JA, "O Mercador" *in: O homem medieval,* Lisboa, Editorial Presença, 1987, pág. 187.)

Guardando as diferenças óbvias, o livro passou a ser um objeto de ofício para o mercador, assim como era para o eclesiástico. A fusão do cálculo com a cultura escrita evidenciou-se nos manuais de aritmética elementar, difundidos desde o início do século XIII — marco determinante foi o *Tratado do ábaco,* de Leonardo Fibonacci, publicado em 1202. Foi o livro de um mercador — *O livro das maravilhas de Marco Pólo* —

que difundiu na Europa impressões do Oriente, atuando tanto no campo da geografia, mesmo que fantástica, como no relato baseado na aventura. Afinal, o mercador era um aventureiro em potencial, como afirmou Aron Gurevic, um *self-made man*. Mesmo que sedentarizado, instalado em uma cidade, deixando as viagens longas para subordinados e negociando com base em um contrato, o mercador continuava quebrando regras para impor como legítimos alguns de seus objetivos fundamentais: o direito à riqueza e à salvação, ou, como constatou Jacques Le Goff, o direito à bolsa e à vida.

> "A Idade Média foi buscar à Antiguidade a imagem da Fortuna, encarnação do destino cego que faz girar constantemente a roda que ora leva, ora faz cair os que procuram sucesso. Na sociedade medieval, não há talvez ninguém a quem melhor se adeque essa imagem do que ao mercador. A palavra 'fortuna' continua a ter dois significados: destino, sucesso e grande soma de dinheiro, riqueza. E não é por acaso. O sentido de risco que, no mercador, existe sempre, estava associado à idéia de destino que brinca com o homem." (GUREVIC, ARON JA. *op. cit.*, pág. 183.)

1.2 . PRIMEIROS INDÍCIOS DE RETRAÇÃO ECONÔMICA

Os excedentes oriundos do crescimento agrícola promoveram diversas modificações no conjunto de atividades da população européia. Afinal, contribuíram para a liberação de parte dos camponeses para outras atividades econômicas, principalmente o comércio e o artesanato. Os gêneros agrícolas passaram a ser comercializados com mais regularidade, incentivando o aumento da produção com a utilização de terras anteriormente inaproveitadas.

Se esta expansão das áreas produtivas acabou constituindo a base essencial da arrancada agrícola, não podemos esquecer, entretanto, a disseminação em maior escala de técnicas mais producentes paralelamente à expansão dos arroteamentos. Tornou-se comum a adoção do sistema trienal, a utilização de instrumentos de ferro e hidráulicos, a atrelagem para os animais (cabresto de espáduas para os cavalos e canga frontal para os bois), que também passaram a ser ferrados. A metalurgia progrediu e permitiu que os moinhos ganhassem espaço nas cidades e nos campos. Vale acrescentar que, no meio rural, o moinho funcionava também como espaço de encontro social, sendo possível que muitas revoltas camponesas tenham ali sido organizadas, afinal tratava-se, antes de tudo, de mais um dos domínios senhoriais.

Os cultivos ligados especificamente ao comércio — vinhedos, plantas tintoriais — foram amplamente incentivados, gerando a especialização econômica de determinadas regiões (as áreas vinícolas da França e as laníferas inglesas), mas também a necessidade indispensável de um sistema crescente de produção de grãos.

Desde o final do século XIII, entretanto, a estrutura feudal já apresentava indícios expressivos de paralisação do crescimento econômico característico dos séculos anteriores. Muitos historiadores chamaram a atenção para a interrupção da construção das grandes catedrais (algumas inclusive não chegaram a ser concluídas) como um dos sintomas indicativos da letargia em que se encontrava a cristandade.

As causas desta *perda de fôlego* se encontram na própria dinâmica da expansão produtiva, marcada por um caráter extensivo e predatório, proporcionando a médio prazo uma série de desajustes na própria produção, no armazenamento e na distribuição de alimentos. Apesar do crescimento comercial e urbano, deve-se destacar que a sociedade medieval continuava majoritariamente agrária e rural. A gênese econômica da crise e grande parte de sua dramática amplitude ligam-se fundamentalmente aos efeitos causados pela estagnação agrícola em curso.

Ao ganhar as terras não cultivadas, a agricultura estabeleceu seus próprios limites de crescimento, dando início a um ciclo de constantes anexações territoriais em prol da manutenção dos níveis demográficos e comerciais existentes. A pecuária foi uma das atividades que perderam terreno para a avalanche de arroteamentos, ocasionando posteriormente não só a menor disponibilidade de carne, leite e derivados, como a insuficiência de esterco, tão necessário para garantir uma produtividade adequada aos novos índices de consumo. Os recursos tecnológicos disponíveis não eram suficientes para promover uma intensificação produtiva à altura dos desgastes do solo e das variações climáticas (principalmente as chuvas e o resfriamento) oriundas, possivelmente, do próprio desmatamento realizado no período de expansão.

"(...) quase sem nenhumas terras por arrotear, cheios de trabalhadores e cobertos de searas, os campos da Europa estavam realmente, no limiar do século XIV, superpovoados e sobrecarregados por um número cada vez maior de camponeses famintos (...) Primeiro sintoma: em 1258, a penúria que se abateu sobre a Inglaterra assumia o aspecto de fome. Em 1309-1311, os campos da Alemanha sofreram uma carência de víveres muito mais cruel. O tempo das dificuldades começava." (DUBY, GEORGES, *Economia rural e vida no campo*, Lisboa, Edições 70, 1962, Vol. 2, pág. 154.)

1.3 . A TRILOGIA DAS CATÁSTROFES

Mesmo já identificando *males de origem* para a crise dos séculos XIV e XV, é importante caracterizar os efeitos que causaram a fome, a peste e a guerra na estrutura feudal. A análise destes três fenômenos é preciosa no sentido de indicar as tendências econômicas, políticas, sociais e religiosas que marcaram o fim da Idade Média. Além disso, estes momentos críticos nos possibilitam perceber as mentalidades e atitudes de uma sociedade em transformação.

. *A Fome*

A fome sempre foi um problema de grandes proporções para o homem medieval, sendo conhecidos diversos registros marcantes de seus efeitos devastadores. O pai-nosso é bem emblemático nesse sentido — "o pão nosso de cada dia nos dai hoje" —, expressando as dificuldades de sobrevivência e a incerteza em relação ao futuro.

A hagiografia da Idade Média está permeada de casos em que uma aldeia faminta vê como um verdadeiro santo aquele que consegue provê-la de alimentos em um momento de penúria. Morrer de fome, portanto, não era incomum para o homem medieval.

É bastante expressiva também a comprovação de que os quatro mitos mais populares da Idade Média (o Graal, Avalon, o Reino de Preste João e o País da Cocanha) tivessem conotações ligadas não só a funções alimentares, mas a temas referentes à abundância e à fartura.

Apesar dos incrementos dos séculos XI-XIII, a fome não desapareceu por completo do Ocidente cristão, continuando a rondar principalmente as regiões mais isoladas dos circuitos de abastecimento. O início do século XIV (especificamente os anos 1315-1317) foi marcado por um ciclo de chuvas torrenciais generalizadas, o que acarretou a perda de colheitas em vários pontos da Europa.

Servindo-se da *dendrocronologia* (técnica que consiste na identificação das variações climáticas a partir de cortes concêntricos em determinadas árvores seculares), alguns especialistas associam estas variações naturais a uma tendência mais geral de resfriamento climático — o que se convencionou chamar de Pequena Era Glacial — em evidência desde 1250.

À escassez agrícola seguiam-se freqüentemente convulsão social, agudização de tensões políticas já existentes, mas principalmente a disseminação em larga escala da fome e de inúmeras moléstias ligadas a carências alimentares.

O impacto econômico da Grande Fome foi desastroso, já que os recursos existentes foram canalizados principalmente para a aquisição de alimentos, ocasionando a retração do comércio e do artesanato. Passou a ser comum a prática do entesouramento de metais, resultando em repetidas desvalorizações monetárias e, conseqüentemente, no aumento constante de preços. Dante colocou no seu Inferno Felipe IV, rei francês responsável por inúmeras desvalorizações e conhecido por isso como o *moedeiro falso*.

Jeffrey Richards assim sintetizou os efeitos da Grande Fome:

> "A fome e doenças graves que se seguiram (depois de 1317) reduziram as pessoas a comerem cães e gatos, folhas e raízes, e, em alguns lugares, ao canibalismo. À medida que o povo foi levado a atitudes desesperadas para obter comida, houve uma onda de crimes. Em seguida, uma desastrosa epizootia dizimou boa parte do rebanho." (RICHARDS, JEFFREY. *Sexo, desvio e danação*. Rio de Janeiro, Jorge Zahar Editor, 1993, pág. 26.)

. *A Peste*

As doenças povoaram o Ocidente medieval em função das próprias condições alimentares e dos limitados *recursos médicos*. As cidades, mais sobrecarregadas pelo crescimento demográfico, concentravam enfermos e, conseqüentemente, contribuíam para difundir enfermidades. A tuberculose foi a mais mortífera de todas as doenças endêmicas da Idade Média. Entretanto, foram as doenças de pele — notadamente a lepra — que mais marcariam o imaginário medieval, pelo menos até o século XIV. Os leprosos, párias por excelência do mundo medieval, promoviam uma atitude ambígua da cristandade em relação às doenças — de repulsa e, ao mesmo tempo, de compromisso caridoso. A peste negra, por sua vez, roubaria a cena, transformando-se na doença mais marcante do final da Idade Média.

Vinda da Criméia em um navio genovês, a peste negra varreu a Europa em quatro anos (1347-1350), atingindo uma população vulnerável e uma estrutura econômica em crise. Os incidentes que cercam a *contaminação inicial* não deixam de ser interessantes:

> "Todos os testemunhos concordam em situar a origem da peste na Ásia Central, onde existia em estado endêmico. O grande viajante Ibn Batuta, que visitou a Índia Meridional pouco depois de 1342, aí a assinala. Em 1347, os mongóis, que assediavam o entreposto genovês de Caffa, no Mar Negro, foram eles os próprios contaminados e, por um requinte de crueldade, catapultaram para dentro da cidade vários cadáveres. Um navio, partido de Caffa para a Itália, à passagem por Constantinopla, semeou aí a peste." (WOLFF, PHILIPPE, *Outono da Idade Média ou primavera dos novos tempos?* Lisboa, Edições 70, 1986, pág. 25).

Sabemos que não só a Europa foi atingida pela epidemia. Enquanto a peste alastrava-se pelo continente europeu — segundo Pierre Chaunnu, com a velocidade de um homem a pé — também causava estragos em Alexandria, Síria e Palestina, chegando violentamente até a China, em 1351.

Na Europa, a epidemia acentuou a retração demográfica já evidenciada no final do século XIII, impedindo qualquer chance de recuperação dos índices anteriores. Na verdade, em geral, estes índices só seriam restabelecidos no século XVII. Muitos diagnósticos diferentes surgiram a respeito do mal, que, hoje se sabe, tratava-se de duas doenças: interligadas a peste bubônica (transmissível pela pulga do rato negro) e a peste pulmonar, transmissível de homem para homem. Ao que tudo indica, além da alta taxa de mortalidade (da ordem de 70%), superior a qualquer outra epidemia da época, a Peste Negra apresentava-se de forma mais devastadora em função de um outro aspecto incomum: seu caráter generalizante. Consideradas as expressivas desigualdades regionais, admite-se que, no seu conjunto, a Peste Negra eliminou cerca de 1/3 da população européia.

A relação direta entre a Peste Negra e a desnutrição reinante foi durante muito tempo aspecto inquestionável entre os estudiosos do tema. Atualmente existem trabalhos que apontam outro caminho de análise para a questão.

> "Ao contrário do que se pensava até há pouco tempo, a peste não é influenciada pela fome, isto é, a subnutrição, que pode dobrar ou triplicar a mortalidade de outras epidemias, não altera a ação da peste. Portanto, ela atingia indiscriminadamente pobres e ricos, crianças e adultos, homens e mulheres. Se as camadas sociais mais elevadas resistiram melhor, foi apenas pela sua possibilidade de abandonar os locais infectados e buscar refúgio em outros. " (FRANCO JÚNIOR, HILÁRIO, O *feudalismo*, 6ª edição, São Paulo, Editora Brasiliense, 1987, pág. 81.)

Os locais de maior concentração humana foram os que mais sofreram. As cidades, além de insalubres (em função do próprio superpovoamento), eram zonas de fácil circulação, o que contribuiu para agravar as possibilidades de propagação do mal. É revelador o fato de que as zonas mais afastadas de circuitos comerciais tenham sido as mais poupadas. De um modo geral, os contratos da vida cotidiana — compra, venda, aluguéis — praticamente desapareceram com o alastramento da doença. Tendência inversa, entretanto, processou-se no número de casamentos, que aumentou significativamente.

São fugitivos da peste os personagens do *Decameron* de Boccaccio, que se reúnem em uma vila do campo florentino não só para confidenciar pecados e outros tipos de transgressões. Na realidade, possuíam também outras intenções, necessidades de um tempo tão conturbado e infeliz:

> "desejavam rir, distrair-se na festa, construir para si mesmos aqui embaixo, seu paraíso." (DUBY, GEORGES, *A Europa na Idade Média*, São Paulo, Editora Martins Fontes, 1988, pág.114.)

O mistério sobre a periodicidade da peste — ressurgimento de dez em dez ou doze em doze anos durante quatro séculos — incomodou durante muito tempo os especialistas. Até hoje surgem opiniões diversas e contrastantes para explicar tão singular fenômeno: ciclo biológico dos roedores (não só os ratos negros mas também das marmotas); dinamismo demográfico dos homens; periodicidade das manchas solares e variação do campo magnético terrestre.

. *A Guerra*

Afetadas pela crise, as classes dominantes feudais recorreriam a um expediente clássico dos momentos de maior instabilidade: a guerra. Irromperam conflitos em diversos pontos da Europa (na Península Ibérica, no norte da Europa, entre as cidades italianas), sendo o mais importante de todos a Guerra dos Cem Anos, durante a qual se defrontaram França e Inglaterra entre 1337-1453. Na verdade, a denominação do conflito é bem moderna, tendo sido criada pelos historiadores do século XIX.

Nas guerras do período, muitas vezes, a existência de vínculos feudais e/ou familiares contribuía para as soluções armadas entre as monarquias nascentes. No caso em questão, havia reivindicações dinásticas envolvendo os Plantagenetas (Inglaterra) e os Capetíngeos (França), se bem que concorressem também para a guerra as disputas territoriais na Gasconha, as rivalidades comerciais em função da região de Flandres e até mesmo a questão da pirataria no canal da Mancha.

A Guerra dos Cem Anos, entretanto, não se tratava de um combate medieval clássico entre senhores em litígio mas sim de um conflito com algumas cores modernas. Entre elas podemos apontar a própria durabilidade, as novas tendências militares, a utilização de bloqueios econômicos, a noção crescente de um sentimento patriótico ligado à sensação de se estar lutando por um reino e não mais por um senhor. Encontramos alguns autores que chegam a referir-se ao episódio como *primeira grande guerra nacionalista*.

> " É evidente que o sentimento 'nacional' dos séculos XIV e XV é muito diferente dos nossos sentimentos nacionais. Ele se forma através de um nome comum, de um príncipe comum, de interesses comuns, de uma língua comum, da consciência de uma origem comum, do orgulho de uma história comum e de uma religião comum."
> (GUENÉE, BERNARD, *O Ocidente nos séculos XIV e XV*, São Paulo, Livraria Pioneira Editora — USP, 1981 pág. 110.)

A centralização política foi acelerada em ambos os países. Afinal, era o meio adequado para a arregimentação das tropas e para a alocação dos recursos necessários. De uma forma geral, o saldo para a nobreza foi negativo. A monarquia, fortalecida desde o século XIII através de alianças com a burguesia, e o revigoramento do Direito Romano (favorecido pela descoberta do Código de Justiniano), foram preenchendo o vácuo proporcionado pela aristocracia arruinada ou à beira da ruína. Precipitava-se a supremacia de uma fórmula política em que o rei seria respeitado por ser soberano de todo o reino e não somente como o suserano de um senhorio.

1.4 . OS DESDOBRAMENTOS ECONÔMICOS E SOCIAIS DA CRISE

Os efeitos econômicos da Crise dos Séculos XIV e XV foram extremamente drásticos e abrangentes sendo necessário, entretanto, ressaltar três aspectos fundamentais: o declínio das atividades produtivas e comerciais, a acentuada depressão demográfica e o abandono de áreas antes habitáveis.

A perda de boa parte dos mercados produtores e consumidores fez com que o comércio diminuísse sensivelmente de intensidade. A insegurança provocada pelas guerras atingiu em cheio a possibilidade de deslocamento dos mercadores, contribuindo para a retração comercial.

As relações servis sofreram alterações em praticamente todas as áreas da Europa Ocidental. A tendência geral foi a expressiva renúncia dos senhorios às antigas obrigações camponesas, por pagamentos em dinheiro. Na verdade, a situação do século da expansão parecia agora invertida, uma vez que havia muita terra agricultável e poucos braços disponíveis. Quase todas as aldeias e áreas de cultivo sofreram enormemente com a constante passagem de combatentes. O desgaste das culturas hortícolas foi muito mais significativo do que os da produção cerealífera. Bois, cavalos, moinhos e plantações eram freqüentemente alvos de guerreiros de um exército ou mesmo de bandos armados. Quanto às cidades, estas sempre se encontravam mais guarnecidas, tanto por muralhas quanto pelas milícias burguesas.

Além da destruição, guerra e peste provocavam migrações expressivas e muitas vezes as colheitas de determinadas regiões não chegavam sequer a ser devidamente aproveitadas. Não cabia outra alternativa aos senhores feudais vizinhos dos centros urbanos a não ser o abrandamento das imposições aos servos, já que estes tinham ao menos duas alternativas imediatas: o abandono de seu senhorio e a ocupação de uma área vazia ou a transferência para uma cidade onde a mão-de-obra fosse escassa, situação absolutamente normal naquele momento. Não tardaram a surgir outros segmentos no campo além dos servos dependentes de um senhor. Foram os camponeses abastados, em sintonia com burgueses empreendedores, os responsáveis em larga escala pela recuperação da produção agrícola e a retomada do desenvolvimento econômico.

Alguns setores da aristocracia procuravam fugir da crise bloqueando o aumento dos salários através da promulgação de uma legislação especificamente elaborada com este propósito. Por outro lado, os impostos pagos ao reino contribuíam para agravar a situação dos trabalhadores. Foi este o pano de fundo das diversas rebeliões camponesas do século XIV. Dentre elas, podemos destacar a Jacquerie, ocorrida na França em 1358, e a Revolta dos Camponeses, em 1381, na Inglaterra, onde foram difundidos protestos que questionavam da ordem vigente: as expressões literárias referentes ao movimento inglês tornaram famosa a pergunta: 'Quando Adão cultivava e Eva fiava, quem era então o nobre?' Mesmo as áreas urbanas foram palco de revoltas parecidas, como o episódio dos Ciompi, que irrompeu em 1378 em Florença.

Ainda mal conhecida, a Jacquerie (expressão proveniente de Jacques Bonhomme, denominação genérica e pejorativa dada pelos nobres aos camponeses — equivalente a João Simplório) foi marcada por uma violência extrema e por seu caráter anti-senhorial. Ao que parece, a situação econômica e política nos anos imediatamente posteriores à derrota francesa em Poitiers (1356) contribuiu para a origem da revolta. Anárquica nos seus primeiros momentos, a liderança caiu nas mãos de um certo Guillaume Cale, que chegou a contar com cerca de cinco mil *jacques*. Por pouco o movimento não se integrou à revolta urbana em Paris, conduzida por Etienne Marcel, que certamente pretendia explorá-la em seu favor. O movimento foi reprimido, como começara, com imensa violência, deixando marcas no imaginário popular francês até o início da Era Moderna.

O desmoronamento do mundo tradicional foi sentido por toda a sociedade feudal. Além do impacto sobre os trabalhadores, vítimas em potencial da crise, muitas casas nobiliárquicas foram atingidas e desapareceram no decurso da Baixa Idade Média. As rendas senhoriais cada vez menores e as desvalorizações monetárias crescentes contribuíram para a liquidação das pequenas fortunas feudais. Estima-se que nos séculos XIV-XV, a cada seis gerações, em média, extinguia-se uma linhagem nobre. A saída foi muitas vezes a ligação, através de casamentos, com setores da alta burguesia ou até mesmo com camponeses ricos. Para estes, adotar os hábitos da nobreza era indicativo de ascensão social, de tal forma que a sociedade, apesar do declínio dos senhores feudais, permaneceu acentuadamente feudal. Por outro lado, a inserção no processo de centralização política, colocando os serviços à disposição do rei, foi fundamental para a sobrevivência da nobreza.

> "No seu conjunto, o mundo dos senhores tinha afrouxado sensivelmente o seu controle sobre a economia dos campos. Uma grande parte dos excedentes arrancados à terra pelos camponeses ainda ia para as mãos dos senhores. Mas os constantes progressos do instrumento fiscal tornaram muito mais considerável

> a parte que os agentes do Estado cobravam. O senhorio banal, os vestígios que dele subsistiam no aparelho das taxas tinha perdido todo o seu significado face aos progressos das monarquias." (DUBY, GEORGES, *op. cit.*, pág. 209.)

No decurso da crise, em determinadas regiões, a reação à desastrosa conjuntura passou pelo recrudescimento de tendências excludentes já arraigadas na sociedade medieval, culminando com as perseguições promovidas aos leprosos, judeus, prestamistas e às mulheres solitárias. Em alguns momentos, explosões de violência contra estes marginalizados irromperam na sociedade medieval com o incentivo das próprias autoridades. O inquisidor Bernardo Gui afirmava:

> "Em 1321, foi detectado e desbaratado um plano maligno dos leprosos contra as pessoas saudáveis do reino da França. De fato, conspirando contra a segurança do povo, estas pessoas, insalubres do corpo e insanas da mente, haviam planejado infectar as águas dos rios, fontes e poços em toda a parte, colocando veneno e material infectado nelas, e misturando (na água) pós preparados, de modo que os homens saudáveis que delas bebessem, ou usassem as águas desta forma infectadas, tornar-se-iam leprosos ou morreriam, ou quase morreriam, e assim o número de leprosos aumentaria e o de saudáveis diminuiria. E, o que parece incrível dizer, eles aspiravam a se tornarem senhores de cidades e castelos, e já haviam dividido entre eles os títulos e locais, e dado a si mesmos os mesmos nomes de príncipes e condes ou barões em várias terras, se aquilo que haviam planejado tivesse se concretizado."(RICHARDS, JEFFREY, *op. cit.*, pág. 164.)

1.5 . AS ENGRENAGENS DO ESTADO MODERNO

A crise militar evidenciada nas guerras dos séculos XIV-XV expressava a própria transmutação política em andamento: a centralização dos poderes em contrapartida à diluição da fragmentação senhorial. A obrigatoriedade da defesa da população deslocava-se do senhor feudal para o rei, convertido em principal responsável pela segurança de seus súditos. Além disso, acentuava-se a tendência de novas práticas de recrutamento já que os feudos deixaram de ser a unidade exclusiva de fornecimento de homens para a guerra, papel cada vez mais desempenhado pelas cidades.

Durante o século XIV, o direito de *ban* (prática feudal que consistia na convocação dos vassalos por um determinado senhor para o cumprimento de serviços militares) foi gradativamente substituído por uma taxa pessoal obrigatória, paga ao rei. Coube também às monarquias a supremacia na apropriação das novas tecnologias disponíveis. Podemos citar o caso do arco inglês, aperfeiçoado ao longo das lutas contra galeses e escoceses, e peça fundamental em uma série de vitórias contra os franceses — notadamente em Crécy (1346) e Azincourt (1415) — no decurso da Guerra dos Cem Anos. Já as armas de fogo, utilizadas pela primeira vez na Europa no século XIV (inicialmente causando mais estardalhaço que danos), acabariam também contribuindo para determinar a derrocada da cavalaria feudal, representando a falência das tradicionais atribuições militares dos cavaleiros.

O castelo, sede das cortes feudais e elemento primordial na organização judiciária dos nobres, perdia toda sua dimensão de fortaleza com o desenvolvimento do poder destrutivo das artilharias. Sobre o processo de reestruturação militar e política, Norbert Elias afirma que:

> " (...) a transformação da técnica militar acompanhou e reforçou o curso desta evolução. (...) A infantaria, o desprezado povo a pé, tornou-se mais importante em combate que a cavalaria. Com isso quebrou-se não apenas a superioridade bélica da ordem medieval dos guerreiros, como, ao mesmo tempo, o seu monopólio das armas. Uma situação em que só os nobres eram guerreiros, ou, inversamente, em que todos os guerreiros eram nobres, deu lugar a uma outra em que o nobre era, no melhor dos casos, oficial de uma tropa plebéia que tinha que ser paga. O monopólio do controle das armas e do poder militar passou das mãos de toda a nobreza para as mãos de um único dos seus

membros, o Príncipe ou Rei, que, apoiado nas receitas fiscais de todo o território, podia pagar o maior exército nesse território. Foi assim que a nobreza de guerreiros ou cavaleiros relativamente livres se transformou, na sua maioria, em guerreiros ou oficiais pagos, ao serviço do senhor central." (*In*: LOPES, MARCO ANTÔNIO, *A imagem da realeza*, São Paulo, Editora Ática, 1994, pág. 20.)

O Estado Moderno nasceu, segundo Philippe Wolff, na obra já citada, de um parto bastante difícil; a partir dos escombros da desestruturação feudal, arcando com imensas responsabilidades e interesses dos mais diversos, quando não excludentes.

O *preço da guerra*, por exemplo, foi alto demais para os setores mercantis e nobiliárquicos. A desorganização da produção, a insegurança gerada pela constante movimentação de tropas e a retração comercial afetavam as atividades econômicas, acarretando descontentamento generalizado e rebeliões populares de grandes proporções. A necessidade de um clima mais calmo e ordeiro, para a plena realização de seus negócios, fez a burguesia apoiar a centralização política, muitas vezes financiando este processo.

No decurso desta transmutação política, o Estado passou a assumir papéis amplos, utilizando-se de *novas modalidades de ação humana*, já que se constituiu através de uma teia abrangente de estamentos burocráticos, exércitos e impostos permanentes. As bases territoriais e demográficas dos nascentes Estados Nacionais requeriam a existência de um conjunto de funcionários dispostos em torno do monarca e suficientemente eficazes, a fim de que este consolidasse os mecanismos essenciais de seu domínio: a arrecadação de impostos, a uniformidade jurídica e o monopólio da força.

Inaugurava-se, neste momento, o caráter de especialização e autonomização de um centro de poder em relação ao corpo de cidadãos, municiado por toda uma gama de recentes recursos técnicos que foram apropriados pelos Estados.

- os novos mecanismos da guerra (notadamente a artilharia);
- as técnicas mineralógicas (fundamentais para a monopolização da emissão das moedas);
- a cartografia, uma vez que conferia ao rei a visualização exclusiva do

espaço territorial, o que possibilitava o esquadrinhamento militar e tributário da paisagem;

- a escrita, fator fundamental na organização estatal. A propagação dos extos impressos proporcionava o "passar a limpo das leis" e a sempre difícil racionalização da coleta de impostos. Cabia à burocracia real criar os mecanismos que possibilitassem a compreensão de suas próprias normas e a difusão das línguas nacionais. Além disso, não podemos es quecer que havia uma tendência de recuo dos manuscritos e das relações pessoais calcadas na tradição oral, típicas do feudalismo.

Longe de simples abstração, o Estado Nacional Moderno possibilitou o pleno desenvolvimento da economia mercantil, deslocou a consciência individual do nível servo-senhor para súdito-rei, abriu caminhos para a derrocada da idéia de cristandade (chamada república cristã) e delineou a estrutura da futura política absolutista, em nome não só do bem comum, como também da própria vontade divina.

1.6 . A CRISE FOI TAMBÉM RELIGIOSA

A crise contribuiu para revalorizar a idéia da onipotência e onipresença de Deus e da efêmera duração da vida terrena. Morte, juízo, paraíso e inferno ganharam uma expressão avassaladora no imaginário medieval. A obsessão pela salvação levou à difusão de práticas religiosas tão intensas que em muitos casos atingiu-se um acentuado misticismo (notadamente o caso dos flagelantes).

Assistiu-se a uma crise espiritual crescente, alimentada pela angústia coletiva em relação à salvação. Alguns acreditavam que o problema estava na eficácia da doutrina da Igreja e conseqüentemente nas possibilidades de um reencontro da cristandade com o seu Criador. Na verdade, a Igreja católica parecia não dar conta das dificuldades dos novos tempos, diante de suas divisões internas. Isto porque com a morte de Gregório XI, em 1378, ocorreu um cisma na cristandade, em função das rivalidades na escolha de um novo papa. Em um determinado momento, a Europa contava com três papas, todos eles excomungando os rivais. Só com o Concílio de Constança, em 1417, colocou-se um ponto final nestas tensões, cuja difícil missão foi restaurar a unidade abalada. Vale acrescentar que este concílio foi também responsável pela condenação dos hussitas — seguidores de John Huss —, sinal indicativo de que os valores da Igreja eram cada vez mais questionados.

A iconografia e a arte, de uma forma geral, serviram-se fartamente da Peste Negra e outros motivos fúnebres como temas centrais de inspiração ao longo da Baixa Idade Média. A *Dança Macabra*, imagem de uma imensa fila de homens e mulheres arrastados por esqueletos tentando escapar do caminho da sepultura, nasceu de fato com a Peste Negra, embora suas origens estejam ligadas aos autos de moralidade ou devoção que tratavam da inevitabilidade da morte. A Dança Macabra acabou se tornando umas das temáticas mais requisitadas e aperfeiçoadas de seu tempo. O duque de Borgonha exigiu que fosse representada em seu palácio. Já para a população pobre, ela era atraente porque continha um aspecto muito interessante: sugeria a igualdade de todos diante da morte.

As flechas do Senhor, disparadas sobre os homens, e as proteções possíveis — o manto da Virgem, o corpo de são Sebastião — passaram a ser não apenas um tema iconográfico aplicadíssimo, mas também uma idéia extremamente penetrante no imaginário da época. Afinal de contas, tratava-se de uma das explicações mais aceitas para o surgimento da epidemia: a *cólera do Senhor*. Para suscitar a punição divina só poderia haver como causa o alastramento do pecado. Enfim, tudo indica que religiosa, e espiritualmente a Europa também estava em crise.

> "Só o pecado pode explicar tantas desgraças. Sem dúvida, os cristãos deste tempo viam uma fiel imagem de si próprios nas figuras hediondas e caricatas que Jerônimo Bosch colocava em torno do Cristo da Paixão. Ora, quanto mais alguém se sente pecador, tanto mais tem tendência a pecar." (DELUMEAU, JEAN, *Nascimento e afirmação da Reforma*, São Paulo, Livraria Pioneira Editora, 1989, pág. 60.)

1.7 . RUMO AO POLICENTRISMO DO MUNDO MODERNO

A Crise dos Séculos XIV e XV representou um momento de estagnação para a Europa, uma vez que determinou o fim da expansão medieval e retraiu substancialmente todos os índices anteriores de crescimento. Ao representar a impossibilidade de reprodução de uma estrutura saturada, que atingira os seus próprios limites de sustentação, a crise não deve ser vista, entretanto, como simples pedra no caminho do desenvolvimento da economia feudal. A sociedade que se seguiu a ela não representou meramente a continuidade da situação anterior, embora seja, em vários aspectos, produto de suas características básicas, estabelecidas no século XIII.

Pode-se afirmar que, no seu conjunto, a crise assumiu características que determinaram expressivo abalo nos alicerces das estruturas feudais. A partir de seus efeitos, o homem medieval passou a ansiar desesperadamente por outras fronteiras políticas, socioeconômicas e espirituais, uma vez que os valores existentes foram perdendo os referenciais anteriormente válidos. Anunciava-se uma Europa policêntrica.

Não resta dúvida, portanto, que a crise acarretou a transformação do mapa econômico, político e social da cristandade. O Mundo Moderno emergiu de seus efeitos encontrando suas próprias saídas na ousadia empreendedora da *Aventura Renascentista*, na manutenção da ordem proporcionada pela constituição dos Estados Nacionais, na dilatação econômica advinda com a expansão ultramarina, nas alternativas espirituais e clericais ocorridas nas Reformas Religiosas, enfim, na transformação da Europa, como sugere Jacques Attali. Na introdução de seu livro *1492*, o autor apresenta sua aproximação inicial com o tema através de uma instigante e provocativa parábola:

> "Em tempos muito remotos, um gigante guerreiro triunfava, dominava. Um dia, vencido pelo cansaço, recuou. Combalido, torturado, foi dado como morto e acorrentado por múltiplos senhores.
>
> Mais tarde seus sofrimentos diminuíram; a vigilância exercida por seus guardiães se enfraqueceu. Extraindo nova energia de sua fé, muito antiga, e de sua razão, muito recente, ele se libertou.

Quando uma pesada silhueta, ao longe, o ameaçou, ele lhe gritou que seguisse seu caminho; surpreendentemente ela obedeceu.

Então o gigante elaborou um plano: retomar as forças, sem pressa; depois, de um só golpe, vigoroso e forte, romper as correntes enferrujadas. E partir para conquistar o mundo.

Pensou e fez. Como homem racional, como bárbaro vingador.

A Europa é esse gigante: acorrentada por inúmeros senhores quando se desfaz o Império Romano do Ocidente, adormece durante quase um milênio. Depois, num momento de acaso e de necessidade, afasta os que a cercam e lança-se na conquista do universo, massacrando os povos que encontra, apropriando-se de suas riquezas, roubando-lhes seus nomes, seu passado e sua História." (ATTALI, JACQUES, *1492*, Rio de Janeiro, Editora Nova Fronteira, 1992, pág. 3.)

CAPÍTULO 2

A península Ibérica

2.1 . A FORMAÇÃO DO ESTADO PORTUGUÊS

O processo de formação do Estado português não pode ser desvinculado da luta de Reconquista da Península Ibérica, acelerada no século XI, contra os muçulmanos que lá haviam se estabelecido no século VIII. Entretanto, apesar dessa luta marcar o surgimento de novo reino na região peninsular, não foi suficiente para determinar a sua completa autonomia política. Tal situação decorreu do fato de que D. Afonso VI de Castela, em 1095, confiou o Condado portucalense, sob a condição de juramento de vassalagem, ao conde D. Henrique de Borgonha, marido de sua filha bastarda, D. Teresa.

Após a morte de D. Henrique, o condado passou a ser regido por D. Teresa, tendo em vista que seu filho Afonso Henrique tinha apenas três anos de idade. Assim, Portugal continuava submetido a Castela. Ao assumir o poder em 1128, Afonso Henrique entrou em guerra contra Castela.

A rebelião do conde Afonso Henrique teve sucesso com as vitórias obtidas em São Mamede e Cerneja. Paralelamente, ampliou suas conquistas ao vencer os muçulmanos em Ourique (1139). Desde então tomou o título de rei, colocando-se sob a proteção do papa, desse modo legitimando a traição cometida ao se revoltar contra seu suserano: o rei de Castela.

Entretanto, somente em 1170 Portugal foi reconhecido como reino pela chancelaria pontifícia, o que não significou uma situação de paz:

> "As suas campanhas contra os Árabes não cessam — temerárias e fulminantes. A escalada de Santarém, em março de 1147, é um exemplo típico. No mesmo ano (...), com a ajuda de uma frota de cruzados nórdicos, logra conquistar Lisboa. Logo se entregam Sintra, Almada, Palmela Alcácer do Sal, praça de notável situação estratégica, vem a cair em 1158. Pouco depois, Évora — que breve se perde, mas Geraldo Sem Pavor retoma em 1165. Beja é por nós ocupada em 1162. Cáceres, Serpa, Juromenha são também investidas e subjugadas por Geraldo em 1166. O Reino cresce, os triunfos militares sucedem-se, o prestígio do Conquistador alcança proporções quase lendárias." (AMEAL, JOÃO, *Breve resumo da História de Portugal*, Lisboa, s/d, pág. 18).

Na primeira metade do século XIII, D. Afonso II prosseguiu a expansão territorial em direção ao sul da Península, política continuada por seus sucessores: D. Sancho II e D. Afonso III. Este último foi o responsável pela conquista do Algarve (1249), região do extremo sul de Portugal caracterizada por sua atividade agrícola produtora de vinhas e pomares. Além disso, sua localização permitiu maior integração com as correntes comerciais européias nos últimos séculos da Idade Média.

Essas conquistas portuguesas geraram tensões externas e internas. No plano externo, decorreram do relacionamento com o reino de Castela. A hostilidade entre os dois reinos foi momentaneamente contornada com o casamento de D. Afonso III, em 1253, com D. Beatriz, filha bastarda do rei de Castela, D. Afonso X. Entretanto, a fronteira entre os dois reinos somente foi definida após a assinatura do Tratado de Alcanizes, em 1297. No plano interno, a luta para eliminar as ordens militares existentes no reino português, as quais eram subordinadas à autoridade de grandes senhores castelhanos, representou grande fator de tensão. Assim se explica a eliminação da *Ordem do Templo* (ordem militar castelhana) e a imediata criação da *Ordem de Cristo.*

No reinado de D. Dinis foram tomadas duas importantes medidas: primeiro, a criação de uma marinha de guerra. Com isso, reduziram-se os laços de dependência militar do rei aos nobres. Além do mais, demonstrou-se que o rei de Portugal, na passagem do século XIII para o século XIV, já vislumbrava uma preocupação com empreendimentos marítimos. A segunda medida diz respeito à disposição em afirmar e difundir a identidade lingüística portuguesa, com o abandono do latim e a utilização do português na redação dos documentos da chancelaria. D. Dinis também fundou a Universidade de Lisboa (1288), transferida para Coimbra em 1309.

No trato da política externa, o monarca assumiu um perfil conciliatório com os demais reinos cristãos da Península Ibérica, bem evidenciado na aproximação com o reino de Aragão e o reino de Castela, mediante uniões matrimoniais com integrantes das famílias reais daqueles Estados. Esta política matrimonial, marcada por uniões entre as famílias reais da Península, foi seguida pelos reis portugueses que sucederam a D. Dinis. Tal prática, além de visar a manutenção da paz peninsular, buscava o controle do estreito de Gibraltar. Contudo, tornou-se fonte de conflitos por causa de questões sucessórias.

> "A vida política portuguesa entre 1325 e 1411 foi marcada por uma sucessão de casamentos, de ingerências mútuas, de ajudas, de escaramuças e de guerras com a Castela vizinha, tendo como fundo a rivalidade pelo controle do Estreito de Gibraltar, que comandava o comércio entre o Mediterrâneo e o Atlântico, e que levaram à dissociação definitiva dos dois Reinos. Os reinados de D. Afonso IV (1325-1357), de seu filho D. Pedro I (1357-1367) e de seu neto D. Fernando (1367-1383) foram com efeito dominados pela questão castelhana, quer se tratasse das ingerências de D. Afonso IV em resultado das queixas de sua irmã, a Rainha de Castela, ou das reivindicações, ao trono, de D. Fernando, depois do assassínio de Pedro I de Castela, quer se tratasse do casamento de D. Afonso IV com a filha de um dos principais nobres castelhanos rebeldes (...)." (RUCQUOI, ADELINE, *História medieval da Península Ibérica*, Lisboa, Editorial Estampa, 1995, pág. 197.)

A história de Portugal foi marcada pela instabilidade política. A busca da submissão dos direitos feudais ao poder real gerou conflitos entre a própria nobreza, que não poupou sequer o clero:

> "Maior transcendência para a História portuguesa teve o enfrentamento entre Sancho e o clero do Reino; obrigado pela necessidade política e militar ou movido pela piedade, Afonso I concedeu amplas doações ao clero, que se converteu na maior potência econômica de Portugal; a imunidade dos senhorios eclesiásticos e a excessiva riqueza de seus proprietários lesava os interesses da monarquia que, com Sancho, tentou-se reduzir o poder do clero e afirmar a autoridade da nobreza (...)." (MARTÍN, JOSÉ LUIS, *La Península en la Edad Media*, Barcelona, Editorial Teide, 1978, pág. 364.)

Tal processo de centralização política e submissão da nobreza e do clero ao poder real não representou, contudo, nenhuma tentativa de superação do feudalismo.

> "Nos séculos XIV e XV, o feudalismo contribuiu para o nascimento dos Estados Modernos. Mas, antes de considerar essas duas centenas de anos como um 'período de transição' em que os Príncipes se enfureciam contra os seus vassalos com o fito de possuir apenas súditos, seria mais justo ver nessa época o tempo em que os Príncipes se serviram como puderam da vassalagem e da submissão para serem melhor obedecidos." (GUENÉE, BERNARD, *O Ocidente nos séculos XIV e XV: os Estados.* São Paulo, Livraria Pioneira/EDUSP, 1981, pág. 195.)

Esse poderio da nobreza pode ser explicado também pela preponderância da economia rural, que tornava a posse da terra um importante elemento de poder. Aliado a isso, existia o fato das guerras endêmicas, que reforçavam as relações de dependência pessoais de caráter também militares, típicas do feudalismo.

Nesse contexto, a estrutura fundiária apresentava uma variação de modalidades. Nas regiões fronteiriças existiam camponeses donos da propriedade, ou seja, as propriedades alodiais.

> "Existem diferentes tipos de alódios:
> — simples, plebeus ou camponeses, nos quais o proprietário não tem direito de exercer justiça;
> — justiceiros, nobres ou cavaleiros, nos quais o possuidor podia exercer justiça e conceder terras, ainda que dependesse da jurisdição do Rei;
> — soberanos, nos quais o proprietário alodial não tem restrição alguma a seu direito.
> A propriedade alodial se estendeu de maneira desigual segundo as épocas e as comarcas e sua distribuição resulta difícil de estabelecer pelo caráter das fontes conservadas, que, por geral, só aludem a ela indiretamente ou em momento em que deixava de ser alodial." (GUGLIELMI, NILDA, y otros, *Léxico Historico del Occidente Medieval: 1. la sociedad feudal*, Buenos Aires, Editorial Biblos, 1991, pág. 12.)

A compreensão da presença de alódios também é partilhada por Perry Anderson, quando destaca o fato da existência de propriedades cujo poder feudal não atingia:

> "(...) a sobrevivência das terras comunais das aldeias e dos alódios dos camponeses, os quais, procedentes dos modos de produção pré-feudais, ainda que não gerados pelo feudalismo, tampouco eram incompatíveis com ele. A divisão feudal de soberania em zonas particulares com fronteiras superpostas, e sem nenhum centro de competência universal, sempre permitia a existência de entidades corporativas 'alógenas' em seus interstícios. E assim, ainda que a classe feudal tentasse de vez em quando impor a norma de nenhuma terra sem senhor, na práti-

ca nunca o conseguiu em nenhuma formação social feudal: as terras comunais — pastagens, prados e bosques — e os alódios dispersos sempre foram um setor importante da autonomia e da resistência camponesa, com decisivas conseqüências para a produtividade agrária total." (ANDERSON, PERRY, *Transiciones de la Antigüedad al Feudalismo*, Madrid, Siglo Veintiuno de España Editores, 1979, págs. 148 e 149.)

O que se pode perceber, portanto, é que esse tipo de propriedade não foi específico de uma determinada formação social nem tampouco de um restrito período, mas, pelos mais variados motivos, estendeu-se tanto ao longo do período feudal quanto pelo continente europeu, permitindo, assim, o convívio de senhores feudais e proprietários não feudais de terras na mesma região.

Concomitantemente a essa situação, constatava-se, também, a presença de jornaleiros, criados e outros tipos de relação que apontavam para a existência, igualmente, de grandes proprietários. Se essa complexa realidade permitiu, por um lado, a adoção de práticas feudais, por outro, em um processo lento e gradual, incentivou a substituição das obrigações feudais por pagamentos de tributos.

Nessa perspectiva, cabe observar que o comércio se constituiu, também, em importante atividade econômica.

"O mercado agrícola, geralmente semanal, se mantém, porém nas cidades se desenvolve um mercado diário. A possibilidade de obter e comprar produtos de outras regiões faz com que surjam os mercados anuais celebrados em data fixa e que recebem o nome de feiras. Os mercados anuais aparecem regulados em numerosos foros, porém estes dedicam especial atenção ao mercado semanal de caráter meramente regional ou da comarca e em alguns casos somente os urbanos, que têm como missão oferecer alimentos aos habitantes da cidade e dar saída aos produtos artesanais (...)

O mercado periódico não pode realizar-se sem garantias de

tranqüilidade e paz não só em lugar estrito de celebração senão também no percurso, pelo que se chega a crer em um direito particular. A monarquia se transforma em protetora dos mercadores, faz com que se sancione maiores penas aos delitos cometidos no mercado, proíbe o uso de armas, ordena que não se prenda ninguém em dia de mercado (...)

Os produtos comercializados podem agrupar-se em quatro grandes aparatos: de origem animal, vegetal e minerais, e artigos manufaturados. Entre os primeiros figura o pescado, em que se incluem sardinhas, trutas, pescado, ostras, peixes de rio, enguias, barbos (...)

Em todos os lugares pesqueiros se observa um claro protecionismo tendente a favorecer aos vizinhos, que pagam um imposto inferior ao dos forasteiros (...) um dos produtos mais apreciados e caros é a truta e entre os mais baratos figuram as lagostas, enguias e ostras, se julgarmos pelo encargo que se impõe às portagens [imposto cobrado aos produtos que vinham de fora] conhecidas." (MARTÍN, JOSÉ LUIS, *op. cit.*, págs. 534 e 535.)

A instabilidade política em Portugal não abalava o *status quo* da nobreza, apenas representava a luta pelo poder sem significar qualquer pretensão de eliminação dos laços de vassalagem ou qualquer mudança mais radical das práticas feudais. Era, no entanto, a disputa entre portugueses e castelhanos que apontava em direção às mudanças. Dessa forma, no transcorrer do reinado de D. Fernando, último soberano da dinastia de Borgonha, manteve-se uma política de conflito com Castela. Outra guerra entre os dois reinos (1372-1373) fez crescer as tensões sociais. Tais conflitos trouxeram grandes prejuízos para o comércio, o que afetava basicamente a burguesia em formação, além de criar uma situação de insegurança para toda a população, em especial para os pobres, pois até Lisboa foi atacada e saqueada pelos castelhanos.

A burguesia havia sido amplamente beneficiada, entre outras coisas, pela orientação econômica de incentivo à produção e exportação de lã. Tal política, além de beneficiar também os grandes senhores feudais em cujos domínios se destacava a criação de gado ovino, em detrimento daqueles que viviam exclusivamente da agricultura, fora iniciada visando criar condições para a aquisição de produtos de luxo consumidos pela nobreza.

Dessa forma, o conflito de interesses econômicos entre as duas parcelas da nobreza permitiu a composição de alianças políticas de aproximação entre os produtores de lã e a burguesia comercial. Entretanto, sendo a lã um produto também de exportação do reino castelhano, sua comercialização no mercado externo esbarrava nos interesses da burguesia de Castela, o que se apresentava como mais um ponto de conflito entre os dois reinos.

Não obstante uma política econômica que aparentemente podia representar maior oferta de produtos no mercado português, tendo em vista que era uma estrutura que se especializava na produção para exportação como meio de se obter no exterior a variedade de produtos cuja demanda interna exigia, não se pode esquecer do fato de que grande parte da população se encontrava excluída da capacidade de consumo. Isso fez com que, devido à excessiva exploração decorrente das relações feudais de produção, então predominantes, esses excluídos identificassem os senhores de terra como seus principais inimigos, o que justificou a posição política adotada na *Revolução de Avis.*

Somada a essa conjuntura de belicosidade, Portugal, assim como praticamente toda a Europa, sofreu, no século XIV, os efeitos da peste negra e outras epidemias, o que representou significativa diminuição tanto da produção quanto da oferta de mão-de-obra.

Em 1383, D. Fernando morreu, deixando o trono de Portugal para seu neto, filho do rei de Castela com D. Beatriz, filha única do soberano português. Tal sucessão acarretaria a união dos dois reinos. Enquanto o neto de D. Fernando não pudesse ocupar o cargo, Portugal seria governado por D. Leonor Teles, na condição de rainha e regente. Seus estreitos laços com a nobreza castelhana geraram descontentamento por parte, principalmente, da burguesia. A esse segmento da sociedade não interessava a união dos dois reinos, sobretudo pela incerteza da manutenção das concessões de comércio, e pelo risco da perda da soberania nacional. Os rebeldes aclamaram como rei D. João, o Mestre de Avis, irmão de D. Fernando, prontamente apoiado por grande parte da nobreza. Os castelhanos reagiram, mas foram definitivamente derrotados em 1385, na batalha de Aljubarrota.

De forma violenta, a participação popular de apoio à rebelião contribuiu para algumas mudanças no reino. Contudo, o assassinato do bispo de Lisboa ou a perseguição aos judeus, acusados da prática da usura, são exemplos do descontrole da situação por parte dos líderes, membros da nobreza e da burguesia. Foi necessário a intervenção de D. João para acalmar a população.

> "A violência popular se fez sentir em outros momentos. Aproveitando-se do clima geral de revolta, os artesãos resolveram expulsar ou dominar os seus antigos senhores. Na cidade de Évora, os 'pequenos' venceram os nobres e até mesmo os chefes burgueses. Surgiram líderes populares na cidade, como o pastor Gonçalo Eanes e o alfaite Vicente Anes, que assumiram temporariamente o controle da comunidade.
>
> Em Vila Viçosa, a população aprisionou o senhor da comunidade, Vasco Porcalho. Nas proximidades da cidade de Beja, os camponeses revoltaram-se contra João Mendes de Vasconcelos, acusando-o de apoiar a Rainha. Chefes populares, como Gonçalo Ovelheiro e o escudeiro Gonçalo Nunes d'Alvellos, passaram a governar a localidade.
>
> Dessa forma, apesar de a Revolução de Avis não ter brotado das camadas populares, recebeu o seu apoio. Em nome da nova ordem que se tentava instaurar, a gente-miúda procurou alterar o quadro de dependência em que vivia, vendo nos antigos senhores os primeiros inimigos a atacar." (MACEDO, JOSÉ RIVAIR, *Movimentos populares na Idade Média*, São Paulo, Editora Moderna, 1983, págs. 63 e 64.)

Apesar do apoio popular, a *Revolução de Avis* representou efetivamente os interesses tanto da nobreza quanto da burguesia. As camadas populares, contudo, conquistaram alguns direitos: participação na administração da comunidade; representação no conselho do reino; a garantia de que a cobrança dos impostos isentaria os mais pobres e corresponderia proporcionalmente à riqueza de cada indivíduo.

A participação popular na revolução possibilitou a alteração no curso do processo, obrigando as elites política e econômica a renunciar a alguns de seus privilégios, mesmo que isso tenha sido ainda muito pouco para alterar a estrutura de poder e as relações de exploração vigentes. Mesmo assim, demonstrou a existência de forças renovadoras com relativa capacidade de mobilização.

2.2 . A SOCIEDADE PORTUGUESA

Nos séculos XIV e XV Portugal, assim como o restante da Europa, vivia sob o sistema de produção feudal, em que a posse da terra e o regime de exploração camponesa, baseado na servidão, eram condições fundamentais à reprodução ampliada desse sistema. Dessa forma, controlando o principal meio de produção — a terra —, os senhores feudais dominavam a sociedade portuguesa também politicamente, assumindo, assim, a posição de classe dominante.

Por outro lado, técnicas e relações de produção arcaicas, bem como a extrema exploração a que estavam submetidos os camponeses, mais a concentração de rendas e a posse territorial, levavam a maioria da população que vivia na área rural a condições de extrema pobreza.

A estrutura feudal de produção, em Portugal, encontrava-se, no entanto, fortalecida, apesar da luta contra os leoneses e os árabes. Valendo-se das relações de servidão, a nobreza engajava os servos em tais lutas, utilizando-se de uma das obrigações feudais, a prestação de serviço militar. Ao mesmo tempo, as terras conquistadas aos árabes provocaram o fortalecimento das relações feudais, pois se constituíam em doações territoriais tanto aos nobres quanto à Igreja.

Nesse contexto, em Portugal se delineavam duas classes fundamentais: a dos senhores feudais e a dos servos. A classe dos senhores englobava nobres com posse territorial, nobres de título e o alto clero. A existência de uma nobreza de título decorria de um processo de diversificação de formas de feudo. Diante disso, este não se constituía unicamente como bem imóvel ou de base territorial:

> "Frente a uma opinião muito estendida, os bens concedidos em feudo nem sempre — nem quiçá principalmente — consis-

tiam em bens imóveis. Devemos recordar que o auge do regime feudal foi simultâneo à grande fase de crescimento econômico que conheceu a Europa entre os séculos X e XIII. De alguma maneira, o feudo foi uma forma de redistribuição dos benefícios da expansão entre os membros da classe dominante. Por isso, o feudo pode consistir, além da terra (...) em qualquer tipo de rendas: talhas (...), dízimos eclesiáticos, peagens, direito de aduana, direito de cunhagem de moedas, direito de justiça (...) Inclusive podia ocorrer — e neste caso se observa com freqüência já em meados do século XI em regiões economicamente avançadas como Catalunha ou Normandia — que o feudo não tivesse nenhuma base territorial: era então um 'feudo de renda' ou um 'feudo de bolsa' [o 'feudo de câmara', segundo As Partidas de Afonso X], consiste unicamente em um soldo pago pelo senhor a seus vassalos (...)." (BONNASSIE, PIERRE, *Vocabulario Básico de la Historia Medieval*, Barcelona, Editorial Crítica, 1983, págs. 97 e 98).

Os servos, apesar de suas variações, constituíam basicamente os trabalhadores rurais, os responsáveis, então, pela produção no setor dinâmico da produção, pelo menos até o século XV. Contudo, quando, a partir desse século, a elite portuguesa implementou a política de conquistas ultramarinas, motivadas principalmente pela cobiça pelo ouro do norte da África e a pretensão por novas posses territoriais para os senhores feudais, abriramse espaços para alterações na rígida estrutura social lusa. Os mercadores, que detinham o capital comercial, e os banqueiros, que controlavam o capital usurário, vislumbraram a ascensão social, na medida em que a contrução naval e a pesca, além de atividades urbanas, como o comércio e o artesanato, assumiam cada vez mais importância na estrutura econômica.

Entretanto, o grupo mercantil, apesar de importante economicamente, não ocupava papel de destaque na estrutura de poder, ficando esse papel a cargo dos senhores feudais. Mesmo sendo aquele grupo composto predominantemente por judeus, estes não estiveram ligados exclusivamente à atividade comercial.

> "O cultivo de videira é importante entre os judeus. Prova isso a menção que os documentos fazem à posse e usufruto de vinhas, de lagares e adegas (...) A par da vinha temos o aforamento ou a doação de quintas e pomares (...) A quinta, em geral, continuação da casa, ou situada perto dela, produz uma variedade de culturas que vai dos cereais à horta, englobando a vinha, os soutos e os pomares." (FERRO, MARIA JOSÉ, *Os judeus em Portugal no século XIV*, Lisboa, Guimarães & Cia Editores, 1979, pág. 109.)

Diferentemente de outras regiões da Europa, e objetivando fixar os judeus à terra, o monarca os obrigava, principalmente a partir de D. Dinis, a adquirir propriedades e desenvolver esse tipo de atividade.

> "D. Dinis, na sua política de desenvolvimento da agricultura, obriga os judeus de Bragança a comprar propriedades (...) Cremos que o rei não está somente interessado nos seiscentos maravedis anuais que estes judeus são obrigados a pagar, mas também na possibilidade de os fixar ao solo e de incrementar a agricultura nesta região transmontana. É prova disso o fato deles estarem proibidos de os vender e de os alienar." (FERRO, MARIA JOSÉ, *op. cit.*, pág. 108.)

Mas era nas atividades urbanas, como o artesanato e o comércio, que os judeus mais se destacavam, embora alguns, para sobreviver, tivessem de se empregar como assalariados.

Diante da preferência pelo comércio, os judeus ocuparam lugar de destaque na economia portuguesa, na medida em que essa atividade converteu-se em importante fonte geradora de recursos. Nesse sentido, além de comerciarem vinho, sal, frutos secos, peixe seco, azeite, panos etc., como ocorria na comuna do Porto, dedicavam-se igualmente ao comércio de mel, cereais, frutas, gado, bem como à agiotagem.

Parte dos judeus vivia de outros tipos de atividades urbanas. Eram ferreiros, alfaiates, sapateiros e ourives, sendo as duas primeiras profissões as mais procuradas.

Observa-se, desse modo, que os judeus, apesar de constituírem uma das minorias étnico-religiosas, tal qual os mouros, na formação social portuguesa, encontravam-se integrados econômica e politicamente por todo o território. Organizados em guetos, estes foram, até a instalação dos tribunais da Santa Inquisição, protegidos pelo monarca, o que permitia aos judeus contatar desde a família real até a arraia-miúda.

Com o êxodo judaico em direção a Portugal, após a unificação dos reinos de Aragão e Castela e a posterior adoção da Inquisição nesse novo reino, o aumento do número de judeus no reino lusitano implicou a elevação de conflitos destes com os cristãos, que eram a maioria da população.

> "É certo que um dos primeiros atos de D. João I, quando aclamado, fora proibir que judeus e sarracenos exercitassem ofícios públicos e fossem arrematantes de direitos reais (...) Os requerimentos das Cortes de 1490, para que lhes não fosse permitido o exercício de cargos públicos, denotam que as determinações do Mestre de Avis e seu filho continuavam a ser tão pouco atendidas (...) Já antes, em 1449, o descontentamento nascido deste desprezo das leis e dos abusos a que a ganância impelia os publicanos desabrochara em tumultos, fatais aos hebreus, e que só a intervenção violenta das autoridades apaziguou. O castigo de açoutes, mandado pelo Corregedor aplicar a uns rapazes, em Lisboa, por maltratarem judeus que passavam, indignou a arraia-miúda que, tomando armas, assaltou a judiaria (...) Parece que motins semelhantes se repetiram em 1484, depois em 1490, como se colige das Cartas Régias à Câmara de Lisboa (...)."
> (AZEVEDO, J. LÚCIO, *História dos cristãos-novos portugueses*, 2ª ed., Lisboa, Livraria Clássica Editora, 1975, pág. 19.)

Percebe-se, desse modo, que o entrelaçamento de interesses entre senhores feudais lusitanos e a comunidade judaica, em especial a sua parcela abastada, evitou durante bom tempo a adoção da política anti-semita. Entretanto, tal postura não foi possível de ser sustentada em sua plenitude quando da ascensão de D. Manuel I, o Venturoso, ao trono português.

Quando o rei Venturoso se casou com a princesa de Castela, em 1495, viúva do príncipe D. Afonso, iniciou a conversão forçada dos judeus ao cristianismo, após a tentativa de conversão voluntária. Em 24 de dezembro de 1496 foi decretada a expulsão dos judeus de Portugal. Suas opções de fuga eram bastante restritas: por terra mostrava-se impossível, tendo em vista o fechamento das fronteiras espanholas; e por mar havia a dificuldade de um governo que não oferecia meios adequados para embarque. O que se seguiu a essa situação foi a prática do batismo forçado daqueles que aguardavam o momento da partida.

Contrariamente à postura adotada em 1496, mas objetivando tornar a transição dos convertidos ao cristianismo mais fácil, um ano após essa data D. Manuel I determinou que, no espaço de vinte anos, não houvesse inquirição sobre procedimentos religiosos. Isso demonstra, pela pouca vontade do soberano em tornar plenamente efetivo o êxodo dos judeus do reino, os interesses que estavam em jogo.

A economia portuguesa tinha no comércio importante fonte de renda, dada a sua especialização em produzir para o comércio exterior. Isso impunha a obrigatoriedade de estabelecimento de ativo intercâmbio internacional, tanto para importar do mercado externo o necessário para o abastecimento do mercado interno, quanto para exportar, condição fundamental para obtenção dos recursos necessários à manutenção de uma nobreza que se tornara parasitária. Diante disso não somente os gêneros primários assumiam relevância econômica, como também o perfil agrário calcado na produção extensiva se reforçava.

> "A economia e a sociedade portuguesa dos séculos XIV e XV têm muitos pontos de contato com a de Castela. Países eminentemente agrários até o século XIII e dominados pela nobreza laica ou eclesiastica, ambos se incorporaram nos últimos séculos da Idade Média às correntes comerciais européias, primeiro como exportadores de matérias-primas e importadores de objetos manufaturados e de artigos de luxo, mais tarde como transportadores cujas frotas chegam ao Mediterrâneo (...) Se bem que [acaba por se observar] uma alta de preços dos produtos industriais como conseqüência do excessivo luxo de nobres e burgue-

ses, que competiam economicamente pelo prestígio social com o conseqüente endividamento ou ruína de uma parte da população; efeito igualmente desta competência pode ser a prefêrencia dada à produção para o exterior por imposição dos propietários que buscaram manter suas receitas a um nível suficiente para manter seu modo de vida."(MARTIN, JOSÉ LUIS, *op. cit.*, págs. 831 e 832.)

Como os judeus compunham parte considerável do grupo mercantil, estava aí o entrelaçamento de interesses que levou D. Manuel I a tentar conciliar. Isto é, se curvar diante das exigências do catolicismo, do qual extraía a essência de seu poder político, mas cedendo à necessidade de manter ativa a economia e inalterada a estrutura social.

Essa conciliação fez crescer uma classe social que desde as primeiras incursões dos navegantes portugueses ao Norte do continente africano passou a existir: os escravos negros. Esse novo segmento surgiu e cresceu devido às exigências do capital comercial que, então, assumia importante papel na estrutura econômica lusitana.

"(...) O comércio reagirá mais ou menos sobre os grupos que dele participam; cada vez mais ele orientará a produção para o valor de troca, porquanto os meios de subsistência e de gozo dependerão cada vez mais da venda e da utilização. Ele aumenta a circulação do dinheiro. Ele não absorve mais simplesmente o excedente da produção; domina pouco a pouco a produção inteira. Mas este efeito depende muito da natureza do grupo produtor (...) O capital comercial, se é o único senhor, representa, portanto, um sistema de pilhagem; seu desenvolvimento é marcado, aliás, nos povos comerciantes da Antiguidade como nos Tempos Modernos, de devastação, de pilhagem marítima, de escravidão e de servidão nas colônias (...)." (MARX, KARL, *apud* WERNECK SODRÉ, NELSON, *Formação histórica do Brasil*, 12ª ed., Rio de Janeiro, Editora Bertrand Brasil, 1987, pág. 51.)

Dessa forma, fruto do processo de fortalecimento do poder real que por um lado tornava a nobreza parasitária e, por outro, como resultado da visão patrimonialista da elite portuguesa, permitia ao soberano a adoção de políticas de concessão de monopólios, o grupo mercantil desfrutava de privilégios, mas sem condições de um crescimento autônomo, porque era dependente, tal qual a nobreza, dos favores do rei. Mesmo que a sua presença tenha sido fundamental para impor alterações na estrutura social portuguesa, com a introdução de novos elementos, estes não tiveram força suficiente para alterar a correlação de forças sociais no reino.

A incapacidade do grupo mercantil de alterar a estrutura social e de poder no reino português decorria de sua íntima relação e dependência para com essas estruturas. Esse grupo havia surgido e se consolidado por se constituir em peça importante da lógica econômica lusitana. Nesse sentido, grupo mercantil e senhores feudais não representavam oposição, mas sim complementaridade.

CAPÍTULO 3

PORTUGAL E A EXPANSÃO COMERCIAL

3.1 . O SENTIDO DA EXPANSÃO COMERCIAL

Desde o século XI, o comércio com o Oriente era um dos pólos mais dinâmicos da economia européia. Este intercâmbio favorecia principalmente os mercadores árabes e italianos. Os primeiros eram responsáveis pela introdução dos produtos orientais no circuito mediterrânico. Daí em diante, eram os mercadores italianos que monopolizavam a distribuição dos produtos orientais nas principais praças comerciais da Europa.

A idéia de eliminar intermediários e atingir o Oriente através de uma rota alternativa amadureceu em função das novas tendências econômicas em curso, da própria reestruturação política da Europa, favorecendo a formação de estados centralizados e, em certa medida, das condições impostas pela expansão otomana.

A retomada do crescimento econômico, passado o momento crítico da crise do século XIV, ocasionou uma inflexão positiva para o comércio europeu. A recuperação demográfica, mesmo lenta, abria novas possibilidades econômicas, o que exigia sempre quantidades crescentes de metais preciosos. As minas européias não supriam a demanda em quantidades suficientes e a cunhagem de moedas era irregular e insatisfatória. Na verdade, o esgotamento dos metais na Europa ligava-se ao desequilíbrio mercantil entre o Ocidente e o Oriente, já que, com o decorrer do tempo, ouro e prata se tornaram os únicos produtos interessantes para os mercadores levantinos. Diante da precariedade de metais preciosos, percebemos por que a busca dos mesmos foi um dos motores mais poderosos da idéia expansionista.

A necessidade de expansão dos mercados — consumidores e produtores — foi também um dos fatores decisivos para a arrancada ultramarina. A avidez mercantil emergiu da crise do século XIV com toda a determinação necessária para levar adiante um projeto tão fabuloso, uma vez que as possibilidades de lucro eram animadoras. Assim, não faltavam elementos da burguesia dispostos a investir diante de um negócio tão promissor.

Dentre todos os produtos orientais, foram as famosas especiarias que passaram a catalisar boa parte dos investimentos europeus. Com a Peste Negra, o consumo destes produtos acabou se difundindo entre as camadas que antes não tinham praticamente nenhum acesso a eles, aumentando a demanda e a potencialidade comercial dos mesmos.

Uma fábula da baixa Idade Média conta que a

> "Gula ia para a Igreja, assistir à missa e confessar-se, prometendo nunca mais pecar, quando passou na porta da taberna, sendo chamada pelo cervejeiro; 'Gula, tenho uma boa cerveja, quer entrar e experimentar?' A Gula respondeu:' Não obrigada, vou para a Igreja... mas... pensando bem, tens aí alguma coisa picante?'. Quando o cervejeiro descreveu o inventário de sua despensa — pimenta, alho, orégano — a Gula desistiu da confissão e decidiu-se pela taberna." (RITCHIE, CARSON I. A, *Comida y Civilización,* Madrid, Alianza Editorial, 1994, pág. 107.)

As especiarias eram utilizadas tanto na cozinha quanto na farmacopéia — acreditava-se que possuíam poderes afrodisíacos —, sendo principalmente úteis na conservação dos alimentos. Alguns usavam-nas para envelhecer o vinho, outros para tornar mais comestíveis as carnes e um alimento que passou a popularizar-se no fim da Idade Média: o peixe seco. Deve-se admitir que a difusão de muitas das especiarias — notadamente a pimenta — funcionou essencialmente como um subproduto do consumo de carne, nada desprezível nas cidades medievais, segundo Jacques Le Goff.

O preço das especiarias — passível de variação em função das guerras e/ou questões naturais — sempre fora questão fundamental para os mercadores que atuavam em um eixo de comércio intercontinental. Lidar com a imensidão do espaço era lidar com o tempo, responsável também por bons ou maus negócios. Sabemos que alguns mercadores no Oriente utilizavam pombos-correios para inteirar-se da alta ou baixa dos preços das especiarias, procurando vencer os adversários, através da velocidade de informações. Portanto, podemos concluir que não faltavam motivações econômicas para financiar o projeto expansionista.

A configuração política da Europa Moderna condicionou-se a partir da efetivação de um processo de deslocamento de poderes, à medida que os particularismos feudais iam sendo superados pela estruturação dos estados centralizados. Os desdobramentos da crise feudal proporcionaram aos reis, representantes de uma das muitas casas dinásticas existentes, a apropriação de recursos fiscais e militares, antes a cargo dos domínios feudais, acarretando a ocupação, por parte dos monarcas, dos espaços vazios criados no decurso da crise.

Os segmentos burgueses, interessados antes de tudo na normalização do comércio, na supressão das barreiras alfandegárias e conseqüentemente na criação de um mercado interno unificado, tenderam a apoiar a centralização. Inclusive, muitos elementos da burguesia atuaram no campo administrativo e no financiamento da solução centralizadora em andamento. Norbert Elias chegou a referir-se a esta aproximação como elemento integrante de um processo de interdependência funcional entre a burguesia e a monarquia, ambas em ascensão. A própria nobreza feudal, anteriormente única soberana sobre os seus domínios, em muitos casos abriu espaços para uma nova rede de jurisdições vinculadas ao rei. Agindo desta maneira, poderia conter as pressões populares latentes e manter, ou até mesmo ampliar, seus privilégios. Esta situação não foi regra geral, sendo muitas vezes necessária a eliminação de representantes de casas dinásticas pretendentes à Coroa ou questionadores de sua autoridade. Mesmo assim, de uma forma geral, para a nobreza, a expansão poderia representar a incorporação de novas terras ao reino, abrindo possibilidades para conquistas militares e ocupação de postos-chaves.

O processo de centralização política foi, portanto, fundamental para a expansão ultramarina, já que possibilitou a reunião de interesses em torno de um projeto que requeria múltiplas habilidades. Coube ao rei organizar as forças dispostas a atuar na expansão, potencializando suas características específicas e concentrando-as em benefício do Estado. Favorecia-se, assim, a dilatação do reino, dos negócios e das conquistas. Concretizava-se o império, os lucros e as glórias.

O compromisso com a difusão do Cristianismo — bem ao espírito cruzadístico — foi parte integrante da epopéia ultramarina, indissociável dos aspectos políticos e econômicos. Muitas vezes tendemos a considerar a expansão marítima como um capítulo do avanço linear do racionalismo sobre a religiosidade medieval. Não podemos esquecer, entretanto, que a religião era um elemento fundamental de percepção e de ordenação do mundo neste período, estando intimamente ligada à estrutura do poder estatal. Sendo assim, a luta contra os muçulmanos, arraigada durante séculos na Península Ibérica, foi fundamental para reforçar o caráter cruzadístico e missionário da expansão. O papado, por sua vez, referendou esta orientação a partir de uma série de bulas no decorrer do século XV, incentivando a dilatação da fé cristã e conferindo, ora a portugueses, ora a espanhóis, primazia sobre a colonização das almas.

Partindo do prisma religioso, a visão que os europeus tinham do Oriente era estimulante. Visto como um manancial de riquezas, encontrá-lo era também achar a própria salvação. Afinal, durante a Idade Média, foram inúmeras as representações idílicas do Mundo Oriental. Espaço da criação e da redenção, era encarado como o verdadeiro Éden terrestre. Mais tarde, a América acabaria tomando do Oriente esta representação, vindo a se transformar, por algum tempo, no novo paraíso na Terra.

3.2 . AS ETAPAS DA EXPANSÃO COMERCIAL PORTUGUESA

3.2.1 . O PIONEIRISMO PORTUGUÊS

A expansão marítima nasceu na Península Ibérica, bem como os maiores impérios coloniais da Idade Moderna. O *desencravamento planetário*, expressão de Pierre Chaunnu, efetivou-se a partir de embarcações, saídas de Lisboa, Palos, Cádiz e outros portos igualmente importantes, que desbravaram as dificuldades impostas pelo Mar Oceano. As condições determinantes para a viabilidade do processo expansionista encontravam-se consolidadas na Península Ibérica e assim explica-se a posição dianteira assumida por portugueses e espanhóis nas viagens atlânticas.

Portugal foi por quase um século o mais importante pólo irradiador da expansão marítima européia. Com pouco mais de um milhão de habitantes e aproximadamente 89 mil quilômetros, o diminuto reino luso foi pioneiro no ciclo das navegações que promoveram a transformação de um "mundo plural em um mundo singular". Esta arrancada portuguesa no processo ultramarino europeu pode ser caracterizada a partir de quatro pontos básicos: a precoce centralização política; a existência de interesses mercantis agenciadores da expansão; a posição geográfica privilegiada e o desenvolvimento das técnicas náuticas.

A) CENTRALIZAÇÃO POLÍTICA

A consolidação do poder real em Portugal evidenciou-se a partir da Revolução de Avis, conflito gerado após a morte do rei Fernando, da dinastia de Borgonha, que deixou o trono para sua filha Beatriz, casada com o soberano de Castela. Uma boa parte da nobreza portuguesa concordava com a manobra que transformaria o país em território tutelado pelo — distante — rei castelhano, uma vez que buscava alternativas políticas para superar os efeitos causados pela própria política borgonhesa, pela desvalorização monetária e pela crise do século XIV, que assolou violentamente o país.

Opondo-se à política pró-Castela encontravam-se burgueses, artesãos, nobres ligados às ordens religiosas e à arraia-miúda. Grupo heterogêneo, este *partido nacional português* apoiava a consagração do mestre da Ordem de Avis, irmão ilegítimo do rei morto, rejeitando qualquer solução que se aproximasse de um acordo com Castela.

Iniciada em 1383, sendo o próprio reino português invadido, a guerra durou dois anos e a ação da burguesia das principais cidades mercantis portuguesas foi fundamental para a vitória sobre os castelhanos. Instruídos pelo intelectual e comerciante Álvaro Pais, os burgueses lusos foram responsáveis pela contratação de arqueiros ingleses, decisivos para a vitória. O resultado foi a entronização do irmão bastardo de D. Fernando, que se tornou D. João I, inaugurando a dinastia de Avis (1385-1580).

Após a Revolução de Avis concretizou-se uma reorientação na política portuguesa, favorecendo a aproximação entre a burguesia, interessada nas possibilidades de controlar as rotas comerciais adjacentes, e o próprio Estado, sempre disposto a aumentar seus poderes com a ampliação territorial do reino e arrecadar mais impostos advindos com o crescimento comercial daí resultante. A nobreza, há muito favorável à ampliação dos limites do reino, estaria presente com a sua experiência militar, comandando as expedições, angariando glórias, postos administrativos e terras. Desta forma, a Revolução de Avis acabou fornecendo a base política adequada para o processo expansionista, superando a crise do século XIV em Portugal e reunindo interesses diversos ao fornecer crédito político e administrativo para o empreendimento marítimo via oceano Atlântico.

B) INTERESSES MERCANTIS

Desde a Terceira Cruzada (1189-1192), ao se tornar um dos pontos de passagem para o Mediterrâneo, Portugal, notadamente Lisboa, contava com a presença de mercadores oriundos de áreas vizinhas. A Guerra dos Cem Anos, ao dificultar a passagem nas rotas comerciais que cortavam as planícies francesas, entre elas a famosa rota de Champagne, favoreceu a escala nos portos atlânticos, que se transformaram em entrepostos dos produtos orientais para o norte da Europa, beneficiando o segmento mercantil português.

É importante perceber que, à medida que o comércio afluía para os portos lusos, acentuava-se a presença de mercadores de outras regiões; os italianos, por exemplo, intensificaram suas relações com Portugal e muitas casas comerciais florentinas, venezianas e genovesas instalaram-se em Lisboa. A própria esquadra cabralina contava com uma embarcação, a *Annunziata*, armada por mercadores italianos. Convém ressaltar que a idéia de que o litoral africano poderia ser contornado, possibilitando o contato com o Oriente, já havia sido colocada pelos irmãos Vivaldi, de origem genovesa, no final do século XIII.

C) LOCALIZAÇÃO GEOGRÁFICA

A localização geográfica possibilitou a Portugal fazer parte do circuito mercantil das especiarias, assim como já havia acostumado seus homens a usufruir dos recursos pesqueiros do Atlântico (arenque e sardinha) e do mar do Norte (bacalhau). O conhecimento dos marinheiros, quanto às correntes e ventos, foi indispensável para o sucesso dos pilotos que mais tarde se lançaram ao desconhecido do Mar Oceano. A convergência atlântica portuguesa foi um trunfo que contribuiu para tornar o projeto expansionista uma empresa viável e adequada aos interesses econômicos daqueles que já viviam em função do mar. Segundo Fréderic Mauro, concorreu também decisivamente para o pioneirismo ibérico.

> "a vantagem de se encontrar entre 428 e 358 graus de latitude norte, ou seja, entre o ponto em que começam a dominar os ventos de oeste para os regressos à Península e aquele em que têm raiz os alísios que sopram do Nordeste para as grandes partidas em direção ao Atlântico Sul." (MAURO, FRÉDERIC, *A Expansão Européia*, Lisboa, Editorial Estampa, 1988, pág. 42.)

D) DESENVOLVIMENTO TÉCNICO

A navegação atlântica só foi possível em função do aperfeiçoamento e da invenção de embarcações e instrumentos náuticos, assim como dos avanços na técnica cartográfica. Portugal foi um dos pólos econômicos por excelência desse desenvolvimento e acabou se transformando em um espaço privilegiado no processo expansionista, em grande parte graças a esta situação. O próprio Estado foi um dos responsáveis pela prática investigativa da técnica náutica, aglutinando elementos ligados à navegação e incentivando descobertas passíveis de se transformarem posteriormente em alavancas para ganhos econômicos e geopolíticos. Não podemos esquecer que o desenvolvimento da técnica náutica deve ser inserido na valorização crescente de uma mentalidade quantitativa, já intimamente ligada às exigências mercantis e às necessidades militares e burocráticas do Estado Moderno.

A existência de uma próspera comunidade de judeus em Portugal — após o massacre de 1391, na Espanha, muitos foram para o reino luso — foi importante no sentido de proporcionar ao projeto expansionista português a experiência, tanto no campo astronômico como no cartográfico, que os judeus possuíam.

Além dos judeus, deve-se mencionar que a contribuição italiana e a herança árabe também favoreceram o desenvolvimento náutico português. Quanto à colaboração italiana nos descobrimentos portugueses, pode-se datar, no início do século XIV (1317), o acordo entre o rei D. Dinis e um genovês da família Pessagno, transformado em almirante-mor da coroa lusa, como um momento emblemático da presença italiana em Portugal. Devemos lembrar que, mais tarde, o próprio Colombo levaria seu projeto de atingir *El Levante por el Poniente* à coroa portuguesa.

Dentre as inovações técnicas da época destacou-se a caravela, expressão de origem controversa, possivelmente oriunda do árabe — *carabo* — pequeno navio. A novidade desta embarcação consistia na combinação do jogo de velas redondas e triangulares com a própria superfície do velame, possibilitando a navegação contra o sentido dominante do vento, o que dispensava a alteração de rotas, como era a prática anterior.

No processo ultramarino português, o desenvolvimento de uma verdadeira indústria naval não pode ser menosprezado. Inúmeras obras atestam a dedicação lusa a esta empresa — *Livro primeiro de architectura naval*, de João Batista Lavanha; o *Livro da fabrica das naus*, de Fernando Oliveira — e sua importância no universo cultural de Portugal.

Na Ribeira das Naus de Lisboa, atuavam especialistas em diversos ofícios. Eram mestres de navio, carpinteiros, calafates, somando mais de mil trabalhadores. A complexidade desta empreitada material e técnica — conhecimentos aritméticos, geométricos e astronômicos — não nos autoriza, entretanto, a separar o conhecimento *puramente racional* dos tesouros coletivos, e muitas vezes anônimos, a respeito dos saberes da natureza.

> "Mas embora estivesse entre os maiores e mais complexos engenhos construídos até então pela indústria humana, a mediação do trabalho não separava o navio das determinações naturais. Seja pela madeira de que dependia para sua construção, seja pelos caminhos do mar em que navegava — orientado pelo mapa do céu —, sujeito a ventos, correntes e marés, o navio também tirava da natureza suas formas estruturais. E foi, quem sabe, na esperança de vê-los flutuar, como gaivotas, embalados sobre, as ondas de mares revoltos, que os construtores navais aca-

> baram assemelhando a proa dos navios aos peitos das aves oceânicas." (MICELLI, PAULO, *O ponto onde estamos*, São Paulo, Editora Scritta, 1994, pág. 85.)

A cartografia, responsável pela matematização do espaço, definiu as distâncias e registrou as *descobertas*, transformando-se em técnica severamente vigiada pelo Estado, preocupado com o vazamento de informações sigilosas. Até o fim do século XVII, os cartógrafos portugueses foram pontos de referência em toda a Europa. Mesmo com a vigilância estatal, o declínio ibérico contribuiu para a difusão das técnicas e dos próprios mapas, sendo o eixo da produção cartográfica deslocado para o Norte da Europa. Apesar disso, a influência da *arte de fazer mapas* lusa tornou-se tão considerável que foi um português — o visconde de Santarém — que criou, no século XIX, o nome cartografia.

A bússola, já integrada à navegação mediterrânea desde o século XI, ao que parece, foi acoplada à rosa-dos-ventos pelos nautas portugueses e a partir daí amplamente utilizada. Sua aplicação liberava os nautas de complicados cálculos astronômicos e sua importância prática já foi comparada à precisão do relógio mecânico. Na verdade, a imposição da bússola como instrumento de navegação pode ser enquadrada na tendência de superação de supersticiosas influências medievais que o ciclo das navegações propiciou — sempre restritas aos *sábios em terra* e aos pilotos e comandantes no mar. Durante algum tempo, não eram poucos os que associavam a bússola às artimanhas de Satanás. Afinal, como uma agulha poderia encontrar sempre o Norte? A própria origem da palavra contribuiu para esta idéia, uma vez que

> "o espanhol *Brújula* deriva de uma mistura sugestiva do italiano *bùssola* (bússola) e do murciano *brujería* (bruxaria)." (SALE, KIRKPATRICK, *A conquista do paraíso.*, Rio de Janeiro, Jorge Zahar Editor, 1992, pág. 57.)

3.2.2 . O PÉRIPLO AFRICANO

Não é seguro afirmar que desde o princípio do processo expansionista houvesse um projeto sistemático para se atingir o Oriente. É importante caracterizar que a expansão ultramarina portuguesa teve diversas fases, definidas em função das áreas de atuação e dos objetivos mais específicos. Assim, podemos destacar quatro fases básicas do expansionismo: a ofensiva no norte da África, a ocupação das ilhas atlânticas, a exploração do litoral africano e o projeto oriental propriamente dito.

A expansão marítima portuguesa teve seu marco inicial com a expedição em direção a Ceuta, ponto de partida de piratas que incursionavam no litoral português e praça árabe no norte da África e cabeça de rota de diversas caravanas oriundas de áreas vizinhas do Magreb. Privilegiadamente localizada, esta praça abria-se a quatro mundos econômicos: a Europa, o Mediterrâneo Levantino, o Marrocos Atlântico e o Sudão. Ceuta foi tomada em 1415 e sua conquista acabou representando exemplarmente uma das características cruciais da atitude expansionista portuguesa; a combinação do espírito mercantil com a prática cruzadista. O papa Martinho V concedeu ao rei D. João I, em 1418, a bula *Sane Charissimus*, conferindo à ação portuguesa no Norte da África o *status* de cruzada.

Apesar da euforia da conquista, Ceuta acabou não se consubstanciando em um ganho econômico duradouro. As caravanas que para ali se dirigiam foram desviadas para outras praças, onerando a manutenção da cidade. As incursões muçulmanas dificultavam o pleno estabelecimento dos portugueses. Passou-se a cogitar o abandono desta — um conselho real chegou a ser reunido para discutir o assunto —, o que acabou não se efetivando.

> "Portugal adotou a dupla política de conservar Ceuta, ao mesmo tempo que avançava e comerciava ao longo da costa atlântica da África. Muitos elementos da população portuguesa favoreciam esta política: mercadores que desejavam prosseguir o comércio; os corsários, incluindo muitos de elevada posição social, que queriam deitar mão ao comércio muçulmano; os aventureiros que queriam descobrir o que existia ao longo da costa da África; os jovens guerreiros que queriam atividade; os zelosos

que exigiam que o Infiel fosse atacado na sua própria terra; e a política régia que procurava a expansão do Reino." (DIFFIE, BAILEY W. e WINIUS, GORGE D, *A fundação do Império Português 1415-1580. Vol.1,* Lisboa, Editora Vega, s/d, pág. 71.)

Se o Norte da África pode ser considerado o primeiro momento da expansão portuguesa, as ilhas atlânticas — Madeira, Porto Santo, Açores e Cabo Verde — viriam em seguida. Nestas ilhas, chamadas adjacentes, verdadeiro laboratório para processos de colonização posteriores, os lusos implementaram cultivos diversos (principalmente a cana-de-açúcar e alguns cereais panificáveis), além de obterem madeiras e desesenvolverem a criação de gado.

A esta altura foi fundamental a presença do filho infante do rei, D. Henrique, responsável pela continuidade do projeto ultramarino e pela reunião de uma autêntica corte nos moldes renascentistas, com navegantes, cosmógrafos e instrumentistas, em Sagres.

No conjunto das viagens lusas pelo litoral africano, merece registro especial a ultrapassagem do cabo Bojador (bojador, em português arcaico, significa saliente), considerado por muito tempo intransponível pelos navegantes portugueses. Diversas expedições tentaram ultrapassá-lo, sem sucesso, e chegou-se a considerá-lo um limite dos mares navegáveis. O cronista oficial das viagens portuguesas nos tempos do Infante — Gomes Azurara — descreveu as dificuldades oferecidas pelo Bojador afirmando que *"as correntes são tamanhas, que navio que lá passe, jamais poderá tornar".*

Em 1434, Gil Eanes, a serviço do Infante, e com uma embarcação pequena para os padrões atlânticos, conseguiu quebrar o clima de medo e mistério que envolvia o cabo. Ao superá-lo, os portugueses passaram a acreditar mais nos avanços da técnica e iniciaram os questionamentos dos conhecimentos geográficos herdados da tradição ptolomaica.

A partir da ultrapassagem do Bojador, os navegantes lusos percorreram diversos pontos do litoral africano, explorando suas potencialidades econômicas. O caráter cruzadista, entretanto, não foi relegado, ficando evidente em 1437, quando D. Duarte organizou uma expedição para atacar a cidade moura de Tânger, com resultados desastrosos para os portugueses.

Em 1443 foi encontrada a ilha de Arguim, importante ponto militar e comercial para os interesses lusos na região. Nesse momento foi utilizado um padrão que mais tarde seria implementado no Brasil; o sistema de feitorias combinado com a prática do escambo. A feitoria era um armazém fortificado, ponto de apoio em uma área desconhecida, cuja utilidade maior era consubstanciar uma exploração muitas vezes temporária. A prática do escambo possibilitava a obtenção de mão-de-obra para determinados serviços, assim como para o conhecimento e obtenção de riquezas de uma determinada região. Costa do Ouro, do Marfim, da Pimenta, dos Escravos; os portugueses batizavam alguns lugares em função da disponibilidade econômica que apresentavam. Sabemos que o mesmo fariam com o Brasil posteriormente. A obtenção de escravos ligava-se à queda demográfica do século XIV, transformando-se, com o decorrer do tempo, em um dos mais importantes motores econômicos do eixo atlântico.

> "(...) levando em conta o custo de produção e de reprodução do homem, a importação de adultos em plena força produtora constituiu a mais vantajosa de todas as operações econômicas concebíveis. A necessidade imperiosa e um certo costume — adquirido no curso dos séculos de coabitação com o Islã — explicam o êxito desta operação paradoxal." (CHAUNNU, PIERRE, *Expansão européia do século XIII ao XV.* São Paulo, Livraria Pioneira Editora, 1978, pág.108.)

A exploração do litoral africano trouxe ganhos fabulosos para o reino português. Fonte inesgotável de recursos, o além-mar tornava Portugal centro de mercadorias raras e viabilizaria a busca crescente de novas riquezas em regiões mais distantes. Em 1456, Cadamosto, navegante italiano a serviço de Portugal, penetrou no rio Gâmbia, tornando acessível o ouro transaariano. Logo depois, em 1458, D. Afonso V promoveu o ataque à cidade marroquina de Alcácer-Ceguer, dentro dos moldes cruzadistas já mencionados. Em 1469, uma jazida de ouro foi descoberta na Serra Leoa. Treze anos mais tarde, ergueu-se aquele que seria um dos mais importantes estabelecimentos portugueses na África: o forte de São Jorge da Mina.

As estruturas do império marítimo começavam a ser montadas. Monopólios reais foram estabelecidos, sendo o mais significativo de todos aquele que regia as transações com ouro. As moedas passaram a ser obrigatoriamente cunhadas na *Casa da Moeda*. Um pouco mais tarde foi criada a *Casa da Mina*, tornando-se responsável pelo comércio africano. Contratos com particulares foram assinados; concessões, delegadas, e feitorias, estabelecidas em pontos considerados importantes. O papado contribuía à sua maneira, tendo referendado a primazia espiritual da Ordem de Cristo ao sul do Bojador, através das bulas *Romanus Pontifex* (1454) e *Inter Coetera* (1456).

O contato com outras *humanidades*, possuidoras de outras línguas, outros deuses, enfim, outras vidas, foi um dos fatores que gerou nos portugueses um comportamento mais cético em relação ao hermetismo cristão medieval, experiência fundamental para abrandar as possíveis fantasias referentes ao desconhecido dos descobrimentos. Como afirma Sérgio Buarque de Holanda, ao entrar em contato com a América — mais de oitenta anos depois do início da expansão ultramarina —, os portugueses não produziram impressões tão "maravilhosas" como produziram os espanhóis:

> "O GOSTO DA MARAVILHA E DO MISTÉRIO, quase inseparável da literatura de viagens na era dos grandes descobrimentos marítimos, ocupa espaço singularmente reduzido nos escritos quinhentistas dos portugueses sobre o Novo Mundo. Ou porque a longa prática das navegações do Mar Oceano e o assíduo trato das terras e gentes estranhas já tivesse amortecido neles a sensibilidade para o exótico, ou porque o fascínio do Oriente ainda absorvesse em demasia os seus cuidados, sem deixar margem a maiores surpresas, a verdade é que não os inquietam, aqui os extraordinários portentos, nem a esperança deles." (BUARQUE DE HOLANDA, SÉRGIO, *Visão do Paraíso,* 5ª edição, São Paulo, Editora Brasiliense, 1992, pág. 1.)

3.2.3 . A DIVISÃO DO ATLÂNTICO

À medida que o processo expansionista português alcançava as ilhas adjacentes e avançava no norte da África, começavam a ocorrer os primeiros choques com Castela, cujo interesse principal era impedir a ofensiva imperial lusa. O primeiro atrito entre os dois países envolveu o arquipélago das Canárias, gerando uma primeira partilha do Atlântico entre as partes em litígio. Os castelhanos não aceitavam o monopólio português nas Canárias, base privilegiada para operações na África, e passaram a questionar a política do *Mare Clausum* adotada pelo infante João, futuro rei D. João II.

As disputas agravaram-se com a questão dinástica espanhola (uma vez que Afonso V de Portugal ambicionava o trono castelhano), culminando em guerra entre os dois países. Após cinco anos de conflito (1474-1479), a paz foi assinada na cidade de Toledo, determinando uma divisão do oceano Atlântico em sentidos paralelos — hemisfério sul pertencendo a Portugal e hemisfério norte pertencendo à Espanha —, tendo como referência as Canárias.

É importante perceber como a política do *Mare Clausum* nasceu atrelada às exigências do exclusivo colonial, condição primordial para levar adiante o projeto imperial português. O tratado assinado em Toledo garantiu aos portugueses a hegemonia na África e o monopólio da rota para o Oriente.

A viagem de Colombo a serviço dos reis espanhóis colocaria em xeque o acordo dimensionado em 1479-1480 no Tratado de Toledo. Para o monarca português D. João II, Colombo havia tocado em terras contidas no hemisfério ao sul das Canárias, portanto, pertencentes a Portugal. A guerra entre os dois reinos parecia, àquela altura, uma questão de tempo. Esquadras das duas potências começaram a fazer manobras no Atlântico, preparando-se para a batalha iminente.

A intermediação do papa Alexandre VI deu-se através da publicação da bula *Inter Coetera* (1493). A solução papal, proposta para acabar com o conflito, previa a divisão do Atlântico entre os dois reinos a partir de um meridiano a 100 léguas do arquipélago de Cabo Verde, cabendo à Espanha a parte ocidental e a Portugal a parte oriental. Considerada tendenciosa a favor da coroa espanhola, já que o papa era aragonês, a proposta não foi bem recebida no reino português. Novamente a tensão entre os países ibéricos chegou ao nível de um encaminhamento bélico.

Um novo tratado foi assinado na cidade de Tordesilhas — agora sem intermediação papal —, transladando para 370 léguas de Cabo Verde o meridiano proposto na bula *Inter Coetera*. Um dos principais representantes portugueses em Tordesilhas era o humanista Duarte Pacheco Pereira, autor do *Esmeraldo Situ Orbis*, obra que descrevia as descobertas portuguesas a partir do infante D. Henrique. Corretamente informado, Duarte Pacheco abriu caminho para a estruturação das bases do império luso-afro-brasileiro, se bem que apenas a afirmação documental da política do *Mare Clausum* não fosse suficiente para garantir plenamente o monopólio português nas duas margens do Atlântico. O documento, denominado 'Capitulación de la partición del Mar Oceano', não levou em conta os interesses dos outros reinos e por isso mesmo foi desafiado por navegantes de outros países, notadamente os da França.

O Tratado de Tordesilhas deve ser encarado também como um dos momentos mais significativos da revisão ptolomaica iniciada após as primeiras viagens atlânticas. Aludir a possibilidade da dilatação do limite Ocidental além das Ilhas Afortunadas era redimensionar toda a concepção geográfica estabelecida por Ptolomeu no século II, e por tanto tempo respeitada na Europa Medieval. A experiência vai substituindo a tradição e tornando-se, bem ao espírito da Renascença, *mãe de todas as coisas.*

3.2.4 . RUMO AO ORIENTE

Não resta dúvida de que a morte do Infante (1460) representou uma temporária paralisia nos rumos até então tomados pela coroa portuguesa. A expansão foi retomada pelo príncipe D. João — em breve D. João II — responsável pelas primeiras tentativas sistemáticas de atingir o Oriente.

Nesse momento, a expansão dos turcos otomanos — vencendo as dinastias sarracenas do Oriente Próximo — já havia se transformado em um obstáculo significativo para a plena continuidade dos negócios italianos, afetando determinantemente a distribuição dos produtos orientais pela Europa. Com a expansão otomana, o preço das especiarias elevou-se para algo em torno de 800%, uma vez que as taxas cobradas pelos "pedágios" — rotas até então obrigatórias — eram bastante elevadas. Caberia aos navegantes portugueses quebrar esta dependência em relação aos fornecedores tradicionais das especiarias, deslocando o eixo econômico europeu do mar Mediterrâneo para o oceano Atlântico e atingindo diretamente os centros produtores.

É interessante observar que nos planos reais estava presente a idéia de atingir tanto as Índias como o lendário reino de Preste João, suposto líder de uma comunidade cristã separada do Ocidente pelo Islã e possível aliado contra os muçulmanos. Expedições foram enviadas com destino aos dois lugares: Pero de Covilhã partiu em direção à Abissínia, em busca de Preste João, enquanto Bartolomeu Dias navegou em direção ao extremo sul da África, ultrapassando os marcos deixados por Diogo Cão, descobridor da foz do rio Zaire. De Covilhã sabe-se que atingiu a corte de um rei na Abissínia e lá viveu até a morte. Quanto a Bartolomeu Dias, ficou conhecido como o desbravador do cabo das Tormentas, considerado anteriormente uma viagem intransponível. Sua travessia foi fundamental no sentido de provar a ligação — e a navegabilidade — entre o Atlântico e o Índico.

Quando Bartolomeu Dias retornou a Lisboa, em dezembro de 1488, Cristóvão Colombo estava na cidade, tentando convencer a coroa portuguesa da viabilidade de seu projeto ultramarino. Portugal, entretanto, manteria o plano do périplo africano atrasado temporariamente, em função das novas tensões da Espanha e da morte prematura do rei D. João II. Só mesmo com a entronização de um novo rei, D. Manuel, o projeto seria efetivamente retomado.

Vasco da Gama, cerca de dez anos depois da viagem de Bartolomeu Dias, partiu de Lisboa com o objetivo de atingir um ponto nas Índias onde pudessem ser travadas relações comerciais e religiosas. Sabemos que o acesso direto aos centros produtores de especiarias liberaria os portugueses da tradicional dependência em relação aos comerciantes italianos. A escolha do comadante da expedição baseou-se em critérios não propriamente ligados à navegação. Não foi indicado um piloto experimentado, conhecedor dos inúmeros segredos do Mar Oceano. Na verdade, diante da expectativa da missão, optou-se por um nobre ligado ao Estado, com suficientes habilidades militares e diplomáticas. Vale dizer que o mesmo procedimento seria adotado na escolha de Pedro Álvares Cabral, alguns anos mais tarde.

Vasco da Gama comandava uma pequena armada, com quatro embarcações e cerca de 170 homens, contando com alguns dos melhores pilotos de Portugal. A viagem até o sul da África foi feita à custa de inúmeras dificuldades para a tripulação, em função do surto de escorbuto. Chegando até Melinde, já na costa oriental africana, Vasco da Gama conseguiu contato com um piloto muçulmano conhecedor do caminho pelo oceano Índico. Em maio de 1498, os portugueses chegavam ao porto de Capocate, na cidade de Calicute. É interessante perceber como os portugueses acreditaram estar diante de cristãos, uma vez que os nativos não poderiam ser muçulmanos, já que cultuavam imagens religiosas. Mesmo sendo estátuas bem diferentes dos padrões ocidentais — possuíam vários braços, dentes salientes —, os navegantes as veneravam como se fossem cristãs. Na verdade, buscava-se no desconhecido traços que pudessem ser associados ao mundo conhecido.

Apesar de Vasco da Gama ter sido convidado ao palácio do Samorim (rei das montanhas e do mar) e ter conseguido diversos produtos rentáveis durante sua permanência na cidade, as relações entre os portugueses e os hindus não foram das melhores. Na partida, alguns disparos foram trocados com os barcos do Samorim. Não se pode afirmar, portanto, que contatos sólidos tenham sido realizados. A viagem de volta apresentaria também terríveis problemas, sendo que boa parte da tripulação não resistiu aos rigores da travessia.

A chegada a Lisboa foi marcada por uma grande excitação para os mercadores locais. Um comerciante italiano chamado Sergini foi responsável pela transmissão da notícia a sua terra natal, abalando o mercado das especiarias nas principais cidades italianas.

A viagem alcançou os resultados esperados, gerando lucros altíssimos e grande prestígio político para a coroa portuguesa. D. Manuel, sentindo a importância da realização de Vasco da Gama, relata ao Cardeal Protetor em 1499:

> "... esteveram em huma cidade chamada Quelecut principal escapulla de mercaderia da Yndia donde nos troxeram toda maneira de speçearia a saber: Canela, cravo, pymenta, noz moscada, benjoy, ambar, almisquere perlas, rrobbys e todo outro genero de pedreria e mercaderias preciosas ...".

3.3 . A CHEGADA AO BRASIL

Em função da viagem de Vasco da Gama, uma nova expedição, a maior já montada pela coroa lusa, foi confiada a Pedro Álvares Cabral, alcaide-mor de Azurara e Senhor de Belmonte. A esquadra tinha como objetivo primordial aprofundar os contatos iniciados em Calicute. Reunindo 13 embarcações e aproximadamente mil e quinhentos homens, partiu de Portugal com alguns dos mais experientes navegantes da época, como Bartolomeu Dias e Nicolau Coelho. O subcomandante da esquadra era um fidalgo castelhano, Sancho de Tovar, perseguido na Espanha por ter matado um juiz, mas já perfeitamente enquadrado na hierarquia de poderes em Portugal.

No dia 9 de março de 1500, uma grande despedida foi organizada na praia do Restelo para a esquadra cabralina. Diversos membros da família real, e até mesmo D. Manuel, estavam presentes.

Após cerca de quarenta dias de viagem, em que um barco se perdeu, a expedição aportou no litoral da Bahia, em Porto Seguro. No Brasil, a esquadra permaneceria por um breve tempo antes de seguir viagem para o Oriente. O comandante chamou a terra encontrada de ilha de Vera Cruz. Posteriormente o nome foi alterado para Terra de Santa Cruz.

Três documentos foram redigidos pelos membros da expedição cabralina: a carta do escrivão, a carta do Mestre João e o relato do piloto anônimo. O mais significativo a respeito da permanência na ilha de Vera Cruz é efetivamente a carta ao rei D. Manuel, de Pero Vaz de Caminha, escrivão da frota e de uma futura feitoria a ser instituída em Calicute.

Revestida de grande importância histórica e etnológica, a carta é um elemento fundamental para se avaliar a dimensão das expectativas lusitanas em relação à expansão marítima, além de descrever, a partir da ótica européia, é claro, as impressões do encontro inicial entre os índios tupiniquins e os navegantes portugueses. Refletindo basicamente sobre a natureza e os homens, narrando os episódios mais relevantes do contato com a nova terra e sua gente, Caminha é um dos que inauguraram a visão paradisíaca do trópico em consonância com o nativo belo, nu e inocente, como fora concebido antes do pecado original.

Foram coletadas pelo escrivão diversas informações a respeito da potencialidade econômica da nova terra, dentro das perspectivas mercantis portuguesas (no aspecto prático, missão dada aos degredados que vieram com a esquadra). As referências em relação aos metais preciosos não foram animadoras:

> "Até agora não podemos saber se há ouro ou prata nela, ou outra coisa de metal ou ferro."

Quanto às possibilidades de comércio com os nativos, as observações do cronista também não foram positivas, uma vez que sugerem a inexistência de excedentes, ainda mais comercializáveis:

> "Eles não lavram nem criam. Não há aqui boi ou vaca, cabra, ovelha ou galinha, ou qualquer outro animal que esteja acostumado ao viver do homem. E não comem senão deste inhame, de que aqui há muito, e dessas sementes e frutos que a terra e as árvores de si deitam."

Apesar das carências existentes, Caminha, sugere a utilização da área como escala valiosa para o Oriente e suas riquezas, assim como espaço privilegiado para a aplicabilidade de atividades agrícolas:

> "ter Vossa alteza aqui esta pousada para essa navegação de Calecut (...) Contudo a terra em si é de muitos bons ares... Em tal maneira graciosa que querendo-a aproveitar dar-se-á nela tudo. "

Mesmo não tendo sido feita nenhuma referência ao pau-brasil na carta, sabe-se que um barco retornou a Portugal com a notícia do "achamento". Esta expressão utilizada por Caminha reveste o sentido de intencionalidade quanto ao desvio da rota original e, conseqüentemente, a previsibilidade da existência de terras na região. A embarcação, comandada por Gaspar de Lemos, levou algumas amostras da madeira que mais tarde, apesar dos protestos de alguns, daria o nome definitivo à terra.

A primeira referência de Caminha em relação aos indígenas ressaltou a nudez, logo associada à ingenuidade. A descrição física foi minuciosa e calcada em notável tolerância estética:

> "andam nus, sem cobertura alguma. Nem fazem mais caso de encobrir ou deixar de encobrir as suas vergonhas do que de mostrar a cara. Acerca disso são de grande inocência (...) corpos tão limpos e formosos a não mais poder."

Mas imediatamente atribuiu-se a higiene à vida errante, sem moradias definidas e, pior, sem cidades. No âmbito político, o escrivão, subordinado ao aparelho estatal português, dirigindo-se diretamente ao rei D. Manuel, observou a inexistência de poder instituído entre os indígenas:

> " não por o conhecerem por senhor, cá me parece que não entendem nem tomavam disso conhecimento."

Estes fatores contribuíram para que, a partir do universo de referências dos navegantes europeus, os indígenas fossem comparados aos negros da Guiné. Ausência de cidades, carência de poder político e a tão bem-vista ingenuidade dos nativos foram encarados de forma a valorizar o âmbito missionário que a expansão ultramarina possuía. A suposta inferioridade indígena representava a possibilidade de assimilação dos valores cristãos. Sabemos que mais tarde os jesuítas compararam os índios a folhas em branco, como fez o padre Manoel da Nóbrega, ou a estátuas de murta, como afirmou o padre Antônio Vieira.

Após mais de um mês em terras brasileiras, intervalo em que duas missas foram rezadas, Cabral decidiu partir para cumprir sua missão primordial. No entanto, após completar a viagem, chegando com apenas seis barcos, os contatos em Calicute não foram amistosos. Diante do quadro, os portugueses procuraram explorar as rivalidades existentes entre as cidades hindus, bombardeando Calicute e aliando-se ao rajá de Cochim. Feitorias foram instaladas na região, possibilitando um contato comercial favorável aos lusitanos.

As expedições seguintes iriam aprofundar a influência lusitana no Oriente e assegurar o abastecimento das especiarias e outros produtos. Em breve, D. Manuel, já chamado de "o Venturoso", receberia o pomposo título de Senhor da Conquista, Navegação e Comércio da Etiópia, Arábia, Pérsia e Índia. Fica claro que o interesse português estava voltado para a riqueza oriental.

Como avaliar corretamente a dimensão do aporte cabralino no Brasil diante do conjunto ultramarino português? Para Francisco Carlos Teixeira

"(...) Portugal procurava consolidar o seu poder em ambas as margens do Atlântico, monopolizar a rota do cabo (o novo caminho para as Índias) e garantir a exclusividade da exploração das riquezas africanas. O Brasil, então Terra de Santa Cruz, era um ponto estratégico (...) Nesse sentido, (...) nada mais foi do que um episódio das navegações portuguesas em direção ao Oriente." (TEIXEIRA DA SILVA, FRANCISCO CARLOS, "Portugal — das origens agrárias às grandes navegações", *in Revista Ciência Hoje,* Vol. 15, nº 86. SBPC, 1992.)

CAPÍTULO 1

Exploração, Escambos e Feitorias

O período imediatamente posterior à chegada portuguesa ao Brasil em 1500 caracterizou-se pelo envio de expedições costeiras a mando da coroa, com o objetivo de explorar e conhecer os segredos do novo território incorporado ao império colonial luso.

O reconhecimento sobre o território, no que tangia às riquezas, o relevo, a população indígena e o clima, permitiu que Portugal dirigisse com maior segurança o seu projeto colonizador, delimitando com clareza as etapas a serem seguidas para a plena ocupação da região.

Em um primeiro momento, os olhares da coroa portuguesa estiveram direcionados para o lucrativo comércio de especiarias das Índias e a exploração do litoral africano. Dessa forma, tornou-se inviável a Portugal transferir recursos, navios e homens para o território do Brasil sem uma efetiva compensação financeira. O Brasil representava, nesse momento, papagaios, frutos exóticos e tintura extraída da madeira do pau-brasil. Muito pouco, comparado aos lucros do comércio de especiarias.

No entanto, o lucro do pau-brasil atiçou o interesse de outros Estados europeus, especialmente a França, visando o contrabando da madeira para o continente europeu.

A importância que esse comércio atingiu durante o início do século XVI foi expresso no próprio meio ambiente, pois:

> "esse comércio foi tão intensamente efetuado que no próprio século XV, já muitas florestas estavam devastadas e algumas regiões já desprovidas de suas árvores." (MARCHANT, ALEXANDER, *Do escambo à escravidão*, São Paulo, Companhia Editora Nacional, Coleção Brasiliana, Vol. 225, 1980, pág. 15.)

Com o objetivo de patrulhar o litoral brasileiro, combater os contrabandistas e explorar a geografia, Portugal enviou expedições para garantir o pleno domínio sobre o território e conhecer a sua nova possessão. Tais expedições ficaram conhecidas como as *expedições guarda-costas.*

A preocupação portuguesa em garantir o seu controle sobre a região estava vinculada ao desejo de implementação do monopólio luso nas relações comerciais, dentro da ótica mercantilista em vigor na Europa.

Além da repressão aos rivais dos portugueses no comércio colonial, as expedições procuravam mapear o litoral brasileiro, indicando as condições climáticas, a vida natural da região, a amabilidade ou a beligerância das tribos indígenas etc.

Evidentemente, o custo dessas expedições e a proteção do território tinham de ser compensados financeiramente. O desejo imediato português de encontrar ricas jazidas de ouro e de outros metais preciosos esbarrou na inexistência de minas na faixa litorânea.

Restou à coroa investir na realidade mais imediata: a exploração do pau-brasil. Para reduzir os custos, Portugal utilizou a própria mão-de-obra indígena através do escambo. Mas o que foi o escambo?

Embora no senso comum persista a idéia de que escambo significa "troca direta de mercadorias, sem interveniência de moedas" (FERREIRA, AURÉLIO BUARQUE DE HOLANDA, *Dicionário Básico da Língua Portuguesa*, Rio de Janeiro, Editora Nova Fronteira, 1988, pág. 261), no caso português, houve o interesse em trocar mercadorias, leia-se espelhos, colares, pentes e ferramentas, por trabalho.

Dessa forma, as populações indígenas aprenderam, no contato com os portugueses, que "não podiam obter miçangas ou camisas apenas por derrubarem e desgalharem uma árvore na mata, mas só ao entregarem a madeira na feitoria, em forma apropriada ao embarque. No que concerne aos indígenas, recebiam as cobiçadas bagatelas e miuçalhas em troca da entrega aos portugueses de certos objetos materiais, pau-brasil ou (como no caso dos Guarda-Costas) víveres e outros produtos." (MARCHANT, ALEXANDER, *op. cit*, pág. 33.)

A necessidade de armazenamento das mercadorias a serem levadas para Portugal levou ao estabelecimento de armazéns fortificados, ocupados por mercadores que garantiam os contatos comerciais com os índios e esperavam os barcos que levariam os produtos até a Europa. As duas principais feitorias encontradas no litoral brasileiro foram em Cabo Frio (cuja concessão foi depois transferida para Itamaracá, em Pernambuco) e São Vicente. Aliás, não foi por acaso que os primeiros agraciados com a escolha de capitanias no Brasil, Martim Afonso de Sousa e seu irmão Pero Lopes de Sousa, escolheram São Vicente e Itamaracá, respectivamente.

No entanto, a primeira feitoria foi construída em 1504, pelo mesmo grupo mercantil que obtivera o direito de comércio do pau-brasil, e localizava-se em uma ilha da baía da Guanabara. Esse grupo, liderado por Fernando de Noronha, foi contratado em 1502 pelo rei D. Manuel, o Venturoso. Caberia ao grupo "mandar seis navios por ano e explorar anualmente trezentas léguas de costa, além de construir e manter, por três anos, um forte". (MARCHANT, ALEXANDER, *op. cit*, pág. 16.)

No próprio ano de 1504, pelos serviços prestados à coroa, Fernando de Noronha recebeu a ilha de São João ou da Quaresma como doação, tornando-se essa ilha a primeira capitania hereditária no Brasil Colonial.

A última das grandes expedições realizadas no século XVI foi a de Martim Afonso de Sousa (1530-1532), que tinha alguns objetivos definidos: garantir a posse portuguesa sobre o território brasileiro, expulsando os barcos e feitorias francesas do litoral; ampliar o conhecimento cartográfico português da região (cabe lembrar que a expedição chegou ao rio da Prata no sul do continente) e iniciar o povoamento do Brasil através da fundação de uma vila, a de São Vicente, em 1532, que foi inicialmente povoada por Martim Afonso de Sousa e parte de sua tripulação.

A partir desse momento, a coroa portuguesa começava a estruturar um projeto de colonização permanente através da imigração de portugueses ao Brasil e da sistemática exploração econômica da região dentro dos quadros da política mercantilista.

CAPÍTULO 2

Por que a empresa colonizadora?

2.1 . AS RAZÕES DETERMINANTES

A chegada de Cabral e a conseqüente posse das terras do Brasil por Portugal não foram acompanhadas, de forma imediata, de um projeto de colonização e exploração das riquezas da terra. A leitura do relato da expedição de Cabral realizada pelo escrivão da armada, Pero Vaz de Caminha, não deixa dúvidas:

> "Nela até agora não pudemos saber que haja ouro, nem prata, nem coisa alguma de metal ou ferro; nem o vimos." (CASTRO, SÍLVIO, *A carta de Pero Vaz de Caminha*, Porto Alegre, Editora L&PM, 1985, pág. 97.)

A mesma impressão foi passada em um outro relato da chegada de Cabral ao Brasil. Vejamos o seguinte trecho da ***relação do piloto anônimo*** que descreve o primeiro contato da expedição com o Brasil: "Nesta terra não vimos ferro e nem qualquer outro metal, e a lenha cortam com pedra." (CASTRO, SÍLVIO, *op. cit,* pág. 103.)

O projeto colonizador encontrou, portanto, o seu primeiro obstáculo visível: a ausência de uma mercadoria que sustentasse e justificasse a presença lusitana nas terras do Brasil. Além disso, os lucros auferidos com a *rota das Índias*, isto é, o comércio de especiarias do Oriente, demandava a maior atenção do reino português.

Portugal, no século XVI, contava com uma população que não era "muito mais de um milhão de habitantes, menos certamente de um milhão e meio". (FONSECA, CÉLIA FREIRE DE A., *O realismo da colonização portuguesa no Brasil, nos séculos XVI e XVII,* Recife, Tese de concurso para provimento da cadeira de História do Brasil no Colégio Estadual do Recife, s.d., pág. 12.)

Faltavam porém a Portugal recursos monetários e humanos para tamanho empreendimento: colonizar o Brasil e manter regular o lucrativo comércio com as Índias. O descaso inicial português para com o Brasil refletiu essa realidade. A ausência de ouro e de outros metais preciosos, no litoral também atuou como um fator que desestimulou a colonização portuguesa do território.

Seria preciso esperar cerca de trinta anos para que tivesse início o processo colonizador português no Brasil. As constantes ameaças de fundação de feitorias francesas no litoral da colônia, juntamente com a redução dos ganhos da coroa no comércio das Índias, provocaram uma reviravolta na política lusitana no Brasil. A partir desse momento, explorar o território brasileiro passou a ser uma meta desejada.

Além disso, a empresa colonizadora ultrapassou uma etapa meramente mercantil, baseada na instalação de simples feitorias que armazenavam produtos comercializáveis, para um empreendimento colonizador, isto é, fundado na montagem de uma estrutura de produção de mercadorias que obtivessem elevados lucros no mercado europeu.

A empresa colonizadora portuguesa no Brasil estruturou-se dentro dos modelos impostos pelo mercantilismo. Uma rápida conceitualização do mercantilismo implicaria apontá-lo como uma prática

> "segundo a qual a riqueza de um Estado reside na maior ou menor quantidade de metais preciosos que possui. Na época, esses metais estavam representados pelo ouro e prata. Para evitar a evasão, os Estados que dele dispunham promoveram severas

medidas com relação ao comércio externo." (AZEVEDO, ANTONIO CARLOS DO AMARAL, *Dicionário de nomes, termos e conceitos históricos*, Rio de Janeiro, Editora Nova Fronteira, 1990, pág. 263.)

A colonização européia nas Américas representou uma etapa no contexto mercantilista em que o rígido controle sobre a economia colonial permitiu o acúmulo de metais preciosos para a metrópole. "A colonização européia moderna aparece, assim, em primeiro lugar como um *desdobramento da expansão puramente comercial.*" (NOVAIS, FERNANDO A., *Portugal e Brasil na crise do antigo sistema colonial (1777-1808)*, São Paulo, Editora Hucitec, 1981, pág. 67.)

A empresa colonizadora atendia a um caráter comercial de uma economia em franca expansão. A Europa rompia suas próprias fronteiras, integrando-se ao jogo de trocas do mercado mundial. Nesse contexto, coube às colônias a tarefa de produzir gêneros agrários tropicais, além do fornecimento de ouro, prata e pedras preciosas, que atendiam às próprias demandas de um mercado que se encontrava em franca expansão.

E como garantir o controle sobre esse mercado? Como ter certeza de que as mercadorias chegariam ao seu destino final, a metrópole? Para garantir que seus objetivos fossem realizados, foi organizado um sistema econômico baseado no controle do mercado colonial por parte da metrópole. Estruturado em torno de uma relação baseada no *exclusivo comercial*, o sistema colonial procurou garantir às metrópoles européias a possibilidade da acumulação de capital através do comércio colonial.

Assim, foi organizado o chamado *Pacto Colonial*, que garantiu o monopólio metropolitano sobre o mercado colonial e tornou a existência econômica da colônia mero apêndice dos interesses metropolitanos.

Segundo as práticas do *Pacto Colonial*, cabia à colônia produzir as mercadorias que teriam larga aceitação no mercado europeu. A comercialização dessas mercadorias ficava a cargo de intermediários, os *comerciantes reinóis*, que recebiam o direito de comércio com a colônia através de *régia concessão.*

Cabia aos *comerciantes reinóis* a efetivação da ligação comercial entre a colônia e os outros países, negociando os produtos coloniais e revendendo-os com preço elevado no mercado europeu, além de vender mercadorias necessárias à sobrevivência da colônia, dentre as quais, panos, pólvora, armas, ferramentas.

O comércio colonial tornou-se peça importante no processo de acumulação de capital, permitindo à economia européia modernizar suas estruturas produtivas através do ingresso da máquina na produção. Logo, deve ficar claro que a montagem do *sistema colonial* não pode ser dissociada das transformações socioeconômicas vivenciadas na Europa a partir da crise da sociedade feudal em sua passagem ao capitalismo.

Embora vinculado ao mercado externo, o sistema colonial não se manifestou coeso em toda a América. A terminologia originada no século XIX, que distinguia *colônias de exploração* de *colônias de povoamento*, representou uma percepção de modelos coloniais diferenciados de colonização que marginalizavam as áreas sem efetivos atrativos ao processo de acumulação de capital.

Nesse contexto, as *colônias de exploração* caracterizavam-se pelo clima tropical, que favoreceu o cultivo de produtos agrícolas não encontrados na Europa. Some-se também o predomínio de ricas regiões mineradoras de ouro e prata. As *colônias de povoamento* eram as encontradas em áreas de clima similar ao europeu, o que inviabilizou a estruturação de uma atividade econômica que se enquadrasse no processo de acumulação de capital.

Dentro desse quadro, a colonização portuguesa no Brasil caracterizou-se pela montagem de um sistema baseado na atividade agro-exportadora, sob rígido controle fiscal, em que pontificava a imposição de um monopólio sobre o mercado colonial.

2.2 . A EXPEDIÇÃO DE MARTIM AFONSO DE SOUSA

Em 3 de dezembro de 1530, partiu de Lisboa uma expedição composta por cinco navios e cerca de quatrocentos homens, sob o comando de Martim Afonso de Sousa. A expedição tinha como missão: mapear o litoral do Brasil de norte a sul, avaliando as condições climáticas, o relevo e a existência de rios caudalosos que possibilitassem reservas de água seguras; analisar as potencialidades econômicas da terra; e contatar as tribos indígenas, verificando sua possível hostilidade.

Além disso, a expedição tinha ordens de garantir o domínio português na região, combatendo e capturando os barcos não portugueses na costa brasileira. Assim, por exemplo, em 31 de janeiro de 1531, a expedição capturou duas embarcações francesas, uma das quais carregada de pau-brasil, tendo perseguido posteriormente outras duas naus avistadas nas proximidades do Cabo de Santo Agostinho (atual Pernambuco).

Entretanto, a importância maior da expedição de Martim Afonso de Sousa residiu no fato de ter se iniciado com ela a efetiva colonização do Brasil. De fato, a diferenciação desta expedição, se comparada com as anteriores, estava no fato de que o reconhecimento do território objetivou encontrar um sítio que fosse apropriado para a fundação de um povoado no Brasil.

Para isso, Martim Afonso contou com o inestimável auxílio de degredados e náufragos encontrados no litoral brasileiro. Entre eles destacaram-se Diogo Álvares Correia, o Caramuru, e o Bacharel de Cananéia, que muito auxiliaram a expedição no contato com os índios e no reconhecimento das potencialidades do território.

Em fevereiro de 1532, Martim Afonso encontrou uma região que considerou segura e aprazível, ordenando que seus homens a ocupassem, cedendo-lhes

> "terras para fazerem fazendas e fez uma vila na ilha de São Vicente e outra nove léguas dentro pelo sertão na borda de um rio que se chamava Piratininga." (SOUSA, PERO LOPES, "Diário de Navegação", *in*: *Pauliceae Lusitana Monumenta Historica, vol. 1* (1434-1600), Lisboa, Publicação do Real Gabinete Português de Leitura do Rio de Janeiro, 1956, pág. 503.)

Assim foi fundado o primeiro núcleo de povoamento português no Brasil.

CAPÍTULO 3

A MONTAGEM DA EMPRESA AÇUCAREIRA

3.1 . RAZÕES DETERMINANTES

A ocupação do Brasil pelos portugueses fez-se necessária diante das pressões de ingleses e franceses que argüíam que somente a efetiva presença lusa no território garantiria seu direito à terra.

Assim, ocupar o Brasil assumiu uma conotação política, pois era o instrumento que legitimava a posse portuguesa sobre a terra do Brasil.

Ao mesmo tempo, passou a ser importante a construção de uma atividade econômica que permitisse a inserção da colônia dentro dos quadros do mercantilismo europeu. Com o início da crise do *comércio da pimenta* que ligava Portugal às Índias, fruto da concorrência espanhola na região e dos constantes confrontos com os muçulmanos que desejavam manter o seu controle sobre a região, tornou-se imperioso buscar novas fontes de renda junto aos domínios ultramarinos lusitanos.

A fundação de feitorias ao longo do litoral brasileiro não surtiu o efeito desejado pelo reino português, pois não representou a incorporação de grandes lucros com o comércio de pau-brasil e papagaios; e nem resultou na efetiva certeza da posse da terra diante da cobiça franco-inglesa.

Some-se o fato de as comunidades indígenas não representarem um espaço capaz de garantir o fluxo de trocas mercantis devido à ausência de um significativo excedente produtivo, e encontramos a explicação para a necessidade de um projeto de povoação da colônia que avançasse a ocupação através das feitorias.

Além disso, a dimensão do território brasileiro, sua variedade geográfica e a generosidade da natureza, com grandes rios e imensas áreas favoráveis ao plantio, estimulavam os interesses econômicos da coroa portuguesa.

Encontrar uma atividade econômica que atendesse aos interesses mercantilistas passou a ser a opção portuguesa. A inexistência de jazidas de ouro e prata no litoral acabou por indicar a atividade agrícola como a depositária das expectativas da coroa portuguesa. Claro, seria necessário um produto que encontrasse larga aceitação no mercado europeu e fosse valorizado como mercadoria de troca. Foi a chance do açúcar.

Mas por que o açúcar? A opção pelo emprego da lavoura de cana-de-açúcar no Brasil colonial foi o resultado do somatório de diversos fatores. Podemos destacar dois pontos importantes:

- o prévio conhecimento lusitano acerca das técnicas utilizadas para o cultivo da cana em virtude de sua utilização nas ilhas atlânticas, isto é, Açores e Madeira;
- o elevado valor do açúcar no mercado europeu. O produto era considerado uma especiaria, e o cultivo em larga escala permitiu sua difusão pelo mercado europeu.

A seu favor, além da experiência portuguesa em seu cultivo, o interesse dos donatários que

> "espoliados de seus recursos, esperavam reconstituir suas fortunas no Brasil, graças à grande lavoura para a produção de açúcar." (BUARQUE DE HOLANDA, SÉRGIO (org.), *História geral da civilização brasileira*, T. I, V. 2, São Paulo, DIFEL, 1985, pág. 204.)

Para os donatários, o açúcar tornou-se a opção lógica, e cedo eles compreenderam que

> "o açúcar era o único produto (pois lhes era vedado pelas suas cartas de concessão o comércio de pau-brasil) que podia atrair à terra colonos suficientes, ou produzir riqueza bastante para lá os conservar." (SERRÃO, JOEL e MARQUES, A. H. DE OLIVEIRA, *Nova história da expansão portuguesa. O Império luso-brasileiro. 1500-1620*, coordenação de Johnson, Harold e Nizza da Silva, Maria Beatriz, Lisboa, Editorial Estampa, 1992, Vol. 6, pág. 240.)

O litoral tornou-se a área propícia para a montagem da empresa açucareira devido ao fato de que a

> "costa tinha todas as condições climatéricas e ambientais necessárias a uma indústria do açúcar florescente. Em primeiro lugar, em muitas localidades entre a Paraíba a norte e Santos ao sul, havia grandes extensões de terreno de barro vermelho negro conhecido por massapé, que era perfeito em nutrientes e em componentes para a cultura da cana. O solo era tão rico que os fertilizantes se tornavam desnecessários; a cana podia crescer continuamente ano após ano." (SERRÃO, JOEL e MARQUES, A. H. DE OLIVEIRA, *op. cit.*, págs. 240 e 241.)

Além disso, o litoral trazia uma importante vantagem geoestratégica que não podia ser desprezada: a "maior proximidade em relação ao continente europeu e as vantagens do meio natural". (BUARQUE DE HOLANDA, SÉRGIO (org.), *op. cit.*, pág. 202.) A expansão de novas edificações urbanas, como, por exemplo, Salvador e Recife, somada à fixação de uma burocracia real na colônia, reforçando a defesa do território contra os corsários franceses e indígenas hostis, tornou-se um fator decisivo para o ingresso de portugueses dispostos a explorar a atividade açucareira.

No entanto, a expansão da lavoura açucareira no litoral brasileiro cobrou um preço extremamente caro ao meio ambiente: a progressiva destruição da *Mata Atlântica* para dar lugar a novas áreas de cultivo, o que provocou desequilíbrio ambiental e resultou no desgaste prematuro do solo, além de implicar o lento deslocamento das tribos tupinambás para o sertão, em busca de terras e alimentos abundantes que garantissem a sobrevivência de sua comunidade.

3.2 . O ENGENHO

O termo engenho refere-se diretamente ao

> "maquinismo do engenho onde a cana-de-açúcar era moída, mas a palavra acabou por designar todo o complexo do engenho (caldeira, terras e construções) que hoje se poderia designar como plantação, mas que nunca foi assim chamado no período colonial." (NIZZA DA SILVA, MARIA BEATRIZ (org.), *Dicionário da história da colonização portuguesa no Brasil*, Lisboa, Editora Verbo, 1994, pág. 291.)

Dessa forma, o engenho tornou-se o centro pulsante da vida social nas regiões marcadas pela lavoura açucareira. Nele conjugavam-se os três setores-chaves da economia colonial: a produção de cana, a fabricação do açúcar e a exportação para o mercado europeu.

Além disso, a montagem do engenho permitiu que os portugueses e seus descendentes ocupassem militarmente a maior parte do litoral brasileiro, sobretudo o nordestino, pois os senhores de engenho eram obrigados a construir fortificações e a fornecer armas para a defesa da colônia.

Some-se a isso o papel religioso, na medida em que a capela do engenho tendia a se tornar um pólo de atração para os fiéis da região, ao mesmo tempo em que o senhor de engenho se encarregava da sustentação econômica do pároco.

Fica claro, assim, o papel preponderante do engenho na estrutura social da vida colonial. O engenho era constituído por diversas construções, entre as quais a casa-grande, residência do proprietário rural que assumiu também as funções de fortificação, escritório e mesmo de pousada para viajantes; a senzala, que abrigava os escravos, sendo marcada pelas péssimas condições de higiene; a capela, local de culto que envolvia a família do senhor, os escravos e moradores próximos ao engenho; além das edificações ligadas à produção da cana, isto é, as

> "casa de caldeiras, com suas fornalhas; casa de purgar, onde se recolhe o açúcar nas fôrmas; caixaria, onde se pesa e encaixa o açúcar, com quatro balcões ou grandes tabuleiros que, sobre rodas e trilhos, saem com o açúcar ao sol para secar; o sobradinho ou palanque, de onde o mestre do açúcar assiste e superintende o cozimento (...)" (FERLINI, VERA LÚCIA AMARAL, *A civilização do açúcar. (Séculos XVI a XVIII)*, São Paulo, Editora Brasiliense, 1988, pág. 30.)

Existiam dois tipos de engenho: o *engenho real*, que era movido pela força da água de um rio e geralmente possuía dimensões maiores que os outros; e o *engenho de bois ou de cavalos*, também conhecido como *engenhoca*, que utilizava a força da tração animal, ou mesmo a dos escravos, embora o deslocamento dos negros da lavoura para o engenho fosse considerado pouco produtivo.

Outros termos também designavam os engenhos: *engenhos correntes*, para os movidos a energia hidráulica; *engenhos moentes*, para os movidos por tração humana ou animal; e *engenhocas* ou trapiches, para os pequenos engenhos, que se ocupavam principalmente da produção de aguardente e de rapadura.

Um *engenho real* podia produzir cerca de dez mil arrobas de cana (145 toneladas), embora a média dos engenhos ficasse em mil e setecentas arrobas anuais. Claro que os custos para a produção de dez mil arrobas não eram pequenos. Dessa forma, a busca por maiores produções nos grandes engenhos reais demandava grande soma de investimentos de capitais, o que acabou limitando a expansão destes grandiosos complexos açucareiros.

Frederic Mauro, em seu livro *Portugal, le Brésil et l'Atlantique au XVIIème Siécle*, calculou tais custos em 48.000 cruzados portugueses, soma considerável na época e que levou a coroa lusitana a incentivar os proprietários de engenhos a procurar fontes de financiamento junto a banqueiros e comerciantes.

A contínua necessidade de capitais estreitou ainda mais os laços comerciais entre Portugal e os mercadores holandeses, que passaram a financiar diretamente a construção dos engenhos, sendo que, em alguns casos, se apresentaram como sócios do empreendimento, como no engenho de São Jorge dos Erasmos, fundado por Martim Afonso de Sousa em São

Vicente. Além da participação flamenga, contavam-se investimentos originários de cidades italianas e alemãs que, através de Portugal, procuravam participar da empresa colonial no Novo Mundo, visando fortalecer seus ganhos monetários.

No geral, os engenhos eram localizados junto a um rio ou riacho navegável, permitindo de forma mais fácil e eficaz o transporte de materiais, além do embarque do açúcar até o porto, de onde era encaminhado para Portugal. Claro que a existência do curso d'água facilitava a construção dos *engenhos correntes*, ampliando a produtividade da lavoura açucareira.

Nos engenhos onde inexistiam cursos d'água navegáveis utilizavam-se

> "bois para mover o mó do engenho; e se este se localizasse longe de um curso de água, tudo tinha de ser transportado de carroça; o que era possível, mas menos eficiente e caro." (SERRÃO, JOEL e MARQUES, A. H. DE OLIVEIRA, *op. cit.*, pág. 241.)

Na região açucareira também existiam os chamados *lavradores da cana*. Estes não eram camponeses, mas sim arrendatários, que, detentores de alguns recursos, podiam participar do plantio de pequenos lotes de terras.

> "Os lavradores, pois, não constituíam grupo social que ombreasse com os senhores de engenho, mas uma gama variada de colonos, de diferentes condições econômicas e sociais: desde grandes proprietários, estes sim, bastante próximos dos detentores de engenho, até roceiros e artesãos que se aventuravam nos negócios do açúcar." (FERLINI, VERA LÚCIA AMARAL, "Pobres do açúcar: estrutura produtiva e relações de poder no Nordeste colonial", *in*: SZMERECSÁNYI, TAMÁS (org.), *História econômica do período colonial*, São Paulo, Editora HUCITEC, 1996, págs. 30 e 31.)

Os lavradores de cana ficavam obrigados a moer suas *tarefas de cana* no engenho do arrendador da terra, constituindo a chamada *cana-obrigada*, além de um percentual pago após a moagem:

"'o terço', caso se tratasse de terra fértil ou próxima ao engenho, ou o 'quarto', quando tais condições não ocorriam." (FERLINI, VERA LÚCIA AMARAL, *op. cit*, pág. 32.)

Para os engenhos, os lavradores garantiam o suprimento de cana necessário para que fosse atingida a totalidade da sua capacidade de moagem. Em um momento de escassez de recursos e de investimentos, os lavradores asseguravam ganhos aos senhores de engenhos, independentemente de sua própria capacidade produtiva.

Em relação ao trabalho empregado no interior do engenho, conviviam tanto o trabalhador livre quanto o escravo, embora o segundo fosse reconhecidamente a maioria da mão-de-obra empregada pelo senhor de engenho.

Mas o que significava ser um trabalhador livre no interior da sociedade açucareira? Para compreendermos o significado dessa categoria social, devemos lembrar a contraposição ao escravo. Um só poderia ser percebido como livre na medida em que existissem trabalhadores compulsórios.

No geral, o trabalhador livre era o que se vinculava a uma tarefa mais técnica, demandando maior grau de habilidade e dominando o seu ofício com um requinte desconhecido pelos escravos em uma tarefa indispensável ao fabrico do açúcar. Entretanto, com a solidificação da lavoura açucareira, essas tarefas foram lentamente alienadas dos trabalhadores de maior qualificação, passando a ingressar o domínio tecnológico do mundo do engenho, o que resultou na passagem do domínio destas técnicas para serem executadas "por trabalhadores menos hábeis, com menor remuneração, ou por escravos". (FERLINI, VERA LÚCIA AMARAL, *op. cit.*, pág. 52.)

Destacavam-se as seguintes funções, também ocupadas no engenho por homens livres:

a) *Feitor-mor* – apresentava-se como uma espécie de gerente moderno ou capataz do engenho. Cabia a ele o controle sobre o conjunto de trabalhadores escravos ou livres vinculados ao processo produtivo. Suas tarefas tornavam-se imprescindíveis durante o período da safra, pois era ele quem verificava as ferramentas e apetrechos, orientava os lavradores, cuidava do transporte da cana e controlava a disciplina dos escravos, entre outras tarefas. A crise que marcou a lavoura açucareira após o século

XVIII refletiu-se diretamente em seus ganhos, resultando numa acentuada diminuição dos valores pagos pelo proprietário rural. Assim, o seu salário variou de "110.000 réis, na primeira metade do século XVII, a 60.000 réis no século XVIII". (FERLINI, VERA LÚCIA AMARAL, *op. cit*, pág. 52);

b) *Caixeiro do engenho* (ou da cidade) – era o agente comercial do senhor de engenho na área urbana. Recebia o açúcar em caixotes e providenciava o seu armazenamento no cais do porto. Além disso, tratava da venda e do embarque do açúcar a Lisboa. Sua remuneração oscilava entre 28 mil e 90 mil réis;

c) *Cobrador de rendas* – cobrava a moagem de *cana-obrigada* junto aos lavradores, além das rendas devidas pelos arrendatários. Ganhava cerca de 40 mil réis por ano;

d) *Mestre-do-açúcar* – assumia o papel de um engenheiro de produção, sendo o cargo de maior especialização entre os trabalhadores do engenho. Comandava a totalidade dos processos técnicos empregados para a feitura do açúcar, pois cabia-lhe o controle do funcionamento da cozinha, impedia o cozimento excessivo e evitava o azedamento do caldo, entre outras tarefas. Sua remuneração, assim como a do feitor-mor, variava entre 170 mil e 120 mil réis ao longo dos séculos XVII e XVIII.

Além desses, também eram trabalhadores livres os *purgadores* (que clarificavam o açúcar), os *barqueiros*, os *levadeiros* (controlavam a força d'água e a moenda), o *escrivão*, o *solicitador* (procurador do engenho nas questões relativas à posse ou conflitos jurídicos com os lavradores), o *cirurgião*, o *caldeireiro de escumar* (limpava o caldo durante o processo de decoada) e o *banqueiro* (auxiliar direto do mestre, que o substituía na supervisão noturna do trabalho).

Apesar da diversidade de funções desempenhadas por homens livres, a produção açucareira dependia do trabalhador escravo. Não sem razão, Antonil, em 1711, afirma, em sua obra que se tornou posteriormente um clássico, *Cultura e opulência do Brasil*, que os "escravos são as mãos e os pés do senhor de engenho, porque sem eles no Brasil não é possível fazer, conservar e aumentar fazenda, nem ter engenho corrente". (ANTONIL, ANDRÉ JOÃO, *Cultura e opulência do Brasil por suas drogas e minas*, São Paulo, EDUSP e Editora Itatiaia, 1982, pág. 89.)

Os escravos, negros e índios, ocupavam a base da sociedade açucareira. Atuavam em todo o processo de produção e organização do engenho e da lavoura. O engenho representou um dos primeiros espaços da produção, caracterizando-se pela divisão de tarefas com os trabalhadores organizados em seu interior de acordo as demandas do processo produtivo e efetuando atividades repetitivas e contínuas em uma seqüência de insaciável voracidade, que transformava os escravos em um mero objeto cujo valor se esgotava com o desgaste de sua capacidade física.

Apesar do nítido empobrecimento produtivo com o emprego de escravos, a lavoura açucareira conseguiu dispor de uma considerável reserva de mão-de-obra, que atendia às contínuas demandas de uma atividade em expansão. Ao mesmo tempo, o tráfico negreiro acabou por se inserir no contexto de acúmulo de capitais no interior da economia européia.

3.3 . A MÃO-DE-OBRA ESCRAVA

A) AS ORIGENS DA ESCRAVIDÃO NA HISTÓRIA

A escravidão foi conhecida pela maioria dos povos e culturas do mundo. Originalmente, representou a necessidade do emprego de uma mão-de-obra complementar, que aumentasse a produtividade do trabalho familiar e doméstico.

No entanto, o escravo passou a ser empregado em todos os setores da economia, representando, ao ser utilizado pelo proprietário, um custo menor que o de qualquer outra mão-de-obra similar disponível. Enquanto uma significativa instituição econômica e histórica, a escravidão representou o reconhecimento da

> "falta de laços com a família, os parentes e a comunidade que finalmente distinguiram os escravos de todos os outros trabalhadores." (KLEIN, HERBERT S., *A Escravidão africana. América Latina e Caribe*, São Paulo, Editora Brasiliense, 1987, pág. 12.)

Essa realidade implicou dizer que os escravos eram elementos não-integrados à comunidade e totalmente dependentes das vontades e desejos de seus proprietários.

O período medieval assistiu à redução progressiva do número de escravos na Europa cristã ocidental. O uso de escravos ficou relegado ao trabalho doméstico, pois no campo empregou-se cada vez mais a mão-de-obra servil.

No correr dos séculos X-XI, ocorreu novo incremento no comércio de escravos, utilizando-se principalmente os eslavos, que eram capturados e negociados pelos muçulmanos. Aliás, a difusão da escravidão de eslavos foi a responsável pela formação da palavra escravo, que derivou do uso indiscriminado do termo *slave*, que tanto designava eslavo como escravo.

Ao mesmo tempo, os muçulmanos haviam incorporado o norte da África aos seus domínios no século VIII, o que implicou o controle do lucrativo e ancestral comércio de escravos, que eram levados do centro-sul do continente ao norte mediterrânico em caravanas. Esse comércio, ativo desde os tempos pré-romanos, acabou sendo controlado por mercadores muçulmanos, que deslocavam caravanas para a Península Arábica e portos no litoral oriental do oceano Índico.

A conquista muçulmana do Mediterrâneo europeu manteve a escravidão como uma atividade significativa, principalmente na Espanha, onde os escravos eram utilizados nas manufaturas e na própria agricultura. O mundo muçulmano passou a controlar e direcionar para o atendimento de suas necessidades o tráfico caravaneiro no território africano, transportando escravos negros do interior para o litoral mediterrânico e daí para as suas possessões ibéricas.

O avanço português pelo litoral africano a partir do século XV representou um importante marco para o comércio escravista de negros. O início do cultivo de cana-de-açúcar nas ilhas da Madeira e de São Tomé (litoral africano) permitiu o afluxo de escravos que anteriormente se dirigiam para as ilhas mediterrânicas, o que representou o ingresso português nesse lucrativo comércio.

Foi justamente a experiência das ilhas que motivou Portugal a iniciar a plantação de açúcar no litoral brasileiro. Além disso, os portugueses já se encontravam firmemente estabelecidos no tráfico negreiro, competindo com os rivais muçulmanos.

O peso do trabalho escravo de africanos nos territórios portugueses pode ser medido pelo uso do vocábulo *negro* para designar trabalhadores de caráter compulsório, como, por exemplo, *negros da terra*, que designava os índios no Brasil colonial. Para os portugueses, desde a Idade Média,

> "a palavra 'negro' tornara-se quase um sinônimo de escravo, e com certeza no século XVI ainda tinha implicações de servilismo." (SCHUARTZ, STUART B., *op. cit*, pág. 57.)

B) O INÍCIO DA ESCRAVIDÃO NO BRASIL: O EMPREGO DA MÃO-DE-OBRA INDÍGENA

O primeiro grupo social utilizado pelos portugueses como escravo foi o das comunidades indígenas encontradas no Brasil. A lógica era simples: os índios estavam localizados junto ao litoral, e o custo inicial era pequeno, se comparado ao trabalhador originário de Portugal ou mesmo o escravo negro, enfim, uma solução simples no contexto do projeto colonizador português.

A opção pela mão-de-obra escrava se inseria nos quadros do *antigo sistema colonial*, em que

> "as atividades produtivas não resistiriam ao assalariamento, pois os custos seriam muito altos e impediriam a exploração colonial. Sem contar com a mão-de-obra livre, os colonos produziriam para o seu consumo, aniquilando as potencialidades de um comércio internacional." (RAMINELLI, RONALD, *op. cit*, pág. 14).

No entanto, rapidamente ocorreu um declínio no emprego do trabalhador indígena. Quais as razões para tal fato? Ao utilizarem escravos índios no trabalho da lavoura canavieira, os proprietários portugueses passaram a contar com a ferrenha oposição dos jesuítas, empenhados em catequizar os nativos, associados à virtude e à sinceridade ausentes nos colonos.

O ingresso do escravo africano em detrimento do indígena não ocorreu só pela resistência jesuítica. Esta nova realidade também atendeu a outros interesses. O tráfico negreiro representava um aumento dos lucros da coroa junto ao comércio colonial. Melhor dizendo, o tráfico assegurava a segmentos da burguesia a possibilidade de ampliar os espaços da *acumulação de capital*, pois

> "o apresamento de indígenas era um negócio interno da Colônia. Os ganhos provenientes desta atividade permaneceriam com os colonos." (RAMINELLI, RONALD, *op. cit.*, pág. 15.)

Além disso, a dificuldade de captura dos índios no interior e a brutal diminuição da população indígena, como resultado direto dos maus-tratos, da fome, da violência e da própria escravidão, criaram dificuldades para a continuidade do uso de índios em um setor em franca expansão e necessitado de grande demanda de trabalhadores.

A chegada do europeu às Américas foi também acompanhada do ingresso de *patógenos*, germes capacitados a produzir doenças até então desconhecidas na região, e sobre as quais os nativos não possuíam resistência natural. Nesse ambiente, o Novo Mundo, os *patógenos* se reproduziam a uma taxa superior à de seus hospedeiros europeus, assumindo proporções catastróficas. A rapidez da propagação das doenças e o percentual quase absoluto de mortalidade que provocaram levaram historiadores ligados ao estudo do meio ambiente a afirmar que

> "foram os germes — e não os imperialistas em si, a despeito de toda a sua ferocidade e desumanidade — os principais responsáveis pela devastação dos indígenas e pela abertura das Neo-Europas à dominação demográfica." (CROSBY, ALFRED W., *O imperialismo ecológico. A expansão biológica da Europa: 900-1900*, São Paulo, Cia. das Letras, 1993, pág. 175.)

A mesma realidade foi vivenciada pelas tribos indígenas que povoavam o litoral brasileiro e foram dizimidas com as epidemias de varíola que afetaram Salvador (1561-1563) e São Vicente (1565 e 1599). As brutais condições de vida a que foram submetidas as populações indígenas, e posteriormente os negros, favoreceram a propagação da praga nesses grupos.

C) A ESCRAVIDÃO AFRICANA

A demanda contínua de braços para as atividades econômicas, em especial a lavoura açucareira, somada à redução demográfica da população indígena, acabou por favorecer o deslocamento da rota do tráfico de negros africanos para o território brasileiro.

Ao mesmo tempo, o tráfico revelou-se importante fonte de lucros, ampliando o interesse por sua continuidade. Pode-se afirmar que

> "entre 1502 e 1860, mais de 9 milhões e meio de africanos serão transportados para as Américas, e o Brasil figura como o maior importador de homens pretos. O século XVIII detém o recorde de importação: as Américas coloniais fizeram vir a elas 6 milhões e 200 mil escravos durante esse período (...)." (MATTOSO, KÁTIA DE QUEIRÓS, *Ser escravo no Brasil*, São Paulo, Editora Brasiliense, 1990, pág. 19.)

Podemos afirmar que, após o século XVIII, acentuou-se a participação de barcos de propriedade brasileira no tráfico negreiro. Transportavam tabaco e cachaça produzidos no Brasil para a compra de negros, retornando diretamente aos portos brasileiros.

No caso brasileiro, o traficante foi um agente do comércio local e dispunha de quantias que movimentavam o mercado interno colonial, o que representou um fortalecimento da iniciativa privada e a formação de uma brecha dentro de um contexto de economia monopolizada pela coroa. A empresa privada garantiu ao tráfico maior autonomia e flexibilidade que

> "permitirão sobretudo o estabelecimento de uma corrente comercial direta entre Brasil e África, escapando dessa maneira ao esquema clássico do comércio triangular praticado pelos outros países colonizadores e suprimindo-lhe a etapa européia." (MATTOSO, KÁTIA DE QUEIRÓS, *op. cit.*, pág. 32.)

Os principais portos de comércio de negros na África sob o controle português foram Cabinda, Benguela e Luanda. Inicialmente os portugueses fixaram-se no litoral, negociando com os próprios africanos a aquisição de novos escravos.

Em Angola, ao longo do século XVII, Portugal iniciou a estruturação de uma organização centralizada em torno de um núcleo urbano, São Paulo de Luanda, o que a diferenciou das demais regiões afetadas pelo tráfico de escravos sob controle europeu, onde imperou o estabelecimento de feitorias que intermediavam com as lideranças locais o suprimento regular de negros interioranos para o comércio negreiro.

O crescimento do comércio negreiro para as Américas alterou profundamente o continente africano. Além da sangria de milhões de pessoas embarcadas à força para a América, assistiu-se à eclosão de cruentas guerras internas que tinham como objetivo central a escravização dos vencidos e a posterior venda dos mesmos aos comerciantes do litoral.

O historiador Jaime Pinsky, após analisar diversos estudos sobre o tráfico negreiro para o Brasil, apontou os seguintes dados estatísticos:

negros apresados	mortos nos primeiros seis meses	mortos no porto de embarque	mortos na travessia	mortos nos quatro primeiros anos de Brasil	sobreviventes
8.330.000	3.300.000	600.000	400.000	2.000.000	2.000.000

Fonte: PINSKY, JAIME, *A escravidão no Brasil*, São Paulo, Editora Contexto, 1988, pág. 28.

Nos domínios portugueses o tráfico esteve, em geral, associado a outras atividades econômicas, ampliando os ganhos lusitanos na região, embora a forma mais comum tenha sido a da prioridade para o tráfico negreiro.

Embarcados no litoral africano nos chamados *navios negreiros*, os escravos iniciavam um cotidiano de violência e humilhações, verdadeira antecipação do que seria imposto pelo colonizador. Em uma viagem que durava cerca de 35 dias, de Angola até Pernambuco, o negro encontrava-se acorrentado em um minúsculo porão, sujo pelos dejetos, comprimido em nauseabundo odor com outros duzentos (em um bergantim português) ou até setecentos negros (caso fossem embarcados em um grande navio).

A mortalidade elevada foi uma realidade diante das condições subumanas vividas pelos escravos no interior do navio negreiro. Acredita-se que, em média, morriam cerca de 20% do total de escravos amontoados nos porões dos navios que, diante destes altos índices, ficaram conhecidos como *tumbeiros*. Um dos dados que reforça esta estimativa seria a percepção de que

> "uma taxa de mortalidade superior à média de 20% levaria a admitir que os lucros dos empreendimentos ficariam comprometidos na maioria das viagens." (MATTOSO, KÁTIA DE QUEIRÓS, *op. cit*, pág. 48.)

Os principais portos de desembarque de negros ao longo dos séculos XVI e XVII foram os de Recife, Salvador, Belém, São Luís e Rio de Janeiro. Esses portos estão localizados em regiões que efetivamente demandavam a necessidade do uso de escravos para suprir uma economia vinculada ao mercado externo.

A má alimentação, a pesada carga de trabalho, a disenteria (considerada o principal agente de mortalidade entre os escravos adultos) e o banzo (que afetava os escravos não só durante a travessia entre a África e o Brasil) explicam uma expectativa de vida em torno de dez anos para o escravo que realizasse os trabalhos mais pesados.

Os escravos nascidos em cativeiro chegavam aos 23 anos de idade, que, apesar de baixa, caminhava parelha à dos homens livres, pois estes atingiam, por volta do final do século XIX, a faixa dos 27 anos, enquanto o branco norte-americano já alcançava a expectativa dos quarenta anos desde cerca de 1850.

A própria taxa de mortalidade infantil correspondia à média das estimativas das crianças escravas no Brasil, em que, no século XIX,

> "um terço de todas as crianças do sexo masculino morria antes de chegar a um ano, e pouco menos da metade morria antes dos cinco." (KLEIN, HERBERT S., *op. cit.*, pág. 179.)

As regiões econômicas sob domínio francês, holandês e inglês foram caracterizadas por uma política de miscigenação entre os negros africanos, visando impedir uma maior articulação política que resultasse em rebeliões, além da obrigatoriedade de adotar a língua dos brancos para se comunicarem entre si. A saída encontrada pelos escravos para preservar mínimos mecanismos culturais distintos do mundo dos proprietários brancos foi a formação dos dialetos *crioulos*. Era um amálgama lingüístico que incorporava expressões das diferentes comunidades africanas, indígenas e dos brancos, e se tornou a linguagem da comunicação entre os escravos, além de ser ininteligível para a aristocracia branca.

O ingresso de escravos angolanos trazidos pelos portugueses para o mercado brasileiro, caracterizando maior aproximação na identidade tribal e o papel de catequese assumido pela Igreja na colônia, resultou no uso do português como língua corrente no Brasil por parte dos escravos e em maior integração cultural junto ao colonizador lusitano.

A catequese tornou-se importante elemento para a manutenção da ordem escravocrata, pois visava, através da obediência à doutrina cristã,

> "manter as relações de dominação entre senhores e escravos, preservar a hierarquia entre brancos e negros, mas canalizar os conflitos para o interior da 'família cristã' sob o arbítrio divino." (VAINFAS, RONALDO, *Ideologia e escravidão. Os letrados e a sociedade escravista no Brasil Colonial*, Petropólis, Editora Vozes, 1986, pág. 114.)

No entanto, surgiu entre os escravos um forte sincretismo religioso, que acomodou crenças e rituais de origem africana, tais como o *acotundá* e o *candomblé*, aos santos católicos, e que no período pós-abolição pôde se desenvolver livre da clandestinidade e de maiores perseguições, embora ainda discriminados pela Igreja católica.

A quantidade proporcional do número de mulheres embarcadas na África para as Américas foi o fator determinante para a formação de famílias escravas nas sociedades escravistas coloniais. No Brasil, em contraposição ao sul dos atuais Estados Unidos, havia maior interesse por escravos homens, o que implicou um reduzido número de famílias negras constituídas nas áreas rurais. Em geral, existiam muitos homens para poucas mulheres, por isso eram poucas as famílias formadas.

Além disso, constatou-se que a maior parte das famílias constituídas era organizada por escravos nascidos no cativeiro. Entretanto, a natalidade continuou baixa e a mortalidade infantil elevada, principalmente nos cinco primeiros anos de vida.

Os escravos no Brasil foram alocados principalmente no setor rural, onde trabalhavam em todas as etapas da produção do açúcar e no serviço doméstico da casa-grande. Nas áreas urbanas, os escravos assumiram tarefas domésticas, atuando diretamente no comércio como vendedores, ou mesmo como marinheiros e estivadores nos portos coloniais.

Nos centros urbanos ocorreu também a formação dos *escravos de ganhos*, que recebiam de seus proprietários, mediante o pagamento de um salário diário, autorização para trabalhar por conta própria na rua, como alfaiates, carpinteiros, sapateiros ou vendedores ambulantes, e as mulheres muitas vezes como prostitutas.

Na prática, a principal força de trabalho no Brasil colonial foi a do escravo, principalmente do negro africano, incorporado ao sistema produtivo colonial mediante o emprego da violência.

3.4 . A RESISTÊNCIA NEGRA

A) AS DOCES MENTIRAS E A AMARGA REALIDADE

Muitos autores costumam apresentar a opção pela escravização do negro em substituição ao trabalho compulsório do índio argumentando ser o negro mais dócil. Afirmam inclusive que o índio resistia de todas as maneiras: lutava, fugia, se recusava a trabalhar. Em contrapartida, defendem a idéia de que o negro se mostrava mais acomodado e dócil, aceitava mansamente a sua condição de escravo. Esses autores chegam mesmo a sustentar que era doce a escravidão no Brasil, que o escravo não recebia maus-tratos do proprietário branco. Asseveram que os castigos, quando aplicados, ocorriam em função do mau comportamento do escravo negro. Não hesitam em difundir a idéia de que a maioria dos proprietários de escravos dispensava bom tratamento aos negros e de que constituíam exceção os brancos responsáveis pelas severas punições eventualmente impostas aos escravos.

Essas e outras afirmativas semelhantes são falsas. Representam, de fato, mentiras apresentadas como verdades pela história oficial. Representam concepções embasadoras da idéia da democracia racial, um dos mitos mais arraigados no ensino da história do Brasil.

Na realidade, o negro escravizado lutou desde o início para libertar seu corpo da violência a que era submetido. Muitas vezes recorria até mesmo ao suicídio para se libertar. Preso a grilhões de ferro, jogava-se ao mar, morrendo afogado, mas livrando-se do sofrimento de ser arrancado da sua terra, separado da sua comunidade e dos horrores da escravidão.

Ainda que trazidos para uma terra por eles desconhecida, submetidos a severa vigilância e freqüentes castigos, a resistência esteve sempre presente.

Tanto isso é verdade que uma Ordem Régia, de 7 de fevereiro de 1740, enquadrava como *quilombo* o agrupamento de cinco ou mais negros reunidos em uma floresta ou mata. Aliás, a palavra *quilombo* é de origem africana e significa povoado. Menos comum é a denominação de *mocambo* para designar esses povoados de negros fugitivos.

A fuga era uma das expressões mais comuns da revolta dos negros. Geralmente ocorria à noite, quando, individualmente ou em pequenos grupos, os negros escapavam dos engenhos, das fazendas ou dos locais onde eram tratados como animais. O fugitivo, ou fugitivos, procurava se internar pelas matas. Por vezes, fugia para cidades distantes, onde tinha a possibilidade de viver como liberto.

Caso fosse capturado, era submetido a bárbaros castigos. Poderia receber bolos de palmatória ou ser açoitado com o *bacalhau*, um chicote de couro com tiras finas, que cortavam a pele. Em muitos casos, o castigo era agravado pelo uso de sal ou vinagre derramado sobre os lanhos abertos pelo bacalhau.

Por vezes, o castigo implicava a utilização de *anjinhos*. Estes eram anéis de ferro que apertavam os dedos mediante o emprego de chaves de parafuso.

Máscaras de ferro ou de couro também eram usadas. Cobriam todo o rosto da vítima, com pequenas aberturas para evitar a morte por asfixia. Essas máscaras eram presas ao cangote por um cadeado.

Nada disso livrava o negro rebelde de outros castigos. Dos mais comuns, existiram:

- o *tronco*, instrumento de madeira onde o escravo ficava preso pelos pés ou pelo pescoço;

- as *peias*, correntes de ferro colocadas nos tornozelos, tendo às vezes pesadas bolas de ferro;
- as *calcetas*, pesadas argolas de ferro postas nos tornozelos;
- a *gargalheira*, coleira de ferro presa ao pescoço;
- a *golilha*, argola pregada em um poste, à qual se prendia o escravo pelo pescoço;
- o *pau-de-arara*, pedaço de pau colocado entre os joelhos e tornozelos, amarrados e flexionados; em seguida, era levantado e colocado entre dois suportes, o que deixava a vítima suspensa e com cabeça para baixo;
- a *placa de ferro* no peito, onde se lia FUJÃO ou FUJONA;
- o *ferro em brasa* para marcar no rosto a letra F, de fujão.

Apesar de todos esses castigos, o amor à liberdade era tão forte que os negros escravos não diminuíam a sua revolta. Às vezes, desesperados, recorriam ao suicídio. Ou então não hesitavam em matar o feitor ou o proprietário, envenenando-os ou apunhalando-os.

B) OS QUILOMBOS. PALMARES, A ANGOLA JANGA

Mas a fuga constituía a forma mais comum. Se fracassassem, a punição era mais cruel. Podiam ser castrados. Ter um olho extraído ou vazado a ferro. Ou, ainda, o decepamento do nariz, de uma orelha, de uma das mãos ou de um dos pés.

Caso tivessem sucesso, juntavam-se a outros, que viviam nos quilombos. Houve centenas de quilombos livres da violência maior: a escravidão, que os reduzia à condição de simples mercadoria. O primeiro de que se tem notícias existiu na Bahia, em 1575.

No entanto, o mais conhecido é o de Palmares, situado na capitania de Pernambuco, em terras do atual estado de Alagoas. Seu núcleo inicial foi formado por quarenta negros que fugiram para a mata na chapada oriental da serra da Barriga, na região de Palmares. Esta denominação explica-se porque existia na área grande abundância de palmeiras. Chegou a reunir de 20 a 31 mil pessoas em clara contestação à escravidão negra e ao sistema colonial existente.

Diversos autores, como Ivan Alves Filho, consideram que, desde o final do século XVI, escravos rebeldes concentravam-se na *Região de Palmares*.

> "(...) um refúgio ideal, de uma espécie de fortaleza defendida pela mata e pelas montanhas. A caça, a pesca, os frutos, plantas e raízes garantiam a sobrevivência do grupo, que lançava de tempos em tempos destacamentos contra os engenhos próximos em busca de armas e instrumentos de trabalho. E esse 'Ninho de Águias', para retomar a expressão do grande poeta Castro Alves, foi se tornando um pólo de atração e ponto de referência para os escravos das plantações em uma área muito extensa." (ALVES FILHO, IVAN, *Memorial dos Palmares*, Xenon Editora e Produtora Cultural Ltda., Rio de Janeiro, 1988.)

Em diversos documentos da época, existem referências ao desenvolvimento do quilombo de Palmares, desafiando as autoridades coloniais e as relações escravistas de produção. Muitos historiadores consideram, no entanto, que a invasão holandesa, em 1630, criou condições para a fuga de escravos. Aproveitando-se do caos provocado pelo ataque holandês, cerca de quarenta escravos buscaram a liberdade, internando-se nas matas, e foram viver na região dos Palmares.

Ainda que existam controvérsias a respeito da data do início do quilombo de Palmares, os historiadores concordam quanto ao número inicial dos organizadores do núcleo libertário e quanto ao local onde se estabeleceram.

Com o aumento da população palmarina, a partir de 1630, a agricultura tornou-se a principal atividade econômica dos quilombos. Plantava-se milho, feijão preto, mandioca, batata-doce, cana-de-açúcar e legumes. A propriedade da terra era coletiva, assim como os instrumentos de trabalho, as oficinas artesanais e as casas.

> "Somente no final da existência do Quilombo, quando se desarticularam seus sistemas militar e produtivo, os palmarinos se voltaram novamente para a economia extrativa e de subsistência." (ALVES FILHO, IVAN, *op. cit.*, pág. 13.)

Havia ainda o plantio de árvores frutíferas, a caça, a pesca e a metalurgia do ferro. Esta permitia a produção de utensílios domésticos, facões do mato, martelos, foices e outros objetos.

> "A produção se destinava fundamentalmente ao consumo da família, mas, ao mesmo tempo, essa família estava obrigada a entregar ao mocambo, como comunidade, um excedente depositado em paiol situado no centro da cidadela. O excedente se destinava ao sustento dos produtores não-diretos e aos improdutivos em geral: chefes guerreiros, prestadores de serviços, crianças, velhos, doentes. Produzia-se, ainda, um excedente destinado a acudir emergências, como secas, pragas, ataques externos." (FREITAS, DÉCIO, *Palmares, a guerra dos escravos*, Mercado Aberto, Porto Alegre, 1984, pág. 37.)

Existem informações de que os palmarinos freqüentemente trocavam parte dos excedentes por outros produtos, como armas, balas, tecidos, sal e pólvora. Esse intercâmbio realizava-se com os moradores de lugarejos e engenhos próximos a Palmares.

Tendo rompido com as correntes do medo, mas conscientes de representarem a negação das instituições coloniais, estabeleceram rígidas normas de comportamento. O homicídio, a traição, a deserção, o roubo, o adultério e o estupro eram punidos com a pena de morte. Suas 11 povoações eram cercadas por paliçadas, fossos e armadilhas. A entrada ou saída se fazia unicamente por quatro portões localizados segundo os pontos cardeais.

Em uma área de cerca de 360 quilômetros de extensão, as comunidades palmarinas viviam nas 11 povoações. Essas povoações ficaram conhecidas pelo nome de seus respectivos, ou presumíveis, chefes.

> "Esquematicamente (...) estariam assim organizados:
> a) Macaco, centro político e administrativo;
> b) Subupira, campo de treinamento militar;
> c) Amaro, Andalaquitude, Aqualtune, Acetirene, Tabocas, Zumbi, Osenga, Danibraganga e outras menores unidades autônomas de produção." (ALVES FILHO, IVAN, *op. cit.*, pág. 75.)

Nessas povoações, a maioria era de negros, antigos escravos que buscavam a liberdade e a reconquista da sua dignidade como seres humanos.

Também havia muitos não negros: índios, mulatos e mamelucos. Os documentos indicam ainda a presença de muitos brancos. Era um verdadeiro núcleo de deserdados da sociedade colonial.

Qual a origem desses brancos?

A mais diversa possível! Havia antigos sesmeiros que se sentiam sufocados pelos efeitos da concentração de propriedade rural. Soldados que desertavam durante as guerras contra os holandeses ou contra Palmares, a *Angola Janga*, ou *Nova Angola*, no dizer das autoridades coloniais quando se referiam ao local onde viviam os ***inimigos de dentro***.

Que organização política existia em Palmares? Para alguns historiadores, uma república. Outros afirmam ser um reino.

Concordam os historiadores que o principal dirigente palmarino era eleito pelos chefes dos diversos quilombos. Era o ***maioral*** de todos os palmarinos. Era o *Ganga Zumba*, título que significa ***grande senhor*** ou ***grande chefe***. Foi ele a que os portugueses chamaram de rei.

> "(...) a este têm por seu Rei e senhor de todos os mais, assim naturais dos Palmares, como vindos de fora; tem palácio, casas da sua família, é assistido de guardas e oficiais que costumam ter nas casas reais. É tratado com todos os respeitos de Rei e com todas as honras de senhor. Os que chegam à sua presença põem os joelhos no chão (...)." (*Relação das guerras feitas nos Palmares de Pernambuco no tempo de governador D. Pedro de Almeida, de 1675 a 1678*. Citado por CARNEIRO, EDISON, *in O Quilombo de Palmares*, Companhia Editora Nacional, São Paulo, 1988.)

Contudo, Ganga Zumba governava com a ajuda de um conselho, formado pelos ***maiorais***, que eram os chefes político-administrativos, e pelos chefes militares dos diversos povoados ou mocambos de Palmares.

Os maiorais eram eleitos pelas assembléias que reuniam os habitantes de cada mocambo. Os chefes militares, por sua vez, eram nomeados pelo Ganga Zumba, com a concordância do conselho.

Os chefes militares comandavam e treinavam as forças militares. Estas usavam armamentos diversos: lanças, arcos, flechas, armas de fogo. Como tática, utilizavam a guerrilha e constantes incursões aos engenhos e povoados vizinhos. Nestas incursões, realizavam pilhagens, carregando animais, víveres, armas, pólvora, fumo... ou então raptavam, aliciavam, seqüestravam ou libertavam escravos das redondezas.

Em caso de emergência, todos os homens válidos participavam da luta.

> "Folga negro
> Branco não vem cá
> Se vié
> O diabo há de levar
> Folga negro
> Branco não vem cá
> Se ele vié
> Pau há de levá."
>
> (Do folclore alagoano. Citado por FREITAS, DÉCIO, *op. cit.*, pág. 27.)

Segundo Ivan Alves Filho, as autoridades enviaram duas expedições, entre 1596 e 1630; mais quatro, no período de 1631 a 1654; 31, de 1665 a 1694; e, finalmente, 29, de 1695 a 1716.

Como se vê, foi uma guerra sem quartel contra o núcleo de resistência negra e de negação das estruturas coloniais existentes.

Até mesmo os holandeses, durante o governo do conde João Maurício de Nassau, organizaram duas expedições contra os palmarinos, comandadas pelo capitão Rodolfo Baro — a primeira — e pelo capitão João Blaer, a segunda.

Após a expulsão dos holandeses do Nordeste, a coroa portuguesa intensificou os ataques a Palmares. Distribuiu títulos, forneceu dinheiro, organizou regimentos, ofereceu riquezas, prometeu prêmios diversos, criou os capitães-do-mato ou capitães das entradas, contratou bandeirantes vicentinos.

Em 1677, Fernão Carrilho chegou a afirmar que sua incursão pusera fim a Palmares. Era uma afirmativa incorreta, mas muitos haviam sido aprisionados ou mortos, Ganga Zumba sofrera ferimentos e mocambos haviam sido destruídos.

Já no ano de 1678, Ganga Zumba aceitou negociar com as autoridades coloniais: todos os que se rendessem e tivessem nascido em Palmares teriam liberdade, terras e direitos.

Contra esse posicionamento, levantou-se forte oposição liderada por Zumbi, que se decidiu a manter viva a resistência negra. Ganga Zumba foi deposto e, pouco depois, morreu envenenado. Verdadeira luta fratricida ocorreu entre os partidários de *Zumbi*, também conhecido como *Zambi*, e o reduzido grupo de fiéis de Ganga Zumba.

Zumbi converteu-se em símbolo da resistência negra e de todos aqueles que lutam pela dignidade do homem, livre e senhor dos seus atos, sem abdicar de direitos iguais para os demais homens.

> "Deslocou mocambos inteiros para lugares estrategicamente mais seguros. Incorporou às milícias e submeteu a adestramento todos os homens válidos. Multiplicou os postos de vigilância e observação na orla das matas. Despachou agentes para reunirem armas e munições. Reforçou as fortificações (...) Decretou a lei marcial contra quem tentasse desertar (...)." (FREITAS, DÉCIO, *op. cit.*, págs. 115 e 116.)

Essas e outras medidas se impunham porque, após a expulsão dos holandeses, intensificaram-se os ataques a Palmares. O elevado número de negros que lá viviam era um atrativo e uma necessidade devido à crise da economia açucareira. A concorrência do açúcar produzido nas Antilhas provocara a queda dos preços de venda do produto no mercado internacional. Em conseqüência, diminuíram os lucros dos proprietários de engenhos. Desse modo, dispunham de menos capital para comprar os escravos sem os quais não haveria produção açucareira. Uma alternativa seria aprisionar os negros que viviam em Palmares.

Além do mais, existiam muitas terras nas vizinhanças do *Ninho de Águias*, como o poeta Castro Alves denominou Palmares. Essas terras haviam-se despovoado em conseqüência das incursões feitas pelos palmarinos. Eram terras boas para o cultivo e/ou criação do gado. Poderiam ser incorporadas às grandes propriedades açucareiras. Ou então oferecidas como prêmio aos que se dispusessem a destruir o foco de liberdade negra, ameaça presente em uma sociedade na qual o negro era humilhado, explorado e escravizado.

Essas e outras razões ajudam a compreender a utilização de bandeirantes vicentinos que vinham se destacando no combate a revoltas de escravos negros.

Foi assim pensando que o governador Pedro de Almeida contratou os serviços de Domingos Jorge Velho. Era o chamado *sertanismo de contrato*, prática da colonização portuguesa no Brasil, garantindo a continuidade da colonização, assegurando o enriquecimento de muitos bandeirantes e a destruição de núcleos de liberdade aos que fugiam à escravização.

Domingos Jorge Velho — "um dos maiores selvagens com que tenho topado", como afirmou o bispo Francisco de Lima — havia organizado numerosa força composta por brancos, índios e *mamelucos* (mestiços de brancos e indígenas). Esse bando de homens estava poderosamente armado de arcos, flechas, arcabuzes e peças de artilharia.

Mas a ofensiva, que resultou na destruição de Palmares, acabou sendo retardada por algum tempo. Durante quase três anos teve de lutar contra formidável coligação indígena, liderada pelos janduís. Tendo aprendido a cavalgar e a usar armas de fogo, os janduís se revoltaram contra a ocupação de suas terras e a escravização de sua gente pelos brancos do Rio Grande do Norte. Corria o ano de 1687 e os sertanistas de contrato atacaram os índios a ferro e fogo. Milhares de cabeças de mulheres, homens e crianças foram cortadas. Foi a chamada *Guerra dos Bárbaros*, ou *Confederação dos Cariris* (estes haviam se unido aos janduís).

Somente em 1692, Domingos Jorge Velho acampou nas cercanias de Palmares. Em um primeiro embate, sofreu fragorosa derrota. Outras se sucederam. As baixas cresciam e a resistência negra se mantinha firme sob a liderança de Zumbi.

Os atacantes chegaram a construir uma cerca rodeando as fortificações palmarinas. Desse modo, os canhões teriam melhor proteção e poderiam abrir brechas nas muralhas que protegiam Palmares, o que permitiria a invasão e destruição dos mocambos.

E foi o que aconteceu. Abatidos a tiros, talhados a golpes de armas brancas, submetidos à degola, os negros lutaram heroicamente até a morte. O ano de 1694 chegava ao fim e com ele terminava o sonho da liberdade de milhares de antigos escravos.

Mas Zumbi conseguiu escapar e, com reduzido número de sobreviventes, se refugiou na serra Dois Irmãos, onde buscou reorganizar a resistência negra.

A 20 de novembro de 1695, o pequeno número de quilombolas foi cercado por sertanistas de contrato comandados por André Furtado de

Mendonça. Mesmo apunhalado no estômago, Zumbi combateu até à morte. Em triunfo, seu cadáver foi levado até Porto Calvo.

> "O exame cadavérico acusou quinze ferimentos à bala e um sem número de golpes de arma branca; depois de morto (...) fora castrado e o pênis enfiado na boca; haviam lhe arrancado um olho e decepado a mão direita." (FREITAS, DÉCIO, *op.cit.*, pág. 167.)

Contudo, as autoridades coloniais acharam que era pouco. Era preciso destruir a esperança de liberdade ainda existente nos corações e mentes de muitos negros que acreditavam ser Zumbi imortal!

A cabeça de Zumbi foi cortada e enviada para Recife, onde foi espetada em um chuço em uma das principais praças da cidade.

A justiça colonial mais uma vez agiu implacavelmente contra quem ousava sonhar com a liberdade e a igualdade dos homens!

Mesmo assim o sonho de Zumbi não morreu! Sobreviventes de Palmares fugiram para a Paraíba ou se internaram pelas matas palmarinas. Novos quilombos se organizaram. Novos líderes negros se destacaram.

E assim continuou a ocorrer enquanto a escravidão negra existiu na sociedade brasileira.

3.5 . A SOCIEDADE DO AÇÚCAR

A melhor representação da sociedade açucareira seria a caracterizada pela dualidade entre a *casa-grande* e a *senzala*. A casa-grande representava o centro do mundo no engenho. Dela, o senhor observava a extensão de seus domínios, exercendo um rígido controle sobre todos à sua volta, seus escravos, seus filhos ou sua esposa.

O modelo familiar regido nessa sociedade era o patriarcal, em que o aprendizado era o da obediência, da submissão, especialmente para as mulheres. Seguramente o autoritarismo que caracteriza a sociedade brasileira encontrou aí sua raiz e a sua maior expressão.

No interior da casa-grande viviam os filhos do senhor, tios, tias, sobrinhos, irmãos, afilhados, agregados e os eventuais bastardos gerados dos relacionamentos sexuais com as escravas. Para as mulheres, era reservada a tarefa de gerenciamento do lar, cuidando da alimentação, da criação dos filhos, do corte e da costura.

Aos filhos homens, o aprendizado do mando, sendo o primogênito educado para o futuro comando do engenho, enquanto seus irmãos preparavam-se para o sacerdócio ou uma vida acadêmica, geralmente o bacharelado de Direito em Coimbra.

A vida sexual era marcada por dois extremos: as mulheres brancas ensinadas a pensar o ato sexual com seus maridos não como uma fonte de prazer, mas sim uma obrigação matrimonial com o objetivo direto e claro de geração de filhos; enquanto as negras, fontes de uma eterna mística que lhes adjetivava atributos de sensualidade e perversão aguçadores dos desejos dos brancos, eram utilizadas como objetos de prazer para o senhor e seus filhos, dando origem a uma mentalidade permissiva à violência sexual contra as mulheres originárias das classes trabalhadoras, ainda hoje forte no Brasil.

Por outro lado, o mundo da senzala era o da exclusão. Impedidos de constituírem família, isolados de seus laços tribais e de parentesco, os escravos acabavam por perder suas estruturas familiares e mesmo culturais. A poligamia típica da cultura africana foi substituída por ligações múltiplas e passageiras, o que implicava baixas taxas de natalidade na comunidade negra.

A senzala foi

> "construída à moda do cárcere, retangular, térrea, sem outra mobília que os catres de palha suja, recobertos de trapos, poucos tamboretes e baús." (FERLINI, VERA LÚCIA AMARAL, *op. cit*, pág. 85.)

Violência, trabalho pesado, má alimentação e roupas em farrapos. Este era o cotidiano dos escravos na sociedade açucareira. Mas não eram os únicos a viver uma situação extremamente difícil. Todos os que não detinham a posse da terra, ou mesmo um arrendamento, eram obrigados a se assalariar para sobreviver. Tornavam-se agregados nos engenhos, vivendo sob a proteção e a autoridade do proprietário. Na prática, formavam uma legião de excluídos, os *desclassificados do açúcar*.

A origem desses pobres do açúcar encontra-se em um projeto colonial onde a

> "concentração da propriedade da terra objetivava não apenas a harmonização às determinações mercantis da colonização, mas também a exclusão política da população livre da posse da terra e do controle do poder local e dos direitos de ter vínculos com o Estado, sedimentando uma arraigada estrutura de privilégios." (FERLINI, VERA LÚCIA AMARAL, *op. cit*, *in*: Szmrecsányi, Tamás, *op. cit.*, pág. 21.)

Privilégios que criaram uma sociedade hierarquizada, mesmo entre os brancos livres, na qual a elite econômica tudo fazia, com um único limite a seus mandos e desmandos: a obediência estrita aos anseios e desejos da coroa portuguesa. Uma sociedade na qual o aparelho estatal passou a ser visto como um patrimônio de uma minoria que detinha o controle da economia. Não lhe parece similar ao Brasil contemporâneo?

3.6 . A UNIÃO IBÉRICA E A NOVA HOLANDA

A) A HOLANDA NA IDADE MODERNA

O que hoje conhecemos como Países Baixos (Bélgica e Holanda) formavam, no final da Idade Média, duas regiões socioeconômicas distintas. Os Países Baixos do Sul eram formados pelos condados da Flandres, Namur, Hainault e Artois, pelos ducados de Brabante, Luxemburgo e Limburgo, pelo senhorio de Malines e pelos bispados de Liège e Cambrai. Os Países Baixos do Norte eram constituídos pelas províncias da Holanda, Zelândia, Frísia, Utrecht, Groningen, Gelderland, Drente e Overijse.

Nos Países Baixos do Sul desenvolveu-se, desde o século XI, uma intensa atividade manufatureira, acompanhada de expressivo *renascimento urbano*. Sem dúvida, esta era a região mais urbanizada da Europa Setentrional. No início do século XVI, algumas de suas cidades — notadamente Antuérpia — tornaram-se conhecidas por uma intensa atividade financeira e pelo comércio de especiarias.

Os Países Baixos do Norte notabilizaram-se pelas atividades pesqueiras e comerciais no mar Báltico. Amsterdã tornou-se um centro de interesses econômicos no norte da Europa, principalmente à medida que o comércio internacional era integrado à produção manufatureira. A agricultura e a criação do gado leiteiro também constituíram atividades bastante desenvolvidas, tornando-se expressivas fontes de lucros para a burguesia local.

Os Países Baixos passaram ao domínio espanhol no início do século XVI, com a ascensão de Carlos V. Este monarca, entretanto, garantiu a autonomia das províncias através da Convenção de Augsburgo (1548). Sendo chamadas de 17 Províncias, os Países Baixos — cuja capital passou a ser Bruxelas — poderiam ter *um soberano*, sendo que cada província seria controlada por um *lugar-tenente* ou *governador* (chamado *stathouder*).

A difusão do calvinismo nos Países Baixos do Norte tornou a dominação espanhola cada vez mais intolerável. Mesmo nos Países Baixos do Sul — ainda católicos — o controle espanhol passou a ser repudiado. Com a ascensão de Felipe II ao trono espanhol, em 1556, as tensões entre os Países Baixos e a Espanha foram intensificadas, já que o novo monarca espanhol passou a cobrar antigos impostos e a acentuar a repressão religiosa. A Inquisição atingiu uma brutalidade desconhecida até mesmo na Península Ibérica. A oposição política e a oposição religiosa encontraram em Guilherme de Nassau, denominado o *Taciturno*, uma liderança contra os espanhóis. Felipe II enviou o duque de Alba para reprimir os revoltosos e controlar a situação.

Apesar da aparente vitória das forças espanholas, a insurreição não fora completamente sufocada. Em 1572 os combates recomeçaram e a repressão assumiu proporções até então desconhecidas. Chegou a ser criado um conselho — denominado *Conselho Sangrento* — para julgar os casos de insubordinação. Além disso, o desgaste econômico dos Países Baixos do Sul foi avassalador. Os moinhos de tecer de diversas áreas meridionais foram completamente destruídos. O saque de Antuérpia — realizado pelas tropas que não recebiam os soldos — deixou marcas profundas em todas as áreas do Sul. Este momento foi marcado pela liderança da Holanda na luta contra os espanhóis, mas também na conquista das potencialidades econômicas, antes nas mãos das Províncias do Sul.

"Os holandeses permaneceram senhores dos mares e a ruína das Províncias do Sul deixou-lhes as mãos livres para penetrarem comercialmente nos mares e oceanos do sul. Não só tiraram partido da situação como deram uma ajuda aos acontecimentos. Uma vez que os Países Baixos do Sul estavam agora sob dominação espanhola e a guerra continuava a lavrar, os holandeses bloquearam os portos do sul e fizeram o que puderam para atrasar a reconquista das Províncias do Sul." (CIPOLA, CARLO M, *História Económica da Europa Pré-Industrial*, Lisboa, Edições 70, 1975, pág. 296.)

Os Países Baixos do Sul foram mantidos sob domínio espanhol. Elementos da elite local resignaram-se com a dominação espanhola, meio de evitar uma insubordinação popular incontrolável. Afinal, eram católicos e feudais e temiam o calvinismo e a liderança burguesa. As Províncias do Norte continuaram a guerra, tendo o reconhecimento da independência consumado pela Espanha em 1609. Politicamente soberanas e religiosamente livres, estas províncias formaram a *República das Províncias Unidas*, verdadeira potência marítima e comercial, sob a forma de uma república patrícia. Amsterdã tornou-se grande centro financeiro, favorecido pela imigração de fugitivos do Sul — chamados valões —, representando entrada de capital humano e investimentos diretos. Os Países Baixos do Norte entraram em sua *Idade do Ouro* — alguns falam em um *Milagre Holandês* — capazes de disputar áreas coloniais até mesmo com o poderoso Império Espanhol.

B) OS NEGÓCIOS E AS GUERRAS DO AÇÚCAR

Os investimentos holandeses na produção açucareira do Brasil representaram muito bem a capacidade de empreendimento econômico dos comerciantes flamengos. O financiamento dos engenhos, o refino e a comercialização do produto na Europa estavam a cargo dos holandeses. Por volta de 1605, algumas das principais refinarias européias encontravam-se em Amsterdã, sendo que o valor do refino atingia a terça parte do valor bruto. Mesmo necessitando da autorização do monarca português e da obrigatoriedade do pagamento de impostos em Lisboa, os comerciantes flamengos conseguiam a mais expressiva parcela dos lucros do açúcar.

A União Ibérica representou um empecilho para a plena continuidade dos negócios holandeses no Brasil. Com a união das coroas, a Espanha proibiu as relações comerciais entre luso-brasileiros e holandeses. Na verdade, a Espanha jamais conseguiu reprimir totalmente os negócios entre o Brasil e os holandeses. A situação foi *normalizada* para os investidores holandeses durante o período entre 1609-1621, quando vigorou uma trégua (*a Trégua dos Doze Anos*) entre a Espanha e a República das Províncias Unidas. Neste interregno, as transações comerciais dos holandeses no Brasil tenderam a crescer, sendo um período próspero para a obtenção de informações sobre a nova colônia da Espanha.

O projeto de ocupar áreas produtoras de açúcar amadureceu após o fim deste período de trégua. Na verdade, os planos para a invasão do território brasileiro ligavam-se à tentativa holandesa, em âmbito *global*, de enfraquecer o poder da Espanha, fator que representaria a possibilidade de quebrar os monopólios espanhóis e dilatar as oportunidades de lucros para os comerciantes flamengos. Paralelamente, os teóricos holandeses difundiam a doutrina do *Mare Liberum*, em oposição à doutrina do *Mare Clausum*, defendida pelos ibéricos. Nesse sentido, o papel das Companhias de Comércio foi fundamental, reunindo capitais de diversos financistas e agilizando as oportunidades comerciais e militares que se apresentassem nesse momento de fortalecimento externo do Estado.

Ainda no final do século XVI, várias associações de mercadores já tinham sido formadas com o intuito de penetrar nas brechas dos monopólios espanhóis. Essas associações foram *motivadas* pelo Alvará de 1591, editado pelo monarca Felipe II, proibindo o comércio de navios estrangeiros nas áreas do Império. Uma das mais importantes destas *pré-companhias* foi a *Compagnie van Verre* (*Companhia para o Lugar Distante*), fundada em 1594, com o objetivo de conquistar áreas do comércio oriental.

Em 1602, com o objetivo de suprimir as disputas e concorrências entre as pré-companhias, foi fundada a Companhia das Índias Orientais, responsável por inúmeras conquistas em diversos pontos do império espanhol: Ilha Maurícia (1598), Molucas (1609), Cabo Verde e Costa do Ouro (1624) e muitos outros.

> "A luta político-religiosa da autonomização das Províncias setentrionais dos Países Baixos, desdobrando-se em concorrência econômica, tornou, com o tempo, cada vez mais difícil àquelas regiões prosseguirem nas suas fainas de *carrying trade* e as estimulou à procura de contatos com as fontes diretas do comér-

cio oriental. A Constituição (1602) da Companhia Holandesa das Índias Orientais foi um momento dos mais significativos nessa transição; tal empresa organizou-se com uma forma mais moderna e racional, apontando já para a sociedade de ações (sociedade anônima, em que muito cedo se transformaria), e esta modernidade foi certamente o fator preponderante do seu êxito na tarefa de substituir os ibéricos no comércio rendosíssimo das Índias." (NOVAIS, FERNANDO A., *op.cit.*, pág. 35.)

O êxito da Companhia das Índias Orientais inspirou a criação de uma companhia que atuasse nas áreas ocidentais, notadamente no Atlântico Sul. É sintomático que essa companhia — a Companhia das Índias Ocidentais (*West-Indische Compagnie -WIC*) — fosse criada em 1621, logo após o fim da trégua.

O principal idealizador desta companhia foi o mercador Willen Usselincx, cujo objetivo era não só dominar as fontes produtoras de açúcar, como também deslocar os conflitos com a Espanha para as áreas ultramarinas. Apesar de os interesses tradicionais terem sido ameaçados — não na sua totalidade — pela União Ibérica, não podemos menosprezar, entretanto, os interesses de *novo grupo de comerciantes*, ansioso em estabelecer seus investimentos nos espaços coloniais. Nesse sentido, a invasão do Brasil pela WIC deve ser encarada como uma forma de equilibrar os interesses tradicionais — apenas parcialmente afetados pela União Ibérica — e os empreendimentos dos grupos mercantis em ascensão, evitando um choque econômico entre setores da burguesia holandesa.

C) OS HOLANDESES NA BAHIA

Inicialmente, os navios da WIC atuaram em áreas africanas e no delta do rio Amazonas. Em 1623, entretanto, já se admitia um ataque ao Brasil açucareiro. No ano seguinte, divulgou-se um texto, sem o menor *cuidado* de ocultar os interesses de um grupo expressivo de acionistas da WIC, o chamado Partido da Guerra: *Motivos pelos quais a Companhia das Índias Ocidentais deve tentar tirar ao rei da Espanha a terra do Brasil*, e *isto o quanto antes.* Seu autor, Jan Andries Moerbeck, o encaminhou ao príncipe de Orange e aos Estados Gerais.

> "(...) Desta terra do Brasil podem, anualmente, ser trazidas para cá e aqui vendidas ou distribuídas sessenta mil caixas de açúcar. Estimando-se as mesmas, atualmente, em uma terça parte de açúcar branco, uma terça parte de açúcar mascavado e uma terça parte de açúcar de panela (...) As mesmas sessenta mil caixas de açúcar custam no Brasil, conforme a citada compra, aproximadamente as trinta e cinco mil toneladas de ouro, que a Companhia das Índias Ocidentais poderá pagar, em sua maior parte, com mercadorias, lucrando, com isto, ao menos trinta por cento e podendo, ainda, vender bem suas mercadorias com trinta por cento de vantagem sobre o que Portugal costuma cobrar. Donde resulta que a Companhia terá ainda um lucro anual de dez toneladas de ouro." (Citado *in*: AVANCINI, ELSA GONÇALVES, *Doce inferno*, São Paulo, Atual Editora, 1991, pág. 37.)

O *Conselho dos XIX* (Heeren XIX ou 19 Diretores), formado por importantes acionistas da companhia, decidiu que um ataque deveria ser organizado às áreas açucareiras do Nordeste. No projeto inicial, ao mesmo tempo em que a conquista fosse consumada — a capital do Brasil seria o alvo principal —, entrepostos na África também seriam tomados por navios da companhia. A Bahia foi escolhida por sua situação administrativa, pela produção de açúcar e pela extração de pau-brasil e pela suposta existência de cristãos-novos, possíveis aliados na ofensiva holandesa.

Poderosa esquadra foi montada com o objetivo de capturar a Bahia. Composta de 26 navios, 450 bocas de fogo e mais de três mil homens sob comando de Jacob Willekens e Piet Heyn. O coronel Van Dorth detinha o comando militar e já fora designado como governador da futura possessão. Os diretores da WIC procuraram espalhar informações falsas para tentar camuflar o objetivo real de tão poderosa esquadra. Entretanto, as notícias de um ataque ao Brasil chegaram à Península Ibérica, sem a exatidão do local. Em maio de 1624, a esquadra invasora chegava a seu destino, dominando os pontos-chaves de Salvador em um brevíssimo espaço de tempo. O governador, sem conseguir organizar uma efetiva resistência, foi preso e enviado para a Holanda.

Os *homens bons*, refugiados em fazendas próximas, confiaram o *cargo de governador* ao bispo D. Marcos Teixeira. Ao mesmo tempo, foram organizadas companhias de emboscadas, também chamadas de *Milícias dos Descalços*, cujo objetivo era tocaiar o inimigo e impedir a expansão.

O que de fato decidiu o destino da Bahia não foram as emboscadas dos colonos, mas sim a própria reação da Coroa Espanhola. Para os portugueses, a perda da Bahia significava a perda do Brasil. Desta forma, o conselho português passou ao rei Felipe IV a idéia de que os holandeses fariam da Bahia uma base naval para ataques à América Espanhola e até mesmo para a interceptação dos barcos que vinham do Oriente. Estes fatores foram suficientemente fortes para mobilizar a Espanha para a reconquista do território perdido.

Grande operação militar foi organizada pelos ibéricos com o intuito de retomar o controle da Bahia. Inúmeros nobres apresentaram-se como voluntários para a missão, conhecida como *Jornada dos Vassalos*. Comandada por D. Fadrique de Toledo Osório, era formada por 52 navios e 12 mil homens. Algumas destas embarcações foram enviadas para outras áreas do Brasil, ameaçadas de eventual invasão. Para o Rio de Janeiro remeteu-se um navio, comandado por Salvador Correia de Sá e Benevides, que acabou dando combate a expedições holandesas, na altura do Espírito Santo.

No início de maio de 1625, a Bahia voltou para as mãos dos luso-espanhóis, sendo consumada a rendição flamenga. Os diretores da WIC, entretanto, continuaram investindo nas ofensivas contra o Império Espanhol, promovendo incursões contra portos e navios na América Hispânica. Em 1627, o corsário Piet Heyn saqueou a Bahia em duas ocasiões. Em 1628, os *esforços* da companhia foram coroados com a captura, pelo mesmo corsário, de uma frota espanhola abarrotada de prata e outros produtos valiosos, proveniente do porto de Matanzas, em Cuba.

O produto deste saque rendeu à WIC mais de sete milhões de florins — descontados os custos da expedição —, valor suficiente para financiar nova ofensiva ao Nordeste brasileiro. Piet Heyn, autor da façanha, foi tratado como um verdadeiro herói nacional, recebendo o segundo posto da marinha holandesa. Sua popularidade deve ser ligada não só ao vulto de sua conquista, mas também a uma verdadeira cultura de divulgação de feitos marítimos, maneira como os holandeses autoprojetavam a imagem que tinham de si mesmos: corajosos, determinados, obstinados e trabalhadores.

> "As façanhas navais constituíram tema mais difundido entre pintores, gravadores e até artistas decorativos, como prateiros, pintores de azulejos e vidreiros. Não é exagero dizer que o heroísmo naval tinha uma platéia (...) Quem não podia estar ali em pessoa tinha a sensação de participar vicariamente dos combates graças às narrativas completas publicadas pela incipiente imprensa holandesa, que oferecia ainda magníficas gravuras descartáveis, mostrando os lances culminantes e os heróis do momento. (...) Além disso, os heróis navais geralmente pertenciam às camadas populares e não à aristocracia, ou pelo menos assim se pensava." (SCHAMA, SIMON, *O desconforto da riqueza, a cultura holandesa na Época de Ouro*, São Paulo, Companhia das Letras, 1992, pág. 248.)

D) A NOVA HOLANDA NA ZUIKERLAND

A decisão de invadir novamente o Nordeste foi tomada no final de 1628. Desta vez o alvo seria a capitania de Pernambuco, região menos fortificada que a capital e mais interessante economicamente, já que era o principal centro produtor de açúcar do Brasil — sendo por isso chamada pelos holandeses de *Zuikerland* ou *Terra do Açúcar*. Diversas informações sobre a capitania foram obtidas durante a curta permanência na Bahia, quando até mesmo cartas do governador Matias de Albuquerque foram interceptadas. Além disso, contavam os holandeses com muitos informantes, fundamentais nos momentos cruciais da invasão.

Os preparativos da esquadra montada pelos holandeses, contando com 67 navios, chamou a atenção na Europa, sendo conhecida pelo monarca ibérico, Felipe IV, que pouco pôde fazer para impedir a invasão, a não ser comunicar à capitania de Pernambuco, remanejando Matias de Albuquerque para organizar sua defesa. Portanto, não era surpresa para ninguém, em Pernambuco, a invasão holandesa, chegando a figurar até no sermão de um frade dominicano:

"De Olinda a Holanda não há aí mais que a mudança de um i em a. Esta Vila de Olinda se há de mudar em Holanda, e há de ser abrasada por os holandeses antes de muitos dias; porque pois falta a justiça da terra, há de acudir a do céu." (BOXER, C R, *Os holandeses no Brasil* — 1624-1654, São Paulo, Companhia Editora Nacional, 1961, pág. 50.)

O comando da expedição foi entregue a Hendrick Corneliszoon Loncq, e suas *Instruções* — datadas de 8 de agosto de 1629 — previam que, em caso de *mau sucesso* na tentativa de tomar Pernambuco, fosse conquistada a cidade do Rio de Janeiro ou mesmo Buenos Aires.

Matias de Albuquerque não conseguiu montar uma resistência à altura das forças holandesas, limitando-se a organizar uma tropa de defesa com os parcos recursos de que dispunha, chegando a improvisar navios mercantes para a batalha iminente. Com o desembarque holandês organizado em duas frentes, Matias de Albuquerque não teve outra alternativa a não ser fugir de Recife, sem antes destruir todas as caixas de açúcar que estavam armazenadas no porto. Neste momento, a desorganização da economia açucareira contribuiu para a *fuga em massa de escravos*, favorecendo a formação do *Quilombo de Palmares.*

Portugal ainda organizou uma expedição para tentar resgatar a capitania antes da instalação definitiva dos holandeses, sendo a armada lusa derrotada nas águas da Bahia.

A resistência organizada por Matias de Albuquerque teve no Arraial de Bom Jesus um ponto de apoio na guerrilha contra os holandeses. O historiador Evaldo Cabral de Mello chamou este tipo de guerrilha (1630-1632) de *guerra lenta*, já que procurava impedir a expansão para o interior e aguardar a ajuda de uma expedição naval metropolitana.

Durante os anos seguintes, o jogo de forças favoreceu as ofensivas holandesas, mantendo os colonos luso-brasileiros resistindo através do sistema de guerrilha — denominada de *Guerra do Brasil* — que aglutinava técnicas européias com as condições ecológicas do Nordeste. Através de emboscadas — contando com apoio de índios *frecheiros* — molestavam os inimigos, sem conseguir impedir a expansão dos holandeses.

> "O sistema de defesa que Matias de Albuquerque aplica contra os holandeses de 1630 a 1636 é um sistema misto, pelo qual as forças convencionais estão concentradas em uma praça forte, o Arraial, guarnecida pela artilharia e pelas tropas regulares e situada à retaguarda de uma linha de postos avançados, as estâncias, ocupadas por tropas irregulares de índios, negros e soldados da terra. Entre uma e outra estância, vagam as esquadras volantes que continuamente emboscam e assaltam os invasores. Enquanto o Arraial preenche uma função estratégica, as estâncias e as esquadras volantes têm um objetivo puramente tático."
> (CABRAL DE MELLO, EVALDO, *Olinda restaurada*, Rio de Janeiro, Editora Forense/Edusp, 1975, pág. 217.)

Nos anos seguintes os holandeses conquistaram o interior de Pernambuco e capitanias vizinhas: a ilha de Itamaracá (1633), o Rio Grande do Norte (1634) e a Paraíba (1634), além do domínio de uma região estratégica, o Cabo de Santo Agostinho. Durante este período de ofensiva flamenga, nova esquadra ibérica, sob o comando de D. Luiz de Rojas y Borba, foi fragorosamente derrotada pelos holandeses.

Durante a luta, a companhia procurou divulgar — através de um manifesto — as vantagens que poderiam adquirir aqueles que se submetessem ao domínio holandês: respeito à propriedade e liberdade religiosa.

A queda do Arraial do Bom Jesus foi um ponto marcante da ofensiva holandesa. Este episódio é conhecido em função da prisão e do enforcamento de Domingos Fernandes Calabar, comerciante de Porto Calvo que, desde 1632, servia aos holandeses — como muitos outros colonos luso-brasileiros —, mostrando-lhes os acidentes geográficos e o sistema de defesa de Pernambuco. Durante muito tempo a historiografia discutiu se Calabar era ou não um traidor, questão que hoje não gera mais polêmica entre historiadores, no que diz respeito à análise do período holandês no Brasil.

E) NASSAU E O APOGEU DO DOMÍNIO HOLANDÊS

Com a conquista de uma ampla área acima do rio São Francisco, a Companhia das Índias Ocidentais decidiu substituir o Conselho do Governo, composto por cinco membros, por um sistema centralizado, semelhante ao utilizado no quartel general da Batávia, coordenado pela Companhia das Índias Orientais.

A companhia decidiu contratar um elemento para promover a centralização política no Brasil holandês e *empresariar a conquista.* O escolhido para assumir o *Governo Geral do Brasil Holandês* foi o conde alemão João Maurício de Nassau-Siegen, homem de prestígio e primo do *stadthouder* Maurício de Orange. Favorecido por um vultoso salário, por uma substancial ajuda de custo e por verbas de representação, Nassau não perderia seu posto militar nos Estados Gerais, inclusive o soldo.

Nassau chegou ao Brasil em 1637, sufocando os últimos focos de resistência dos colonos luso-brasileiros. A queda da fortaleza de Nazareth — no Cabo de Santo Agostinho — pode ser considerada o final da fase de guerrilha, uma vez que impossibilitava, por parte dos senhores, a exportação de açúcar para Portugal e o conseqüente autofinanciamento da guerra. Na verdade, o sistema fluvial pernambucano e a existência de inúmeros portos naturais impediam o pleno controle holandês sobre as exportações. É nesse sentido que o controle do Cabo de Santo Agostinho foi decisivo para o domínio holandês.

Nassau procurou ampliar as conquistas holandesas, além de organizar uma expedição — que acabou adiada — para tomar Buenos Aires. Por outro lado, o governador-geral da Nova Holanda não esqueceu da *Perspectiva Atlântica* — controlando as praças fornecedoras de escravos na África, fundamentais para a reprodução da economia açucareira. Nassau efetivou várias conquistas militares no Nordeste (sul de Pernambuco, Ceará) e na África (Fortaleza de São Jorge da Mina e Angola). Uma expedição, frustrada, ainda tentou tomar a Bahia em 1638. O rio São Francisco passou a ser a divisa entre o domínio holandês e a ocupação luso-brasileira.

O governo geral na Bahia pouco podia fazer para desestabilizar a dominação holandesa. Os reinos ibéricos, por sua vez, envolviam-se em hostilidades crescentes na Europa, não conseguindo dar conta de várias frentes de guerra simultâneas.

O padre Antônio Vieira, como muitos portugueses de seu tempo, desestimulado com as conquistas holandesas, produziu, na Bahia, um de seus mais eloqüentes sermões — *Sermão pelo bom sucesso das armas de Portugal contra as de Holanda.*

> "Desperta! Por que dormes Senhor? Ergue-te! não nos desampares para sempre (...) Se determináveis dar estas mesmas terras aos piratas de Holanda, por que lhas não destes enquanto eiam agrestes e incultas, senão agora? Tantos serviços vos tem feito esta gente pervertida e apóstata, que nos mandastes primeiro cá por seus aposentadores, para lhe lavrarmos as terras para lhe edificarmos as cidades, e depois de cultivadas e enriquecidas lhas entregardes? Assim se hão de lograr os hereges e inimigos da fé dos trabalhos dos portugueses e dos suores dos católicos? (...) Mas só digo e lembro a Vossa Majestade, Senhor, que estes mesmo que agora desfavoreceis e lançais de vós, pode ser que os queirais algum dia, e que os não tenhais (...)." (BOXER, C. R., *op. cit*, págs. 154 e 155.)

Na fase nassoviana, foram organizadas ainda duas expedições contra o Quilombo de Palmares, ambas resultando em fracasso, tal o grau de organização militar do palmarinos. Uma das únicas produções iconográficas do Quilombo de Palmares, durante sua existência, de que se tem notícia aparece na obra *Rerum per octeninum in Brasilia*, de Gaspar Barléus, um dos cronistas da ocupação holandesa. Ilustrada por Franz Post, mostra um mapa de Pernambuco, retratando a região com duas representações bastante expressivas; de um lado, um engenho de açúcar; de outro, o Quilombo de Palmares

A gravura de Post é emblemática, uma vez que sugere a dimensão que Palmares assumira no imaginário dos brancos, o que por si só explicaria o esforço para destruí-lo. Afinal, foram ao todo 66 expedições contra o Quilombo, entre holandesas e portuguesas. Na verdade, para muitos colonos luso-brasileiros, sua destruição seria mais importante que a própria expulsão dos holandeses.

Garantida a ocupação do território, tratou Nassau de reorganizar a vida econômica, retomando a atividade açucareira. A companhia facilitou a concessão de créditos para os senhores, já que estes necessitavam reaparelhar seus engenhos e adquirir escravos. Os impostos cobrados — anteriormente fixados pela WIC em 10% sobre o açúcar e 20% sobre os transportes — foram *abrandados*, concedendo-se mais tempo para o pagamento dos mesmos. Os membros da companhia apostavam que seria fácil contar com o suporte político dos proprietários sintonizados com a ocupação holandesa. Nesse sentido, foram vendidos publicamente os engenhos daqueles senhores que não retomaram suas propriedades, contribuindo para a formação de um segmento senhorial não só ligado aos holandeses como plenamente dependente dos mesmos.

> "Ainda no plano econômico, Nassau coibiu a agiotagem dos prestamistas, limitando os juros dos empréstimos a 12% com garantia real e 18% sem ela, o que agradou os proprietários rurais luso-brasileiros e os comerciantes estrangeiros. Para o abastecimento da população, retomou a prática dos governos portugueses, de obrigar o cultivo da mandioca, a fim de baratear o preço da farinha. Junto à Companhia, conseguiu a encampação das dívidas de alguns senhores de engenho, impedindo a penhora dos bens." (WEHLING, ARNO e WEHLING, MARIA JOSÉ C. DE, *Formação do Brasil Colonial*, Rio de Janeiro, Editora Nova Fronteira, 1994, pág. 130.)

As medidas econômicas de Nassau favoreceram enormemente a produção açucareira, o enriquecimento de senhores e os lucros da companhia. Estima-se que em 1638 eram produzidas cem mil arrobas anuais do produto, tendo este montante triplicado sete anos depois. A companhia ainda alcançava rendimentos com o monopólio do tráfico de escravos, da exploração do pau-brasil e do comércio de munições de guerra.

A estrutura jurídico-política do Brasil holandês havia sido determinada no Regimento de 1629, pelo Conselho dos XIX. Antes da chegada de Nassau, a estrutura política — inclusive o governador — estava subordinada a um colegiado, o *Conselho Político*, atuante na área pública, econômica, financeira, religiosa e militar. A partir de 1636, a estrutura foi reformada, sendo o conselho político transformado em órgão judiciário.

Nassau assumiu o controle do *Supremo Conselho Secreto*, responsável pelas funções executivas, tendo supremacia nas decisões tomadas no Brasil.

A *Câmara dos Escabinos* (*Schepenen*) foi implementada no Brasil, inserindo o modelo administrativo holandês nas cidades nordestinas dominadas.

> "A mesma reforma de 1636 instituía a Câmara dos Escabinos, em substituição às Câmaras Municipais portuguesas, e colocava à frente de cada sede municipal um Esculteto. Este funcionário presidia as Câmaras dos Escabinos, fiscalizava a cobrança de tributos, chefiava o policiamento dos núcleos urbanos, agia como representante comercial da Companhia das Índias e tinha também as atribuições de promotor da justiça (...) Diferentes dos Conselhos Municipais portugueses, das suas decisões somente cabia recurso ao Conselho Político sediado em Recife." (ALBUQUERQUE, MANOEL MAURÍCIO, *Pequena história da formação social brasileira*, Rio de Janeiro, Edições Graal, 4ª edição, 1986, pág. 195.)

Os holandeses permitiram que os senhores escravistas participassem das decisões municipais, abrindo-lhes espaço político na Câmara dos Escabinos.

No campo religioso, as atitudes de Nassau são geralmente consideradas um exemplo expressivo de tolerância. O governador concedeu liberdade de culto para os católicos, o que muitas vezes irritava os calvinistas menos tolerantes, como os *predikants*. Os jesuítas, entretanto, não obtiveram permissão de instalar-se no Brasil holandês, tendo sido expulsos nos primórdios da ocupação flamenga, aspecto não alterado durante a fase nassoviana.

Os judeus sofreram algumas restrições, no que diz respeito à liberdade religiosa, tendo se constituído em um segmento fundamental nos contatos entre holandeses e senhores. Além dos recursos econômicos, os judeus eram bilíngües, fator crucial no Brasil holandês, uma vez que não houve nenhum esforço sistemático dos holandeses no sentido de dominar o idioma luso. A comunidade judaica no Brasil holandês era formada por elementos de origem hispano-portuguesa (*sephardim*) e também germano-polonesa (*ashkenazim*), não havendo diferenciações de tratamento pelos estatutos do Brasil holandês — o que contrastava com o procedimento na Holanda.

"Residiam eles (os judeus), na sua maior parte, em uma rua do Recife que passou a ser denominada de Jodenstraat (Rua dos Judeus), tendo ainda um cemitério privativo, fora da cidade. Nomes ilustres da comunidade de sfardi da Holanda transferiram-se para o Recife, como foram o Rabino Isaac Aboad Fonseca (1605-1693), que aqui esteve de 1642 a 1654 (...) De Aboad da Fonseca é a primeira obra literária israelita escrita na América: o seu poema hebraico *Zekher asiti leniflaot El (Erigi um memorial aos milagres de Deus)*, composto em Recife em 1646." (Citado *in*: MELLO, J.A. GONÇALVES DE. *O domínio holandês na Bahia e no Nordeste*, História Geral da Civilização Brasileira, Rio de Janeiro, Bertrand Brasil, 1989, pág. 249.)

A administração de Nassau ficou marcada por um conjunto de promoções culturais, bem ao espírito do mecenato renascentista, o que geralmente não agradava os diretores da companhia. Administrador rígido, Nassau trouxe da Holanda diversos artistas, cientistas, poetas, cartógrafos e arquitetos, sendo o próprio governador holandês inclinado à arquitetura.

Na pintura destacavam-se Franz Post e Albert Eckhout, desenvolvendo temas da natureza e do cotidiano. O calvinismo limitara o campo de atuação dos pintores, proibindo temas de fundo religioso e conduzindo-os aos temas paisagísticos, natureza morta e representação de personalidades. Nassau incentivou também os *talentos locais*, atraindo-os para a sua *corte* e colocando-os em contato com os pintores já renomados. Muitas destas pinturas acabaram sendo dispersadas — muitas vezes presenteadas pelo próprio Nassau — por diversos países europeus.

"Em créscimo ao remanescente das pinturas de Post e Eckhout, promoveu também João Maurício a feitura de muitos outros quadros e afrescos, inspirados no cenário local, alguns dos quais ainda sobreviviam até poucos anos atrás (...) Infelizmente, a maioria deles caiu vítima da guerra, ou ainda foi destruída acidentalmente pelo fogo com as de Christiansburg, na Dinamarca, e com as decorações do interior do Mauritshius, em Haia. Das pinturas que tiveram fim semelhante, a mais interessante era talvez aquela em que Eckhout havia retratado João Maurício, numa roda de tapuias." (BOXER, C. R., *op. cit*, pág. 215.)

Figurava na *corte nassoviana* um jovem cientista alemão, George Marcgrave, um dos primeiros autores a desenvolver um estudo da flora e da fauna brasileira. Algumas de suas impressões foram publicadas na Holanda sob o título *Historia Naturalis Brasiliae*, onde são retratadas também as condições meteorológicas de Pernambuco e outras observações científicas. Marcgrave notabilizou-se ainda pelas suas observações astronômicas, chegando a registrar eclipses do sol e da lua, e pelo levantamento topográfico da faixa litorânea entre o Rio Grande do Norte e Sergipe, publicada com o sugestivo nome *Brasilia qua parte paret Belgis.* Outro naturalista de renome, Zacharias Wagener, também deixou estudos a respeito da fauna e da flora do Brasil.

O Dr. Willem Piso — médico pessoal de Nassau — destacou-se pelo seu estudo sobre as doenças *brasileiras*, tendo sido autor de um texto — *De Medicina Brasiliense* — importante referencial na sua área até o século XIX.

Recife recebeu diversos melhoramentos durante a presença de Nassau, tendo sido chamada de *Cidade Maurícia (Maurisstad)* — notadamente o bairro localizado na ilha de Antônio Vaz. O projeto arquitetônico, sob o controle de Pieter Post (que, aliás, nunca esteve no Brasil, planejando a cidade na Holanda) incluía drenagem, abertura de canais (os moradores aprenderam a usar barcas para a locomoção), construção de pontes, ruas e prédios. O palácio de Friburgo — residência de Nassau — foi erigido nesta época, sendo hoje denominado palácio do Campo das Princesas, sede do governo pernambucano.

A cidade — contando com seis mil habitantes — transformou-se em um referencial (geo)político, militar e econômico. A grande quantidade de alemães, franceses, italianos, escoceses, ingleses — muitos dos quais, mercenários da companhia — faziam da cidade um centro *cosmopolita*. Alguns mapas da época contavam os graus de longitude a partir de Recife, e esta pode ser considerada a cidade mais importante da costa atlântica americana no século XVII.

F) A INSURREIÇÃO PERNAMBUCANA

A Restauração Portuguesa (1640), com a entronização de D. João IV, conde de Bragança, representou um momento importante no movimento organizado pelos senhores de engenho para a expulsão dos holandeses.

> "Em data não sabida com exatidão mas, provavelmente, em 1641, alguns dos futuros líderes da Insurreição Pernambucana, Francisco Berenguer de Andrada, Bernardim de Carvalho, Antônio Cavalcanti e João Fernandes Vieira, dirigiram uma carta a D. João IV felicitando-o pela sua ascensão ao trono, na qual se vislumbra a esperança de que não fosse Pernambuco esquecido pelo Rei." (Citado *in*: MELLO, J.A. GONÇALVES DE, *op. cit*, pág. 251.)

Na Europa, Portugal e Holanda assinavam uma trégua (1641-1651), que não foi respeitada no ultramar, já que os holandeses atacaram postos coloniais portugueses na África e no Maranhão.

As hostilidades dos colonos luso-brasileiros contra os holandeses começaram ainda antes da partida de Nassau — com a retomada do Maranhão, em fevereiro de 1644 —, demitido de seu cargo pelos diretores da companhia. O respaldo ideológico do catolicismo foi fundamental para unir os colonos luso-brasileiros contra o inimigo calvinista. Não por acaso a insurreição foi denominada pelos próprios senhores de *Guerra da Liberdade Divina.*

A chegada de três novos representantes da companhia (Hendrick Hamel, Peter Bas e Adriaan Bullestrate) marcou uma virada nas relações dos holandeses com os senhores de terras e escravos. A queda do preço do açúcar na Europa levou os diretores da WIC a cobrar com mais rigidez as dívidas contraídas pelos senhores, além de passarem a vender escravos somente à vista, aumentarem os preços dos fretes e o valor dos impostos. Em seu *Testamento político*, Nassau pedia cautela na cobrança das dívidas dos senhores, advertindo a companhia quanto às desvantagens em jogo: insatisfação dos senhores e paralisação (ou diminuição) da produção de açúcar. Por outro lado, uma série de contratempos na estrutura produtiva — incêndios, secas, epidemias entre negros — dificultava o pagamento das dívidas dos senhores, levando-os à insurreição.

O governador-geral do Brasil, Antônio Teles da Silva, deu apoio às tramas dos senhores insurrecionistas sem, entretanto, comprometer Portugal junto à Holanda, pois os portugueses não pretendiam enfrentar um confronto direto com os flamengos, uma vez que já estavam em guerra com os espanhóis.

Nesse momento, enquanto os senhores descontentes comprometiam-se em rebelar-se, foram organizadas duas importantes tropas contra os holandeses. Antônio Felipe Camarão, nome cristão do índio Poti, e Henrique Dias — chamado Governador dos Negros — comandaram seus homens, formando um contingente numeroso na insurreição.

Os holandeses trataram de fazer contatos com os tupis (chamados por eles de brasilianos), entretanto, como estes eram aliados dos portugueses — como Felipe Camarão, por exemplo —, transformaram os tapuias em seus *companheiros de guerra*. A política dos holandeses em relação aos indígenas assumiu uma objetividade relacionada com a própria segurança do projeto flamengo no Brasil. Um fragmento do *Relatório de Nassau* aos diretores da WIC, em 1644, deixa bem claro o rumo a ser adotado em relação aos índios:

> "(...) da amizade dos índios depende em parte o sossego e a conservação da colônia do Brasil e que se tendo isto em vista deve-se-lhe permitir conservar a sua natural liberdade, mesmo aos que no tempo do rei de Espanha caíram ou por qualquer meio foram constrangidos à escravidão, como eu próprio fiz libertando alguns. Devem-se dar ordens, também, para que não sejam ultrajados pelos seus 'capitães', ou alugados a dinheiro ou obrigados contra a sua vontade a trabalhar nos engenhos; ao contrário deve-se permitir a cada um viver do modo que entender e trabalhar onde quiser, como os da nossa nação (...)." (Citado *in*: AVANCINI, ELSA GONÇALVES, *op. cit*, pág. 60.)

Um dos primeiros combates vencidos pelos senhores em Pernambuco foi a batalha do Monte das Tabocas (1645). As principais lideranças da insurreição eram André Vidal Negreiros e João Fernandes de Oliveira, ambos senhores de engenho. Estes receberam auxílio do governador-geral Antônio Teles da Silva e de Salvador Corrêa de Sá e Benevides.

Depois de algumas vantagens iniciais dos insurrecionistas, os conflitos estacionaram. Os holandeses dominavam o mar, mas não conseguiam avançar por terra, onde os inimigos estavam sitiados: *ninguém entrava ou saía de Recife.*

Neste momento, a estrutura militar que a companhia havia montado no Brasil mostrou sinais de deficiência. Os mercenários contratados pela companhia exigiam pagamento em dia e as alianças feitas com os índios não eram absolutamente mobilizáveis *de uma hora para outra.* Devemos lembrar que os holandeses nunca implementaram um projeto colonizador — no sentido de transferência da população — no Brasil, estando restritos aos litorais e portos, atuando basicamente na esfera comercial. O próprio Nassau chegara a sugerir a utilização de colonos arruinados na Guerra dos Trinta Anos para a implementação da colonização, não sendo atendido pela companhia.

O padre Antônio Vieira, importante artífice da política da Restauração Portuguesa, destacou-se neste período, procurando resolver o impasse que se apresentava para Portugal. Vieira apresentou (1649) uma proposta conhecida como *Papel Forte*, voltada para a manutenção da paz com a Holanda. O jesuíta propunha a venda para a Holanda das áreas nordestinas ocupadas pelos holandeses e a conquista de Buenos Aires como compensação. O documento — considerado maquiavélico por muitos historiadores — representava o primor do oportunismo político de Vieira.

> "Desta maneira damos Pernambuco aos holandeses, e não dado, senão vendido pelas conveniências de paz, e não vendido para sempre, senão retroaberto, para o tornarmos a tomar com a mesma facilidade, quando nos virmos em melhor fortuna." (WEHLING, ARNO e WEHLING e MARIA JOSÉ C. DE, *op. cit*, pág. 132.)

Os acionistas da companhia passaram a questionar a validade de uma guerra, nas áreas coloniais, com Portugal, uma vez que o comércio do sal de Setúbal (fundamental para as atividades pesqueiras), para alguns, era tão ou mais vantajoso que os negócios do açúcar.

Com o apoio dos Estados Gerais, a companhia conseguiu ajuda material para tentar uma ofensiva — em campo aberto — contra os luso-brasileiros. Foi enviada uma expedição com cerca de cinco mil soldados para ajudar os holandeses. Neste contexto foi travada a primeira Batalha de Guararapes (imortalizada na pintura atribuída a João de Deus Sepúlveda), vencida pelos insurrecionistas, apesar da flagrante inferioridade numérica. Menos de um ano depois, no mesmo lugar, ocorreu outra vitória dos luso-brasileiros. O impasse continuava, sendo Recife dominada pelos holandeses e as áreas do interior controladas pelos senhores de engenho.

A situação foi alterada com a eclosão de um conflito entre Holanda e Inglaterra, em função da decretação dos Atos de Navegação por parte da última, exemplo significativo da disputa pela hegemonia marítima e comercial entre os dois países. A guerra fez com que a Holanda direcionasse seus recursos para a Europa e ainda contribuiu para a ampliação das condições materiais (dinheiro, armas, munições) dos insurrecionistas, auxiliados pelos ingleses.

O *último lance* da insurreição foi dado pela coroa portuguesa. Enviando uma frota para o Brasil, D. João IV procurava participar diretamente da rendição dos — já exaustos — holandeses, ocorrida no início de 1654.

> "Não interessava ao governo português, contudo, apenas uma vitória momentânea sobre os holandeses, passível de ser revertida. Assim, os diplomatas portugueses procuravam conseguir a paz definitiva com as Províncias Unidas, no quadro de uma aliança contra a Espanha. Após prolongadas negociações com a mediação inglesa — a Inglaterra já firmara um tratado com Portugal e fizera a Paz com os holandeses —, foi assinado o Tratado de Haia, em 1661." (WEHLING, ARNO e WEHLING e MARIA JOSÉ C. DE, *op. cit*, pág. 133.)

Pelo Tratado de Haia ficava estipulado um pagamento — a título de indenização — de quatro milhões de cruzados aos holandeses pela perda do Nordeste. Esta indenização, aliás, foi repassada sob a forma de imposto ao Brasil, sendo cobrado até a Independência.

Angola, libertada do domínio holandês por uma expedição enviada por Salvador Corrêa de Sá, também foi oficialmente reintegrada ao Império Português pelo Tratado de Haia. Já determinadas áreas orientais, as Molucas por exemplo, passaram às mãos holandesas, o que afetou o comércio de especiarias em Portugal e incentivou a exploração das drogas do sertão.

Após a expulsão, os holandeses dirigiram-se à região das Antilhas (Suriname e Curaçao), produzindo açúcar com base em estrutura mais racionalizada, com uma cana-de-açúcar de qualidade mais elevada. Esta produção concorreu decisivamente com a produção dos senhores nordestinos, onerando a coroa e prejudicando seus interesses mercantilistas em plena luta pela Restauração.

Vale acrescentar que um pequeno número de holandeses — contando com muitos judeus — instalaram-se na América do Norte, no pequeno povoado de Nova Amsterdã, futura Nova York.

3.7 . A ECONOMIA COMPLEMENTAR: TABACO, CACHAÇA, GADO E PRODUÇÃO DE SUBSISTÊNCIA

Paralelamente à produção açucareira foram desenvolvidas outras atividades que a complementavam. Essas atividades atendiam à demanda do mercado interno, da própria lavoura açucareira, além de também se inserirem no contexto do comércio de exportação.

Dentre os produtos que coexistiam com o açúcar, o fumo assumiu uma singular importância. Tal fato decorria da sua participação no comércio de exportação, sendo superado apenas pela do açúcar.

A área de produção tabaqueira centrou-se no Pará, Maranhão, Minas Gerais, Pernambuco e, principalmente, na Bahia, na região de Paraguaçu, próxima de Cachoeira. A produção atendia a dois mercados diferenciados entre si: o mercado europeu e a África, onde o fumo era utilizado como moeda para a obtenção de escravos.

O tabaco era cultivado em propriedades que, em sua grande maioria, possuíam menos de dois hectares, utilizando o trabalho familiar, ou então em fazendas que ultrapassavam a casa de dois hectares, mas raramente empregando mais do que vinte escravos.

Além disso, o baixo custo da lavoura do fumo (em torno de um terço da cana) permitiu a participação de portugueses e brasileiros com baixos recursos financeiros. O percentual de brancos com lavoura de tabaco foi se reduzindo, até que "por volta de 1780, mulatos e negros livres já constituíam cerca de 30% dos produtores". (NIZZA DA SILVA, MARIA BEATRIZ (ORG.), *op. cit*, pág. 778.)

Diferentemente do açúcar, o tabaco procurou combinar-se com a criação do gado, pois o esterco era utilizado comumente para a adubagem do solo arenoso, típico da área de cultivo do fumo. Tal combinação diversificava a capacidade de investimentos do produtor de tabaco.

O crescimento do comércio de tabaco estimulou, como contrapartida, o contrabando do produto. Em conseqüência, a coroa criou, em 1674, a Junta da Administração do Tabaco, que procurava assegurar o monopólio régio sobre o comércio do fumo. Além disso, criaram-se superintendências que aferiam a qualidade do fumo junto aos principais portos exportadores. Para Lisboa eram encaminhadas as melhores partidas do produto, enquanto

> "o tabaco inferior ou refugado era enviado principalmente para a África. Sendo o tabaco inferior pintado com melaço para facilitar a sua torção em cordas, o seu doce aroma e gosto fizeram-no particularmente procurado como mercadoria no comércio de escravos." (NIZZA DA SILVA, MARIA BEATRIZ (ORG), *op. cit*, pág. 778.)

Ao longo do domínio português no Brasil, o tabaco manteve-se como importante e rentável produto nas exportações, principalmente após a Abertura dos Portos, em 1808, favorecendo o comércio direto com mercados europeus, eliminando a intermediação de Portugal.

Embora inexistam provas concretas, pode-se afirmar que a produção de cachaça no Brasil iniciou-se simultaneamente ao cultivo da cana-de-açúcar. A cachaça é um subproduto da refinação do açúcar, sendo obtida através da destilação do melaço.

Utilizada como bebida pelos escravos, a cachaça criava uma sensação de reconforto diante da fadiga resultante do trabalho pesado, além de aquecê-los face ao forte frio das regiões das minas. Além de sua utilização como fonte complementar da alimentação dos escravos, a cachaça passou também a ser consumida pelos portugueses em substituição ao vinho, cujo preço era bem mais alto.

Geograficamente, as principais regiões produtoras de cachaça eram Campos e Parati, no Rio de Janeiro. No entanto,

> "o alambique fazia parte de toda a paisagem do Brasil colonial, sendo encontrado no campo, nas cidades, no litoral e nos centros de mineração do interior." (NIZZA DA SILVA, MARIA BEATRIZ, *op. cit*, pág. 33.)

Sua aceitação no mercado interno tornou-a um artigo importante na produção dos pequenos engenhos, auxiliando-os a elevar os valores da renda obtida com o cultivo da cana, principalmente em períodos de retração do mercado externo no comércio açucareiro.

O crescimento do mercado interno e a aceitação da cachaça no mercado português, ameaçando os ganhos dos produtores de vinhos portugueses, levaram a coroa a proibir a exportação de cachaça e a tentar, sem sucesso, impedir a sua produção na colônia. Apesar da oposição da coroa, a cachaça continuou a ser um dos mais importantes produtos comercializados no mercado interno colonial.

Em 1534, Ana Pimentel, esposa de Martim Afonso de Sousa, introduziu o gado na capitania de São Vicente. Desta, foi levado para a Bahia por Tomé de Sousa. Inicialmente, o gado encontrava-se estreitamente vinculado à produção açucareira, com o proprietário rural assumindo a posse sobre os rebanhos.

A criação de gado estava dirigida para atender à alimentação dos engenhos, fornecer tração animal para a moenda e à utilização do couro no vestuário. Com a mineração, o gado ampliou sua área de atuação, atravessando o sertão nordestino, os campos vicentinos e integrando o sul da colônia ao mercado interno.

Entretanto, no próprio século XVI, o gado havia sido obrigado a buscar novas áreas de pasto em virtude da expansão da lavoura canavieira, que demandava maiores extensões de terras livres para o cultivo. Com isso, os criadores de gado foram levados a buscar novos pastos no interior da colônia, em geral, seguindo o curso de grandes rios, como o São Francisco.

Uma das questões de maior relevância no Brasil Colônia era a produção de alimentos para o consumo interno, isto porque, em virtude do peso dado ao comércio externo, as propriedades rurais vinculavam sua produção aos bens exportáveis.

Diante dessa realidade, a carestia nas cidades e vilas era uma realidade tangível, forçando as autoridades portuguesas a tomar medidas legais para reduzir tal penúria. Assim, a coroa portuguesa decretou a obrigatoriedade do plantio de mandioca proporcional ao número de escravos, o que na prática não foi efetuado.

A mandioca, uma raiz tropical conhecida como *cassava* e *aipim*, tornou-se a principal fonte de alimentação na colônia, em especial para os escravos e colonos portugueses empobrecidos. Para atender ao mercado interno, surgiram zonas especializadas na produção da mandioca, como, por exemplo, Maragogipe, Jaguaripe, Cairu e Camamu, localizadas no litoral e nos recôncavos baianos, que abasteciam Salvador e cidades próximas.

Apesar disso, a fome fez parte do cotidiano da população no Brasil Colônia. Visando reduzir os gastos com a alimentação dos escravos, alguns proprietários liberavam uma pequena parcela da terra para que os mesmos cultivassem alimentos para si. A chamada *brecha camponesa* permitiu aos escravos produzirem alimentos para a sua subsistência e também um excedente negociado no próprio engenho, ou mesmo nos mercados urbanos. Os ganhos arrecadados pelos escravos permitiam a compra da liberdade. A própria Igreja encorajava "a compra da liberdade pelos negros, com o que poupassem vendendo excedentes. O dinheiro recebido era empregado na compra de outros escravos". (CARDOSO, CIRO FLAMARION SANTANA, *Escravo ou camponês? O protocampesinato negro nas Américas*, São Paulo, Editora Brasiliense, 1987, pág. 100.)

Os principais produtos negociados em mercados na beira do cais (nas cidades litorâneas) ou na praça central das cidades do interior eram o milho, a mandioca, o peixe salgado e seco, o feijão, o arroz, a carne de porco e o charque, além de outros produtos. A necessidade de centralizar e ordenar o comércio urbano levou a Câmara de Salvador a criar, em 1785, um celeiro para o armazenamento de seus produtos. Lentamente outras cidades procuraram seguir o seu exemplo.

Junto às grandes cidades, nos subúrbios, surgiram chácaras que se especializaram na produção de frutas e verduras, como, por exemplo,

> "Praia Grande, no lado oposto ao Rio de Janeiro na baía de Guanabara (...). A facilidade e o baixo custo do transporte por barco da Praia Grande para as praias com mercados no Rio con-

tribuíram para que aquele município se especializasse em horticultura no fim do período colonial." (NIZZA DA SILVA, MARIA BEATRIZ, (ORG.) *op. cit.*, pág. 3.)

Uma outra atividade de considerável importância no período colonial foi a pesca da baleia no litoral brasileiro. Desde o século XVII, a coroa havia autorizado a pesca no litoral baiano. O declínio da pesca na região, fruto da pesca predatória, trouxe a atividade para o sul da colônia (Rio de Janeiro e Santa Catarina).

Em 1741, Tomé Gomes Nogueira obteve o direito da pesca de baleias no sul. Sua empresa organizou em Santa Catarina a mais importante armação do período colonial, enquanto os barcos navegavam o litoral do Rio de Janeiro e de Santos em busca de baleias.

Somente em 1765 surgiu a primeira grande empresa baleeira na colônia. Esta foi organizada por Inácio Pedro Quintela e era conhecida como a *Companhia da Pescaria das Baleias.* Essa empresa recebeu "por 12 anos o contrato que compreendia as costas do Brasil e ilhas adjacentes, ou seja, o monopólio das baleias". (NIZZA DA SILVA, MARIA BEATRIZ, (ORG.), *op. cit*, pág. 93.)

A empresa procurou aproveitar ao máximo o rendimento dos animais com o objetivo de suprir a carência de azeite e de espermacete (substância extraída do cérebro das baleias e empregada na fabricação de velas) na metrópole e na própria colônia. Além disso, exploravam o âmbar, que tinha grande aceitação no mercado europeu, juntamente com as barbatanas e com a carne da baleia para atender ao mercado interno colonial.

Uma análise mais detalhada do Brasil irá concluir que ainda se mantêm diversas estruturas rurais do período colonial: concentração de renda, direcionamento para o mercado externo e fome nos setores mais empobrecidos.

CAPÍTULO 4

O GOVERNO DOS BRANCOS

4.1 . AS CAPITANIAS HEREDITÁRIAS E OS DONATÁRIOS

A expedição de Martim Afonso de Sousa (1530) marcou o encerramento da etapa pré-colonial. Foram os resultados dessa viagem, em conjugação com a nova conjuntura oriental e a presença *estrangeira* no Brasil, que acarretaram a implantação do sistema de capitanias hereditárias.

A partir de 1530, a coroa portuguesa empenhou-se efetivamente no sentido de garantir a posse do território brasileiro, estruturando um sistema administrativo adequado à situação do reino na época e implementando uma modalidade econômica rentável dentro dos interesses mercantis europeus. Era fundamental, portanto, atacar simultaneamente os dois problemas capitais que se apresentavam para Portugal naquele momento: a presença incessante dos franceses no litoral brasileiro, ameaçando por completo a soberania lusa na região e o controle do Atlântico Sul, e a necessidade de uma compensação econômica para suprir as demandas, cada vez mais insustentáveis, do comércio oriental.

A ocupação da terra, baseada em um suporte mercantil suficientemente lucrativo para atrair os recursos disponíveis na faixa atlântica européia, uma vez que a coroa não possuía meios de investir na colonização, consumou-se como forma de solucionar as dificuldades existentes, acabando por promover a inserção definitiva do Brasil no circuito do antigo sistema colonial. Além disso, as descobertas espanholas no continente, notadamente a conquista de Tenochtitlán por Hernán Cortez, tenderam a valorizar ainda mais a América e acalentar o velho sonho da descoberta de jazidas de metais preciosos no território brasileiro.

Inaugurava-se no Brasil uma nova modalidade de exploração, calcada na produção direta, pois até então, com exceção da experiência nas ilhas atlânticas, praticara-se apenas a comercialização dos artigos já produzidos nas possessões ultramarinas, atuando, portanto, na esfera da circulação de mercadorias.

Promovia-se, então, bem lentamente e sem maior convicção, o início da rotação do eixo ultramarino para o Brasil, que de fato só se concretizaria com o fim da União Ibérica. Ainda em 1529, assinando a Capitulação de Saragoça com a Espanha, os portugueses pretendiam manter intacta a hegemonia tanto no Oriente quanto na rota do Cabo. Definia-se no tratado, uma primeira reformulação de Tordesilhas, a dominação lusa das Molucas (ou Ilhas das Especiarias) em troca de uma indenização em dinheiro — algo em torno de 350 mil ducados — e o respeito à política do *Mare Clausum* no Atlântico meridional.

Remediado um choque maior com os espanhóis, pelo menos naquele momento, continuariam a ser os franceses a maior fonte de tensão na disputa pelas terras brasileiras. Todas as circunstâncias concorriam para que o reino português passasse a redimensionar o potencial econômico e geopolítico dos *brasis*.

Recebendo sugestões diversas, D. João III, *o Colonizador*, viria a adotar no Brasil o sistema das capitanias hereditárias. Este modelo colonizador já havia sido utilizado satisfatoriamente nas ilhas atlânticas (favorecidas pela proximidade e pela reduzida extensão) e até mesmo sem maiores conseqüências no litoral brasileiro (na ilha de São João ou da Quaresma, tendo como donatário um dos primeiros concessionários do pau-brasil, Fernando de Noronha). Tratava-se de uma forma de promover a ocupação da terra sem onerar a coroa, uma vez que todos os gastos ficavam a cargo dos donatários.

Foram distribuídos 15 lotes desiguais de terras entre 12 donatários, do litoral até o estipulado em Tordesilhas. Logicamente, esta marcação era apenas presumível. Quanto aos donatários, estes eram componentes da corte lusa, notadamente representantes da pequena nobreza; alguns vitoriosos no Oriente, outros do funcionalismo dependente do reino, e alguns outros de inclinação burguesa, inclusive associados a *cristãos-novos*. Não existia entre os donatários nenhum elemento da alta nobreza, já que, sem dúvida, estes estavam mais vinculados ao *lado oriental do Império*.

As cartas de doação e os forais, documentos ligados aos tempos da Reconquista, estabeleceram os primeiros vínculos jurídicos entre a metrópole e a colônia. Estipulavam a própria concessão da capitania — aspectos da hereditariedade e demais cláusulas jurídicas — e os direitos e deveres dos donatários e colonos.

Diversas vantagens foram conferidas àqueles dispostos a enfrentar as adversidades da empresa e investir nas terras brasileiras. Tratava-se, obviamente, de incentivar a ocupação das terras, revestindo-se os donatários de amplos poderes. Dentre eles, podemos destacar:

- a concessão de sesmarias (lotes de terra) a fim de estimular a vinda de colonos; ao contrário da capitania, onde o donatário não era proprietário, apenas usufruía os benefícios que dela pudessem ser extraídos, a sesmaria era propriedade de quem a recebia. Aliás, as sesmarias dariam origem à formação de latifúndios, tão marcantes na história brasileira daí em diante;
- a participação em alguns privilégios fiscais da coroa (a redízima das rendas reais, a vintena do pau-brasil e a dízima do quinto sobre os metais preciosos);
- o comando militar e a representação da alta e baixa justiça;
- o monopólio sobre os engenhos, moendas d'água, marinhas de sal;
- além de escravizar um certo número de índios, os donatários tinham o direito de vendê-los anualmente para a metrópole.

> "É evidente que a Coroa Portuguesa precisou conceder vantagens a quem se dispusesse a vir para o Brasil. Mas essas vantagens nada mais foram do que as contingências lógicas do exercício da tarefa colonizadora." (LOPEZ, LUIZ ROBERTO, *História do Brasil Colonial, 7ª edição*, Porto Alegre, Mercado Aberto, 1993, pág. 28.)

Quanto aos deveres dos donatários estavam: a obrigatoriedade de respeitar o quinto em relação aos metais preciosos, determinados monopólios reais (pau-brasil, drogas e especiarias) e outras vantagens fiscais da coroa.

As cartas de doação e os forais expressam nitidamente a posição dos donatários perante o sistema: delegados reais exercendo o hérculeo esforço de lançar as bases da colonização em meio a tantas dificuldades.

Não seria grande surpresa a postura negligente de alguns donatários diante das capitanias. Apesar do sucesso de São Vicente, o próprio Martim Afonso de Sousa, por exemplo, participante privilegiado dos preliminares da implantação do sistema, não chegou a assumir suas capitanias, delegando-as a prepostos. Preferiu o cargo de capitão-mor da Armada das Índias.

Analisar as capitanias hereditárias como estruturas feudais foi tendência de diversos autores, partindo de componentes que indubitavelmente sugeriam semelhanças entre os dois sistemas: a questão da distribuição de terras como gênese do processo e a descentralização política. É importante perceber que o *beneficium* medieval não se reproduzira no Brasil, uma vez que o sistema de capitanias tinha de se subordinar à centralização política do Estado português e sua adequação à nova realidade ultramarina, juridicamente estabelecida nas Ordenações Manuelinas. A relação contratual entre as duas partes envolvidas na concessão de terras, bem diferente dos velhos tempos da Reconquista, havia se deslocado da esfera suserano-vassalo para a de rei-súdito, implicando por si só uma diferenciação significativa da parcela de poder nas mãos do donatário, se comparado com uma relação feudal clássica. Nota-se também que o Estado centralizado, cioso de sua soberania, não abriu mão de uma série de prerrogativas econômicas (cunhar moedas, possuir determinados monopólios), não permitindo nem mesmo a evolução da descentralização inicial, circunstancialmente existente, para uma composição próxima à das concessões feudais.

É na questão econômica que encontramos as maiores diferenças entre os dois sistemas analisados. A base econômica das capitanias foi programada para promover a inserção de suas atividades produtivas no circuito mercantil europeu, diferindo radicalmente da estrutura econômica feudal, na grande maioria dos casos, tendente à subsistência. Além disso, eram servis as relações de produção no sistema feudal, ao passo que a colonização do Brasil fundamentou-se na mão-de-obra escrava negra.

> "Não havia no sistema brasileiro nem o feudo nem o vínculo de vassalagem, triturados ambos pela economia mercantil, derretidos pelo açúcar." (FAORO, RAYMUNDO, *Os donos do poder*. Vol 1, 8ª edição. Rio de Janeiro, Editora Globo, 1989, pág. 13.)

As deficiências da experiência do sistema das capitanias, uma vez que não produziu *todos* os efeitos esperados pela coroa, devem ser atribuídas a diversos fatores, sobretudo porque: a grandiosidade da empresa era infinitamente superior às possibilidades da maior parte dos donatários.

Alguns donatários não se interessaram pelas terras, não havendo nem mesmo tentativas concretas de colonização. Outros chegaram a implementar um projeto inicial de ocupação, mas foram engolidos pelo isolamento (inclusive no que diz respeito aos contatos com mercadores europeus), o que permitia maior oposição dos índios. Foi esse o caso de Francisco Pereira Coutinho, donatário da capitania da Bahia: após resistir a ataques indígenas por quase uma década, naufragou nas costas da ilha de Itaparica e terminou em um ritual antropofágico tupinambá, causando grande indignação na corte lusa.

Caso expressivo ocorreu com a capitania do Maranhão — pertencente ao famoso historiador e humanista João de Barros —, onde a tentativa colonizadora de seus prepostos fracassou em função da resistência dos potiguares. O donatário chegou a lamentar-se de suas dificuldades em sua obra *Décadas da Ásia*.

Pero de Góis, donatário de São Tomé, como alguns outros, decidiu queixar-se diretamente ao rei:

> " (...) tudo nasce da pouca justiça e pouco temor de Deus e de Vossa Alteza que em algumas partes desta terra se faz e há, por onde se, de Vossa Alteza não é provida, perder-se-á todo o Brasil antes de dois anos."

Já o caso de Pero do Campo Tourinho, donatário de Porto Seguro, ilustra exemplarmente a própria complexidade do processo de colonização, sujeito a inúmeros interesses e prioridades muito mais que simplesmente distintos, às vezes excludentes. A capitania de Porto Seguro, ao contrário de várias outras, havia sido objeto de grande interesse por parte de seu donatário, que chegou a vender seus bens no Minho e transferir-se para o Brasil com cerca de seiscentos colonos, inclusive famílias, a fim de ocupá-la. Em pouco tempo, os obstáculos iniciais foram superados, a produção de açúcar engatinhava e os resultados colonizadores eram amplamente favoráveis, principalmente se comparados com o conjunto das donatarias. Em 1543, entretanto, acusado de blasfêmia e desrespeito aos dias santificados, Pero do Campo Tourinho foi preso pela Inquisição, transferido para Lisboa e julgado. Mesmo absolvido, não lhe foi permitido o regresso ao Brasil. Laura de Mello e Souza analisou o processo inquisitorial contra Tourinho, preocupada não tanto com o sistema administrativo das capitanias, mas com a questão da religiosidade popular nos primórdios da colonização.

> "Falsas ou verídicas, as acusações que os colonos fizeram contra o Donatário refletem traços característicos da religiosidade popular nos primeiros tempos de colonização, quando era freqüente o hábito de blasfemar, ironizar os dogmas da fé, desacatar o clero, os santos e até Deus (...) da Procissão de Corpus Christi, teria dito que era inadequada a época de sua celebração: ao sul do Equador, as estações do ano eram diferentes, e seria melhor passar este dia santo para outubro, quando aqui era quase verão. Retorquiu-se-lhe que só o Papa poderia fazer tais alterações: 'eu sou papa', teria respondido o Donatário (...) Para ele, Bispos e Acebispos seriam os responsáveis pelo grande número de santos existentes, que, com seus respectivos dias de guarda, só serviam para impedir o trabalho (...)." (MELLO E SOUZA, LAURA DE, *Inferno atlântico*, São Paulo, Companhia das Letras, 1993, pág. 48.)

O episódio envolvendo Tourinho representa uma série de aspectos e esboça cabalmente os limites impostos aos donatários pelo sistema. Mesmo distante da metrópole e aparentemente respaldado pela descentralização, o donatário não estava acima das leis do reino e, conseqüentemente, tampouco encontrava-se imune à justiça vigente em Portugal.

O contraste entre as necessidades mercantis e religiosas não começou com o caso da donataria de Porto Seguro e não terminou por aí. Novos debates e disputas se sucederam, envolvendo colonos e representantes da Igreja de forma cada vez mais complexa. Quanto aos reclamos do sentenciado, outras vozes insatisfeitas iriam juntar-se à dele (certamente com mais cuidado) com o decorrer da estruturação da lavoura de exportação e a integração às regras do *antigo sistema colonial.*

Do lote inicial concedido por D. João III, apenas duas capitanias conseguiram superar concretamente os obstáculos existentes e promover a montagem de núcleos produtores, assim como a ocupação definitiva da terra: São Vicente e Pernambuco. Prosperaram justamente as que conseguiram articular a produção à engrenagem mercantil européia, diversificar a atividade agrícola com algodão e tabaco e partir para o próprio abastecimento de gêneros de subsistência.

A) SÃO VICENTE

Martim Afonso, quando da expedição de 1530, se ocupou em dar combate aos franceses e promover a fundação de vilas. Em 1532, foi fundada na área litorânea a vila de São Vicente, considerada o primeiro núcleo de povoamento branco do Brasil. A escolha do local para esta fundação pode parecer um pouco paradoxal. Afinal, como explicar o estabelecimento de uma vila em uma área tão meridional e, conseqüentemente, tão distante da metrópole?

> "A eleição de um lugar mais ao sul (...) muito mais distante da Europa que as zonas do nordeste, não foi ocasional. As explorações do litoral haviam mostrado que as 'terras austrais prometiam fácil acesso ao coração do continente e ao fabuloso Peru'. Segundo o historiador português Jaime Cortesão, Dom João III não desconhecia que a região marítima de domínio luso mais próxima da bacia platina era São Vicente. Deste modo, ao enviar Martim Afonso, pretendia valorizar as possibilidades de abarcar no âmbito da soberania portuguesa toda a área do Prata, incluindo, portanto, o Paraná — do qual o Tietê é afluente — e o Paraguai,

este último 'o fabuloso rio dos jubilosos tesouros de ouro e prata'." (QUEIROZ, SUELY ROBLES DE, *São Paulo*, Editorial Mapfre, Madrid, 1992, pág. 50.)

Na expedição de Martim Afonso estava presente seu irmão, Pero Lopes de Sousa, que descreveu a viagem no seu *Diário de Navegação*, documento muito importante para a análise do período e permeado, como seu antecessores, de uma visão otimista das terras brasileiras. Vale acrescentar que esta visão não resistiria quando os percalços da colonização se tornassem mais concretos. A partir daí, na ótica européia, a *América paradisíaca* perderia espaço para a *América diabólica*.

Nesta região, a produção de açúcar teve um começo auspicioso. Merece destaque o engenho adquirido pelo holandês Erasmo de Schetz, o primeiro a ser erigido no Brasil. Foi esse um dos fatores que concorreram para tornar o porto de Santos (povoamento fundado pelo escudeiro de Martim Afonso, Brás Cubas) uma movimentada área comercial.

A região vicentina, apesar da arrancada favorável, acabou se estabelecendo de forma secundária no circuito mercantil europeu. A fertilidade das terras vicentinas não era das melhores, como pareciam indicar as primeiras experiências agrícolas. Faltava a esta terra a capacidade produtiva dos massapés do Nordeste.

Este dado, entretanto, não pode ser considerado sem se levar em conta outra importante questão. Em uma época em que os fretes marítimos eram caros, as longas distâncias só poderiam ser superadas mediante a certeza de lucros altíssimos. À medida que o Nordeste — favorecido por condições geoclimáticas amplamente satisfatórias — despontava como pólo produtor de açúcar, possibilitando gastos bem mais reduzidos com o transporte, além da maior segurança, o litoral vicentino seria relegado a um plano inferior em relação a semelhante atividade nordestina. Em 1542, a vila de São Vicente sofreria a ação conjunta de temporais e invasão do mar, tendo sido semidestruída, contribuindo ainda mais para o aumento das dificuldades.

Na verdade, com o decorrer do tempo, o tráfico de escravos indígenas para a região do Prata passou a ser a atividade fundamental nesta área. A prática era *antiga*, existindo pelo menos desde antes da fundação da vila de São Vicente. Não foi por acaso que o porto local foi chamado de *Porto dos Escravos*. Agora, porém, o próprio ritmo da exploração das minas espanholas contribuía para o seu incremento.

O relativo esvaziamento do litoral favoreceu o povoamento do planalto, área que ocupou um espaço singular no conjunto da colônia. Foi importante a atuação do náufrago João Ramalho, muito considerado pelos indígenas, já que era casado com a filha de um chefe guianá, o que o fez assumir atributos também de chefe. João Ramalho atuou também no tráfico de escravos, além de funcionar como importante ponto de apoio para os colonizadores, apesar de muitas vezes ter sido duramente criticado pelos jesuítas, notadamente pelo padre Manuel da Nóbrega.

Em 1553, fundou-se no planalto a vila de Santo André da Borda do Campo. No ano seguinte, os jesuítas lançaram as bases da cidade de São Paulo. Até o final do século XVI, esta área planaltina foi o núcleo de povoamento mais afastado do litoral, representando uma exceção ao modelo colonizador português de até então.

Palco de interesses contrastantes e atitudes singulares de seus habitantes, a região em questão foi chamada paradoxalmente de *La Rochelle* por uns (sugerindo impenetrabilidade e conseqüentemente isolamento) e *Celeiro do Brasil* por outros (significando o sentido de integração). Percebe-se que as condições estavam dadas para a consolidação da área como espaço favorável ao engendramento da atividade bandeirante.

B) PERNAMBUCO

Duarte Coelho, veterano nas Índias, chegou a Pernambuco em 1535, acompanhado de sua mulher, pertencente à família Albuquerque, marcante nos destinos da capitania. Duarte Coelho teve que enfrentar inúmeras dificuldades no seu propósito de estabelecer na região uma *Nova Lusitânia*. Sua correspondência com o rei, datada de dezembro de 1546, apresenta diversas questões referentes a uma das principais barreiras encontradas pelo capitão-mor da dita capitania: a incompatibilidade entre a produção agrícola sistematizada e a dispersiva exploração do pau-brasil.

A resistência dos indígenas também foi ameaça constante ao projeto luso, sendo Olinda, sede da capitania, atacada diversas vezes pelos nativos. Igaraçu, vila fundada por Duarte Coelho, também sofreu ataque dos indígenas. Não podemos esquecer que, nesta fase, a reação dos índios deve ser vista como resposta à própria violência colonizadora, marcada pela escravização dos nativos e pela ocupação de suas terras. Afonso Gonçalves, homem de confiança do donatário, foi incumbido de manter a proteção de Igaraçu, ao que parece, localizada em uma área que originalmente havia sido uma aldeia dos caetés.

Hans Staden, náufrago alemão que deixou registros sobre o Brasil quinhentista, relatou que a ameaça indígena parecia capaz de destruir o projeto colonizador naquela região. Inclusive, o próprio — e *interminável* — título de sua obra, publicada em 1577, ilustra suas impressões a respeito dos índios:

> "Descrição verdadeira de um país de selvagens nus, ferozes e canibais, situado no Novo Mundo da América, desconhecido na terra de Hessen, antes e depois do nascimento de Cristo, até que, há dois anos, Hans Staden de Homberg, em Hessen, por sua própria experiência, o conheceu."

Em função das condições adversas, o próprio Duarte Coelho decidiu viajar para Portugal, objetivando obter maior apoio do rei ao seu empreendimento. Ao que tudo indica, estava interessado em resgatar escravos africanos para a lavoura açucareira.

Superando os vários obstáculos existentes, os Albuquerque conseguiram desenvolver a capitania e promover a consolidação da empresa açucareira. Podemos considerar que as relações com os índigenas seguiram o padrão geral de cooptação e alianças com determinados grupos como forma de vencer e escravizar outros. Nesse sentido, a miscigenação foi incentivada pelos donatários, ficando famoso o próprio caso de Jerônimo de Albuquerque, o *Torto,* cunhado de Duarte Coelho. Em função dos acordos previamente estabelecidos com comerciantes e banqueiros europeus, Pernambuco pôde se transformar, em pouco tempo, no principal núcleo econômico da colônia. Por volta de 1570, a capitania já contava com cerca de trinta engenhos. Até essa época sabemos que dois terços da mão-de obra era formada por indígenas escravizados, denominados *negros da terra.* Já os escravos negros eram comumente chamados de *negros da Guiné.* Percebemos claramente que, para os portugueses, a palavra negro era praticamente sinônimo de escravo. Com o decorrer do tempo, em relação à mão-de-obra, os africanos logo seriam trazidos, compondo a força de trabalho majoritária na agromanufatura do açúcar. A enorme presença de escravos negros, indispensáveis ao processo produtivo em curso, levou o padre Antônio Vieira a declarar com sua habitual retórica: "Sem negros não há Pernambuco."

Já no século XVII, a epopéia de Duarte Coelho e dos Albuquerque foi retratada por Bento Teixeira em sua obra *Prosopopéia*, dedicada especialmente ao capitão e governador de Pernambuco Jorge de Albuquerque Coelho. De caráter bajulatório, inspirado em parte nos *Lusíadas*, o poema pode ser considerado a primeira obra literária produzida na colônia.

4.2 . O GOVERNO GERAL

A instalação do governo geral ligou-se diretamente ao desempenho do sistema das capitanias hereditárias, tanto pelas dificuldades da maior parte delas como pela experiência bem-sucedida das de São Vicente e Pernambuco. Enquanto o sistema das capitanias, descentralizado e pouco convidativo, não proporcionara todos os objetivos esperados. Os franceses continuavam a rondar o litoral. A lavoura açucareira, de forma localizada, alcançava bons resultados, a ponto de se fazer urgente uma reformulação administrativa nas terras brasileiras. Acrescente-se que Portugal vivenciava um período de intensa crise do comércio ultramarino, sendo inclusive necessário o abandono de diversas praças onerosas: Santa Cruz do Cabo de Gué, Safim, Alcácer Ceguer, além da feitoria portuguesa em Flandres.

Diante das circunstâncias, na verdade um agravamento de uma situação já anunciada em 1530, a corte portuguesa sentiu ser indispensável reafirmar a soberania sobre suas terras americanas. Contribuiu também para este redirecionamento administrativo a descoberta espanhola das minas de Potosí, fonte de esperanças renovadas em relação à possibilidade de serem encontradas riquezas metálicas no Brasil. Isto porque, como já foi lembrado por alguns autores, na cartografia da época, o Peru encontrava-se na mesma faixa geográfica da colônia portuguesa, alimentando constantemente o *sonho dourado* dos colonos luso-brasileiros e do governo de Lisboa.

A) O GOVERNO DE TOMÉ DE SOUSA (1549-1553)

Tomé de Sousa, fidalgo da Casa Real, destacado em missões orientais e africanas e primo de Martim Afonso, foi nomeado governador-geral através do regimento expedido em dezembro de 1548. Extremamente minucioso — há quem o tenha chamado de primeira constituição —, o regimento tratava, nos seus 45 parágrafos ou capítulos, de inúmeras questões referentes aos problemas que competiam à nova autoridade e seus auxiliares próximos: combater os corsários, fazer alianças com tribos *amigas*, fiscalizar a exploração do pau-brasil, explorar o sertão, percorrer as capitanias, estabelecer feiras nas vilas e povoações.

As demais autoridades coligadas ao governador-geral — capitão-mor (defesa), provedor-mor (tributos) e ouvidor-mor (justiça) — receberam seus próprios regimentos, reguladores de suas atribuições específicas.

Apesar de todas as dificuldades existentes, a coroa portuguesa não pretendia abandonar o sistema das capitanias hereditárias. Dizia o regimento de Tomé de Sousa que um dos objetivos primordiais era exatamente o de "conservar e enobrecer as capitanias e povoações nas minhas terras do Brasil". Aliás, muitos dos próprios donatários pediram insistentemente socorro ao monarca. Na verdade, o que a coroa pretendia era dar um sentido de unidade à dispersão inicial. Ficariam as donatarias, daí em diante, como uma divisão subordinada à nova estrutura político-administrativa.

Caberia a Tomé de Sousa a fundação de São Salvador, primeira capital da colônia, na capitania da Bahia. Os incidentes envolvendo o donatário facilitaram o resgate da capitania pela coroa. Entretanto, vários fatores geográficos foram também decisivos na escolha da região:

- a localização, entre as duas que obtiveram sucesso ("que fosse como coração no meio do corpo");
- o fácil acesso ("pela disposição do porto e rio que nela entram");
- a fertilidade ("como pela bondade, abastança e saúde da terra").

Os alicerces da cidade foram fundados em cerca de seis meses, em função do grande número de operários e artífices (pedreiros, serradores, oleiros, carreiros, carvoeiros etc.) trazidos com a expedição do governador-geral. Muitos índios chegaram de fato a auxiliar na construção da cidade, fato este favorecido pela presença de Diogo Álvares, o Caramuru, antigo náufrago português bastante prestigiado entre os indígenas.

Tomé de Sousa — ao que parece com instruções vindas da metrópole — não optou pela instalação da cidade na região onde Francisco Pereira Coutinho havia se fixado, denominada Vila Velha ou Vila do Pereira. Salvador enquadraria-se na velha tradição portuguesa da acrópole fortificada (o que se traduzia nas cidades alta e baixa), combinada com uma 'espontaneidade anárquica', na expressão de Arno Wehling, traço marcante de várias cidades coloniais brasileiras.

Bem diferentes seriam as cidades da América espanhola: favorecidas pela maior disponibilidade de recursos materiais, foram rigidamente traçadas e delimitadas. A questão, que na verdade envolve outros aspectos, foi magistralmente tratada por Sérgio Buarque de Holanda:

> "Já à primeira vista, o próprio traçado dos centros urbanos na América Espanhola denuncia o esforço de vencer e retificar a fantasia caprichosa da paisagem agreste: é um ato definido da vontade humana. As ruas não se deixam modelar pela sinuosidade e pelas asperezas do solo; impõem-lhes antes o acento voluntário da linha reta (...) O traço retilíneo, em que se exprime a direção da vontade a um fim previsto e eleito, manifesta bem essa deliberação (...) no plano das cidades hispano-americanas, o que se exprime é a idéia de que o homem pode intervir arbitrariamente, e com sucesso, no curso das coisas e de que a história não somente 'acontece', mas também pode ser dirigida e até fabricada." (BUARQUE DE HOLANDA, SÉRGIO. *Raízes do Brasil*, 17ª edição, Rio de Janeiro, Livraria José Olympio Editora, 1984, págs. 62-64.)

Tomé de Sousa organizou a missão punitiva contra os responsáveis pelo massacre de um dos fidalgos do rei: os tupinambás. Na verdade, prenunciava-se a instituição da *Guerra Justa* — vigente de fato em 1570 —, que serviria como pretexto para a escravização de inúmeras tribos indígenas, consideradas *hostis* ao portugueses. À medida que o processo de colonização ganhava terreno, este contingente crescia. Nessa hora, a falta de uma unidade indígena mais consistente foi fundamental para a dominação branca. Diversas vezes os tupiniquins foram cooptados pelos portugueses na luta contra os tupinambás. Aproveitavam-se os europeus das rivalidades entre tribos, aumentando as tensões existentes e efetivando alianças temporárias e oportunistas, como o próprio regimento do governador sugeria. Entretanto, a relação entre colonizadores e índios, nessa fase, não se esgota na questão *bélica*, indo muito mais longe.

> "A primeira ou as duas primeiras gerações de invasores portugueses haviam dependido totalmente dos conhecimentos indígenas sobre a Mata Atlântica. Os tupis caçavam, plantavam e cozinhavam para os expedicionários, além de curar suas doenças. Tão dependentes eram os portugueses que, de quando em quando, tinham de se rebaixar a trocar seus estoques de facas e anzóis não por bens comerciais ou escravos, mas por mandioca (...) Durante esse período, os invasores raramente ousaram penetrar na floresta em busca de escravos; em vez disso, eles os adquiriam por meio de negociações com os nativos, a quem aplicavam o mesmo nome que empregavam em seu território africano: 'pombeiros' — referindo-se aos pombos que são soltos para atrair outros a voltarem para o viveiro." (DEAN, WARREN, *A ferro e fogo: a história da destruição da mata atlântica*, São Paulo, Companhia das Letras, 1996, págs. 83-84.)

A administração do primeiro governador-geral teve como realizações no campo eclesiástico a chegada dos jesuítas e a instituição do bispado no Brasil, independente do bispado de Funchal. Afinal, o próprio monarca, D. João III, afirmara em relação à instituição do governo geral:

> "(...) a principal causa que me moveu a mandar povoar as ditas terras do Brasil foi para que a gente dela se convertesse à nossa santa fé católica".

Ainda na sua administração, o primeiro governador-geral enfrentou a resistência de Duarte Coelho, que se opôs relutantemente a sua ida a Pernambuco. A querela chegou ao rei, que optou pela não ingerência do governador-geral e seus auxiliares na bem-sucedida capitania. Os agentes reais acabariam visitando apenas as *capitanias de baixo*, merecendo destaque a construção do forte de São João de Bertioga, em 1553, estrategicamente localizado, próximo a São Vicente e Santos.

Indicativo claro da relação, nem sempre harmoniosa, entre governo geral e capitanias, o atrito entre Tomé de Sousa e Duarte Coelho mostra a própria dificuldade da Coroa em equilibrar o incentivo à colonização e a centralização política, ambas fundamentais para a rentabilidade da empresa ultamarina.

Tomé de Sousa foi responsável pela abertura de caminhos, pela construção de um pequeno estaleiro e pela introdução do gado em terras da Bahia. Trazido do arquipélago do Cabo Verde, o gado foi inicialmente utilizado como pagamento de soldos. É bastante conhecido o caso de Garcia D'Ávila, elemento que conseguiu prosperar ao receber algumas poucas cabeças a ponto de se transformar, certamente, no maior criador do século XVI no Brasil. Bahia e Pernambuco foram, daí em diante, as principais áreas de irradiação da pecuária no Nordeste.

A ORIGEM DOS COLONOS

Até agora, em relação aos europeus que se transferiram para o Brasil, falou-se muito em donatários, governadores e demais autoridades ligadas à metrópole. Não podemos esquecer que uma leva de colonos foi formada pelos desenraizados portugueses, ou seja, aqueles que não possuíam acesso à terra na metrópole. É possível, inclusive, identificar as regiões portuguesas que mais *forneceram* colonos ao Brasil, destacando-se Lisboa, as áreas do norte de Portugal, as regiões entre os rios Minho e Douro e as ilhas atlânticas. Sabemos, inclusive, que, em meados do século XVI, a própria coroa já mostrava interesse em trazer açorianos para o Brasil.

Devemos lembrar também o conjunto de degredados no processo de colonização. Algumas considerações importantes devem ser feitas quanto a este *grupo*.

Na visão dos próprios contemporâneos, o Brasil era considerado uma terra de degredo. Nesse sentido, é bastante ilustrativo o depoimento de um colono pernambucano ao Tribunal do Santo Ofício: "(...) a gente deste Brasil sabia muitas artes e manhas porque era gente degredada do Reino por maus feitos (...)."

Esta imagem ganhou projeção após a edição do alvará de 1535, transferindo os degredados de São Tomé para as terras brasileiras. Nesse período, muitos réus eram também mandados para as galés. Com as novas determinações reais, e o deslocamento do degredo para a América, o próprio caráter da pena seria transformado. Afinal, longo caminho separava a ilha atlântica da colônia americana e, conseqüentemente, inúmeros perigos apresentavam-se nessa longa travessia marítima.

Em Portugal, nessa época, fazia muito sucesso uma literatura especializada em naufrágios — dando origem às histórias trágico-marítimas. Entretanto, desde a Antiguidade a relação dos homens com o mar era tratada com respeito e... medo. A tradição bíblica contribuiu para promover uma imagem desconhecida dos oceanos, ressaltando-os como um prolongamento do caos e como um privilegiado instrumento da ação punitiva, consubstanciada no Dilúvio. Dessa forma, como demonstrou Laura de Mello e Souza, o degredado acabava passando por processo de purificação, um exílio ritual, que começava com a própria viagem oceânica.

Foi no século XVII, entretanto, que o Brasil passou a receber um número bastante expressivo de degredados. A questão estava diretamente ligada à própria força da Inquisição portuguesa e também às necessidades da colonização:

> "Esta mudança parece indicar, em Portugal, a passagem de uma política de aproveitamento dos desclassificados sociais e dos marginais em trabalhos forçados (comum em grande parte da Europa nos séculos XV e XVI) para uma política de aproveitamento destes mesmos elementos na lide ultramarina e na colonização do novo mundo." (MELLO E SOUZA, LAURA DE, *op. cit.*, pág. 90.)

Entretanto, o que nos chama a atenção é o *caráter* dos degredados. Isto porque, para os padrões jurídicos vigentes em Portugal, o que entendemos hoje por público e privado não estavam em campos delimitados.

Crime e pecado eram equivalentes, lei e fé se complementavam, contribuindo para aumentar o número de transgressores no reino português. Boa parte dos degredados, portanto, não eram pessoas de conduta tão *desclassificante*, se comparados com outros reinos, à mesma época.

Outra questão importante, nos primórdios da colonização, foi a carência de mulheres brancas, fato comprovado por inúmeros historiadores. Nesse sentido, são famosos os pedidos do jesuíta Manuel da Nóbrega à coroa portuguesa. Não é surpresa, portanto, que a miscigenação tenha se transformado na saída *natural* para tal problema.

B) DUARTE DA COSTA (1553-1558)

Substituto de Tomé de Sousa, apesar de empenhado nos seus propósitos administrativos, Duarte da Costa deixou a marca de uma gestão não só sem o brilho do predecessor, mas também do sucessor, Mem de Sá. Ganhou destaque o atrito com a Câmara de Salvador e com o bispo, D. Pero Fernandes Sardinha. Esta segunda questão foi *valorizada ainda mais* em função da ritualizada morte do religioso (vítima da cultura antropofágica dos caetés) após o naufrágio, no litoral baiano, da embarcação em que regressava ao reino para ter uma audiência com o monarca.

Nesse período explodiram as primeiras tensões entre jesuítas e colonos a respeito da escravização indígena, questão tão comum daí em diante. O governador-geral, por sua vez, não conseguiu *equacionar* o problema, contribuindo para a insatisfação praticamente geral.

Durante o governo de Duarte da Costa, os jesuítas fundaram um colégio, origem da cidade de São Paulo. Os desencontros com os colonos no litoral os levou à procura de contingentes indígenas no interior, especialmente os carijós (nome dado muitas vezes aos guaranis) do Paraguai. Chefiados pelo padre Manoel de Paiva, no dia 25 de janeiro de 1554 empreenderam a construção do colégio.

> "Em carta a Inácio de Loiola descrevia Anchieta o colégio de São Paulo como uma simples casa, 'a qual terá 14 passos de comprimento e 10 de largura, que nos serve de escolas, dormitório, enfermaria e cozinha e despensa'. Atraídos pela construção rude e modesta, os índios foram levantando habitações ao seu re-

dor. Assim, a princípio, o pequeno assentamento teria um forte componente indígena, que só se atenuaria com o decorrer do tempo." (QUEIROZ, SUELY ROBLES DE, *op. cit.*, pág. 55.)

Foi no governo de Duarte da Costa que os franceses, capitaneados por Nicolau Durand de Villegaignon, instalaram-se na baía da Guanabara. Entusiasmado pelas condições favoráveis descritas pelos contemporâneos e apoiado por figuras proeminentes da corte francesa, inclusive pelo próprio rei, além de diversos mercadores, o comandante francês ocupou a ilha de Serigipe, construindo um forte e fundando uma colônia, logo denominada ousadamente de França Antártica. No mesmo período, os huguenotes também instalaram-se na Flórida, onde pretendiam criar a *Nova França*.

Durante a experiência da França Antártica, foram produzidos dois preciosos relatos a respeito da paisagem brasileira e dos hábitos dos nativos: *As singularidades da França Antártica*, editado em 1558, de André Thévet, e *Viagem ao Brasil*, editado em 1578, de Jean de Léry. Estes dois livros são fundamentais para a análise do período em questão e *fontes permanentes* para novas interpretações históricas e etnológicas.

O governador-geral Duarte da Costa, impossibilitado de dar combate à empresa de tal envergadura, deixou o cargo sem organizar uma consistente oposição aos invasores. A corte portuguesa, por sua vez, nada conseguiu com os insistentes protestos diplomáticos às autoridades competentes francesas.

C) MEM DE SÁ (1558-1572)

Antigo conselheiro do rei, Mem de Sá assumiu o cargo de terceiro governador-geral com imensas responsabilidades pela frente, que iam desde a obstinada *moralização da colônia* até o combate a decidida presença francesa no litoral brasileiro. Nomeado capitão-mor, Bartolomeu de Vasconcelos da Cunha chegou ao Brasil com o objetivo primordial de expulsar os invasores. Todas as atenções das autoridades lusas foram direcionadas no sentido de reunir esforços para a guerra contra o elemento francês. Os poderes do governador-geral foram ampliados, enquanto o novo bispo, Pedro Leitão, se empenhou na mobilização dos indígenas, contingente fundamental nas futuras vitórias lusas.

Mem de Sá chegou em 1560 à baía da Guanabara, onde recebeu os reforços oriundos de São Vicente. A ação portuguesa foi favorecida pelas próprias dissidências e rivalidades existentes entre os franceses instalados na baía. O projeto antártico havia sido planejado e anunciado como um espaço religioso livre das tensões que grassavam na Europa na segunda metade do século XVI. Os huguenotes receberam garantias, por parte dos organizadores da empresa, que a tolerância religiosa seria uma das características fundamentais da futura colônia tropical.

Na realidade, durante a presença no Brasil, o próprio Villegaignon passou a hostilizar abertamente os calvinistas. A partir daí, muitos protestantes, desencantados com a tão almejada tolerância, abandonaram o forte e migraram para o continente, onde fundaram Henryville. Paralelamente, Villegaignon ia perdendo boa parte de suas bases na corte, o que contribuiu para determinar o seu retorno, ainda em 1558, para a França, onde se filiou ao partido ultracatólico dos Guises. No seu lugar, tentando *administar as tensões*, ficou seu sobrinho Bois-Le-Comte. Na verdade, o sonho da França Antártica terminava antes mesmo de começar.

Nesse período, merece destaque o episódio conhecido como Confederação dos Tamoios, ligado não só à resistência indígena contra os brancos, mas também ao ciclo de lutas pela afirmação da soberania portuguesa na parte meridional do Brasil. Tratava-se de uma aliança de diversas tribos — tupinambás, aimorés, goitacases — contra a presença e ações dos portugueses. Algumas dessas tribos mantinham contatos intensos com os franceses.

> "Ao contrário do que se costuma dizer, ela não foi uma aliança de tribos tamoios. Não havia tribo alguma com essa denominação (...) a palavra tamoio (tamuya) quer dizer, em tupi, o mais velho do lugar. E quando assim se chamavam os da Confederação era para ressaltar a condição de serem os mais velhos os que chegaram primeiro à terra, os que a habitavam antes da chegada dos brancos. Por isso é que a Confederação dos Tamoios tem o mesmo significado de Confederação dos Nativos (...)."
> (NADAI, ELZA E NEVES, JOANA, *História do Brasil*, 16ª Edição, São Paulo, Editora Saraiva, 1995, pág. 58.)

Localizada originalmente em Iperoig (correspondente à atual Ubatuba), a Confederação dos Tamoios passou a ocupar um plano bem definido nas prioridades colonizadoras. Durante os conflitos, os jesuítas atuaram decisivamente, agindo como *embaixadores* dos brancos. Nesse sentido, o padre Manoel da Nóbrega, em 1561, transferiu-se para São Vicente, acompanhado de José de Anchieta, já conhecedor da língua tupi, aspecto fundamental para o contato com os nativos. Anchieta conseguiu uma trégua com os *tamoios*, minando a aliança desse contingente com os franceses. Este fator foi fundamental para a posterior vitória portuguesa. A trégua, nunca plenamente respeitada pelos traficantes de escravos, foi esquecida, abrindo uma nova frente de hostilidades entre indígenas e portugueses. Em sua plenitude, a Confederação dos Tamoios durou um pouco mais de vinte anos (1554 -1575), sendo destruída com extrema violência no governo de Antonio Salema.

✦ São Sebastião do Rio de Janeiro

No decurso das lutas contra os franceses foi fundada a cidade do Rio de Janeiro, concebida como um ponto de apoio contra os invasores. O próprio Tomé de Sousa havia sido imbuído da missão de fundar um forte na área, não o fazendo por absoluta falta de recursos. O controle da baía da Guanabara era indispensável para a hegemonia portuguesa da rota das Índias — ainda que em retrocesso — e para viabilizar possíveis incursões à área platina.

Mem de Sá conseguiu uma primeira vitória contra os franceses ainda em 1560, quando o forte Coligny foi tomado e seus ocupantes tiveram de deixar a ilha, transferindo-se em fuga para a margem ocidental da baía. Os *tamoios*, como já sabemos, aliados dos franceses contra os portugueses, os acolheram na aldeia de Uruçumirim (hoje, praia do Flamengo).

A total inexistência de um projeto colonizador, após a vitória parcial, por parte do governador-geral contribuiu para a continuidade dos franceses, e do tráfico que promoviam, na região em volta da baía.

Com o objetivo de ocupar a região, a coroa enviou ao Brasil uma armada, capitaneada por Estácio de Sá, sobrinho do governador-geral, responsável pela colonização do Rio de Janeiro, denominação, aliás, que remonta às primeiras expedições de reconhecimento.

Conseguindo reforços em São Vicente — colonos portugueses, índios temininós e tupiniquins e também alguns mestiços —, além do jesuíta José de Anchieta, em 1565 Estácio de Sá entrou na baía da Guanabara, desembarcou próximo ao morro do Pão de Açúcar (hoje, praia do Forte de São João, na Urca) e deu ordens para a construção de uma pequena povoação. Lançavam-se os fundamentos da cidade de São Sebastião do Rio de Janeiro.

A escolha do local atendeu a duas premissas básicas: os franceses ocupavam, ou tinham contatos através dos indígenas, grande parte do litoral; a região escolhida deveria apresentar condições de defesa à altura dos futuros combates; de preferência uma área dificilmente acessível, sendo indispensável também um grande alcance de visualização da baía.

Os confrontos com franceses e indígenas foram constantes e Mem de Sá chegou a enviar uma armada para engrossar a resistência de seu sobrinho. No dia 20 de janeiro foi organizado um grande ataque contra os franceses. Os conflitos se sucederam, com inúmeras vitórias portuguesas, apesar da morte de Estácio de Sá. O comandante luso foi alvejado no meio da luta por uma flechada no rosto. Para Delgado de Carvalho, portanto, "as setas do escudo da cidade não representam, pois, somente as do martírio de São Sebastião".

Foram tomadas várias posições francesas na baía: Leripe — atual Glória — e Paranapuã — atual ilha do Governador. Destacou-se a atuação de Araribóia, chefe temininó, tribo que havia sido anteriormente expulsa da região pelos tupinambás. Em *recompensa*, os portugueses concederam-lhe uma *sesmaria*, na atual Niterói. Após inúmeras derrotas, os franceses se retiraram para Cabo Frio, onde permaneceram por um bom tempo.

Após a morte do sobrinho, Mem de Sá empenhou-se pessoalmente na translação da cidade para o morro de São Januário, depois denominado Castelo (destruído em 1922, restam apenas resquícios da ladeira que ligava o monte à igreja e ao antigo Hospital da Misericórdia), considerado mais seguro e favorável ao desenvolvimento da cidade.

A nova localização da cidade pode ser considerada excepcional: proporcionava uma vista abrangente da baía, encontrava-se próxima do rio Carioca — reservatório de *boas águas* — e era servida por planícies férteis, transformadas nos futuros celeiros da cidade. A segunda fundação da cidade de São Sebastião do Rio de Janeiro ocorreu em 1º de março de

1567, dois anos exatos da fundação original. Não por acaso, passou a ser chamada daí em diante de *cidade velha*.

Vendo as bases da cidade instaladas e as revoltas indígenas ao redor da baía devidamente controladas, Mem de Sá partiu para a capital da colônia em 1568, deixando no governo mais um sobrinho: Salvador Correia de Sá. Inaugurava-se assim a hegemonia desta família no Rio de Janeiro, que passou agora a ser uma capitania real, não mais ligada administrativamente a São Vicente.

4.2.1 . AS SUBDIVISÕES ADMINISTRATIVAS

A) AS CAPITANIAS REAIS

Com o estabelecimento do governo geral, a coroa portuguesa decidiu criar as capitanias reais, controladas por um capitão-mor. Já sabemos, porém, que as capitanias hereditárias continuaram a existir. A primeira capitania real a ser criada foi a da Bahia, resgatada — através de indenização aos familiares — pela coroa após o incidente desastroso com o donatário Francisco Pereira Coutinho.

Ainda no século XVI, foram criadas outras capitanias reais, notadamente em áreas onde as investidas estrangeiras eram uma ameaça. São elas: a já mencionada capitania real do Rio de Janeiro, a da Paraíba, a de Sergipe e a do Rio Grande do Norte. No século seguinte, à medida que avançava a expansão territorial, foram instituídas as capitanias reais do Ceará, do Maranhão, de Pernambuco e da Colônia do Sacramento.

Já no século XVIII, as capitanias reais superaram em número as capitanias hereditárias, marcando administrativamente as novas circunstâncias econômicas promovidas pela mineração, ou seja, um controle ainda maior por parte da metrópole.

As capitanias eram subdivididas a fim de se facilitar a administração. A comarca era a primeira das subdivisões, correspondendo a uma área subordinada a um juiz ouvidor. As comarcas, por sua vez, eram subdivididas em termos, equivalentes aos atuais municípios, governados pela Câmara Municipal ou Senado da Câmara e pelo alcaide. Os termos, por sua vez, eram ainda subdivididos em freguesias, administrativamente subordinadas ao juiz de vintena.

B) A DIVISÃO EM DOIS GOVERNOS

O sucessor de Mem de Sá, Luís Fernandes de Vasconcelos, não conseguiu chegar ao seu destino, sendo atacado por corsários huguenotes. Em 1572, após a morte de Mem de Sá, chegou ao Brasil Luís Brito de Almeida, novo governador-geral. Sua jurisdição territorial foi bastante limitada, se comparada com a de seus antecessores, em função da decisão metropolitana de dividir a colônia em dois governos. Afinal, a coroa portuguesa tinha dois objetivos básicos pela frente: promover a expansão na parte norte do litoral brasileiro e garantir a hegemonia na região sul, onde a presença estrangeira era uma ameaça ao domínio português.

Já nos referimos várias vezes às investidas francesas no litoral brasileiro. Não devemos negligenciar, entretanto, a ação espanhola, principalmente ao sul de São Vicente. As manobras do governador do Paraguai, Alvaro Núñez Cabeza de Vaca, pretendendo estabelecer uma província — a Província de Vera — entre Assunção e o Atlântico, deixam isso bem evidente.

> "A ameaça espanhola foi, do ponto de vista dos interesses portugueses, tão ou mais grave que a francesa, pois significou a tentativa de dominar toda a região ao sul de São Vicente. As discretas referências feitas na historiografia brasileira a essas tentativas espanholas do século XVI, especialmente entre os historiadores do século XIX, devem-se ao temor de que sua valorização estimulasse reivindicações territoriais dos Estados Platinos, sobretudo numa época em que as fronteiras ainda não estavam completamente demarcadas." (WEHLING, ARNO e WEHLING, MARIA JOSÉ C. DE, *op. cit.*, pág. 73.)

Entre 1572 e 1578, portanto, o Brasil foi dividido em duas regiões administrativas:

- o *Brasil do Norte*, de Pernambuco até Porto Seguro, com a capital em Salvador, governado por Luís de Brito e Almeida. Além dos conflitos com os indígenas, o período foi marcado pelas tentativas malogradas de conquistar o litoral de Sergipe e da Paraíba.
- o *Brasil do Sul*, a partir da capitania de Ilhéus, com a capital no Rio

de Janeiro, governado por Antônio Salema. Além das disputas com os franceses e indígenas em Cabo Frio, foram realizadas entradas, chegando até Minas Gerais, sem obterem maiores sucessos.

Após 1578, o Brasil foi reunificado, sob a autoridade de Lourenço da Veiga, mantendo-se como capital Salvador. Entretanto, as ofensivas estrangeiras não cessaram. Ampliaram-se cada vez mais, especificamente com a investida francesa na região do Maranhão. Por outro lado, nunca seriam totalmente desfeitas as esperanças de descobrir minas na região sul. Em função destes fatores, entre 1602 e 1612, já durante a União Ibérica, nova divisão administrativa foi efetivada:

- o *Estado do Brasil*, com as mesmas delimitações do chamado *Brasil do Norte*, com capital em Salvador. Interessante notar que, neste período, alguns governadores passaram mais tempo em Pernambuco — principal pólo econômico — do que propriamente na Bahia;
- a *Repartição do Sul*, com as mesmas delimitações do chamado *Brasil do Sul*, com capital no Rio de Janeiro. Novas entradas foram organizadas, sem maiores conseqüências.

Em 1612 ocorreu nova reunificação, restabelecendo-se a capital em Salvador. Nove anos mais tarde, entretanto, ocorreu uma terceira divisão,

> "(...) em decorrência direta da fundação da Cidade de Santa Maria do Belém do Pará, na foz do Amazonas. A fundação dessa vila decorreu do medo da Espanha face à possibilidade de piratas ou colonos holandeses penetrarem pelo Amazonas até o Peru, junto às minas de prata." (LINHARES, MARIA YEDDA L. Organizadora. *História Geral do Brasil*, 3ª Edição. Rio de Janeiro, Editora Campus, 1990, pág. 42.)

Devemos lembrar que os contatos entre o Norte e o Sul da colônia sempre foram muito difíceis, principalmente em função do regime de correntes marítimas na área setentrional. Era muito comum que um barco, proveniente do sul, ou mesmo da Bahia, fosse *arrastado* para o meio do Atlântico, sem conseguir chegar, como previsto, ao Norte do Brasil.

De 1621 até 1775 o Brasil ficou dividido em duas unidades administrativas:

- o *Estado do Maranhão* (ou do Grão-Pará), do Ceará ao Pará, sediado ora em São Luís ora em Belém;
- o *Estado do Brasil*, com jurisdição do Rio Grande do Norte até o extremo Sul, sediado em Salvador.

C) O VICE-REINO

Com a Restauração Portuguesa, em 1640, D. João IV tratou de garantir maior controle sobre a Colônia, a fim de concretizar ganhos econômicos compensadores da desastrosa *União Ibérica*. Não podemos esquecer que Portugal e Espanha estiveram em guerra até 1668.

A própria criação do Conselho Ultramarino enquadra-se neste contexto, como sugere o decreto real de 14 de julho de 1642:

> "Pelo estado em que se acham as coisas da Índia, do Brasil, de Angola e demais conquistas do Reino, e pelo muito que importa conservar e dilatar o que neles possuo e recuperar o que se perdeu em tempos passados (...)."

A centralização acarretava o fortalecimento dos governadores, sendo que estes passaram a ser chamados de vice-reis. A escolha do título foi influência dos anos de contato com a administração espanhola. As atribuições do vice-rei estavam ligadas à segurança do território, à fiscalização das autoridades subordinadas (capitães-mores, provedores), às questões judiciárias (bem ampliadas em relação aos governadores-gerais) e, logicamente, às econômicas, devendo prestar contas ao Conselho Ultramarino.

O primeiro a ser chamado de vice-rei no Brasil foi D. Jorge de Mascarenhas, na linha sucessória, 18º governador-geral. O título, entretanto, foi aplicado com certa irregularidade, pelo menos até 1720, quando o Brasil foi oficialmente transformado em vice-reino. O poder dos vice-reis aumentou com a transferência do governo para o Rio de Janeiro, medida correlacionada ao sentido de unidade dado pela administração pombalina. Em 1808, com a transferência da corte para o Brasil, o sistema foi abolido.

4.3 . AS CÂMARAS MUNICIPAIS E OS HOMENS BONS

Desde o início do processo colonizador, a coroa preocupou-se em promover a fundação de vilas e povoamentos, buscando garantir a ocupação da terra, a defesa, a exploração econômica e sua conseqüente arrecadação fiscal. As grandes vilas — especialmente as localizadas no litoral — acabaram transformando-se em pontos fundamentais da base administrativa metropolitana, do controle político dos senhores de engenho, além de ocupar a função social de reunir os moradores próximos em momentos considerados especiais.

Com o intuito de operacionalizar um modelo administrativo sediado nas vilas, aplicou-se no Brasil a organização municipal portuguesa, cujas raízes remontavam ao direito romano. O principal organismo do poder municipal era a *Câmara Municipal* (também chamada de Senado da Câmara, Câmara dos Vereadores ou ainda Conselho de Vereança) secundado pelo alcaide, este na verdade sob controle do donatário da capitania.

Além da administração de suas próprias rendas e de seu patrimônio, podemos destacar como principais funções do órgão:

- abastecimento de gêneros comestíveis, principalmente da farinha e da carne;
- regulamentação do *pequeno comércio*, fiscalizando as licenças de vendedores ambulantes, quitandeiras e feirantes de uma forma geral;
- regulamentação dos preços cobrados pelos artesãos (ferreiros, carpinteiros, alfaiates e outros);
- organização das festas religiosas mais importantes;
- organização de expedições para capturar índios;
- conservação dos chafarizes, dos canos e das *bicas*, já que a questão da água era fundamental para os colonos;
- construção e conservação das ruas, dos caminhos e pontes;
- regulamentação dos locais para despejo de lixo;
- distribuição das terras municipais e fiscalização da construção dos edifícios.

As câmaras eram formadas por um juiz presidente, de dois a seis vereadores (dependendo da importância) e um procurador. Quanto ao juiz presidente, este poderia ser um representante da elite local, sendo chamado então juiz ordinário, ou um representante real, sendo então chamado de juiz de fora.

A formação dos membros da câmara — quando escolhidos entre os colonos — era feita através de eleições, de que participavam como eleitores e elegíveis apenas os chamados *homens bons*, ou seja, grandes proprietários de terras e de escravos. Segundo as Ordenações, estavam excluídos do processo eleitoral *os mecânicos, operários, degredados, judeus e outros que pertenciam à classe de peões.* Para participar da câmara, impunha-se também a obrigação da *pureza de sangue*, discriminando — até a sexta ou sétima geração — o descendente de judeu e mouro. É claro que tal determinação valeria também para os negros.

> "As Câmaras do Rio de Janeiro, São Luís do Maranhão e de São Salvador sempre impugnaram qualquer um que tivesse um vínculo, mais evidente, com a raça negra e, se mulatos eram muito raramente admitidos, fazia-se um notório esforço de estabelecer uma ascendência imaginária com índios, não discriminados pela legislação (embora considerados inferiores pelos colonos)."
> (LINHARES, MARIA YEDDA L. (org.), *op. cit.*, pág. 36.)

Podemos concluir que o próprio caráter da câmara, assim como suas múltiplas funções, representavam os interesses tanto da elite local como dos representantes da coroa. Aí está a razão principal para as tensões futuras que envolveriam as câmaras e as determinações metropolitanas. Enquanto os interesses reinóis coincidiram com os interesses dos senhores de engenho não ocorreram maiores problemas nas atribuições e poderes das câmaras. Entretanto, a situação mudou quando apareceram os primeiros desencontros, quando, a partir da Restauração, a coroa *apertou os cintos da elite colonial.*

Podemos apontar diversos momentos em que estas tensões vieram à tona: assim foi no caso da escravidão indígena, envolvendo os colonos paulistas e as câmaras de São Paulo. No Rio de Janeiro, os vereadores voltaram-se contra o governador Salvador Correia de Sá e Benevides. No Maranhão, houve envolvimento dos vereadores na Revolta de Beckman, enquanto em Pernambuco o mesmo ocorreu na Guerra dos Mascates. Finalmente, na Bahia, ocorreu o chamado Motim do Maneta, desta vez com tendências populares — representadas através do Juiz do Povo — contra o aumento do preço do sal.

No século XVIII, a política pombalina retirou das câmaras boa parte de sua autonomia. A prática de eleições locais foi substituída, quase que integralmente, pela coroa. Entretanto, apesar do *esvaziamento político*, tais estruturas administrativas não desapareceram. Como afirmou Bóris Fausto, graças ao seu enraizamento na sociedade, as Câmaras Municipais foram o único órgão que sobreviveu por inteiro, e até se reforçou, após a Independência.

CAPÍTULO 5

A PECUÁRIA

5.1 . O GADO: CRIAÇÃO E EXPANSÃO

Introduzido no Brasil Colônia pelos portugueses, o gado bovino assumiu inicialmente o papel de um produto complementar à cana-de-açúcar, como força de tração e alimento. Em conseqüência, o rebanho encontrava-se localizado no interior do engenho, com o *senhor de engenho* acumulando a posse das reses e o controle sobre o latifúndio.

A necessidade de grandes extensões de terras livres para a expansão da lavoura da cana acabou, por volta do século XVII, promovendo a expulsão do gado das áreas litorâneas e a sua fixação no interior da colônia.

Objetivando regulamentar a atividade criatória, em 1688 a coroa portuguesa decretou alvará proibindo a criação de gado em uma área de dez léguas do Recôncavo Baiano. Essa determinação demonstrava a força política dos produtores de cana junto às autoridades coloniais portuguesas, na medida em que garantiram para si as terras livres próximas ao litoral, delas afastando a criação bovina.

Sem outra alternativa, os criadores de gado passaram a ocupar as terras interioranas da região açucareira nordestina. Em virtude da reduzida tecnologia utilizada pela atividade criatória, o aumento dos rebanhos era correspondente à ampliação das áreas pastoris, alargando o mapa geográfico da ocupação do gado. Diante disso, dilatou-se a distância entre o litoral e o sertão, com o contato comercial entre ambos se estruturando em torno das feiras, apontando o *caráter efetivamente mercantil que passou a ter a pecuária.*

Uma das conseqüências imediatas desse processo foi o da

> "formação, por parte dos colonizadores, de uma vastíssima rede de propriedades: as fazendas de gado." (TEIXEIRA DA SILVA, FRANCISCO CARLOS, "Pecuária, Agricultura de Alimentos e Recursos Naturais no Brasil-Colônia", *in*: SZMRECSÁNYI, TAMÁS. *História econômica do período colonial*, São Paulo, Editora Hucitec e FAPESP, 1996, pág. 123.)

Junto com esse processo, ocorreu a intensificação das guerras contra os índios e a ampliação do emprego da mão-de-obra escrava indígena, atendendo à demanda dos latifúndios que se organizavam.

Similar à estruturação da empresa açucareira, as fazendas de gado surgiram através das doações de sesmarias de

> "vastas extensões de terras recém-conquistadas ou por conquistar, principalmente em remuneração ao serviço militar prestado contra os índios, concedidas com limites e extensão incertos." (TEIXEIRA DA SILVA, FRANCISCO CARLOS, *op. cit*, pág. 123.)

Na prática, as autoridades portuguesas concederam terras ainda desconhecidas dos colonos, gerando não só monopólios fundiários nas mãos dos que recebiam as terras, como também fortes conflitos sociais junto aos colonizadores que, chegando à região após os desbravadores, encontravam as terras e os pastos já ocupados.

As tentativas da coroa portuguesa em disciplinar a ocupação das terras esbarrou na intransigência dos grandes proprietários que, de Salvador, controlavam os registros cartoriais e, com isso, garantiam a manutenção de seus latifúndios no sertão nordestino.

Cabe ressaltar a diferença entre fazendas e currais. As primeiras não ficavam restritas somente à criação de gado, podendo desenvolver outras atividades, principalmente o cultivo de tabaco, o que auxiliava a obtenção de bons rendimentos ao proprietário. A *fazenda de criar* era o ponto central "de paisagem aberta, destituída de cercas, na qual predominavam os campos e caatingas". (TEIXEIRA DA SILVA, FRANCISCO CARLOS, *op. cit*, pág. 148.)

Já os *currais* constituíam, antes de tudo, o espaço para a reunião do gado e onde se fazia o *ferro*, ou a *marca* (símbolo tatuado na pele do animal, indicando qual o seu proprietário). Os currais não se encontravam necessariamente próximos às fazendas e se caracterizavam pelos baixos investimentos efetuados pelo proprietário, geralmente relativos à compra de escravos.

Além dos currais, existiam as *fazendas de engorda* ou *invernadas*, onde as boiadas eram engordadas em pastos especialmente preparados para esse fim, após o que eram negociadas no mercado. Ficavam próximas das feiras ou das charqueadas, e seus proprietários compravam a boiada cansada e emagrecida por um preço mínimo, revendendo-a, após a engorda, por um valor acima do investido.

Também era natural a existência de pastos comuns, as chamadas *terras indivisas*, onde as boiadas de diversos criadores permaneciam misturadas. Quando os animais estavam prontos para serem negociados nas feiras, eram recolhidos para a formação da boiada, originando o *período das juntas*. O uso comum do pasto fazia com que na época das juntas ocorresse a possibilidade da incorporação de gado pertencente a outra boiada.

Como a marca que identificava o proprietário do animal só era efetuada em etapa posterior, nos currais, para evitar tensões e disputas, passou a ser comum a anotação dos animais para

> "posterior indenização, troca ou permuta, sendo ponto de honra para o vaqueiro o correto trato com o animal alheio, característica geral da sociedade agrária brasileira." (TEIXEIRA DA SILVA, FRANCISCO CARLOS, *op. cit*, pág. 130.)

Em alguns casos, eventos eram realizados para acertar a troca de reses. No Ceará, as juntas acabaram dando origem ao *festejo da vaquejada*, quando vaqueiros confraternizavam e acertavam a correta posse dos animais, acordando os valores correspondentes às cabeças de gado misturadas.

Da Bahia e Pernambuco, duas grandes regiões açucareiras do Nordeste, partiram as

> "grandes correntes de penetração no interior: a baiana, pelos 'sertões de dentro' (Ceará, Piauí, Maranhão), e a pernambucana, pelos 'sertões de fora' (Paraíba, Rio Grande do Norte, parte do Ceará e Piauí)." (MARANHÃO, RICARDO; MENDES JR., ANTONIO e RONCARI, LUÍS. *Brasil história. Texto e consulta. Colônia*, São Paulo, Editora Brasiliense, 1976, pág. 150.)

As áreas ocupadas não constituíam necessariamente grandes fazendas de gado. As terras poderiam estar arrendadas, ou então divididas em uma diversidade de currais. O controle de diversos currais por um único proprietário tornou-se comum, assim assegurando o seu domínio sobre extensas áreas de pastos, águas e outros recursos naturais, como os *refrigérios* encontrados no sertão do Piauí, que se caracterizavam pela existência de cactáceas, fundamentais ao gado em períodos de secas prolongadas.

Geralmente, o gado caminhava seguindo o curso dos grandes rios, pois desse modo garantia-se água para o rebanho, além de fixar-se junto das barreiras de salinas encontradas junto ao rio São Francisco e no litoral do Ceará e do Rio Grande do Norte, formando os *lambedouros* para as reses.

À medida que o gado avançava pelo sertão, novos povoados eram criados, o que permitia aos vaqueiros um local para descanso e reabastecimento de víveres, ao mesmo tempo em que movimentavam um pequeno comércio gerado para atender às necessidades dos rebanhos. Localizados a certa distância do litoral, povoados; como Bezerros, em Pernambuco; Boqueirão, na Paraíba; Valença e Surubim, no Piauí; demonstram a importância e o desenvolvimento do gado no Nordeste, de tal modo tornado uma atividade fixa e regular que justificava a formação e o povoamento dos sertões.

No Maranhão, o gado penetrou pelas grandes pastagens dos campos situados no sul da região, as quais se apresentavam como "um convite à expansão da pecuária extensiva e itinerante". (CABRAL, MARIA DO SOCORRO COELHO, *Caminhos do gado, conquista e ocupação do sul do Maranhão*, São Luís, Edições Secma, 1992, pág. 105.)

Do Maranhão, o gado era negociado na região de Tocantins e Goiás (principalmente a partir do século XIX), com a região açucareira pernambucana e principalmente com o Pará, o que permitia o acesso ao sal, tecidos e ferragens importados e renegociados através de Belém, o principal centro mercantil do Norte e do Centro-Oeste da colônia. O segredo do sucesso maranhense se encontrava na qualidade do gado criado devido à "existência do capim agreste, considerado excelente forrageira, à amenidade do clima e à perenidade das águas (...)". (CABRAL, MARIA DO SOCORRO COELHO, *op. cit*, pág. 153.)

A região do rio Parnaíba assumiu importante papel na atividade criatória, menos pela comercialização do rebanho e muito mais pela função de reservatório de gado representado ante as outras áreas de pecuária. A memória popular ainda hoje lembra a cantiga que diz "o meu boi morreu, que será de mim, manda buscar outro moreno, lá no Piauí", reforçando a imagem dessa região como fornecedora de reses para a criação em outras áreas da colônia.

Mas como o gado chegou ao Brasil? Sabemos que o *gado vacum não era conhecido pelas tribos indígenas*. A sua origem vinculou-se ao início da efetiva colonização portuguesa das terras do Brasil.

O gado fora introduzido no Brasil em 1534, na capitania de São Vicente, por Ana Pimentel, esposa de Martim Afonso de Sousa. Atendendo ao consumo interno, em uma capitania onde a produção açucareira jamais atingira o mesmo nível da nordestina, o rebanho dos *campos vicentinos* só adquiriu maior importância com a descoberta dos metais preciosos na região das Minas Gerais.

Por sinal, a região das Minas tornou-se a principal consumidora do gado que não vinha somente dos *campos vicentinos*, mas também, dos *campos goitacases* no Rio de Janeiro (que atendia ainda ao consumo da cidade do Rio de Janeiro). A introdução do *charque* (carne salgada em mantas) ampliou os contatos entre a região mineradora e os centros pecuaristas, fortalecendo o mercado interno e a circulação de mercadorias na colônia.

A expansão da população colonial e a ocupação das terras que ultrapassavam o limite de Tordesilhas pelos portugueses favoreceram a expansão da criação de gado em áreas tão díspares como a ilha de Marajó e o atual Rio Grande do Sul.

O desenvolvimento da criação na ilha de Marajó evidenciou o crescimento de Belém como núcleo urbano na região amazônica, em grande parte devido à extração das drogas do sertão, de elevados valores no mercado europeu.

Além da região da ilha de Marajó, a pecuária desenvolveu-se, por volta do final do século XVII, na região do Rio Branco, próxima a Roraima, abastecendo os povoados e postos militares portugueses ao longo do rio Amazonas, principalmente Manaus, Óbidos e Santarém.

No Rio Grande do Sul a pecuária atingiu o seu auge no período colonial, sendo facilitada pelos vastos pastos formadores dos pampas e cruzados por grandes rebanhos de gado selvagem. A origem desses rebanhos ainda é marcada por controvérsias na historiografia brasileira. Alguns afirmam que o gado foi

> "introduzido pelos espanhóis, outros pelos portugueses; outros finalmente acham que a origem deve ser procurada nas missões jesuíticas que se localizaram nas margens do Rio Uruguai." (BUARQUE DE HOLLANDA, SÉRGIO (org.), *História geral da civilização brasileira: a época colonial*, Tomo 1, Vol. 2, pág. 225.)

Diferentemente do que ocorreu em outras regiões da colônia, no Sul o gado se desenvolveu sem que ocorresse a atividade criatória, correndo solto pelas campinas, atiçando o desejo de portugueses e espanhóis, que sonhavam em capturar e domesticar aqueles vastos rebanhos.

Durante o período de enfrentamentos dos reinos ibéricos, disputando a colônia do Sacramento, os rebanhos selvagens serviram para o abastecimento das tropas militares aí aquarteladas. Lentamente, Sacramento tornou-se um centro migratório no sul, atraindo paulistas interessados em domesticar os rebanhos selvagens e negociá-los com as Minas.

Deve-se aos paulistas a descoberta de novas rotas para o transporte dos rebanhos através do litoral, passando por Laguna (na atual Santa Catarina) e pelo interior, explorando o Planalto Curitibano, o que permitia a ligação com Goiás e Mato Grosso, onde se desenvolveu forte setor minerador.

Com os acordos diplomáticos que acertaram a definitiva posse espanhola da colônia do Sacramento, os paulistas optaram por fixar-se nos planaltos do Rio Grande, tornando-se os *primeiros estancieiros da região*. Os próprios colonos que ocupavam a faixa litorânea da capitania, açorianos que migraram sob o incentivo da coroa portuguesa (recebendo inclusive terras para cultivo), passaram a trocar as plantações pela criação, de tal modo que "no século XVIII já havia mais de quinhentas estâncias na capitania". (BUARQUE DE HOLANDA, SÉRGIO, *op. cit*, pág. 226.)

A criação de charqueadas — a primeira surgiu em 1780 e pertenceu a José Pinto Martins, localizando-se em Pelotas, no Rio Grande de São Pedro (atual Rio Grande do Sul) — garantiu a expansão da pecuária devido à ampliação do mercado consumidor do produto na colônia. Para o criador, o surgimento do charque não alterou sua rotina: na maioria das vezes, a estância e a *charqueada* (local onde se preparava o charque) encontravam-se sob um único proprietário, aumentando assim a margem de lucros da criação.

O charque gaúcho atendia não só ao mercado interno, mas também ao mercado externo, sendo negociado para Havana, em Cuba, além de Salvador e Rio de Janeiro. No século XIX, as exportações do charque gaúcho correspondiam a seiscentas mil arrobas por ano.

O crescimento do mercado para o charque era explicado, em parte, pela utilização da carne-seca como importante componente na alimentação dos escravos a baixo custo para o proprietário rural, além da crise por que passava a criação de gado cearense, resultado da seca que assolou a região entre 1790 e 1794. Essa crise favoreceu o comércio gaúcho com o próprio Ceará, e, por volta do final do século XVIII, com Belém, interligando um extremo ao outro da colônia.

No entanto, não foi somente o gado bovino a ser criado nos pampas gaúchos. O cavalo também ocupou importante lugar nas estâncias, sendo, no entanto, negociado na própria região. Bem diferente do que ocorreu com o rebanho de muares que atendia diretamente Minas Gerais, onde era empregado para vencer as dificuldades de um relevo notadamente acidentado e, por vezes, intransponível ao cavalo. Do Rio Grande do Sul, os muares eram levados até Sorocaba, em São Paulo, onde se realizava uma feira específica para a venda. Daí eram levados para Minas Gerais.

5.2 . O SISTEMA DE TRABALHO

Ao contrário do que comumente se afirmava, a mão-de-obra dominante no sertão pecuarista foi a escrava. A crença do peso do trabalho livre deve-se, entre outros fatores, à liberdade existente para o vaqueiro, que levava o rebanho por grandes extensões do sertão.

A crença no peso maior da população indígena como mão-de-obra na pecuária também foi derrubada por recentes pesquisas. Muito ao contrário, em algumas regiões, como no São Francisco, constatou-se "reduzida população índia e, muito claramente, um esforço de sesmeiros e seus capatazes em expulsar, e mesmo chacinar, tribos inteiras". (TEIXEIRA DA SILVA, FRANCISCO CARLOS, *op. cit*, pág. 137.)

A chacina de tribos indígenas objetivando ampliar as terras livres para o pasto reforça a constatação do emprego de escravos negros como trabalhadores na pecuária, ainda que sob um regime de menor controle social, se comparado com a grande lavoura açucareira.

Além disso, a ***romantização do vaqueiro***, perpetuada pela historiografia tradicional, generalizou a completa compreensão da sua real posição dentro da *sociedade do gado.* O vaqueiro era um homem livre, com uma importante posição no interior das unidades produtivas, diferente dos homens com quem trabalhava. Seus auxiliares, os "camaradas, cabras ou fábricas ocupam uma posição subalterna, inferior, e não tratam diretamente com o proprietário". (TEIXEIRA DA SILVA, FRANCISCO CARLOS, *op. cit*, pág. 138.)

O vaqueiro era um gerenciador das atividades econômicas das fazendas, recebendo como pagamento parte do rebanho cuidado. Esse sistema era conhecido como de *partilhas* ou *sortes* e representou a possibilidade do vaqueiro, e somente para ele, montar o seu próprio rebanho ou, ainda, arrendar terras para o cultivo.

A *partilha* implicava pagamento ao vaqueiro, por parte do proprietário do rebanho, de uma rês a cada quatro crias nascidas durante o percurso. Este sistema estimulava o vaqueiro a procurar preservar o número original das cabeças de gado recebidas no início da jornada, pois o excedente, isto é, os que nascessem no percurso, seriam divididos entre si e os proprietários.

Os auxiliares do vaqueiro eram, em sua grande maioria, escravos, embora existissem homens livres que prestavam serviços nos currais e nas fazendas, como os *tangedores*, que tocavam a boiada para que esta seguisse seu caminho. Para estes homens livres, o trabalho se apresentava como uma real possibilidade de acúmulo de recursos que lhes permitia obter pequeno sítio para a cultura de subsistência.

Os escravos também encontravam pequenas brechas para a formação de um pecúlio que lhes permitia obter a liberdade. Isso ocorria através da criação de cabras e galinhas, que eles podiam negociar livremente. Em alguns casos, o escravo criava cavalos, o que representava o acúmulo de ganhos significativos na comercialização.

De qualquer forma, o cotidiano do escravo na pecuária implicava um convívio menos rígido e hierarquizado com homens livres, se comparado com a realidade da lavoura açucareira, principalmente se considerarmos uma predominância de caboclos e mulatos entre os auxiliares do vaqueiro.

5.3 . A IMPORTÂNCIA DA PECUÁRIA NA SOCIEDADE COLONIAL

O maior significado da pecuária no Brasil Colônia foi representado pelo alargamento das fronteiras do território pelos portugueses. Esse processo resultou no genocídio de inúmeras tribos indígenas, garantindo a transformação de áreas florestais ou de cultivo de tribos indígenas em grandes pastos para o gado circular livremente.

A utilização dos grandes rios sertanejos do Nordeste e a ocupação dos pampas gaúchos foram conseqüências diretas da expansão dos rebanhos. Além disso, o gado acabou por vincular-se às demandas de um incipiente mercado interno, no que tangia à produção de couro, à comercialização da carne e à venda de charque nas terras do Brasil. A sua utilização como força motora nos engenhos que não possuíam águas para girar a moenda representava a aceleração do tempo de produção, além de poupar escravos nesse setor, impedindo eventuais prejuízos ao grande proprietário.

CAPÍTULO 6

AS DROGAS DO SERTÃO

6.1 . O DOMÍNIO ESPANHOL E A COMPETIÇÃO INTERNACIONAL

No ano de 1499, partiu do porto de Palos, na Espanha, o navegador Vicente Yáñez Pinzón, com o objetivo de continuar o empreendimento exploratório junto às terras descobertas por Colombo. Em seus relatos, Pinzón afirmou ter encontrado um imenso mar de água doce, por ele batizado de *Santa Maria de la Mar Dulce*, e que, acredita-se, correspondia à foz do rio Amazonas. Seguindo as margens do litoral, Pinzón alcançou as Antilhas no início de 1500.

Dois anos depois, outro navegador espanhol, Diego de Lepe, alcançou um grande rio, por ele batizado de *Marañon*, sem, no entanto, ter iniciado a efetiva exploração da região. Cerca de 22 expedições foram patrocinadas pela coroa espanhola na região, principalmente após a queda do *império inca*, com o objetivo de descer o *Maranõn*, ligando o Pacífico ao Atlântico.

Em 1539, saiu de Quito o navegador Gonzalo Pizarro, irmão de Francisco Pizarro, o conquistador do império inca. Sua tarefa consistia em atravessar os Andes e tomar posse da lendária região do Eldorado, a fim de obter canela para o comércio com a Europa.

Após atravessar as cadeias montanhosas dos Andes os exploradores defrontaram-se com um "mundo surpreendente de floresta densa e de águas abundantes". (BUARQUE DE HOLANDA, SÉRGIO (org.), "História geral da civilização brasileira". Tomo 1, *A época colonial.* Volume 1, Rio de Janeiro, Bertrand Brasil, 1989, pág. 257.) Após atingir um trecho banhado pelo rio Coca-Napo, a expedição foi dividida, e um grupo, sob o comando de Francisco Orellana (1511?-1546), partiu em busca de alimentos, terminando por desembocar nas águas do *Marañon.*

Avançando rio abaixo, Orellana chegou, em 24 de agosto de 1542, ao oceano Atlântico, após ter atravessado um grande rio. Este foi inicialmente batizado com o nome do próprio explorador e, mais tarde, com o nome de Amazonas, devido à crença de que os grupos indígenas combatidos pela expedição na região de Nhamundá fossem as lendárias tribos das amazonas, mulheres guerreiras de acordo com a mitologia grega. Nos relatos de frei Gaspar de Carvajal (1504?-1584), os próprios índios alertavam os espanhóis sobre as amazonas e sugeriam que fossem

> "ver as amazonas, que na sua língua era coniupuiara, o que significava grandes senhoras, mas que prestássemos atenção no que fazíamos, porque éramos poucos e elas muitas, para que não nos matassem. Que não parássemos nas suas terras, porque eles mesmos nos dariam tudo o que necessitássemos." (CARVAJAL, FREI GASPAR DE, *Relatório do novo descobrimento do famoso rio grande descoberto pelo capitão Francisco de Orellana*, São Paulo, Editora Scritta, 1992, pág. 47.)

As descrições acerca do *País do Eldorado* — terra em que o príncipe após ser coberto por pó de ouro banhava-se em uma lagoa enquanto seus servos atiravam oferendas de ouro na lagoa para agradar os deuses — e da terra das amazonas inseriam-se no contexto do *discurso do maravilhoso* que povoou o imaginário dos relatos dos viajantes europeus que vinham para as Américas no século XVI.

Tais relatos tornaram-se um poderoso instrumento de incremento para a exploração européia do continente americano devido ao "próprio sonho de riquezas fabulosas, que no resto do hemisfério há de guiar tantas vezes os passos do conquistador europeu (...)". (BUARQUE DE HOLLANDA, SÉRGIO, *Visão do Paraíso,* Rio de Janeiro, José Olympio Editora, 1959, pág. 3.) Assim, podemos afirmar que "na América, o maravilhoso e a imagem das riquezas coincidiram. O fundo do maravilhoso americano foi, quase exclusivamente, econômico." (GIUCCI, GUILLERMO. *Viajantes do maravilhoso,* São Paulo, Cia. das Letras, 1992, pág. 13).

Talvez tenha sido a busca por riquezas inimaginadas, o desejo de presenciar terras de paisagens tão diferentes da Europa, terras que lembravam o Paraíso, o principal elemento que motivou a leva de expedições que, ao longo do século XVI, desbravaram o interior da América. Esse desbravar assumiu componentes de uma obra épica, com os espanhóis atravessando a selva desconhecida para conquistá-la, submetendo-a ao jugo da coroa imbuídos da crença de que eram membros de uma *raça eleita*, que tinha recebido de Deus a tarefa de sobrepujar e catequizar os povos ameríndios. Não foram eles os únicos a se atreverem a desbravar o interior da Amazônia.

Além dos espanhóis, que em 1560 realizaram nova expedição sob o comando de Pedro de Ursua, ingleses e holandeses também procuraram marcar presença no território amazônico através da fundação de feitorias na região das Guianas, que serviram como ponto de partida para o avanço em direção ao interior, garantindo a exploração de urucu e madeiras para pequenas companhias sediadas em Londres e Amsterdã, entre outras cidades.

A junção de Portugal e Espanha durante o período da *União Ibérica* (1580 — 1640) favoreceu a penetração lusitana mais intensa na região. Em 1615, após a expulsão definitiva dos franceses de São Luís do Maranhão, foi entregue ao capitão Francisco Caldeira de Castelo Branco o comando de uma expedição composta por cerca de 150 homens com o objetivo de fundar um estabelecimento fortificado junto à foz do Amazonas. Assim, foi fundado em 12 de janeiro de 1616, nas margens da baía de Guajará, o Forte do Presépio, ponto de partida para a formação de nova cidade portuguesa: Santa Maria de Belém do Grão-Pará, que se tornou a chave para o domínio português na região amazônica.

Cabe ressaltar que o avanço português na região apresentou o nítido interesse de "marcar os pontos extremos das coroas ibéricas, mesmo na condição de unificadas, como então ocorria." (BUARQUE DE HOLANDA, SÉRGIO (org.), *op. cit.*, pág., 259.)

Em 1617, ocorreram os primeiros choques com as tribos tupinambás que viviam na região. Comandados por Guaimiaba, mais conhecido como *Cabelo de Velha*, os tupinambás não conseguiram impedir o crescimento populacional de Belém e a formação de expedições dirigidas ao interior da Amazônia. Somente em 1619, os portugueses conseguiram destruir as duas principais aldeias que resistiam ao domínio luso nas proximidades de Belém: Iguape e Guamá.

Os conflitos com as tribos tupinambás podem ser explicados pela pressão dos colonos portugueses em favor da utilização da mão-de-obra indígena como escrava. A criação do sistema de *capitães de aldeia*, em 1611, permitiu o controle sobre o trabalho indígena através do emprego forçado de índios mediante o pagamento de baixos salários.

Os capitães de aldeia representavam também a autoridade judiciária, que exerceria a fiscalização do pagamento do salário aos índios, atuando ainda como juízes criminais e civis. Além disso, poderiam organizar *tropas de resgate* para realizar escambo junto aos indígenas aliados e efetuar a *guerra justa*, quando a acusação e comprovação de atos desumanos, como a antropofagia, ou a resistência à autoridade colonial portuguesa justificavam o ataque militar às aldeias e a escravização dos cativos.

A partir desse momento o conflito com os tupinambás passou a ter como eixo central o domínio do interior do Amazonas. Destacou-se nesse período a expedição de Pedro Teixeira, entre 1637-1639, que garantiu a conquista lusa do sertão amazônico através da "fundação do povoado de Franciscana, na junção do Solimões e Aguarico, marco da futura posse lusa na região." (MARANHÃO, RICARDO; MENDES JR., ANTÔNIO; RONCARI, LUIZ, *op. cit.*, pág. 157.)

Os colonizadores portugueses tiveram ainda que enfrentar ingleses e holandeses, que, descendo as Guianas, buscavam alargar suas fronteiras pelo interior da Amazônia ibérica. Esses enfrentamentos fortaleceram a integração indígena ao domínio luso através da cooperação das tribos locais, que, coordenadas inicialmente por missionários franciscanos, revelaram disposição de luta para combater os rivais europeus dos portugueses.

Entre 1616 e 1648 os portugueses efetivaram uma guerra sem trégua aos seus adversários europeus, que avançavam sobre a área que os colonizadores lusitanos haviam definido como integrante, inicialmente, do Estado do Brasil e, posteriormente, do Estado do Maranhão (formado pelas capitanias do Maranhão, Ceará e Pará, entre 1621 e 1652). Derrotados holandeses e ingleses, iniciou-se o avanço pelo vale amazônico, culminando em fins do século XVII e início do XVIII em novos conflitos: contra espanhóis, que, após o fim da *União Ibérica*, reivindicavam sua posse sobre as terras portuguesas, e contra os franceses, que, descendo por Caiena, desejavam obter o controle de Macapá. Com o domínio garantido, a coroa portuguesa buscou sistematizar a exploração econômica da região.

6.2 . A AMAZÔNIA E A BUSCA DE NOVAS RIQUEZAS

A necessidade de estimular o ingresso de imigrantes portugueses na Amazônia, somada ao resultado do Tratado de Haia de 1661, que resultou na perda de grande parte das suas possessões nas Índias Orientais para a Holanda, levou a coroa a incentivar a extração de cacau, gengibre, pimenta, algodão silvestre, salsaparrilha, baunilha, sementes oleaginosas, anil, madeira de lei, além do cultivo de produtos similares ao cravo e à noz-moscada. Todos esses produtos eram denominados genericamente de *drogas do sertão.*

Com o objetivo de garantir a exploração das drogas, o reino de Portugal procurou criar incentivos através da concessão de privilégios fiscais e isenções tributárias. Além disso, na medida

> "em que implicava um pequeno investimento de capitais e um reduzido número de indígenas utilizados por um curto espaço de tempo, a extração de drogas do sertão tornou-se uma das principais atividades do Norte do Brasil." (NIZZA DA SILVA, MARIA BEATRIZ (coordenação), *op. cit.*, pág. 271.)

Além da atividade extrativista das drogas, a Amazônia conviveu com a organização de bandeiras que avançavam em direção ao interior em busca de ouro, prata e pedras preciosas, recheando a presença portuguesa na região com lendas de cidades cobertas de ouro e minas perdidas junto a tribos hostis na selva. Dentre as diversas bandeiras organizadas, a de Antônio Raposo Tavares foi a que mais impressionou por seu caráter épico. Partindo de São Paulo em 1648, Raposo Tavares dirigiu seus homens rumo ao extremo oeste. Castigada por tropas espanholas, a bandeira atravessou o sertão do Mato Grosso, avançando em direção ao Amazonas. Sofrendo com a fome e as doenças, a expedição conseguiu chegar, em 1651, com alguns sobreviventes, ao forte de Gurupá, junto à foz do rio Xingu. Após rodar pelo sertão amazônico por cerca de três anos e meio, Antônio Raposo Tavares e seus homens puderam regressar a São Paulo, onde o bandeirante morreu, em 1658, debilitado pelas doenças contraídas durante suas inúmeras bandeiras.

6.3 . AS FORMAS DE OCUPAÇÃO DA AMAZÔNIA

Inicialmente, a ocupação do território amazônico revestiu-se de um caráter militar, com a formação de núcleos urbanos em torno da fundação de fortes ao longo do rio. Isso ocorreu com Belém (fundada em 1616) e com Manaus, que surgiu após a fundação do forte de São José do Rio Negro em 1669. A ocupação militar da região assegurou a presença e a posse lusa sobre a Amazônia, além de ter ampliado as fronteiras da colônia, rompendo com o mapa desenhado por Tordesilhas em 1494.

Simultaneamente, a Igreja Católica também marcou a sua presença no processo de ocupação da Amazônia através da catequização das populações indígenas, o que garantiu a submissão destas à autoridade colonial portuguesa. Dentre as ordens religiosas que aí se instalaram, as principais foram a dos carmelitas (que chegaram em 1627) e dos jesuítas (chegados em 1636).

Diante da imensidão do território amazônico, da diversidade de sua economia, da magnitude do ambiente florestal à sua volta, os missionários acreditaram ser capazes de estruturar uma sociedade que proporcionasse um método alternativo à escravidão para a assimilação, catequização e utilização do trabalho indígena. As *missões* tornaram-se uma peça-chave para o reagrupamento e reconstrução de uma identidade cultural ameaçada pelo domínio colonial. Com isso não foram poucas as fugas e revoltas das populações indígenas confinadas nas missões, que reagiam contra a imposição de um sistema de trabalho diferenciado do que realizavam.

O aldeamento dos índios nas missões resultou na formação de mão-de-obra mais bem qualificada, ao mesmo tempo em que agravou as tensões com os colonos portugueses, que sofriam com a escassez de trabalhadores nativos na lavoura e na extração das drogas do sertão. Além disso, Igreja e colonos disputavam o comércio exportador das drogas para a Europa, mantidas como a principal fonte de recursos da região amazônica.

A coroa portuguesa, nas diversas vezes em que foi chamada a intervir na disputa, optou pelo sistemático apoio aos colonos, como, por exemplo, na expulsão dos jesuítas do Maranhão em 1661 e em 1684, o que permitiu a transferência dos índios das missões para o controle privado dos colonos.

Dessa forma, a Igreja, ainda que sob críticas e conflitos, assumiu o papel de auxiliar direto do Estado na empresa colonizadora amazônica através do aldeamento dos índios nas missões.

CAPÍTULO 7

Entradas, bandeiras e a sociedade da mineração: mito e realidade

7.1 . O PLANALTO SUPERANDO O LITORAL

O povoamento luso da área vicentina começou ainda antes da chegada de Martim Afonso de Sousa, donatário da capitania. Na verdade, a região era um entreposto para os traficantes de escravos índios, sendo, por isso mesmo, conhecida como *Porto dos Escravos.*

João Ramalho, considerado o primeiro habitante português do Brasil meridional, chegou à localidade vítima de um naufrágio, representando um dos pioneiros do processo de *colonização acidental.* Mantendo contatos amistosos com os indígenas tupinambás, seu prestígio perante os nativos era muito grande, sendo capaz de reunir grandes contingentes para batalhas contra grupos rivais. A partir daí se explica como este elemento envolveu-se no tráfico de escravos, sendo um importante elo de ligação nas relações luso-indígenas que marcaram o período.

Recebendo a capitania de São Vicente do rei D. João III, Martim Afonso de Sousa não se fixou na região. Apesar disso, as vilas que fundou tiveram um papel importante, visto que por volta de 1560 já existiam dez engenhos — de pequeno porte — em São Vicente. Mesmo com esta arrancada, a expansão da cana-de-açúcar no Nordeste superou completamente as tendências agroexportadoras da região vicentina. A fronteira com a serra do Mar e a distância em relação ao mercado europeu foram fatores fundamentais para acarretar a estagnação da lavoura açucareira vicentina.

Em função das condições geoclimáticas adversas da região litorânea, a serra do Mar foi superada e o planalto vicentino — chamado de planalto de Piratininga — foi invadido pelos colonos. Em pouco tempo, transformou-se em importante núcleo colonizador, principalmente a partir da fundação do Colégio de São Paulo, em 1554, pelos jesuítas. A existência de uma planície fluvial (rios Tietê, Pinheiros, Tamanduateí e afluentes) favoreceu a penetração pelo interior, pois, mesmo possuindo alguns trechos não-navegáveis, esta rede hidrográfica transformou-se em via de deslocamento e fonte de subsistência para os colonos. Além disso, convém acrescentar que o clima do planalto era mais atraente para os colonizadores europeus do que o clima litorâneo. Organizou-se na região uma economia que tendia à subsistência, caracterizada pela produção de diversos gêneros agrícolas — baseada na grande propriedade rural — e na criação de gado.

Entretanto, um fator fundamental contribuiu para explicar o interesse pelo planalto: a existência de numerosos grupos indígenas, elementos que poderiam ser utilizados como escravos na própria região ou mesmo vendidos para outras áreas. Este fator representava importante alternativa para a *precariedade da economia vicentina*. Desta maneira, podemos compreender por que os moradores do planalto de Piratininga voltaram-se para as áreas do interior (chamadas genericamente de sertão, expressão oriunda de *desertão*), onde as tribos nativas eram um rentável atrativo e as possibilidades de se encontrar metais preciosos, infinitamente maiores. Esta região, portanto, tornou-se o núcleo irradiador da atividade bandeirante, ou se, preferirmos, verdadeira capital do bandeirantismo na colônia.

> "Em realidade, o povoado de São Paulo se constituiu de forma muito original no contexto da colonização, e foi nessa sociedade peculiar que se engendrou a figura do bandeirante, o paulista socializado desde a adolescência para empregar a vida em prender e escravizar o gentio nos sertões." (DAVIDOFF, CARLOS, *Bandeirantismo: verso e reverso*, São Paulo, Editora Brasiliense, 1982, pág. 24.)

7.2 . O BANDEIRANTISMO APRESADOR

Tradicionalmente, a historiografia denomina o primeiro momento de guerras entre os índios e os colonos estabelecidos no planalto paulista de *bandeirismo defensivo.* De fato, nas três primeiras décadas de sua existência, a vila de São Paulo da Borda do Campo de Piratininga sofreu constantes ataques indígenas, estando seriamente ameaçada de destruição. Durante estes conflitos, os paulistas, que aproveitaram prisioneiros de guerra como mão-de-obra escrava, passaram à *ofensiva*, organizando expedições pelo interior em busca de cativos, chamadas de *bandeiras de apresamento.*

Representando *uma das atividades econômicas mais dinâmicas* do planalto paulista, a bandeira era, na verdade, um empreendimento militar organizado por várias famílias. Algumas destas expedições — conhecidas na época como *entradas*, *tropas* ou *armações* — chegavam a contar com o apoio das autoridades régias. O sétimo governador-geral do Brasil, por exemplo, D. Francisco de Souza (1591-1602), interessado mais diretamente na descoberta de metais preciosos, foi um dos agentes incentivadores das bandeiras paulistas, enquanto permaneceu no cargo durante a União Ibérica.

O armador da bandeira — também denominado chefe — era um homem de prestígio na vila. Branco (geralmente) ou mameluco, tornava-se responsável pelo desempenho da expedição e comandante absoluto de seus integrantes. Seus familiares eram importantes na composição da bandeira, sendo as mulheres responsáveis pela administração da casa enquanto os homens estavam em marcha. Podemos caracterizar a participação social das mulheres, administrando a casa e gerindo o patrimônio familiar, na região em questão, bem mais ativa do que nas áreas nordestinas vinculadas à atividade agroexportadora.

A presença imprescindível de um capelão na bandeira foi notada por diversos historiadores. Se os jesuítas acabaram tornando-se inimigos dos bandeirantes, outras ordens religiosas — notadamente os carmelitas e o clero secular — freqüentemente participaram das expedições, seja na organização ou mesmo no decorrer da marcha. Assim como os colonos, os religiosos também estavam sujeitos à precariedade material do planalto, precisando encontrar no sertão o *remédio para sua pobreza.*

Podendo contar com centenas de homens, ou mesmo com 10 ou 15 integrantes, a bandeira continha uma minoria de homens brancos, sendo formada majoritariamente por indígenas, escravizados ou mesmo aliados, fazendo guerra contra os inimigos. Os índios eram responsáveis pelo carregamento de provisões, armas e outros produtos necessários à sobrevivência na mata (machados, enxós, foices, redes de pescar). Artigos especialmente reservados para o escambo com os nativos também faziam parte do carregamento dos bandeirantes; pois, afinal, como afirmavam hipocritamente, os amigos de hoje podiam tornar-se os escravos de amanhã.

Na realidade, o papel destes indígenas era muito mais importante do que o mero transporte de provisões ou mesmo contingente militar para o combate. Os índios foram fundamentais como guias, mas, principalmente, como *mestres na difícil tarefa de sobreviver na selva.*

O colono paulista foi o elemento que mais vivenciou o contato com grupos indígenas, aprendendo suas habilidades e adaptando-as a seus interesses próprios.

A) O CAMINHAR NO SERTÃO

O movimento bandeirante utilizou, além das próprias trilhas indígenas, muitos dos métodos de sinalização dos nativos, como a prática de marcar caminhos e de obter informações a partir dos rastros deixados por animais ou outros viajantes. A capacidade de representação gráfica dos índios legou ao bandeirante conhecimentos a respeito do terreno a ser percorrido. Eram comuns as indicações de *acidentes geográficos* que poderiam causar dificuldades para a tribo, como cachoeiras e saltos. Por outro lado, a tradição indígena indicava possibilidades de sobrevivência no interior.

> "Viajantes que percorreram os rios do Brasil central atestam como, para indicar que determinado local é abundante em determinada casta de peixes, os índios usam às vezes o sistema de desenhar nas areias da margem a figura desse peixe. Quem venha depois e esteja a par do processo não correrá o risco de enganar-se. É só lançar o anzol." (BUARQUE DE HOLANDA, SÉRGIO, *Caminhos e fronteiras*, São Paulo, Companhia das Letras, 1994, 3ª edição, pág. 25.)

Diferentemente do conquistador espanhol, o bandeirante não utilizou cavalos, marchando a pé, possivelmente descalço, em fileira simples, como era hábito dos gentios. O emprego de sandálias — utilizada por algumas tribos — não visava somente a proteção dos pés, mas também o despistamento do inimigo. Em alguns casos, o calçado, feito de palhas trançadas ou folhas, deixava um rastro no sentido inverso da marcha.

> "A anomalia dos pés às avessas, que no ermo das florestas pode preservar de perseguições, deve parecer de privilégio sobrenatural entre povos andejos e assustadiços. É bem compreensível o fato de esse privilégio surgir associado com freqüência a entidades mitológicas dotadas de força mágica. Ao curupira, por exemplo, cujo poder se estende a toda a vasta área onde dominaram povos de língua tupi e cuja missão específica é proteger as matas e as caças." (BUARQUE DE HOLANDA, SÉRGIO, *op. cit.*, pág. 30.)

Durante a marcha, a indumentária bandeirante era muito mais rústica do que muitas vezes se imagina. *Obrigatoriamente*, fazia parte de sua vestimenta o esculpil, gibão acolchoado de algodão que absorvia as flechas do inimigo — impedindo-as de ricochetear — e que podia servir também como almofada na hora do sono.

B) O PÃO NOSSO DE CADA DIA

A obtenção de água sempre foi um problema de grandes proporções para os bandeirantes. O saber indígena — acostumado a identificar água pela temperatura do vento — possibilitou o conhecimento das *fontes vegetais*: cipós, árvore-fonte (denominada samaritana do sertão), umbuzeiro e o caraguatá, entre outras. Havia que se evitar as poças e rios, possivelmente pestilentos, recorrendo em alguns casos extremos ao sangue de animais, último recurso para vencer a angústia da sede.

O mel era um alimento fundamental para os bandeirantes, transformando-se em um recurso para os períodos de fome. Alguns índios eram especialistas em identificar as colmeias, sendo chamado meleiros.

> "Acompanhando com olhos atentos a pequenina abelha silvestre, tão pequena às vezes como um pequeno mosquito, o índio encontra muitas vezes os favos cobiçados, depois de buscá-los pelos atalhos da floresta. Tal importância chegou a assumir esse trabalho para a vida do selvagem que alguns, interpelados sobre o motivo que os levara a arrancarem sobrancelhas e pestanas, prontamente respondiam que assim o faziam para melhor acompanharem as abelhas em vôo." (BUARQUE DE HOLANDA, SERGIO, *op. cit.*, pág. 43.)

O índio ensinou muitas de suas técnicas de caça e pesca aos bandeirantes, principalmente as armadilhas e a utilização de armas brancas envenenadas. Os bandeirantes acabaram tornando-se hábeis no uso do arco e flecha, instrumento mais prático que as armas de fogo, já que podiam ser construídos durante a marcha, possibilitavam o disparo indireto, e não eram suscetíveis a variações climáticas.

O recurso de envenenar os peixes — utilizando algumas plantas tóxicas que paralisavam o peixe sem destituir suas qualidades comestíveis — já era conhecido pelos portugueses, mas foi adaptado na colônia de acordo com os saberes indígenas.

Os bandeirantes aprenderam a ingerir diversas iguarias indígenas, como cobras, lagartos, sapos, ratos e até mesmo formigas. O mais curioso é que alguns destes alimentos passaram a ser consumidos na vila de São Paulo, como a formiga saúva.

Era muito comum também que os bandeirantes promovessem o plantio de roças, utilizadas por expedições futuras, ou mesmo se apropriassem das roças de tribos derrotadas. No primeiro caso, destacou-se o milho como alimento básico de plantio, superando até mesmo a tradicional mandioca.

> "Há a hipótese, muito convincente, de que a grande difusão de milho na área de influência paulista se deveu sobretudo à facilidade com que se podem transportar os grãos do cereal nas longas jornadas. As ramas da mandioca, ao contrário, seriam muito mais incômodas para carregar, e a demora das viagens alteraria em muito sua capacidade germinativa." (MELLO E

SOUZA, LAURA DE, "Formas provisórias de existência: a vida cotidiana nos caminhos, nas fronteiras e nas fortificações", *in: História da vida privada no Brasil*, Volume 1, São Paulo, Companhia das Letras, 1997, pág. 48.)

C) A FARMACOPÉIA E A CRENDICE BANDEIRANTE

As longas marchas pelo sertão geravam uma série de pestilenças, quer fossem transmitidas pelos animais — principalmente insetos — ou mesmo decorrentes das carências alimentares derivadas das dificuldades da caminhada. A maneira de se tratar as doenças durante uma bandeira não era muito diferente dos métodos utilizados em toda a Colônia: crendices, orações e uso da flora e da fauna, a partir das tradições brancas, indígenas e negras.

Os remédios utilizados pelos índios foram encarados inicialmente com desconfiança pelos europeus. Afinal, constituíam-se de caudas de cobras, pedras de porco-espinho, caudas de gambá, unhas de tamanduá e do bicho-preguiça. Com o decorrer do convívio, tornaram-se métodos curativos muitíssimo empregados pelos bandeirantes e pelos demais colonos de São Vicente.

As orações eram levadas — em um cordão — pelos bandeirantes e invocadas nos momentos mais difíceis. Muitos depositavam uma fé infinita nesses *amuletos*, último recurso quando as possibilidades se esgotavam. Em um território muitas vezes hostil, vivendo uma situação adversa, só restava voltar-se para a intervenção divina.

> "O espetáculo de uma paisagem diferente, em um mundo diferente, onde o próprio regime das estações não obedecia ao almanaque, deveria sugerir aos espíritos curiosos um prodigioso laboratório de simplices [ingredientes que figuravam na composição de medicamentos]. Não faltava, é certo, quem se limitasse a discernir nessas formas inéditas as imagens de algum modelo remoto e quase relegado da memória. Assim é que na mandioca, vinham procurar o honesto pão de trigo; no pinhão da araucária, a castanha européia; no abati, o milho, milho alvo do

> Reino; na própria carne de tamanduá, a de vaca (...) na jabuticaba, a uva ferral ou a ginja [espécie de cereja] (...) Mas, às vezes, interrompia-se o cortejo de visões familiares. E então era preciso acreditar no milagre, promessa de outros milagres." (BUARQUE DE HOLANDA, SÉRGIO, *op. cit.*, pág. 82.)

O excremento e a urina, principalmente de determinados animais, eram muito utilizados na farmacopéia bandeirante. Na verdade, tais procedimentos já eram utilizados na Europa, pelo menos desde a Idade Média. Não podemos esquecer que os excrementos eram usados como adubo, tendo simbolicamente uma função revitalizadora. O método de misturar urina e fumo, segundo relatos de bandeirantes, salvou a vida de muitos deles no sertão.

A pólvora foi também aproveitada com função curativa: para cauterização de feridas. No século XVIII, durante uma epidemia de *mal-de-bicho*, peste que atingiu o sertão, a pólvora foi utilizada fartamente como remédio, juntamente com outros ingredientes fortes: a caninha, a pimenta e o fumo. No imaginário bandeirante (e popular), quanto mais violenta fosse uma droga, maior sua função curativa.

Introduzidas pelo ânus, estas misturas com pólvora — chamadas de *saca-trapos* — tiveram aplicação até o século XIX contra diversas doenças, entre elas o *maculo* (nome espanhol) ou, como era chamado pelos luso-brasileiros, *mal do cu.*

7.3 . EM CHOQUE COM OS JESUÍTAS

Não tardaram a ocorrer choques expressivos entre os bandeirantes e os jesuítas, frutos dos diferentes projetos em relação aos indígenas. No final do século XVI, em 1591, a coroa portuguesa conferiu aos inacianos o privilégio de *descer os índios do sertão*, ou seja, garantiu a exclusividade do projeto jesuítico. Esta questão não era respeitada, obviamente, pelos apresadores de indígenas. Muitos vestiam-se de padres com o intuito de atrair futuros cativos, outros atraíam indígenas para algum escambo, apresando-os em seguida. Uma vez concluído o apresamento, tratava-se de camuflar a escravidão com expressões do tipo *administrados, serviço pessoal* ou *servos de administração.*

Em São Paulo, invariavelmente, o preceito da *guerra justa*, como já foi estudado anteriormente, era invocado como pretexto para a obtenção de novos cativos. Alguns colonos defendiam a escravidão indígena como uma espécie de direito consuetudinário, ou seja, já consolidado pela tradição e pelo costume.

São Paulo foi o principal espaço da escravidão indígena, e por isso mesmo a região onde os bandeirantes sobrepuseram-se aos jesuítas. Entretanto, nas áreas meridionais, onde a partir do início do século XVII as *razias bandeirantes* procuravam novos escravos, obstáculos maiores foram encontrados e, muitas vezes, superados.

Os paulistas tinham acesso, através das vias terrestres e fluviais, às missões jesuíticas espanholas distribuídas ao longo dos rios Paraná, Iguaçu e Paranapanema. A província do Paraguai era uma área bastante atraente, uma vez que contava com um número de missões (ou reduções) bastante elevado.

A União Ibérica facilitou a penetração luso-brasileira em áreas antes espanholas, muitas vezes estreitando os laços entre as autoridades paraguaias e os colonos vicentinos. Estas incursões começaram, em 1619, visando as Reduções do Guairá, comandadas por Manuel Preto. Com o decorrer dos confrontos, as vitórias bandeirantes empurraram os jesuítas para a margem ocidental do rio Uruguai. Merece destaque, nesta fase, o bandeirante Antônio Raposo Tavares, figura emblemática do bandeirantismo, em função da multiplicidade de ações em que se envolveu.

> "Foi o grande destruidor das Reduções jesuíticas, valendo-lhe prear grupos sem conta e a conquista de terras nos atuais Paraná, Santa Catarina, Rio Grande do Sul e Mato Grosso, incorporando-as ao Brasil (...) Subiu tanto o Rio Paraguai, cerca de três anos, que chegou a combater os espanhóis no Peru. Depois, desceu em jangadas o Rio Madeira, entrando no Rio Amazonas até o Pará." (IGLÉSIAS, FRANCISCO, *Trajetória política do Brasil 1500-1964*, São Paulo, Companhia das Letras, 1993, pág. 48.)

As autoridades civis espanholas, temendo o poder jesuítico, incentivaram e apoiaram as incursões bandeirantes às missões da região meridional. Esta situação ficou nitidamente delineada no caso do governador do

Paraguai, D. Luís Céspedes y Xeria, que facilitou a ação bandeirante nas áreas missioneiras. Este governador, ligado familiarmente aos proprietários da capitania do Rio de Janeiro, estava interessado na obtenção de escravos para a produção açucareira de seu engenho, estabelecendo uma troca de interesses com os bandeirantes. Mais tarde chegou a ser julgado pela coroa espanhola, sendo impossibilitado de exercer cargos públicos e obrigado a pagar uma indenização. Mesmo assim era tarde demais: o caminho estava aberto aos bandeirantes.

O apresamento indígena viveu sua fase áurea durante o domínio holandês no Nordeste, uma vez que o tráfico de escravos foi duramente atingido pela ação flamenga nas áreas abastecedoras africanas: São Jorge da Mina, São Tomé e São Paulo de Luanda.

> "Com os impedimentos colocados pelos holandeses ao abastecimento de negros para os vários pontos da costa brasileira, logo se fez sentir a falta de mão-de-obra, revalorizando-se, em conseqüência, o escravo indígena, natural da terra. Nessa conjuntura especial, os paulistas se viam estimulados a fazer um grande negócio da preia e venda dos índios para as regiões que sofriam de carência da mercadoria, passível de ser explorado em condições muito favoráveis e em uma escala razoável, dada a existência da ótima fonte de abastecimento de indígenas representadas pelas Missões." (DAVIDOFF, CARLOS, *op. cit.*, pág. 46.)

As tensões com os bandeirantes forçaram os jesuítas a promover a organização militar dos guaranis, que passaram a rechaçar as incursões paulistas. Domingos de Torres, militar veterano, organizou a resistência contra os bandeirantes. Adquirindo armas européias ou fabricando o próprio equipamento militar, os jesuítas começavam a formar um verdadeiro exército. Em 1641 veio a prova de fogo: enfrentaram uma grande bandeira composta por centenas de paulistas — entre eles Raposo Tavares — e milhares de índios (tupis). Apesar da desvantagem numérica, o conflito terminou com a vitória guaranítica em Mbororé, às margens do rio Uruguai. Considerada por muitos historiadores o final do *sertanismo de apresamento*, a batalha, sem dúvida, representou novo panorama no jogo de forças das áreas missioneiras.

7.4 . O SERTANISMO DE CONTRATO

As bandeiras não foram encaradas de forma homogênea pelas autoridades coloniais, muitas vezes sendo censuradas, muitas vezes incentivadas por aqueles que ocupavam postos-chaves na administração do Brasil Colonial. Entretanto, nada ilustra melhor a ligação entre as autoridades coloniais — e a elite de uma forma geral — e os bandeirantes que o conjunto de atividades conhecidas genericamente como *sertanismo de contrato.*

Conhecedor do sertão — fruto do próprio contato com o indígena — e capaz de reunir um número expressivo de guerreiros, o bandeirante era o elemento mais habilitado para destruir focos de resistência à dominação branca. Muitos bandeirantes foram então contratados como sertanistas, ou seja, vendiam seus serviços — geralmente em troca de terras — para reprimir tribos indígenas e quilombos. Um dos primeiros episódios desta natureza ocorreu logo após a expulsão dos holandeses, quando o governador-geral Francisco Barreto contratou bandeirantes para reprimir as ofensivas de índios rebeldes em Ilhéus.

O mais expressivo exemplo de *sertanismo de contrato* no Brasil Colonial envolveu o bandeirante Domingos Jorge Velho, no final do século XVII. Em 1697, os índios janduís rebelaram-se contra a dominação branca em Pernambuco e no Rio Grande do Norte, e foram chamados para reprimir a rebelião Domingos Jorge Velho e Matias Cardoso de Almeida. Em seguida, caberia a Domingos Jorge Velho atacar o Quilombo de Palmares, principal foco de resistência à escravidão do período colonial. Contando com mais de mil homens — dos quais oitocentos eram *índios frecheiros* —, este bandeirante valorizou bastante sua ação militar contra o quilombo, procurando extrair o máximo de vantagens, através de capitulações assinadas com as autoridades. Vale referir-se a uma das cláusulas destas capitulações: *perdão por quaisquer crimes anteriores!*

> "Um acordo relativo ao destino dos cativos e das terras palmarinas foi estabelecido entre o bandeirante e o governador Souto-Maior visando à destruição do quilombo. Como comandante-em-chefe das expedições, Domingos Jorge Velho reivindicou a maior parte das presas de guerra, segundo o preceito,

corrente na época e derivado do Direito Romano: *iuste possidet, qui auctore praetore possidet* [é legal possuir aquilo que foi obtido pelo comando militar]." (REIS, JOÃO JOSÉ e GOMES, FLÁVIO DOS SANTOS. Organizadores, *Liberdade por um fio*, São Paulo, Companhia das Letras, 1996, pág. 32.)

O relato do bispo de Pernambuco, um dos contatos com os bandeirantes, sobre Domingos Jorge Velho, é bastante interessante no sentido de identificar as diferenças entre os paulistas e os colonos nordestinos. Segundo o bispo, o bandeirante era um selvagem, uma vez que capturava índias *para o exercício de suas torpezas* e índios para o *granjeio de seus interesses.*

Na época da mineração, bandeirantes ainda foram contratados para reprimir outros quilombos, como foi o caso de Bartolomeu Bueno, responsável pela destruição do Quilombo do Rio das Mortes, se bem que o *sertanismo de contrato* já estivesse em franco declínio.

7.5 . O BANDEIRANTISMO PROSPECTOR

As pesquisas em torno da obtenção de metais preciosos ocorreram desde os primórdios da colonização na capitania de São Vicente, chegando a ser realizada uma mineração incipiente na região. Nessa fase inicial, o governo português não incentivou decisivamente as expedições, uma vez que, em fase de centralização administrativa, temia que o processo escapasse ao seu controle. Mais tarde foi estabelecida uma rígida legislação em relação aos achados auríferos, o *Regimento das Minas*, de 1603. Em meados do século XVII foi fundada uma Casa da Moeda em São Paulo, valendo-se do ouro de lavagem existente esparsamente na capitania. Acredita-se que a quantidade do metal era muito pequena, não sendo suficiente para promover fortunas pessoais ou empreendimentos de maior volume.

Diversas bandeiras foram organizadas para explorar o sertão em busca de metais preciosos, sendo chamadas de prospectoras. Até mesmo nas *bandeiras de apresamento* não se descartava a possibilidade de serem encontrados ouro e prata. Muitas dessas expedições foram trucidadas por indígenas. As lendas nativas contribuíram para colorir os sonhos dos conquistadores, como Itaberaba-açu (serra resplandecente de prata e esmeraldas).

As grandes descobertas de ouro no Brasil só ocorreram no final do século XVII, sendo o bandeirante uma figura capital neste processo. Entretanto, não podemos encarar a mineração no Brasil apenas como fruto dos agentes coloniais. Externamente, no eixo da relação metrópole-colônia, configurava-se uma situação que favoreceu as *bandeiras prospectoras.* A própria situação de crise em que se encontrava a coroa portuguesa, após a União Ibérica, incentivou a busca de metais preciosos. Não podemos esquecer que, neste período, a produção açucareira do Nordeste passou a enfrentar a concorrência antilhana, diminuindo a arrecadação de impostos para Portugal, e o próprio *bandeirantismo de apresamento* entrou em processo de declínio com o restabelecimento do tráfico de escravos.

> "Assim, era fundamental que o Rei colocasse esses vassalos a seu serviço, a fim de que eles se utilizassem de seu conhecimento do interior do Brasil e de sua técnica de penetração no sertão para descobrir riquezas. Para atingir este intento, o Monarca era aconselhado a usar determinadas estratégias: para os paulistas mais valiam honrarias do que riquezas. O Rei era aconselhado a oferecer, em troca das peregrinações, títulos e mercês. Para conseguir-lhes a adesão era importante estimular-lhes a vaidade. Com esse intuito, o Rei D. Afonso VI escreveu cartas de próprio punho aos bandeirantes mais famosos." (VOLPATO, LUIZA, *Entradas e bandeiras*, Rio de Janeiro, Editora Global, 1991, pág. 91.)

As *bandeiras prospectoras* angariaram condições estruturais diferentes das *bandeiras de apresamento.* A desmilitarização foi não só uma necessidade, como também uma conseqüência das novas atividades. Valia agora para uma bandeira não ter um contingente de *índios frecheiros*, mas sim elementos com alguma experiência na prospecção, principalmente no que diz respeito ao ouro de aluvião, obtido no leito dos rios.

7.6 . UMA NOVA SOCIEDADE?

A) A CORRIDA DO OURO

A conjuntura da segunda metade do século XVII foi amplamente favorável à busca de metais preciosos no Brasil Colonial. A concorrência do açúcar antilhano e o declínio da mineração na América espanhola foram fatores decisivos para que funcionários da coroa fossem enviados à região vicentina no intuito de incentivar incursões prospectoras, estímulo que foi muito bem recebido pelos colonos, uma vez que a preação dos indígenas refluiu com a normalização do tráfico negreiro. Se muitos receavam que a liberdade vicentina pudesse acabar com a investida metropolitana, o desejo de encontrar ouro falou mais alto. Bandeiras prospectoras foram então organizadas.

As primeiras descobertas remontam à última década do século XVII, atribuindo-se tradicionalmente o feito a um tal de Antônio Rodrigues Arzão, paulista de uma família de respeitáveis sertanistas. Sabemos, entretanto, que na verdade ocorreram várias descobertas simultâneas, entre 1693 e 1695.

As notícias das descobertas espalharam-se rapidamente, arrastando uma vaga humana para a região e gerando conflitos pelos direitos da exploração. Os documentos da época denunciam que até mesmo soldados chegaram a fugir de Santos, de modo semelhante ao episódio ocorrido no Rio de Janeiro, tomando o rumo da área mineradora. Estima-se que por volta de 1709, quando ocorreu um primeiro importante embate entre os exploradores (vide *Guerra dos Emboabas*), a população da região mineradora girasse em torno de trinta mil almas. Este número foi coligido por Antonil, jesuíta que registrou o fluxo humano para a região mineradora em seu conhecido livro *Cultura e opulência do Brasil por suas drogas e minas*, fonte histórica que permanece fundamental para a análise dos primeiros anos da mineração.

> "Das cidades, vilas, recôncavos e sertões do Brasil, vão brancos, pardos e pretos e muitos índios, de que os paulistas se servem. A mistura é de toda a condição de pessoas: homens e mulheres, moços e velhos, pobres e ricos, nobres e plebeus, seculares e clérigos e religiosos de diversos institutos, muitos dos quais não têm no Brasil convento nem casa." (ANDREONI, ANDRÉ JOÃO, *op. cit.*, pág. 264.)

A corrida do ouro estimulou até mesmo a vinda de portugueses, e há quem afirme que a emigração deixou algumas regiões em Portugal praticamente despovoadas. Mesmo cercadas de um certo exagero — o *Triunfo Eucarístico de 1734* afirma que *meio Portugal* já se fora —, tais notícias fizeram com que a coroa tomasse providências, limitando a emigração para a colônia. Em meados do século XVIII, a capitania de Minas Gerais já contava com cerca de duzentos e vinte mil habitantes e, por volta de 1776, ultrapassava a casa dos trezentos mil. É importante ressaltar que este número não parou de crescer até o final do século, mesmo após o declínio da mineração.

Poucos autores duvidam que tal fluxo de portugueses tenha sido o fator mais importante do crescimento demográfico ocorrido no século XVIII. Diante da chegada de tanta gente, a paisagem da região mineradora sofreu bruscas alterações, destacando-se o sem-número de queimadas — muitas vezes incontroláveis — com o intuito de promover a limpeza do terrenos para as atividades econômicas necessárias, notadamente a mineração, mas também a agricultura e a criação de animais domésticos. Os arraiais mineiros, separados por ladeiras e declives, dariam origem às cidades, quando unidos por escadarias íngremes e ruas tortuosas, características marcantes da urbe na área da mineração. A espontaneidade da urbanização foi a característica dominante das cidades mineradoras, podendo ser apontadas como exceções Mariana e Diamantina, mais *reticuladas* em suas áreas centrais. Surgidas geralmente como entroncamento de regiões auríferas, as cidades da mineração receberiam toda a estrutura burocrática metropolitana, tornando-se centros multifuncionais, caracterizadas por atividades econômicas, político-administrativas, religiosas e culturais.

B) A COROA APERTA O CERCO

A preocupação portuguesa com a região mineradora foi muito intensa, sendo o fisco — em relação ao ouro, aos diamantes e ao conjunto de mercadorias comerciadas na região — o aspecto determinante da atuação metropolitana frente à ampliação das descobertas. A regulamentação das atividades mineradoras remontava ao século XVII, entretanto só no século XVIII ganhou os limites que marcaram a ação fiscal do auge da mineração até o fim do período colonial. Vale acrescentar que Portugal ainda demorou certo tempo, mais de uma década, para dimensionar exatamente o potencial econômico da região mineradora.

O documento que definiu a linha mestra do sistema fiscal minerador foi o *Regimento dos Superintendentes, Guarda-Mores e Oficiais Deputados para as Minas do Ouro*, editado em 1702, estabelecendo a criação da *Intendência das Minas*, pólo administrativo especial da região mineradora, ligado diretamente ao Conselho Ultramarino, em Lisboa. O Regimento previa que cada capitania aurífera contaria com uma. As funções da Intendência eram bastante amplas:

- responsabilidade pelo policiamento na região mineradora, ou seja, a atribuição de fiscalizar e regulamentar as explorações. Qualquer achado deveria ser comunicado imediatamente, sendo a região delimitada e dividida em *datas*. Seguia-se a distribuição, sendo as duas primeiras pertencentes ao descobridor do veio aurífero e a terceira, à coroa. O minerador deveria possuir escravos, sendo este um fator fundamental para determinar o tamanho da data a que teria direito (proporção de duas braças quadradas por cativo);
- cobrança de inúmeros tributos, principalmente o *quinto* (quinta parte de todos os metais extraídos). Imposto que na época colonial recaiu sobre vários produtos. Na região mineradora atraiu a ira dos colonos — daí a expressão *quinto dos infernos*. Na verdade, durante a época da mineração, a coroa portuguesa reformulou inúmeras vezes a cobrança de impostos, de acordo com a variação da quantidade extraída. Tentou-se estipular a cobrança equivalente ao número de escravos atuando nas lavras ou através de uma quota fixa (*sistema de fintas*) e até mesmo sobre cabeça de escravo maior de 12 anos, mesmo sobre aqueles utilizados em outras atividades (*sistema de capitação*).

> "Os 16 anos de vigência do sistema de capitação constituíram um dos períodos considerados de maior arrocho tributário da Colônia. Além das sobretaxas, ele incidia sobre todos e quaisquer escravos, os forros e a população de baixa renda, tornando-se odioso. A capitação não era um imposto eqüitativo. Apesar de ser limitado ao mercado de trabalho, sobrecarregou o minerador cujos escravos nem sempre eram bem-sucedidos na extração (...)"
> (NIZZA DA SILVA, MARIA BEATRIZ, *op. cit.*, pág. 130.)

O sistema de casas de fundição, já utilizado no final do século XVII, foi revitalizado pela administração portuguesa por volta de 1719, gerando revolta dos mineradores (vide a *Revolta de Felipe dos Santos*).

- Responsabilidade pelas questões jurídicas relativas à mineração, funcionando como tribunal de primeira e última instâncias.

O contrabando foi combatido com rigor, mas nunca foi evitado de forma satisfatória, aos olhos da coroa portuguesa. Os caminhos eram controlados e os contraventores, punidos; entretanto, muitas autoridades eram coniventes e a prática estava disseminada na população como um todo. Sabemos que o ouro em pó — não quintado — circulou intensamente, servindo de moeda de troca regular. Entretanto, alguns *escândalos* tornaram-se famosos, como a descoberta, em 1731, de uma fundição clandestina na serra de Paraopeba, comandada por Inácio de Souza Ferreira, chegando a envolver até mesmo elementos na corte. Na Bahia, um pouco mais tarde, o conde de Sabugosa mandou que dois falsários fossem queimados na fogueira.

> "(...) o contrabando de ouro e a falsificação de ouro em barras continuaram por todo o resto do período colonial, mas parecem ter alcançado o ponto mais alto da maré durante os trinta dos setecentos. Foi nesse período também que a produção ilícita de diamantes provocou reações punitivas brutais por parte das autoridades. Por muito severas que tivessem sido as medidas tomadas pela Coroa para evitar o contrabando e a falsificação do ouro em Minas Gerais, foram elas de muito excedidas pelas formas rudes com que se controlava a mineração de diamantes. Se os contrabandistas de ouro eram castigados com o chicote, os contrabandistas de diamantes eram castigados com escorpiões." (BOXER, CHARLES. R, *A Idade do Ouro no Brasil*, São Paulo, Companhia Editora Nacional, 1963, pág. 182.)

Além dos impostos diretos, Portugal procurou taxar os produtos que entravam ou saíam da região mineradora. Foi amplamente utilizado o *sistema de contratadores*, prática tributária típica do Antigo Regime. Tratava-se de conceder a alguns potentados o direito de recolhimento dos débitos, sendo estes obrigados a repassar um valor fixo, estipulado pela coroa. O excedente ficaria nas mãos do contratador, que devia complementar a diferença quando os impostos não atingissem o valor acordado com a metrópole. Espécies de pedágios, os *registros* eram postos fiscais localizados em áreas estratégicas, onde os contratadores taxavam pessoas e até mesmo animais.

C) O DESPERTAR DA INTEGRAÇÃO

A necessidade de abastecimento da região mineradora acarretou um incremento significativo na economia da colônia. Devido ao crescimento demográfico e a *sede do ouro* — que desincentivava a produção de gêneros de subsistência —, a sobrevivência na área da mineração condicionou-se aos centros produtores de alimentos e à capacidade de comercialização dos mesmos. Por outro lado, além de alimentos, eram necessários também animais de carga, manufaturas e escravos, produtos indispensáveis para as novas condições de vida advindas com a mineração. Muitos comerciantes enriqueceram abastecendo a região das minas, transacionando produtos circunvizinhos ou vindos de bem longe.

Dentre as grandes conseqüências da mineração, merece destaque a articulação econômica de regiões até então dispersas, juntamente com a formação de um mercado interno. O deslocamento do eixo econômico do Nordeste para o Centro-Sul foi acompanhado de diversas medidas administrativas, sendo que a mais importante foi a transferência da capital para o Rio de Janeiro, aspecto relacionado também ao interesse português na colônia do Sacramento.

Dentre os produtos que passaram a ser destinados à região mineradora, um chamou a atenção dos contemporâneos: o gado muar. Apropriado para terrenos íngremes, munido de cascos resistentes e com uma capacidade de carga elevada, o gado muar era o animal mais adequado para as características da região. Criado na região platina, pólo abastecedor das minas peruanas, as tropas de muares foram introduzidas como sistema de transporte no Brasil Colonial a partir das demandas da mineração.

O tropeiro passou a dominar a paisagem do eixo Sul—Minas Gerais, fugindo do fisco e criando seus próprios caminhos, o que era absolutamente ilegal a partir de 1733, quando a coroa portuguesa baixou um decreto impedindo a abertura de novas estradas, só anulado com a transferência da Corte para o Brasil. Atividade muitas vezes perigosa, ser tropeiro requeria uma grande habilidade na tarefa de conduzir os animais (que recebiam nomes próprios) por milhares de quilômetros, arrumando a carga com equilíbrio e escolhendo os locais de pouso, geralmente rústicas palhoças de pau-a-pique.

> "O pouso era rude, desconfortável, mas era sempre um abrigo contra a inclemência do sol ou da chuva, uma defesa contra o orvalho das noites frígidas do Brasil Central. Dizia Burton que só com a pele curtida dos tropeiros era possível dormir em um desses lugares, dado o enxame de vermes estranhos e grosseiros 'que enfiam pelas carnes e fazem suas moradas sob as unhas...' Já se vê que a reclamação é contra o nosso muito conhecido bicho-de-pé (*Tunga penetrans*), que aliás mereceu referências de quase todos os cronistas do Brasil de ontem." (GOULART, JOSÉ ALÍPIO, *Tropas e tropeiros na formação do Brasil*, Rio de Janeiro, Conquista, 1961, pág. 129.)

Muitas regiões de passagem de tropeiros deixaram as marcas desta atividade nos seus próprios nomes: Pouso Alto, Passo Alegre, Passo Fundo, Passa Três, Passa Quatro, Passa Vinte.

Em São Paulo, Sorocaba se tornou um importante centro de distribuição de animais, gerando fortunas que mais tarde seriam investidas no café. Em muitos casos, as mulas levavam couros a serem comercializados nas Minas Gerais, ou mesmo em Portugal, dinamizando ainda mais a economia do Rio Grande.

> "As tropas em geral eram preparadas em Agosto e Setembro, chegando aos Campos Gerais em Novembro e Dezembro, onde invernavam por 3 ou 4 meses, seguindo depois para a feira de Sorocaba (...) O negócio exigia a reunião de grandes capitais, sobretudo em metal, onças de ouro e moedas de prata, e os seus lucros distribuíram-se na proporção dos capitais empregados e do trabalho nas lides com a tropa." (NIZZA DA SILVA, MARIA BEATRIZ, *op. cit*, pág. 802.)

A região mineradora ganhou intensa importância como mercado de escravos, incentivando o tráfico e exigindo novas especificidades. Além do incremento na produção de fumo (principalmente na Bahia e em Pernambuco) e aguardente (destaque para Parati, no Rio de Janeiro), com a especulação dos preços dos negros, o tráfico interno ganhou relevância. Desenvolveram-se novas oportunidades para pequenos traficantes (chamados *tratantes*), que intermediavam os escravos do litoral até as regiões mineradoras. Em um plano mais amplo, a grande característica em relação ao tráfico de escravos foi o crescimento expressivo do número de traficantes residentes no Brasil, em alguns momentos superando os de outras nacionalidades.

Caberia ao porto do Rio de Janeiro ser o pólo de dinamização do tráfico, aspecto que repercutiu na economia açucareira da região e na sua posterior relevância na importação de negros, aspectos fundamentais na situação da capitania de Minas Gerais após o auge da mineração.

> "Ao que tudo indica, com a crise do ouro e dos diamantes a economia das Gerais reorientou-se para o suprimento da cidade do Rio de Janeiro, cujo crescimento demográfico foi notável a partir de 1760. Estruturou-se ao sul de Minas um verdadeiro complexo agropecuário (...) O vigor da economia de abastecimento do sul de Minas pode ser avaliado por suas exportações de reses, toucinho e carne salgada." (FLORENTINO, MANOLO, *Em costas negras*, São Paulo, Companhia das Letras, 1997, pág. 39.)

D) O DISTRITO DIAMANTINO

Por volta de 1678, o bandeirante Fernão Dias Pais procurou prata e esmeraldas em torno do rio Jequitinhonha, sem atingir os resultados esperados. Algumas décadas mais tarde, em 1713, veios auríferos foram encontrados nas proximidades desta região, em breve conhecida como arraial do Tejuco (em tupi, lama).

Durante algum tempo o ouro foi extraído, sendo que durante esta atividade os escravos revolviam o cascalho dos leitos dos rios, encontrando, além de ouro, pedras cristalinas, consideradas simples cristais pelos habitantes da região. Tais pedras eram utilizadas como fichas nos carteados, sem chamar a atenção. Esta situação era delicada, pois a qualquer momento a preciosidade poderia ser descoberta. Por outro lado, enquanto isso não acontecia, bastava que algum conhecedor — alguém que estivera no Oriente, por exemplo — reconhecesse o dito *cristal*, e guardasse segredo, para conseguir acumular considerável riqueza. Reza a tradição que tal situação chegou a ocorrer, envolvendo até mesmo o próprio governador de Minas Gerais, D. Lourenço de Almeida, que teria amealhado considerável fortuna antes de comunicar à coroa a descoberta, já que esta fugira do seu controle.

Após o anúncio oficial da descoberta de diamantes na região, em 1727, a mineração de ouro foi suspensa — tendo as datas sido canceladas. A extração de diamantes foi considerada monopólio da coroa, sendo constituído o Distrito Diamantino, sediado no arraial de Tejuco.

A vigilância sobre a região foi extremamente rígida, uma vez que era impossível quintar o diamante, como se fazia com o ouro. Em 1730, foi criado o primeiro *Regimento* para extração e distribuição de diamantes. Em pouco tempo seria criada a *Intendência dos Diamantes*, transformando o intendente em plenipotenciário no distrito, com tantos poderes quanto os do vice-rei na Bahia. Era proibida a instalação de lojas e barracas na região, excetuando-se situações especiais. Os frades foram terminantemente proibidos de por ali transitarem, uma vez que eram acusados de contrabando. Os contemporâneos que percorreram a região anotaram que a legislação portuguesa era seguida com eficácia, ao contrário de outras áreas, onde a *frouxidão das leis* era corrente.

Os exploradores clandestinos eram chamados de *garimpeiros*, personagens que ganharam a simpatia dos mais humildes, em função da ousadia e da coragem que demonstravam contra os poderosos. Muitos de seus feitos acabaram virando lendas, ao sabor da imaginação popular. O garimpeiro era invariavelmente um homem pobre, geralmente andando em bando — cujo chefe era chamado capitão — e caracterizado por um rígido código de lealdade para com o companheiro. A relação com os quilombolas era intensa, ambos às margens do sistema social vigente, mas de certo modo envolvidos em suas malhas.

No decorrer da década de 1730, a extração de diamantes tornou-se tão frenética, que os preços chegaram a cair na Europa. Ainda que culpasse os judeus de Amsterdã, considerados responsáveis pela queda dos preços, a coroa portuguesa decidiu proibir a extração dos diamantes por alguns anos, até a recuperação dos valores anteriores.

Em 1740, foi estabelecido um sistema de contrato, determinando que o direito de exploração fosse vendido para um concessionário, que passaria a explorar exclusivamente os diamantes pagando a *capitação* por escravos utilizados, que não poderiam exceder o número de seiscentos. Tal medida visava impedir o contrabando, apesar de o escravo trabalhar sobre severa vigilância, praticamente seminu.

> "Os escravos tinham que trabalhar curvados, de frente para seu capataz, de forma a peneirar o cascalho nos alguidares e atirar para fora o referido cascalho enquanto apanhavam diamantes. Tinham que trocar de lugares, freqüentemente, uns com os outros, a fim de impedir o encontro de diamantes que pudessem ter escondido num monte de pedras ou na terra. Mesmo assim, eles sabiam muitas vezes identificar o lugar exato onde haviam ocultado um diamante, e voltar, protegidos pelas sombras da noite, para recuperá-lo. A primeira coisa que os trabalhadores velhos, entre os escravos, ensinavam aos moleques, ou recém-chegados, era a forma de roubar diamantes. 'A cujo fim os exercitam com feijões, ou grãos de milho, os quais atiram de longe para a boca, e deste modo se habituam a receberem-no nela para os engolirem'." (BOXER, CHARLES R., *op. cit.*, pág. 193.)

O desembargador João Fernandes de Oliveira, em parceria com Francisco Ferreira da Silva, foi o primeiro contratante do Distrito Diamantino, mantendo a concessão por muitos anos, período em que acumulou fortuna e poder, conseguindo a desgraça de seu concorrente, o contratador Felisberto Caldeira Brant. Entretanto, a maior parte da fama de João Fernandes de Oliveira deve-se a seu envolvimento com a negra Chica da Silva, e de como realizou seus desejos, como a construção de um lago artificial e uma embarcação, em plena Gerais.

Os poderes de João Fernandes de Oliveira chegaram a chamar a atenção do marquês de Pombal, que estabeleceu — a partir de 1771 — um novo sistema de administração: a Real Extração. O principal objetivo era punir o contrabando e estabelecer normas repressivas para aqueles que descumpriam as determinações da coroa.

E) A DIFÍCIL REALIDADE DA MINERAÇÃO

A dinâmica da mineração acarretou importantes transformações sociais na colônia, uma vez que possibilitou o surgimento de novos grupos sociais, incrementando a camada intermediária entre senhores e escravos, até então inexpressiva. Tipicamente urbano, este novo segmento social era formado por comerciantes, artesãos e profissionais liberais, cujos serviços eram cada vez mais procurados na região mineradora. Vejamos alguns deles:

- advogados — necessários diante dos constantes litígios entre potentados, ou mesmo exploradores de menor porte, envolvendo disputas territoriais e dispositivos da administração portuguesa;
- artesãos — a demanda de bens manufaturados incentivou a formação de um contingente de artesãos, em muitos casos mulatos, destacando-se os ligados às artes plásticas e os especialistas em ourivesaria, atividade capital da ostentação e do fausto, fundamental no universo de valores do Brasil Colonial.

> "Nas ruas de Vila Rica podiam-se encontrar lojas de sapateiros, ferreiros, tanoeiros, joalheiros, carpinteiros etc., a ponto de surgirem ali, como nos outros núcleos mais importantes, ruas 'especializadas' em um tipo de artigo ou serviço. Mesmo

na periferia rural, não poucos se dedicavam a fazer sabão, preparar doces ou carnes de porco defumadas, produzir queijos." (MARANHÃO, RICARDO *et alli*, *op.cit*, pág. 260.)

Quanto à ourivesaria, devemos ressaltar que a coroa portuguesa acabou coibindo sua prática, já que suspeitava dos joalheiros e de suas ligações com os sonegadores de impostos.

- Comerciantes — responsáveis pelo abastecimento, tornaram-se indispensáveis diante do crescimento demográfico da região. Os pequenos comerciantes vendiam gêneros de subsistência no dia-a-dia (farinha, charque, cachaça, peixe seco e outros), sendo que suas tendas, tavernas, vendas e quitandas transformaram-se em espaços para encontros sociais, muitas vezes para prostituição (casas de comer).
- Médicos — presos ainda às tradições dos primeiros séculos da colonização, utilizavam-se fartamente da flora medicinal e dos costumes indígenas. Muitos medicamentos utilizados ficaram genericamente conhecidos como *remédios dos paulistas*, aspecto que demonstra a dependência em relação ao conhecimento bandeirante, embora muitos religiosos também desempenhassem funções médicas. Em 1738, foi criada a Santa Casa de Misericórdia de Vila Rica, responsável pela assistência médica na região mineradora, embora, vez por outra, atuasse também como casa de crédito, já que não existiam bancos na colônia.

Não resta a menor dúvida de que a região mineradora apresentou uma vitalidade cultural relevante e uma diversificação social expressiva, seja pela potencialidade de atividades econômicas a ela interligadas, seja pela peculiaridade das relações de produção. Se o escravismo foi mantido, é inegável que a possibilidade de alforria era bem maior do que em outros núcleos econômicos. Por outro lado, não podemos crer nas idéias românticas e nacionalistas, que viram na mineração uma civilização marcada pela opulência, e menosprezar as dificuldades de sobrevivência em uma sociedade em que o custo de vida era altíssimo, mesmo considerando-se a articulação econômica advinda da mineração e o estabelecimento de expressivo mercado interno.

Costuma-se apresentar a idéia de que a sociedade mineradora era democrática. A historiadora Laura de Mello e Souza, em seu livro *Desclassificados do ouro*, atacou tal proposição de forma original, afirmando que pensar em democracia na mineração, só admitindo que um maior número de pessoas dividia a pobreza.

Quanto ao processo de alforrias, é comum a apresentação de uma situação em que o escravo conseguia acumular, através de recompensas ou da ocultação do que extraía, o necessário para comprar a liberdade. Entretanto, as alforrias, de uma forma geral, não podem ser atribuídas a estas práticas, mas sim à impossibilidade de o proprietário manter a escravaria em momentos de crise.

É inegável que a sociedade mineradora apresentou índices expressivos de violência, a começar pela própria escravidão. Este dado é reforçado quando se leva em conta que um escravo era explorado até a exaustão no trabalho das minas. Alguns senhores não esperavam mais que 12 anos de vida útil de um cativo, embora alguns cronistas falem em apenas sete anos, a partir do início do trabalho. Para muitos deles, a única saída era tentar fugir ou esperar a possibilidade de comprar a alforria, *contentando-se* com uns goles da *moça branca*, como chamavam a cachaça.

CAPÍTULO 8

A ULTRAPASSAGEM DE TORDESILHAS

8.1 . A NEUTRALIZAÇÃO DE TORDESILHAS

Geralmente tem-se a idéia de que a fronteira é uma linha que separa um país de outro ou de outros.

Na realidade, a linha que separa um país de outro ou de outros é o limite, obedecendo a critérios geográficos.

A *fronteira* deve ser entendida sob uma noção mais ampla, pois ***é a zona ou região*** que engloba tanto o limite geográfico como os aspectos políticos, econômicos, jurídicos e históricos.

Antes mesmo da chegada de Pedro Álvares Cabral ao litoral do Brasil, as fronteiras da nova colônia portuguesa já haviam sido determinadas pela *Capitulação da Partição do Mar Oceano.* Mais conhecido como *Tratado de Tordesilhas*, esse documento foi assinado, em 7 de junho de 1494, por D. João II de Portugal e Fernando de Aragão da Espanha, e estabelecia que uma linha imaginária que, passando 370 léguas a oeste das ilhas de Cabo Verde, dividiria o mundo entre os reis de Portugal e da Espanha.

Sabedor do acordo entre as coroas ibéricas, Francisco I, rei da França, afirmou, com ironia, a diplomatas portugueses que gostaria de ver a cláusula do testamento de Adão garantindo o domínio de territórios ultramarinos às monarquias reinantes em Lisboa e Madri.

Esse meridiano, segundo se convencionou, passaria pelas terras onde hoje se encontram Belém, no Pará, e Laguna, em Santa Catarina: os territórios localizados a oeste seriam espanhóis, enquanto os localizados a leste pertenceriam a Portugal.

Todavia, esse *meridiano fantasma* — porque imaginário — nunca foi fixado. Por conseguinte, as fronteiras entre os domínios americanos da Espanha e de Portugal não chegaram a ser claramente determinadas ao longo do século XVI.

Aliás, nenhuma das duas monarquias ibéricas manifestou interesse em tal fixação, inclusive a colonização portuguesa em terras brasileiras permaneceu litorânea ao oceano Atlântico durante muito tempo. Por sua vez, os espanhóis, ainda que ocupassem regiões interioranas, desenvolveram uma colonização mais próxima ao oceano Pacífico.

Além do mais, a coroa espanhola violara disposições do Tratado de Tordesilhas ao ocupar as Filipinas e as ilhas Molucas, que pertenciam a Portugal. É bem verdade que D. João III de Portugal concordara em comprar à coroa espanhola o direito de ocupar todo o arquipélago das Molucas (1529).

Quando Portugal foi conquistado pela Espanha de Felipe II, após derrotar militarmente os partidários de D. Antônio, Prior do Crato — a chamada União Ibérica (1580-1640) —, as *fronteiras*, que na prática, não existiam, *tornaram-se legalmente letra morta*, porque o Brasil e as colônias espanholas pertenciam a um mesmo soberano: o rei da Espanha.

Durante esse período, *entradas* e *bandeiras* multiplicaram-se pelas terras além do *meridiano fantasma de Tordesilhas*. Essas expedições visavam apresar indígenas e buscar metais preciosos.

Em conseqüência, adentraram por territórios do Sul e Oeste do Brasil, de São Paulo aos atuais Rio Grande do Sul e Mato Grosso do Sul. Foi o caso das bandeiras que assaltaram as reduções dos jesuítas do Tape, do Guairá e do Uruguai, a partir de 1628.

> "Note-se que as bandeiras povoadoras do litoral sulino dos atuais Estados do Paraná e Santa Catarina são do século XVII, enquanto as do respectivo interior (excetuando-se Curitiba, ligada ao ciclo do

ouro de lavagem) são do século XVIII, simultâneas e posteriores à diminuição dos rendimentos do grande ciclo do ouro e integradas no ciclo do gado, atividade econômica que, com a agricultura, possibilitou e fixou o povoamento." (VIANNA, HÉLIO, *op.cit.*, pág. 199.)

A criação do gado possibilitou a interiorização do povoamento por terras do atual Paraná, onde também foi importante o cultivo da erva-mate, cuja comercialização tendeu a crescer no século XVIII. No Rio Grande do Sul, desde inícios do século XVII, *bandos de paulistas* dedicaram-se a caçar indígenas e gado selvagem. A domesticação e criação do gado permitiram lucrativa atividade, sobretudo a partir da descoberta do ouro em Minas Gerais, Mato Grosso e Goiás, cujos territórios estavam além do meridiano fantasma de Tordesilhas.

A interiorização da colonização multiplicou povoados, vilas e cidades em terras que legalmente pertenciam à coroa espanhola.

Razões políticas e econômicas explicam o avanço da colonização pela Amazônia, onde as drogas do sertão resultaram na fundação de missões pelos jesuítas, carmelitas e capuchinhos. Nelas, eram concentrados índios que, desculturados pela catequese, tornavam-se mão-de-obra forçada. Desses centros originaram-se muitas vilas e cidades amazônicas. *Tropas de resgate* igualmente adentravam pela Amazônia, visando o apresamento de indígenas para convertê-los em trabalhadores forçados.

Por outro lado, a presença de holandeses, ingleses e franceses explica a criação de capitanias reais, como a de Costa do Cabo Norte, doada a Bento Maciel Parente, em terras do atual Amapá (1637), bem como de diversos fortes na região, como o forte de Macapá, o Forte de São Joaquim e outros mais.

"Com o término da União Ibérica, a paz entre Portugal e Espanha foi concluída pelo Tratado de Lisboa (1668). Nesse tratado também ficou estabelecido que os limites coloniais americanos daqueles Reinos Ibéricos seriam os já alcançados pelas duas Coroas antes da guerra de libertação de Portugal.

(...) A fraqueza da Espanha, cuja decadência incapacitava-a de resistir à pressão diplomática de Portugal, apoiado pela Inglater-

> ra, explica o novo Tratado de Lisboa (1681). Por este Tratado, a Espanha reconheceu o direito de Portugal conservar a Colônia do Sacramento." (AQUINO, R.S.L. DE *et al.*, pág. 141.)

A colônia do Sacramento, fundada em terras da atual República do Uruguai no ano anterior (1680), visava criar uma base de operações de contrabando na Bacia Platina. Atendia aos interesses de Portugal, mas principalmente aos da Inglaterra, além de estimular a colonização dos pampas gaúchos.

Aliás, a Igreja católica contribuíra para reforçar as pretensões de Portugal.

> "Pois não acabava a Santa Sé de dar nova sanção legal ao mesmo intento com a bula *Romani Pontificis Pastoralis Solicitudo*, de 22 de novembro de 1676, que, ao criar o Bispado do Rio de Janeiro, lhe atribuía, como território diocesano, toda a costa e o sertão correspondente que vai da Capitania do Espírito Santo até o Rio da Prata (*usque ad Flumem de Plata*)?" (BUARQUE DE HOLANDA,SÉRGIO, *op. cit.*, pág. 327.)

8.2. DE UTRECHT A BADAJÓS

A) A REVERSÃO DAS ALIANÇAS COM O FIM DA UNIÃO IBÉRICA

Ao contrário do que comumente se pensa, o fim da União Ibérica (1580-1640) não se fez pacificamente.

No século XVII, a decadência da Espanha tendeu a se agravar. A continuação da guerra contra a República das Províncias Unidas, complicada pelo conflito com a Inglaterra, implicava pesados gastos e perdas, inclusive de colônias. A elevação dos tributos e a sucessão de reis incompetentes e transformados em joguetes das intrigas palacianas estimulavam movimentos separatistas. Na Andaluzia, abortou no nascedouro conspiração visando a independência (1641). Mais grave foi a revolta da Catalunha (1640-1652), que contou com o apoio da França.

Foi nessa conjuntura que explodiu a Revolta de Portugal, liderada pelo duque João de Bragança, recém-nomeado governador militar do país. Apoiado pela maior parte da nobreza feudal, proclamou-se rei, tomando o título de D. João IV, e durante 28 anos sucederam-se combates até que a Espanha reconheceu a independência de Portugal pelo Tratado de Lisboa (1668).

Ao mesmo tempo que prosseguia o conflito com a Espanha, D. João IV viu ampliar-se a conquista holandesa no Brasil.

> "Estava o Rei disposto, caso fosse necessário, a fazer o sacrifício de Pernambuco; mas não podia permitir a perda da Bahia, pois a perda da capital da colônia acarretaria inevitavelmente o colapso do que ainda lhe restava desta última. Sem o açúcar do Brasil, não teria Portugal com que pagar os exércitos incumbidos de deter os espanhóis ao longo da fronteira; e, conseqüentemente, a perda do Brasil envolveria o desaparecimento de Portugal como nação independente. Mesmo aqueles que advogavam o que se poderia chamar 'a paz com a Holanda a qualquer preço' perceberam isso muito bem; assim, foi, com a aprovação do Padre Antônio Vieira (senão, em verdade, por sugestão sua), que D. João IV resolveu (...) enviar à Bahia a Armada Real do Mar Oceano (...)." (BOXER, C.R., *op. cit.*, pág. 261.)

Desse modo, existia também uma guerra contra os holandeses, que, durante a União Ibérica, haviam conquistado parte do Brasil e outras colônias portuguesas na Ásia e na África.

O governo tentou negociar com a República das Províncias Unidas, oferecendo elevada importância em dinheiro pela restituição do Nordeste do Brasil, Angola e São Tomé. Não teve sucesso, porque a Companhia das Índias Ocidentais exigira uma importância nove vezes maior somente pelo Brasil.

Os problemas portugueses acumulavam-se, sendo que, entre 1647 e 1648, embarcações holandesas afundaram cerca de 220 navios lusos no oceano Atlântico. Ainda que a Holanda sofresse pesadas perdas ao ser derrotada pela Inglaterra (1652-1654), voltou a exigir indenizações do governo português, que se aproveitara da Guerra Anglo-Holandesa para reconquistar o Nordeste do Brasil e Angola, na África. O porto de Lisboa chegou a ser bloqueado por uma esquadra flamenga.

A crítica situação em que se encontrava o Estado português explica a assinatura do Tratado de Haia, concluído em 1661.

> "Foram as seguintes as cláusulas principais do tratado em questão: Portugal devia pagar às Províncias Unidas, dentro do prazo de 16 anos, a indenização de 4 milhões de cruzados pela perda do Brasil Holandês (...) Aos holandeses era assegurado o direito de comércio e de residência em Portugal e suas colônias ultramarinas, e em condições idênticas às que desfrutavam os ingleses no presente, ou viessem a desfrutar no futuro (...)
> A fim de facilitar o pagamento de colossal indenização (...) instituiu o governo português uma taxa especialmente para esse fim, metade da qual devia ser arrecadada no Brasil (...) Sob este ou aquele pretexto, até 1830 pagavam-na ainda os brasileiros." (BOXER, C.R., *op. cit.*, pág. 358.)

Esse tratado, firmado por pressão inglesa, evidenciava a subordinação da Holanda à Inglaterra, em clara ascensão no plano internacional.

Desgastada pelo conflito com a Espanha e pela perda de colônias asiáticas para os holandeses, a dinastia de Bragança buscou o apoio da Inglaterra em troca de sucessivas concessões.

Em 1642, em Londres, foi assinado um tratado garantindo aos ingleses a liberdade de comerciar em Portugal e nas suas colônias. Esse Tratado de Londres assegurava aos ingleses residentes em terras portuguesas amplos privilégios, como isenção do pagamento de multas e de tributos alfandegários sobre produtos importados.

Em 1652, novo tratado obrigou o governo de Lisboa a pagar pesada indenização em dinheiro e entregar mercadorias levadas a portos lusitanos pelos partidários de Carlos II. Este vivia no exílio devido à Revolução Puritana que levara ao poder Oliver Cromwell.

> "Em 10 de julho de 1654, foi concluído, em Westminter, novo Convênio entre o 'Protetor da Inglaterra' e o Rei de Portugal e Algarves, que conferia aos ingleses os seguintes privilégios (...) a) — comerciar em Portugal e nas suas colônias (...) b) — nomeações, por Cromwell,

de Cônsules e de Juízes ingleses, em Portugal e nos seus domínios (...) c) — nenhum súdito da República podia ser preso por autoridade portuguesa (...) d) — o aludido tratado (...) assegurou aos britânicos, domiciliados em Portugal ou em seus territórios, a liberdade de consciência'(...)." (PEREIRA DOS REIS, PAULO,*op. cit.*, pág. 36.)

Ainda que houvesse radical mudança no poder político na Inglaterra — onde a República foi suprimida e os Stuart voltaram a reinar —, as concessões portuguesas prosseguiram.

Em 1661, a princesa Catarina de Bragança foi dada em casamento ao soberano inglês Carlos II. Como dote, o governo de Lisboa pagou oitocentas mil libras de ouro e cedeu Tânger, na África, e Bombaim, na Índia, duas colônias do já reduzido Império Ultramarino.

Quando a Espanha uniu-se à França no início do século XVIII, rompeu-se o equilíbrio europeu, sendo Portugal arrastado pela Inglaterra à denominada Guerra de Sucessão da Espanha (1701-1714).

Mediante pressão diplomática, promessa de proteção militar contra invasão estrangeira e até mesmo elevadas propinas, lesivo tratado foi concluído entre os governos de Londres e de Lisboa.

O Tratado de Methuen (1703), assim denominado porque o representante britânico que o negociou chamava-se John Methuen, isentava os tecidos e outros manufaturados ingleses do pagamento de impostos nas alfândegas de Portugal e franqueava o mercado inglês à importação de vinhos portugueses. Acontece que estes vinhos eram produzidos por ingleses que viviam em Portugal.

Esse intercâmbio resultava em crescente saldo negativo na balança comercial, porque os produtos importados pelo Estado português tinham preços mais elevados do que os vinhos exportados para a Inglaterra.

Para cobrir esse déficit comercial, o governo português lançou mão do ouro extraído no Brasil.

Nessas condições, a sociedade portuguesa aumentou cada vez mais sua dependência à Inglaterra.

B) A GUERRA DE SUCESSÃO DA ESPANHA E SUAS REPERCUSSÕES NA AMÉRICA DO SUL

O conflito entre Espanha e França contra a Grande Aliança — articulada pela Inglaterra, que se uniu a Portugal, Holanda e Áustria — resultou em ataques de corsários franceses ao Brasil. Foram as incursões de Jean Duclerc (1710) e René Duguay-Trouin (1711) contra a cidade do Rio de Janeiro.

Além disso, os espanhóis tomaram a colônia do Sacramento aos portugueses.

Contudo, a aliança franco-espanhola acabou sendo derrotada, o que implicou compromissos diplomáticos vantajosos para os vencedores. Esses tratados foram assinados em Utrecht, cidade holandesa.

Em 1713, a França firmou com Portugal um tratado pelo qual os franceses renunciavam a suas pretensões sobre territórios integrantes naquela época do atual estado do Amapá. Além disso, reconheciam o rio Oiapoque, também conhecido como Vicente Yáñez Pinzón, como fronteira entre o Brasil Colônia e a Guiana Francesa.

Amplamente apoiado pela Inglaterra — interessada em ter uma base de operações comerciais no Rio de Prata —, Portugal recebeu da Espanha a colônia do Sacramento, segundo decidiu o Tratado de Utrecht (1715).

Curiosamente, as coroas ibéricas se omitiram quanto às áreas que, pelo Tratado de Tordesilhas, integravam domínios espanhóis, mas vinham sendo ocupadas por brasileiros e portugueses.

Que áreas eram essas? As situadas na Bacia Amazônica — onde a busca de drogas do sertão estimulava a fundação de vilas, fortalezas e missões, aldeando indígenas — e regiões do atual Centro-Oeste brasileiro, que vinham sendo devassadas pelos apresadores de indígenas e pela corrida do ouro, além de terras sulinas, onde se expandia a criação de gado.

C) PORTUGAL DERROTOU A ESPANHA EM MADRI

"Talvez esse título pareça estranho a você, tanto mais que exércitos espanhóis não foram vencidos por tropas portuguesas, nem estas ocuparam a capital da Espanha.

> Como foi então a Espanha derrotada em Madri?
>
> A resposta está no fato de que os diplomatas espanhóis curvaram-se diante dos argumentos levantados pelos representantes do Reino Português a propósito das fronteiras ibero-americanas.
>
> E que argumentos foram esses? Foram os apresentados por Alexandre de Gusmão, padre brasileiro que representava Portugal nas longas conversações mantidas: Como possues, continuai possuindo (*Uti possidetis in possideatis*)." (AQUINO, R.S.L. DE, *et. al*, *op.cit.*, pág. 142.)

Além do mais, a existência de laços matrimoniais uniam as coroas ibéricas, o que facilitou o sucesso da diplomacia lusitana. "Fernando VI, Rei de Espanha, era genro de D. João V, Rei de Portugal, e sobre o seu ânimo fraco e irresoluto exercia dominadora influência a Rainha D. Maria Bárbara de Bragança." (VIANNA, HÉLIO,*op.cit.*, págs. 323 e 324.)

Pelo Tratado de Madri, então firmado pelos dois reinos ibéricos (1750), decidiu-se que Portugal cedia a colônia do Sacramento à Espanha e, em troca, garantia seu domínio sobre territórios pertencentes à Espanha, mas ocupados pela expansão luso-brasileira.

Esses territórios, hoje integrados à República do Brasil, abrangem terras dos atuais Estados do Rio Grande do Sul, Santa Catarina, Paraná, Mato Grosso do Sul, Goiás, Tocantins, Rondônia, Amazonas, Amapá, Roraima e a maior parte do Pará.

O tratado em causa também estabeleceu que as fronteiras entre os domínios portugueses e espanhóis na América adotariam o curso dos rios como limites naturais inconfundíveis. Fixou ainda que eventuais guerras entre os dois reinos na Europa não justificariam conflitos armados no continente americano.

D) O TRATADO DE EL PARDO ANULOU A VITÓRIA PORTUGUESA

A divulgação do Tratado de Madri provocou as mais diversas reações, tanto na América como na Europa.

Comerciantes ligados ao contrabando, que tinha na colônia do Sacramento base de operações, começaram a se articular e a protestar, porque tiveram dificultadas as suas atividades.

Dificuldades foram criadas por autoridades espanholas e portuguesas que consideravam traição a troca de territórios que haviam provocado muitas guerras pelo seu controle. Além disso, muitas dessas autoridades perderam fontes de renda porque também estavam envolvidas com o contrabando.

Problema maior ocorreu em conseqüência da cessão a Portugal dos Sete Povos das Missões do Uruguai, em terras hoje gaúchas. Nessa região existiam numerosos aldeamentos indígenas dirigidos por jesuítas espanhóis, e tanto os sacerdotes como os índios não haviam esquecido as anteriores atrocidades cometidas pelos bandeirantes, apresando centenas de nativos aldeados e destruindo dezenas de reduções jesuítas na primeira metade do século XVII.

Em conseqüência, revoltaram-se os indígenas, liderados por Sepê Tiaraiu na chamada *Guerra Guaranítica* (1756-1757). Tropas luso-espanholas infligiram sucessivas derrotas aos índios rebelados, tendo Sepê Tiaraiu sido morto em combate.

> "Os encontros posteriores não foram melhores para os índios, que, usando técnicas aprendidas nas próprias aldeias, quando se preparavam para enfrentar os bandeirantes, tentaram impedir (...) a entrega dos núcleos onde viviam. Em São Miguel, lançaram fogo ao lugar (...) O grosso da multidão gentia refugiava-se nas matas, parecendo preparar-se para uma grande ofensiva, ou para operações de guerrilhas." (BUARQUE DE HOLANDA, SÉRGIO, *op. cit.*, pág. 374.)

Essa resistência acarretou quatro conseqüências importantes:

- as autoridades portuguesas renunciaram a receber os Sete Povos das Missões antes de os espanhóis pacificarem a região;
- a execução do Tratado de Madri foi suspensa;
- a colônia do Sacramento permaneceu sob domínio português;
- a Companhia de Jesus foi expulsa de Portugal e de suas colônias (1759), sendo seus bens confiscados, alguns sacerdotes encarcerados e

centenas expulsos das terras portuguesas. Essa decisão coube ao marquês de Pombal, ministro de D. José I. Uma justificativa para tal violência foi que a rebelião indígena ocorrera estimulada pelos jesuítas.

Além do mais, o *Tratado de El Pardo* (1761) anulou o Tratado de Madri.

E) MAIS UM ACORDO IBÉRICO: O TRATADO DE SANTO ILDEFONSO (1777)

Na segunda metade do século XVIII, a rivalidade franco-inglesa agravou-se, o que implicou novas guerras que acabavam arrasando os reinos ibéricos.

À existência do *Pacto de Família,* unindo os Bourbon reinantes na *França e na Espanha*, contrapunha-se o crescente poderio econômico, naval e colonial inglês. Portugal, vinculado economicamente à Inglaterra, viu-se, então, colocado em campo oposto à Espanha, o que era complicado pelas disputas coloniais a respeito do controle de territórios no sul do Brasil e região platina.

Apesar da conclusão do Tratado do El Pardo, permaneceram tensas as relações diplomáticas entre os reinos ibéricos.

> "Ocorrendo a Guerra dos Sete Anos (1756-1763) em que Portugal e Espanha se colocaram em campos opostos, os espanhóis tomaram a Colônia do Sacramento e ocuparam parte do Rio Grande do Sul."
> (ALBUQUERQUE, MANOEL MAURÍCIO, *op. cit.*, pág. 205.)

No entanto, o Tratado de Paris (1763), concluído com o fim da Guerra dos Sete Anos, determinara que as colônias portuguesas na América ocupadas pelos espanhóis deveriam ser restituídas ao governo de Lisboa. Em conseqüência, Portugal recebeu os territórios que os espanhóis haviam dominado.

Novo conflito explodiu com a Guerra da Independência das Treze Colônias Inglesas na América do Norte (1776-1783). Enfrentando os norte-americanos, a França, a Espanha e a Liga de Neutralidade Armada, a coroa britânica não teve condições de apoiar Portugal contra a agressividade do governo de Madri.

Em conjuntura favorável, os espanhóis atacaram a ilha de Santa Catarina, ocuparam a colônia do Sacramento e invadiram terras do atual Mato Grosso do Sul.

Para agravar ainda mais os problemas, ocorreu em Portugal a chamada *Viradeira*.

E o que foi a *Viradeira*? Uma profunda alteração no poder e nas diretrizes políticas de Portugal. Com a morte de D. José I, subiu ao trono D. Maria I (1777), que, representando os setores tradicionais, demitiu o marquês de Pombal.

Tudo isto explica a celebração do *Tratado de Santo Ildefonso* (1777), determinando ficarem a colônia do Sacramento e os Sete Povos das Missões com a Espanha. Em troca, a ilha de Santa Catarina e a maior parte dos territórios do atual Rio Grande do Sul pertenceriam a Portugal.

F) MAIS OUTRA MODIFICAÇÃO NAS FRONTEIRAS DO SUL DO BRASIL

Em 1789 começou a Revolução Francesa, cuja evolução implicou significativas modificações não só na França, mas também na política internacional.

Novamente Portugal e Espanha entraram em guerra na Europa: o primeiro mantendo tradicional aliança com a Inglaterra, ao passo que o segundo aliou-se à França. A notícia da chamada *Guerra das Laranjas* — porque o principal combate se deu em Laranjal — provocou, na América, a invasão e conquista pelos luso-brasileiros dos Sete Povos das Missões.

Como o Tratado de Badajós (1801), que pôs fim ao conflito hispano-português, foi omisso quanto às terras conquistadas durante a Guerra das Laranjas, os Sete Povos das Missões permaneceram incorporados ao então Rio Grande de São Pedro.

Desse modo, ao começar o século XIX, o Brasil, *grosso modo*, possuía as fronteiras que tem hoje, a não ser pela conquista do Acre à Bolívia e pequenas alterações de limites ocorridas no decorrer do Império e da República.

Contudo, isto já constitui outra história.

CAPÍTULO 9

A Igreja Católica, a religiosidade e a criação

9.1 . A IGREJA E A COLONIZAÇÃO

Durante todo o *ciclo das navegações* a Igreja Católica acompanhou e legitimou as incursões européias, promovendo a luta contra os inimigos da cristandade e incentivando a dilatação da fé. Já tratamos da importância da Igreja em alguns dos momentos cruciais da expansão ultramarina portuguesa. Entretanto, para além das determinações papais, a presença de sacerdotes era fundamental nas próprias embarcações, já que a religiosidade estava fortemente presente no universo dos marinheiros.

A confissão, por exemplo, era uma prática quase obrigatória antes de cada viagem. A bordo, o capelão celebrava missas — sábados, domingos, dias santos — e adquiria a velha função de *médico das almas*, imprescindível para o equilíbrio emocional dos marinheiros. Na verdade, muitos sacerdotes acabavam atuando como enfermeiros quando o número de doentes era muito grande.

A imagem das forças maléficas que cercavam as práticas náuticas alcançava intensidade bem expressiva, não só entre marinheiros incultos.

Os religiosos, portanto, eram elementos fundamentais para lidar com o dia-a-dia no mar e todas as suas incertezas.

Os sacerdotes também tinham outras funções a bordo, como, por exemplo, vigiar os *tipos proibidos* de lazer. A prática do jogo — dados e cartas — não era bem-vista pelos religiosos, embora mesmo assim se desenvolvesse. Muitas vezes, os jogadores chegavam a ser duramente castigados. As prostitutas, quando embarcadas, tornavam-se motivos de inúmeros problemas, sendo constantemente censuradas pelo zelo religioso, preocupado em manter — sem muito sucesso — um clima de castidade a bordo. Em alguns casos, as mulheres suspeitas eram isoladas ou mesmo desembarcadas.

As leituras proibidas — *livros desonestos* — também eram preocupação constante, uma vez que poderiam desvirtuar os marujos. A blasfêmia, hábito muito comum entre os marinheiros, era prática severamente controlada pelos sacerdotes. Na verdade, este hábito deve-se à tentativa de aproximar o Cristo, a Virgem e os Santos do cotidiano angustiante de uma longa viagem, e não à negação da religião cristã, como muitos clérigos acreditavam.

A viagem atlântica acabava gerando um ciclo de festas todo próprio, em especial a comemoração da ultrapassagem da linha do equador e de outros pontos onde a superstição ainda imperava. Além destes eventos, o próprio calendário oficial cristão era oportunidade para sair da monotonia. Festa religiosa e profana se intercalavam, confundiam-se, gerando uma preocupação especial por parte dos clérigos, ciosos de suas atribuições moralizantes.

A Reforma Católica, ou Contra-Reforma, vinculou-se aos efeitos gerados pelo avanço do protestantismo, mas não se limitou a ser uma resposta às novas posições religiosas. A introdução do Catolicismo no Novo Mundo, ponto alto do movimento católico, não era uma luta contra os protestantes, apesar de ter sido, como outras *produções* da Igreja Católica da época, incentivado por ela.

Neste contexto, o Concílio de Trento foi idealizado como forma da Igreja Católica reafirmar seus dogmas, esclarecer as dúvidas existentes e revisar as questões normativas, consideradas fundamentais. A cidade de Trento fora escolhida em função de sua especificidade geopolítica: cidade italiana, *fidelíssima* à Cúria Romana, entretanto localizada nas terras do Sacro Império Romano Germânico.

A catequese e o zelo missionário passariam a ser pontos essenciais da Igreja Católica, ganhando uma projeção ainda mais destacada em Portugal e Espanha, em função dos próprios processos históricos destes países e de suas *realidades imperiais*. O padre Antônio Vieira sintetizaria a questão, ressaltando a excelência da vocação missionária portuguesa:

> "Os outros homens, por intuição divina têm só obrigação de ser católicos: o português tem obrigação de ser católico e de ser apostólico. Os outros cristãos têm obrigação de crer a fé: o português tem obrigação de a crer e mais de a propagar."

Aliás, desde o início da expansão marítima os portugueses procuravam converter os povos *descobertos*, considerando o processo expansionista uma forma de compromisso religioso.

Dentro desta perspectiva, não é surpresa perceber como muitos autores do período colonial, até mesmo leigos, atribuíram à realização divina a chegada ao Brasil. Não podemos esquecer que a primeira impressão que os europeus tiveram do Novo Mundo foi a de uma *visão do paraíso*. Assim, a catequese seria um desdobramento da vontade superior a ser seguida pelos homens.

A ação colonizadora portuguesa no Brasil coincidiu com este contexto marcado pelas tendências da contra-reforma. Enquanto o Concílio de Trento definia suas normas, os jesuítas chegaram às terras brasileiras, com o primeiro governador-geral. Um pouco depois criou-se um bispado em Salvador. O alvará de 12 setembro de 1564, referendado pela coroa portuguesa, *encampava* as determinações do Concílio de Trento e estipulava sua aplicação no país.

É importante frisar que, se o *espírito religioso* marcante na colonização portuguesa foi produto da Igreja pós-tridentina, muitas das determinações normativas do concílio nem sempre foram adotadas integralmente no Brasil. Não foi fácil a observância, na colônia, das determinações conciliares, em função do desregramento do clero secular e da própria dificuldade dos colonos em lidar com o delicado equilíbrio entre fé e vida. Muitos missionários conscienciosos perceberam isso com muita clareza, adotando uma postura híbrida, misto de pragmatismo e plasticidade diante da diversidade religiosa do Brasil.

Além disso, é fundamental para compreender a inserção da Igreja colonial no contexto da Contra-Reforma caracterizar os limites dados pelo sistema de padroado vigente em Portugal, responsável por inúmeras particularidades na relação entre os clérigos, o monarca e a Cúria Romana.

Podemos citar, como ponto de tensão entre os propósitos do Concílio de Trento e a *realidade tropical*, o caso dos bispos *brasileiros*, já que não era muito comum sua permanência na diocese, o que contrastava violentamente com as determinações tridentinas. Quando isso era obedecido, surgiam outros problemas, ligados aos padroado.

9.1.2 . OS JESUÍTAS

De todas as ordens religiosas que atuaram no Brasil, não resta dúvida de que foi a dos jesuítas a mais importante. A Companhia de Jesus esteve presente no desenrolar da colonização, atuando nos mais diversos campos, não só naqueles ligados à catequese e à educação. Membros da companhia estiveram presentes na fundação das mais importantes cidades coloniais. Além disso, o comprometimento da ordem com uma vasta produção literária, gramática e artística (escultura, música, arquitetura e pintura) foi um dos aspectos marcantes da cultura colonial. Também foram jesuítas alguns dos principais *teóricos* do período, assim como alguns dos homens que *gravitaram* em torno do poder, influenciando diretamente os monarcas portugueses.

É muito comum apresentar-se a Companhia de Jesus como um suporte ideológico para a legitimação da colonização, não considerando seus projetos particulares, muitas vezes antagônicos aos propósitos do Estado e dos colonos.

A primeira leva de jesuítas que chegou ao Brasil vinha sob o comando do padre Manoel da Nóbrega e logo desenvolveu enormes expectativas quanto à catequese. Nas cartas trocadas entre os membros da Companhia de Jesus admitia-se uma inclinação dos indígenas à fé cristã, pois *mostravam interesse pela doutrina, repetiam as palavras e os rituais do culto.* Nóbrega considerou o indígena uma página em branco e chegou a declarar otimista: "*Essa terra é nossa empresa!*" Em 1553, o próprio Inácio de Loiola elevou o Brasil à categoria de província. Assim, uma vez que o índio brasileiro era um cristão em potencial, bastariam a dedicação e o zelo dos religiosos para afastá-los de suas *práticas bestiais* e introduzi-los na verdadeira fé.

A postura dos jesuítas perante os índios foi ganhando novos matizes à medida que se percebia não serem os nativos desprovidos de religiosidade. Contudo, a conversão ao cristianismo, aparentemente tão fácil, era artificial e simplesmente repetitiva. Nóbrega expôs alguns destes problemas em sua obra, *Diálogo sobre a conversão do gentio*, redigida por volta de 1557. Neste escrito, o jesuíta definiu uma estratégia para a catequese, considerada bem mais complexa do que parecia inicialmente, uma vez que o simples diálogo não era suficiente para a conversão. Para ele, só a vigorosa repressão aos costumes mais perniciosos e a concentração em aldeamentos administrados por jesuítas poderiam salvar os índios do estado em que se encontravam.

> "A transferência dos índios (para os aldeamentos) se realizaria por meio de guerras. Os ataques portugueses promoveriam a destruição total das comunidades e a conseqüente perda de autonomia dos silvícolas. Desse modo, os 'selvagens' tornar-se-iam carentes e prontos a aprender as coisas da fé." (RAMINELLI, RONALD, *op. cit.*, pág. 73.)

Os projetos de Nóbrega não eram fáceis de ser materializados. O projeto jesuítico teria um fortíssimo rival nos colonos, que tinham *outros planos* para os indígenas. Pura e simplesmente, visavam sua escravização, pois os consideravam seres inferiores. Por diversos momentos esses intentos entraram em choque, com resultados finais diferenciados, geralmente arbitrados pela coroa. Em 1640, os atritos foram sérios na região de São Paulo. Um pouco mais tarde, o mesmo ocorreu no Maranhão. Percebe-se, portanto, que a *missão jesuítica* era grandiosa, esbarrando em inúmeras barreiras. Além dos percalços da evangelização, a Companhia de Jesus tinha de enfrentar os interesses escravistas e, muitas vezes, a rivalidade de outras ordens. Diante de tantos obstáculos, poderíamos perguntar como os jesuítas conseguiram tantas de suas conquistas. Dois pontos devem ser ressaltados: a base material adquirida pela Companhia de Jesus e a estratégia evangelizadora adotada.

A Companhia de Jesus conquistou apoio material excepcional, apresentando-se à coroa, desde o início da colonização, como dotada de certa superioridade e, portanto, como a mais importante responsável pela catequese e pelo bom andamento da religiosidade colonial.

> "A relativa superioridade dos Jesuítas, onde ela existia, é fácil de explicar. Eram mais rigorosos com os noviços, que tinham um período de ensino mais longo e estavam dispostos a recusar aqueles que não atingissem o nível desejado. O seu sistema educativo era justamente admirado por amigos e inimigos, pelo menos até o princípio do século XVIII. Por isso, conseguiram atrair para suas escolas e colégios os melhores e os mais brilhantes pupilos, principalmente no Império Português, onde a sua influência, poder e prestígio era ainda maior do que em Espanha (...)." (BOXER, C. R, *A Igreja e a expansão ibérica (1440-1770)*, Lisboa, Edições 70, s/d., pág. 91.)

Quando de sua chegada ao Brasil, Nóbrega criticou duramente a licenciosidade do clero secular. Por isso, nesse sentido, sugeriu a criação de um bispado, instituído em seguida. Paralelamente, além *da virtude e da boa moral,* os jesuítas conseguiram criar respeitável patrimônio, suporte indispensável para as ações religiosas, através de diversos expedientes:

- receberam sesmarias da coroa, como outras ordens;
- as rendas do Estado destinadas às questões religiosas privilegiavam os jesuítas. No final do século XVI, a coroa gastava com os três colégios jesuíticos o mesmo consumido com toda a estrutura do clero secular. Isso pode ser explicado a partir do seguinte dado: o Colégio da Bahia, a partir de 1564, passou a ter o direito à redízima, descontada de todos os dízimos e direitos da coroa. Entretanto, no decorrer do século XVI, o benefício acabou sendo estendido a outros colégios;
- receberam, ainda, privilegiadas concessões régias;
- desenvolveram atividades de crédito e até mesmo o tráfico de escravos;
- integrou-se ao sistema produtivo agroextrativo, produzindo para o mercado e utilizando como mão-de-obra índios missionados e mão-de-obra escrava dos africanos.

O ensino jesuítico — público e gratuito — baseava-se nas normas definidas pelo Colégio de Évora e na *Ratio Studiorum*, método pedagógico, administrativo e curricular desenvolvido pelo saber jesuítico no final do século XVI. Dividido em duas seções, inferior e superior, o currículo não primava pela *praticidade*, priorizando o aspecto literário e retórico, além da ênfase ao latim, ao grego e ao vernáculo. Talvez por isso o *perfil de aluno* que freqüentava os colégios jesuíticos fosse, principalmente, o do candidato ao ingresso na ordem. O método usual de aprendizado era calcado na disciplina férrea e na repetição incessante de conteúdos. Alguns momentos da prática educacional jesuítica deixaram marcas profundas no processo pedagógico brasileiro — e no *imaginário dos estudantes* — por muito tempo. A sabatina, por exemplo, transformava-se em momento de tensão para os alunos, ritualizando a prova de conhecimento. O espírito repressor do ensino pode ser detectado em suas regras básicas, como:

> "Os [professores de Filosofia] que forem inclinados a novidades ou demasiadamente livres em suas opiniões deverão, sem hesitações, ser afastados do magistério.
>
> *Livros que se devem dar aos estudantes* — Nas mãos dos estudantes de Teologia e Filosofia não ponham todos os livros mas somente alguns, aconselhados pelos professores com o conhecimento do Reitor: a saber, além da Suma de Santo Tomás para os teólogos e de Aristóteles para os filósofos, um comentário para consulta particular. Todos os teólogos devem ter (...) um exemplar da Bíblia, cuja leitura lhes deve ser familiar.
>
> *Evite-se a novidade de opiniões* — Ainda em assuntos que não apresentem perigo algum para a fé e a piedade, ninguém introduza questões novas em matéria de certa importância, nem opiniões não abonadas por nenhum autor idôneo, sem consultar os superiores; nem ensine coisa alguma contra os princípios fundamentais dos doutores e o sentir comum das escolas. Sigam todos de preferência os mestres aprovados e as doutrinas que, pela experiência dos anos, são mais adotadas nas escolas católicas. (MARTINS, WILSON, *História da inteligência brasileira*, Volume 1 *(1550-1794)*, 4ª edição, São Paulo, T. A. Queiroz Editor, 1992, págs. 26 e 27.)

Durante seis anos (classe inferior) estudava-se retórica, humanidades e gramática. Em seguida, em mais três anos (classe superior), estudava-se filosofia — expressão utilizada para a abrangência da lógica, moral, física, matemática e metafísica — sempre condicionada à teologia. Muitos dos colégios jesuíticos também possuíam cursos de artes.

Os jesuítas, estendendo uma rede de colégios — que no século XVIII chegavam a 21 estabelecimentos —, praticamente monopolizaram a educação no período colonial. Os primeiros colégios jesuíticos a serem fundados no Brasil foram os de Salvador, São Vicente, Espírito Santo, São Paulo e Rio de Janeiro. Além dos colégios, os jesuítas controlavam escolas, denominadas *escolas de ler, escrever e contar*, freqüentadas por indígenas e por filhos de brasileiros e de portugueses, não interessados em ingressar na Ordem.

As atuações evangelizadoras dos *primeiros jesuítas brasileiros* estavam imersas em uma visão bem particular da América, antagônica com as impressões dos primeiros viajantes. Assiste-se, nesse momento, à desconstrução do mito paradisíaco e a dura *realidade do inferno americano*. Um dos seus difusores foi o padre Acosta, missionário na América espanhola, responsável pela teoria de que Satã escondera-se no Novo Mundo quando Cristo começou sua pregação na Terra. Suas idéias assumiram grande projeção entre colonos e religiosos que vivenciaram os rigores da colonização. A própria Natureza, antes encarada como prova da edenização da Terra, passou a ser vista como um emaranhado de armadilhas diabólicas, espaço privilegiado para a ocultação das forças maléficas.

Admitia-se até a existência de uma *Igreja diabólica*, localizada nas terras americanas. Logo difundiu-se o tema de uma corte infernal, formada pelos indígenas. A idéia central desta representação foi compartilhada também por leigos, como Jean de Léry.

Entretanto, no Brasil, algumas dessas teorias ganharam contornos mais específicos. Na América espanhola, enquanto prática de combate ao Demônio, os religiosos repudiavam com mais ênfase as idolatrias e os sacrifícios. No Brasil, deu-se muita atenção às guerras indígenas, porém, consideradas, mais seriamente, como práticas bestiais, o incesto e, principalmente, o canibalismo. Os jesuítas voltaram-se contra elas, considerando sua superação passo fundamental para a vitória sobre as forças do mal.

A antropofagia americana recebeu atenção de muitos viajantes e humanistas europeus. Montaigne foi um dos que se dedicou ao tema, aliás de forma original, contrastando com a visão geral de prática bárbara. Juntamente com alguns náufragos e degredados — o que se chamou brilhantemente de *colonização acidental* —, os jesuítas talvez tenham sido os primeiros a descrever mais minuciosamente o ritual antropofágico. Nóbrega já o apontava em um dos seus textos iniciais, redigido poucos meses após sua chegada à colônia, *Informação das terras do Brasil*:

> "Quando cativam algum, trazem-no com grande festa com uma corda pela garganta e dão-lhe por mulher a filha do principal ou qual outra que mais o contente e põem-no a cevar como porco, até que o hajam de matar (...) E morto, cortam-lhe o dedo polegar porque com ele tirava as frechas, e os demais fazem em postas para comer assado ou cozido."

Durante o processo da catequese, os jesuítas *trataram de convencer* os indígenas de que qualquer ritual que invocasse os mortos poderia trazer forças malignas. As autoridades leigas agiram de outra forma: os governadores-gerais inauguraram a prática de punir as tribos antropófagas, primeiro com a destruição, depois com a escravidão. Os colonos, interessados na escravidão, muitas vezes incentivavam as guerras tribais, promovendo, por tabela, a vingança antropofágica.

Até bem pouco tempo atrás, era muito comum a interpretação simplista da antropofagia indígena como uma forma ritualizada de captar as forças do inimigo. Graças ao trabalho do sociólogo Florestan Fernandes — *A função social da guerra na sociedade tupinambá* —, sabemos o quanto a guerra e o ritual antropofágico eram importantes para a manutenção da cosmologia indígena, assim como eram responsáveis pelos mecanismos de reprodução social.

O processo de catequese jesuítico no Brasil adquiriu, no decorrer do tempo, uma peculiaridade que pode ser comparada — apesar das condições bem diferentes — com a missão da Companhia no Oriente. Nos dois casos, *para se obter algum sucesso*, era necessário partir para a evangelização com conhecimentos da outra cultura, ali penetrando (pelo menos em um momento inicial) sem proselitismo ou intolerância. Os mais sensíveis jesuítas perceberiam rapidamente que, para converter o *outro*, era necessário também passar por uma espécie de conversão.

Nesse sentido, no Brasil quinhentista, destacou-se José de Anchieta por sua ação evangelizadora original, permeada por uma série de concessões e adaptações, de acordo com o seu público.

Isto fica evidente a partir da linguagem e dos temas por ele propostos na encenação da peça, durante o contexto da luta com os franceses no Rio de Janeiro, *Auto representado na festa de São Lourenço*, tendo como tema de fundo a luta entre o bem e o mal. No trecho a seguir, o Diabo incita as práticas maléficas, repudiando a catequese e apresentando-se como guardião da aldeia:

> "Molestam-me os virtuosos / irritando-me muitíssimo / os seus novos hábitos / Quem os terá trazido / para prejudicar nossa terra? / Eu somente / nessa aldeia estou / como seu guardião, / fazendo-a seguir as minhas leis / Daqui vou longe / visitar outras aldeias. / Quem sou eu? / Eu sou o conceituado / sou o diabão assado, / Guaixará chamado, / por aí afamado
>
> ....
>
> De enfurecer-se, andar matando, / comer um ao outro, prender tapuias, / amancebar-se, ser desonesto, / espião adúltero, / não quero que o gentio deixe / Para isso/ convivo com os índios, / induzindo-os a acreditarem em mim. / Vêm inutilmente afastar-me / os tais padres agora,/ apregoando a lei de Deus."

Pode-se perguntar, antes de tudo, como os índios poderiam entender a linguagem jesuítica e, principalmente, os valores cristãos do poema, como a figura de um *diabão*?

> "No caso luso-brasileiro, a ponte entre a vida simbólica dos tupis e o Cristianismo acabou-se fazendo graças ao caráter mais sensível, mais dúctil e mais terrenal do Catolicismo português se comparado com o Puritanismo inglês ou holandês dominante nas

colônias da Nova Inglaterra. A devoção popular ibérica não dispensava o recurso às imagens; antes, multiplicava-as. Por outro lado, valia-se muitíssimo das figuras medianeiras entre o fiel e a divindade, como os anjos bons e os santos, os quais são almas de mortos que intercedem pelos vivos." (BOSI, ALFREDO, *Dialética da colonização*, São Paulo, Companhia das Letras, 1992, pág. 72.)

Anchieta criou homologias bem assimiláveis, formando nova representação do sagrado, o que o próprio Bosi chamou de mitologia paralela: o Deus cristão correspondeu a *Tupã*; Igreja transformou-se em *tupãóka*, casa de Tupã; Alma correspondeu a *anga*, equivalente a sombra ou a espíritos antepassados; finalmente, Demônio, foi traduzido por *anhanga*, correspondente aos espíritos errantes e perigosos.

Anchieta chegou a publicar uma gramática tupi — *Arte de gramática da língua mais usada na costa do Brasil* —, além de ser considerado o primeiro poeta lírico-religioso da colônia, ou, mais amplamente, primeiro intelectual militante do Brasil.

Como muitos outros religiosos de seu tempo, Anchieta alternou uma visão do índio como vítima das forças malignas existentes no Brasil com a visão antagônica do indígena cúmplice destas mesmas forças. Geralmente, as tribos aliadas representavam — e eram enquadradas — no primeiro caso, e as tribos inimigas no segundo. A conhecida observação de que os índios não pronunciavam as letras F, L e R (correspondentes a fé, lei e rei) era utilizada para legitimar ambas as visões.

Em carta ao superior Diego Laines, datada de abril de 1563, Anchieta chegou a escrever como agir com uma tribo que *não se deixava batizar*: "para esta espécie de gente não há melhor maneira de pregar do que com a espada e a vara de ferro." Não por acaso, os jesuítas se autoproclamaram soldados de Cristo.

Como os aldeamentos litorâneos não foram bem-sucedidos, no final do século XVI, os objetivos jesuíticos concretizaram-se na formação de aldeamentos no sertão, chamados missões, reduções ou aldeias. A razão da formação de aldeamentos no interior ligou-se a diversos motivos: era uma forma de fugir dos colonos escravistas; o contato com os brancos provocava, além dos *maus costumes*, grande mortandade dos índios em

A Inquisição portuguesa, criada em 1536, no reinado de D. João III, assumiu posições bem particulares. O *réu modelo* dos tribunais inquisitoriais portugueses — assim como na Espanha — foi o cristão-novo, judeu obrigatoriamente convertido e, por isso, para as autoridades inquisitoriais, suspeito em potencial de trair o cristianismo.

Na Espanha, em 1492, seguindo o curso da centralização política e da unificação territorial, foi imposto aos judeus o seguinte dilema: o batismo ou o exílio. Quem não quisesse se converter seria expulso, sendo que, nesse momento, muitos judeus emigraram para o reino português. Em Portugal, o mesmo processo ocorreu alguns anos mais tarde, em 1497, sendo denominado de *batismo forçado*. O decreto da grande expulsão, estabelecido pelo rei D. Manuel, foi um compromisso assumido com os próprios Reis Católicos em função do seu casamento com uma princesa espanhola, o que lhe garantiria a posição de herdeiro do trono de Aragão e Castela.

Mediante as pressões estatais, muitos judeus residentes em Portugal transferiram-se, principalmente, para a Holanda. Apesar do prazo dilatado dado pelo rei D. Manuel, dez meses, mais que o dobro concedido pelos Reis Católicos, não era tão fácil deixar Portugal: a única fronteira terrestre estava fechada e só o porto de Lisboa foi autorizado a permitir o êxodo, com a clara intenção de dificultar o embarque. Não seria correto, portanto, encarar esta decisão real como uma *opção* dada aos judeus. Se alguns conseguiram sair do país, entretanto, a maioria esmagadora permaneceu no reino. Encerrado o prazo, os que ficaram foram chamados de cristãos-novos e, se *teimassem em reeditar sua antigas práticas religiosas*, eram considerados traidores da religião e do rei.

A instalação da Inquisição em Portugal, portanto, vinculou-se à necessidade imediata de vigiar os cristãos-novos: alegava-se (a influência espanhola foi muito forte) que estes não eram cristãos de fato. O processo de centralização política em curso foi fundamental para o estabelecimento do tribunal na Península Ibérica: devidamente controlado pelo Estado, poderia proporcionar mais uma fonte de poder ao monarcas.

Admite-se que o cristão-novo, em Portugal, era homem ligado ao comércio e às finanças, na maior parte dos casos, muito rico. Esta impressão é enganosa porque abarca apenas parte reduzida do amplo leque de atividades em que estavam envolvidos os cristãos-novos. Tradicional-

mo tempo em que favorecia rendimentos materiais apreciáveis para a Companhia de Jesus.

Nas missões, mesmo alguns momentos de lazer eram utilizados pelos jesuítas para o processo de catequese. A *música*, por exemplo, era um elemento muito importante da pedagogia jesuítica. Em um primeiro momento, mesclavam-se os instrumentos indígenas com os europeus. A partir daí, ocorreu um processo de seleção, onde alguns dos instrumentos indígenas — principalmente os de percussão — perderam espaço. Dentre os que se destacaram, merecem menção os instrumentos de sopro, que vinham perdendo influência na Europa da Contra-Reforma para os instrumentos de corda, considerados mais suaves e menos propensos a acalentar as perigosas paixões humanas

Foi o canto, entretanto, que ganhou projeção toda especial dentro da *estratégia musical* jesuítica. Já em 1549, logo que chegaram ao Brasil, os jesuítas introduziram o canto gregoriano em latim e tupi. Em breve surgiram os *nheengaribas*, meninos músicos que viajavam com os missioná rios. Muitas vezes — como mostrou o filme *A Missão*, de Roland Joffé — a musicalidade era utilizada pelos jesuítas como prova da vocação cristã — e *humana* — dos nativos.

Um dos grandes núcleos missionários na América situou-se em áreas no sul do Brasil (atuais estados do Rio Grande do Sul e do Mato Grosso do Sul) e em terras dos atuais Uruguai e Paraguai. Nestas regiões, a atuação do jesuítas espanhóis foi muito intensa. Pela concentração indígena existente, estas missões sofreram violentamente com os ataques dos apresadores de índios: muitas chegaram a ser remanejadas; outras, destruídas, como nos casos das missões de Tape, Guairá e Itatim.

A Amazônia transformou-se também em grande foco missionário, tendo várias ordens religiosas atuando na região. Os jesuítas aproveitaram economicamente o trabalho indígena no extrativismo das drogas do sertão. Nesta região, os aldeamentos também foram atacados por apresadores interessados em escravizar o indígena. Merece destaque a atuação do padre Antônio Vieira, um dos mais importantes nomes não só da Companhia de Jesus, mas de todo o mundo luso-brasileiro, no século XVII.

Dono de retórica inexpugnável, Vieira teve uma carreira fascinante: pregando na colônia, influenciando decisões reais, tocando em temas proibidos, agindo diplomaticamente, palestrando em Roma, produzindo vastíssima obra escrita, enfrentando a Inquisição, enfim, vivendo, nem sempre com sucesso, as exigências e as tensões de um Império em crise e de uma Igreja em *erupção*.

Uma de suas mais expressivas vitórias foi a criação da Companhia Geral de Comércio do Brasil, nos moldes das companhias da Holanda e da Inglaterra.

A trajetória de Vieira no Brasil foi significativa. Graças a sua influência junto ao rei D. João IV, Vieira obteve concessão que garantia o monopólio da Companhia de Jesus sobre os indígenas no Estado do Maranhão. Entretanto, a obstinada resistência dos colonos resultou na expulsão dos jesuítas da região, em 1661. Mesmo tendo os jesuítas depois regressado à área, o episódio demonstrou a complexidade e a violência da questão.

A Companhia de Jesus enfrentou sua mais expressiva crise na segunda metade do século XVIII, durante a *Era Pombalina*. Objetivando a racionalização e a centralização administrativa, Pombal atacou a autonomia das ordens religiosas, atingindo não só os jesuítas como também os mercedários, ordem bastante ativa na Amazônia. A expulsão dos jesuítas de Portugal e das colônias ocorreu após a tentativa de assassinato do rei D. José I, em 1758, quando alguns integrantes da ordem foram acusados de envolvimento com o incidente. O alvará real de 21 de julho de 1759 decretou a prisão e a expulsão dos jesuítas do Brasil. Nas áreas missionárias do Sul do Brasil foi necessária uma força militar de grandes proporções para concretizar as decisões pombalinas, uma vez que os jesuítas resistiam — com apoio indígena — às decisões metropolitanas. O sistema educacional da colônia sofreu uma reestruturação, aliás deficitária, enquanto os índios passaram para o controle secular.

As propriedades jesuíticas, que muito interessavam a elementos da elite colonial, foram expropriadas e leiloadas. Passaram a ser proibidas as comunicações entre jesuítas e portugueses, e queimadas determinadas obras consideradas *malignas*, como os textos do padre Antônio Vieira.

Em contrapartida, muitos portugueses foram expulsos de Roma, enquanto o papa considerava Pombal o mais despótico ministro de todos os tempos. Durante nove anos a relação entre Portugal e a Cúria Romana ficou seriamente abalada.

"(...) foi o conflito com Pombal que deu início ao processo que levaria ao fim dos jesuítas. Eles encontraram uma pessoa capaz de lhes fazer frente em um Ministro poderoso e implacável, que não tolerava dissidências, para quem a *raison d'état* era a política suprema e que não hesitou em agir quando desafiado. Que a disputa em Portugal tenha servido como catalisador para a expulsão dos jesuítas da Espanha e, mais tarde, da França, deveu-se muito, claro está, à receptividade às ações de Pombal pela opinião européia esclarecida, à complexidade da política da Igreja e à aquiescência diplomática dos monarcas católicos. Mas por si só a opinião européia não teria sido necessariamente suficiente para destruir uma Ordem religiosa tão poderosa como a dos jesuítas. Os monarcas católicos foram rápidos em seguir o exemplo de Portugal, é certo, mas não se sabe se algum deles teria agido dessa forma se Portugal não o fizesse primeiro." (MAXWELL, KENNETH, *Marquês de Pombal, paradoxo do Iluminismo*, Rio de Janeiro, Editora Paz e Terra, 1996, pág. 94.)

9.1.3 . A INQUISIÇÃO

A Inquisição foi criada, no século XIII, pelo papa Gregório IX, em função do crescimento das heresias, principalmente a dos cátaros no Sul da França. Concebida como tribunal religioso, a princípio a cargo dos dominicanos, sua missão era investigar aqueles que transgrediam os dogmas religiosos e morais do cristianismo. Uma vez identificada a transgressão, o tribunal inquisitorial entregava o réu à justiça civil, responsável pela execução da pena.

Na Idade Moderna ressurgiram tribunais nos moldes das instituições medievais. Foi com a contra-reforma que as *práticas inquisitoriais* assumiram postura muito mais repressora e amplitude muito mais considerável. Entretanto, as *práticas inquisitoriais*, inscritas secularmente na pedagogia cristã, não estiveram restritas aos países católicos, impregnados pelo espírito contra-reformista. São bastante conhecidos os casos de feitiçaria na França, Inglaterra e reinos protestantes alemães, além da própria postura repressiva do consistório calvinista, em Genebra.

A Inquisição portuguesa, criada em 1536, no reinado de D. João III, assumiu posições bem particulares. O *réu modelo* dos tribunais inquisitoriais portugueses — assim como na Espanha — foi o cristão-novo, judeu obrigatoriamente convertido e, por isso, para as autoridades inquisitoriais, suspeito em potencial de trair o cristianismo.

Na Espanha, em 1492, seguindo o curso da centralização política e da unificação territorial, foi imposto aos judeus o seguinte dilema: o batismo ou o exílio. Quem não quisesse se converter seria expulso, sendo que, nesse momento, muitos judeus emigraram para o reino português. Em Portugal, o mesmo processo ocorreu alguns anos mais tarde, em 1497, sendo denominado de *batismo forçado*. O decreto da grande expulsão, estabelecido pelo rei D. Manuel, foi um compromisso assumido com os próprios Reis Católicos em função do seu casamento com uma princesa espanhola, o que lhe garantiria a posição de herdeiro do trono de Aragão e Castela.

Mediante as pressões estatais, muitos judeus residentes em Portugal transferiram-se, principalmente, para a Holanda. Apesar do prazo dilatado dado pelo rei D. Manuel, dez meses, mais que o dobro concedido pelos Reis Católicos, não era tão fácil deixar Portugal: a única fronteira terrestre estava fechada e só o porto de Lisboa foi autorizado a permitir o êxodo, com a clara intenção de dificultar o embarque. Não seria correto, portanto, encarar esta decisão real como uma *opção* dada aos judeus. Se alguns conseguiram sair do país, entretanto, a maioria esmagadora permaneceu no reino. Encerrado o prazo, os que ficaram foram chamados de cristãos-novos e, se *teimassem em reeditar sua antigas práticas religiosas*, eram considerados traidores da religião e do rei.

A instalação da Inquisição em Portugal, portanto, vinculou-se à necessidade imediata de vigiar os cristãos-novos: alegava-se (a influência espanhola foi muito forte) que estes não eram cristãos de fato. O processo de centralização política em curso foi fundamental para o estabelecimento do tribunal na Península Ibérica: devidamente controlado pelo Estado, poderia proporcionar mais uma fonte de poder ao monarcas.

Admite-se que o cristão-novo, em Portugal, era homem ligado ao comércio e às finanças, na maior parte dos casos, muito rico. Esta impressão é enganosa porque abarca apenas parte reduzida do amplo leque de atividades em que estavam envolvidos os cristãos-novos. Tradicionalmente, muitos judeus, na Península Ibérica, estavam ligados diretamente com a produção e com ofícios manuais. No caso português, destacavam-se os ferreiros, alfaiates e sapateiros.

Os cristãos-novos, ligados ao comércio e à prática financeira, assumiram papel econômico fundamental em Portugal na Idade Moderna, inclusive nas articulações mercantis com o ultramar. Esses elementos eram alvos dos inquisidores pela *impureza* que representavam, pois pouco adiantara a *conversão forçada*, uma vez que os preconceitos existentes em relação aos judeus permaneceram. A prática judaizante, se acusada, verídica ou não, possibilitava rendimentos materiais que podiam ser adquiridos pelo tribunal.

Nesse sentido, a Inquisição prejudicava os plenos negócios da burguesia cristã-nova, limitando seus rendimentos, tolhendo suas iniciativas e vigiando seus passos, o que contribuía para a saída de muitos *homens de negócio* (também chamados de gente da nação) do reino português. Neste contexto, muitos cristãos-novos se transferiram para o Brasil.

O método de ação da Inquisição portuguesa comportava diversas fases. Quanto aos tipos de crimes, eram divididos em crimes contra a fé, considerados mais graves (judaizar, criticar os dogmas etc.) e crimes contra os costumes e a moral (bigamia, sodomia, bestialidade etc.).

- *A denúncia* — O início do processo inquisitorial baseava-se em uma denúncia, que podia ser anônima. A credibilidade do denunciante ficava a cargo dos inquisidores e o acusado não podia saber quem o denunciara, nem o tipo de crime de que era acusado.
- *A prisão* — Caso a denúncia fosse considerada legítima, os funcionários da Inquisição encarceravam o acusado e vedavam o acesso a sua casa, procedimento que geralmente antecedia o confisco dos bens.
- *O interrogatório* — Os inquisidores interrogavam o réu, visando não só a confissão, mas também novas denúncias, que pudessem implicar outros culpados. Não por acaso considerou-se a Inquisição uma *fábrica de judeus*. As sessões de tortura, *ao arbítrio do inquisidor*, eram aplicadas com o fim de extrair uma confissão completa, tudo aquilo que os juízes queriam ouvir. A prática da tortura não era exclusiva da Inquisição, sendo procedimento comum na justiça civil na Europa Moderna, tendo remotas ligações com os ordálios medievais, vinculando a inocência ou a

culpa do réu ao suplício físico. Na Inquisição portuguesa, dois tipos de tortura foram estabelecidos pelo Regimento de 1640: o potro e a polé. O *potro* era uma espécie de cama, onde o supliciado tinha seus membros apertados — ou não — de acordo com o *empenho na confissão*. A *polé* era um guincho que levantava o corpo até determinada altura, soltando-o sem deixar cair no chão.

- *A aplicação da sentença* — Quando o libelo da acusação era anunciado, o réu podia apresentar sua defesa, tentando negar a veracidade das acusações. Um advogado, nomeado pelo tribunal, *defendia* o acusado sem, entretanto, ter acesso ao processo nem o direito de acompanhar o réu nos interrogatórios: tudo que se passava no processo inquisitorial era considerado *secreto*. Falar sobre o período na prisão, sobre os interrogatórios e as torturas era terminantemente proibido. Mesmo já inocentado, quem o fizesse era considerado herege, podendo voltar às malhas do tribunal. As sentenças da Inquisição eram lidas em cerimônias, geralmente abertas ao público, conhecidas como autos-de-fé (*Atos de Fé*). O típico auto-de-fé era uma grande festa popular, cercado de enorme pompa, anunciado e preparado com várias semanas de antecedência. Incentivava-se o comparecimento do *povo*, dando-se ao espetáculo um caráter indulgencial. Na praça pública, os representantes da sociedade se encontravam, compartilhando os momentos mais pios da cerimônia e a exaltação promovida pela *vitória sobre o inimigo*. No século XVIII, Voltaire considerou o auto-de-fé, ainda em prática na Península Ibérica, uma bizarra mistura de missa e carnaval.

As penalidades eram estabelecidas de acordo com a gravidade do delito, podendo variar de penitências espirituais, passando pelo açoitamento ou pelo degredo e chegando até a morte na fogueira. Neste caso, a Inquisição entregava o réu à justiça secular, esta sim responsável pela execução, afinal, à Igreja era interditado o derramamento de sangue.

No Brasil não foi instalado nenhum tribunal inquisitorial, ao contrário da América espanhola, onde foram criados quatro tribunais, ou mesmo dentro das fronteiras do Império português, onde havia um tribunal em Goa. O Brasil, assim como as ilhas adjacentes e as áreas africanas, ficou vinculado ao Tribunal de Lisboa, recebendo visitas — chamadas Visitações — de seus funcionários, responsáveis pela investigação e pela transferência do réus para a metrópole.

Em áreas onde não existia um tribunal próprio, multiplicavam-se os funcionários que trabalhavam pela causa inquisitorial, imunizados de possíveis críticas e limitações no exercício do cargo. Os *comissários* podiam ser considerados, praticamente, inquisidores locais, chegando mesmo a ter o poder de prender suspeitos. O *visitador das naus* era uma espécie de censor, responsável pela papelada que chegasse à colônia. Entretanto, no amplo leque de funcionários (ou, como preferem alguns autores, *milícia voluntária*) que a Inquisição possuía, eram os *familiares* os mais dedicados e leais serviçais. Camuflados no corpo social, realizando suas funções habituais, os familiares se comunicavam diretamente com a Inquisição, denunciando culpados que deveriam ser investigados.

A primeira visitação de um representante do Santo Ofício ao Brasil ocorreu no final do século XVI. Entretanto, sabemos que nos primórdios da colonização, um donatário já havia caído nas malhas da Inquisição. Durante boa parte do século XVI, antes portanto das Visitações, o bispo assumiu funções inquisitoriais, trabalhando indiretamente para o tribunal.

O primeiro visitador, Heitor Furtado de Mendonça, chegou ao Brasil em 1591, devassando a vida colonial durante quatro anos. Agiu no Nordeste: centro político e área economicamente mais rentável da colônia. Foram visitadas as seguintes capitanias: Bahia, Pernambuco, Itamaracá e Paraíba. Seu poder não era ilimitado, podendo penalizar aqui mesmo determinados crimes, mas sendo obrigado a remeter os casos mais graves para a metrópole. Esta visitação deve ser inserida no amplo leque de ações do Tribunal lisboeta nos territórios ultramarinos (Madeira, Açores e Angola), no final da era quinhentista.

A população recebeu a notícia da chegada do inquisidor com grande pânico. Houve fugas para o *sertão* e para as capitanias do sul, demonstrando o impacto no imaginário popular que a Inquisição causava. Muitos colonos *lembravam-se* da força do Tribunal no reino. Alguns teriam vindo para o Brasil em função das antigas perseguições. Os tribunais da América espanhola, apesar da distância, volta e meia *produziam* alguma notícia impressionante para o mundo colonial brasileiro.

A prática da delação, incentivada pelo tribunal, tornava a colônia um espaço de desconfiança, de apreensão e de medo. Os colonos, em transe, relembravam seus pecados e ensaiavam desculpas, caso fossem inquiridos.

"A simples chegada dos visitadores, as solenidades da convocatória ao povo, os monitórios e os pregões logo geravam uma atmosfera de culpa e acessos de culpabilização. Surpreendemos, por vezes, notáveis mecanismos de defesa individuais ou coletivos: fugas, pactos de silêncio, reinvenção de histórias a serem contadas (...) Mas antes de estimular cumplicidades ou resistências, as inquirições e visitas minavam as solidariedades, arruinando lealdades familiares, desfazendo amizades, rompendo laços de vizinhança, afetos e paixões. Despertavam rancores, reavivavam inimizades, atiçavam velhas desavenças. Aguçavam, enfim, antigos preconceitos morais que, traduzidos na linguagem do Poder, se convertiam em perigosas ameaças para cada indivíduo e para a sociedade em geral." (VAINFAS, RONALDO, *Trópico dos pecados, moral, sexualidade e inquisição no Brasil*, Rio de Janeiro, Editora Campus, 1989, pág. 226.)

A fixação do Edital da Fé, procedimento adotado por Heitor Furtado de Mendonça, no sentido de incentivar confissões e delações, não estabelecia nenhuma discriminação para permitir acusações. A Inquisição anunciava-se como instância suprema, acima de qualquer outra, fosse uma relação pessoal ou institucional. Até mesmo escravos poderiam fazer denúncias, o que de fato ocorreu. A Inquisição, apesar da aparente postura igualitária, espelhou — e também reproduziu — as hierarquias sociais existentes. Os mais pobres eram os que menos acusavam, temerosos das represálias dos mais poderosos. Eram exatamente os mais pobres os que mais foram denunciados, perfazendo a maior parte dos réus.

A Inquisição no Brasil não contou com o espetáculo do auto-de-fé, perdendo parte da encenação que cercava seu espírito purificador. Heitor Furtado de Mendonça chegou, entretanto, a organizar as *procissões de fé* e a promover açoitamentos em praça pública.

As visitações da Inquisição no século XVII não foram registradas em documentos como a visitação inaugural, gerando discordâncias entre os estudiosos do assunto. Sabemos seguramente que a segunda visitação ocorreu em 1618, na Bahia, estando a cargo do padre Marcos Teixeira. Ao que parece, mais três ações inquisitoriais teriam ocorrido na primeira metade do século: duas em 1627, em Pernambuco e nas capitanias do sul; e uma última, sob a forma de auto de inquirição, em 1646, na Bahia. Possivelmente, os efeitos da Restauração portuguesa, gerando gastos monumentais, contribuíram para minimizar uma *direta* influência inquisitorial, neste período.

O apogeu da ação inquisitorial no Brasil ocorreu no século XVIII, ligado ao desenvolvimento da exploração aurífera. No século XVIII, também merecem menção a visitação à Paraíba (1729-1736), onde formara-se uma comunidade cripto-judia, e a visitação ao Pará, Maranhão e Rio Negro (1763-1769).

A área mineradora, entretanto, foi a que mais chamou a atenção do inquisidores, por toda a pujança que representava. O Rio de Janeiro foi incluído no circuito inquisitorial por sua posição na ordem política e econômica da colônia. Ainda no início do século XVIII, portanto bem antes de ser transformado em capital, trezentos elementos, na maioria cristãos-novos, da cidade foram parar nos cárceres lisboetas.

No Brasil, o número de elementos da Igreja presos pela Inquisição foi muito alto, comparado com outras áreas. Isto ocorreu muitas vezes porque, na colônia, não era incomum que cristãos-novos pertencessem ao clero ou militassem na Companhia de Jesus.

> "A primeira estratificação social na colônia brasileira se fundou na cor da pele. Pela cor da pele se distinguiam os senhores de escravos. À estratificação étnica correspondia exatamente a estratificação social (...) Segundo a legislação, cabia ao cristão-novo, no quadro social, o mesmo lugar que o negro, distinguidos ambos dos cristãos-velhos pela impureza de sangue. O fato porém de ter a mesma pigmentação de pele do cristão-velho permitiu-lhe utilizar suas habilidades para fazer parte deste grupo, a que o negro de forma alguma podia atingir." (NOVINSKY, ANITA, *Cristãos-novos na Bahia: a Inquisição*, São Paulo, Editora Perspectiva, 1992, 2ª edição, pág. 59.)

Ao contrário do que se afirma, as reformas pombalinas não acabaram com a Inquisição em Portugal. Na verdade, Pombal secularizou a Inquisição, atrelando a força do tribunal a interesses centralizadores. Seu irmão, Paulo de Carvalho, foi transformado em inquisidor-geral, enquanto as propriedades confiscadas pelo tribunal passaram para o Estado. Apesar de conservar o espírito inquisitorial, as reformas aboliram os autos-de-fé e a pena de morte, terminando também com a discriminatória expressão cristão-novo.

Com o fim da Era Pombalina, a Inquisição portuguesa entrou em uma fase de declínio, ficando cada vez mais desacreditada e menos poderosa. Com a chegada da família real portuguesa ao Brasil, a ação inquisitorial foi abolida no território brasileiro, conforme determinava o Artigo 9 do Tratado de Aliança e Amizade, firmado com a Inglaterra. Entretanto, em Portugal, continuaria a encarcerar e inquirir até 1821, quando foi terminantemente abolida pelas Cortes.

9. 1.4 . O CLERO SECULAR E AS DEMAIS ORDENS RELIGIOSAS

Durante boa parte do século XVI, o número de padres seculares estabelecidos no Brasil foi muito reduzido. Se o desligamento do Brasil do bispado de Funchal deu um alento substancial à estruturação do clero colonial, a formação eclesiástica continuou sendo, por muito tempo, bastante deficitária, já que as oportunidades de educação limitavam-se aos colégios dos jesuítas.

> "Seminários episcopais nos moldes tridentinos só foram criados no Rio de Janeiro (1739), Minas Gerais (1748), Pará (1749) e Pernambuco (1800). Além disso, as freqüentes vacâncias das sés tumultuavam a formação dos sacerdotes, ou adiando a ordenação por muitos anos, ou obrigando o candidato a procurá-la em outro bispado — às vezes no Paraguai ou Argentina — e propiciando uma série de irregularidades, como a apresentação de documentos falsos." (DA SILVA, MARIA BEATRIZ NIZZA (org.). *Dicionário da colonização portuguesa no Brasil*, Lisboa, Editora Verbo, 1994, pág. 171.)

A situação econômica do clero secular era determinada pela coroa, que, através do padroado, tinha o direito de arrecadação dos dízimos. Estes eram redistribuídos à Igreja, nem sempre integralmente e nem sempre pagos em dia. Para os bispos e vigários, a situação ainda era um pouco melhor; entretanto, para o *baixo clero*, a saída era buscar alternativas para a sobrevivência. Daí a necessidade de desempenhar atividades econômicas *leigas,* cultivando a terra com mão-de-obra escrava ou mesmo explorando lavras de ouro e diamantes. No dia-a-dia, as ofertas recebidas pela sacramentalização (batismo, casamentos, confissão etc.) eram fundamentais para a manutenção dos clérigos. Atuar como capelão para algum potentado — mesmo que episodicamente — era uma possibilidade de ganhos econômicos sempre interessantes.

Em alguns momentos, a autoridade religiosa do clero foi bastante questionada pelos colonos, que, como já vimos, tinham choques também com os jesuítas, mas pelo menos os consideravam mais sérios e mais bem formados. Na verdade, eram alvos de críticas os clérigos que viviam como leigos, fosse pelas atividades econômicas que desempenhavam ou mesmo pela prática do concubinato. A oposição a este tipo de clérigo ficou bem delineada nas obras produzidas por leigos, mesmo em períodos diferentes, como no caso de Gregório de Matos e Cláudio Manoel da Costa.

Já em 1576, quando foi criada a prelazia do Rio de Janeiro, desmembrando o bispado brasileiro, as tensões entre clérigos e colonos ficaram bem evidentes. A prelazia não foi bem recebida pela população do Rio, acostumada à liberdade de costumes. Nos cinqüenta primeiros anos de sua instalação, dois prelados foram envenenados e alguns outros se retiraram em face da resistência dos colonos.

A organização de dioceses foi extremamente lenta, sendo que até 1676 só existia a diocese de Salvador. No mesmo ano foram criadas as dioceses do Rio de Janeiro e Pernambuco. No ano seguinte, foi criada a diocese do Maranhão. No século XVIII, foram fundadas as dioceses do Pará (1719), Mariana (1745) e São Paulo (1745).

O sínodo de 1707, realizado na Bahia, foi um momento importante na história da Igreja colonial. Suas determinações foram reunidas em uma verdadeira legislação eclesiástica: *Constituições primeiras do arcebispado da Bahia.* Decidiu-se pela uniformização das práticas sacramentais, pelo fortalecimento da própria instituição eclesiástica e pela adaptação das leis canônicas à realidade brasileira. Muitas recomendações foram feitas aos padres, para que não cometessem atos do ***mau viver***, guardando a moral e, principalmente, a castidade.

> "No conjunto, o clero secular do Brasil Colônia constituía uma categoria muito diversificada, cujo traço comum mais distinto permanecia sendo a ausência daquela disciplina interiorizada que caracterizou a Contra-Reforma católica na Europa (...) No entanto, uma parcela de seus membros, mais instruída e melhor formada, não deixou de integrar uma elite cultural, que participou ativamente dos movimentos políticos do Brasil, desde meados do século XVIII até à Independência." (DA SILVA, MARIA BEATRIZ (org.), *op. cit.*, pág. 175.)

A União Ibérica foi um momento crucial para a instalação de outras ordens religiosas no Brasil. O choque entre o ócio proporcionado pela religião e a sua negação, fundamental para o aumento da produção que a engrenagem mercantil requeria, iria encontrar soluções variadas de acordo com situações específicas. De qualquer forma, prevaleceram, segundo as ordenações reais — e a vontade de quase todos, principalmente nas cidades —, determinadas datas em que o trabalho era terminantemente proibido, fosse por veneração religiosa ou por alguma celebração ocasional. Presume-se, genericamente, que este total tenha chegado, no período colonial, a um número equivalente a cerca de um quarto dos dias do ano.

9.2 . DA LITERATURA DE VIAGEM AO ARCADISMO

A literatura brasileira no século XVI prendeu-se ao quinhentismo em Portugal e também ao seiscentismo dominante na Península Ibérica.

A propósito, *quinhentismo* dever ser entendido, em literatura, como o estilo predominante no século XVI. Já a denominação *seiscentismo* refere-se ao estilo dominante na literatura ao longo do século XVII.

> "Do Quinhentismo, com as suas duas tendências paralelas, Classicismo Renascentista e permanência da tradição medievalista, projetam-se no primeiro século de nossa formação o gosto da crônica histórica, o teatro popular e o modelo camoniano. O Seiscentismo comunica-nos o Barroco, com as suas duas coordenadas literárias, o Cultismo e o Conceptismo, a partir de certo momento apoiadas pelo Movimento Academicista. O século XVI lança raízes temáticas, o seguinte, mais do que o primeiro, sugere linguagem e formas literárias." (CANDIDO, ANTONIO e CASTELLO, J. ADERALDO, *Presença da literatura brasileira: das origens ao Romantismo*, São Paulo, DIFEL, 1968, pág. 13.)

O termo *barroco*, por muito tempo considerado sinônimo de *monstruoso* e de *mau gosto*, era empregado apenas em relação à escultura, arquitetura e pintura. Hoje se admite ser também um estilo literário, que se opôs ao classicismo greco-romano.

> "O Barroco se define libertador, amante da força, voltado para a paisagem e apegado ao espírito pagão, intensamente dinâmico (...) A preocupação da elegância, o poder criador da imaginação exaltada, o predomínio da idéia abstrata, a valorização dos sentidos, a temática preferida, desde as trivialidades até aos temas eternos, determinam as características principais da linguagem barroca." (CANDIDO, ANTONIO e CASTELLO, J. ADERALDO, *op. cit.*, págs. 16 e 17.)

Durante o período colonial, a produção literária foi realizada por autores geralmente nascidos em Portugal ou, quando brasileiros, formados no reino.

A vigilância da Inquisição, centrada no Tribunal do Santo Ofício, em Lisboa, além da visitação, visando apurar *crimes de heresia*, e do controle censorial exercido pelas autoridades portuguesas, representava sérios entraves às manifestações literárias.

Enquanto em outras áreas americanas de colonização européia admitiu-se o funcionamento de universidades e da imprensa, somente a presença da corte portuguesa no século XIX permitiu a legalização dessas instituições que favorecem a produção literária.

A tudo isso, acrescente-se que predominavam formas de comunicação e de expressão oral porque a grande maioria da sociedade não sabia ler.

Não é de espantar terem sido raros os livros existentes. Somente no século XVIII tem-se notícias de algumas raras e ricas bibliotecas. E só no século XIX encontramos autores brasileiros aqui formados e produzindo para o mercado local.

> "A literatura informativa do colonizador português é representada, no primeiro século da nossa formação, por Pero Vaz de Caminha, Pero Lopes de Sousa, Pero de Magalhães Gandavo e Gabriel Soares de Sousa, contando-se esses dois últimos como verdadeiros cronistas." (CASTELLO, JOSÉ ADERALDO, *A literatura brasileira: manifestações literárias da Era Colonial (1500-1808/1836)*, São Paulo, Editora Cultrix, 1965, pág. 33.)

A carta de Caminha, *O diário de navegação*, de Lopes de Sousa, *História da província de Santa Cruz a que vulgarmente chamamos de Brasil*, de Gandavo, *Tratado descritivo do Brasil em 1587 ou Notícia do Brasil*, de Soares de Sousa, são produções informativas do Brasil no século XVI. Segundo José Aderaldo Castello, *op.cit*, pág. 32, representaram *literatura de fora para dentro*, conforme definiu Afrânio Peixoto.

> "O que consideramos nos limites do século XVI como literatura informativa dos jesuítas pode muito bem ser exemplificado e literariamente valorizado através das obras dos padres Manuel da Nóbrega, Fernão Cardim e José de Anchieta." (CASTELLO, JOSÉ ADERALDO, op.cit., pág. 40.)

Aliás, todos três produziram obras literárias com objetivos religiosos. Nóbrega, por exemplo, é o responsável pelo *Diálogo sobre a conversão do gentio*. Anchieta, por sua vez, deixou-nos rica produção em prosa e verso, destacando-se o poema *De Beata Virgine Dei Matre Maria* e a *Arte de gramática da língua mais usada na costa do Brasil.* A contribuição literária de Cardim resumiu-se a três trabalhos enquadrados no gênero informativo sobre a terra e os habitantes do Brasil.

Adentrando pelo século XVII, logo nos seus primórdios, publicou-se o poema *Prosopopéia*, de Bento Teixeira, ainda mais preso ao *quinhentismo* português do que ao estilo barroco, que acabou prevalecendo.

Com uma visão crítica da colonização portuguesa, Ambrósio Fernandes Brandão elaborou os *Diálogos das grandezas do Brasil* sob a forma de diálogos travados entre Alviano e Brandônio, sendo o primeiro um cristão-novo e o segundo provavelmente o próprio autor.

Vicente Rodrigues Palha, nascido na Bahia e mais conhecido como frei Vicente do Salvador, deixou-nos *História da custódia do Brasil*, onde critica a política colonizadora de Portugal e afirma que, futuramente, a corte seria obrigada a viver na colônia.

Embora nascido em Portugal, o padre Antônio Vieira (1608-1697) passou dois terços de sua vida no Brasil, onde faleceu. Orador renomado, contrário à escravização dos índios e crítico da Inquisição, desempenhou missões diplomáticas a serviço de D. João IV. Foi autor de inúmeros trabalhos, como *Sermões*, *Arte de furtar* e *Cartas*.

> "Senhor, os Reis são vassalos de Deus, e, se os Reis não castigam os seus vassalos, castiga Deus os seus. A causa principal de se não perpetuarem as Coroas nas mesmas nações e famílias é a injustiça, ou são as injustiças, como diz a Sagrada Escritura; e entre todas as injustiças nenhumas clamam tanto ao céu como as que tiram a liberdade aos que nasceram livres e as que não pagam o suor aos que trabalham (...)
>
> As injustiças e tiranias, que se têm executado nos naturais destas terras, excedem muito às que se fizeram na África. Em espaço de quarenta anos se mataram e se destruíram por esta costa e sertão mais de dois milhões de índios, e mais de quinhentas povoações (...)." (*Carta ao rei D. Afonso VI*, em 20 de abril de 1657, *apud.* CANDIDO, ANTONIO e CASTELLO, JOSÉ ADERALDO, *op. cit.*, págs. 66 e 67.)

Na poesia, o nome mais destacado é Gregório de Matos Guerra (1633-1695), conhecido como *Boca do Inferno* por causa do seu estilo sarcástico, o que lhe valeu ser exilado para Angola. Por muitos considerado o principal representante do estilo barroco, este baiano legou-nos vasta produção poética, de caráter religioso, satírico e amoroso.

> "Entre os demais poetas, podem-se assinalar Bernardo Vieira Ravasco (...) Gonçalo Soares da França e João de Brito Lima. O mais apreciado foi Gonçalo Soares da França, que tentou imitar Camões no seu *Panegírico do Rei D. Pedro II*. Fundador da Academia dos Esquecidos, foi um grande latinista e compôs diversas obras, com Brasília e uma dissertação sobre a História eclesiástica no Brasil. Estes poetas são considerados um pouco fazendo parte da Escola Baiana, onde se encontra também o jesuíta Francisco de Sousa (1628-1700?), autor de *Oriente Conquistado* (...) Outro sacerdote, João Álvares Sousa da França (1676-?), pertencente à Academia dos Esquecidos, redigiu sonetos em espanhol e 72 discursos morais e políticos. Domingos Barbosa (1632-1685), jesuíta, redigiu também poesias latinas, principalmente *Passio servatoris Jesu Christi*. Por fim, Pedro Gomes Ferreira de Castilho publicou sátiras, elegias e sonetos. Todos estes escritores, ou quase todos, eram letrados que se apoiaram essencialmente na religião e no Brasil para redigir os seus poemas. O espírito dos seus escritos era mais moralizante do que verdadeiramente literário." (SERRÃO, JOEL *et alii*, *Nova história da expansão portuguesa: o império brasileiro (1620-1750)*, Lisboa, Editorial Estampa, 1991, págs. 448 e 449.)

Ainda no século, XVII, o baiano Manoel Botelho de Oliveira compôs *Música do Parnaso* e *A Ilha de Mare*, em que sobressai o caráter encomiástico e que foram os primeiros livros impressos de autor nascido no Brasil.

Já no século XVIII, tanto na metrópole como no Brasil, a produção literária teve estreita ligação com as academias ou sociedades literárias. A primeira delas foi a *Academia Brasílica dos Esquecidos*, que funcionou na

Bahia em 1724 e 1725. A ela pertenceram os irmãos Bartolomeu, Alexandre e Lourenço de Gusmão, sendo o primeiro conhecido como *Padre Voador*, por ter inventado aerostatos. A ela também se ligou o baiano e historiador Sebastião da Rocha Pitta, mais conhecido por sua *História da América Portuguesa, desde o ano de 1500 de seu descobrimento até o de 1724*. Mais bem estruturada e congregando cerca de quarenta sócios foi a *Academia dos Renascidos*, também funcionando na Bahia.

Houve cerca de quarenta academias, mencionando-se a *Academia dos Felizes* (1736-1740) e a *Academia dos Seletos* (1752), ambas na cidade do Rio de Janeiro. À última pertenceu Feliciano Joaquim de Sousa Nunes, autor do *Tratado político-moral*. Também na cidade do Rio de Janeiro, em fins do século XVIII, funcionou a *Sociedade Literária do Rio de Janeiro*, que reuniu inúmeros participantes da Conjuração do Rio de Janeiro. Obra polêmica foi escrita pelo baiano frei Manoel de Santa Maria Itaparica: chama-se *Eutásquidos*, tendo sido publicada em Lisboa, em 1769.

O *Compêndio narrativo do peregrino da América*, da autoria de Nuno Marques Pereira, redigido sob a forma de diálogos, proporciona inúmeras informações sobre o Brasil no século XVIII.

De capital importância, pela riqueza de informações históricas, é a obra *Cultura e opulência do Brasil por suas drogas e minas*. Editada em 1711, logo foi recolhida. Seu autor chama-se André João Antonil, pertenceu à Companhia de Jesus e nasceu na Itália.

Na segunda metade do século XVIII desenvolveu-se novo estilo literário: o *Arcadismo*. Representou uma reação contra o Barroco, sobretudo na poesia, e constituiu uma transição para o Romantismo, tanto que em sua segunda fase suas manifestações são pré-românticas.

A denominação prende-se à Arcádia Lusitana, criada em Portugal (1756) e concentrando as manifestações arcádias, claramente influenciadas pelo Neoclassicismo e pelas idéias da Época das Luzes.

Como focos de produção intelectual, continuaram a existir academias ou sociedades, então denominadas *arcádias*. Inegavelmente, Ouro Preto e Rio de Janeiro constituíram os principais centros do Arcadismo no Brasil.

Em Ouro Preto, conviveram Cláudio Manoel da Costa, Inácio José de Alvarenga Peixoto e Tomás Antônio Gonzaga, os três envolvidos na Conjuração Mineira.

No Rio de Janeiro, avultou Manoel Inácio da Silva Alvarenga, fundador da Sociedade Literária do Rio de Janeiro e líder da Conjuração do Rio de Janeiro.

Outros dois poetas mineiros foram José Basílio da Gama, autor de *O Uraguai* e *Obras poéticas*, e frei José de Santa Rita Durão, com o poema épico *Caramuru*.

> "Os poetas indicados agruparam-se em líricos — Cláudio Manoel da Costa, Tomás Antônio Gonzaga, Alvarenga Peixoto e Silva Alvarenga —, em épicos — José Basílio da Gama, Santa Rita Durão e Cláudio Manoel da Costa —, observando-se ainda, entre eles, o cultivo da sátira e do teatro (em verso). O que mais ressaltaremos em todos eles é o pensamento crítico e o aspecto de suas obras, que representam de fato inovações na temática e nos processos expressivos das manifestações literárias do Brasil Colônia." (CASTELLO, JOSÉ ADERALDO, *op.cit.*, págs. 135 e 136.)

A segunda fase do Arcadismo apresenta manifestações pré-românticas, antilusitanas e coincide com a instalação da corte portuguesa, acelerando a independência de 1822.

9.3 . A CRIAÇÃO MUSICAL

A) A MÚSICA E A DANÇA INDÍGENA

> "Embora a música dos indígenas praticamente não deixasse vestígios em nossa música, constituindo até hoje um fenômeno exótico, não se pode iniciar uma história da música brasileira sem breves referências a seu respeito. As fontes (...) são, naturalmente, os relatos de portugueses que por aqui passaram ou aqui se radicaram." (KIEFER, B., *História da música brasileira — dos primórdios ao início do século XX*, Porto Alegre, Editora Movimento, 1982, pág. 9.)

A carta de Pero Vaz de Caminha menciona como a música e a dança estavam associadas à vida dos indígenas.

> "E, depois de acabada a missa, assentados nós à pregação, levantaram-se muitos deles, tangeram corno ou buzina e começaram a saltar e a dançar um pedaço." (Carta de Pero Vaz de Caminha a D. Manuel I, rei de Portugal.)

A música estava presente nas festas, nos enterros e em cerimônias diversas ocorridas ao som de flautas de bambu ou de osso, de chocalhos, de maracás, de trombetas e instrumentos de percussão.

Como já estudamos, foi a música usada pelos jesuítas como importante instrumento da catequese.

> "Em carta de 1549 — constitui talvez o mais antigo documento referente à introdução da música européia no Brasil —, o padre Manoel da Nóbrega relatava ao padre Simão Rodrigues que seu colega Aspilcueta Navarro — o primeiro de todos os jesuítas a aprender a língua dos índios — visitava ora um, ora outro lugar da cidade e à noite ainda faz cantar aos meninos certas orações que lhes ensinou em sua língua deles, em lugar de certas canções lascivas e diabólicas que dantes usavam." (TINHORÃO, J. R., *op. cit.*, págs. 10 e 11.)

Esse depoimento evidencia a desculturação da música indígena. Para os jesuítas, que haviam acompanhado o primeiro governador-geral, em 1549, a música e a dança dos primeiros habitantes do Brasil eram manifestações demoníacas. O próprio fato de diversos instrumentais indígenas serem feitos de ossos reforçou ainda mais essa visão preconceituosa dos sacerdotes europeus.

Em conseqüência, os jesuítas empenharam-se em ensinar aos indígenas como tocar instrumentos europeus, como o cravo, o órgão e o fagote.

> "Com o aprendizado desses instrumentos a estrutura natural da música dos indígenas, baseada em escalas diferentes da européia e, portanto, geradora de um esquema harmônico igualmente diverso, perdia sua razão de ser, reduzindo-se o som original da música da terra à marcação de um ou outro instrumento de percussão, ainda permitido — no acompanhamento de umas poucas danças julgadas inofensivas pela severa censura dos jesuítas." (TINHORÃO, J.R., *op. cit.*, pág. 11.)

Aliás, juntamente com Nóbrega, vieram outros sacerdotes-músicos, como Antônio Rodrigues, conhecido como *Orfeu Brasileiro*, Salvador Rodrigues e João Aspilcueta Navarro, além de José de Anchieta, que se utilizou dos ***autos***, acompanhados de música, para melhor ***cativar*** os indígenas.

Já em 1556, Cristóvão Gouveia, visitador jesuíta, ordenou que a catequese deveria ser acompanhada do ensino do canto aos meninos das aldeias e das escolas de ler e escrever.

Lembremos que, para facilitar a comunicação, os jesuítas empregaram a língua indígena, como aconteceu com os versos seguintes dedicados à Virgem Maria:

> "Ó Virgem Maria, / Tupan ci etê, / aba pe apra póra / oicó endê iab."

Traduzindo para o português, esse cântico fica assim:

> "Ó Virgem Maria, / Mãe do Deus verdadeiro, /
> Os homens deste mundo / Sentem-se tão contentes convosco."

Ainda que fosse marcante a ação dos jesuítas como ***professores de música*** dos indígenas, também os mercedários, carmelitas, beneditinos e sacerdotes de outras ordens religiosas atuantes na colonização portuguesa valeram-se da música como instrumento eficaz da catequese.

Desse modo, a música e a dança dos indígenas somente mantiveram suas características próprias na comunidades que não mantiveram contatos com o conquistador branco.

E o que restou da música indígena? Muito pouco.

> "Nas danças do cateretê e do cururu haveria a sobrevivência de uma coreografia aproveitada pelos jesuítas ao tempo da catequese; nos carnavais urbanos a imitação, como fantasia, da própria imagem dos indígenas nos caboclos de penas e caboclos de lança dos maracatus do Recife, e nos grupos de caboclinhos ou cabocolinhos (que ainda hoje desfilam aos saltos em vários pontos do Nordeste e, em Pernambuco, especialmente na noite de segunda-feira de Carnaval); na religião popular o cerimonial da pajelança amazônica, onde um pajé toca maracá e o remédio oferecido aos crentes é uma beberagem enfeitiçada chamada puçanga (...)" (TINHORÃO, J.R., *op. cit.*, págs. 24 e 25.)

Não se pode esquecer que os imigrantes portugueses, não pertencentes ao clero, trouxeram suas danças e suas músicas. Desde a chegada do primeiro governador-geral, sobressaiu a atuação dos *mestres-de-capela*.

E o que foram esses *mestres-de-capela*? Os músicos, leigos ou religiosos, que nas igrejas dirigiam os cantores e organizavam a parte musical do culto religioso. Muitos deles receberam licença das autoridades para abrir escolas de música.

B) A MUSICALIDADE DOS NEGROS

Desde a segunda metade do século XVI, os escravos negros que eram arrancados da África e, à força, transportados para o Brasil, trouxeram consigo seus batuques e danças.

A primeira referência a esses novos hábitos culturais na sociedade colonial devemos ao francês Pyrard de Saval, que esteve na Bahia em 1610.

> "Trinta e cinco anos depois, em Pernambuco, frei Manoel Calado ouviria alguns dos instrumentos tocados então pelos negros: eram (...) buzinas, flautas e tabaques." (TINHORÃO, J.R., *op. cit.*, pág. 37.)

Na segunda metade do século XVII, quando surgiram as primeiras irmandades religiosas de negros, que também admitiam a presença de mulatos, as procissões e outras festas urbanas foram enriquecidas com os batuques e o gingar de escravos negros. Lembremos que *batuque* era denominação genérica dada pelos brancos às músicas dos negros.

Em suas canções, invocavam a proteção dos orixás ou entoavam cânticos melancólicos, dançando o *caxambu*, de origem africana e com ritmo marcado por tambores, também denominados de caxambus.

Já em fins do século XVIII,

> "a dança musicada dos negros era o lundu — dança erótica, culminando com a 'umbigada', oriunda do rito de fecundidade na África. O lundu, descendente direto do batuque africano, era o elemento de desafogo emocional dos escravos para amenizar o exílio." (REZENDE, M.C., *A música na história de Minas Colonial*, Belo Horizonte, Editora Itatiaia, 1989, pág. 221.)

Com o crescimento da vida urbana, tornou-se comum o emprego do escravo negro como músico. Até mesmo na área rural os grandes proprietários permitiam a organização de grupos de tocadores de *charamelas*, os chamados *charameleiros* ou *coromeleiros*.

E o que era a *charamela*? Consistia em um instrumento de sopro, de som estridente e áspero, do qual descendem a clarineta, o oboé e o fagote.

> "A notícia mais antiga relativa aos 'choromelleyros' no Recife é encontrada na documentação da Irmandade de Nossa Senhora do Rosário dos Pretos e data de 1709. A charamela era utilizada não só nas 'músicas' militares (ou bandas, como diríamos hoje), mas também em outras ocasiões (...). Entre os instrumentos tocados pelos negros figurava também a marimba." (KIEFER, B., *op.cit.*, pág. 15.)

Não se pode esquecer que os negros e mulatos, livres ou escravos, foram bastante talentosos ao associar seus orixás aos santos da Igreja Católica.

Desse modo, poderiam mais facilmente extravasar sua musicalidade em procissões e outras festas do calendário civil ou cristão.

> "A partir do século XVII, tudo constituía um bom pretexto para os negros escravos saírem à ruas com suas marimbas, assobios, cangás (cana ou taquara com orifícios e fechada nas extremidades pelos próprios gomos), atabaques e macumbas (instrumentos de raspa), produzindo uma música ainda necessariamente tribal." (TINHORÃO, J. R., *op. cit.*, pág. 47.)

Mulatos e negros também integravam bandas militares, com seus clarins, tambores e outros instrumentos marciais.

Papel importante na vida musical urbana coube ao *barbeiro*, atividade quase sempre exercida por negros livres ou de ganho. Geralmente trabalhavam cantando ou então entoavam suas melodias quando dispunham de tempo entre um freguês e outro.

> "Em 1816, uma das primeiras impressões registradas pelo francês negociante de algodão L. F. Tollenare na cidade do Recife fora o 'movimento contínuo de negros que vão e vêm, carregando fardos e se animando mutuamente por meio de um canto simples e monótono'. Vira ainda o mesmo Tollenare negras com cestos à cabeça vendendo lenços e tecidos, e 'seus pregões se misturavam aos cantos dos negros carregadores' ." (TINHORÃO, J. R., *op.cit.*, pág. 96.)

Desse modo, a participação dos negros na criação de músicas, danças, festas e crenças foi significativa, ao contrário da contribuição indígena. O contraste pode ser explicado a partir do fato de que os negros, diferentemente dos indígenas, foram incorporados ao sistema de trabalho imposto pelo branco colonizador.

C) A MÚSICA ERUDITA

Bahia e Pernambuco, até o século XVIII, foram as capitanias mais prósperas, sendo suplantadas somente por Minas Gerais, devido à mineração do ouro e dos diamantes.

Por isso, Salvador e Recife foram destacados centros de criação musical, perdendo essa posição para as cidades mineiras no século XVIII.

Foi em Salvador que surgiram as primeiras manifestações de música erudita na sociedade colonial. Foi na então capital da colônia que a coroa criou o cargo de *chantre*, ou seja, de dirigente do coro da capela da Sé. Era o distante ano de 1551. Posteriormente, instituiu o cargo de organista da mesma igreja, cujo repertório musical centrava-se no cantochão, além de música renascentista.

Paralelamente, os setores populares brancos cultuavam o *fado*, de origem portuguesa, e a *fofa*, originária da própria Bahia, com criação marcadamente negra, considerada "dança desonesta e dos redutos de prostituição".

Poeta, recitador e cantor, o baiano Gregório de Mattos Guerra (1633-1696), a quem chamariam *Boca do Inferno*,

> "cultivava predominantemente, ao lado das glosas e cantigas, coplas e chansonnettes, os romances que lhe permitiam contar, no estilo popular-tradicional das redondilhas maiores, ora fatos engraçados ora acontecimentos variados, sempre com fundo de acompanhamento à viola." (TINHORÃO, J. R., *História social da música popular brasileira*, Lisboa, Editorial Caminho, 1990, pág. 47.)

Em Pernambuco, também desde o século XVI, existem notícias de mestres-de-capela em Recife, Olinda e Igaraçu. Dentre outros, destacaram-se os músicos Inácio Ribeiro Nóia e Luís Álvares Pinto. Este, alíás, compôs um *Te Deum* e uma *Salve Regina.*

Essa manifestação cultural erudita da elite chegou às camadas populares, da mesma forma que criações populares foram assumidas pelas classes dominantes. É o chamado *processo de circularidade.*

O século XVIII, contudo, foi marcado pelo crescimento extraordinário da produção musical na capitania de Minas Gerais.

> "O desenvolvimento da atividade musical em Minas Gerais ocorreu paralelamente à construção dos primeiros arraiais e de suas capelas de taipa (...) O fator solidão juntamente com o auspicioso simultâneo-nascimento de várias vilas (...) conjugaram-se com o espírito religioso e supersticioso do aventureiro que recorre a Deus, santos e santas, pedindo sua clemência e proteção." (BUARQUE DE HOLANDA, SÉRGIO, *op. cit.*, págs. 126 e 127.)

A riqueza, proveniente da mineração do ouro e dos diamantes, inegavelmente contribuiu para a explosão musical da chamada *Escola Mineira*. Além disso, a existência de segmentos médios urbanos igualmente explica este surto musical.

Curiosamente, muitos desses músicos eram mulatos livres. Existem informações de que atingiram mais de 250, fossem leigos ou sacerdotes.

> "Um minucioso estudo dos livros das irmandades conduz-nos imediatamente à descoberta do 'mulatismo musical', se assim podemos chamá-lo." (BUARQUE DE HOLANDA, SÉRGIO, *op.cit.*, pág. 129.)

A cidade de Vila Rica do Ouro Preto, então capital da capitania, reuniu significativo núcleo dessa explosão musical. Nela existia a *Casa da Ópera*, atual Teatro Municipal de Ouro Preto, onde se apresentaram dramas, comédias e até óperas italianas e portuguesas.

Dentre outros compositores e regentes que viveram em Vila Rica, destacaram-se José Joaquim Emérico Lobo de Mesquita, Marcos Coelho Neto (pai e filho) e Inácio Parreiras Neves.

São João del Rei também constituiu importante centro de produção de música erudita, nela existindo até hoje a *Orquestra Lira Sanjoanense*, fundada em 1776, e a *Orquestra Ribeiro Bastos*, criada em 1790.

9.4 . AS ARTES PLÁSTICAS

Artes plásticas são manifestações de realizações imaginárias ou de representações de formas da natureza através de materiais e maneiras diversas, como a pintura e a escultura.

Sem levar em conta a produção artística indígena, já analisada anteriormente, interessa-nos discutir as artes plásticas criadas a partir da chegada dos europeus.

Durante algum tempo essa produção permaneceu restrita aos centros urbanos litorâneos, com destaque para o complexo Recife-Olinda, em Pernambuco, que,

> "alimentado pela fartura do ciclo do açúcar, se complementa com Alagoas, Paraíba e Rio Grande [do Norte]; a Bahia, também rica e representando a capital da administração e da Igreja, magnetiza toda a vida social e artística contida pelo grande arco do São Francisco. Foram as primeiras sedes centrais da criação na Colônia, e dividem pacificamente encargos e esplendores da função até que o Rio de Janeiro, tornando-se em 1763 a sede do Vice-Reino, possa expandir e multiplicar a sua própria arte que, embora em escala mais modesta, se desenvolvia desde os primeiros tempos, quando sua esfera de influência ia do Espírito Santo a São Paulo." (BUARQUE DE HOLANDA, SÉRGIO, *História geral da civilização brasileira*, tomo I, vol. 2, *op. cit.*, págs. 109 e 110.)

Até o século XVIII, os pintores e escultores, em grande parte, vieram de Portugal, e sua produção era complementar às construções arquitetônicas realizadas sobretudo por encomenda das diversas ordens religiosas. Eram basicamente artes decorativas.

Muitos desses pintores, escultores e entalhadores permaneceram no anonimato. Quem sabe foram leigos ou pertenceram a alguma ordem religiosa os artistas que esculpiram as imagens do culto, os pintores dos tetos das igrejas e os entalhadores que executaram belíssimos retábulos?

> "As exigências daqueles que encomendavam as suas produções não permitiam aos artesãos e artistas especializarem-se em uma só atividade e assim eram, ao mesmo tempo, escultores e arquitetos, pintores e cenógrafos (...) Muitos desses artistas eram pardos e mesmo negros e raramente saíam da sua Capitania ou da sua vida e daí as características próprias que distinguem os artistas baianos, dos mineiros ou paulistas. Além disso, os elementos reinóis e elementos da terra trabalhavam lado a lado (...)." (SERRÃO, JOEL *et alii, op.cit.*, pág. 489.)

Um dos primeiros artistas conhecidos foi Eusébio de Matos, frade carmelita que pintou, na Bahia, diversas telas representando temas religiosos.

Mas o criador da chamada *Escola Baiana* foi José Joaquim da Rocha, autor do forro da nave da igreja de Nossa Senhora da Conceição da Praia.

Em fins do século XVII viveu, também na Bahia, um dos mais criativos artistas em trabalhos esculturais em madeira. Seu nome é Francisco Chagas, *o Cabra*. Dentre suas marcantes criações, destacam-se as imagens de *São João* e *Nossa Senhora das Dores*, na igreja de Nossa Senhora do Carmo, *São Benedito*, na Matriz de Santana, e o famoso *Cristo da Coluna*,

> "cujo atormentado pathos pode tocar à quase-demasia expressiva sem afetar a segura capacidade de convicção comunicativa. Este artista não criou, contudo, escola direta ou indireta; seus sucessores, como Manuel Inácio da Costa, farão paralelo à linha de ecletismo formal." (BUARQUE DE HOLANDA, SÉRGIO, *op. cit.*, pág. 115.)

O *Cristo da Coluna* é uma escultura em madeira policrômica, com rubis representando gotas de sangue, e pode ser admirado no Museu do Carmo, em Salvador.

Também se destacaram dois beneditinos: frei Agostinho da Piedade, português e autor de várias imagens em barro, na Bahia; e seu discípulo, o frade carioca Agostinho de Jesus, que ficou conhecido por suas esculturas de cabeças de anjos.

Foi no século XVIII que as artes plásticas materializaram sua produção mais significativa, não sendo estranha a prosperidade decorrente da mineração do ouro e dos diamantes. As Minas Gerais converteram-se em centro de criação de templos, que rapidamente evoluíram de simples construções de barro para ricas e majestosas edificações octogonais, redondas ou ovais, com uma única porta de entrada e geralmente com duas torres.

> "Se o exterior era nu, que contraste quando se transpunha uma das portas: 'então uma orgia de ouro, todo um delírio, uma pletora de sonhos que se desencadeiam, um desregramento de riquezas, um escoamento de cores suntuosas, uma imensa sinfonia de sombras e de luzes forçando quem entra a refugiar-se no êxtase ou a mergulhar na oração'." (SERRÃO, JOEL *et alii*, *op.cit.*, págs. 433 e 434.)

O pintor português Antônio Francisco Pombal, desde 1736, realizou, em estilo barroco, a decoração interna da Matriz de Nossa Senhora do Pilar, em Ouro Preto.

Contudo, o ponto máximo, em quantidade e qualidade, ocorreu na segunda metade do século, quando criações extraordinárias se concretizaram, sobretudo nas Minas Gerais.

Em Mariana, funcionou uma espécie de escola, onde se ensinava escultura, pintura, carpintaria, olaria e serralheria. Ali estudaram, dentre outros, Manoel da Costa Ataíde e Antônio Francisco Lisboa, mais conhecido como *Aleijadinho*. Ambos eram mulatos.

Ataíde inspirava-se na Bíblia e missais para pintar seus quadros, ou decorar o teto e altares de inúmeras igrejas. Seus personagens são *abrasileirados*, com traços físicos claramente mestiços e rústicos. A *Santa Ceia* é uma das suas obras-primas. A ele também se atribui *O Dilúvio*, pintura existente no teto da nave da igreja de São Francisco de Assis, em Mariana.

O *Aleijadinho* é conhecido sobretudo pela beleza dos *Doze Apóstolos*, também chamados de *Os Profetas*, esculpidos em pedra-sabão para o adro do Santuário de Bom Jesus de Matozinhos, em Congonhas do Campo. Existe a hipótese de que o *Aleijadinho*, apelido atribuído por causa da doença desconhecida que deformava seus pés e mãos, quis associar *Os*

Profetas a participantes da Conjuração Mineira. Belíssimas são as 66 figuras, esculpidas em madeira, reproduzindo a via-sacra. Aleijadinho realizou inúmeros trabalhos com Ataíde.

É importante lembrar, não obstante representar o ápice da escultura colonial mineira, que o *Aleijadinho* trabalhava em equipe: Maurício, Agostinho e Januário eram seus escravos e auxiliares. Apesar de sua originalidade criativa,

> "seus mestres não foram apenas o pai, 'Manoel Francisco Lisboa, arquiteto prestigioso, mestre-de-obras, e João Gomes Batista, abridor de cunhos, desenhista requintado e introdutor no país do novo estilo ou gosto francês (...) também provavelmente Francisco Xavier de Brito e José Coelho de Noronha, que se distinguiam então nas obras de escultura e de talha nas igrejas mineiras', começando hoje a figurar como os principais responsáveis pelo estabelecimento de um padrão local de decoração entalhada." (BUARQUE DE HOLANDA, SÉRGIO, *op.cit.*, pág. 120.)

Também se destacou na segunda metade do século XVIII o pintor Teófilo José de Jesus, autor da pintura do teto da igreja de Nossa Senhora da Graça, em Salvador.

Contemporâneos do Aleijadinho em Minas, os pintores João de Carvalhais e Bernardo Pires da Silva, e o entalhador Jerônimo Félix Teixeira foram alguns artistas que, em estilo *rococó*, executaram belos trabalhos em Congonhas do Campo.

Não se pode esquecer a existência da *Escola Fluminense*, que teve como berço o mosteiro de São Bento, onde frei Ricardo do Pilar e frei Domingos da Silva empreenderam fecunda produção artística. Os painéis da capela do mosteiro foram pintados por José de Oliveira, que também foi responsável pelas decorações do retábulo da igreja da Ordem Terceira de São Francisco da Penitência. A decoração em talha da nave foi executada por Simão da Cunha e José da Conceição, dois destacados artistas da Escola Fluminense.

"A Arte religiosa no Brasil é fruto de uma atividade coletiva e, portanto, não se pode falar simplesmente de Arquitetura religiosa sem se levar em conta, ao mesmo tempo, o trabalho dos escultores e entalhadores, dos pintores e imaginários, dos ourives e marceneiros. (...) Ao lado de uma Arte religiosa extremamente desenvolvida, mesmo a nível particular com as capelas de oratórios das casas rurais ou mesmo urbanas, houve lugar também para o profano, sobretudo na pintura. Recordemos o baiano Antônio Joaquim Franco Velasco, retratista de personagens sem nome; a pintura anônima da *Batalha dos Guararapes* (...) uma outra pintura anônima representando *A visita dos Governadores à Capela da Graça*; as pinturas quase fotográficas de João Francisco Muzzi, que se encontra hoje na Fundação Castro Maia do Rio de Janeiro e representam o incêndio do *Recolhimento de Nossa Senhora do Parto* em 1789 no Rio de Janeiro (...) e, finalmente, os seis painéis atribuídos a Leandro Joaquim, conservados no Museu Histórico Nacional do Rio de Janeiro." (SERRÃO, JOEL, *et alii*, *op. cit.*, pág. 493.)

9.5 . A ARQUITETURA NO BRASIL COLONIAL

A História da Arte no Brasil, abstraindo-se a produção artística dos indígenas, expressada sobretudo na cerâmica e na plumária, está ligada à implantação da cultura européia.

"É freqüente o uso indiscriminado das definições *Colonial*, *Barroco* e *Jesuítica* quando se fala da Arte desenvolvida no Brasil Colonial. A palavra *Colonial* exprime, antes de mais nada, a situação política do país durante determinado período. A Arte Colonial Brasileira, particularmente a Arquitetura, expressou-se de várias maneiras, e o estilo Barroco foi uma delas. *Jesuítica*, por sua vez, é o termo empregado para classificar todas as atividades culturais ou influências da Companhia de Jesus.(...) Foi na Arquitetura religiosa que melhor se nota a evolução de uma Arte que, tanto na colônia como na metrópole, ligou-se ainda ao Barroco." (*Arte nos séculos: O Barroco na Europa e nas Américas*, vol. V, Abril Cultural, págs. 1283 e 1284.)

As primeiras construções foram feitas em pedra, cal e taipa. Começaram na Bahia, onde a cidade de Salvador conheceu quatro tipos de edificações: as casas de moradia, os prédios públicos (cadeias, câmaras municipais, palácios governamentais, tribunais), as fortificações e os prédios religiosos (capelas, igrejas, conventos e colégios). Essas construções se multiplicaram à medida que avançou a colonização portuguesa.

Inegavelmente, foram as igrejas as mais belas construções arquitetônicas. A princípio eram bastante simples, para isso muito contribuindo o conservadorismo e a severidade da Companhia de Jesus, de marcante influência na cultura colonial.

> "A disciplina férrea dos jesuítas determinava que todas as construções da Companhia dependessem de uma autorização do Geral da Ordem, e que mantivessem como padrão a Igreja de Gesú, edificada em Roma (...) A tradição jesuítica uniformizou a Arquitetura das edificações da Companhia no Brasil (...) sempre fiel ao padrão estipulado: nave única com capelas laterais." (*Arte nos séculos: O Barroco na Europa e nas Américas*, *op. cit.*, pág. 1285.)

Foi em Salvador, sede do governo geral e primeira capital da colônia, que se realizaram as primeiras manifestações da arte colonial, sendo portugueses os primeiros arquitetos e pintores. Com Tomé de Sousa, primeiro governador-geral, vieram o arquiteto Pedro de Góis, o mestre-pedreiro Diogo Peres e o mestre-de-fortificações Luís Dias.

A igreja de Nossa Senhora da Conceição da Praia, de 1549, e a mais antiga do Brasil, foi projetada em Portugal, de onde também vieram os arcos, entalhes, molduras e o calcário.

> "Só depois de uma permanência de quase 20 anos no Brasil, os jesuítas começaram a construir as primeiras obras com materiais duradouros. Em 1561, teve início a construção da Igreja do Colégio de Salvador, seguindo-se a do Colégio de Olinda, depois a do Rio de Janeiro e a de Santos, no final do século XVI. A invasão holandesa, na primeira metade do século XVII, fez diminuir o ritmo das construções, principalmente as de caráter religioso." (*idem*, pág. 1284.)

Outras construções religiosas foram erguidas pelos sacerdotes da Ordem dos Franciscanos e da Ordem dos Beneditinos. Coube ao beneditino-arquiteto Bernardo de São Bento Correia de Sousa projetar imponente trabalho em 1589, na cidade do Rio de Janeiro: a igreja do mosteiro de São Bento. Sua construção prolongou-se até o século XVIII e, contrastando com a simplicidade do exterior do templo, o interior é ricamente ornamentado e dourado.

> "Os trabalhos de entalhe foram realizados por José da Conceição e Simão da Cunha que tão bem esculpiram as imagens. Algumas das suas lâmpadas de prata foram desenhadas pelo famoso Mestre Valentim. Os quadros nas paredes laterais da Capela são de Frei Ricardo do Pilar, primeiro pintor europeu a trabalhar no Rio de Janeiro." (*ibidem*, pág. 1287.)

Multiplicaram-se as construções dos beneditinos, sendo a primeira a igreja e convento de Nossa Senhora das Neves, em Olinda. É um conjunto que inclui a casa de oração, o claustro, a capela, o adro e o cruzeiro fronteiro. As obras começaram em 1585 e se prolongaram até o século XVIII.

> "Mas foi a partir de 1650, mais ou menos, que se definiu plenamente o esplendor dos conventos franciscanos graças a uma série de redecorações, reconstruções e novas construções (...) Há, evidentemente, um padrão fundamental orientando a generalidade dessas construções, cuja massa sempre encontra seu núcleo cen-

tral em um claustro que, cercado de três lados pelos dispositivos propriamente conventuais, conclui-se, na quarta fase, pela igreja (...)." (BUARQUE DE HOLANDA, SÉRGIO, *História geral da civilização brasileira*, tomo I, 2º volume, *op. cit.*, pág. 113.)

Como exemplos de edificações franciscanas, destacam-se o convento de Santo Antônio, cuja capela é conhecida como Capela Dourada, em Recife, e a igreja de São Francisco, em Salvador, que, apesar dos exteriores simples, possui um interior profusamente decorado com ouro. Construída em 1587, representa manifestação do estilo barroco.

Por toda a colônia ergueram-se magníficos templos, mas a Bahia e Minas Gerais apresentaram maior, mais rico e mais belo número de igrejas e conventos, particularmente no século XVIII.

Nas Minas Gerais, a mineração possibilitou maior urbanização e mais circulação de riquezas.

A riqueza que se desenvolveu estava subordinada ao barroco mineiro, denominação genérica aplicada às artes materializadas, no século XVIII, na capitania das Minas Gerais.

Já então o barroco deixara de predominar no continente, mas segmentos da sociedade mineira enriquecidos pelo ouro, pelo comércio e pelos diamantes criaram manifestações magnificentes e belíssimas na construção de conventos e sobretudo igrejas.

Estas se caracterizaram principalmente pelo emprego em larga escala de talhas de diferentes cores, sendo amplamente empregado o revestimento de ouro; pela rica decoração interna das igrejas; pelo realismo das imagens; pela curiosa e contraditória combinação de elementos religiosos e profanos.

Tendo sua origem nos oratórios criados pelos bandeirantes, as igrejas começaram a ser construídas com ostentação à medida que a urbanização e a mineração se desenvolveram. Foi a partir de 1750 que os segmentos sociais mais enriquecidos empreenderam a construção das mais belas igrejas barrocas mineiras em Ouro Preto, Mariana, Congonhas do Campo, São João del Rei, Sabará, Serro, Diamantina e Catas Altas.

Muitas dessas igrejas foram consagradas à Virgem Maria, especialmente à Nossa Senhora da Conceição, e incluíam laterais destinadas ao culto assistido pelos mais pobres.

Podem ser mencionadas as igrejas de Nossa Senhora da Conceição e Nossa Senhora do Ó, em Sabará; São Francisco e Nossa Senhora do Carmo, em Mariana e em São João del Rei; Santa Efigênia, Nossa Senhora do Pilar e São Francisco de Paula, as três em Ouro Preto; Nossa Senhora do Rosário dos Pretos, em Sabará; Santo Antônio, Nossa Senhora do Rosário e São João Evangelista, em Tiradentes.

A maioria dos arquitetos não foi registrada pela história, sendo exceções Tomás de Maia Brito, Domingos Moreira de Oliveira, Francisco Xavier Carneiro e Manuel Francisco Lisboa.

A necessidade de proteção contra incursões de piratas e corsários, bem como de ataques de indígenas hostis, estimulou a arquitetura militar, representada por fortificações de pedra. Eram edificações imponentes, localizadas principalmente nas cidades do litoral. Geralmente possuíam rígidas formas geométricas, e se calcula que foram construídas 350 fortificações, destacando-se os Fortes de Monte Serrat e de São Marcelo, ambos em Salvador, erguidos desde o século XVII.

Quanto à arquitetura não religiosa e civil,

> "examinando a documentação de fins do Período Colonial, Maria Beatriz Nizza da Silva afirmou que a casa térrea era a mais comum de Norte a Sul do Brasil, e o domicílio rural não raro se assemelhava à maloca indígena, espaços indivisos, ausência de portas, o fogo a arder e cozinhar no interior da habitação. Em um deles, observado no agro de Minas Gerais (...) habitavam cerca de trinta pessoas, homens, mulheres e crianças, à moda indígena. Noutro caso, em Rio Grande, extremo Sul da Colônia, a casa se compunha de uma sala virada para a rua — com o quarto no interior, sem divisão — e da cozinha ao ar livre (...) O mesmo pode se constatar para as casas dos pobres mineiros no século XVIII." (MELLO E SOUZA, LAURA DE, org., *História da vida privada no Brasil*, São Paulo, Companhia das Letras, 1997, vol. 1, pág. 226.)

Entretanto, também existiram moradias com dois ou três andares, tendo muitas vezes balcões de ferro ou madeira na face que dava para a rua.

Em seu conhecido *Cultura e opulência do Brasil por suas drogas e minas*, João Antonil chama a atenção para a prática da dupla moradia. Este fenômeno era comum entre proprietários rurais que viviam em casas mais modestas, embora, por vezes, com vários prédios e localizadas na área rural. Nelas viviam, com a família, escravos e trabalhadores livres. Para as casas situadas nas cidades, onde iam para fechar negócios e se divertir, os proprietários erguiam edificações com um ou dois pavimentos, muitas vezes usando pedra importada. Antonil criticava esse hábito por considerá-lo verdadeiro desperdício econômico.

> "Estilisticamente, as obras conhecidas pertencem ao Rococó-Classicismo. De vez em quando observa-se alguma sombra do estilo barroco; mas este fato não altera a situação estilística geral que é a do Rococó-Classicismo. A expressão Barroco Mineiro, de uso corrente, não tem, portanto, cabimento no caso da música. Que essa expressão tenha validade no caso das Artes Plásticas ou da paisagem urbana no mesmo período, está fora de qualquer dúvida." (KIEFER, B., *op.cit.*, pág. 37.)

A chegada da corte portuguesa, em 1808, provocou importantes inovações e criações, que estudaremos posteriormente.

CAPÍTULO 10

REBELIÕES, GUERRAS INTERNAS E REPRESSÃO

10.1 . POR QUE OCULTAR A VIOLÊNCIA?

A grande maioria dos livros de História do Brasil procura ocultar a violência, sobretudo das autoridades, contra reivindicações das camadas populares, visando projetar a imagem do *brasileiro cordial.*

Essa visão da história oficial criou-se no século XIX quando, em meio à formação do Estado Nacional, se desenvolveu a idéia de não-violência na sociedade brasileira, ao contrário da violência imperante nas demais sociedades latino-americanas, onde a guerra pela independência e o caudilhismo predominavam.

Tem-se passado uma imagem distorcida da nossa história, na qual se oculta o conflito entre as classes sociais. A preocupação em passar o *discurso da unidade nacional*, na realidade, atende aos interesses das classes dominantes e coloca a história a serviço dos detentores do poder

> "(...) já no final do século passado livros didáticos de História do Brasil repetiam a História produzida entre nós pelo Instituto Histórico e Geográfico Brasileiro e por um dos seus mais ilustres sócios, Francisco Adolfo Varnhagen (...) a História Oficial seria

compreendida como a única História verídica (...) Também a periodização passa a ser exclusivamente ligada à História Política e Administrativa do Brasil, privilegiando sempre a concepção de História, como História dos governantes." (ABUD, KATIA MARIA, "O livro didático e a popularização do saber histórico", *in*: SILVA, MARCOS A. (org.), *Repensando a história*, Rio de Janeiro, Editora Marco Zero, 1984, pág. 83.)

Essa preocupação em fortalecer a idéia de conciliação entre classes e grupos antagônicos e exaltar a não-violência como característica marcante da sociedade brasileira resulta inclusive na minimização — e até mesmo na ocultação — do que tem sido uma constante na nossa história: a luta dos setores populares contra o processo de exploração imposto pelas classes dominantes e a violenta repressão empregada pelos governantes.

Não podemos continuar a aceitar a tradicional visão da história oficial claramente enquadrada na conhecida declaração de José Maria Alkmin, velho político mineiro: "Em política o que importa não é a verdade, mas a versão."

10.2 . O PORQUÊ DOS CONFLITOS

O processo colonizador português, na medida em que se desenvolveu, evidenciou a contradição entre os interesses metropolitanos e coloniais. A coroa, setores metropolitanos e seus representantes no Brasil visavam explorar ao máximo as riquezas naturais ou produzidas em terras brasileiras.

Esses objetivos acabavam se chocando com os interesses dos colonos, portugueses ou seus descendentes, que também queriam aproveitar-se dessas riquezas.

O rigorismo das práticas mercantilistas, a voracidade da política fiscal, a prepotência das autoridades coloniais, a corrupção e o emperramento da máquina burocrática foram uma constante e se tornaram mais intensos após o fim da União Ibérica.

Por quê?

Porque a coroa portuguesa perdeu fontes de receita na Ásia e na África, onde muitas de suas colônias passaram ao domínio holandês. E as despesas e perdas eram grandes em face das guerras contra a Holanda e a Espanha, somente concluídas com o Tratado de Haia (1661) e o Tratado de Lisboa (1668).

Embora a paz fosse restaurada, nem por isso os gastos diminuíram. A colossal indenização paga aos holandeses e as crescentes concessões feitas aos flamengos e, sobretudo, aos ingleses, somadas à manutenção de uma corte parasitária e à crise econômica portuguesa, explicam por que a dinastia de Bragança passou a exercer um controle mais rígido sobre a economia colonial brasileira e aumentou o rigor da arrecadação dos tributos impostos aos colonos que viviam no Brasil.

Ora, acontece que a produção açucareira entrara em crise após a expulsão dos holandeses do Nordeste. E a queda da exportação do principal produto da economia colonial, se, por um lado, reduzia ainda mais a receita do Estado português, por outro lado diminuía os lucros de segmentos da sociedade colonial em uma conjuntura marcada pelo arrocho fiscal.

Em conseqüência, multiplicaram-se revoltas contra diretrizes específicas da política colonial portuguesa. Essas revoltas são geralmente denominadas de *nativistas* porque nelas ainda não havia o projeto de independência do Brasil, mesmo porque inúmeros dos seus participantes e até líderes eram portugueses.

Contudo, houve também conflitos entre grupos ou classes que disputavam o predomínio político de uma região ou capitania, assim garantindo a exploração das riquezas nelas existentes.

10.3 . O HOMEM QUE NÃO QUIS SER REI (1641)

Um dos incidentes mais insólitos da sociedade colonial ocorreu quando Portugal lutava para recuperar sua independência, libertando-se do domínio espanhol.

Nessa guerra de libertação, liderada por D. João IV, recém-proclamado rei de Portugal, houve manifestação de rebeldia na capitania de São Vicente.

Na cidade de São Paulo existiam inúmeras famílias espanholas que temiam perder suas terras e privilégios. Havia ainda grupos interessados em expandir suas atividades, inclusive mercantis, até o Rio da Prata.

Os espanhóis Juan Rendón e Francisco Rendón de Quevedo y Luna articularam movimento que, em ato de franca rebeldia e de caráter separatista, ***aclamou rei a Amador Bueno de Ribeira.***

Mais conhecido como Amador Bueno, era homem de grande prestígio na sociedade vicentina. Embora de origem espanhola por linha paterna, Amador Bueno recusou a honraria e se refugiou no convento dos beneditinos.

Era o dia 1º de abril de 1641.

Com o apoio daquele que se recusou a ser rei, as autoridades portuguesas rapidamente recuperaram o controle da capitania e impuseram o reconhecimento do governo de D. João IV.

Buscando garantir a legalização do anterior ato de expulsão dos jesuítas pela Câmara de São Paulo, esta resolveu expor os acontecimentos e, para isso, enviou missão oficial a Lisboa, sendo um dos seus membros o filho daquele que se recusou a ser rei.

10.4 . A REVOLTA DA CACHAÇA (1660 - 1661)

Embora ligado aos espanhóis por laços de sangue, pois descendia pelo lado materno de família espanhola, Salvador Correia de Sá e Benevides, nomeado governador do Rio de Janeiro pela terceira vez (1659-1660), desfrutava de grande prestígio, tanto assim que também recebeu a jurisdição sobre toda a costa do sul. Em conseqüência, seus poderes não ficavam subordinados à autoridade do governador-geral residente na Bahia. Sá e Benevides era um oligarca típico, grande proprietário, e contra ele existem inúmeros depoimentos negativos.

Logo nos primórdios de sua administração solicitou ao Senado da Câmara a criação de um imposto predial. A receita proveniente dessa nova tributação visava atender despesas com o aumento da tropa, subordinada ao governador. Além do mais, a receita apurada também se destinava a evitar atrasos no pagamento da guarnição, o que ocorria com freqüência.

Como ainda hoje acontece, apareceram propostas de isenção ao imposto em discussão, sendo tal benefício concedido às ordens religiosas dos jesuítas, dos carmelitas e dos beneditinos.

Diante das controvérsias surgidas, como alternativa, a Câmara aprovou a cobrança de impostos sobre a venda de cachaça e de carne. Ora, essa tributação indireta atingia os setores populares da sociedade, ao passo que o imposto predial incidia apenas sobre os proprietários de imóveis. Todavia, após alguns meses, permanecia baixa a arrecadação com a cobrança dos impostos indiretos sobre a cachaça e a carne, o que levou o governador a ordenar que também fosse recolhido o imposto predial.

Em seguida partiu para a capitania de São Paulo, a fim de verificar como andava a mineração de ouro, tendo deixado Tomé Correia de Alvarenga, seu primo, para substituí-lo e designado outro parente para presidir o Senado da Câmara.

No dia 8 de novembro de 1660 explodiu a revolta, liderada por Jerônimo Barbalho Bezerra, filho de Luís Barbalho Bezerra, que governara o Rio de Janeiro (1643-1644) e se destacara na luta contra os holandeses.

Por que a revolta?

Basicamente por causa do peso da tributação estabelecida. A isso se juntou o fato de o governador favorecer abertamente seus parentes, arrivistas e sem escrúpulos, ele próprio sendo acusado de tirania, de peculato e de manter ligações escusas com donos de casas de jogo. Além do mais, os Sá e Benevides tinham como aliados os jesuítas, contra os quais existiam fortes animosidades porque eram defensores da liberdade dos índios.

O governador interino foi deposto e recolhido preso à fortaleza de Santa Cruz, após fracassar sua tentativa de se asilar no mosteiro de São Bento. Em meio ao tumulto, realizaram-se eleições para escolha de novos integrantes do Senado da Câmara (ou Câmara Municipal) não vinculados à família ou à clientela dos Benevides. Nomeou-se governador Agostinho Barbalho Bezerra, irmão do líder dos sublevados (8 de novembro de 1660).

Contando com o apoio da guarnição militar, os revoltosos enviaram para Portugal muitos dos aliados do governador Salvador Correia de Sá e Benevides.

A população revoltada chegou a saquear imóveis dos Correia de Sá e, quando o Senado da Câmara descobriu manobras conciliatórias do recém-eleito Agostinho Bezerra, destituiu-o do cargo e assumiu o governo da cidade, em fevereiro de 1661.

Contudo, Salvador Correia habilmente retornou ao Rio de Janeiro, quando pôde contar com a ajuda de forças militares vindas do reino. De surpresa, invadiu a cidade e reconquistou o poder em abril de 1661.

De imediato, designou o desembargador Antônio Nabo Pessanha para abrir devassa, sendo apontados Jerônimo Barbalho Bezerra e Jorge Ferreira Bulhões como chefes da revolta. O primeiro foi condenado à morte e, a 10 de abril de 1661, enforcado no Largo do Polé, hoje Praça

XV de Novembro. Em seguida, como prática usual da justiça colonial, foi decapitado a machadadas, tendo a cabeça ficado exposta no pelourinho existente próximo à forca.

Outros participantes da revolta foram postos a ferros e ficaram presos por alguns anos em presídios em Portugal, até serem perdoados e voltarem ao Brasil. A exceção foi Jorge Ferreira Bulhões, que, devido a maus-tratos, faleceu na prisão de Limoeiro.

No entanto, a corte havia designado outro governador, e sua carta de nomeação era dirigida a Agostinho Barbalho Bezerra (1º de julho de 1661), o que evidenciava o enfraquecimento político do velho oligarca.

Como Pedro de Melo assumiu o cargo somente em 29 de abril de 1662,

> "Salvador aproveitou esse prazo para realizar um dos seus projetos: a construção de um barco de grandes proporções (o maior do mundo, diziam): o Padre Eterno — que deu nome à ponta do 'Galeão', na Ilha do Governador. Mas não ousou impor novamente os tributos, e não conseguiu antes de alguns anos levantar o seqüestro que fora imposto às suas propriedades pelos oficiais da Coroa (...) Salvador nunca mais voltou ao Brasil (...) Mais tarde (...) obteve para os seus filhos a outorga de Capitanias na antiga de São Tomé (Paraíba do Sul); aí fundaram-se as Vilas de São Salvador de Campos (hoje cidade deste último nome) e de São João da Barra." (BUARQUE DE HOLANDA, SÉRGIO, *História geral da civilização brasileira*, tomo I, 2º volume, *op. cit.*, págs. 17 e 18.)

10.5 . A REVOLTA CONTRA O XUMBERGAS (1666)

Esse movimento de rebelião também é conhecido com *Conjuração de Nosso Pai*, porque os rebeldes prenderam o governador em uma procissão de extrema-unção a moribundos, conhecida como procissão de *Nosso Pai*.

Até parece que foi uma epidemia a se alastrar pela sociedade colonial: outro governador acabou sendo deposto pouco depois de Salvador Correia de Sá e Benevides. Chamava-se Jerônimo de Mendonça Furtado e governou a capitania de Pernambuco de 1664 até a sua deposição, a 31 de agosto de 1666, após ser preso em Olinda, encarcerado na fortaleza do

Brum, em Recife, e deportado para Lisboa. Era apelidado de *Xumbergas* por causa dos vastos bigodes tufados que usava, imitando os do marechal-de-campo Armand Friedrich von Schomberg, oficial alemão que comandara tropas portuguesas na guerra de libertação do domínio espanhol.

A palavra acabou designando a grave epidemia de bexigas que grassou em Pernambuco, passando a outras capitanias.

> "Que não escape ao leitor, como não escapou aos contemporâneos, a gravidade do sucesso. O Governador Geral na Bahia ou o Governador em Pernambuco ou no Rio de Janeiro não eram apenas a primeira autoridade régia. Aos olhos de todos, eles encarnavam a própria majestade real do senhor D. Afonso VI. Por maiores que fossem os desmandos dos seus agentes, só restava aos povos o recurso de se queixar a El Rei, fiando-se da sua magnanimidade, sem que lhes assistisse o direito de recorrer à deposição." (CABRAL DE MELLO, EVALDO, *A Fronda dos mazombos — nobres contra mascates: Pernambuco 1666-1715*, São Paulo, Companhia das Letras, 1995, págs. 19 e 20.)

Mesmo assim, as arbitrariedades e deslizes cometidos pelo Xumbergas foram de tal monta que embasaram o ato de força praticado contra o representante da coroa.

Em representação enviada a Lisboa, a Câmara de Olinda, integrada pela elite de grandes proprietários de terras e de escravos, levantou inúmeras acusações contra o governador deposto. Afirmava que

> "ele administrava como um tirano, interferia no funcionamento do Judiciário, executava dívidas, seqüestrava bens, em especial nas fábricas dos engenhos e nos partidos de cana, prendia e soltava a seu talante, tudo em troca de dinheiro (...) O governador teria embolsado um quinhão da receita do chamado 'donativo da Rainha da Inglaterra e paz da Holanda', imposto lançado para a satisfação do dote de D. Catarina de Bragança, irmã d'El Rei, casada com Carlos II, e da indenização prevista no tratado de paz

com os Países Baixos (1661). Infringindo o monopólio comercial, permitia o comércio com franceses e embarcara por conta própria o pau-brasil pertencente ao estanco régio. Violando outra regalia ou privilégio da Coroa, recunhara moeda no recesso da sua casa (...) quebrara imunidades eclesiásticas, introduzira ilegalmente um amigo no cargo de Ouvidor, desobedecera decisões emanadas do Vice-Rei, Conde de Óbidos, e, cúmulo de atrevimento, mancomunara-se com o comandante de uma frota francesa, o Marquês de Mondvergue, para entregar a terra ao Rei Cristianíssimo."
(CABRAL DE MELLO, EVALDO, *op. cit.*, págs. 20 e 21.)

As acusações procediam na sua quase totalidade. Contando com o apoio de seus dois filhos e amigos a quem favorecia, o governador procurou aumentar seus bens e fortuna, não hesitando em prender o ouvidor nomeado e colocar em seu lugar o Dr. Lourenço de Azevedo Mota, a fim de desfrutar de maior liberdade para realizar vantajosas negociatas.

Sua impopularidade aumentou quando a capitania foi assolada por terrível epidemia de bexigas, que a crendice popular atribuiu à passagem de cometas e aos maus fluidos exalados do Xumbergas.

Contudo, a conspiração contra o governador envolveu importantes membros da classe dos senhores de engenho, como João Fernandes Vieira e André de Barros Rego, devido à cobrança de impostos atrasados, que os senhores de engenho não aceitavam pagar pretextando terem sido eles que haviam arcado com a maior parte das despesas para expulsar os holandeses.

Mendonça Furtado igualmente entrou em choque com o vice-rei, conde de Óbidos, que talvez estivesse envolvido na conspiração, e fez carga contra o governador junto às autoridades metropolitanas.

A Câmara de Olinda comunicou a deposição do governador ao vice-rei e organizou uma Junta de Governo integrada por André de Barros Rego e pelos mestres-de-campo João de Souza e Antônio Dias Cardoso.

Quando se espalhou a notícia do ocorrido, logo surgiram modinhas refletindo a satisfação popular.

"O Mendonça era Furtado / Pois do paço o furtaram; / Governador governado, / Para o reino o despacharam."

Curiosamente, as autoridades de Lisboa não tomaram nenhuma atitude contra os envolvidos nesse movimento de clara rebelião contra um representante da coroa. Contudo, a rivalidade entre os senhores de engenho, encastelados em Olinda, e os *mascates*, em geral portugueses e habitando Recife, continuou a crescer.

10.6 . A REVOLTA DE BECKMAN (1684)

> "No ano de 1677 estabeleceu-se o primeiro estanco, um monopólio que estancava o comércio de certas mercadorias, proibindo-o aos particulares. Somente a Coroa poderia fornecer à colônia aço, ferro, facas e avelórios, tendo ainda a exclusividade do comércio de resgate. Por outro lado, os produtores eram obrigados a entregar todos os gêneros ao Almoxarife da Fazenda, que os indenizava de acordo com a lei. De princípio, a maior dificuldade era que no Estado não havia numerário suficiente para pagar os produtos estancados." (LIMA, CARLOS DE, *História do Maranhão*, Brasília, Centro Gráfico do Senado Federal, 1981, pág. 79.)

O descontentamento se agravou quando, a 1º de abril de 1680, a coroa estabeleceu a liberdade incondicional dos indígenas, proibindo taxativamente fossem escravizados. Além disso, confiou-os aos jesuítas, que passavam a ter a jurisdição espiritual e temporal das aldeias indígenas.

Visando solucionar o problema da mão-de-obra para as atividades agrícolas do Maranhão, o governo criou a *Companhia do Comércio do Estado do Maranhão* (1682).

Durante vinte anos a companhia teria o monopólio do comércio importador e exportador do Estado do Maranhão e Grão-Pará. Cabia-lhe fornecer dez mil escravos africanos negros, à razão de quinhentos por ano, durante o período da concessão outorgada. Tinha também o monopólio do fornecimento de tecidos e artigos necessários ao uso e consumo do Grão-Pará e Maranhão. Toda a produção exportada para Lisboa seria realizada por navios da Companhia, que antecipadamente estabeleceria o preço de compra da baunilha, cacau, pau-cravo, cana-de-açúcar, algodão e tabaco.

> "Para a obtenção da farinha de mandioca necessária à alimentação dos africanos que importasse, poderia a Companhia servir-se do trabalho de certo número de indígenas administrados, pagando-os de acordo com a legislação em vigor. Organizada a empresa, teve como principal participante Pedro Álvares Caldas, rico negociante de Lisboa. E como administrador, no Maranhão, Pascoal Pereira Jansen." (VIANNA, HÉLIO, *op.cit.*, pág. 310.)

Ora, acontece que abusos e negociatas sucederam-se, com os agentes da companhia freqüentemente obrigando os produtores a vender sua produção por preços vis, a fim de não terem prejuízo total. Em contrapartida, as mercadorias vindas do reino ou de Angola eram oferecidas por preços acima da tabela.

Submetidos às limitações e à exploração da política colonial, os habitantes do Maranhão tinham agravadas as difíceis condições econômicas em que viviam.

Vejam o retrato da sociedade maranhense traçado pelo padre Antônio Vieira em 1680, ou seja, pouco antes da rebelião:

> "(...) exceto a cidade de São Luís do Maranhão, onde de poucos tempos para cá se corta carne algumas vezes, em todo o Estado não há açougue nem ribeira, nem horta, nem tenda onde se vendam as coisas usuais para o comer ordinário, nem ainda um arrátel de açúcar com que fazer na terra (...) Na Ilha do Maranhão, responde muito mal a terra com o pão natural daquelas partes, que é a mandioca (...) As canas-de-açúcar não se plantam uma só vez como no Brasil, mas quase é necessário que se vão replantando todos os anos. As terras capazes de tabaco também se vão já buscar muito longe. O comer ordinário é caça e pescado, e a caça, sendo antigamente tanta, que quase se metia pelas casas, hoje, pela continuação com que se tem batido os matos, está quase extinta. E no peixe se tem experimentado quase o mesmo, sendo no princípio infinito." (*in* LIMA, CARLOS DE, *op. cit.*, pág. 75.)

Se as condições de vida já eram difíceis em 1680, pioraram ainda mais com os privilégios concedidos à companhia, que contava com a complacência das autoridades. Curiosamente, o governador Francisco de Sá Menezes chegou a São Luís no mesmo navio em que viajou Pascoal Pereira Jansen, nomeado para ser o representante da companhia no Maranhão.

Antes mesmo do desembarque de Sá Menezes, foi ao seu encontro uma comissão de representantes do povo para apresentar reivindicação das elites maranhenses.

> "(...) mas os representantes do povo que foram tratar do assunto deixaram-se subornar por Pascoal Jansen que, com o apoio do Governador, deu ao Vereador Jorge de Sampaio fazendas e gêneros, ao Juiz dos Órfãos Manoel Campelo de Andrade, a promessa do cargo de Procurador da Companhia, e a patente de Capitão de Infantaria ao Procurador da Câmara Antônio de Souza Soeiro. Ao suborno, seguiram-se as ameaças de prisão e deportação dos que pretendessem resistir (...)." (LIMA, CARLOS DE, *op. cit.*, pág. 80.)

As conseqüências da opressão dos governantes e da espoliação e abusos da companhia não se fizeram esperar muito tempo. Manoel Beckman, também conhecido como Bequimão, proprietário de terras e vereador, procurou reunir partidários para pôr fim às dificuldades vividas por muitos integrantes da sociedade maranhense. Natural de Lisboa, via-se prejudicado pela proibição de escravizar índios, necessários como mão-de-obra ao engenho de açúcar que possuía.

Reuniões ocorreram e os projetos em andamento ganharam mais força quando os carmelitas, os franciscanos, o clero secular e até mesmo o bispo Gregório dos Anjos condenaram o monopólio dado à companhia. Somente os jesuítas se calaram, o que era compreensível, já que haviam recebido o monopólio da jurisdição das aldeias indígenas, concessão altamente vantajosa.

No dia 25 de fevereiro de 1684 explodiu a revolta. Aproveitando-se da ausência do governador, que tinha fixado residência em Belém, os revoltosos prenderam o capitão-mor Baltazar Fernandes, declararam deposto o governador, expulsaram os jesuítas e determinaram a suspensão das atividades da companhia no Maranhão.

Formou-se uma *Junta de Governo*, chamada de *Três Estados*, integrada por Inácio da Assunção, frade carmelita; Manoel Beckman e Eugênio Ribeiro Maranhão, grandes proprietários; Francisco Dias Deiró e Belquior Gonçalves, representantes das camadas populares. A junta governaria até novas ordens da corte em Lisboa.

Para ajudá-la em sua missão, a junta elegeu três adjuntos: João de Sousa de Castro, Manoel Coutinho de Freitas e Tomás Beckman, irmão de Manoel Beckman.

Emissários foram enviados a Belém e a Lisboa, sendo designado Tomás Beckman para expor o ocorrido ao rei.

Curiosamente, ao lado de medidas destinadas a garantir o sucesso da rebelião, a junta preocupou-se também em impor ridículas proibições, como o uso de mantas de seda pelas mamelucas e o de fitas pelas mulheres em geral.

Contudo, em Lisboa, Tomás Beckman foi posto a ferros e embarcado no mesmo navio que trazia Gomes Freire de Andrade, novo governador enviado com todos os poderes.

Praticamente sem encontrar resistência, Gomes Freire dominou São Luís e mandou prender e julgar os participantes da revolta.

> "No dia 2 de novembro de 1685, na Praia do Armazém, ou da Trindade, foram executados na forca Manoel Beckman e Jorge Sampaio, e, em efígie, por se encontrar foragido, Francisco Dias Deiró." (LIMA, CARLOS DE, *op. cit.*, pág. 85.)

Belquior Dias Gonçalves foi condenado a dez anos de degredo na África, além de receber açoites pelas ruas de São Luís. Tomás Beckman, condenado à morte, teve a pena comutada para morte civil, e os demais presos foram soltos após pagarem as custas do processo.

Os jesuítas puderam retornar ao Maranhão, mas a coroa suprimiu o monopólio concedido à Companhia do Comércio do Estado do Maranhão.

10.7 . A GUERRA DOS EMBOABAS (1708-1709)

Conflito com características diferentes dos anteriores foi o ocorrido em territórios do atual estado de Minas Gerais.

Foi uma luta sem quartel pelo domínio de uma região logo integrada à Capitania de São Paulo e Minas do Ouro, capitania da coroa criada em 1709. Verdadeira guerra entre bandeirantes e forasteiros disputando o controle de áreas de mineração de ouro recém-descobertas pelos vicentinos ou bandeirantes em fins do século XVII.

A divulgação do descobrimento de ricas jazidas auríferas provocou verdadeira corrida de forasteiros atraídos pela possibilidade de enriquecimento rápido. De todas as capitanias, e até de Portugal, centenas de pessoas começaram a afluir às terras das minas. Aventureiros, comerciantes, homens livres, lavradores, ladrões, prostitutas, jogadores, artesãos, sacerdotes, pecuaristas e até mineradores. Chegavam sozinhos, alguns com suas famílias.

> "A sede insaciável do ouro estimulou a tantos a deixarem suas terras, e a meterem-se por caminhos tão ásperos, como são os das minas, que dificultosamente se poderá dar conta do número das pessoas que atualmente lá estão. Contudo, os que assistiram nelas nestes últimos anos por largo tempo, e as correram todas, dizem que mais de trinta mil almas se ocupam, umas em catar, outras em mandar catar nos ribeiros do ouro; e outras em negociar, vendendo e comprando o que se há mister não só para a vida, mas para o regalo, mais que nos portos do mar. Cada ano vem nas frotas quantidades de portugueses e de estrangeiros, para passarem às minas. Das cidades, vilas, recôncavos e sertões do Brasil vão brancos, pardos e pretos, e muitos índios de que os paulistas se servem. A mistura é de toda a condição de pessoas: homens e mulheres; moços e velhos; pobres e ricos; nobres e plebeus, seculares, clérigos e religiosos de diversos institutos [Ordens], muitos dos quais não têm no Brasil convento nem casa." (ANTONIL, ANDRÉ JOÃO, *op.cit.*, pág. 514.)

Povoados surgiam e logo eram abandonados quando seus moradores partiam em busca do ouro.

Os vicentinos ou paulistas chamavam aos demais de emboabas. Estes, na sua maioria, eram portugueses vindos do reino ou de outras capitanias.

> "Sabe você o que significa *emboaba*? Há controvérsias a respeito da palavra. Alguns historiadores afirmam que emboaba é corruptela de mbuab, nome de uma ave de pernas e pés cobertos de penas, isto porque os portugueses geralmente andavam de botas altas. Outros autores defendem a idéia de que emboaba é sinônimo de inimigo, estrangeiro ou forasteiro." (AQUINO, RUBIM SANTOS LEÃO DE *et alii*, *op. cit.*, pág. 125.)

Desde que descobriram minas de ouro e, mais tarde, de diamantes, os vicentinos consideravam caber a eles prioritariamente o direito de exploração daquelas riquezas.

Tanto assim que, em petição de 7 de abril de 1700, a Câmara Municipal da cidade de São Paulo solicitou à coroa fosse a concessão de terras de regiões mineradoras feita exclusivamente aos habitantes da capitania de São Vicente. Assim pretendia reforçar o ato real de 18 de março de 1694, que garantira a posse das minas aos seus descobridores, desde que pagassem o quinto devido à Fazenda Real.

Contudo, o governo português não atendeu a tal solicitação e concedeu terras indiscriminadamente, inclusive favorecendo claramente aos portugueses. Tal prática descontentou os vicentinos, e os conflitos tenderam a se multiplicar.

> "O fato de muitas datas, de início marcadas pelos paulistas, terem sido desrespeitadas pelos que vieram mais tarde do litoral, quando os primeiros proprietários haviam abandonado suas lavras, tangidos pela carestia de 1698 e 1700, não concorreu para conservar a harmonia entre os dois partidos (...) Fonte menos importante de discórdia foi criada pelos escravos. Os dos paulistas eram, em sua maior parte, ameríndios reunidos em bloco sob termo genérico, mas pouco exato, de *carijós* e *tapuias*. Os dos emboabas — quando estes puderam se dar ao luxo de tê-los — eram, quase invariavelmente, negros. Ao que parece, esses dois grupos da população servil, não morriam de amores um pelo outro, tal como acontecia com seus senhores." (BOXER, C.R., *op. cit.*, págs. 71 e 72.)

Rapidamente os emboabas tornaram-se maioria, e incidentes multiplicaram-se entre mineradores e recém-chegados, dentre os quais cresceu o número de indivíduos procedentes da Bahia. Um deles era o português Manoel Nunes Viana, que obteve amplas concessões para criar gado vacum, combater indígenas não submetidos, destruir quilombos que se formassem e explorar minas de ouro na serra da Piedade e nas Catas Altas. Em pouco tempo enriqueceu, ganhou prestígio e passou a desfrutar de grande popularidade entre os emboabas, também porque, ousadamente, entrara em luta aberta com inúmeros paulistas.

A respeito de Nunes Viana corriam várias histórias.

> "Uma delas é a de que assassinou uma filha (...) por sabê-la de relações com um rapaz pobre e de baixa condição. Outra, a de que mandava arrojar escravos e prisioneiros vivos em uma lagoa, perto da sua fazenda, a fim de que fossem devorados pelas piranhas. Tal lagoa tomou o nome de Cinqüenta, porque dali foram retiradas cinqüenta caveiras de adultos, no meado do século XIX. Uma terceira sinistra tradição é a de que recolhia na sua fazenda da Tábua, que se dizia mal adquirida, os doentes desenganados e ricos da região, apressando-lhes a morte, a fim de herdar-lhes os bens." (FRANCO, FRANCISCO DE ASSIS CARVALHO, *Dicionário de bandeirantes e sertanistas do Brasil — Séculos XVI, XVII e XVIII.* São Paulo, Comissão do IV Centenário da Cidade de São Paulo, 1953, pág. 429.)

O antagonismo tornou-se mais sério ainda porque envolveu também o comércio e a especulação com artigos de amplo consumo, como fumo, aguardente e carne de gado bovino, controlados pelos portugueses, aliados a baianos.

Esse antagonismo era perpassado pelo receio sempre presente de rebeliões de escravos.

A ocorrência de assassinatos de dois emboabas deu margem ao boato de que os paulistas iriam realizar o massacre de forasteiros em janeiro de 1708.

> "Essa 'invencione diabólica' excitou os ânimos. Sem mais averiguações uniram-se os forasteiros e decidiram ir além de simples resistência armada, organizando um governo e proclamando Manoel Nunes Viana Governador de todas as minas, com plenos poderes, devendo exercer esse cargo até que sua Majestade providenciasse a respeito." (BUARQUE DE HOLANDA, SÉRGIO, *op. cit.*, págs. 302 e 303.)

Combates sucederam-se, sendo os paulistas derrotados nos arraiais de Sabará e Cachoeira do Campo, que os obrigou a se retirar para a região do rio das Mortes e até mesmo para a capitania de São Vicente, perdendo assim o controle de ricas áreas de mineração do ouro.

Nesses embates, destacaram-se, entre os emboabas, Francisco de Menezes, frade português e contrabandista, e Bento do Amaral Coutinho, carioca, sargento-mor e responsável por trágico episódio nesta guerra. Em janeiro de 1709, suas tropas cercaram dezenas de paulistas nas proximidades da área onde mais tarde desenvolveu-se a cidade de São João del Rei. Entregando-se, sob promessa de terem suas vidas poupadas, os paulistas depuseram suas armas. Foram então impiedosamente massacrados. Para algumas fontes, os mortos foram cinqüenta, ao passo que outras elevam para trezentos o número de assassinados.

Esse crime atroz levou o local onde foi cometido a ser conhecido como *Capão da Traição.*

A Câmara Municipal de São Paulo aprovou a criação de uma força expedicionária, curiosamente chamada de *Viagem para Minas por bem da Pátria*, integrada principalmente por indígenas e mestiços e comandada por Amador Bueno da Veiga.

Durante quatro dias atacaram os emboabas que haviam se fortificado próximo ao rio das Mortes. Contudo, os paulistas acabaram se retirando diante da notícia da aproximação de tropas saídas do Rio de Janeiro e de Vila Rica de Nossa Senhora do Pilar do Ouro Preto (atual Ouro Preto).

Era novembro de 1709, e esse episódio sangrento marcou o fim do conflito.

Três meses depois a coroa criou a capitania de São Paulo e das Minas de Ouro. Além disso, o governo português procurou pacificar os ânimos, estabelecendo normas para a distribuição de lavras entre paulistas e emboabas, inclusive reintegrando os paulistas expulsos em suas antigas datas. Essas normas estabeleciam também o pagamento do quinto real coletado à base das bateias, o envio de companhias de infantaria para manter a ordem colonial e a proibição do porte de armas por escravos, mestiços e indígenas. E elevaram São Paulo à categoria de cidade e capital da nova capitania da coroa (1709).

Dois anos depois, três arraiais mineiros receberam a dignidade de vila: Ribeirão do Carmo (a atual Mariana), Vila Rica de Nossa Senhora do Pilar do Ouro Preto (hoje chamada de Ouro Preto) e Sabará, então denominada de Vila Real de Nossa Senhora da Conceição de Sabará (1711).

Entretanto, os habitantes da antiga capitania de São Vicente não se sentiam seguros nas terras de Minas de Ouro. Por isso, as bandeiras que organizaram buscaram novos territórios e, em 1718, descobriram minas de ouro em Mato Grosso.

10.8 . A GUERRA DOS MASCATES (1710-1711)

A) ANTECEDENTES

Incluída entre os denominados *movimentos nativistas* do Brasil Colônia (aqueles em que predominavam idéias regionais, sem assumir o caráter de libertação do domínio colonial), a Guerra dos Mascates é apontada por diversos historiadores como a primeira rebelião colonial em que houve propostas separatistas.

Ocorrida na capitania de Pernambuco no alvorecer do século XVIII, suas origens prendem-se à crescente rivalidade entre a aristocracia rural pernambucana e o português que geralmente vivia do comércio.

> "A confrontação entre a loja e o engenho tendeu principalmente à forma de uma contenda municipal, de escopo jurídico-institucional, entre um Recife florescente que aspirava à emancipação de uma Olinda decadente que procurava mantê-lo em uma sujeição irrealista. Essa ingênua fachada municipalista não podia, contudo, resistir ao embate dos interesses em choque. Logo

revelou-se o que realmente era, o jogo de cena a esconder uma luta pelo poder entre o credor urbano e o devedor rural (...) A Guerra dos Mascates constituía de forma nua e crua uma luta de classes." (CABRAL DE MELLO, EVALDO, *op. cit.*, pág. 123.)

A dominação holandesa havia contribuído para a prosperidade de Recife, embelezada por inúmeras construções, favorecida por ser o centro administrativo e político das autoridades flamengas e enriquecida pelo desenvolvimento da atividade comercial, permitindo o crescimento de poderosa classe de comerciantes, sobretudo portugueses, chamados pejorativamente de *mascates*, porque muitos deles viviam da mascateação.

E o que vem a ser *mascateação*? É o comércio em que os vendedores são ambulantes, ou seja, levam seus artigos aos domicílios para vendê-los, trabalho desprezado pelos proprietários de terras e de escravos. Estes ainda empregavam outras denominações depreciativas para designar os comerciantes de Recife: *forasteiros*, *marinheiros* e *grumetes*.

Em contrapartida, eram chamados de *pés-rapados* pelos comerciantes de Recife. E por que esse apelido? Porque uma das conseqüências da dominação holandesa foi que a luta contra os invasores desorganizara a produção açucareira. Muitas plantações haviam sido queimadas. Engenhos foram destruídos. Escravos refugiaram-se em Palmares, somente destruído em fins do século XVII.

A recuperação da produção açucareira era muito difícil porque enfrentava a concorrência antilhana no mercado internacional. Com isso, o volume da exportação caiu e, conseqüentemente, diminuíram os lucros dos produtores pernambucanos.

Para enfrentar essas dificuldades, a aristocracia rural pernambucana passara a contrair empréstimos com os comerciantes de Recife. Em conseqüência, o financiamento da produção açucareira dependia desses comerciantes, que garantiam o capital de giro disponível até a colheita e a chegada da frota anual que levaria o açúcar para Portugal.

"Em poder desses forasteiros ou mascates residia todo o comércio; eles, portanto, eram os que supriam os engenhos e também os únicos que recebiam as caixas de açúcar. No fim das safras, cada

> senhor de engenho devia uma soma considerável ao mascate que o tinha suprido, e então este, inflexível credor, instantaneamente o apertava, dando-lhe a escolher ou pagar-lhe no ano seguinte o duplo do que devia, ou entregar o açúcar a quatrocentos réis cada arroba, açúcar este que ele remetia aos seus correspondentes na Europa à razão de 1$400 réis." (FERNANDES GAMA, J.B., *Memórias históricas da província de Pernambuco*, Recife, vol. 4º, 1844, págs. 57 e 58, *in* CABRAL DE MELLO, EVALDO, *op. cit.*, pág. 126.)

A própria corrida ao ouro das Minas Gerais acentuava as dificuldades enfrentadas pelos produtores de açúcar em Pernambuco.

> "O Rio São Francisco servia de união entre Pernambuco, cujo território se estendia até as suas nascentes, e as zonas de mineração. Pelo rio e por outros caminhos por terra, caminhavam não só pessoas à procura de fortuna como também o gado usado no abastecimento dos arraiais de mineração; a maior parte dos escravos africanos era levada para o Rio de Janeiro e não para o Recife ou Salvador, como acontecera nos dois primeiros séculos de colonização. Enquanto o preço do açúcar baixava o do escravo subia, levando os engenhos a uma situação crítica. Como os portugueses controlavam o comércio, naturalmente ajustavam os preços dos produtos aos seus interesses, com grande prejuízo para os filhos da terra." (ANDRADE, MANUEL CORREIA DE, *Pernambuco imortal*, Recife, *Jornal do Comércio*, 1995, nº 4, pág. 3.)

Para melhor avaliação do problema, calcula-se que o preço do escravo vindo da África passou de trinta mil reais para cento e cinqüenta mil reais. Esta situação agravou os antagonismos entre proprietários e mascates. Os habitantes de Recife, liderados pelos mascates, desejavam acabar com a subordinação política, administrativa, jurídica e religiosa a Olinda. Várias vezes pleitearam o direito de concorrer à Câmara Municipal, cuja sede era em Olinda.

Contudo, uma Provisão Régia de 1705 confirmou a proibição dos moradores de Recife usufruírem do direito invocado, sob a alegação de não pertencerem à nobreza. De acordo com a legislação portuguesa, somente poderiam ser considerados como membros da nobreza os que "habitando solares, possuíssem seus brasões, suas armas, seus escravos, seus criados, seus cavalos, seus privilégios".

Era uma violenta contradição entre uma Olinda, mantida como centro político da capitania, e Recife, com segmentos que exerciam um papel econômico hegemônico.

Alguns autores chamam de *mazombos* à aristocracia fundiária e escravista pernambucana. Mazombo tem um caráter depreciativo ao designar o filho ou descendente de português nascido no Brasil. É uma palavra equivalente ao *criollo* da América espanhola.

Até mesmo quanto à população que vivia em Olinda e Recife havia grande disparidade. Em Olinda concentravam-se cerca de dois mil a dois mil e quinhentos habitantes, ao passo que em Recife viviam por volta de mil e quinhentas pessoas.

Sem possuir sequer a categoria de vila, Recife permanecia subordinada a Olinda. Diante disso, os mascates empenharam-se em reverter a situação, valendo-se de ligações com os grandes comerciantes de Lisboa, com integrantes do Conselho Ultramarino e com os governadores da capitania de Pernambuco, sobretudo com Francisco de Castro Morais, que governou de 1703 a 1707, e com Sebastião de Castro e Caldas, que assumiu o governo em 1707.

B) O LEVANTE DA ARISTOCRACIA RURAL

Foi sob a administração de Castro e Caldas que acabou rebentando o conflito, uma vez que seu comportamento era claramente favorável aos mascates de Recife.

A Câmara de Olinda acusou-o de realizar atividades comerciais utilizando-se de testas-de-ferro que tinham a proteção do governador. Afirmou ainda que favorecia abertamente os mascates nos contratos, para a cobrança de impostos, além de preencher cargos da administração com quem melhor pagasse pela nomeação. O governador também era acusado de não respeitar a proibição régia de permitir a venda de escravos africanos para o Rio de Janeiro, onde eram revendidos para Minas Gerais. A Câmara protestava contra a proibição de os moradores de

Olinda portarem armas de fogo, necessárias face ao risco de um ataque francês, como ocorrera com a incursão do corsário Jean-François Duclerc ao Rio de Janeiro. E o que era apresentado como traição foi a permissão dada a uma embarcação francesa para ancorar em Recife quando Portugal estava entre os Estados adversários da França na Guerra de Sucessão da Espanha.

Os ânimos se acirraram quando a frota de Lisboa, em fevereiro de 1710, trouxe Carta Régia de 19 de novembro de 1709 elevando Recife à categoria de vila, com o nome de *Vila de Santo Antônio do Recife*, cabendo ao governador e ao ouvidor da capitania estabelecer os limites do novo município.

Claramente ligado aos mascates, o governador substituiu o ouvidor em exercício, que era ligado à aristocracia rural, por outro simpático aos moradores de Recife e, à noite, mandou levantar o pelourinho na praça principal de Recife, privilégio exclusivo de vilas e cidades. Logo em seguida, instalou a Câmara Municipal, integrada por dois pernambucanos e dois portugueses.

Em Olinda, a reação levou até a realização de um atentado a tiros contra o governador, que saiu ferido. Sem identificar os autores do atentado, o governador começou a prender inúmeros proprietários de engenho.

Diante desse comportamento arbitrário, começou a insurreição: muitos proprietários de engenho comandaram seus escravos e apelaram para as milícias, que eram integradas por lavradores dependentes da aristocracia rural. Sofrendo novo atentado e se vendo enfraquecido, face à defecção das tropas que aderiram aos rebeldes, Castro e Caldas fugiu para Salvador, acompanhado por alguns líderes dos mascates. Era o dia 7 de novembro de 1710.

Os revoltosos invadiram Recife, destruíram o pelourinho, fecharam a Câmara, prenderam vários aliados de Castro e Caldas e enviaram extenso relatório a Lisboa, justificando o ocorrido.

> "O grupo que levou a termo o ato [de destruição do pelourinho] usara plumas para dar a impressão de que eram índios (...) O espírito nativista era visível." (BUARQUE DE HOLANDA, SÉRGIO, *op. cit.*, págs. 388 e 389.)

Além disso, pelas ruas de Olinda foi carregado um boneco de mãos amarradas, representando o governador fujão, que, à semelhança da malhação de Judas, cada vez mais em desuso, era surrado, xingado e, por fim, queimado.

Foi então que os rebeldes oscilaram entre duas fórmulas propostas:

- entrega do poder ao bispo D. Manoel Alves da Costa, substituto eventual do governador, segundo anteriores instruções da coroa;
- constituição de um governo independente de Portugal, sob a forma republicana, semelhante à existente em Veneza e na Holanda.

A última proposta foi formulada por Bernardo Vieira de Melo, rico proprietário rural e de grande projeção na capitania pelo seu passado como antigo governador do Rio Grande do Norte e como combatente contra o Quilombo de Palmares. Ele chegou inclusive a afirmar

> "ser melhor, em caso de desgraça, entregar-se aos polidos e guerreiros franceses do que servir aos grosseiros, malcriados e ingratíssimos mascates." (CABRAL DE MELLO, EVALDO, *op. cit.*, pág. 274.)

Poucos acompanharam Vieira de Melo. Dentre outros, destacaram-se André Dias de Figueiredo, Antônio Bezerra Cavalcanti, Manoel de Melo Bezerra, Antônio de Lima Barbosa, José Tavares de Holanda, Pedro Ribeiro da Silva, João de Barros Rego e Leonardo Bezerra Cavalcanti.

A propósito dessa questão existem controvérsias. Uma corrente de historiadores rejeita a visão separatista da proposta de Vieira de Melo.

> "A noção de República mantinha assim uma respeitabilidade herdada da Grécia, de Roma e das cidades italianas da Idade Média que a experiência revolucionária da França ainda não comprometera aos olhos das camadas bem pensantes. Os raros Estados que então a encarnavam eram considerados antes originalidades ou excentricidades institucionais do que focos de subver-

são popular (...) Em português da época, a palavra República também era empregada no sentido clássico de comunidade política em geral, e não apenas de forma de governo em particular." (CABRAL DE MELLO, EVALDO, *op. cit.*, págs. 280 e 281.)

Outros autores discordam e defendem que a revolta dos proprietários rurais apresentou claras manifestações antilusitanas, com tendência de proclamar a independência sob forma republicana. Aceitando-se essa visão, caberia a Bernardo Vieira de Melo e a alguns de seus partidários a primazia de pôr fim à dominação colonial portuguesa.

Contudo, a maioria da aristocracia rural preferiu entregar o governo ao bispo, hostil ao governador deposto, e que assumiu o compromisso de apoiar as decisões tomadas pelos rebeldes.

Durante sete meses os de Olinda mantiveram o controle da capitania.

C) A CONTRA-OFENSIVA DOS MASCATES

Somente em fevereiro de 1711 o governo português soube do ocorrido em Pernambuco. As autoridades metropolitanas ficaram assustadas. A Guerra de Sucessão da Espanha prosseguia na Europa. Pouco antes, as Minas Gerais haviam sido convulsionadas pela Guerra dos Emboabas, e os antagonismos ainda inquietavam as autoridades coloniais. Se fracassara a incursão de Duclerc, quem sabe o governo francês não iria intervir na capitania de Pernambuco apoiando os rebeldes?

Visando evitar um confronto maior, que poderia levar a resultados desgastantes, a coroa renunciou ao projeto de uma intervenção armada em Pernambuco e, habilmente, enviou Félix José Machado de Mendonça Eça Castro e Vasconcelos como novo governador. Acredita-se que essa indicação ocorreu por interferência dos mascates e de seus aliados metropolitanos.

Entrementes, os mascates empreenderam preparativos para reverter a situação mediante um levante armado. Para financiar o movimento, levantaram amplos capitais, que usaram para corromper autoridades civis e sobretudo militares.

"Estando o regimento de Olinda bem como as ordenanças rurais comprometidos com a nobreza [aristocracia rural], restava aos mascates obter a adesão dos contigentes de Henriques e de Camarões, isto é, as forças auxiliares negras e ameríndias, durante a guerra holandesa." (CABRAL DE MELLO, EVALDO, *op. cit.*, pág. 331.)

A soma apurada também foi usada para adquirir estoques de alimentos, armas e munições para atacar os fortes em poder dos rebeldes e para eventual cerco à cidade de Olinda.

No dia 19 de junho de 1711 rebentou a contra-ofensiva armada dos mascates. Combates sucederam-se, com vitórias de parte a parte, sendo as forças militares dos mascates comandadas pelo capitão João da Mata.

Somente com a chegada do governador Félix Machado, em 10 de outubro de 1711, cessou o confronto armado.

D) A REPRESSÃO AOS PERNAMBUCANOS REBELDES

"Tanto em Olinda como no Recife houve representações teatrais e banquetes a que o Governador compareceu, parecendo eqüidistante dos dois grupos. Em breve, contudo, revelava-se partidário, pendendo para os mascates. Alegando que descobrira uma conspiração contra sua vida, ativou a perseguição aos que estariam envolvidos na conjura. Foram presas mais de cento e cinqüenta pessoas. Cerca de quatrocentos refugiaram-se no sertão." (BUARQUE DE HOLANDA, SÉRGIO, *op.cit.*, pág. 392.)

Contra os refugiados no sertão ou nas propriedades, o governador contratou um bando de 360 indivíduos chefiados por Manoel Gonçalves, apelidado de *Tunda-Cumbé*, palavras angolanas que significam ser uma pessoa *torta do corpo e da cabeça.* Essa expressão foi generalizada para o grupo porque seus integrantes comportaram-se com grande violência e crueldade, pilhando, incendiando, estuprando, assassinando mulheres, crianças e homens.

Não menor foi a violência contra os aprisionados em Olinda: foram arrastados pelas ruas, amarrados em cordas e presos com ferros até serem encerrados nas masmorras da Fortaleza de Cinco Pontas.

Para a prisão do Limoeiro, em Lisboa, foram enviados oitenta presos, destacando-se Bernardo Vieira de Melo e seu filho, André Vieira de Melo, que tiveram morte misteriosa no presídio.

Só em 1714, a coroa determinou a libertação de cerca de sessenta presos que ainda se encontravam na masmorras de Pernambuco, embora continuassem presos os que se encontravam em Lisboa, sendo posteriormente desterrados para a Índia. Assim aconteceu com Leonardo Bezerra e seu filho, Leonardo Bezerra Leão Falcão, e outros mais.

Recife foi de novo — e desta vez definitivamente — elevada à categoria de vila. Foi a vitória dos mascates reinóis, mas a lembrança das violências ocorridas reforçou o sentimento antiportuguês na Capitania.

10.9 . A REVOLTA DO SAL (1710)

O sal, produto de ampla utilidade na sociedade, era motivo de mais uma diretriz espoliativa das autoridades de Lisboa sobre o Brasil Colônia. Sua extração era proibida em terras brasileiras. Segundo determinação da coroa, devia ser importado de Portugal. Apesar disso, na Bacia do São Francisco havia a extração ilegal desse produto.

A venda de sal no reino era monopólio de reduzido número de comerciantes portugueses, que arrematavam o contrato em Lisboa. O monopólio obtido geralmente durava três anos.

Esses comerciantes reinóis associavam-se a negociantes que viviam na colônia.

No início do século XVIII, a capitania de São Paulo abrangia terras de Minas Gerais, Mato Grosso, Goiás, Paraná, Santa Catarina e Rio Grande do Sul. Seu governador era Antônio de Albuquerque Coelho de Carvalho, que vivia mais nas regiões de mineração, para melhor fiscalização da tributação e do combate ao desvio do ouro.

Na capitania de São Paulo, o sal era vendido em Santos e na cidade de São Paulo. Contudo, criavam-se mecanismos para elevar o preço da venda, aumentando o lucro dos comerciantes beneficiados pelo monopólio.

Uma das práticas adotadas era embarcar para a colônia quantidades menores de sal do que as habitualmente consumidas. Outra prática consistia em armazenar o produto e forçar a sua alta de preço.

Ora, essa especulação ocorria em outras capitanias. A Câmara da cidade do Rio de Janeiro protestou à coroa, denunciando que "os povos pobres e cativos comem muitas vezes sem sal". A coroa, contudo, não tomava qualquer providência.

Em 1710 os especuladores forçaram excessiva alta de preço na venda do sal, criando uma situação insustentável.

Bartolomeu Fernandes de Faria, proprietário de imensa fazenda e centenas de escravos negros e de índios mansos, resolveu reagir em face da omissão das autoridades. Esse paulista, que vivia em Jacareí e fora juiz Ordinário e de Órfãos na cidade de São Paulo, armou numeroso grupo de negros, índios e capangas e, de surpresa, tomou a cidade de Santos.

Em seguida, arrombou os armazéns onde estava estocada grande quantidade de sal. O produto foi, então, vendido por um preço mais acessível aos consumidores, tendo os especuladores sido obrigados a aceitar a importância fixada.

Carregando o sal necessário, a tropa partiu serra acima. No caminho, pontes foram destruídas e árvores derrubadas na estrada, a fim de impedir que autoridades santistas pudessem alcançar e aprisionar o grupo.

Embora ao governador fosse pedida punição para o poderoso fazendeiro, o mesmo não tomou nenhuma providência.

Ofício de 2 de novembro de 1710 foi enviado à Lisboa pelo desembargador Antônio da Cunha Sottomaior denunciando o ocorrido.

Ora, a atitude de Bartolomeu Fernandes de Faria, além de representar um claro desafio às autoridades portuguesas, prejudicava os interesses de comerciantes de Lisboa e da capitania. Foram razões que levaram D. João V a enviar a Carta Régia de 28 de abril de 1711, determinando a prisão de Bartolomeu.

> "Porém Bartolomeu Fernandes tinha tido tempo de sobra, enquanto a correspondência ia para Lisboa e voltava, para transformar sua fazenda em uma praça de guerra, bem fortificada e guarnecida por abundante força de capangas, escravos e índios, de modo a resistir a todos os ataques que lhe foram dirigidos. Ele era ain-

da de alguma forma favorecido pela simpatia popular que, ocultamente, não podia deixar de pender para o seu lado nesta luta dos fracos oprimidos contra os fortes opressores." (PIZA, A., *Chronicas dos tempos coloniais: a miséria do sal em São Paulo*, São Paulo, Typographia Andrade, Mello & Cia, Revista do Instituto Histórico e Geográfico de São Paulo, 1898-1899, vol. IV, pág. 285.)

Muitos anos se passaram até que, em 1722, o coronel Luiz Antônio de Sá Queiroga, governador militar de Santos, conseguiu aprisionar Bartolomeu nas vizinhanças da Vila de Conceição de Itanhaem. Foi necessário o emprego de forte contigente militar para o sucesso da detenção.

Bartolomeu tinha então oitenta anos e foi levado para Santos a ferros. Desta cidade seria enviado para Salvador, a fim de ser julgado pelo Tribunal da Relação.

Vitimado pela bexiga, ou varíola, acabou morrendo antes do julgamento. Conta-se que seu enterro foi custeado pela contribuição popular, o que evidenciava o apoio da sociedade baiana ao ato de rebelião do velho paulista.

10.10 . OS MOTINS DO MANETA NA BAHIA (1711)

O negociante português João de Figueiredo Costa, conhecido por *Maneta*, teria sido o líder de dois violentos tumultos ocorridos em Salvador, em outubro e novembro de 1711.

Essa informação foi dada pelo historiador Sebastião da Rocha Pitta, em sua *História da América portuguesa*, publicada em 1730.

Posteriormente, Robert Southey a repetiu em sua *História do Brasil*, originalmente editada em Londres, em 1810. O mesmo ocorreu nos trabalhos de Francisco Adolfo de Varnhagen, José Francisco da Rocha Pombo e outros historiadores que aceitaram a versão de Rocha Pitta.

Contudo, estudos posteriores comprovaram que o alcunhado Maneta somente participou do primeiro motim, acontecido em 17 de outubro de 1711, três dias após a posse do governador Pedro de Vasconcelos e Sousa.

"Em sábado 17 de outubro se inquietou o povo dessa cidade sem outro motivo ou causa mais que haver-se escrito dessa, que Sua

> Majestade, que Deus guarde, mandava lançar novos tributos. Esta inquietação serenou com eu chamar o Juiz do Povo e dizer-lhe que não tinha ainda recebido todas a ordens de Sua Majestade, vindas da frota e me não constava a novidade que o povo afirmava. Na segunda-feira 19 passou a mais excesso porque tumultuosamente se juntou na praça da cidade, o povo e alguma gente da frota e, o que é mais, soldados e oficiais destes Terços, chamando a gritos que não queriam tributos (...)." (Correspondência de Pedro de Vasconcelos e Sousa enviada, em 18 de novembro de 1711, a Diogo de Mendonça, secretário de Estado, Bahia, *Revista do Instituto Geographico e Histórico da Bahia*, Bahia, Secção Graphica da Escola de Aprendizes Artífices, nº 55, 1929, pág. 359.)

Que tributos provocaram essa explosão popular noticiada pelo governador? O imposto cobrado sobre os escravos trazidos da Costa da Mina e de Angola, respectivamente, de três e seis cruzados por cabeça, além de elevar a taxa de sal de 480 para 720 réis e de exigir o pagamento do imposto alfandegário de 10% *ad valorem* sobre as mercadorias vindas do reino.

Esse afã fiscal da metrópole explica-se pela necessidade de cobrir gastos decorrentes do envolvimento de Portugal na Guerra de Sucessão da Espanha.

Segundo informações de Pedro de Sousa, os revoltosos, em grande maioria portugueses, chegaram a afixar, em lugares públicos, "pasquins insolentes em que ameaçavam reconhecer a vassalagem a outro senhor se não fosse suspensa a execução dos novos tributos".

O descontentamento popular era tão forte que os amotinados depredaram as casas de três homens de negócios acusados de conivência com a tributação imposta.

Sem dispor de força militar para sufocar o motim, o governador teve de ceder, suspendendo a cobrança e concedendo a anistia geral aos principais amotinados.

Contudo, a sobrecarga fiscal acabou sendo aplicada três anos depois, quando era governador D. Pedro Antônio de Noronha, marquês de Angeja.

É bem verdade que o governador Pedro de Sousa concluiu que "A falta de castigo dos delinqüentes no Brasil tem ocasionado as desordens atuais e mostra a experiência que a enfermidade que todo o Estado padece se tem engrandecido por não se aplicar o remédio genuíno e próprio, que é um exemplar e rigoroso castigo na ocasião oportuna e só por este modo serão as ordens de Vossa Majestade invariavelmente cumpridas e obedecidas".

Mês e meio depois rebentou novo motim, quando chegou a Salvador a notícia da ocupação da cidade do Rio de Janeiro pelo corsário francês René Duguay-Trouin. Tal ocupação, inserida no contexto da Guerra de Sucessão da Espanha, visava obter riquezas com a pilhagem da cidade e vingar o misterioso assassinato de Jean-François Duclerc, outro corsário francês aprisionado quando atacara a cidade em fins de 1710.

Conhecido como *Motim de Patriotas*, dele não participou o Maneta. Os amotinados exigiam que o governador organizasse rapidamente uma força militar expedicionária para restaurar a liberdade à cidade do Rio de Janeiro. Voluntários se apresentaram e diversos ofereceram seus bens para custear os gastos necessários.

Contudo, o governador conseguiu protelar a organização de uma força militar de trezentos homens, que não chegou a partir porque Duguay-Trouin havia se retirado após receber o resgate de seiscentos e dez mil cruzados, cem caixas de açúcar e duzentos bois.

A repressão foi violenta, como o próprio governador informou, em 9 de setembro de 1712, ao rei D. João V:

> "Mandei pelo Ouvidor do Crime tirar devassa no segundo motim, que houve nesta cidade, que o dito Ministro executou, prendendo os cabeças dele e os três principais motores, constou pela devassa, serem Domingos da Costa Guimarães, Luís Chafet e Domingos Gomes, os quais se sentenciaram agora, o primeiro para toda vida para Benguela, açoites e 300 cruzados para a Relação, o segundo por toda vida para Angola, açoites e 1:000$0 rs. para as despesas e o terceiro por 10 anos para Angola, baraço e pregão e 800$00 rs. para as despesas (...)." (*op.cit.*, pág. 362.)

A propósito, o Conselho Ultramarino considerou contraditório o comportamento do governador: usurpando direitos que não possuía, anistiou os participantes do primeiro motim, cujo delito fora bem grave; em contrapartida, agiu implacavelmente em relação aos envolvidos no segundo levante, causado por motivos justos, inclusive tendo havido o oferecimento de socorrer o Rio de Janeiro à própria custa e com riscos de vida.

Em conseqüência, mandou novo governador com instruções para cobrar os tributos anteriormente fixados e empregando a força contra os que se recussassem ao pagamento devido, "com a menor efusão de sangue que fosse possível e só a que bastasse para exemplo e terror dos mais". (Parecer do Conselho Ultramarino, *op.cit.*, pág. 366.)

10.11 . A REVOLTA DE VILA RICA (1720)

A descoberta do ouro nas Minas Gerais provocou violento conflito entre os paulistas e os forasteiros, chamados de emboabas. O grande afluxo de indivíduos atraídos pelas riquezas minerais e a violência da tributação pelo governo português contribuíram para manter instável a sociedade que vivia na então capitania de São Paulo e das Minas de Ouro.

Além do mais, terrível legislação repressiva em nada contribuía para pacificar os ânimos, onde a cobiça, a violência e o aventureirismo eram uma constante. Assim é que se proibiu a abertura de estradas ligando Minas a Goiás e Mato Grosso, vetou-se a presença de frades na capitania, vetou-se a existência de ourives naqueles territórios e outras disposições cuja violação acarretava a pena de morte.

No afã de arrancar o máximo de riquezas dos habitantes da capitania, a coroa procurou aperfeiçoar o sistema fiscal, empobrecendo cada vez mais a população. Daí o violento contraste entre a abundância de ouro coexistindo com a apavorante miséria.

O resultado foi a sucessão de revoltas então ocorridas desde a segunda década do século XVIII. Todas essas revoltas foram contra o furor fiscal e repressivo das autoridades.

Foi o acontecido na Vila do Carmo, em 1712; no Morro Vermelho, em 1715; no Rio das Velhas, em 1716; em São Francisco, em 1718; e no Pitangui, em 1719.

A repressão foi sempre violenta e com práticas realmente absurdas. Assim é que na Revolta de Pitangui, como Domingos Rodrigues do Prado, genro de Bartolomeu Bueno da Silva e principal líder da rebelião, conseguiu fugir, a justiça colonial determinou fosse enforcado um boneco em seu lugar.

Mais conhecida é a *Revolta ou Sedição de Vila Rica*, ocorrida em 1720.

Veja, a seguir, o depoimento de Pedro Miguel de Almeida Portugal e Vasconcelos, conde de Assumar, que governava a capitania de São Paulo e Minas de Ouro quando se deu a Revolta de Vila Rica.

> "(...) explicarei brevemente o modo com que neste país se formam os motins, e o com que o povo neles entra. Estes jamais se fazem senão pela meia-noite, no maior silêncio dela; e esta é bastante prova de que o povo, nem agora, nem nas sublevações passadas cuidou nunca em levantar-se, ainda que, depois de excitados à força pelos cabeças, parece que por seu gosto sustenta o tumulto. Tal é a natureza do vulgo, que para se alegrar e folgar com seu próprio mal, basta ser novidade e sem razão, porque tem, como por hombridade e capricho, seguir tudo o que vem contra a razão, contra a piedade e contra o agradecimento (...). Começa-se ordinariamente a formar o motim por seis ou sete mascarados, a que acompanham trinta ou quarenta negros armados, dos quais a uns fazem ocupar as bocas das ruas, a outros mandam ir batendo, e onde logo não se abre, arrombar as portas dos moradores, que, como pela maior parte sejam térreas, limitadas e de pouca resistência, qualquer empuxão as tira de seus eixos. Correndo assim as ruas, e gritando — Viva o povo, senão morra! — os moradores, por não experimentarem naquele repente alguma violência na fazenda ou na vida, vão dando passos em seu dano, como rebanhos de ovelhas, após os mesmos lobos que as devoram. Depois de terem alarmado o povo, que ainda ignora o para que é semelhante ajuntamento, levanta-se um mascarado, e começa a dizer em voz alta: Meu povo, quereis que façamos isto ou aquilo?. E se todos não dizem que sim, os negros armados ou ferem, ou matam alguns dos que lhes ficam mais à mão; até que os outros, por não caírem em igual desgraça, convêm no que dizem os máscaras." (MELLO E SOUZA, LAURA DE, *Discurso histórico e político sobre a sublevação que nas Minas houve no ano de 1720*, Belo Horizonte, Fundação João Pinheiro, 1995, págs. 84 e 85.)

Foi nessa conjuntura de descontentamento e de latente rebelião que o conde de Assumar trouxe instruções para aplicar três medidas que provocaram a reação de habitantes da então Vila Rica de Nossa Senhora do Pilar do Ouro Preto:

- a notícia da criação de um bispado na capitania, visando coibir o comportamento dissoluto de elementos do clero regular e secular, muitos dos quais envolvidos com contrabando, vivendo amancebados e praticando violências e delitos os mais diversos;
- divulgação de Carta Régia de 25 de abril de 1720, determinando a extinção de postos de oficiais de ordenanças onde não houvesse corpos militares organizados, além de reforçar o poder do governador, colocando à sua disposição um regimento de Dragões de Cavalaria.

Além disso, a coroa reiterou ordem de 1718, que já provocara a Revolta de Pitangui, para que fossem criadas *Casas de Fundição*. Para elas deveria ser levado todo o ouro extraído, a fim de ser moldado em barras, marcado e sofrer o pagamento do quinto real.

A divulgação dessas medidas foi acompanhada de inúmeros boatos maldosos, a isso somando-se que

> "muitos mineiros sabiam que teriam de viajar longas distâncias, em caminho difícil, a fim de alcançar a fundição mais próxima, onde poderiam ter de suportar maiores demoras e despesas, às mãos de uma burocracia ineficaz e corrupta. Instigados pelos poderosos da terra e pelos frades renegados contra os quais o Conde de Assumar estava tomando, simultaneamente, medidas drásticas, os mineiros começaram a fazer demonstrações armadas e distúrbios, em vários distritos. Os tumultos iniciais foram sufocados, pelos Dragões, sem muita dificuldade, mas outro movimento, muito mais sério, estalou em Vila Rica, na noite de 28 para 29 de junho de 1720." (BOXER, C.R., *op. cit.*, pág. 175.)

A data escolhida, dia de São Pedro, era conveniente porque o espocar de fogos, os festejos com danças e fogueiras eram elementos convenientes para não chamar a atenção do movimentar dos rebeldes. Pretendiam matar o ouvidor, expulsar o governador e impor as seguintes medidas:

- anulação dos registros nos quais se cobravam impostos aos mineradores;
- redução das custas judiciais e dos salários do foro;
- supressão do monopólio do sal, da aguardente e do fumo pela coroa;
- fim dos contratos de gado.

A liderança do movimento coube a Pascoal da Silva Guimarães, proprietário de duas grandes fazendas e de mais de dois mil escravos, além de ricas lavras de ouro. Esse rico português, no entanto, estava sendo acionado pela coroa por dívidas de cerca de trinta arrobas.

Seu filho, João da Silva, denunciou, por carta ao governador, os propósitos dos conspiradores três dias antes do dia de São Pedro. A única providência foi encaminhar a carta-denúncia ao ouvidor; nenhuma das duas autoridades tomando qualquer medida para prender os implicados.

Sem força militar suficiente para enfrentar os sediciosos, o conde de Assumar, que se encontrava em Ribeirão do Carmo, procurou ganhar tempo, até reunir cerca de mil e quinhentos homens e invadir Vila Rica no dia 16 de julho de 1750.

Sabedor de que a rebelião brotava por toda a parte, mandou arrasar e queimar a casa de vários cabeças do movimento. Ruas inteiras foram consumidas pelas chamas, que arderam durante um dia.

As prisões começaram a ocorrer. A mais espetacular foi a de Filipe dos Santos Freire, português, representante das camadas populares e acusado de ser o maior agitador da revolta. Acorrentado e algemado, foi arrastado pelas ruas de Vila Rica em meio à soldadesca que o prendera.

Para servir de exemplo, o governador submeteu Filipe dos Santos à farsa de um julgamento sumário. Condenado à morte, foi enforcado, sua cabeça ficou exposta no pelourinho da principal praça de Vila Rica e seu corpo, esquartejado, teve as partes em que foi dividido expostas à beira das estradas.

> "Muitos em acordo com a lenda crêem que o ataram de braços e pernas a quatro cavalos, e estes o despedaçaram espantados pelas ruas o que daria ao caso o rubor ao menos das crueldades clássicas. A verdade, porém, é outra talvez mais repulsi-

> va: o enforcaram, e depois o ataram à cauda de um cavalo para ser arrastado, e assim feito em pedaços." (VASCONCELLOS, DIOGO DE, *História antiga de Minas Gerais*, Rio de Janeiro, Imprensa Nacional, 1948, págs. 201 e 202.)

Outros cabeças da revolta foram mandados presos para a cidade do Rio de Janeiro, a fim de serem enviados para Portugal. Contudo, antes de embarcarem, Pascoal da Silva Guimarães e frei Vicente Botelho faleceram, não chegando a gozar da anistia concedida ao ouvidor aposentado Manoel Musqueira Rosa, ao frade Francisco de Monte Alverne e ao sargento-mor Sebastião da Veiga Cabral, todos portugueses.

Dentre as conseqüências da Revolta de Vila Rica, duas se destacaram:

- a criação da capitania das Minas de Ouro, independente da capitania de São Paulo;
- a protelação da criação das casas de fundição, efetivamente implantadas em 1725.

Novas rebeliões ocorreram no arraial do Brejo do Salgado (1736) e Montes Claros (1736), além da Conspiração do Curvelo (1775), evidenciando sempre o descontentamento da sociedade colonial.

10.12 . O LEVANTE DO TERÇO VELHO (1728)

De 1720 a 1735, a capitania da Bahia teve como governante o vice-rei Vasco Fernandes César de Menezes, titulado conde de Sabugosa.

Foi então no dia 10 de maio de 1728 que ocorreu o Levante do Terço Velho da guarnição de Salvador. *Terço* era a denominação dada a um corpo de tropa reunindo seiscentos homens. *Terço Velho* por ser o mais antigo existente na capital baiana.

Geralmente é apresentado como a sublevação contra o ouvidor-geral do crime a quem não queriam como auditor militar.

É claro, contudo, que um levante armado de seiscentos militares teve outras razões. Em geral, se omite o descontentamento da tropa contra os baixos soldos pagos e, ainda por cima, com irregularidade.

Ao entardecer de 10 de maio os soldados rebelados ocuparam a fortaleza do Campo da Pólvora e enviaram suas queixas ao vice-rei. O porta-voz escolhido foi o mestre-de-campo João de Araújo de Azevedo.

Sabedor do que se passava, dirigiu-se o vice-rei ao encontro da tropa sublevada, que apresentou novas exigências: a libertação imediata dos soldados aprisionados pelo ouvidor.

O problema agravou-se quando soldados de outros corpos da tropa aderiram ao levante. Pelas ruas da cidade, bandos de soldados berravam ***morras ao ouvidor*** e ***vivas ao mestre-de-campo*** João de Araújo de Azevedo, que fora destituído do comando do Terço Velho acusado de ser favorável aos rebeldes.

Acuado, o vice-rei

> "adotou outra tática. Reuniu então os (...) militares, magistrados e pessoas de destaque; convocou o Mestre-de-Campo Azevedo e comunicou o perdão exigido. Os soldados do Terço ainda quiseram que essa decisão fosse comunicada 'ao som das caixas' pelas ruas da cidade, o que também foi atendido. Mas em seguida o Vice-Rei ordenou a divisão do Terço Velho: parte de seus soldados foi deslocada para os Fortes de Santo Antônio da Barra, Santa Maria e São Diogo, e outra parte para as Fortalezas do Barbalho e de Santo Antônio. Além do Carmo. O Mestre-de-Campo Azevedo foi transferido para a Fortaleza do Morro de São Paulo." (TAVARES, LUIZ HENRIQUE DIAS, *História da Bahia*, São Paulo, Editora Ática, 1979, pág. 108.)

Secretamente determinou-se a abertura de uma devassa. A essa altura, os soldados já haviam sido desarmados.

> "E feito o sumário a vinte e três réus (...) se sentenciaram dez à morte e os mais a que corressem as ruas com baraço e pregão, com os degredos de Benguela por toda a vida, com cominação de que morreriam de morte natural, aparecendo neste Estado, e alguns em quem não havia tanta prova, se degredaram

para Angola e para o Presídio do Morro." (Carta de 13 de julho de 1728, do vice-rei comunicando ao rei de Portugal o Levante do Terço Velho. *In*: ACCIOLI, IGNÁCIO DE CERQUEIRA e SILVA e AMARAL, BRAZ HERMENEGILDO, *Memórias históricas e políticas da província da Bahia*, Salvador, Imprensa Oficial do Estado, 1919-1940, vol. 2, pág. 166.)

O cabo-de-esquadra Antônio Pereira, mulato mais conhecido como *Barriga de Areia*, e o soldado Anastácio Pereira, considerados cabeças do levante, foram enforcados.

A cada um deles foi destinada uma forca e, em cada uma delas, a cabeça e um quarto do corpo ficaram em exposição. Os outros três quartos foram dependurados nas portas de São Bento e do Carmo, bem como no Arsenal de Marinha.

A propósito, as duas forcas foram levantadas à frente da entrada do quartel do Campo da Casa da Pólvora, onde começou o levante.

10.13 . MAIS OUTRO GOVERNADOR DEPOSTO (1732)

Pouco depois dos ataques de corsários franceses ao Rio de Janeiro, chegou a esta capitania o novo governador: Luiz Vahia Monteiro. Era janeiro de 1725. Ele acabou sendo conhecido pelo apelido de *Onça*, o animal mais feroz das selvas brasileiras.

A maneira inflexível e rude como atuou contra os *magnatas da terra* — como ele próprio chamava aos poderosos e privilegiados que agiam impunemente — tornou o governador uma figura temida.

Com temor diziam os malandros das camadas populares e contraventores das elites: "Lá vem o Onça!" "Cuidado com o Onça!"

Uma das suas maiores preocupações foi com a defesa da cidade do Rio de Janeiro, valorizada porque era através do seu porto que se exportava o ouro extraído em Minas Gerais. Por isso, empenhou-se em melhorar as fortificações existentes e construir outras destinadas à melhor proteção contra eventuais ataques estrangeiros.

Em Angra dos Reis, Parati e Macaé ordenou se erguessem fortalezas que, além de dificultarem desembarques de invasores, impediriam a ação de inimigos internos, fossem eles assaltantes ou indígenas não submetidos. Obras de restauração foram feitas na fortaleza da Conceição e de São João, simultaneamente a medidas restabelecendo a disciplina das tropas.

Além disso, lançou os alicerces de fortificações na ilha das Cobras, após prolongado conflito com os beneditinos.

Aliás, os monges da Ordem de São Bento haviam ocupado a ilha da Cobras, onde tinham hortas e pomares cultivados por escravos; delas extraíam frutas e legumes que abasteciam o convento. Considerando que a ocupação pelos monges era ilegal, porque não foram apresentados títulos de propriedade daquelas terras, Vahia Monteiro incorporou a ilha ao patrimônio da capitania. Com isso, os beneditinos passaram a fazer-lhe tenaz oposição, mas foi fechada uma das portas usadas pelos contrabandistas, que contavam com a conivência dos frades.

Desde governos anteriores fora construído um muro que se estendia pelos morros da Conceição, de Santo Antônio e do Castelo. Verdadeira prática medieval, o denominado *Muro da Cidade*, erguido por causa das invasões de Duclerc e Duguay-Trouin, custara mais de cem mil cruzados, mas Vahia Monteiro considerou-o ineficaz.

Propôs ao Conselho Ultramarino que fosse empreendida a construção de um canal, desde a Prainha até o mar de N.S. da Ajuda — atualmente centro da cidade.

Não tendo sucesso no seu projeto de defesa, que praticamente tornaria a cidade uma ilha, Vahia Monteiro acabou se envolvendo em outro conflito com os *magnatas da terra*: denunciou ao Conselho Ultramarino os conchavos ocorridos com a cessão de terras foreiras a famílias poderosas, como os Pizarro e Correia de Sá. Esses conchavos envolviam a participação de membros da Câmara Municipal, também contrariados com a proibição de moradias em terras localizadas fora dos limites do *Muro da Cidade*.

> "Enquanto se não fizer o canal, que reduza a cidade a ilha, não convém inutilizar o Muro e menos conceder-se licença para fazer casas fora dele (...) para prevenir este inconveniente no que está feito mande agora notificar a todos os que têm edificado as casas que falta termo de obrigação de demolir a sua casa." (Carta de 5

de julho de 1729. *Revista do Instituto Histórico e Geográfico e Brasileiro*, Rio de Janeiro, Imprensa Nacional, 1916, pág. 606.)

Nova área de conflito surgiu opondo o governador e as três ordens religiosas: a dos Jesuítas, a dos Capuchos de Santo Antônio e da Ordem Terceira de São Francisco, que se mostravam reticentes em acatar determinação de Vahia Monteiro.

O governador empenhou-se ainda em reprimir o contrabando do ouro que vinha de Minas Gerais. Com energia procurou acabar com o descaminho do ouro, não hesitando em prender e remeter para Lisboa os envolvidos com fundições ilegais. Em carta de 14 de agosto de 1730, noticiava que

> "depois de ter descoberto que se fundia ouro das Casas Reais da Fundição para furtar os reais quintos, achei por único remédio evitar este roubo, enquanto V.M. não dava outra providência resolvi ordenar que nesta Casa da Moeda se fizesse assento de todas as barras que entravam nela e que não se entregasse o dinheiro às partes antes de fazer uma conferência com os ditos assentos e uma relação que mandei pedir aos Governadores das Minas Gerais e São Paulo (...) e escrevendo ao Governador de Minas Gerais ele deu logo a ordens necessárias e, com efeito, se remetem daquela Casa da Moeda todos os meses a relação para a conferência (...)." (*op. cit.*, pág. 613.)

Contudo, o Conselho Ultramarino também recebia correspondência dos inimigos do governador, dentre os quais o ouvidor e o provedor, sendo este remetido preso para Lisboa.

Ainda que Vahia Monteiro também prosseguisse com obras de recuperação dos edifícios onde se encontravam repartições públicas — como a alfândega e a cadeia —, sua atuação firme e voltada para os interesses da coroa levantou contra si feroz oposição da Câmara Municipal, de ordens religiosas, de magistrados e de oligarquias locais.

Não é de espantar ter sido deposto pela Câmara Municipal (1732), vindo a falecer no ano seguinte. Doente, estava afastado quando sofreu um abalo cerebral após receber a comunicação de sua deposição.

CAPÍTULO 11

APOGEU E CRISE DO SISTEMA COLONIAL

11.1 . NOVOS HORIZONTES

A) CRESCERAM OS ANTAGONISMOS COLÔNIA X METRÓPOLE

Em fins do século XVIII e inícios do século XIX a sociedade brasileira apresentava evidentes índices de crescimento populacional e de expansão da colonização portuguesa.

Embora haja divergências entre os autores, pode-se aceitar que, numericamente, a população andava por volta de **três** milhões de habitantes.

A maioria continuava a viver próximo ao litoral, com predomínio de uma população jovem e livre, fossem brancos, negros, mestiços e índios.

Predominava a grande lavoura de produtos tropicais, desenvolvida nas áreas litorâneas, ao passo que, no interior, eram a pecuária e a mineração as atividades econômicas dominantes.

Na estrutura social, havia crescente antagonismo entre os chamados reinóis — portugueses exercendo funções dirigentes na administração, na justiça, na Igreja e nos comandos militares — e os nascidos na colônia. Esses reinóis, em geral, chegavam com poucos capitais e viam sua estada como transitória e capaz de possibilitar uma vida opulenta ao retornarem a Portugal.

Dentre a aristocracia branca, ainda que descendente de primitivos colonizadores, sobressaíam os grandes proprietários. A urbanização, apesar de incipiente e reduzida a núcleos populacionais separados por grandes distâncias, estimulava o crescimento de brancos livres, de comerciantes varejistas, de funcionários públicos, de sacerdotes e de artesãos integrados às corporações de ofício.

> "A presença de estrangeiros no Brasil, no fim do Período Colonial, não se relaciona apenas com o grande comércio internacional ou com o comércio varejista de artigos de luxo. Provenientes de vários países, esses estrangeiros chegavam com habilitações profissionais variadas e objetivos diferentes (...) Uns vinham com propósitos bem definidos: 'quer se empregar na marinha', 'pertencer à Companhia inglesa', 'veio para ser criado-mor' (...) Havia artesãos de todo o tipo (...) como espingardeiros, fundidores, mecânicos e religiosos. Também não faltaram os artistas, como atores de teatro, bailarinos, cantores, músicos e compositores. E mesmo alguns profissionais liberais: advogados, arquitetos, engenheiros, médicos ou, ainda, naturalistas, professores de francês, de matemática, de química." (SERRÃO, JOEL *et alii*, "O Império luso-brasileiro: 1750-1822", *in Nova história da expansão portuguesa*, Lisboa, Editorial Estampa, 1986, pág. 222.)

Desde 1763, visando a melhor fiscalizar a mineração do ouro e de diamantes, bem como ficar mais próximo das fronteiras meridionais — em face dos freqüentes conflitos com a América espanhola —, a capital fora deslocada de Salvador para a cidade do Rio de Janeiro. A partir de 1750, inclusive no período de atuação do marquês de Pombal, Portugal procurou aperfeiçoar os mecanismos de exploração colonial. Estas diretrizes mercantilistas também visavam a compensar o crescente déficit comercial português com a Inglaterra, em plena Revolução Industrial, que representava a implantação do capitalismo industrial e liberal.

A intervenção do Estado português se fazia nos diferentes setores da vida colonial, embora o contrabando e a concessão de licenças, feitas em benefício de comerciantes ingleses, constituíssem crescentes brechas no sistema de exclusivo.

> "Tais licenças crescem de intensidade na segunda metade do século XVIII, correspondendo à concomitante ascensão do poderio naval e comercial dos ingleses em escala mundial (...) Em última análise, as concessões feitas à Inglaterra revelam a força dessa potência e, ao mesmo tempo, põem em evidência a contradição básica do Império Português: pequeno Reino com vasto Império. Contradição essa que o obrigou à alienação de parte do seu 'exclusivo' colonial, em troca de proteção política militar." (SERRÃO, JOEL *et alii*, *op. cit.*, pág. 163.)

Outro fator de descontentamento da aristocracia e de segmentos médios da sociedade brasileira era o arrocho da política fiscal portuguesa. A infinidade, variedade e rigorismo da tributação visava a ampliar a captação de recursos para a metrópole, mas representava outra forma de exploração do colonialismo português. Era tão abusiva tal tributação que, mesmo após a reconstrução de Lisboa devido à sua destruição por um terremoto, continuou a ser cobrado um imposto instituído em 1756.

> "Tanta exploração, somada à crise dos produtos de exportação — baixos preços do açúcar, declínio da produção aurífera — levou ao enfraquecimento do Pacto Colonial.
>
> Os proprietários de terras e de escravos, até então fiéis aliados da metrópole, passaram a reclamar dos impostos sobre a exportação do açúcar, do algodão, do couro e dos monopólios sobre a pesca da baleia e a exploração de pau-brasil, sal e salitre. As forças sociais desenvolvidas no Brasil já não podiam aceitar sem protestos as proibições quanto à fabricação de tecidos e objetos de metal. A

elite da sociedade colonial não podia admitir a essa altura que a atividade impressora fosse impedida. Mudanças se anunciavam." (ALENCAR, CHICO *et alii*, *História da sociedade brasileira*, Rio de Janeiro, Editora Ao Livro Técnico, 1996, págs. 83 e 84.)

Contudo, persistia a rivalidade entre comerciantes e proprietários de terras e de escravos. Os primeiros geralmente eram portugueses e enfrentavam os privilégios desfrutados pelos segundos. Em conseqüência, encontravam dificuldades para cobrar dívidas contraídas pelos proprietários de terra e de escravos, mantidos em dependência aos comerciantes.

B) AS PESTILENTAS IDÉIAS REVOLUCIONÁRIAS

Na velha Europa, desde fins do século XVII, novas idéias começaram a ser elaboradas por pensadores que, na sua maioria, pertenciam à burguesia. Esta classe, não obstante seu crescimento numérico e aumento do poder econômico, permanecia fora do poder de decisão, ainda monopolizado pelo setores feudais.

O conjunto dessas idéias compôs a Época das Luzes ou Iluminismo, começado na Inglaterra, mas apresentando a França do século XVIII como principal centro produtor e propagador das novas idéias.

Foram idéias de contestação às instituições tradicionais e a defesa de novas formas de governo, de organização e princípios econômicos, de organização social.

Predominaram idéias democráticas e sobretudo liberais, pregando a liberdade econômica, a liberdade de manifestação, a liberdade de consciência, a igualdade de todos perante a lei... Em suma, defendiam-se as liberdades individuais.

Defendia-se o fim do absolutismo, do mercantilismo e de tudo o que representasse feudalismo. Pregava-se a implantação da república ou da monarquia constitucional, com divisão de poderes de governo e predomínio do parlamento.

Combatia-se a censura, a imposição de uma religião de Estado e de privilégios baseados no nascimento e na tradição.

John Locke, Voltaire, Montesquieu, Rousseau, os abades Mably e Raynal, os enciclopedistas e outros defensores das "pestilentas idéias revolucionárias" — como afirmava uma autoridade colonial portuguesa — viam suas propostas se difundirem pelas sociedades européias e coloniais americanas.

> "Novas palavras e conceitos – como colônia, decadência, classe, História, levante, plebe, revolução e república – passaram a ser utilizados com freqüência cada vez maior (...) As lojas maçônicas, centros de difusão da ideologia revolucionária burguesa, desempenharam um papel decisivo. O processo de independência ia nascendo." (ALENCAR, CHICO *et alii*, *op. cit.*, pág. 84.)

Essas idéias, embora restritas a uma minoria que sabia ler e escrever, também eram difundidas através do contrabando das obras execradas pelos detentores do poder colonial. Somente em casos excepcionais existem notícias de ricas bibliotecas na colônia, como a do cônego Luís Vieira da Silva, a de Cláudio Manoel da Costa, a de Manoel Inácio da Silva Alvarenga e alguns poucos mais.

Outra forma de propagação, sobretudo do pensamento liberal, se realizou através de brasileiros que estudavam na Europa, sobretudo na Universidade de Montpellier, na França, e até na Universidade de Coimbra, em Portugal. Deve ficar claro que os estudantes, quase sem exceção, pertenciam a famílias de grandes proprietários de terras e de escravos. Portanto, não é de espantar sua posição nos movimentos precursores da Independência de 1822: eram a favor de monarquias constitucionais e da continuidade da exploração do negro escravo.

Propostas mais radicais — de regimes republicanos e de supressão da escravidão — eram mais facilmente encontradas entre segmentos de camadas populares.

C) A INDEPENDÊNCIA DAS TREZE COLÔNIAS INGLESAS

Influência marcante foi exercida pelo sucesso da luta de libertação dos norte-americanos. Afinal de contas, o surgimento dos Estados Unidos da América era um exemplo a ser seguido pelas demais sociedades deste continente.

Quem sabe, nos corações e mentes de mineiros, baianos, cariocas e pernambucanos, além de outros brasileiros que viviam nas demais capitanias integrantes do Brasil, não se acreditou ser mais fácil a luta contra Portugal? Este estava decadente e tinha pequena dimensão. Já a Inglaterra era poderosa: possuía grande poder naval, tinha o maior império colonial do mundo e amplos recursos econômicos. Mesmo assim havia sido derrotada. Era preciso ousar, só assim seria possível vencer.

É bastante conhecido o empenho de José Joaquim da Maia em conseguir o apoio do embaixador dos EUA aos planos de independência do Brasil. E tal embaixador era Thomas Jefferson, um dos líderes da guerra de libertação da exploração colonial inglesa, um dos principais responsáveis pela Constituição de 1787, que criou os EUA e, mais tarde, presidente da novel república.

Ainda que uma minoria tivesse acesso ao Senso Comum e à Declaração de Independência, os princípios contidos em tais documentos eram discutidos em reuniões ocorridas em diversas capitanias. Veja, a seguir, como o abade Raynal apresenta trecho do *Senso Comum*:

> "A autoridade da Grã-Bretanha sobre a América deve, cedo ou tarde, ter um fim. Assim o quer a Natureza, a necessidade, o tempo. O governo inglês não pode, então, dar-nos mais que uma Constituição passageira (...) Se queremos assegurar a nossa felicidade, separemo-nos. Se somos pais, se amamos nossos filhos separemo-nos. Leis e liberdade: eis a herança que nós lhes devemos (...)
>
> Mas não o esqueçais, quanto mais a distância, mais o despotismo pesa (...) Pela lei das massas e das distâncias, a América só pode pertencer a si mesma. Não há governo sem uma confiança mútua entre aquele que comanda e aquele que obedece." (RAYNAL, GUILLAUME — THOMAS FRANÇOIS [ABADE RAYNAL], *A revolução americana*, Rio de Janeiro, Arquivo Nacional, 1993, págs. 93 e 94.)

D) O IMPACTO DA REVOLUÇÃO FRANCESA

O movimento revolucionário francês acabou ultrapassando as fronteiras nacionais da França e exercendo profunda influência sobre outras sociedades. Fossem elas européias ou americanas. De maneira direta ou indireta, a Revolução Francesa subverteu a ordem existente e marcou o despertar de um mundo novo.

Com ela, os princípios desenvolvidos pelos pensadores do Iluminismo ganharam maior popularidade. A liberdade, a igualdade e a fraternidade — palavras de ordem revolucionárias — alimentaram movimentos de contestação ao Antigo Regime, no qual o mercantilismo e a ausência de liberdades individuais eram instituições tradicionais. A *Marselhesa*, hoje hino da França, propagou-se como canção revolucionária. Ressaltaram-se conceitos como *cidadão*, *tirania*, *apelo às armas*! A aprovação de constituições assegurando os direitos fundamentais dos homens e dos cidadãos eram exemplos inspiradores de conspirações e de movimentos empenhados em pôr fim à exploração colonial e criar um Estado livre e soberano, fosse ele republicano ou monárquico.

A grande participação popular, ainda que a burguesia sempre mantivesse a direção da Revolução, apontava à elite intelectual brasileira o caminho a ser trilhado a fim de romper a subordinação política a Portugal.

É bem verdade que a decapitação de Luís XVI e da família real, o confisco de terras da Igreja e outras realizações radicais provocaram o temor não só das autoridades coloniais. Também os grandes proprietários de terras e de escravos somente radicalizavam quanto ao rompimento da dominação portuguesa, mas não admitiam alterar a ordem econômica existente. Consideravam que somente um Estado livre poderia ter um comércio livre. Eram os segmentos populares — padres, militares, profissionais liberais — que sonhavam com uma república democrática, sem mão-de-obra escrava.

Há muito subordinado ao capitalismo inglês, o Estado português acabou sendo arrastado a um conflito com a França. Para escapar à prisão pelas tropas invasoras francesas, a família real e muitos integrantes da corte portuguesa fugiram para o Brasil (1808).

Começava a inversão colonial!

Acelerou-se o processo de independência!

E) QUAL FOI O PAPEL DA INGLATERRA?

A crise final do feudalismo na Inglaterra ocorreu no século XVII. Ao adentrarem o século XVIII, os senhores feudais haviam perdido o poder político para a burguesia e segmentos da nobreza ligados a um capitalismo nascente.

O seu desenvolvimento econômico captava recursos externos na exploração do império colonial inglês, em pleno processo de expansão, bem como nas concessões arrancadas a Portugal. Este, para garantir a reconquista da independência — a chamada Restauração de 1640 —, teve de enfrentar os exércitos espanhóis até 1668, quando o governo de Madri acabou reconhecendo o fim da União Ibérica. Esse conflito era complicado pela divisão interna devido à sucessão de conspirações portuguesas favoráveis ao domínio espanhol.

A Coroa portuguesa igualmente manteve um estado de guerra com a República das Províncias Unidas até a conclusão da Paz de Breda (1661), que mantinha o Brasil sob domínio português, mas os flamengos recebiam amplas concessões no Extremo Oriente, polpuda indenização e o direito de embarcações holandesas praticarem o comércio em costas brasileiras.

Decadente, o governo português buscou a cobertura naval e diplomática inglesa, mas o preço pago foi a crescente dependência econômica ao capitalismo inglês devido aos tratados concluídos.

No primeiro deles, Portugal concedia aos ingleses o livre comércio não só no reino português, mas também em suas colônias, conseqüentemente, no Brasil. Corria então o ano de 1642.

Novos tratados foram concluídos em 1654 e 1661, tendo o último estipulado

> "as condições para o casamento da infanta Catarina (filha de D. João IV) com o referido monarca inglês [Carlos II]. Por esse acordo, Portugal obrigava-se, além de pagar um dote de 800.000 libras de ouro, a ceder, à astuta Albion, Tânger e Bombaim e a metade do comércio de canela do Ceilão (...) Cediam também os lusitanos, à sua aliada insular, todas as possessões portuguesas que os ingleses pudessem retomar dos holandeses." (PEREIRA DOS REIS, PAULO, *op. cit.*, págs. 37 e 38.)

Já no século XVIII, o Tratado de Methuen ampliava as concessões: os tecidos e outros artigos industriais ingleses eram franquiados em Portugal, ao mesmo tempo que os vinhos produzidos pelos ingleses em Portugal teriam isenção de impostos aduaneiros para entrar na Inglaterra.

Consumava-se a subordinação econômica de Portugal à Inglaterra. Em conseqüência, as riquezas levadas do Brasil para Portugal acabavam indo para a Inglaterra. E, dentre essas riquezas, destacava-se o ouro!

Seu início marcou o predomínio da sociedade capitalista industrial e liberal na Inglaterra.

À medida que as fábricas inglesas aumentavam a produção de tecidos e outros artigos industriais, mais crescia a ampliação de mercados consumidores externos.

Esses mercados externos também eram importantes porque podiam fornecer matérias-primas necessárias à continuidade da produção industrial. Acrescente-se ainda a possibilidade de abastecer a Inglaterra com produtos alimentícios que a sociedade inglesa não produzia ou produzia em quantidades insuficientes. Igualmente poderiam funcionar como centros de colocação de capitais de empréstimos, com lucros altamente compensadores.

Todos esses motivos levaram o governo inglês a encarar como necessário o relacionamento direto com o Brasil, sem a intermediação de Portugal.

Afinal, o Brasil tornava-se cada vez mais povoado e, sobretudo, cada vez mais rico.

11.2 . ESPELHO E IMAGEM: AS CONJURAÇÕES

A) A CONJURAÇÃO MINEIRA (1789)

A capitania de Minas Gerais, criada no início do século XVIII, reunia uma sociedade cheia de contrastes.

Em meio ao fausto possibilitado pela mineração do ouro e dos diamantes e pelas extensas fazendas de criação do gado ou cultivo de cana-de-açúcar, a miséria e a pobreza eram companheiras diárias de grande parte da população. Em verdadeiras epidemias de fome, muitos chegavam a ter de se alimentar de ratos, formigas, gatos e cães.

Ergueram-se ricos templos em cidades e vilas mineiras. Ornamentados de ouro nas paredes e nos altares, onde cálices e bandejas de ouro estavam nas cerimônias de culto assistidas por elementos os mais diversos da sociedade.

Com uma população estimada em mais de trezentos mil habitantes na década de 1770, constituía a maior concentração demográfica da Colônia. E desses habitantes mais de 50% eram negros, na sua grande maioria vivendo como escravos. Ao mesmo tempo, era a região onde se encontrava o maior número de negros alforriados. Era outro contraste marcante. Mas também existiam índios. Uns e outros lutando pela liberdade.

> "Os numerosos bandos e cartas sobre a repressão aos quilombos apresentam sempre a mesma terminologia para designar os malefícios advindos da ação dos quilombos; os negros aparecem aí como os grandes inimigos da ordem, do trabalho e da liberdade (...) uma liberdade que não lhes cabia de direito, 'escandalosa' quando por eles usufruída, pois era privilégio dos brancos e do seu mundo, do qual, diziam as autoridades, os negros a desejavam tolher." (MELLO E SOUZA, LAURA, *Desclassificados do ouro — A pobreza mineira no século XVIII*, Rio de Janeiro, Editora Graal, 1982, págs. 109 e 110.)

Além dos *calhambolas*, denominação dada nas Minas Gerais aos negros que viviam em liberdade nos quilombos, também indígenas, como os caiapós, combatiam para garantir sua liberdade.

"O princípio da rebelião se respirava como o oxigênio no ambiente das Minas", como chegou a afirmar o governador Brás Baltasar da Silveira em carta enviada a D. João V, rei de Portugal. E por que tal constatação da autoridade colonial? Por causa da sucessão de levantes e outros conflitos ocorridos na capitania. Aliás, já estudamos essa questão anteriormente.

> "Em Minas Gerais fala-se em levante por toda parte: nas ruas, em estalagens, em ranchos de beira de estrada, envolvendo homens das mais diversas condições, mesmo as mais ínfimas (...) Manuscritos de teor crítico circulavam esboçando a tendencial fratura política da sociedade, mas nos critérios da crítica eram

> acentuadamente comportamentais. As *Cartas Chilenas* expressavam, no acre da sátira, um sentimento de impotência política de viés tradicional, uma variante corrosiva do 'viva o rei, morra o mau governo' circunscrita à República das Letras, espaço privativo das elites locais. Não que o descontentamento deixasse de se expressar em termos radicais. Pasquins de teor político eram divulgados nas Minas da década de 80, como aqueles que se puseram em Mariana, e que diziam que tudo que fosse homem do reino havia de morrer (...)." (JANCSÓ, ISTVÁN, "A sedução da liberdade: cotidiano e contestação política no final do século XVIII", *in História da vida privada no Brasil*, São Paulo, Companhia das Letras, 1997, vol. 1, págs. 399 e 400.)

A propósito, as *Cartas chilenas* são uma composição poética geralmente atribuída a Tomás Antônio Gonzaga, embora também se aponte Cláudio Manoel da Costa ou Inácio José de Àlvarenga Peixoto como seu autor. Nesse poema, criticava-se a violência do colonialismo português e o comportamento das autoridades coloniais.

Todos três eram poetas e viveram em Vila Rica do Ouro Preto, então capital das Minas Gerais. Constituíam parte de uma elite colonial que sonhou em romper os grilhões da dominação colonial portuguesa.

Ao longo do século XVIII a velha Europa fervilhava com a propagação de idéias revolucionárias. Apesar de todos os obstáculos impostos pelos repressivos Estados absolutistas, um número crescente de indivíduos buscava com avidez se informar das mudanças que ocorriam ou que deveriam ocorrer. Livros eram publicados, burlando os mecanismos de censura existentes, e rapidamente devorados por leitores que discutiam as novas idéias em festivos salões ou em furtivas reuniões onde se tramavam planos revolucionários.

Nesse contexto se encontravam jovens brasileiros, na sua maioria pertencentes a famílias de condição social capaz de garantir a conclusão de cursos em universidades européias.

"Entre 1772 e 1785, 300 estudantes brasileiros tinham se matriculado na Universidade de Coimbra. Outros prosseguiram seus estudos em escolas francesas ou matricularam-se diretamente na Faculdade de Medicina de Montpellier, onde 15 brasileiros estudaram entre 1767 e 1793 (...) Maia [José Joaquim da Maia] em 1785 escrevia poemas em que atacava 'o monstro horrendo do Despotismo' e que estavam povoados de uma confusa profusão de heróis, inclusive Rousseau, Voltaire, Locke, Pope, Virgílio e Camões. José Álvares Maciel, filho de abastado fazendeiro e comerciante de Vila Rica, e contemporâneo de Maia em Coimbra, viajou à Inglaterra, ali passando ano e meio, estudando técnicas manufatureiras e, sempre que possível, comprando relatos da Revolução Americana. Ele discutiu a possibilidade da independência do Brasil com negociantes ingleses amigos." (MAXWELL, KENNETH, *A devassa da devassa — A Inconfidência Mineira: Brasil — Portugal — 1750-1808*. Rio de Janeiro, Editora Paz e Terra, 1985, pág. 102.)

A maioria dos historiadores rejeita que os conjurados projetassem a independência do Brasil. Não concordamos com essa interpretação, mesmo porque nos *Autos da devassa*, abertos pelas autoridades coloniais em 1789, consta que José Joaquim da Maia e Barbalho, natural da cidade do Rio de Janeiro, estaria entre o grupo de estudantes brasileiros que, na Universidade de Coimbra, haviam jurado dedicar suas vidas à causa da independência do seu país. A vivência, na Europa, ainda que por curta duração, estimulava uma visão do espaço colonial. Além disso, a luta dos colonos norte-americanos contra a dominação colonial inglesa e que resultou na independência das Treze Colônias inglesas da América exerceu marcante influência sobre a reduzida elite intelectual brasileira.

Maia chegou inclusive a buscar apoio norte-americano aos projetos de libertação de sua pátria. Por questões de segurança, usou o pseudônimo de *Vendek* nas cartas enviadas a Thomas Jefferson, então embaixador dos EUA em Paris, com quem acabou se encontrando.

Em carta de 2 de outubro de 1786, assim se expressou:

> "Sou brasileiro e sabeis que a minha desgraçada pátria geme em atroz escravidão, que se torna todos os dias mais insuportável depois da vossa gloriosa independência, pois que os bárbaros portugueses nada poupam para tornar-nos desgraçados com medo que vos sigamos as pisadas, e como conhecemos que esses usurpadores, contra a lei da natureza e da humanidade, não cuidam senão de oprimir-nos, resolvemos seguir o admirável exemplo que acabai de dar-nos, e, por conseguinte, quebrar as nossas cadeias e fazer reviver a nossa liberdade, que está de todo morta e oprimida pela força, que é o único direito que os europeus têm sobre a América."

Como se vê, o sonho de liberdade estava nos corações e nas mentes de brasileiros que estudavam ou passeavam na Europa.

E essas idéias, como muitos desses livros, ainda que proibidos foram trazidos para o Brasil.

> "José Álvares Maciel, ao ser inquirido a respeito dessa matéria, confirma possuir a *História da América Inglesa*, do Abade Raynal, tendo-a adquirido em Birmingham por dois *shillings* em um leilão, cuidando que tinha feito grande compra. Mesmo em Lisboa esses livros eram comprados e embarcados nas bagagens pessoais sem maiores cuidados (...) Livros condenados eram acessíveis para compra mesmo na Colônia quando faziam parte de espólios e eram nessa condição arrematados, ocorrendo sua circulação por tal via. Outra forma de burlar os controles se dava pela compra de impressos nos navios que chegavam da Europa, quer se tratasse de livros, quer das gazetas cuja circulação era vedada pelo governo." (JANCSÓ, ISTVÁN, *op.cit.*, págs. 402 e 403.)

É importante consignar que não existia imprensa no Brasil. Em conseqüência, as idéias do Século das Luzes se espalhavam pela linguagem oral e pelos livros e suas cópias manuscritas. Muitas vezes essas obras eram tomadas emprestadas e circulavam entre aqueles que sabiam ler.

Ficou famosa a biblioteca do cônego Luís Vieira da Silva, antigo vigário da Vila de São José del Rei, atual Tiradentes, e que regia a cadeira de filosofia do Seminário Episcopal de Mariana. Caso excepcional na Colônia, sua biblioteca incluía cerca de oitocentos livros. Mais da metade em latim. Muitos em francês. Mas também em inglês, em italiano, em espanhol e até em português. Havia dicionários, obras de filosofia, de física, de teologia, de medicina, de geografia, das mais diversas ciências e naturalmente escritos de Raynal, de Mably, de Voltaire, de Montesquieu, de Diderot, de Verney e de outros autores criadores de visões de um novo homem em um novo mundo, onde a liberdade não seria apenas uma palavra ou uma utopia.

Outros envolvidos na Conjuração, como o advogado e poeta Cláudio Manoel da Costa, o padre Carlos Corrêa de Toledo, o capitão José de Rezende Costa, o coronel José Aires Gomes, o magistrado e poeta Inácio José de Alvarenga Peixoto e o tenente-coronel Francisco de Paula Freire de Andrade, igualmente tinham suas bibliotecas, não tão ricas e variadas como a do cônego Vieira, considerado o homem mais culto do Brasil daqueles tempos.

Não se deve pensar, porém, que muitas pessoas da sociedade mineira possuíssem livros, mesmo porque a maioria era analfabeta. Contudo, aponta-se a capitania das Minas Gerais como aquela onde houve maior consumo livresco, especialmente em Vila Rica, Mariana e São João del Rei, os principais centros urbanos daquela capitania.

Embora não fosse freqüente, os livros circulavam mediante a prática do empréstimo.

> "Inácio José de Alvarenga Peixoto (...) relata que, em uma das muitas ocasiões em que foi à casa de Francisco de Paula Freire de Andrade, o fez com o fito de 'tirar um livro para ler' (...) O Alferes Joaquim José da Silva Xavier, o Tiradentes, era visto com freqüência com livros franceses e ingleses que provavelmente não lhe pertenciam. Acercava-se de pessoas que dominavam esses idiomas, pedindo-lhes que traduzissem trechos das obras." (JANCSÓ, ISTVÁN, *op.cit.*, pág. 406.)

E a inquietação existente na sociedade mineira fora agravada com a notícia de que as autoridades coloniais iriam lançar a derrama.

E o que era a derrama?

> "A derrama era o imposto cobrado pela coroa portuguesa às capitanias (...) e arrecadado entre seus habitantes. No século XVIII, a capitania de Minas Gerais deveria pagar anualmente o imposto do quinto do ouro extraído, em um total de cem arrobas, o mais importante dos tributos recolhidos pela monarquia portuguesa. Com a progressiva decadência na arrecadação, cada habitante teria que entrar com uma cota extra para completar o total exigido. Essa cobrança, em arrobas de ouro, extorsiva e excessiva, [ocorria] quando a arrecadação normal do quinto não dava para cobrir o montante do imposto." (AZEVEDO, ANTÔNIO CARLOS DO AMARAL, *op. cit.*, pág. 137).

Acreditavam os conspiradores que a derrama seria o estopim que faria explodir a rebelião contra a dominação colonial. Em uma de suas reuniões criaram até a palavra de ordem para começarem a agir. "Tal dia faço o batizado" era a senha.

E o que já haviam decidido?

Dentre outras medidas, aboliriam os monopólios mercantilistas e adotariam a liberdade econômica; a fundação de fábricas necessárias ao desenvolvimento econômico; São João del Rei seria a nova capital do Estado independente; a eleição de parlamentares encarregados de fazer as leis; a criação de uma universidade em Vila Rica do Ouro Preto, a qual seria a primeira a funcionar no Brasil; a formação de milícias integradas por cidadãos que teriam a obrigação de defender a pátria, quando necessário, assim terminando a existência do exército permanente; a entrega de prêmios a mulheres que tivessem muitos filhos e de terras para cultivo às famílias pobres; a confecção de uma bandeira em cor branca, tendo ao centro um triângulo vermelho rodeado do início de um verso do poeta romano Virgílio, *Libertas, quae sera tamem*, que significa *Liberdade ainda que tardia*.

Houve muitas discussões a propósito de questões importantes. Foi o caso da inscrição na bandeira, em que prevaleceu a frase latina. Contudo, teve proposta vencida de se colocar a imagem de um índio quebrando os grilhões que o prendiam.

Os conjurados também se dividiram quanto ao modelo de Estado a ser criado. A maioria mostrou-se favorável à montagem de uma república federativa, seguindo o exemplo dos Estado Unidos. Mas havia os partidários de uma monarquia constitucional, seguindo o modelo inglês.

Questão polêmica relacionou-se à abolição ou manutenção da mão-de-obra escrava. Provavelmente a escravidão negra continuaria, porque a quase totalidade dos conspiradores era de proprietários de escravos.

Providências básicas para o sucesso dos projetos libertadores aparentemente não mereceram atenção prioritária. Dentre outros, podemos mencionar:

- o apoio de camadas populares, dando maior força ao movimento, que, em grande parte, ficou restrito a uma minoria de intelectuais e proprietários rurais;
- a disponibilidade de armas de fogo, restritas às reduzidas forças militares comandadas por envolvidos na conjuração;
- o envio de emissários a outras capitanias, ampliando a área que se sublevaria contra a dominação portuguesa. Existem indícios, como veremos no estudo da Conjuração do Rio de Janeiro, de possível ligação entre os dois movimentos.

Todavia, os conjurados acabaram sendo denunciados ao visconde de Barbacena, governador da capitania de Minas Gerais. Foram três os denunciantes, todos portugueses e conhecidos por anteriores comportamentos condenáveis. Um deles foi o coronel Joaquim Silvério dos Reis, pelas autoridades portuguesas tachado de fraudulento, doloso e falsificador.

> "Joaquim Silvério dos Reis se casaria em 1791 no Rio de Janeiro com Bernardina Quitéria, filha de Luís Alves de Freitas Belo. Outra de suas filhas, Maria Cândida, seria a esposa de Francisco de Lima e Silva. Foi filho desta união Luís Alves de Lima, o futuro Duque de Caxias. Este fato deve ter constrangido

> as autoridades imperiais a respeito da Inconfidência Mineira e do comportamento do tio do patrono do Exército brasileiro." (MAXWELL, KENNETH, *op. cit.*, pág. 269.)

Silvério dos Reis fez a denúncia de viva voz no dia 15 de março de 1789, mas o visconde de Barbacena fez-lhe duas exigências: apresentar as acusações por escrito e seguir Joaquim José da Silva Xavier, o *Tiradentes*, que viajara para a cidade do Rio de Janeiro.

> "Espírito vivo e empreendedor, não se conformava com sua situação modesta e procurava fortuna e projeção social. Havia sido mascate e, em 1781, alistou-se na tropa da capitania de Minas Gerais. Apesar dos serviços prestados e das missões de responsabilidade que lhe foram confiadas, Tiradentes, na sua carreira militar, só atingiu o posto de alferes, sendo sempre preterido nas promoções. Feio, de olhos esbugalhados, desprezado pelos poderosos, objeto muitas vezes de riso de seus conterrâneos, não tendo mesmo 'cumpadres' que lhe dispensassem proteção, via desvanecerem-se os seus sonhos de glória. Tentou a fortuna na mineração, chegando a adquirir uma pequena propriedade e quatro escravos (...) Não há dúvida, entretanto, que Tiradentes foi o espírito propulsor da conjuração (...) Não hesitava em fantasiar os fatos para atingir os seus intentos. Fazia parte de sua técnica revolucionária (...) O alferes não se limitou, porém, a aglutinar em torno de sua idéia o descontentamento popular. Hábil organizador, tentou constituir um núcleo composto de elementos de projeção na capitania, núcleo que seria o grupo dirigente do levante (...)." (BUARQUE DE HOLANDA, SÉRGIO, *op. cit.*, págs. 396 e 397.)

Não se deve concluir ter sido Tiradentes o chefe do movimento libertador. Ao que tudo indica, o cabeça do movimento foi o tenente-coronel Francisco de Paula Freire de Andrade, comandante do Regimento de Cavalaria Regular de Minas Gerais e em cuja residência se realizaram inúmeras reuniões dos conjurados. Segundo o traidor Silvério dos Reis, "o primeiro cabeça" era o poeta e magistrado Tomás Antônio Gonzaga, acusação possivelmente ocorrida porque era inimigo pessoal do velho apaixonado pela bela e jovem Marília. Esta se chamava Maria Joaquina Dorotéia de Seixas e fora prometida em casamento a Gonzaga, quase cinqüentão, e poetando com o pseudônimo de *Dirceu*.

Por seu lastro cultural e administrativo, quem sabe o *verdadeiro cabeça* não foi o doutor Cláudio Manoel da Costa? A ele se atribui ter sido um dos autores das leis que regeriam o novo Estado projetado. Fora em sua residência que ocorreram as primeiras reuniões dos conjurados. O seu fim ainda mais reforça indícios do papel de realce que teve no movimento.

Preso no dia 25 de maio de 1789, dois dias após o início do seu interrogatório divulgou-se a notícia de sua morte.

Era o dia 4 de julho de 1789. E a versão apresentada pelas autoridades coloniais era que o Dr. Cláudio havia se suicidado. O atestado de óbito afirmava ter sido morte por suicídio.

> "(...) O governador falou no 'suicídio' em outra correspondência, datada de 15 de julho, que incluía o relatório dos médicos. Muito mais tarde um destes médicos veio a declarar que em seu primeiro relatório não atestara a causa da morte como sendo suicídio — e sim assassinato. No dia seguinte ao do exame, afirmou ele, o ajudante de campo do governador, Antônio Xavier de Resende, disse-lhe que seu relatório fora inadvertidamente destruído, aconselhando-o a elaborar outro que dissesse ter o primeiro se matado. A morte de Cláudio Manoel da Costa na casa de Rodrigues de Macedo, dois dias antes da chegada dos juízes do vice-rei, a estranha cronologia da correspondência do governador e a fuga de Pamplona são muito suspeitas. Principalmente porque à época a História oficial mereceu pouco crédito: foi, mesmo, rezada missa pelo poeta falecido, um privilégio negado aos suicidas, sendo a despesa coberta pela Fazenda Real." (MAXWELL, K., *op. cit.*, pág. 182.)

Entretanto, lendo-se o referido atestado de óbito, fica evidente que a morte de Cláudio Manoel da Costa ocorreu de modo altamente suspeito.

"Achou-se de pé, encostado a uma prateleira, com um joelho firme em uma tábua dela e o braço direito fazendo força em outra tábua, na qual se achava passada em torno uma liga de cadarço encarnado, atado à dita tábua, e a outra ponta com uma laçada e nó corrediço deitado no pescoço do dito cadáver, que o tinha esganado e sufocado, por lhe haver inteiramente impedido a respiração por efeito do grande aperto que lhe fez com a força da gravidade do corpo na parte superior da laringe, onde se divisava do lado direito uma pequena contusão que mostrava ser feita com o mesmo laço, quando ocorreu (...)." (CARVALHO, JARBAS SERTÓRIO DE, "O homicídio do desembargador Cláudio Manoel da Costa", *Revista do Instituto Histórico e Geográfico de São Paulo*, volume LI, 1951-1953, pág. 58.)

Será que você pode aceitar a versão oficial, que não hesita em afirmar ter alguém se enforcado de pé e usando as pernas como alavanca para consumar o suicídio? Em 25 de outubro de 1975, em plena ditadura militar, houve um caso semelhante: o governo noticiou a morte do jornalista, professor e autor teatral Vladimir Herzog em uma cela do Destacamento de Operações e Informações — Centro de Operações de Defesa Interna (DOI-CODI-SP), em São Paulo. O preso político havia se enforcado de pé. Pouco menos de três meses depois, no dia 16 de janeiro de 1976, foi divulgado o suicídio por enforcamento, em circunstâncias idênticas e na mesma cela, do operário Manoel Fiel Filho.

Como você está aprendendo, ou recordando, os regimes opressores não hesitam em montar farsas para encobrir o assassinato de presos políticos considerados ameaçadores à ordem vigente.

Esses acontecimentos ocorreram antes da prisão do Tiradentes na cidade do Rio de Janeiro graças aos esforços do traidor Silvério, que se apresentara ao vice-rei Luís de Vasconcelos e Sousa.

Era o dia 10 de maio de 1789 quando Tiradentes foi levado preso para a fortaleza da ilha das Cobras.

Treze dias após começaram as detenções dos demais conjurados, a maioria aprisionada em Vila Rica. Alguns poucos procuraram fugir, mas inutilmente, mesmo porque novas delações foram feitas pelos portugueses Inácio Correia Pamplona e Basílio de Brito Malheiros do Lago, ambos portugueses e conhecidos por seus maus antecedentes, que incluíam inúmeras violações das leis.

Por determinação do vice-rei, todos os envolvidos foram remetidos para o Rio de Janeiro e recolhidos às masmorras da Fortaleza da Conceição, da ilha das Cobras, na Cadeia Velha e em outros presídios da capital da Colônia.

Todos, foi o que dissemos?

Saiba que tal não ocorreu. Várias fontes insinuam que nem todos os acusados de participar da Conjuração foram indiciados ou encarcerados. Foi o caso de João Rodrigues de Macedo, rico contratador em cuja residência houve diversas reuniões dos conjurados. Conhecido por seu comportamento ardiloso e corrupto, supõe-se que o visconde de Barbacena tivesse sido subornado para livrar alguns dos envolvidos.

Ainda que fossem abertos processos em Minas Gerais e na capital da Colônia, as autoridades metropolitanas determinavam que ficasse todo o caso submetido ao Tribunal de Inquérito Visitador, ou Tribunal da Alçada, criado na cidade do Rio de Janeiro.

Nesse mesmo ano de 1790, uma carta régia de 15 de outubro definia o que somente foi consumado em 1792:

> "(...) Os inconfidentes ativos deviam ser banidos para Angola e Benguela, e os cúmplices e implicados para Moçambique. Com uma só exceção: o pleno rigor da lei deveria ser aplicado ao prisioneiro ou prisioneiros que, além de terem comparecido às reuniões, 'com discursos, práticas, e declarações sediciosas, assim em público como em particular procurassem em diferentes partes'... disseminar o movimento. Previamente, as 'diferentes partes' tinham sido definidas como sendo Minas e o Rio de Janeiro. No entanto, nada disto era do conhecimento público, o governo se preparava para conduzir um espetáculo. A Alçada e a proclamação secreta de clemência deviam se constituir em elementos importantes de um cenário sofisticado e planejado. A carta régia de 15 de outubro visava claramente — e somente — o Alferes Silva Xavier." (MAXWELL, KENNETH, *op.cit.*, pág. 215.)

E por que Joaquim José da Silva Xavier, o Tiradentes, foi condenado de antemão? Porque acabou sendo o único dos indiciados a assumir toda a culpa do ocorrido, não hesitando em se atribuir um papel que efetivamente não tivera: o cabeça, de líder, de autor do projeto de pôr fim à dominação colonial.

É evidente que todo estudioso de regimes opressivos não desconhece os processos de violência empregados contra quaisquer opositores. Portanto, é lícito supor que os acusados de conjuração contra a despótica dominação colonial portuguesa acabaram confessando e acusando uns aos outros em meio às torturas a que eram submetidos.

O único a não comprometer ninguém foi Tiradentes.

> "Mostra-se que entre os chefes e cabeças da conjuração, o primeiro que suscitou as idéias da República foi o réu Joaquim da Silva Xavier, por alcunha o Tiradentes, alferes que foi de cavalaria paga da capitania de Minas, o qual há muito tempo que tinha concebido o abominável intento de conduzir os povos daquela capitania a um rebelião, pela qual se subtraíssem da justa obediência devida à dita senhora, formando para este fim publicamente discursos sediciosos, que foram denunciados ao governador de Minas, antecessor do atual, que então sem nenhuma razão foram desprezados, como consta (...) da devassa principiada nesta cidade (...) Portanto condenam o réu Joaquim José da Silva Xavier, por alcunha o Tiradentes (...) a que com baraço e pregão seja conduzido pelas ruas públicas ao local da forca, e nela morra morte natural para sempre, e que depois de morto lhe seja cortada a cabeça e levada a Vila Rica, aonde em o lugar mais público dela será pregada em poste alto até que o tempo consuma; o seu corpo será dividido em quatro quartos e pregados em postes pelo caminho de Minas, no sítio da Varginha e de Cebolas, aonde o réu teve as suas infames práticas, e os mais nos sítios de maiores povoações, até que o tempo também os consuma. Declaram ao réu infame, e infames seus filhos e netos, tendo-os, e seus bens aplicam para o fisco e câmara real, e a casa em que vivia

> em Vila Rica será arrasada e salgada, e que nunca mais no chão se edifique, e não sendo próprias, serão avaliadas e pagas ao seu dono pelos bens confiscados, e no mesmo chão se levantará um padrão pelo qual se conserve em memória a infâmia deste abominável réu." (*Anuário do Museu da Inconfidência*, Ministério da Educação e Saúde/Diretoria do Patrimônio Histórico e Artístico Nacional, Ouro Preto, 1952, págs. 27, 44 e 45.)

E a sentença foi cumprida. No dia 21 de abril de 1792, Tiradentes foi enforcado, sendo seu cadáver levado para a Casa do Trem, hoje parte do Museu Histórico Nacional, na cidade do Rio de Janeiro. Ali foi esquartejado, sendo as partes do corpo levadas para serem espetadas em postes colocados em localidades no caminho do Rio de Janeiro até Vila Rica, onde a cabeça foi colocada em uma gaiola de ferro pendurada em um poste existente na praça principal da cidade.

Outros acusados foram sentenciados ao degredo. Cinco deles, todos sacerdotes, enviados a Lisboa e ilhas da África. Outros dezoito acabaram sendo condenados ao degredo perpétuo ou por dez anos em Angola e Moçambique. Quase todos morreram no degredo, e somente quatro retornaram ao Brasil: os padres Manoel Rodrigues da Costa e José da Silva de Oliveira e Rolim, o cônego Luís Vieira da Silva e José de Rezende Costa Filho. O primeiro chegou a ser deputado nas cortes de Lisboa, em 1821 e, posteriormente, representante da província de Minas Gerais na Assembléia Constituinte, dissolvida por D. Pedro I em 1823.

Outro dos retornados a continuar na política foi José de Rezende Costa Filho, preso quando tinha menos de vinte anos.

> "Já na Regência de D. João, obteve emprego na administração pública de Minas e começou a participar da política local. Em 1823, eleito para a bancada mineira que participou da Assembléia Constituinte, freqüentou outra vez o prédio em que esteve preso. Agora, estava em plena atividade parlamentar, mas o local era o mesmo edifício da antiga Cadeia Velha onde, trinta anos antes, chorara com o seu pai ao tomar conhecimento da comutação das penas.

> Influente e respeitado, Rezende Costa, filho, morreu no Rio de Janeiro, em 1841." (BARROS, EDGARD LUIZ DE, *Os sonhadores de Vila Rica: A Inconfidência Mineira de 1789*, São Paulo, Atual Editora, 1989, pág. 55.)

Embora fracassando, a Conjuração Mineira evidenciou estar em marcha um processo de desagregação do sistema colonial português. Este, apesar da sistemática violência empregada contra os que ousassem contestar a opressiva dominação imposta, estava com seus dias contados, e a independência deixaria de ser um sonho de poucos para se tornar a realidade de um povo.

B) UMA HISTÓRIA MAL CONTADA: A CONJURAÇÃO DO RIO DE JANEIRO

> "A Conjuração do Rio de Janeiro, de todos os movimentos conspiratórios precursores da Independência, foi o mais inofensivo do ponto de vista da ameaça à ordem estabelecida. Não se conseguiu apurar nenhuma medida de ordem prática, sequer esboçada. Tudo ficou em uma série de conversas entre intelectuais que purgaram na longa prisão os possíveis desabafos contra as autoridades." (BUARQUE DE HOLANDA, SÉRGIO, *op. cit.*, pág. 406.)

Até que ponto estaria próxima da verdade a afirmação de ter sido o *movimento mais inofensivo* contra o sistema colonial? Na devassa, aberta por determinação do vice-rei conde de Rezende, foram ouvidas mais de duzentas pessoas, incluindo-se testemunhas, réus e delatores.

Até que ponto o movimento ficaria restrito a reduzido número de intelectuais — de *letrados*, como a maioria dos autores se refere aos envolvidos? Na verdade, a devassa também incluiu o depoimento de entalhador, de ourives, de sapateiro, de marceneiro, de torneiro e indivíduos não pertencentes à elite intelectual e à Sociedade Literária do Rio de Janeiro.

Até que ponto não haveria ligações entre a Conjuração Mineira e a Conjuração do Rio de Janeiro? Sabe-se que Manoel Inácio da Silva Alvarenga, nascido em Vila Rica do Ouro Preto — centro propulsor da Conjuração

Mineira —, estudou direito na Universidade de Coimbra, onde igualmente completou seus estudos Inácio José de Alvarenga Peixoto, constando que mantiveram relacionamento de amizade. Será que esses contatos ficaram limitados a Portugal? Afinal, ambos estudaram na mesma universidade, seguiram a mesma profissão e também foram poetas! Em Coimbra igualmente estudaram Tomás Antônio Gonzaga e Cláudio Manoel da Costa, participantes da Conjuração Mineira — ambos advogados e poetas, tendo o último composto o poema *Vila Rica*, encontrado entre os livros apreendidos na biblioteca de Manoel Inácio da Silva Alvarenga.

A propósito de Alvarenga, Augusto Victorino Alves Sacramento Blake, em seu *Dicionário Bibliographico Brasileiro*, editado pela Imprensa Nacional, no Rio de Janeiro, em 1900, volume VI, pág. 100, afirma que nasceu em São João del Rei e não em Vila Rica, como afirmam vários autores.

Será que não é lícito admitir-se terem havido ligações entre cariocas envolvidos na Conjuração Mineira com mineiros participantes da Conjuração do Rio de Janeiro?

Nos dois movimentos anticoloniais as devassas constataram a presença de idéias contidas nos escritos de dois pensadores franceses: Mably e Raynal.

Gabriel Bonnot de Mably, mais conhecido como abade Mably (1709-1785), autor de várias obras defendendo a República e criticando as instituições existentes no século XVIII, foi um vulgarizador das idéias do Iluminismo.

Por sua vez, Guilherme-Thomas-François Raynal (1713-1796), o conhecido abade Raynal, teve sua *Histoire Philosophique des Indes* proibida na França, o que não impediu sua divulgação em mais de vinte edições.

> "Raynal repete todos os temas da propaganda filosófica: ódio ao despotismo, desconfiança em relação à Igreja, que deveria estar intimamente submetida ao Estado laicizado, elogio ao Liberalismo Econômico e Político." (SOBOUL, ALBERT, *A Revolução Francesa*, Rio de Janeiro, Zahar Editores, 1964, pág. 57.)

É público e notório ter Joaquim José da Silva Xavier feito várias viagens ao Rio de Janeiro, onde acabou sendo preso por ordem do vice-rei, em maio de 1789.

José Joaquim da Maia e Barbalho, natural do Rio de Janeiro, estudou matemática na Universidade de Medicina de Montpellier.

> "É possível que tivesse sido credenciado por negociantes do Rio para entrar em contato com Jefferson [Thomas Jefferson, então embaixador dos Estados Unidos na França]. Provavelmente ele era membro do grupo de estudantes brasileiros que, no início da década de 1780, apertaram as mãos em Coimbra e juraram dedicação à causa da independência de sua terra natal (...) É difícil identificar os comerciantes do Rio que se envolveram no caso, ou no projeto em prol de um comércio direto com a Inglaterra. Possivelmente (...) as idéias têm algo a ver com Francisco de Araújo Pereira, pois ele é citado mais tarde como sendo um crítico franco dos métodos da administração colonial (...)." (MAXWELL, KENNETH, *op. cit.*, págs. 101 e 107.)

Outros integrantes do Grupo de Coimbra e de Montpellier foram José Joaquim da Maia, nascido no Rio de Janeiro, Domingos Vidal Barbosa e José Mariano Leal da Câmara Rangel de Gusmão, todos envolvidos na Conjuração Mineira, tendo o último nascido no Rio de Janeiro, e não chegando a ser *devassado*, possivelmente pela corrupção dos magistrados, enquanto o primeiro teve domicílio na cidade do Rio de Janeiro.

Mariano José Pereira da Fonseca (1773-1848), um dos réus da Conjuração do Rio de Janeiro, foi outro a estudar na Universidade de Coimbra, onde recebeu o bacharelado em filosofia.

Desse modo, a cidade do Rio de Janeiro, pouco antes elevada à condição de capital da Colônia e de sede do governo dos vice-reis, conheceu ares de mudanças propagados pelas Luzes do Século. Essas idéias se expandiam com a volta ao país de brasileiros que haviam estudado na Europa. Eram também propagadas em livros que conseguiram escapar à rigorosa censura das autoridades coloniais.

Foi nessa conjuntura de fervilhar de idéias que se fundou a *Academia Científica do Rio de Janeiro*. Era o ano de 1771, mas este centro de estudos somente foi inaugurado oficialmente a 18 de fevereiro de 1772, com a presença do marquês do Lavradio, que ocupava o cargo de vice-rei.

> "Tinha por fim especialmente tratar de assuntos científicos, como o nome indicava, e compreendia três classes: a de Cirurgia, a de História Natural e a de Física-Química, Farmácia e Agricultura. Chegou a ter um horto botânico (...) A sociedade durou poucos anos. Deve-se-lhe somente a criação do primeiro núcleo de intelectuais fluminenses, com então se diziam todos os moradores do Rio de Janeiro." (BUARQUE DE HOLANDA, SÉRGIO, *op. cit.*, pág. 407.)

Mas o pontapé inicial fora dado, e os corações e mentes dos intelectuais e outros integrantes da sociedade colonial souberam da guerra vitoriosa dos norte-americanos para romper os grilhões da dominação inglesa.

Afinal, os norte-americanos foram os primeiros colonos a conquistarem a sua independência! Não era um exemplo que deveria ser imitado?

Por que não tentar pôr fim à subordinação a Portugal? Não era Portugal um Estado decadente, ao inverso da sociedade inglesa, cujo poderio econômico e naval a colocavam como primeira potência mundial?

Em 1786, intelectuais, vivendo na cidade do Rio de Janeiro, reuniramse sob a liderança de Manoel Inácio da Silva Alvarenga (1749-1814) e de José Basílio da Gama (1740-1795), poeta mineiro que fora amigo de Inácio José de Alvarenga Peixoto, assim como Silva Alvarenga. Este retornara ao Brasil em 1777, fixando residência na cidade do Rio de Janeiro. Era advogado, sócio de uma olaria e conseguira ser nomeado professor régio de retórica e poética.

Fundou-se, até com a presença do vice-rei D. Luís de Vasconcelos e Sousa, a *Sociedade Literária do Rio de Janeiro.*

O 24º artigo dos Estatutos da novel instituição afirmava:

> "Sendo o primeiro alvo da Sociedade o repartirmos mutuamente as nossas luzes cientistas, para com igual interesse entrarmos em marcha pela nova carreira, que o nosso amor pelas ciências (...)." (*Autos da devassa: prisão dos letrados do Rio de Janeiro*, 1794, Rio de Janeiro, UERJ, 1994, pág. 219.)

O exame crítico do texto anterior permite-nos deduzir a influência das idéias do iluminismo, as chamadas *luzes do século*, que inclusive valorizavam as ciências.

Em discurso comemorativo do primeiro aniversário de funcionamento da Sociedade, Joaquim José de Ataíde, então presidente da entidade, enumerou alguns dos estudos realizados pelos associados.

De acordo com Ataíde, estudara-se o calor da Terra e o eclipse da Lua em 1787, analisaram-se as águas do rio Carioca, os danos e proveitos do uso de licores e aguardente e um método de fazer a tinta do urucu.

Contudo, secretamente os temas debatidos eram bem diferentes e, com certeza, a explosão da Revolução Francesa, cujo processamento influenciou não só a Europa, mas também as sociedades americanas, animou essas discussões.

Quando a repressão se abateu sobre os acusados de conspirar contra a dominação colonial, dentre os papéis apreendidos na casa de Manoel Inácio da Silva Alvarenga foram encontrados os *Estatutos Secretos da Sociedade Literária do Rio de Janeiro.* Seus dispositivos eram profundamente políticos e sociais, destacando-se os seguintes:

> "1. A boa-fé e o segredo, de modo que ninguém saiba do que se tratou na sociedade.
>
> "2. Não deve haver superioridade alguma nesta sociedade e será dirigida igualmente por modo democrático.
>
> "3. O objetivo principal será a filosofia em toda a sua extensão, no que compreende tudo quanto pode ser interessante.
>
> "4. Não só trabalhará somente sobre matérias novas, mas também sobre as já sabidas, porque será útil conservar e renovar as idéias adquiridas e comunicá-las aos que tiverem falta desses conhecimentos (...)
>
> "5. Para ser admitido, qualquer novo sócio deve preceder boa informação de sua probidade e segredo e aplicação: de sorte que se possa esperar a utilidade da sua companhia e será recebido por pluralidade de votos." (*Autos da devassa: prisão dos letrados do Rio de Janeiro*, 1794, pág. 137.)

Todavia, a divulgação da prisão de Tiradentes na cidade do Rio de Janeiro e a chegada à capital da Colônia de Tomás Antônio Gonzaga, de Francisco de Paula Freire de Andrade, de Francisco Antônio de Oliveira Lopes, de Domingos de Oliveira Lopes, de Domingos Vidal de Barbosa, de Inácio José de Alvarenga Peixoto, do padre José da Silva de Oliveira e Rolim, do cônego Luís Vieira e do padre Carlos Corrêa de Toledo, envolvidos da Conjuração Mineira, teve duplo efeito: provocou o temor dos que discutiam as mais diversas questões políticas e levou ao fechamento da Sociedade Literária do Rio de Janeiro, impedida de funcionar porque o conde de Rezende alegara ser uma sociedade secreta a *Arcádia Ultramarina*, como a chamavam os portugueses (1790).

É bem verdade que o conde de Rezende, novo vice-rei, cujo governo foi tachado de o mais repressivo e violento de todos os que desempenharam funções dirigentes no século XVIII, acabou acolhendo denúncias feitas por frei Raimundo Penafiel da Anunciação, da Ordem dos Franciscanos, e de José Bernardo da Silva Frade.

Em conseqüência, o conde de Rezende, em 11 de junho de 1794, enviou ofício a Antônio Diniz da Cruz e Silva, desembargador-chanceler da Relação do Rio de Janeiro e que já atuara contra os acusados da Conjuração Mineira.

> "Havendo chegado a mim, a notícia que muitas pessoas desta cidade, esquecidas de si e da honra do nome português, que até o presente consistia principalmente no amor e fidelidade aos nossos clementíssimos soberanos, se arrojam, não só em casas particulares, mas ainda nos lugares públicos dela com a ocasião das atuais alterações da Europa, a alterar questões sobre o governo público dos Estados, e em que algumas das referidas pessoas têm escandalosamente proferido: que os reis não são necessário; que os homens são livres e podem, em todo o tempo, reclamar a sua liberdade; que as leis por que hoje se governa a nação francesa são justas e que o mesmo que aquela nação praticou se devia praticar neste continente; que os franceses deviam vir conquistar esta cidade; que a Sagrada Escritura, assim como dá poder aos reis para castigar os vassalos, o dá aos vassalos para castigar os reis; cujas proposições, e outras de seme-

> lhante natureza, em que até envolvem a religião, além de mostrarem a pouca fidelidade de quem as profere, como próprias de enganar e seduzir o povo rústico ignorante, e de apartá-la do amor e fidelidade que deve aos seus legítimos e naturais soberanos, ainda sendo proferidas sem o danado fim que elas parecem inculcar, em todo o tempo, e muito mais nos presentes, podem produzir conseqüências muito perigosas e que convém atalhar. Me pareceu ordenar a V. S., como por esta ordeno, que proceda logo a uma exata informação da devassa, a quem servirá de corpo de delito, perguntando nela, sem determinado número, todas as testemunhas que lhe parecer, sobretudo o referido e o mais que nela for relativo, dando-me a miúdo conta do que dela resultar, para eu dar as providências que julgar mais conformes ao serviço de Sua Majestade, a quem dou parte desta minha resolução, e para escrivão da mesma informação ou devassa nomeio ao desembargador juiz do cível, João Manoel Guerreiro de Amorim Pereira, fiando de V. S. que, em uma matéria de tanto peso e delicadeza, se portará com cuidado e zelo que deve(m) as obrigações em que constituem o lugar que ocupa." (*Autos da devassa: prisão dos letrados do Rio de Janeiro*, 1794, pág. 37.)

As prisões sucederam-se, destacando-se as de Manoel Inácio da Silva Alvarenga, de João Manso Pereira, professor de gramática latina, de João Marques Pinto, professor de língua grega, do médico Jacinto José da Silva Quintão, cunhado e sócio de Silva Alvarenga, de Francisco Antônio Gaboa, de Francisco Coelho Solano da Silva, de João de Sá da Conceição, de Antônio Gonçalves dos Santos, de João da Silva Antunes, além do doutor Gervásio Ferreira, do estudante catarinense José Antônio de Almeida e do bacharel em filosofia Mariano José Pereira da Fonseca (1794).

Os réus foram enviados para as masmorras da Fortaleza da Conceição, do Paço e de secretarias do governo, servindo estas apenas de prisões provisórias.

Quem sabe o que passaria pelos corações e mentes dos acusados, porque nesses locais haviam ficado encarcerados os envolvidos na Conjuração Mineira, sujeitos à violência das autoridades antes de serem mandados para o degredo na África ou as prisões em Portugal? Quantos deles teriam assistido ao enforcamento e esquartejamento de Tiradentes?

E que acusações eram feitas a muitos dos aprisionados, conduzidos a ferros para os interrogatórios realizados pelo desembargador-chanceler? O mesmo, aliás, que havia funcionado na Devassa de Minas Gerais!

De que afirmavam em lugares públicos que a democracia era melhor que o governo monárquico! Diziam ainda aprovar a República implantada na França! De que se reuniam para discutir notícias da Revolução na França, contidas no *Mercúrio*, gazeta vinda daquele país!

Dois envolvidos na Conjuração do Rio de Janeiro escaparam às garras da repressão: José Basílio da Gama, que fugiu para Lisboa quando começaram as prisões, e Manoel Arruda da Câmara, que era sócio correspondente da Sociedade Literária do Rio de Janeiro, mas vivia no exterior.

Alguns autores consideram que o arrastar do processo deveu-se à influência da Maçonaria, que se empenhou em salvar os companheiros caídos nas malhas da justiça colonial. O fato é que um ano após a prisão dos acusados nada de grave fora apurado, até porque recorreram ao recurso de negar articulação contra o domínio português. Em geral admitiam que suas reuniões eram marcadas por discussões filosóficas e científicas.

Mariano José Pereira da Fonseca, possivelmente com ligações na corte, não se cansara de enviar queixas à rainha D. Maria I contra a morosidade do processo.

> "Essas queixas foram afinal transmitidas ao vice-rei pelo ministro D. Rodrigo de Sousa Coutinho, em ofício de 1 de fevereiro de 1797, em que lhe comunicava que fora a rainha servida de determinar que, no caso em que aquela autoridade entendesse que os réus se não deviam soltar, os remetesse para a corte com os autos por onde constassem suas culpas, ou que, achando que estavam suficientemente castigados com a prisão, os mandasse pôr em liberdade." (*Autos da devassa: prisão dos letrados do Rio de Janeiro*, 1794, pág. 30.)

Recordando-se de que o visconde de Barbacena, por seu comportamento na condução da devassa em Minas Gerais, fora severamente censurado pelas autoridades metropolitanas, o conde de Rezende resolveu libertar todos os que estavam presos. Em ofício de 21 de julho de 1797, a D. Rodrigo de Souza Coutinho, comunicou a decisão tomada.

Certamente foi uma alegria geral.

A propósito, Mariano José Pereira da Fonseca, conhecido pela alcunha de *Biscoito* ou *Biscoitinho*, continuou sua carreira política, sendo ministro da Fazenda em 1823 e, mais tarde, senador pela província do Rio de Janeiro, recebendo inclusive o título de marquês de Maricá. Ao morrer, em 1848, com 75 anos, em sua sepultura foi colocado o seguinte epitáfio:

> "Aqui jaz o corpo apenas / Do Marquês de Maricá. / Quem quiser saber-lhe a alma, / Em seus livros achará."

C) A CONJURAÇÃO BAIANA (1798)

Com características bastante diferentes das Conjurações Mineira e do Rio de Janeiro, foi descoberto em Salvador, na Bahia, um movimento com um projeto nitidamente revolucionário.

> "Enquanto em Minas era objeto de estudos por pessoas influentes, não 'tanto para proclamar a República independente, como para tentear qual seria a probabilidade da cooperação que deviam encontrar se houvesse de se tomar tal deliberação', na Bahia se efetuava na ação imediata para proclamar no Brasil a República, sem distinção de qualidade, mas seleção de valores (...) Na conspiração de Vila Rica, correu com verdade um misterioso embuçado que, noite alta, avisou todos os inconfidentes da prisão de Tiradentes no Rio, sem que lhe fosse conhecida a identidade; na Bahia também figurou um enigmático inglês coxo que, viajando em trânsito do Rio para Lisboa, se hospedou com o conspirador sargento Joaquim Antônio da Silva, confabulou com João de Deus e outros conjurados, esclareceu a situação militar

do seu país, aconselhou os soldos ao exército revolucionário e desapareceu com idêntica facilidade do embuçado de Minas, sem que ninguém lhe soubesse o nome nem lhe identificasse a pessoa ou reencontrasse seu rastro (...)

"Nem mesmo o romance de amor que floresceu nos acontecimentos de 89 deixou de frondejar no verão de 98, na cidade de Salvador. Marília de Dirceu — D. Maria Dorotéia de Seixas — sonhos e pensamentos de Tomás Antônio Gonzaga, reviveu em D. Maria Francisca da Conceição Aragão, cunhada do Secretário de Estado, José Pires de Carvalho e Albuquerque (...) amada do Professor Francisco Muniz Barreto de Aragão, poeta como Gonzaga, elemento destacado na revolução social, indigitado autor de um hino à liberdade e à igualdade (...)

"Procurando o auxílio dos Estados Unidos aos revolucionários mineiros, pratica o estudante brasileiro José Joaquim da Maia verdadeiros atos diplomáticos junto a Thomas Jefferson, embaixador norte-americano em França; em 1797, foi à Europa, enviado pelas associações secretas, solicitar o apoio da França ao movimento que se aglutinava na Bahia, Domingos José Martins, que se tornaria, em 1817, figura destacada na Revolução Pernambucana." (RUY, AFFONSO, *A primeira revolução social brasileira (1798)*, Salvador, Tipografia Beneditina, 1951, págs. 141 e 142.)

Foram diversos os pontos de semelhança entre os dois movimentos precursores da Independência. Mas existiram grandes diferenças. Uma delas foi a influência da luta pela independência do Haiti, iniciada em 1791, sobre a Conjuração Baiana, sobretudo quando se divulgou a notícia da abolição da escravidão de negros e mulatos naquela colônia francesa, em 1793. Além disso, enquanto os conjurados de Minas Gerais, em geral, tomavam como modelo político a república organizada nos Estados Unidos, na Bahia foi clara a inspiração da Revolução Francesa, sobretudo nas idéias e concepções da Convenção sob hegemonia dos jacobinos, revolucionários radicais que se fundamentavam nos princípios democráticos e igualitários de Jean-Jacques Rousseau e de Jean Louis Carra, autor de textos radicais contidos no *Orador dos Estados Gerais* de 1789. Voltaremos, mais adiante, a analisar as fontes ideológicas da Conjuração Baiana, também chamada de *Revolta dos Alfaiates*, de *Revolução dos Alfaiates*, de *Conspiração dos Alfaiates* e de *Revolta dos Búzios*.

Essa denominação nos induz a concluir outra diferença entre a Conjuração Baiana e a Conjuração Mineira. Esta foi muito mais um movimento realizado basicamente por proprietários brancos, com reduzida participação de elementos populares. Já a Conjuração da Bahia, dentre os 33 presos e processados, havia 11 escravos, cinco alfaiates, seis soldados, três oficiais, dois ourives, um pedreiro, um professor, um carpinteiro, um bordador, um negociante e um cirurgião. A maioria esmagadora era formada por 11 escravos e dez artesãos, quase todos negros ou mulatos.

"Deve-se reparar, ainda, que alguns escravos são artesãos, nos exemplos de Luís de França Pires, José Pires e do negro Vicente, escravos e alfaiates; Luís Leal, escravo e sapateiro; João Pires, escravo e carapina [carpinteiro]; e Felipe Nery, escravo e cabeleireiro. Ademais, escravos de aluguel. Entre os depoentes, estão funcionários a serviço da Metrópole, nos exemplos de Francisco Vicente Vianna, Coronel Dom Carlos Balthazar da Silveira e Francisco Gomes dos Santos, e comerciantes, nos exemplos de Manoel José Villela de Carvalho, Manoel Francisco de Oliveira e Manoel José da Mata. As diferenças sociais entre essas camadas não chegavam a erguer barreiras à cordialidade e ao convívio (...) E é assim que as Devassas de 1798 dão os exemplos do almoço em casa do Tenente José Gomes de Oliveira Borges, com a participação do soldado Lucas Dantas, do sargento Joaquim Antônio da Silva e do alfaiate João de Deus; do batizado da filha de Lucas Dantas, com a presença do tenente Hermógenes Francisco de Aguillar; das conversas de Francisco Muniz Barreto de Aragão com Santos Lira; do cirurgião Cipriano Barata, um homem diplomado em Coimbra, com vários soldados e artesãos (...) Mas a cordialidade e o convívio agradável nada têm com as barreiras à ascensão social, que essas, sim, existiam e eram fortes." (TAVARES, LUÍS HENRIQUE DIAS, *História da sedição intentada na Bahia em 1798 (A Conspiração dos Alfaiates)*. São Paulo, Livraria Pioneira Editora, 1975, págs. 10 e 11.)

Por conseguinte, a diferença de classes entre os conjurados não impediu fosse o movimento levado avante. Mesmo assim não se pode obscurecer que o tenente Hermógenes Francisco de Aguillar Pantoja e o cirurgião e bacharel em filosofia Cipriano José Barata de Almeida tenham desempenhado importante papel de ligação entre os dois grupos de conspiradores: os associados aos Cavaleiros da Luz e os elementos populares (mulatos e negros, livres ou escravos).

Assim é que a loja maçônica *Cavaleiros da Luz* não era freqüentada pelos soldados, artesãos e demais elementos das camadas populares.

O surgimento dos Cavaleiros da Luz devia-se à atuação do comandante Antoine René Larcher, que chegara a Salvador em 30 de novembro de 1796. Seu desembarque ocorreu juntamente com a sua família e mais seis franceses.

Contudo, o historiador Luís Henrique Dias Tavares rejeita a tradicional afirmativa de a citada loja maçônica, aliás a primeira fundada no Brasil, ter surgido por causa do comandante Larcher.

> "Em verdade, a questão não está em descobrir qual o navio francês que desembarcou 'uns livrinhos' no porto de Salvador e muito menos em identificar algum particular francês orientando a organização de sociedades secretas (?) na Bahia de 1797-1798. Com outra amplidão, devemos considerar a época, que ainda é a da Revolução Francesa (...) Natural que todos estivessem preocupados — baianos que chegavam da Europa e baianos que liam jornais e livros europeus; autoridades em Lisboa e autoridades portuguesas na Bahia — com a extensão do movimento revolucionário até Portugal e suas colônias (...) A face francesa da sedição baiana apresenta-se na perspectiva universal da revolução democrática burguesa. Eclodira em França, em 1789, mas as suas grandes linhas, os seus princípios de igualdade de todos perante a lei, de liberdade de criação, pensamento e palavras, e de fraternidade entre os homens, sem distinção de origem social, homens valendo homens, não eram exclusivamente franceses. Em verdade, pertenciam àquela época de profundas mudanças. Eram universais. Além disso, os livros dos teóricos franceses, Rousseau, Montesquieu e os

trabalhos dos ideólogos, discursos, falas, avisos, boletins, chegavam para a Bahia via Portugal, como aconteceu com 'As Ruínas' de Volney, o 'Orador dos Estados Gerais' e o 'Aviso de Petersburgo', trazidos de Lisboa por Francisco Muniz Barreto de Aragão. Ou podiam entrar facilmente pelas mãos dos mestres e comandantes dos navios que aportavam em Salvador (...)." (TAVARES, LUÍS HENRIQUE DIAS, *op. cit.*, págs. 84,85, e 86.)

E quem teria integrado os Cavaleiros da Luz, pelo menos nos seus primórdios em 1797? O tenente Hermógenes Francisco de Aguillar Pantoja, o professor de gramática latina Francisco Muniz Barreto de Aragão, o padre e cientista Francisco Agostinho Gomes, o cirurgião Cipriano José Barata de Almeida, o farmacêutico João Ladislau de Figueiredo e Mello, o senhor de engenho Joaquim Inácio de Siqueira Bulcão, o economista José da Silva Lisboa e seu irmão, o comerciante Domingos da Silva Lisboa.

Não foi por acaso que a primeira reunião dos maçons dos Cavaleiros da Luz ocorreu no dia 14 de julho, ainda hoje data nacional da França. Nesse dia, em 1789, as camadas populares de Paris tomaram a Bastilha e começaram a destruí-la. Contudo, os baianos, que pretendiam inúmeras mudanças, reuniram-se na loja maçônica no ano de 1797.

Que mudanças foram projetadas pelos conjurados?

Desde agosto de 1798, em igrejas e outros lugares públicos, apareceram panfletos manuscritos divulgando a proximidade da rebelião e a necessidade de engajamento da população de Salvador. Foram dez boletins, segundo a Devassa posteriormente apurou, qualificando-os de *papéis sediciosos.*

O primeiro desses boletins, divulgado em 12 de agosto de 1798, é reproduzido a seguir:

"Aviso ao Povo Bahiense

Ó vós Homens cidadãos; ó vós Povos curvados, e abandonados pelo Rei, pelos seus despotismos, pelos seus Ministros. Ó vós Povo que nascestes para seres livres e para gozardes dos bons efeitos da liberdade, ó vós Povos que viveis flagelados com o pleno poder do indigno coroado, esse mesmo Rei que vós criastes; esse mesmo Rei tirano é quem se firma no trono para vos vexar, para vos roubar e para vos maltratar. Homens, o tempo é chegado para a vossa ressurreição, sim, para ressuscitardes do abismo da escravidão, para levantardes a Sagrada Bandeira da Liberdade.

"A liberdade consiste no estado feliz, no estado livre do abatimento; a liberdade é a doçura da vida, o descanso do homem com igual paralelo de uns para outros, finalmente a liberdade é o repouso e a bem-aventurança do mundo. A França está cada vez mais exaltada, a Alemanha já lhe dobrou o joelho, Castela só aspira a sua aliança, Roma já vive anexa, o Pontífice já está abandonado, e desterrado; o Rei da Prússia está preso pelo seu próprio povo, as nações do mundo todas têm seus olhos fixos na França, a liberdade é agradável para todos; é tempo povo, povo o tempo é chegado para vós defenderdes a vossa liberdade; o dia da nossa revolução; da nossa liberdade e de nossa felicidade está para chegar, animai-vos, que sereis felizes para sempre." (DEL PRIORE, MARY *et alii*, *op. cit.*, pág. 38.)

Suas idéias principais envolviam o seguinte:

- a França constituía o modelo a seguir;
- o fim da escravidão;
- a separação entre Igreja e Estado;
- o fim da dominação colonial;
- a criação de uma república;
- a igualdade de direitos, sem distinção de cor ou riqueza;
- a instalação de um governo democrático;
- o pagamento de melhor soldo para os soldados;
- a punição para aqueles que se opusessem ao movimento; os padres refratários estariam sujeitos à pena de morte;
- a garantia dos direitos dos comerciantes e dos plantadores de cana, de fumo e de mandioca.

> "Apurou-se que os conjurados projetavam realizar o saque da cidade do Salvador, para distribuição, entre todos, do que fosse tomado; se o Governador não aderisse ao movimento, seria morto; abrir-se-iam as portas das prisões e dos mosteiros, podendo abandonar os conventos quantos o quisessem fazer. Mais interessantes são as idéias, também aparecidas, da abolição de todos os preconceitos de cor, ainda vigentes, e da declaração do porto do Salvador como franco aos navios de todas as nacionalidades." (VIANNA, HELIO, *op. cit.*, pág. 363.)

Como se propagaram essas idéias?

De várias maneiras!

Uma delas foram as mensagens escritas. Estas ocorreram mediante os *papéis sediciosos*, já mencionados. Além disso, ocorreram *cartas e bilhetes* entre os conspiradores, *cópias de livros*, principalmente os franceses, *poemas* — como os compostos por Muniz Barreto —, avisos e outras formas de manifestação escrita.

> "Igualdade e Liberdade/ No sacrário da razão / Ao lado da sã justiça / Preencham meu coração." (Muniz Barreto, *in* TAVARES, LUÍS HENRIQUE DIAS, *As idéias dos revolucionários de 1798*, Rio de Janeiro, Ministério da Educação e Cultura, 1964, pág. 44.)

No entanto, a comunicação entre os conjurados ou com aqueles que pretendiam aliciar para o movimento foi principalmente oral. Muitas vezes eram simples conversas a dois, mas também sucederam-se reuniões. Estas se deram em casas dos conjurados ou então nos quartéis. Não poucas ocorreram nos locais de trabalho e até mesmo na rua. Trocavam-se idéias. Discutia-se o dia do levante. Sussurrava-se a indicação de um nome de alguém a ser conversado. Trocavam-se documentos. Conversava-se sobre notícias publicadas na *Gazeta de Lisboa*. Combinava-se uma nova reunião.

Enfim, a conspiração estava no ar!

> "Os conspiradores de 1798 exteriorizaram seus propósitos (pensamentos e ações) por outros meios de comunicação, além das formas orais e escritas, ou mesmo deram, a essas formas, significados que não coincidem com o uso corrente; operaram com simbologias materializadas em sinais cuja significação não estavam o referencial da maioria das pessoas; antes, constituíam formas de identificação entre os que seguiam uma mesma ideologia, um mesmo partido (...) Os revolucionários baianos de 1798 usaram meios de se identificar, de comunicar sua filiação partidária, com estruturas simbólicas de uma linguagem especial — tanto sonora, como visual (...) 'Haviam os conjurados combinado se reconhecerem por certos distintivos, entre os quais se sabe o que consistia em uma argolinha em uma das orelhas, barba crescida até o meio do queixo, um búzio de Angola na cadeia do relógio, conhecendo-se uns aos outros como os franceses, ou mais propriamente, os partidários das idéias novas. Costumavam empregar palavras especiais, em lugar das comumente usadas para designar certas coisas, sendo uma delas entes, em vez de homens, dietas em vez de assembléias' (...)." MATTOS, FLORISVALDO, *A comunicação social na Revolução dos Alfaiates*, Salvador, Universidade Federal da Bahia, 1974, pág. 88.)

A divulgação de manifestos conclamando a população à revolução alarmou as autoridades. Afirma-se que D. Fernando José de Portugal e Castro, desde 1788 governando a Bahia, fora alertado, em 1792, a propósito da "introdução dos princípios revolucionários que se tinham desenvolvido na França". Declarou-se ainda que o coronel Francisco José de Matos Ferreira e Lucena denunciara ao governador a ocorrência de reuniões em que se preparava uma sublevação contra a dominação portuguesa. Mas a suprema autoridade da capitania "considerava tais reuniões como bebedeira e rapaziada".

Em princípios de 1798 a forca amanheceu queimada, mas não se descobriu qual o culpado ou culpados dessa clara manifestação de rebelião. Desde o ano anterior vinham se sucedendo incidentes evidenciando o descontentamento contra a alta de preços do sal, da carne e do azeite, complicada pela voracidade do fisco e a miséria crescente. Chegou-se mesmo a tirar, à força, a carne destinada ao comandante da milícia.

Mas a multiplicação dos boletins, afixados nas paredes de igrejas, de conventos e de residências, levou as autoridades a se empenhar em apurar o que se tramava.

Foi preso o escrevente Domingos da Silva Lisboa, acusado de ser o autor dos boletins, pois sua letra se assemelhava aos *papéis sediciosos.* Contudo, novos manifestos foram encontrados em uma igreja, o que livrou o acusado das torturas a que estava sendo submetido.

Em conseqüência, o detido foi libertado, ainda que em sua residência as autoridades houvessem apreendido uma cópia do Orador dos Estados Gerais e outros documentos contendo as "pestilentas idéias francesas".

As investigações prosseguiram e conduziram à detenção do soldado Luís Gonzaga das Virgens e Veiga. Contra ele existia o fato de serem semelhantes as letras existentes nos boletins às contidas em petições por ele feitas às autoridades. Submetido a interrogatório, negou com veemência ser o autor das petições e dos boletins.

Contudo, o capitão Joaquim José de Sant'Ana, o forrador Joaquim José da Veiga e o soldado José Joaquim Siqueira

> "fizeram denúncias ao Governador, comunicando-lhe que vinham sendo realizadas reuniões suspeitas no Campo do Dique do Desterro, próximo ao Convento de Nossa Senhora do Desterro. Delas participavam soldados, alfaiates, pardos, forros, escravos etc. Vigiadas essas reuniões, puderam ser identificados os respectivos freqüentadores que também se encontravam nas casas de alguns deles." (VIANNA, HÉLIO, *op. cit.*, pág. 362.)

E o que pretendiam nessas reuniões? Libertar o companheiro Luís Gonzaga das Virgens e Veiga, porque acreditavam seria obrigado a confessar o que se pretendia. Em conseqüência, todos seriam aprisionados. Antes que tal ocorresse, impunha-se precipitar o levante, a fim de "reduzir o continente do Brasil a um governo de igualdade, entrando nele brancos, pardos e pretos, sem distinção de cores, somente de capacidade para mandar e governar", como Manoel Faustino dos Santos Lira, mulato e ex-escravo, declarou em seu depoimento. Ele tinha apenas 22 anos.

Embora muitos escapassem ao cerco feito no Dique, foram aprisionadas 49 pessoas, inclusive três mulheres. Todas submetidas à devassa realizada pelo desembargador Francisco Sabino Álvares da Costa Pinto.

É bem verdade que, na sombra, houve a atuação de forças poderosas que mantiveram fora de qualquer punição muitos daqueles cujos nomes foram revelados nos interrogatórios feitos aos aprisionados. Muito provavelmente houve dinheiro subornando autoridades corruptas.

Por uma denúncia enviada à Coroa, anos mais tarde, acusava-se Felisberto Caldeira Brant Pontes, depois marquês de Barbacena, o boticário João Ladislau de Figueiredo Melo, Joaquim Antônio da Silva (comandante do forte de Santo Antônio da Barra), o padre Francisco Agostinho Gomes, o rico senhor de engenho Inácio de Siqueira Bulcão, José da Silva Lisboa (futuro visconde de Cairu) e muitos outros que nem sequer foram presos.

> "A grande maioria dos acusados é parda (66%), sendo 31% brancos e apenas um negro, este africano da Costa da Mina. Os homens livres formam a maioria (59%), mas o percentual de escravos (31%) é significativo, sendo os restantes 10% formados por libertos. A maioria dos acusados é solteira, os casados representando apenas 22% do contingente, cuja idade média é vinte e cinco anos, variando entre um máximo de quarenta e um mínimo de dezessete anos. Salvador é o local de nascimento da maior parte deles (66%), mas há os de outras Capitanias do Nordeste (16%), o restante sendo originário do Recôncavo (6%), do Sertão da Bahia (...) É de artesãos a grande maioria dos acusados (66%), seguindo-se os soldados pagos de linha (24%), além de quatro letrados, um lavrador de cana, dois suboficiais e dois tenentes (...)" (JANCSÓ, ISTVÁN, *Na Bahia contra o Império — História do ensaio de sedição de 1798*, São Paulo — Salvador, HUCITEC-EDUFBA, 1996, págs. 152 e 153.)

Carta régia de dezembro de 1798 determinou que os acusados fossem julgados pela Relação da Bahia.

> "Bastaria esta ordem para tirar à Conjuração o caráter de inconfidência, visto que não seria submetida à alçada especial característica do gênero — o Juízo de Inconfidência." (VIANNA, HÉLIO, *op. cit.*, pág. 363.)

Já no ano seguinte foi indicado como defensor dos réus o bacharel José Barbosa de Oliveira, cujos esforços para inocentar os acusados tornaram-se inúteis. Em outubro, cumprindo determinações do governador D. Fernando José de Portugal e Castro, o desembargador Francisco Sabino Álvares da Costa Pinto procedeu ao termo de conclusão da devassa.

Os alfaiates João de Deus do Nascimento, Manoel Faustino dos Santos Lira, os soldados Luís Gonzaga das Virgens e Veiga, Lucas Dantas do Amorim Torres e Romão Pinheiro e o lavrador Luís Pires, considerados cabeças do movimento, foram condenados à morte por enforcamento. Todos eram mulatos ou negros e seriam levados com baraço e pregão pelas ruas de Salvador, até o local da execução.

Cumprido o enforcamento na praça da Piedade, os condenados tiveram a cabeça decepada e o corpo dividido em quatro quartos, os quais foram pregados em postes colocados em locais públicos.

Luís Pires, que havia fugido e nunca foi capturado, conseguiu escapar do pior da justiça (?) colonial. Jamais foi aprisionado Pedro Leão de Aguillar Pantoja, irmão do possível líder militar do movimento. Igualmente o soldado Romão Pinheiro também não foi enforcado e esquartejado: sofreu a pena de degredo para a África, também imposta aos soldados José do Sacramento e Inácio da Silva Pimentel e aos escravos Luís da França Pires, José Felix da Costa, Inácio Pires, Manoel José da Vera Cruz. Todos eram mulatos ou negros. Semelhante castigo receberam o soldado Manoel Santana e o praticante de cirurgia José de Freitas Sacoto, ambos mulatos.

Excluíram-se 16 dos suspeitos, na maioria mulatos.

> "Para os demais, as condenações se abrandaram. José Gomes e Hermógenes de Aguillar deveriam cumprir seis meses de prisão; o Professor Muniz Barreto, um ano, e José Raimundo Barata deveria passar três anos na ilha de Fernando de Noronha. Cipriano Barata foi considerado inocente 'atendendo à nímia debilidade da prova'." (TAVARES, LUÍS HENRIQUE DIAS, *op. cit.*, pág. 59.)

E o curioso nessas decisões é que o tenente Hermógenes Francisco de Aguillar Pantoja certamente foi um dos líderes do movimento. Algumas fontes chegam a apontá-lo como provável chefe militar da Conjuração.

Sorte bem diferente teve Antônio José, negro e escravo que se matou com veneno quando estava preso.

Mais do que nunca se evidencia o interesse das autoridades coloniais na Bahia, em particular do governador, em minimizar a importância e o alcance dos projetos libertadores dos conjurados. Desse modo podemos melhor entender por que o relatório da Relação da Bahia afirmava ter sido a Conjuração obra de "mestiços e pretos forros", de "indivíduos da mais baixa e ínfima ordem".

Apesar dessas diretrizes visando a desvincular a participação de elementos da aristocracia branca colonial, os documentos do processo conservaram precioso depoimento de Manoel Faustino de Santos Lira, que tinha apenas 23 anos:

> "Quando os olhos dos baianos / estes quadros divisarem, / e longe de si lançarem / mil despóticos tiranos, / que felizes, e soberanos, / nas suas terras serão! / Oh, que doce comoção. / Experimentarão essas venturas, / só elas, bem que futuras, / preencham meu coração." (JANCSÓ, ISTVÁN, *op. cit.*, pág. 187.)

O sonho de liberdade não se apagou, não obstante a justiça colonial. Fracassou a Conjuração Baiana, contudo a crise do sistema colonial tendeu a se aprofundar em face do impacto da Revolução Industrial e da Revolução Francesa. Logo, a libertação da dominação colonial deixaria de ser um sonho para se tornar uma realidade para o Brasil.

E no contexto dessas transformações atuaram alguns dos participantes da Conjuração Baiana.

Foi o caso de Cipriano Barata, que se envolveu na Revolução Pernambucana de 1817 e se constituiu no verdadeiro chefe civil do movimento que explodiu na Bahia, em 1821, em apoio à Revolução do Porto.

Nessa ocasião morreu Hermógenes Francisco de Aguillar Pantoja, já no posto de major e exercendo o comando do forte de São Pedro.

Ainda no ano de 1821, juntamente com Francisco Agostinho Gomes, outro participante da Conjuração Baiana, Cipriano Barata, foi eleito deputado às Cortes de Lisboa. Nessas Cortes pronunciou inflamados discursos contra as repressivas diretrizes adotadas contra o Brasil, as quais estavam acelerando a independência de 1822. Retornando ao nosso país, continuou defendendo as idéias liberais até a sua morte, em 1838.

D) A CONSPIRAÇÃO DOS SUASSUNA (1801)

Esse episódio do alvorecer do século XIX é pouco conhecido porque documentos esclarecedores do movimento são escassos.

Qual a razão dessa escassez?

Devem ter sido destruídos, uma vez que a conspiração envolvia elementos pertencentes à aristocracia rural pernambucana: os Cavalcanti de Albuquerque e os Suassuna.

> "Sua importância advém apenas do fato de comprovar que, já no primeiro ano do século, a aristocracia rural pernambucana estava conscientizada da possibilidade de promover mudanças e de tentar executá-las." (ANDRADE, MANUEL CORREIA DE, *op. cit.*, nº 4, pág. 9.)

Não se pode negar que, no universo colonial, as idéias do Iluminismo e o impacto da Revolução Francesa continuavam a estimular conspirações e eventos de contestação ao sistema colonial.

Não obstante a violência da repressão colonial, começava a desmoronar a dominação ibérica no continente americano.

As elites coloniais igualmente eram estimuladas pelo sucesso da guerra de libertação das Treze Colônias na América do Norte, sem esquecer os acontecimentos de São Domingos.

> "A Revolução negra de Santo Domingo teve impactos de variada natureza no Mundo Colonial. Por um lado, por desorganizar o mercado produtor de açúcar alterando as condições de oferta, permitiu a recuperação de economias tendencialmente estagnadas, dentre as quais as de importantes áreas da América Portuguesa. Por outro lado, o impacto do desdobramento do processo revolucionário europeu nesta distante colônia francesa atordoou a todos, na Europa e na América." (JANCSÓ, ISTVÁN, *op.c it.*, pág. 172.)

Livros e jornais eram contrabandeados e alimentavam o espírito de rebelião no mundo colonial. Igualmente a criação de lojas maçônicas, verdadeiras caldeiras de difusão de idéias e eventos revolucionários, serviam para animar projetos de pôr fim à dominação colonial.

Assim ocorreu na capitania de Pernambuco, quando, em 1796, surgiu o *Areópago de Itambé*, fundado pelo botânico Manoel Arruda da Câmara. Estudara filosofia e ciências naturais na Universidade de Coimbra, indo posteriormente para a Universidade de Montpellier, onde concluíra o curso de medicina.

Estudos recentes, empreendidos sobretudo por José Antônio Gonsalves de Mello, contestam a existência do Areópago, afirmando até que Arruda da Câmara não pertencia à Maçonaria.

> "Parece, todavia, que essas sociedades, organizadas em forma de areópagos ou academias, não se enquadravam na estrutura das lojas maçônicas. Eram núcleos, necessariamente secretos, em face de sua finalidade emancipacionista e da opressão do aparelho repressivo colonial, mas, sem apresentarem a configuração específica das organizações maçônicas, tendo uma finalidade clara e precípua, que era a da libertação nacional, a da extinção do colonialismo. Outro fato que veio contribuir para a propagação das

idéias novas (...) foi o Seminário de Olinda, aquela 'escola de heróis' (...) fundada pelo Bispo D. José da Cunha de Azeredo Coutinho em 16 de fevereiro de 1800, na antiga igreja e colégio dos Jesuítas." (QUINTAS, AMARO, *in História geral da civilização brasileira*, tomo II: "O Brasil monárquico", vol. I: "O processo de emancipação", BUARQUE DE HOLANDA, SÉRGIO (org.), São Paulo, DIFEL, 1962, págs. 208 e 209.)

A capitania de Pernambuco era então governada por uma junta formada pelo desembargador José Joaquim Nabuco de Araújo, pelo bispo Azeredo Coutinho e pelo chefe-de-esquadra Pedro Speverin.

Na noite de 21 de maio de 1801, a junta governativa foi cientificada da existência de um plano contra o regime. Imediatamente determinou a prisão dos irmãos Luís Francisco de Paula e Francisco de Paula Cavalcanti de Albuquerque, pertencentes à aristocracia rural açucareira. O denunciante levara ao conhecimento de Antônio Manoel Galvão, juiz de fora de Olinda e Recife, o que se tramava, o qual logo comunicara ao governo o ocorrido.

Aberta a devassa, apurou-se que José Francisco de Paula Cavalcanti de Albuquerque, irmão dos dois denunciados e residente em Lisboa, enviara correspondência noticiando vitórias da França e da possibilidade de Napoleão Bonaparte apoiar movimento de libertação em Pernambuco. José Francisco conseguiu fugir para Londres, tendo mais sorte do que os numerosos encarcerados em Pernambuco, que, além de presos, tiveram seus bens confiscados e ficaram incomunicáveis.

Por volta de oitenta pessoas foram ouvidas, mas o processo se encerrou sem que as denúncias fossem comprovadas.

"Dizem que o escrivão Fonseca [na realidade o Bacharel José Francisco Maciel Monteiro] foi subornado por quatrocentos mil réis, a fim de destruir uma carta comprometedora. Acusa-se o padre português, José Laboreiro, de ter sido o intermediário e que em suas mãos haviam corrido 'rios de dinheiro' (...) Uma reflexão sobre os fatos nos leva a levantar a hipótese de que, ligadas aos irmãos

> Cavalcanti de Albuquerque, poderia estar uma grande quantidade de pessoas de posses e de bom relacionamento social e que estas pessoas tenham obtido os 'rios de dinheiro' do suborno e conquistado a simpatia das autoridades, a fim de dar o caso por encerrado." (ANDRADE, MANUEL CORREIA DE, *op. cit.*, pág. 9.)

Em conseqüência, em janeiro de 1802, o processo foi encerrado, os presos libertados e seus bens restituídos.

No mesmo ano fechou-se o Areópago de Itambé; contudo, novas academias ou sociedades secretas multiplicaram-se, com a Academia dos Suassuna. As idéias de liberdade, independência e república continuaram a se expandir, culminando na Revolução de 1817.

CAPÍTULO 12

A INVERSÃO DO SISTEMA COLONIAL

12.1 . E A CORTE CHEGOU: A PRESENÇA INGLESA

Portugal, em fins do século XVIII e início do século XIX, ainda apresentava um perfil socioeconômico fundamentado em valores aristocráticos, fruto da postura parasitária de sua classe e estamentos feudais dominantes. O Estado seguia orientação mercantilista imposta ao sistema colonial visando a assegurar recursos à metrópole. Esse perfil impulsionou toda a estruturação do império colonial português, que, em linhas gerais, baseava-se no comércio marítimo, especialmente com as Índias, como condição para prover a metrópole de sobrevivência: a debilidade da estrutura econômica portuguesa apresentava claros sintomas de decadência. Ou seja, diante da limitação de sua agricultura em satisfazer as demandas de seu mercado consumidor, a importação de víveres tornou-se uma constante, bem como o desenvolvimento e expansão, ao longo de seu processo histórico, de uma agricultura, principalmente de vinhas e oliveiras, com produção voltada para exportação.

Aliada a esta última característica, encontramos uma disposição do setor mercantil português em se constituir em proprietário rural, o que não somente tornava o espaço urbano uma simples extensão da economia agrária, ao assumir prioritariamente funções mercantis e administrativas. Dessa forma, as cidades portuguesas não se tornaram áreas onde fossem desenvolvidas as atividades industriais, ficando estas restritas ao artesanato realizado em pequenas e médias oficinas. Assim, percebe-se a estreita dependência dessa estrutura econômica em relação às grandes potências econômicas da época, em especial à Inglaterra, responsável por atender às demandas do mercado português.

> "A colonização ultramarina transformou-se em condição de possibilidade para a existência desta estrutura. Como resposta feudal à grande crise por que passava a economia e sociedade portuguesas, a Expansão Marítima e a ulterior colonização modificaram a antiga sociedade lusitana para preservá-la no tempo. Eis aqui o papel da transferência da renda colonial para a Metrópole: o surgimento e manutenção de uma estrutura parasitária, consubstanciada em elementos como a hipertrofia do Estado e a hegemonia do fidalgo-mercador e de sua contrapartida, o mercador-fidalgo.
>
> "O Estado português surge como variável central para a reiteração deste panorama parasitário (...) Já desde o século XVI cerca de 65% da renda estatal provinha do tráfico marítimo, perfil que permanecia durante a segunda metade do século XVIII. Este dado denota que o Estado não se nutria da renda fundiária que, por conseqüência, passava às mãos da aristocracia e do clero, reforçando a agricultura tradicional." (FRAGOSO, JOÃO e FLORENTINO, MANOLO, *O arcaísmo como projeto: mercado atlântico, sociedade agrária e elite mercantil no Rio de Janeiro*, c. 1790-c. 1840, Rio de Janeiro, Diadorim Editora, 1993, pág. 26.)

Essa relação e estreita dependência ao mercado externo colocava Portugal, portanto, na órbita da grande potência econômica da época, a Inglaterra. Tal situação decorria do fato de a economia lusitana encontrar-se na fase mercantil em que a circulação predominava sobre a produção, enquanto a economia inglesa já se encontrava na fase capitalista, isto é, a produção se sobrepondo à circulação.

A posição de subordinação portuguesa em relação à Inglaterra não era coisa de fins do século XVIII, ela havia começado a se manifestar desde o tratado de 1654. Contudo, essa posição ficou patente com o Tratado de Methuen, em 1703, quando os produtos britânicos passaram a ter privilégios de circulação no mercado português:

> "(...) o mercado metropolitano luso era franqueado aos panos britânicos, como o mercado colonial luso, através da metrópole, ao mesmo tempo que o mercado inglês era franqueado aos vinhos que os ingleses fabricavam em Portugal, tudo transportado em navios ingleses e, conseqüentemente, drenando para a Inglaterra o ouro remetido pelo Brasil." (WERNECK SODRÉ, NELSON, *Formação histórica do Brasil*, *op. cit*, pág. 142.)

Os laços econômicos entre esses dois países tendiam a se fortalecer cada vez mais em decorrência da conjuntura de fins do século XVIII: crise da produção aurífera e a Revolução Industrial. A crise, em especial, gerou a emergência de revoltas nativistas devido ao distanciamento dos interesses da classe dominante colonial. Tal distanciamento é percebido principalmente em seu setor ligado ao engenho de açúcar, por colocar em evidência, com a redução da produção de ouro, a difícil situação do açúcar que concorria com a produção antilhana.

Com a Revolução Industrial e a substituição da lã pelo algodão como matéria-prima utilizada pela emergente indústria têxtil britânica, intensificam-se ainda mais as relações comerciais entre Brasil e Inglaterra. O produtor brasileiro pôde se beneficiar da situação, apesar da concorrência do similar norte-americano, ao mesmo tempo que aumentava a dependência da Coroa lusitana ao capital britânico. Nessa conjuntura, cresciam as pressões tanto de forças externas quanto internas para se pôr fim ao regime de monopólio comercial a que estava submetido o Brasil, como forma de facilitar o acesso ao mercado da colônia.

Ficava claro, diante do quadro exposto, a frágil situação de Portugal na passagem do século XVIII para o XIX. E se não bastasse, a França, uma recente república burguesa, buscava se afirmar no continente europeu fazendo frente ao poder econômico inglês, impondo o *Bloqueio Continental* através dos decretos de Berlim (1806) e de Milão (1807). Aliados a essa conjuntura, havia, na composição interna de Portugal, dois grupos políticos: um, liderado por Antônio de Araújo Azevedo — futuro conde da Barca —, favorável à aproximação com a bruguesia francesa como meio de diminuir a influência econômica inglesa no Império luso; outro, liderado por D. Rodrigo de Sousa Coutinho — futuro conde de Linhares —, defendia a permanência da articulação com a Inglaterra, pois acreditava que dessa forma evitaria retaliações por parte desta, tendo em vista que desde o *Tratado de Methuen* (1703) a dependência da Coroa portuguesa vinha em processo crescente.

Diante desse quadro interno, portanto, a política externa lusitana apresentou caráter ambíguo, o que permitiu a preservação da integridade do Império até 1808, quando Portugal foi invadido pelas tropas napoleônicas em resposta à fragilização da eficácia do *Bloqueio Continental.* Entretanto, precavidamente, a Coroa portuguesa, em 22 de outubro de 1807, assinou a *Convenção Secreta de Londres* concedendo grandes vantagens comerciais à Inglaterra, que, em troca, garantiria a transferência da Corte para o Brasil em caso de conflito desta com a França.

> "Por esse acordo, o Governo Inglês colaborava na transferência da Monarquia Portuguesa para o Brasil, ampliava suas forças navais com unidades portuguesas, obtinha uma base militar na Ilha da Madeira, um porto franco na Ilha de Santa Catarina e privilégios comerciais no Brasil. A cláusula referente a Santa Catarina inscrevia-se no projeto inglês de dominação comercial do Rio da Prata e que já havia motivado duas tentativas de ocupação de Buenos Aires e de Montevidéu, em 1806 e no ano seguinte." (ALBUQUERQUE, MANOEL MAURÍCIO DE, *op. cit.*, págs. 252 e 253.)

Essa convenção objetivava satisfazer aos interesses ingleses aludidos pelo ministro britânico Pitt, observando que:

"Colocado o trono de Portugal na América, então a Grã-Bretanha, junto ao seu antigo aliado, aumentaria o Império (...) e quando ele [o príncipe do Brasil], ignorante dos seus verdadeiros interesses ou corrompido pelas proposições pacíficas da França, não anua às proposições da Grã-Bretanha, esta fará desembarques e invasões, uma no Brasil, outra no Pará (*sic*), uma da parte do nascente, outra da parte do poente, naquele lugar mais oportuno para mantença do trono. Mas não é crível que o príncipe do Brasil deixe de anuir ao importantíssimo plano, evidentemente demonstrado pela Grã-Bretanha (...) Desde esse importantíssimo momento, o Império da América do Sul e a Grã-Bretanha ficarão ligados eternamente, fazendo estas duas potências um comércio exclusivo." (*Apud* WERNECK SODRÉ, NELSON, *Formação histórica do Brasil*, *op.cit.*, pág. 211 e 212.)

Assim, obedecendo ao acordo firmado em troca da proteção, D. João, príncipe regente do Império colonial português, assinou uma carta régia datada de 28 de janeiro de 1808, ao aportar na Bahia, cujo teor dizia respeito à abertura dos portos brasileiros às nações amigas.

"(...) Atendendo à representação que fizeste subir à minha real presença sobre se achar interrompido e suspenso o comércio desta Capitania com grave prejuízo dos meus vassalos e da minha Real Fazenda, em razão das críticas e públicas circunstâncias da Europa, e querendo dar sobre este importante objeto alguma providência pronta, e capaz de melhorar o progresso de tais danos: sou servido ordenar interina e provisoriamente, enquanto não consolido um sistema geral que efetivamente regule semelhantes matérias, o seguinte. Primo: que sejam admissíveis nas Alfândegas do Brasil todos e quaisquer gêneros, fazendas, e mercadorias transportadas, ou em navios estrangeiros das potências que se conservam em paz e harmonia com a minha Real Coroa, ou em navios dos meus vassalos, pagando por entrada vinte e quatro por cento; a saber: vinte de direitos grossos, e quatro do donativo já estabelecido, regulando-se a cobrança destes direitos pelas pautas, ou aforamentos, por que até o presente se regulam cada uma das ditas alfândegas, ficando vinhos e as aguardentes e azeites doces, que se denominam molhados, pagando o dobro dos direitos, que até agora nelas satisfazem. Segundo: que não só os meus vassalos, mas também os sobretidos estrangeiros possam exportar para os portos, que bem lhes parecer a benefícios do comércio e agricultura, que tanto desejo promover, todos e quaisquer gêneros e produções coloniais, à exceção do pau-brasil, ou outros notoriamente estancados, pagando por saída os mesmos direitos já estabelecidos nas respectivas Capitanias, ficando entretanto, como em suspenso e sem vigor todas as Leis, Cartas Régias, ou outras Ordens, que até aqui proíbam neste Estado do Brasil o recíproco comércio e navegação entre os meus vassalos e estrangeiros (...)" (*Apud* CASTRO, THEREZINHA DE, *História documental do Brasil*, Rio de Janeiro, Distribuidora Record de Serviços de Imprensa, 1968, págs. 98-99.)

Esse documento demonstra claramente a subordinação passiva da Coroa lusa ante os interesses britânicos em relação ao mercado brasileiro, ao permitir o ingresso neste de qualquer produto comercializado por país com o qual estivesse em paz e harmonia, pagando uma tarifa alfandegária de 24%. Com essas medidas, D. João pretendia garantir, também, o suprimento de bens necessários à monarquia, tendo em vista o fechamento dos portos metropolitanos. Iniciava em 1808, na prática, portanto, o rompimento do regime do Pacto Colonial para o Brasil.

Nesse mesmo ano, dando prosseguimento à remoção dos entulhos coloniais como meio de atender às necessidades da Corte, D. João assinou, já no Rio de Janeiro, o alvará de 1º de abril, que concedeu liberdade para a indústria:

"Eu, o Príncipe Regente, faço saber aos que o presente Alvará virem: que desejando promover e adiantar a riqueza nacional, e sendo um dos mananciais dela as manufaturas e a indústria, que

> multiplicam e melhoram e dão mais valor aos gêneros e produtos da agricultura e das artes, e aumentam a população dando que fazer a muitos braços, e fornecendo meios de subsistência a muitos dos meus vassalos, que por falta deles se entregariam aos vícios da ociosidade: E convindo remover todos os obstáculos que podem inutilizar e frustrar tão vantajosos proveitos: sou servido abolir, revogar toda e qualquer proibição que haja a este respeito no Estado do Brasil e nos meus Domínios Ultramarinos, e ordenar que daqui em diante seja lícito a qualquer dos meus vassalos, qualquer que seja o país em que habitem, estabelecer todo o gênero de manufaturas, sem excetuar alguma, fazendo seus trabalhos em pequeno, ou em grande, como entenderem, que mais lhes convém, para o que hei por bem derrogar o Alvará de cinco de janeiro de mil setecentos e oitenta e cinco, e quaisquer Leis ou Ordens que o contrário decidam, como se delas fizesse expressa, e individual menção, sem embargo da Lei em contrário (...)." (*Apud* CASTRO, THEREZINHA DE, *op. cit.*, pág. 96.)

Essa nova situação vivida pelo Brasil com a elevação a centro político-administrativo do império colonial português trouxe-lhe mudanças de cenário, pois iniciava aí o fim do período colonial, que oficialmente só ocorreria 14 anos mais tarde. Era uma região de poucos habitantes. Sua população era estimada em três milhões de pessoas, cuja concentração girava em torno de 0,3 habitantes por km^2.

A transferência da corte acarretou um forte impulso traduzido não somente em maior fluxo comercial, mas também em aumento da população, pois somente com a transferência vieram para o Brasil entre dez e 15 mil pessoas. Essa conjuntura política contribuiu, também, para a circulação de novos padrões de comportamento e idéias.

Houve, a partir de então, alteração em sua extensão territorial com a anexação, em 1809, da Guiana Francesa e da Banda Oriental do Uruguai. Em termos administrativos, elevou-se o Espírito Santo, Rio Grande do Norte e Santa Catarina a capitanias autônomas, bem como foram criadas as capitanias de Alagoas e de Sergipe.

A instalação do corpo burocrático na cidade do Rio de Janeiro atraiu para si um grande contingente de pessoas, fazendo com que o número de habitantes da cidade, em dez anos, saísse de cinqüenta mil para cento e dez mil:

> "(...) as capitanias, dispersas e desarticuladas, gravitariam em torno de um centro de poder, que anularia a fuga geográfica das distâncias (...) O comércio estrangeiro, subitamente admitido na colônia, moderniza a acanhada vida colonial (...) A Corte aglutina, no Rio de Janeiro, a camada funcionária e faminta de empregos, sob o patrocínio do estado-maior de domínio, reunindo explorados e exploradores no mesmo solo. O nascente antagonismo entre colônia e metrópole quebra-se sob a mole devoradora de fidalgos, concentrando a soberania, a velha e a emergente, sob o trono. A nobreza burocrática defronta-se aos proprietários territoriais, até então confinados às Câmaras, em busca estes de títulos e das graças aristocráticas (...)." (FAORO, RAYMUNDO, *op. cit.*, pág. 249.)

Era uma situação ímpar, que privilegiava o Brasil. A instalação da Corte obrigou a adequação da Colônia ao seu novo *status*, de fato e não de direito ainda, de centro do poder português. Faoro chama a atenção para o caráter burocrático da nobreza, bem como a disposição de enobrecimento dos proprietários territoriais.

A transferência da Corte para a cidade do Rio de Janeiro deu, também, novo impulso ao porto, devido ao aumento da entrada de escravos, suplantando até mesmo o período da mineração. João Fragoso e Manolo Florentino estimam que entraram no Brasil, pelo porto do Rio, cerca de 9.600 escravos, em 1808. Essa estimativa cresceu em 1809, quando teriam entrado cerca de 13.170, passando em 1810 a 18.700, atingindo em 1811 seu ponto máximo, com 23.200. A partir de 1812 passou a decrescer para 18.330, em 1813 para 17.390. Em 1814 esse número atingiu apenas a casa dos 15.370 escravos.

Se para a economia do Brasil o momento era de impulso beneficiando enormemente aqueles que mantinham relações comerciais, o mesmo não se pode dizer da economia portuguesa. D. João preocupava-se com o bem da Corte, mesmo que isso representasse o benefício do capital inglês em detrimento de Portugal. Nesse sentido, o Tratado de Comércio de 1810 dá a real dimensão da situação quando concedeu à Inglaterra tarifa alfandegária de 15% *ad valorem*, enquanto para os produtos lusitanos a tarifa era de 16%, permanecendo assim até 1816. Com essa medida, D. João anulou na prática o incentivo dado à indústria com a assinatura do alvará de 1º de abril de 1808.

Podemos concluir, diante desse quadro, que a vinda da família real para o Rio de Janeiro acelerou o processo de emancipação política do Brasil. Além disso, os vínculos de dependência econômica de Portugal à Inglaterra constituíram-se em importantes fatores definidores do quadro político brasileiro, pois se por um lado contribuíram para aumentar o fluxo de capital circulante no mercado interno da Colônia, mesmo que a política econômica de D. João tenha inibido a formação de uma conjuntura favorável à emancipação econômica, por outro aniquilaram a débil indústria portuguesa, que não teve mais espaço para escoar seus produtos após a abertura dos portos, em 1808.

Dessa forma, mesmo com o fim da guerra na Europa, a metrópole portuguesa não teve condições de impor ao Brasil o retorno à condição de colônia, o que significava novamente a imposição do regime de Pacto Colonial. A situação tendeu a favorecer mais ainda a emancipação política, quando, em 1815, mudou-se o *status* brasileiro para a condição de Reino Unido de Portugal e Algarves. Com isso, passou a ser questão de tempo o rompimento dos laços de subordinação a Portugal.

12.2 . A AMPLIAÇÃO DO IMPÉRIO PORTUGUÊS NA AMÉRICA

A) A CONQUISTA DA GUIANA FRANCESA

> "Os homens pacatos têm suas veleidades belicosas. Escreveu com sobeja razão Alphonse Daudet, ao delinear o seu típico *Tartarin de Tarascon*, que em todo homem coexistem o leão e o coelho, o instinto das aventuras e o espírito de sossego: na variação das proporções é que deve residir a variação dos temperamentos. Não fazia D. João VI exceção a essa regra psicológica e, o que

> melhor é, com favonear [o mesmo que favorecer] os desejos régios da consorte, satisfazia ambos os sentimentos em conflito íntimo: o prosaico, libertando-se da megera que o atormentava, e o idealista, realizando um velho sonho real português, o de reunir as descobertas debaixo do mesmo cetro. Assevera o espanhol Presas, pelo próprio Príncipe Regente posto ao serviço de D. Carlota (...) que, afigurando-se-lhe perdidas as esperanças sequer da soltura do monarca legítimo, resolvera D. João apresentar a esposa às colônias espanholas e ao mundo como a natural herdeira da Coroa de Don Fernando." (OLIVEIRA LIMA, M. DE, *Dom João VI no Brasil (1808-1821)*, Rio de Janeiro, Tipografia do Jornal do Comércio, 1908, vol. I, págs. 284 e 285.)

O severo depoimento anterior evidencia, em parte, um retrato cruel do príncipe regente, o futuro D. João VI, e de sua consorte, a futura rainha Carlota Joaquina. Espanhola de nascimento, era irmã de Fernando VII, rei da Espanha, que havia sido deposto e aprisionado por Napoleão Bonaparte, imperador dos franceses.

No trono espanhol passara a reinar José Bonaparte, irmão de Napoleão, usurpando os direitos legítimos da dinastia Bourbon, desde 1701 reinante.

Em guerra contra a França revolucionária, tendo a cobertura da esquadra inglesa, que até transportara a Corte para o Brasil, e contando com a circunstância de que o poder naval francês fora destruído na batalha de Trafalgar (1805), D. João pôde levar avante antigos projetos de ampliar as fronteiras coloniais brasileiras ao norte e ao sul.

Abstraindo-se discussões sobre questões de limites entre a Amazônia portuguesa e a Guiana Francesa, partiu do Grão-Pará uma expedição de oitocentos homens comandados pelo tenente-coronel Manoel Marques, apoiados por uma flotilha inglesa, que se apoderou da Guiana Francesa (1809).

> "Essa ação militar havia sido planejada, alguns anos antes, em Londres, como parte de operações militares previstas contra Napoleão: tendo a França perdido as suas Antilhas, a Guiana poderia ser usada para reconquistá-las aos ingleses, os quais se alarmaram com notícias sobre intensiva fortificação de Caiena (...) A

> idéia inicial, como explicou o Embaixador Souza Coutinho, era um plano inglês no sentido de arrasar as fortificações da colônia francesa, esvaziá-la de negros e mulatos (...) de tal modo que, sendo preciso restituí-la à França, esta hesitasse em gastar imensos cabedais para refazer militar e economicamente a Guiana, o que poderia livrar Portugal — ou mais exatamente o Pará — de um vizinho incômodo, garantindo-lhe a fronteira que pretendia pelo Oiapoque." (CARDOSO, CIRO FLAMARION, *Economia e sociedade em áreas coloniais periféricas: Guiana Francesa e Pará (1750-1817)*, Rio de Janeiro, Edições Graal, 1984, pág. 154.)

Acontece que a resistência francesa reduziu-se a uma semana, o que estimulou a mudança dos planos iniciais: a Guiana Francesa tornou-se território submetido ao governo do Grão-Pará.

Visando a cooptar o apoio da aristocracia guianense, as autoridades estimularam o tráfico negreiro, respeitaram o direito de propriedade e desenvolveram o comércio não só com o Brasil, mas também com colônias inglesas nas Antilhas.

Em suma, mantiveram-se as antigas estruturas coloniais:

> "as plantations se limitavam à região costeira e do sudeste da colônia — misturadas, mesmo aí, as propriedades ou posses pequenas de brancos libertos —, enquanto todo o litoral noroeste era domínio da pecuária extensiva e de uma agricultura parcelária extremamente pobre." (CARDOSO, CIRO FLAMARION, *op. cit.*, págs. 186 e 187.)

Destacava-se o comércio de madeira para construção, de produtos artesanais, aves e animais diversos, algodão, cacau, café, cravo-da-índia e urucum.

Em 1817, cumprindo decisão do Congresso de Viena baseada no princípio da legitimidade, o governo português restituiu a Guiana Francesa a Luís XVIII, então reinante na França.

B) A CONQUISTA DA COLÔNIA DO SACRAMENTO

Mais complicada foi a incorporação da antiga colônia do Sacramento, motivo de inúmeros conflitos entre as coroas ibéricas.

De longa data, os governantes de Lisboa consideravam que o limite natural do Brasil deveria ser o rio da Prata. Através da Bacia Platina, vinham realizando intenso contrabando, tendo como base de operações a colônia do Sacramento. É certo, porém, que sustentando esse comércio ilegal existia a ação e os produtos ingleses.

Com a incorporação de Mato Grosso e de regiões interioranas dos atuais estados de Santa Catarina e do Paraná, aumentou o interesse luso pela livre navegação pelos rios platinos.

Contudo, desde o Tratado de Santo Ildefonso (1778), a colônia do Sacramento ficou sob domínio espanhol, integrando o vice-reino do Prata.

A Revolução Francesa, porém, colocaria as questões platinas como foco de interesses conflitantes.

Em plena Revolução Industrial, o governo inglês, em guerra contra a Espanha então aliada da França revolucionária, por duas vezes tentou conquistar Buenos Aires e ampliar seu comércio no rio da Prata. As forças inglesas foram derrotadas em 1806 e 1807.

Entretanto, a deposição de Carlos IV e Fernando VII por Napoleão Bonaparte abriu caminho para a rebelião dos platinos. Pretextando fidelidade à dinastia Bourbon, os platinos depuseram o vice-rei espanhol e criaram uma junta de governo sediada em Buenos Aires (1810).

"Na Banda Oriental (Uruguai) (...) José Gervásio Artigas opunha-se ao partido espanhol, à cuja testa se encontrava o comandante da guarnição e Montevidéu, General Elio, apoiado do Rio de Janeiro pela Princesa-Regente espanhola Carlota Joaquina (...) Artigas, que contava com a cooperação da recém-organizada marinha argentina (...) pôde ganhar o controle do país. Mas os seus planos de adotar uma forma republicana de governo e dar à Banda Oriental uma grande medida de autonomia, não se coadunavam com as idéias de Buenos Aires, a qual, por sua vez, apelou para Carlota Joaquina, solicitando auxílio contra Artigas. Na guerra que daí resultou, (...) o Brasil anexou a Banda sob nome de Província Cisplatina em 1821." (DOZER, DONALD MARQUAND, *América Latina — Uma perspectiva histórica*, Porto Alegre, Editora Globo-EDUSP, 1966, pág. 206.)

Houve protesto de Fernando VII, da Espanha, do governo de Buenos Aires e da coroa britânica, mas a anexação foi mantida. É bem verdade que por pouco tempo: em 1825, os *33 imortais*, liderados por Juan Antônio Lavalleja, retomaram a luta pela independência, somente conquistada em 1828.

12.3 . AS INOVAÇÕES CULTURAIS

A instalação da Corte no Brasil abriu novos horizontes à sociedade brasileira. Embora muitos dos recém-chegados considerassem ser provisória a estada na então colônia, era fundamental criar condições mínimas para a vivência daquela massa de portugueses que fora obrigada a embarcar às carreiras e viajar para o distante Brasil.

O ano de 1808 representou realmente um divisor de águas das condições em que vivia a sociedade brasileira, até porque, de fato, o Brasil converteu-se em centro do império português. Foi efetivamente uma *inversão colonial*: do ponto de vista político, Portugal tornou-se subordinado à monarquia instalada na cidade do Rio de Janeiro.

Esta era uma cidade modesta, e foi um problema alojar a família real, figuras da nobreza, funcionários, elementos do clero e numerosa criadagem. Requisitaram-se casas, tomadas aos particulares mediante edital do governo pregado à porta principal da moradia. Neste edital constavam duas letras: P. R., que o carioca traduziu como *ponha-se na rua*, embora significassem príncipe regente.

Modificavam-se os costumes e valores culturais, renovados e modificados pela presença de mais de dez mil portugueses. Mas outros estrangeiros também começaram a chegar. Ingleses, franceses, norte-americanos, suíços, suecos, italianos, alemães... Muitos eram negociantes. Não poucos vieram como artistas, diplomatas, militares. Mas também houve agricultores, artesãos e até colonos, como foi o caso de mais de dois mil suíços que fundaram Nova Friburgo, no atual estado do Rio de Janeiro.

O crescente interesse pelas possibilidades do Brasil igualmente contribuiu para que se multiplicasse o número de viajantes estrangeiros que percorreram o país e registraram suas memórias em importantes depoimentos. Dentre outros, destacaram-se John Mawe, com *Viagens ao interior do Brasil*, e o sueco Gustav Beyer, com informações sobre a Bahia, São Paulo, Rio de Janeiro, o alemão Maximilian von Wied-Neuwied, que escreveu as *Contribuições para a história natural do Brasil*, o francês Jean Ferdinand Denis, com alentado trabalho sobre os costumes, a história e os usos do Brasil, o também francês Louis-François de Tollenare, com inúmeras informações do que levantou em suas viagens de 1816 a 1818; os alemães Johann Baptiste von Spix e Karl Friedrich Philipp von Martius, com o importante *Viagem ao Brasil*, além de Maria Graham, W. I. von Eschwege, Georg Heinrich von Langsdorff, Johann Moritz Rugendas, Auguste de Saint Hillaire e tantos outros.

De capital importância foi a inauguração da Real Biblioteca, atual Biblioteca Nacional, na cidade do Rio de Janeiro. A renovação ganhou novos impulsos com a abertura do Teatro São João e da Imprensa Régia, que daria início à publicação de livros e jornais ligados ao governo. Assim é que, em setembro de 1808, saiu a *Gazeta do Rio de Janeiro*, primeiro jornal publicado no Brasil. Mas a Imprensa Régia, futura Imprensa Nacional, também editou cerca de 1.250 publicações.

Ainda que seja difícil determinar sua influência sobre a sociedade — porque sua circulação foi proibida —, deve ser citado o *Correio Braziliense*, editado em Londres por Hipólito José da Costa.

A multiplicação de tipografias pelo país incluiu a publicação de obras de medicina, economia política, geografia, engenharia, direito, filosofia, agricultura, literatura...

Em prosa e verso, em uma conjuntura renovadora, o *arcadismo* conheceu sua segunda fase, também conhecida como pré-romântica, marcada pelo crescente antilusitanismo e clara influência do classicismo greco-romano. Destacaram-se o padre Antônio Pereira de Sousa Caldas — carioca e autor de *Obras poéticas* — e José Bonifácio de Andrade e Silva — santista que compôs *Poesias avulsas de Américo Eliseo.*

Estudos importantes foram impressos, como *Corografia brasílica*, do padre Manoel Aires do Casal, *Memórias históricas do Rio de Janeiro e das províncias anexas*, do monsenhor José de Sousa Azevedo Pizarro e

Araújo, *Memórias para servir à história do reino do Brasil*, do padre Luís Gonçalves dos Santos — apelidado de *Padre Perereca* —, e José da Silva Lisboa, autor das *Memórias dos benefícios políticos do governo D'El-Rei Nosso Senhor D. João VI*.

> "Vindo para o Brasil o Príncipe-Regente D. João, acompanharam-no ou vieram posteriormente para o Rio de Janeiro diversos artistas portugueses de valor, entre eles os pintores Joaquim Cândido Guillobel e Henrique José da Silva. Aos seus nomes devem ser acrescentados os nascidos no país, como José Leandro de Carvalho, e Francisco Pedro do Amaral (...) Em 1816 chegou ao Brasil a Missão Artística Francesa (...) Chefiava-a Joaquin Lebreton (...) Eram seus principais componentes Nicolau Antônio Taunay e João Batista Debret, ambos pintores; Augusto Taunay, escultor; Grandjean de Montigny, arquiteto; Charles Simon Pradier, gravador, como Zeferino Ferrez; e Marcos Ferrez, ornamentista." (VIANNA, HÉLIO, *História do Brasil: monarquia e república*, São Paulo, Edições Melhoramentos, 1962, pág. 19.)

Aos nomes anteriores, acrescentam-se João Francisco Muzzi, Manoel Dias de Oliveira Brasiliense, apelidado *O Romano*, porque freqüentou cursos em Roma, Leandro Joaquim e Caetano da Costa Coelho, todos pintores.

A música igualmente conheceu grande impulso, sendo o principal nome o do mulato e padre carioca José Maurício Nunes Garcia, que foi mestre-de-capela na Capela Real. Graças à vinda da Corte, chegaram, posteriormente, o compositor Marcos Portugal e o musicista e compositor Segismundo Neukomm.

As reformas inovadoras incluíram a Real Academia Militar, o Laboratório Químico, o Real Jardim Botânico, a Escola Médico-cirúrgica e muitas outras instituições.

Os ares de renovação reforçaram a conscientização de ser necessário garantir e ampliar essas conquistas, ainda que rompendo os laços com Portugal.

Contudo, a maioria da sociedade brasileira manteve-se presa a práticas, costumes e instituições tradicionais. Assim é que os escravos negros continuaram como força de trabalho essencial da economia agroexportadora. Os trabalhadores livres, brancos ou não, ficaram, como antes, sem direitos e à margem do poder de decisão. Apenas a elite colonial e parte dos segmentos médios da sociedade foram atingidas pelos ares de renovação.

12.4 . DO REINO UNIDO AO SONHO DA INDEPENDÊNCIA

A) MAIS UM PASSO PARA A INDEPENDÊNCIA: A ELEVAÇÃO A REINO UNIDO

Desde 1808, com a transferência da Coroa portuguesa para o Brasil, passou-se a adotar uma política que, visando a atender às exigências econômicas da Inglaterra, correspondia na prática à eliminação dos monopólios comerciais mantidos pela metrópole lusa. Medidas como a carta régia de 28 de janeiro de 1808 (Abertura dos Portos), o alvará de 27 de março de 1810, que liberava a comercialização de qualquer mercadoria desde que pagos os devidos encargos; o alvará de 28 de setembro de 1811, que ampliou ainda mais os direitos de comércio; a conceção de licenças, pelo Conselho das Fazendas, para o corte do pau-brasil. Em 18 de junho de 1814 foi concedida a entrada de navios de qualquer nação no mercado colonial português, bem como a saída de navios nacionais a portos estrangeiros, e a 11 de agosto de 1815, decretou-se o fim da proibição de manipulção e comercialização de obras de ouro e prata no Brasil.

Paralelo a essas medidas, o Bloqueio Continental na Europa, causado pela tentativa da França em obstar os produtos ingleses pela França, criou ambiente favorável à maior liberdade à principal colônia portuguesa, o Brasil. Nesse contexto, o ato de elevação à categoria de Reino Unido de Portugal e Algarves, em 1815, estava intimamente ligado à derrota da França na guerra na Europa e à reunião do Congresso de Viena. Observando-se a conjuntura, quando se deu a reunião desse Congresso (1814-1815) sob a óptica da Coroa lusa, a medida adotada pelo governo português decorreu de proposta de Talleyrand, representante da França da Restauração, visando a formar um bloco de países contrários aos projetos dos Quatro Grandes: Inglaterra, Rússia, Prússia e Áustria.

"Em 1815, a situação de fato produzida em 1808 definiu-se juridicamente em nível internacional pela elevação do Brasil à categoria de Reino Unido a Portugal e Algarves. Para essa iniciativa convergiram diversos elementos. A sugestão do Príncipe de Talleyrand, representante da França no Congresso de Viena (1814), associou-se a argumentos de ordem interna muito ponderáveis. Para aquele diplomata, a mudança significava a ampliação dos votos de Portugal no Congresso. Talleyrand buscava fortalecer a posição de seu governo diante dos vencedores de Napoleão, sobretudo a Grã-Bretanha, a Rússia, a Prússia e a Áustria. Nessas condições interessava-lhe o concurso de potências secundárias, mas cujo direito de voto era uma garantia para evitar sanções mais severas contra a França. Em particular, como representante de Luís XVIII, Talleyrand se comprometia a apoiar as pretensões portuguesas ao Uruguai e a solucionar a definição da fronteira quando a Guiana Francesa fosse devolvida pelo governo português.

"Em termos de perspectiva da dominação portuguesa, a elevação do Brasil a Reino Unido era uma solução para impedir movimentos de independência como ocorriam na América Espanhola. Nesse sentido, assim também argumentara o próprio Talleyrand. Além disso, a instalação de uma Monarquia Absolutista na América agradava a ideologia reacionária que dominava o Congresso, na medida em que contrabalancearia o modelo republicano dos Estados Unidos e o dos projetos revolucionários hispano-americanos.

"Fundamentalmente, o ato de transformação do Brasil em Reino era o reconhecimento da sua dominância como centro econômico, político e ideológico do Império Português e a solução mais adequada, dentro de uma perspectiva colonialista, para assegurar a permanência da dominação portuguesa no espaço mais vital à sua reprodução." (ALBUQUERQUE, MANOEL MAURÍCIO DE, *op. cit.*, pág. 305.)

Associava-se ainda a esse jogo político o apoio de Talleyrand às pretensões portuguesas sobre a Banda Oriental (atual Uruguai). Além disso, diante da onda conservadora reinante no Congresso, as potências européias não deixavam de ver também com bons olhos a possibilidade de estabelecimento de uma monarquia absolutista na América, pois afinal se viviam os tempos da Restauração!

A conjuntura interna do Brasil, apesar de todas as mudanças ocorridas no período transcorrido entre 1808 e a morte de D. Maria I em 1816, viu as contradições de interesses entre a elite local e a metropolitana se tornarem cada vez mais agudas. Assim, a prática de se valer do aparelho burocrático como fonte privilegiada de recursos da elite lusitana gerou descontentamento por parte da classe proprietária de terras e escravos, que não via tais recursos serem destinados à produção. Contudo, essa classe era cooptada pelos títulos de nobreza, pois ideologicamente eles não se diferenciavam em muito dos metropolitanos, ou seja, tinham a mesma visão patrimonialista do Estado. Mesmo com essa prática de titulação à elite local, esta não conseguiu evitar ações contrárias de alguns segmentos sociais brasileiros à tentativa da nobreza e da burguesia portuguesa em retroceder o Brasil à condição de colônia.

Com isso, diante da conjuntura de mudanças para o sistema colonial ibérico, que lhe impunha perdas de privilégios políticos e econômicos, nada mais natural que se processasse reação por parte da elite metropolitana. Isso permitiu que o perfil dos acontecimentos ocorridos em Portugal assumisse, como não poderia deixar de ser, a tentativa de recuperação dos antigos privilégios.

B) MAIS UM SONHO DE INDEPENDÊNCIA SE FRUSTROU

A *Revolução de 1817*, também conhecida como *Insurreição Pernambucana*, representou mais uma tentativa abortada de romper os laços de subordinação a Portugal.

Dentre seus antecedentes, encontramos a crescente rivalidade entre comerciantes e proprietários de terras e de escravos. Esses proprietários, em sua quase totalidade, eram brasileiros, ao passo que os nascidos em Portugal constituíam a maioria dos comerciantes. Uma das contradições entre uns e outros

> "era a contestação, por parte dos produtores brasileiros, dos privilégios detidos pelos comerciantes portugueses (...) e de crescente concentração de dinheiro nas mãos dos comerciantes. (...) Os produtores do Brasil vislumbravam as vantagens que o comércio livre oferecia; viam, ao mesmo tempo, cerceadas as possibilidades de ampliação e até de manutenção nessas vantagens." (LEITE, GLACYRA L., *A Insurreição Pernambucana de 1817*, São Paulo, Editora Brasiliense, 1984, pág. 13.)

O antagonismo entre brasileiros e portugueses também ocorria em âmbito militar, porque envolvia questões de hierarquia e de poder. Os portugueses detinham na prática o monopólio dos postos mais altos, desse modo ficando com maiores poderes, e assim cabendo aos brasileiros os postos inferiores, poderes subordinados e menor prestígio social. Tudo isso representava grande desigualdade de soldos, até porque os reinóis geralmente compunham as tropas de linha, e aos brasileiros cabia integrar as tropas auxiliares.

O clero igualmente esteve sujeito a essa rivalidade entre sacerdotes reinóis e sacerdotes nascidos no Brasil. Inegavelmente foi relevante a participação do clero na Revolução de 1817: cinco frades e cinqüenta padres seculares, destacando-se o padre Miguel Joaquim de Almeida Castro (mais conhecido por padre Miguelinho), frei Joaquim do Amor Divino Rabelo e Caneca (o frei Caneca), o padre Pedro de Sousa Tenório, vigário de Itamaracá, o ex-sacerdote José Inácio Ribeiro de Abreu Lima, o chamado padre Roma, o padre João Ribeiro Pessoa de Melo Montenegro e outros mais. Afirma-se até que o projeto da insurreição foi elaborado no seminário de Azeredo Coutinho. Comentava-se até que

> "'a República manteve-se religiosa e até beata para agradar a plebe e os vigários'. Pichações feitas em Recife proclamavam: 'Viva a pátria e viva a religião católica! Viva Nossa Senhora e morram os aristocratas.'" (*Apud.* GUERRA, FLÁVIO, *História de Pernambuco*, Recife, Editora Massangana, 1992, pág. 80.)

Com razão, a Revolução de 1817 em Pernambuco é ainda conhecida pela denominação de *Revolução dos Padres*, pois dela participaram 33 sacerdotes.

Papel de relevo coube às lojas maçônicas, que funcionaram como focos de propagação das idéias liberais.

> "De há muito que nas lojas maçônicas se conversava e de certo modo se tramava sobre a independência do Brasil, dali passando para as reuniões constantes com adeptos, em casas de particulares, entre homens letrados, advogados, certas gentes ricas, nas sacristias das igrejas, nos próprios conventos etc. Domingos José Martins, rico comerciante, há pouco chegado da Europa, onde se educara, e radicado em Pernambuco, estava sendo o polarizador daquelas reuniões no Recife." (GUERRA, FLÁVIO, *op. cit.*, pág. 80.)

Temas de debates entre os conspiradores eram a Conspiração dos Suassuna, a evolução da Revolução Francesa e o processo, ainda em andamento, das guerras de independência da América espanhola. Houve até a sugestão de armar um navio corsário para seqüestrar Napoleão Bonaparte, que fora banido para a ilha de Santa Helena.

Evidentemente que o romantismo dessa proposta não se viabilizou.

Ainda com relação às Forças Armadas coloniais, a necessidade de preenchimento dos seus quadros criava mais uma área de atrito entre as autoridades portuguesas e brasileiras. Os brasileiros eram recrutados de maneira violenta. Separados de suas famílias, recebendo baixos soldos e submetidos à severa vida da caserna, os recrutados procuravam fugir, tornando-se desertores. Assim que podiam, retornavam aos locais onde viviam e, como clandestinos, buscavam a proteção dos mais poderosos.

> "Os proprietários, quando necessitavam desses indivíduos como força de trabalho, ofereciam a sua proteção, fazendo surgir assim uma relação de dependência. Os desertores, vivendo sob a ameaça de prisão, engrossavam os contingentes de subordinados desses senhores." (LEITE, GLACYRA L., *op. cit.*, pág. 29.)

No plano econômico, a passagem do século XVIII ao século XIX conheceu a valorização internacional dos preços do açúcar e, sobretudo, do algodão, tornada tão lucrativa a sua comercialização que acarretou a ampliação de áreas de cultivo, seja em terras até então não aproveitadas, seja destinadas ao plantio da cana-de-açúcar.

Ora, tanto os produtores de algodão quanto os de açúcar dependiam dos comerciantes portugueses, que forçavam a baixa do preço de compra para revender no exterior a preços altos. Estes comerciantes adotavam processo inverso no comércio de escravos: compravam os escravos a baixos preços e os revendiam aos proprietários de terra a preços elevados. Com isso seus lucros eram altos, contrastando com a margem de ganho do produtor pernambucano.

Torna-se necessário esclarecer a tramóia realizada pelos comerciantes que viviam em Recife ou Olinda. Eram eles representantes dos exportadores reinóis de escravos. Ao receber o escravo africano, falsificavam notas de venda, nas quais fingiam vender o escravo a baixo preço. Essas notas de venda fictícias eram remetidas para o reino, sendo o escravo vendido realmente a preços elevados.

Nessas circunstâncias, não é de espantar estarem endividados muitos dos proprietários de terras e de escravos.

> "Portanto (...) a produção e a comercialização do açúcar e algodão, os dois principais produtos de exportação de Pernambuco, eram atingidas por sérios problemas de ordem interna. Não podiam, assim, atender plenamente às solicitações favoráveis do mercado internacional." (LEITE, GLACYRA LAZZARI, *Pernambuco 1817: Estrutura e comportamento sociais*, Recife, Fundação Joaquim Nabuco, 1988, págs. 62 e 63.)

Por outro lado, desde fins do século XVIII vinha se acelerando o processo de concentração das terras. Esta concentração era feita por compra, herança, como forma de pagamento de dívidas e pelas doações em *sesmarias*. A concentração do principal meio de produção nas mãos de poucos contribuía para atingir muitos lavradores livres que viviam como posseiros e praticavam uma agricultura de subsistência.

Vivendo em condições precárias, sujeitos à violência dos grandes proprietários, porque a maior parte deles não havia legalizado as terras que cultivavam, viam agravar-se o seu viver devido à grande seca de 1816. Para muitos, a saída era migrar para Recife ou Olinda em busca de um trabalho ocasional.

Era essa a conjuntura vivida por Pernambuco no início do século XIX, e tudo piorou com a instalação da corte na cidade do Rio de Janeiro.

Para sustentar essa massa de recém-chegados, cobrir os gastos com as realizações feitas no Rio de Janeiro e a manutenção da inchada máquina administrativa, novos impostos foram criados pelo governo.

> "Os tributos, que pesavam principalmente sobre a agricultura, eram objeto de reclamações das autoridades locais.
>
> "À má administração e à corrupção juntou-se, ainda, a prodigalidade para com os recém-chegados. Essa prodigalidade criava ressentimentos entre os nascidos no Brasil e europeus, porque os beneficiados eram sempre estes últimos. Tal parcialidade em favor dos nascidos em Portugal não se devia apenas ao desejo de favorecê-los mas, também, ao temor de atribuir poder administrativo a elementos mais predispostos a contestar a ordem estabelecida. Eram sempre portugueses os designados para altos postos, tanto civis como militares. Portanto, do ponto de vista da administração esboçava-se o conflito não só entre brasileiros e portugueses, mas, também, entre o poder local e o poder sediado no Rio de Janeiro." (LEITE, GLACYRA L., *op. cit.*, págs. 26 e 27.)

Pernambuco era então governada pelo capitão-general Caetano Pinto de Miranda Montenegro, mau administrador, embora prepotente e dúbio. A seu respeito corria que era *Caetano* no nome, *Pinto* na falta de coragem, *Monte* devido à sua elevada estatura e *Negro* nas ações.

Foi-lhe denunciada a existência de um movimento contra o governo português, sendo-lhe inclusive apontado o nome dos principais envolvidos. Imediatamente determinou a prisão de Domingos José Martins, do padre João Ribeiro Pessoa de Melo Montenegro, de Antônio Gonçalves da Cruz, do capitão Domingos Teotônio Jorge e outros mais.

> "No quartel do Regimento de Artilharia, porém, o comandante Manoel Joaquim Barbosa (...) quando deu a voz de prisão ao Capitão José de Barros Lima, conhecido como o Leão Coroado, este desembainhou a espada matando-o com o auxílio do seu genro José Mariano e outros oficiais." (GUERRA, FLÁVIO, *op.cit.*, pág. 81.)

Este incidente fez explodir o movimento que estava previsto para o mês de abril seguinte. O governador fugiu, e os sublevados, sem grandes dificuldades, tomaram o poder.

Criou-se um *Governo Provisório da República de Pernambuco*, integrado por representantes de cinco segmentos da sociedade: Domingos Teotônio Jorge (militares), Domingos José Martins (comerciantes), Manoel Correia de Araújo (agricultores), padre João Ribeiro Pessoa de Melo Montenegro (sacerdotes) e doutor José Luís Mendonça (magistrados). Esse governo foi eleito por 16 personalidades das mais notáveis da capitania, sendo negros dois dentre eles.

Proclamou-se a República, elevou-se o soldo da tropa, adotou-se uma bandeira (azul e branca, repartida horizontalmente com um desenho simbólico), proibiu-se a saída de qualquer pessoa do território independente do governo português, aboliram-se alguns impostos, e oficiais que aderiram foram promovidos.

Empenhado em ampliar o movimento anticolonial, o Governo Provisório enviou emissários a outras capitanias: Paraíba, Rio Grande do Norte, Ceará, Alagoas e Bahia. Somente na Paraíba e em Alagoas foram constituídos governos revolucionários. José Martiniano de Alencar e o padre Roma, enviados ao Ceará e Bahia, respectivamente, foram presos ao desembarcar, e o último acabou sumariamente fuzilado.

> "No Rio Grande do Norte o movimento foi comandado pelo senhor de engenho André de Albuquerque Maranhão, e partiu de Cunhaú contando com o apoio de 50 homens enviados da Paraíba sob o comando do jovem oficial José Peregrino. Ele marchou sobre Natal, sem encontrar resistência e, ocupada a cidade, organizou uma

Junta de Governo proclamando a Independência e a República." (ANDRADE, MANUEL CORREIA DE, *op.cit.*, nº 4, pág. 13.)

Além do mais, o governo republicano buscou apoio no estrangeiro. A Hipólito José da Costa — fundador, diretor e redator do *Correio Braziliense* —, que residia em Londres, foi oferecida a representação da novel República. Antônio Gonçalves da Cruz, apelidado de *Cabugá*, enviou-se aos Estados Unidos na condição de embaixador, e como tal buscou o apoio norte-americano. Félix José Tavares de Lira, enviado ao rio da Prata, deveria buscar contatos com os paraguaios que defendiam sua independência.

As adesões cresciam em Pernambuco, destacando-se Antônio Carlos Ribeiro de Andrada, irmão de José Bonifácio e futuro integrante da Assembléia Constituinte, o conhecido dicionarista Antônio de Moraes e Silva e José Francisco e Luis Francisco de Paula Cavalcanti de Albuquerque, irmãos que anteriormente haviam participado da Conspiração dos Suassuna.

Os revolucionários contaram ainda com a adesão dos *Regimentos de Henriques*, formados por negros e cuja denominação constituía uma homenagem a Henrique Dias, comandante de escravos e ex-escravos que haviam lutado contra os holandeses no século XVII.

Essa participação, contudo, alarmou os grandes proprietários rurais, que temiam fosse a questão da escravidão negra conduzida pelo caminho da abolição, tanto mais que era bastante viva a lembrança do ocorrido na independência do Haiti e das rebeliões de negros na Bahia.

A reação do governo sediado no Rio de Janeiro não se fez esperar. Uma esquadra bloqueou o porto do Recife, impedindo o recebimento de armas, munição e outros recursos para os republicanos. Cerca de quatro mil soldados, incluindo esquadrões de cavalaria, batalhões de infantaria e um destacamento de artilharia, foram despachados para Pernambuco.

Embora fosse adotada a tática da guerrilha, a sucessão de traições, a falta de armamentos e munições, a disparidade de forças militares resultaram na derrota da República.

"Neste ponto, fatigado, vencido e desiludido com a derrota dos seus ideais, o padre João Ribeiro Pessoa de Melo Montenegro suicidou-se. Dias depois, o governo real mandou exumar o

> seu cadáver para cortar a cabeça e as mãos e colocá-las em local público para escárnio e amedrontamento da população." (ANDRADE, MANUEL CORREIA DE, *op. cit.*, nº 5, pág. 4.)

Como você tem aprendido, essa prática da justiça colonial não constituía novidade, a não ser o macabro desenterrar um cadáver e mutilá-lo.

Houve 317 prisioneiros, oriundos das diversas capitanias. Após julgamento sumário, foram fuzilados, em Salvador, Domingos José Martins, o padre Miguelinho e José Luís de Mendonça.

> "No Recife, assumindo o poder o novo Governador e Capitão-General Luís do Rego Barreto, prosseguiu o julgamento dos revolucionários, sendo sentenciados e mortos os militares Domingos Teotônio Jorge e José de Barros Lima, além do padre Pedro de Sousa Tenório.
>
> "Igualmente sofreram a pena última seis implicados no movimento da Paraíba, Tenente-Coronel Francisco José da Silveira, Inácio Leopoldo de Albuquerque Maranhão, padre Antônio Pereira, Amaro Gomes Coutinho e os jovens José Peregrino Maciel de Carvalho e Tenente Antônio Henrique Rebelo." (VIANNA, HÉLIO, *op. cit.*, pág. 41.)

Não obstante a violência da repressão portuguesa, as idéias republicanas, liberais e antilusitanas continuaram vivas em Pernambuco e conduziram à Confederação do Equador de 1824.

C) A TENTATIVA DE REVERSÃO PORTUGUESA

Após o Congresso de Viena, a onda conservadora se espalhou pela Europa, o que inevitavelmente trouxe reflexos para o Brasil. Apesar de ser garantido, pela condição de Reino Unido, o direito de representação política na corte portuguesa, isso em pouco contribuiu para a melhoria da situação brasileira, mesmo porque o exercício desse direito era abafado pela esmagadora maioria lusitana interessada no retorno do Brasil à condição de colônia.

Entre outras coisas, um dos principais objetivos que o conjunto das elites metropolitanas, e em especial seu segmento burguês, buscava era, na realidade, a tentativa de revitalização do mercantilismo, que atuava como importante mecanismo gerador de recursos para o Estado português e, por extensão, para sua nobreza parasitária. Essa tentativa contribuía, dessa forma, para aumentar o fosso entre interesses brasileiros e lusitanos.

As pressões impostas pela elite da metrópole forçavam D. João VI a adotar uma política econômica de fortalecimento das atividades portuguesas sem, contudo, na medida do possível, desagradar ingleses e brasileiros.

> "O Alvará de 28 de setembro de 1818 declarou livre o comércio de quaisquer gêneros não vedados. Pouco tempo depois, a 19 de novembro, um decreto determinou que as embarcações que não pertencessem a portugueses, estabelecidos nos Estados portugueses, navegadas por mestre e três quartas partes de vassalos do Rei de Portugal, não seriam admitidas a importar nos portos de Portugal, Brasil, Ilhas dos Açores, Madeira, Cabo Verde, portos da Costa Ocidental, ilhas adjacentes sujeitas à Coroa, produções ou manufaturas da Ásia, China ou qualquer porto ou ilhas nacionais ou estrangeiras além do Cabo Esperança e mares do Sul (...) O Alvará de 25 de abril de 1818 resume (...) as contradições da política econômica de D. João VI. Alega a necessidade de melhorar a arrecadação e, para isso, começa por suspender todas e quaisquer liberdades e isenções de direitos pelo prazo de vinte anos. A seguir, estende a todos os gêneros brasileiros exportados, ainda não taxados, um imposto de 2%. Suspende a proibição (...) de entrada de vinhos estrangeiros no Brasil, mas, ao mesmo tempo estabelece tarifas extremamente favoráveis aos produtos portugueses." (COSTA, EMÍLIA VIOTTI DA, "Introdução ao estudo da emancipação política", *in*, MOTA, CARLOS GUILHERME (org.), *Brasil em perspectiva*, 17ª ed., Rio de Janeiro, Editora Bertrand do Brasil, 1988, págs. 77 e 78.)

Um outro setor a ser beneficiado pela política de D. João VI foi a marinha portuguesa, quando o soberano

> "(...) concede diminuição das taxas aos produtos estrangeiros transportados em navios portugueses e conduzidos por marinhagem ou Capitão portugueses. Estipula ainda que os navios estrangeiros paguem, em todas as alfândegas do Reino Unido, os mesmos direitos de tonelagem, faróis, ancoragem, porto ou outro qualquer, que os navios portugueses forem obrigados a pagar nos respectivos portos de onde saírem." (COSTA, EMÍLIA VIOTTI DA, *op. cit.*, pág. 78.)

Em 1820 intensificaram-se as medidas visando a proteger os produtos portugueses. É exemplo disso o aviso de 30 de maio de 1820 objetivando favorecer o vinho e o azeite, quando sobretaxou os similares estrangeiros. Reduziram-se, também, as taxas cobradas ao sal português e/ou de Algarve, além de igual medida para os peixes vindos dessas regiões. Preocupação idêntica foi dispensada às ferragens fabricadas em Portugal, cujo decreto de 30 de agosto do mesmo ano dispensava de direitos de entrada os produtos.

Estas medidas de proteção dos interesses da burguesia portuguesa chocavam-se com os princípios do livre-cambismo predominantes na época. Assim, a coroa lusitana se encontrava em uma encruzilhada, pois o liberalismo apregoado pela Inglaterra no mercado internacional exigia o fim do sistema colonial e seu regime de monopólio. Por outro lado, a aceitação da liberdade comercial implicava a destruição dos pilares de sustentação da própria coroa.

Nessa conjuntura, o soberano português conseguia desagradar a todos, ou seja: portugueses, brasileiros e ingleses, tendo em vista que suas medidas de proteção à economia portuguesa não conseguiam dar fôlego suficiente às suas atividades, nem tampouco tirá-las da situação de crise. Ao mesmo tempo, acabava com grande parte dos privilégios comerciais concedidos à Inglaterra, bem como impunha restrições à liberdade econômica que os brasileiros haviam recebido.

Foi justamente nesse contexto que eclodiu, em 1820, a *Revolução Liberal do Porto*, cuja liderança coube à burguesia comercial da cidade do Porto. O movimento contou com o apoio de camponeses, funcionários públicos e militares que destituíram a junta governativa de Portugal, chefiada pelo militar inglês Beresford, exigiu o retorno de D. João VI a Portugal, impôs a reunião das cortes e a votação de uma constituição.

> "Até 1815, o estado de guerra na Europa atemorizará o tímido Regente que não ousa por isso retornar à pátria abandonada, embora ela estivesse livre de inimigos havia seis anos. Depois daquela data, já os interesses de boa parte de sua larga comitiva de fidalgos e funcionários estarão de tal forma ligados ao Brasil, que se formará entre eles um forte partido oposto ao retorno (...) Muitas daquelas altas personagens terão adquirido propriedades no Brasil; outras casarão nas mais ricas famílias da Colônia orgulhosas de se ligarem com grandes nomes da nobreza e da administração; boa parte organizará aqui definitivamente sua vida (...) Um dos mais influentes políticos portugueses da época, o Conde da Barca, que foi Ministro de Estado e diretor geral da política portuguesa até sua morte, ocorrida em 1817, meter-se-á no Brasil em grandes negócios, adquirindo estâncias de gado no Rio Grande do Sul e envolvendo-se no comércio de couros." (PRADO JÚNIOR, CAIO, *História econômica do Brasil*, 20ª ed., São Paulo, Editora Brasiliense, 1977, pág. 130.)

Tal postura decorria, entre outras coisas, do crescimento econômico gerado não somente pela situação de centro político-administrativo do Império português, mas também pelas circunstâncias das oscilações do mercado internacional. A Revolução Industrial inglesa, grande favorecedora dessa oscilação devido à utilização do algodão como matéria-prima, produto tropical produzido também pelo Brasil, incentivou os investimentos nessa atividade, o que impulsionou atividades paralelas que se beneficiavam, no mercado interno, da elevação de preços do algodão.

> "Na medida em que os preços se tornavam atraentes, várias áreas brasileiras dedicaram-se à cultura do algodão, invadindo mesmo as áreas de predominância açucareira. Valia a arroba em 1808,

3$400 réis; em 1813, 4$000 réis; em 1814, 5$000 réis; em 1815, 6$000 réis; em 1816, 8$000 réis." (*Apud* PINTO, VIRGÍLIO NOYA, "Balanço das transformações econômicas no Século XIX". *in*: MOTA, CARLOS GUILHERME (org.), *op. cit.*, pág. 132.)

Esta cotação permaneceu até 1818, quando declinaram os preços do algodão, chegando, em 1821, a 4$500 réis. Ou seja, adequava-se também esse produto ao quadro de crise inerente aos demais produtos primários brasileiros. Dessa forma, tanto o Nordeste — área de plantio de algodão e criação de gado — como o Centro-Sul — região mineradora, bem como de criação de gado —, que viviam precário crescimento econômico, deixaram de corresponder às expectativas de lucro dos proprietários de terras e mineradores brasileiros. Assim, os conflitos de interesses, mostrando-se de forma mais evidente, proporcionaram descontentamento em amplos segmentos da aristocracia colonial, dada a falta de apoio financeiro decorrente da política econômica adotada pelo governo português.

Impulsionada pela queda dos preços do algodão próximo aos níveis de 1813, produto em que a elite nordestina havia depositado esperanças de retorno à fase áurea do período do açúcar, crescia a insatisfação contra a exploração imposta pelo Estado português. Ao mesmo tempo, com a Revolução do Porto, os dirigentes portugueses na metrópole pretenderam impor o retorno do Brasil à condição de colônia e exigiram a volta de D. João VI e da corte ao reino. Era o agravamento das contradições reinantes entre a classe dominante na metrópole e no Brasil.

O retorno de D. João VI, resultando na restauração do absolutismo em Portugal, somado à ação da Santa Aliança, possuidora de perfil conservador e até mesmo reacionário, mostraram a impossibilidade de manter o Brasil subordinado à antiga metrópole. Reforçando a conjuntura favorável ao rompimento dos laços de dependência colonial, havia ainda a crescente pressão do capitalismo inglês para se manter o comércio livre e acabar com o trabalho escravo.

Nesse contexto, com a composição de forças liderada pelos grandes proprietários de terras e de escravos, a articulação para o rompimento dos laços de dependência política contou, no plano internacional, com apoio da burguesia européia. Contraditoriamente, mesmo adotando a liberdade de comércio e organizando um Estado liberal no Brasil, permaneceriam inalteradas as relações de produção e de propriedade, que continuavam baseadas no trabalho escravo e no latifúndio.

A articulação da classe dominante brasileira com a burguesia européia já se mostrava evidente, pois, segundo carta de D. Leopoldina, esposa de D. Pedro, a seu pai — imperador Francisco I da Áustria —, datada de 23 de junho de 1822, relatava o momento de incerteza reinante no Brasil.

> "Aqui tudo é confusão, por toda a parte dominam os princípios novos, da afamada Liberdade e Independência. Estão trabalhando para formar uma Confederação de Povos, no sistema democrático como nos Estados livres da América do Norte. O meu marido que, infelizmente, ama tudo que é novidade, está entusiasmado, como me parece, e terá no fim que espiar tudo (...) Quando tudo andar mal e tomar a feição de Revolução Francesa, irei com os meus filhos para minha Pátria (...)." (CASTRO, THEREZINHA DE, *op. cit.*, pág. 134.)

Esse relato demonstra claramente o rumo que estava tomando o cenário político da época. Ressaltando as crescentes contradições existentes entre a classe dominante do Brasil e a classe feudal de Portugal, demonstrava, também, as articulações político-familiares desta com a nobreza feudal européia, que reforçava a concepção de nacionalidade e absolutismo. Sendo assim, os acontecimentos se encaminhavam para a concretização do ato de rompimento político que veio a ocorrer a 7 de setembro de 1822, três meses depois da carta de D. Leopoldina.

D) E A REPRESSÃO PORTUGUESA CONTINUOU

A Revolução do Porto repercutiu entre liberais brasileiros, tanto que na capitania do Grão-Pará (1821), Filipe Alberto Patroni Martins Maciel Parente, com adesão da tropa, depôs o governo e o substituiu por outro favorável às mudanças ocorridas. Na Bahia houve o confronto dos partidários militares com os do movimento liberal e defensores do absolutismo, que foram vencidos. No Rio de Janeiro a tropa portuguesa revoltou-se e exigiu fosse jurada a Constituição por D. João VI, ainda que houvesse sido votada em 1821.

Por motivos bem distintos, nesse mesmo ano, ocorreram dois motins do 1º Batalhão de Caçadores, em Santos, com claros atos de insubordinação dos amotinados, que se levantaram reivindicando aumento de soldos e o fim das vantagens dos militares portugueses em relação aos soldados brasileiros.

Entretanto, mesmo antes de 1821 os antagonismos entre brasileiros e portugueses já se manifestavam. Em Pernambuco, a atitude arbitrária do capitão-geral Luís do Rego Barreto aumentou esse antagonismo. Já pairava sério temor e descontentamento por causa da violenta repressão contra os habitantes do Rodeador Bonito: muitos foram arcabuzados, queimados vivos e arrastados à cadeia em Recife. Dos sobreviventes, cerca de duzentas mulheres foram mandadas para o degredo em Angola, e por volta de trezentas crianças distribuídas entre famílias ricas da província (1819).

> "Cheios de crendices e superstições, atraídos pelos milagres de uma falsa santa, tinham-se rebelado contra as ordens do governo, enfrentando a força militar que para lá fora mandada. O excesso verificado na povoação de Mimoso, quando mandou prender e trazer à capital todos os habitantes daquela localidade sem exceção e que no Recife foram recolhidos presos nos quartéis por quase um mês (...) As surras que mandava continuadamente aplicar nos soldados de cor, inclusive até contra soldados do batalhão dos Henriques.
>
> O povo sentia-se com razão violentado, ele muitas vezes obrigava populares a trabalhar contra a vontade em estradas e obras públicas." (GUERRA, FLÁVIO, *op. cit.*, pág. 87.)

Essa situação favoreceu a rebelião que teve como centro a vila de Goiana, vizinha à capitania da Paraíba. À vila se ligaram elementos da oligarquia açucareira pernambucana favoráveis ao regime constitucional português. Os batalhões patrióticos que se formaram tinham representantes significativos: Bravos da Pátria, integrado por mulatos, Intrépidos, formado por brancos, e Monta-Brechas, reunindo negros.

Em Goiana, elegeu-se o Governo Constitucional Temporário da Província, mais conhecido como *Junta de Goiana*, presidida por Francisco de Paula Gomes dos Santos. Em junho de 1821, aclamou o príncipe regente D. Pedro imperador do Brasil. Contra esses antecipadores do 7 de setembro, o governador Luís do Rego Barreto enviou forças militares que sofreram sucessivas derrotas, tudo culminando com a *Convenção de Beberibe*, de 5 de outubro de 1821, em que foi expulso o último governador português de Pernambuco.

Mesmo antes de 1821 manifestações que externavam o descontentamento das camadas sociais mais exploradas podiam ser vistas, de certa forma atuando como elemento propulsor às revoltas posteriores. Esse foi o caso do *Cidade do Paraíso Terrestre.*

Corria então o ano de 1817 quando Silvestre José dos Santos, ex-soldado de milícias, chegou à vila de Bonito, na serra do Rodeador, anunciando a vinda de D. Sebastião, rei de Portugal que desaparecera na batalha de Alcácer-Quibir, no Marrocos, em 1578. D. Sebastião ressuscitaria no Brasil e organizaria o *Cidade do Paraíso Terrestre.* No local foi entronizada uma *santa* que intermediava os diálogos entre Silvestre e D. Sebastião.

Cerca de mil pessoas se reuniram, acreditando que os pobres enriqueceriam, os negros se tornariam brancos e as mulheres feias embelezariam. Era o mito do *Sebastianismo*, trazido para o Brasil no início do século XIX e que surgira em Portugal no imaginário popular na esperança de tempos melhores.

No local criou-se a *Irmandade do Rodeador*, chefiada por Silvestre, que tinha a ajuda de 12 auxiliares, chamados de *Sabidos.* Estes orientavam e fiscalizavam os costumes dos *Ensinados.*

Existiam ainda os *Procuradores da Honestidade dos Homens* e as *Procuradoras da Honestidade das Mulheres*, incumbidos de zelar pelos bons costumes, inclusive sexuais, da comunidade.

Esse movimento messiânico refletia o descontentamento de segmentos sociais explorados e que acreditavam que tudo melhoraria quando o Brasil se libertasse de Portugal. D. Sebastião revivido identificava-se como o "bem" e, como Rei Guerreiro, comandaria seus fiéis na luta para derrotar o "mal".

CAPÍTULO 13

Independência de quem?

13.1 . A POLÍTICA RECOLONIZADORA

A Revolução do Porto de 1820 promoveu profundas transformações no interior das elites rurais e mercantis no Brasil. A luta contra o absolutismo monárquico recebeu entusiásticos apoios no país, mas, na medida em que se clarificavam as contradições da política das cortes portuguesas em relação ao Brasil, o quadro passou a ser de tensão.

Desde a instalação das *Cortes Constitucionais da Nação Portuguesa*, em janeiro de 1821, ficou claro que os interesses da burguesia lusitana apontavam, em relação ao Brasil, um nítido *projeto recolonizador*, o que era coerente com o propósito *regenerador* da Revolução do Porto — cabe lembrar que os liberais de 1820 se autodenominavam regeneradores — e respondia ao desejo dessa burguesia de "restabelecer em Portugal sua prosperidade e grandezas perdidas". (MARANHÃO, RICARDO; MENDES JR., ANTÔNIO; RONCARI, LUIS, *op. cit.*, pág. 150.)

Antes mesmo de os deputados brasileiros iniciarem seus trabalhos nas *cortes*, foram acertadas algumas medidas que visavam a reenquadrar o Brasil nos quadros do *Antigo Sistema Colonial*. O decreto de 24 de abril foi um exemplo disso. Este decreto subordinava os governos provinciais a Lisboa, esvaziando a autoridade da corte no Rio de Janeiro, buscando com isso suprimir a nova condição de Reino Unido do Brasil dentro do quadro jurídico-administrativo luso.

Posteriormente, as *cortes* votaram a transferência para Lisboa de importantes órgãos e cargos administrativos que, sediados no Rio de Janeiro, reforçavam o papel de centro político para o Brasil. Assim, foram transferidos o *Desembargo do Paço*, a *Mesa de Consciência e Ordens*, o *Conselho da Fazenda*, a *Junta do Comércio* e a *Casa de Suplicação*, além de outras repartições que aqui foram instaladas por D. João VI.

Claro que o maior interesse da burguesia lusitana não era controlar o aparelho administrativo, mas sim reconquistar o monopólio do comércio com o Brasil. Embora lhe faltasse força política para romper com a *Abertura dos Portos* e simplesmente impor o *Pacto Colonial*, a burguesia procurou criar mecanismos que pudessem recompor seus privilégios mercantis na antiga colônia.

Em julho de 1821, foi aprovado um decreto que rompia com a principal cláusula do tratado de 1810 ao revogar a

> "resolução de 1814, estipulando que os panos de lã de outras manufaturas de lã britânicas, importados no Reino, paguem direitos de 30%, que sempre haviam pago." (citado por VIOTTI DA COSTA, EMÍLIA, *Introdução ao estudo da emancipação política do Brasil*, *in*, MOTA, CARLOS GUILHERME (org.), *op. cit.*, pág. 109.)

Ainda em 1821, as cortes debateram um projeto fortemente recolonizador que podava o livre comércio entre o Brasil e a Inglaterra. Por este projeto, era

> "permitido unicamente a navios de construção portuguesa, fazer o comércio de porto a porto em todas as possessões portuguesas. Todos os navios de construção estrangeira que forem de propriedade portuguesa ao tempo do decreto, são considerados como de construção portuguesa(...)" (citado por MARANHÃO, RICARDO *et alii*, *op. cit.*, pág. 150.)

O mesmo decreto obrigava ainda o Brasil a consumir unicamente o vinho e o vinagre produzido no reino português, além de sobretaxar os produtos estrangeiros, leia-se ingleses, que faziam concorrência com as mercadorias portuguesas.

A política das cortes afetou decisivamente as relações entre as elites brasileiras e Portugal. Para os brasileiros, a recolonização representava uma ameaça direta aos seus interesses econômicos assegurados com a Abertura dos Portos.

A defesa do ideais liberais passou a responder aos propósitos de ambos os grupos que se enfrentavam nas cortes. Embora possa parecer contraditório, cabe lembrar que a percepção do liberalismo era contraditória para brasileiros e portugueses. Em um primeiro momento, para os brasileiros,

> "a adesão ao liberalismo significava adesão às idéias livre-cambistas; para os metropolitanos significava o desejo de cercear as arbitrariedades do poder real que, por sua política liberal, prejudicava os intereses portugueses." (VIOTTI DA COSTA, EMÍLIA, *op. cit.*, pág. 84.)

Foi dentro desse quadro de tensões que os deputados brasileiros atuaram nas cortes tentando, inicialmente, conciliar os interesses da burguesia lusitana com os dos próprios setores mercantis no Brasil. A compreensão da impossibilidade de um arranjo que atendesse a ambas as partes provocou maior radicalização no Brasil. Estava aberto o caminho para o projeto emancipacionista.

13. 2 . OS PROJETOS DE INDEPENDÊNCIA

A tensão entre as Cortes Portuguesas e os deputados brasileiros atingiu seu auge nos últimos meses de 1821. A partir desse momento, cresceu no Brasil a defesa de projetos que traziam como eixo central a separação diante de Portugal. Entre os diferentes projetos, sairia vitorioso aquele que melhor representasse os interesses dos setores agrícolas e mercantis.

A agitação política marcou o Rio de Janeiro, e dois instrumentos foram eficazes na tarefa de popularização do debate sobre a independência: os jornais e as lojas maçônicas.

Até 1821, à exceção do *Correio Braziliense*, editado em Londres e distribuído na clandestinidade, somente existia uma imprensa do Estado que, basicamente, divulgava os informes oficiais da Coroa portuguesa. A transformação no campo político promovida pela Revolução do Porto também repercutiu no plano cultural, abrindo aos brasileiros o direito de publicar jornais.

Em abril de 1821, surgiu o *Conciliador do Reino Unido*, propriedade do ex-censor do reino, José da Silva Lisboa, o visconde de Cairu. Cabe lembrar que a censura era exercida, após 1808, pela *Mesa do Desembargo do Paço*, que autorizava a impressão ou a importação e comercialização de livros no Brasil.

O nome do jornal já apontava quais as propostas defendidas em suas páginas, resumidas na defesa da continuidade do Reino Unido, desde que fosse preservada igualdade de direitos e prerrogativas.

Na metade de 1821 surgiu o *Revérbero Constitucional*. De propriedade de Joaquim Gonçalves Ledo, assumindo o papel de propagador das idéias dos liberais, defensoras da independência, e de uma representação política calcada nos preceitos do liberalismo.

Também em 1821 passou a ser publicado o *Despertador Brasiliense*, que se tornou o mais incisivo órgão de contestação e críticas às cortes portuguesas. Publicado com a impressão na *Tipografia Nacional*, assumiu o papel de porta-voz da causa de D. Pedro e defensor das posições do príncipe regente durante o conflito com as cortes portuguesas.

O surgimento de diversos jornais permitiu maior difusão dos projetos emancipacionistas, ao mesmo tempo que estes passaram a refletir em seus artigos e editoriais o tenso clima que envolvia o relacionamento entre o príncipe regente D. Pedro e as cortes portuguesas.

Além dos jornais, a maçonaria foi importante espaço para a propagação dos ideais emancipacionistas. Mas o que é a Maçonaria? Podemos definir a Maçonaria, naquela época, como uma

> "fraternidade, em princípio só acessível ao sexo masculino e cujos adeptos se identificam por alguns comportamentos enigmáticos. Maçonaria não representa nem uma religião, nem qualquer sistema filosófico, sendo compatível com todos os credos ou com qualquer doutrina espiritual." (AZEVEDO, ANTONIO CARLOS DO AMARAL, *op. cit.*, pág. 250.)

Embora seja controversa a origem das *lojas maçônicas*, calcula-se que o modelo predominante para a organização delas seja o modelo inglês, elaborado pela *Grande Loja da Inglaterra*, em 1717. Apesar de sua postura aberta em relação às Igrejas, a Maçonaria enfrentou forte oposição da Igreja católica, que a associava, não sem razão, com o pensamento liberal e anticlerical.

De fato, uma das características da Maçonaria européia foi a oposição ao absolutismo e à excessiva ingerência da Igreja em assuntos políticos, assumindo a defesa do liberalismo em seu interior.

No Brasil, a Maçonaria atuou de forma mais incisiva a partir do século XVIII, participando ativamente dos movimentos de contestação ao Pacto Colonial. No processo que resultou na Independência, as lojas *O Grande Oriente* e o *Apostolado* tornaram-se palcos de acalorados debates que refletiam as difrenças de projetos entre os membros da elite no Brasil. O próprio José Bonifácio de Andrada e Silva fundou o *Apostolado*, em 2 de junho de 1822, tornando-se o seu primeiro grão-mestre, enquanto que o regente, D. Pedro, recebeu o título de *Arconte Rei*.

A fundação do Apostolado e o convite a D. Pedro representaram uma tentativa, por parte de José Bonifácio, de isolar dos debates e da própria participação política o grupo vinculado a Gonçalves Ledo. Este assumiu uma intransigente defesa dos ideais liberais traduzidos no apoio à independência, seguida da convocação de uma Assembléia Constituinte eleita diretamente e que referendasse a construção de uma monarquia parlamentar, na qual os representantes do aparelho administrativo seriam eleitos pela sociedade, coroando com a adoção da plena liberdade de imprensa.

Tal postura, extremamente democrática para os padrões da época, provocou temor junto aos setores conservadores contrários a qualquer proposta que incluísse a participação do povo. A existência de numerosa mão-de-obra escrava e o temor da reedição de um movimento similar ao do Haiti, quando os escravos negros expulsaram os brancos do território e proclamaram a independência e o fim da escravidão, levava esses setores a desconsiderar qualquer projeto vinculado às classes populares.

Apesar dessas questões, a continuidade da política recolonizadora das Cortes, que buscava podar cada vez mais a autoridade do príncipe regente, D. Pedro, na prática, o único representante do governo português capacitado a fazer frente a essa iniciativa, explicitou a urgência de um entendimento mínimo entre os grupos conservadores e os liberais, de forma a constituir um compromisso que culminasse com a independência.

Na prática, as elites no Brasil, que acabariam agregando-se a um grupamento político batizado *Partido Brasileiro*, não desejavam a ruptura dos laços com Portugal, mas sim a manutenção da liberdade de comércio. A evolução do quadro de tensão política levou-os a apostar na emancipação, desde que se preservasse a base escravista e fosse garantida a unidade do território.

Ora, os membros do Partido Brasileiro apostavam na manutenção do seu *status quo* na sociedade brasileira e se colocavam contra os grupos que apresentassem propostas de caráter popular. Aliás, a própria composição do Partido Brasileiro explica o conservadorismo de seus projetos: eram proprietários rurais escravocratas e comerciantes nascidos no Brasil, entre outros.

O grupo liderado por Gonçalves Ledo assumiu a defesa de um liberalismo radical com pequenas nuanças democráticas e, em alguns casos, republicanas, provocando, por isso mesmo, forte oposição dos setores conservadores que viviam em volta de José Bonifácio e de seu irmão Antônio Carlos de Andrada e Silva. Sua composição social era formada por segmentos urbanos (bacharéis em direito, professores etc.) e pequenos proprietários rurais.

O ano de 1822 tornou-se decisivo no quadro de tensões. A intransigência das Cortes Portuguesas impediu um arranjo que conciliasse os interesses conservadores de membros do Partido Brasileiro. Diante disso, a independência passou a ser o único caminho a ser seguido. No entanto, algumas questões se apresentavam: Quem iria liderar o processo? Como garantir a manutenção do *status quo*? Qual seria o projeto vitorioso? O radical? O conservador? Qual seria o papel de D. Pedro? O correr do ano de 1822 acabou por responder a essas questões.

13.3 . DO IPIRANGA ÀS GUERRAS DE INDEPENDÊNCIA

A) DO DIA DO FICO AO 4 DE MAIO

A radicalização das cortes portuguesas atingiu seu ponto mais alto nos meses finais de 1821. Percebendo a ausência de espaços políticos efetivos para que pudessem apresentar propostas atendendo aos interesses do Brasil, os deputados brasileiros abandonaram aquela assembléia e junto aos radicais passaram a se posicionar em prol da independência. Tal postura era fruto do "fracasso do esquema da monarquia dual defendido pelos brasileiros nas Cortes". (MOTA, CARLOS GUILHERME e NOVAIS, FERNANDO ANTÔNIO, *A independência política do Brasil*, São Paulo, Editora Moderna, 1986, pág. 28.)

Em outubro de 1821, chegou ao Brasil decreto de Lisboa exigindo o regresso de D. Pedro ao reino português. Contudo, o príncipe regente entrou o ano de 1822 disposto a cada vez mais ignorar as decisões das Cortes Portuguesas, protelando seu retorno a Lisboa.

No entanto, a pressão da metrópole deixou D. Pedro em uma encruzilhada: obedecer e voltar, ou permanecer no Brasil, radicalizando e assumindo o movimento pela independência do país. A atuação de José Bonifácio e da própria esposa do príncipe regente, D. Leopoldina, foram fundamentais para que D. Pedro passasse a assumir a possibilidade de encabeçar o movimento separatista.

Herdeiro da tradição absolutista européia, D. Pedro visualizou qual seria o seu papel no processo em curso: o da liderança forte, capaz de garantir a emancipação sem riscos de ruptura com a base escravista da sociedade, assim preservando a integridade do território do Amazonas até o Prata.

Mas qual seria o seu prêmio? A monarquia. O poder centralizado e exercido autoritariamente. A possibilidade de, em um momento posterior, efetuar a reorganização da monarquia dual sob o seu controle. Eis o que desejava D. Pedro.

José Clemente Pereira, principal liderança dos grupos mercantis e presidente do Senado da Câmara do Rio de Janeiro, organizou um abaixo-assinado contendo mais de oito mil assinaturas, em que se solicitava a permanência de D. Pedro. Um dos argumentos utilizados pelo grupo foi o de lembrar ao príncipe "os perigos da difusão de um partido republicano". (MOTA, CARLOS GUILHERME e NOVAIS, FERNANDO ANTÔNIO, *op. cit*, pág. 29.)

No dia 9 de janeiro, D. Pedro recebeu o abaixo-assinado. Com o apoio de José Bonifácio e de D. Leopoldina, o príncipe assumiu o desacordo com Portugal ao afirmar, para a multidão reunida diante do Paço, que não retornaria a Lisboa. Foi o chamado *Fico*, quando D. Pedro afirmou: "Se é para o bem de todos e felicidade geral da Nação, estou pronto, digo ao povo que fico."

Nos dias seguintes ao Fico, D. Pedro convocou um ministério de brasileiros delimitando o distanciamento diante das Cortes Portuguesas e evidenciando um primeiro passo para um governo autônomo. José Bonifácio foi escolhido para chefiar esse ministério. Para os setores radicais, a hora havia chegado.

Era necessário romper definitivamente com Portugal, aproximando o seu discurso ao do *Partido Brasileiro* e isolando ainda mais o projeto dualista do *Partido Português.*

A composição do ministério, no entanto, demonstrava de forma clara a estreita ligação de D. Pedro com o *Partido Português*, que detinha a maioria das pastas. No dia 16 de fevereiro, foi convocado o *Conselho de Procuradores Gerais das Províncias* com a tarefa de projetar reformas na estrutura administrativa do país e discutir as medidas enviadas pelas cortes portuguesas.

Em 4 de maio, mais um sinal inequívoco do processo emancipacionista: o decreto afirmando que as decisões das Cortes Portuguesas só entrariam em vigor no Brasil após o *Cumpra-se* do príncipe regente. Era o reconhecimento da maior autoridade de D. Pedro. Evidenciava-se o fortalecimento de seu nome como o do condutor da independência. O Partido Português, com o apoio explícito de José Bonifácio, agraciou o príncipe com o título de *Protetor e Defensor Perpétuo do Brasil.* A partir daí, o rompimento formal dos laços com Portugal era uma questão de tempo.

B) O GRITO DO IPIRANGA: A ROMANTIZAÇÃO DA INDEPENDÊNCIA

O *Dia do Fico*, 9 de janeiro de 1822, marcou o auge das tensões políticas contra as cortes portuguesas. Representou também a ruptura entre os dois projetos que configuravam o *Partido Brasileiro*. A luta entre as correntes conservadoras e as radicais atingiu o seu ápice.

Após ter reforçado os espaços do Partido Português no cenário político do Brasil, e diante da percepção acerca da impossibilidade de efetuar a ruptura definitiva com Portugal sem a unidade do *Partido Brasileiro*, D. Pedro optou por abrir aos radicais alguns canais mínimos de política. Em especial, a convocação de uma Assembléia Constituinte, para 3 de junho de 1822, apesar da posição dos conservadores capitaneada por José Bonifácio, que defendia a transformação do *Conselho de Procuradores Gerais das Províncias* em Assembléia Constituinte. Com isso, acreditava possuir um instrumento mais capacitado a podar propostas de cunho reformista implicando diminuição do poder dos grandes proprietários rurais e mesmo da autoridade do príncipe regente.

Apesar de derrotado, José Bonifácio conseguiu esvaziar o pretenso caráter democrático da Assembléia Constituinte ao cortar a proposta de voto direto e definir critérios excludentes para a eleição dos constituintes. Assim, seriam eleitores os homens nascidos no Brasil ou os portugueses residentes no país, maiores de vinte anos, desde que não recebessem salário ou soldo, à exceção dos caixeiros das casas comerciais, os criados de maior graduação da Casa Real e os administradores de fazendas.

Uma assembléia que pouco disfarçava seu caráter classista e excludente e, em última análise, favorecedor dos interesses conservadores, explicitou que "a facção liberal radical já havia perdido a iniciativa do jogo político em agosto, mês decisivo (...)." (MOTA, CARLOS GUILHERME e NOVAIS, FERNANDO ANTÔNIO, *op. cit.*, pág. 31.)

Em 6 de agosto de 1822, o príncipe D. Pedro enviou um manifesto às *nações amigas*, afirmando que, diante das constantes ameaças levadas pelas cortes portuguesas, só restava o rompimento político entre os dois países, ainda que se mantivessem como dois reinos irmãos. O *Manifesto de Agosto* não deixava dúvidas: D. Pedro seria o canalizador do movimento de independência e, em contrapartida, o Brasil adotaria a monarquia como forma de governo.

A opção monárquica encarnava os arranjos políticos, na medida em que a

> "fonte de legitimidade continuava sendo o Príncipe, com a perspectiva de uma Assembléia Constituinte. A monarquia constitucional evitaria, assim, os perigos de uma república." (*ibid.*, *id.*, pág. 31.)

Se o manifesto já apontava aos principais Estados europeus os motivos determinantes para rompimento, o 7 de setembro passou a encarnar a romantização da figura de D. Pedro, que, diante das medidas intervencionistas das cortes portuguesas, aceitou liderar o movimento pela emancipação definitiva entre as duas sociedades.

A imagem que permanece em nossas memórias sobre o 7 de setembro foi a que retratou o pintor Pedro Américo em sua magnífica obra de 1888, *O grito do Ipiranga,* exposta atualmente no Museu Paulista da USP (mais conhecido como Museu do Ipiranga). A tela de Pedro Américo, assim como duas outras anteriores, lembra o quadro do pintor francês Ernest Meissonier, *A batalha de Friedland*, exaltando a vitória de Napoleão Bonaparte sobre as tropas da coligação austro-prussiana.

A imagem é semelhante em ambas as pinturas: os dois imperadores como figuras centrais da ação, um gesto marcial, altivo, típico de um líder vitorioso. As tropas, francesas em um quadro e brasileiras no outro, diante do líder, estão aclamando-o.

Pedro Américo foi seguramente inspirado pela obra de François René Moreaux, que, em 1844, pintou a primeira tela com tema na *Proclamação da Independência.* Neste quadro, D. Pedro repete o próprio gesto de Napoleão Bonaparte, erguendo o chapéu ao ar, saudando a vitória. Em um quadro, Napoleão, contra austro-prussianos, no outro, D. Pedro, proclamando a independência. O príncipe D. Pedro está no centro da tela, o foco da ação. Ladeado pelos soldados da comitiva, é observado atentamente por crianças e negros que acompanham a cena. O povo aí se apresenta, espectador passivo, é verdade, mas assim mesmo ele está ali, olhando o desenrolar dos movimentos.

H. Harzal desenhou uma litogravura inspirada em um esboço feito por Pedro Américo. Nela, D. Pedro estava cercado pelos soldados e populares com roupas esfarrapadas — sempre retratados como pobres em andrajos visando a realçar o caráter popular — observando a cena. Um gesto, a tropa em atenção, e o triunfante D. Pedro erguendo a mão, ainda sem a espada, soltando o brado da independência.

No caso de Pedro Américo, alguns detalhes: o personagem que encarnou a figura do povo brasileiro foi a de um carroceiro que guiava uma parelha de bois carregando madeira; a tropa, utilizando uniforme de gala, como que pronta para desfilar em uma parada, e não realizando uma viagem extenuante, em terra batida, subindo a serra que ligava Santos até a cidade de São Paulo. Na tela, D. Pedro já assumiu o olhar dos heróis e carrega a espada, parecendo declarar que a liberdade viria ainda que ao preço de sua própria vida.

Ora, se formos traduzir o real significado do quadro, veremos que D. Pedro seguramente viajava com tropas de mula, meio mais adequado para vencer a serra sem maiores percalços. Claro que a imagem do futuro imperador viajando em lombo de mula ficaria pouco heróica.

Seria necessário realçar o significado dos gestos. Dessa forma, a tropa em posição marcial, usando o paramento de gala, e o príncipe regente montado em fogoso alazão indicavam a grandiosidade e a própria dramaticidade do ato de separação definitiva expresso no *Grito do Ipiranga*. O vale do Ipiranga, assim retratado por Moreaux, tornou-se uma colina, com o imperador no alto, elevado por seu ato diante de seus comandados.

Essa imagem, construída com o propósito de esvaziar a participação das elites agrárias e mercantis no processo de independência, acabou por criar um mito próprio, a da independência como fruto da ação individual de D. Pedro, rapidamente incorporado pela monarquia brasileira e legitimado pela historiografia oficial.

Na prática, *O Grito do Ipiranga* foi articulado por José Bonifácio, que, diante do texto das cortes portuguesas, ameaçando enviar tropas objetivando enquadrar D. Pedro, visualizou a formalização da independência e a conquista do controle do aparelho estatal pelo grupo conservador. Entretanto, 7 de setembro não se configurou em um movimento fácil e pacífico como a historiografia oficial queria fazer passar. Na verdade, conflitos militares e políticos ocorreram para redefinir os rumos do país recém-independente.

C) AS GUERRAS DE INDEPENDÊNCIA

A Declaração de Independência, mesmo sem ter ocorrido como resultado de contradições no seio da classe dominante brasileira, não representou uma decisão nacional e, tampouco, popular. Algumas posturas contrárias à independência se manifestaram demonstrando atitudes em defesa de interesses regionais ligados à presença da burguesia comercial lusitana, ou mesmo pela incapacidade imediata do novo governo em impor sua autoridade a todo o país. Também contribuíram para esta situação os precários meios de comunicação e transporte, além da enorme extensão territorial do Brasil.

> "(...) nenhuma área tinha ascendência absoluta sobre as outras, enquanto a classe dominante exercia ascendência absoluta sobre as outras classes ou camadas. Isso não significou ausência de contradições e de antagonismos (...)." (WERNECK SODRÉ, NELSON, *Formação histórica do Brasil*, *op. cit.*, pág. 192.)

Assim, com o objetivo de eliminar as resistências à Independência, o ministério presidido por José Bonifácio buscou criar condições concretas para o estabelecimento da nova ordem em âmbito nacional. Para isso, tratou de adquirir armas e navios, bem como recrutar elementos das camadas populares para compor e organizar os efetivos de baixo escalão do Exército e reforçar os quadros da Marinha. Houve ainda a contratação de estrangeiros, que tinham por função ocupar os postos de comando no Exército e, principalmente, na Marinha, cujo papel na repressão aos que resistiram à Independência foi destacado.

> "(...) É por isso que cabe à Marinha, então improvisada, levar a repressão às zonas insubmissas, sob comando inclusive, as expedições punitivas, de chefes estrangeiros, autênticos mercenários, cuja brutalidade nas ações policiais deixou um sulco profundo no espírito de nossa gente (...)." (*Ibid.*, pág. 193.)

Essas medidas possibilitaram ao novo governo brasileiro desarticular focos de resistência, nos quais interesses da burguesia comercial lusitana e de parcelas da classe dominante local se entrelaçavam a ponto de se tentar estabelecer enclaves objetivando manter as relações de dependência à antiga metrópole. Manifestações no sentido de permanência na condição de colônia podem ser identificadas principalmente nas regiões Norte e Nordeste do Brasil, entre 1822 e 1824.

Exemplo disso foi a atitude da elite político-administrativa da capital baiana, composta majoritariamente por lusitanos. Estes adotaram posturas de resistência à Independência e buscaram manter os privilégios comerciais que possuíam. Ocupada Salvador pelas tropas portuguesas, não se reconhecia o novo governo brasileiro, optando, assim, pela permanência à condição de colônia. Tal situação, contudo, não agradava aos interesses dos grandes proprietários escravistas, produtores de açúcar e tabaco do Recôncavo. Apesar de terem nos grandes comerciantes lusos os intermediários tanto no fornecimento de créditos quanto na exportação de seus produtos, permaneceriam mantendo tal situação, convivendo com o grande poder da antiga metrópole. Esses proprietários viam, desse modo, na expulsão dos militares portugueses da região o enfraquecimento da condição de credores dos grandes comerciantes, pois estes se encontrariam fragilizados por não mais contarem com amplos recursos repressivos garantindo seus interesses.

Com o objetivo de combater as tropas comandadas por Inácio Madeira de Mello e, assim, impor a Independência, D. Pedro I autorizou a invasão da Bahia. Chefiadas por Rodrigo Antônio de Lamare e com apoio de Pedro Labatut, as tropas brasileiras sofreram de divergências de coordenação estratégica entre o general Labatut e o *Conselho Interino*. Este órgão acusou repetidas vezes o general de atos arbitrários, bem como de estimular a fuga de escravos com a proposta de criação do *batalhão de escravos*, além de ter assumido postura defensiva e imobilista ante o avanço inimigo. Em meio a essa crise, Labatut foi substituído, em 24 de maio, pelo coronel José Joaquim de Lima e Silva.

> "Madeira de Mello contou com o reforço de 1.300 soldados vindos da Europa (...) Com essas forças, Madeira de Mello ordenou ataques à Ilha de Itaparica e à Barra do Paraguaçu, pontos vitais para garantir o cerco da cidade do Salvador. Mas encontrou sempre tenaz resistência; é na defesa da Barra do Paraguaçu que se destaca Maria Quitéria de Jesus Medeiros, corajosa mulher que vestira farda de soldado do batalhão Voluntários do Príncipe (...) No dia 3 de junho, Lima e Silva ordenou ampla e severa ofensiva contra as posições portuguesas. Apertou o bloqueio da cidade do Salvador, que sofria, desde meses, restrições enormes no abastecimento: faltavam os gêneros principais." (TAVARES, LUÍS HENRIQUE DIAS, *História da Bahia*, 6ª ed., São Paulo, Editora Ática, 1979, págs. 135-136.)

A luta, no entanto, somente teve fim com a ocupação de Salvador, em 2 de julho de 1823, pelas tropas do almirante Lord Cochrane. Obrigado à rendição, Madeira de Mello, junto com seus soldados e muitas famílias de comerciantes portugueses, retirou-se para Portugal.

A propósito, o conflito entre partidários metropolitanos e nacionalistas já vinha ocorrendo na região da Bahia mesmo antes de declarada a Independência. Exemplo disso foram os *Motins de Manoel Pedro*. Este militar assumiu a liderança das manifestações populares de descontentamento com o poder lusitano exercido por Madeira de Mello, em início do ano de 1822, cujo teor era a insatisfação dos segmentos sociais menos abastados com a situação do nível de vida inalterada, mesmo após a vitória sobre os absolutistas na Revolta Constitucionalista de 1821.

Entretanto, como preocupação geral e mais profunda da classe escravista, observava-se o risco de desestabilização das relações de produção baseadas na força de trabalho escrava. A luta contra a resistência implicava o desvio de recursos para auxiliar a força militar oficial, agravando ainda mais a crise vivida pelos grandes proprietários.

Tal situação de beligerância abalava, portanto, a capacidade de repressão aos escravos. Provavelmente, foi esse um dos principais motivos do engajamento da classe dos grandes proprietários na luta pelo reconhecimento da Independência.

Resistência à Independência no Nordeste ocorreu também no Piauí. A luta no Piauí, contudo, não foi muito favorável aos que combatiam pela causa brasileira: a região encontrava-se dominada, na capital e no interior, por tropas portuguesas. Sob o comando do reinol João José da Cunha Fidié, chegaram a vencer, em Jenipapo, as forças militares cearenses enviadas, em 1823, para auxiliar os piauienses.

Já no Maranhão, onde os proprietários de terras e a burguesia comercial lusitana tinham fortes vínculos econômicos, a situação de início tendeu favoravelmente aos que lutavam contra a Independência. Tais vínculos eram estabelecidos, principalmente, pela produção e comercialização do algodão, além dos produtos de origem bovina. Somavam-se, ainda, os eventuais laços de parentesco entre integrantes das elites comercial e fundiária, o que contribuiu para a unidade política na região. Diante disso, não só a resistência nessa província contou com considerável participação das classe dominante local, como esta participou da repressão aos que lutavam pela Independência no Piauí.

A situação pró-independência na província do Maranhão teve, no entanto, além das forças da própria província, reforços vindos do Piauí, do Ceará e da Bahia. Desta última, foi a esquadra do almirante Cochrane para combater a resistência chefiada por Fidié, vencida a 27 de julho de 1823.

Na província do Grão-Pará encontrava-se situação similar à do Maranhão. Com uma elite articulada econômica e politicamente e adotando postura de resistência à Independência, a *Junta Governativa* da província, desde 1822, prendeu e deportou para Lisboa vários partidários do império brasileiro. Diante disso, foi enviado pelo almirante Cochrane, que se encontrava na província do Maranhão, para combater a resistência, uma esquadra chefiada por John Paschoe Grenfell, que cercou a cidade de Belém, levando os reinóis a se submeterem e articularem com os vencedores um acordo preservando-os no controle do aparelho burocrático estatal.

Paralelo a esse contexto, ocorreu movimento popular que levou à fundação da República de Muaná, na ilha de Marajó, reprimido violentamente pelas autoridades, o que será visto no capítulo seguinte.

Ainda nesse mesmo contexto, ocorreu a disputa pela Banda Oriental, governada por Álvaro da Costa de Sousa de Macedo, então comandante das tropas portuguesas, que se empenharam em impedir que a província passasse ao domínio do Brasil com a Independência em 1822. Sob o comando do tenente-general Carlos Frederico Lecor, as tropas brasileiras bloquearam o porto de Montevidéu e incorporaram a então chamada Província Cisplatina.

Concomitantemente à conjuntura de lutas militares, vivia-se a tentativa de se organizar politicamente o novo Estado. Assim, em 3 de maio de 1823 tiveram início os trabalhos da Assembléia Constituinte, convocada antes mesmo da declaração de Independência. A Constituinte, porém, somente passou a funcionar após cuidadoso afastamento dos políticos que pretendiam submeter a autoridade de D. Pedro I à soberania popular.

No entanto, a postura autoritária de D. Pedro I logo se estendeu a personalidades de seu próprio governo. Em julho de 1823 foi deposto o principal articulador político do imperador, José Bonifácio de Andrada. Anunciava-se, com essa medida, o rumo conservador e patrimonialista herdado dos portugueses e que prevaleceu na direção política do regime, cujos critérios pessoais e/ou sectários se constituíram no fundamento das articulações políticas. Dessa forma, restringiu-se a um pequeno grupo que se posicionava em torno de D. Pedro I a responsabilidade da organização jurídica do Estado brasileiro.

Outorgada em 1824, a Constituição brasileira confirmava a tendência de centralização político-administrativa concentrada na Corte, sediada na cidade Rio de Janeiro. A figura do imperador apresentava-se, assim, como essencial à unidade política, sustentada pelos desejosos dos favores do poder. Esboçava-se a hegemonia da região Sudeste no cenário político nacional, sustentada, em grande parte, pela predominância da esfera mercantil, que agia como importante mecanismo de acumulação a partir, principalmente, da cidade do Rio de Janeiro.

> "Em razão da importância política e econômica da Corte, é possível estarmos frente à mais importante fração dominante do país. Sua rede de atuação não se limitava somente ao Rio de Janeiro e, enquanto empresária, ela controlava grande parte dos mecanismos de acumulação do Sudeste, com redes que se estendiam desde os confins do Mato Grosso até o Rio Grande do Sul, Santa Catarina, São Paulo, Santos e Minas Gerais. Possuía também grande parte dos prédios urbanos e das unidades agrícolas para exportação do Rio (...)." (FRAGOSO, JOÃO e FLORENTINO, MANOLO, *op. cit.*, pág. 79.)

Isso justificava a pressão por parte do segmento da classe dominante no Brasil ligado ao grande comércio, à expansão das exportações como mecanismo teoricamente eficaz para resolver o descontrole da balança comercial do país. Tal descontrole vinha se agravando tanto pelas lutas militares em prol da afirmação da Independência, quanto pela abertura do mercado interno à penetração estrangeira, especialmente ao capitalismo inglês: o estabelecimento de inúmeras firmas inglesas em território brasileiro possibilitou grande procura dos produtos importados devido à redução de seus preços decorrente das facilidades de comercialização criadas.

Essa situação teve como resultado o desequilíbrio da balança de pagamento. Além disso, e agravando ainda mais o problema, somava-se a baixa nos preços dos produtos de exportação.

> "(...) a forma como se financiou o déficit do governo central veio reforçar enormemente essa pressão sobre a taxa de câmbio. Na ausência de uma corrente substancial de capitais estrangeiros ou de uma expansão adequada das exportações, a pressão teve de resolver-se em depreciação externa da moeda, o que provocou por seu lado um forte aumento relativo dos preços dos produtos importados (...)." (FURTADO, CELSO, *op. cit.*, pág. 99.)

Nesse quadro de instabilidade econômica, a elite econômica brasileira se agarrou com unhas e dentes na defesa de seus interesses. A garantia de controle do aparelho burocrático do Estado constituía condição imprescindível. Tal fato gerou, não raramente, atitudes de xenofobia manifestadas na Assembléia Constituinte.

Ao mesmo tempo, os gastos militares para impor a nova ordem nas províncias rebeladas — Bahia, Piauí, Maranhão, Grão-Pará e Cisplatina — promoviam o acirramento dos ânimos bem como agravavam o desequilíbrio financeiro. Essa situação contribuía, aliada à conjuntura política internacional, para definir os rumos do processo de reconhecimento da Independência.

CAPÍTULO 14

Monarquia liberal ou absolutismo?

14.1 . A ORGANIZAÇÃO DO ESTADO

A) TENSÕES E PROJETOS

Convocada em 3 de junho de 1822 por D. Pedro, a Assembléia Constituinte iniciou seus trabalhos em 3 de maio de 1823, tendo sido expurgados de seu interior os setores mais radicais que comprometiam os projetos das elites agrário-mercantis.

Um dos primeiros atos da Constituinte foi a manutenção das disposições, regimentos, leis e alvarás herdados do período joanino, o que significava dizer a manutenção de um modelo de Estado que, na prática, já funcionava sob o comando de D. Pedro.

A vinda da Corte portuguesa, em 1808, representou a interiorização do Estado metropolitano no Brasil. A independência não implicou o desmantelamento destas estruturas, na medida em que D. Pedro I se apresentava como continuador desse modelo administrativo.

Um dos projetos para a construção do Estado brasileiro na Constituinte era o que expressava os interesses da nobreza burocrática lusitana, dos militares originados do exército colonial português e dos comerciantes de origem portuguesa associados aos brasileiros. Para eles, o Estado manteria a base colonial, isto é, centralizada e autoritária, garantindo a unidade territorial, a escravidão e a coesão em torno de D. Pedro I.

Contrários a este projeto, encontravam-se os proprietários rurais, que buscavam para si a hegemonia do Estado. Ora, ainda que defendessem a manutenção da integridade territorial, mediante o papel aglutinador do imperador D. Pedro I, mostraram-se favoráveis a um modelo de Estado descentralizado, no qual o Parlamento representaria o espaço político por excelência.

Ao mesmo tempo, para o Rio de Janeiro, principal centro comercial do novo país, a centralização do poder junto ao imperador impediria a fragilização do Estado. Além disso, garantiria a construção, ainda que do centro para a periferia, de um mercado interno capaz de absorver suas mercadorias importadas.

Por sua vez, a Inglaterra atuou como elemento de pressão no interior da Constituinte, pondo-se contra os grupos que representavam uma ameaça separatista. Apostava mesmo na figura forte de D. Pedro I como o elemento capacitado a garantir o mercado livre para o ingresso dos produtos ingleses.

Para as elites, a estabilidade política do país era uma meta a ser conquistada, e D. Pedro I se apresentava como o único capacitado a obtê-la. O preço a ser pago pelos diversos grupos seria o da afirmação de uma monarquia forte, centralizadora e autoritária.

A tão almejada estabilidade chegou a ser ameaçada diversas vezes por motins e rebeliões ocorridos em diversas províncias, nos anos que se seguiram à independência. Destacou-se o Pará como importante foco de tensões políticas.

A luta no Pará representou o desejo do imperador em ser reconhecido como o legítimo governante do novo país. Entretanto, a forte presença de portugueses ligados ao comércio e detentores do poder político local se tornou um empecilho ao rápido reconhecimento de D. Pedro I.

O representante militar do imperador, o mercenário inglês John Paschoe Grenfell, acabou negociando um arranjo político com os portugueses, em que a autoridade de D.Pedro I era confirmada mediante o controle da Junta Governativa pelos representantes lusitanos.

Um fator para o acordo no Pará foi o surgimento de um projeto que encarnava as aspirações populares representadas pela sublevação da vila de Muaná, na ilha de Marajó, que proclamou a República no Pará, em 28 de maio de 1823. Derrotado pelas tropas de John Paschoe Grenfell, o movimento acabou por sedimentar forte sentimento antilusitano e liberal na província.

Como expressão da República de Muaná, surgiram, ainda em 1823, com vagas periódicas até 1829, as chamadas *Quarteladas de Belém*. Elas representaram o crescente sentimento antiportuguês na província, já que os lusitanos controlavam o comércio e a administração pública, além de ocuparem altos postos militares.

Em 15 de outubro de 1823, as tropas se rebelaram contra as autoridades constituídas, depuseram o presidente da Junta de Governo, indicaram o cônego Batista Campos para a chefia da província. Em 16 de outubro, marinheiros e voluntários lusitanos, comandados mais uma vez por Grenfell, retomaram o controle do poder.

Os rebeldes foram presos e fuzilados, incluindo 252 lideranças liberais assassinadas no porão do brigue *Palhaço* com cal virgem, dando origem ao *Massacre do Palhaço* (22 de outubro). Em 1829, novos motins ocorreram em junho e julho, sendo facilmente reprimidos.

Os movimentos de Belém repercutiram por toda a Amazônia, provocando agitações em diversas cidades ribeirinhas do rio Amazonas, entre elas Cametá e Monte Alegre (1823 e 1824). Embora dominados com facilidade, estes movimentos, principalmente o de Cametá, se apresentaram como embrionários das agitações da Cabanagem.

A eclosão de movimentos populares, como os do Pará, expunha a ferida das elites agrárias e mercantis, temerosas de um levante de escravos similar ao do Haiti. Dessa forma, a organização do novo Estado era pensada de forma a não "colocar em risco o domínio econômico e social e garantir as relações externas de produção (...)." (VIOTTI DA COSTA, EMÍLIA, *op. cit.*, pág. 122.) A Constituição cuidaria de dar forma legal a este Estado excludente.

B) A CONSTITUIÇÃO DE 1824

Iniciados os trabalhos da Constituinte, José Bonifácio procurou articular em torno de si os propósitos dos setores conservadores, além de esvaziar radicais e absolutistas.

Na prática, José Bonifácio, auxiliado por seu irmão, Antônio Carlos, presidente da Assembléia Constituinte, procurou imprimir um projeto conciliador entre as pretensões centralizadoras e os anseios das elites rurais. O papel do imperador deveria ser destacado dentro da organização do novo Estado, já que em torno de sua figura se construiria a unidade territorial do novo país.

Ora, nesse momento, tropas portuguesas ainda ocupavam o Pará, a Bahia, o Piauí e a província Cisplatina. Uma real ameaça à construção de um Estado nacional integrado. Dessa forma, era natural que os debates na Assembléia discutissem o poder centralizado do imperador.

O próprio D. Pedro I deu o tom a este projeto quando, na Fala do Trono de 3 de maio de 1823, abrindo, portanto, os trabalhos da Assembléia Constituinte, afirmou esperar

> "que a Constituição, que façais, mereça a minha imperial aceitação, seja tão sábia, e tão justa, quanto apropriada à realidade e civilização do povo brasileiro (...)." (D. PEDRO I, *Fala do Trono*, 3 de maio de 1823.)

Ao mesmo tempo, o imperador cobrava uma Constituição de caráter liberal, colocando

> "barreiras inacessíveis ao despotismo, quer real, quer aristocrático, quer democrático, afugente a anarquia, e plante a árvore daquela liberdade, a cuja sombra deva crescer a união, tranqüilidade, e independência deste Império, que será o assombro do mundo novo e velho." (D. PEDRO I, *op. cit.*)

O discurso apontava os limites do imperador: uma Constituição deveria ser elaborada de forma a garantir a autoridade do imperador — logo, recebendo a imperial aceitação —, além de impedir tanto o despotismo real — leia-se, o poder absoluto — quanto os riscos da democracia.

Fica claro que o projeto do imperador para o Brasil traduziu-se em uma monarquia forte, excludente na política para a maioria da sociedade. Em resumo, uma monarquia constitucional no estilo europeu, a quem D. Pedro I, aliás, pretendia assombrar com o modelo de Estado construído no Brasil e que deveria ser visto como um exemplo a ser copiado.

Apesar destas questões, o projeto aprovado representou uma derrota para o grupo de José Bonifácio e uma vitória para os grandes proprietários de terras. Isso ficou claro nas principais medidas aprovadas:

- indissolubilidade da Câmara;
- veto do imperador teria caráter suspensivo, isto é, só teria validade até posterior avaliação da Câmara;
- Forças Armadas ficavam sob controle da Câmara e não do imperador;
- renúncia do imperador caso viesse a assumir um outro reino, o que no caso de D. Pedro I, herdeiro do trono luso, seria bem provável.

Além disso, o projeto limitava os mecanismos de naturalização dos portugueses e definia as eleições em dois graus: em um primeiro momento, eram votados os eleitores privilegiados, que escolheriam os deputados. O voto era censitário e excluía da participação política os indivíduos com renda inferior ao valor equivalente a cento e cinqüenta alqueires de farinha de mandioca. Diante disso, o termo *Constituição da Mandioca* passou a popularizar o projeto.

Os eleitores de segundo grau seriam os que escolheriam deputados e senadores. Tinham renda mínima de duzentos e cinqüenta alqueires de farinha. Os candidatos ao cargo de deputado deviam comprovar a renda de quinhentos alqueires de farinha e, para o cargo de senador, mil alqueires de farinha de mandioca. Excluíam-se os homens brancos pobres, os mulatos, os negros libertos, as mulheres e os escravos. Um Estado excludente e sob controle de uma elite minoritária e egoísta.

Na economia, o projeto buscou eliminar monopólios e privilégios, abrindo o mercado brasileiro ao comércio internacional, na realidade, inglês. Além disso, reconheceu juridicamente a escravidão como uma instituição a ser defendida pelo Estado brasileiro, reprimindo fugas e rebeliões.

A concepção deste projeto não poderia passar sem críticas do imperador. A ruptura dos irmãos Andrada com D. Pedro I acirrou o quadro de tensões. Em 12 de novembro de 1823, a Assembléia foi dissolvida pelo imperador, prometendo

> "ao povo uma 'Constituição duplicadamente liberal', a ser redigida por um Conselho que nomeia seis ministros e quatro notabilidades políticas." (IGLÉSIAS, FRANCISCO, *op. cit.*, pág. 137.)

A dissolução da Assembléia Constituinte reafirmou o caráter autoritário do monarca e o fortalecimento do Partido Português, principal defensor de uma monarquia forte e centralizadora.

A Comissão Imperial, utilizando o projeto da mandioca como referência, entregou, em 11 de dezembro, novo projeto, digno de receber a *imperial aceitação*. Em 25 de março de 1824, a primeira Constituição do Brasil foi outorgada pelo imperador.

Entre as suas principais disposições, destacamos:

- sistema censitário de voto ao fixar a renda mínima anual de cem mil réis para os eleitores, quatrocentos mil réis para os candidatos ao cargo de deputado e de oitocentos mil réis para os senadores;
- direitos individuais (pensamento, sigilo de correspondência, fim dos açoites, da tortura etc.);
- Senado vitalício com os senadores eleitos, sendo escolhidos de uma lista tríplice pelo imperador;
- criação um quarto poder, o Moderador, de uso exclusivo do imperador. Este poder podia dissolver a Câmara, nomear juízes, sancionar ou vetar leis, nomear e demitir ministros, conceder anistia e convocar a Assembléia Geral;
- o catolicismo como religião do Império;
- autorização de voto para os analfabetos, considerando que a maior parte da elite não sabia ler nem escrever.

A base do poder no Império residia no Poder Moderador, exclusivo do imperador. Não que este fosse uma novidade na política, pelo contrário, sua origem remontava ao governo de Luís XVIII, monarca restaurado na França após a derrocada de Napoleão Bonaparte. O jurista suíço Benjamin

Constant defendera tal poder como o único capaz de ser a *chave de toda a organização política*. D. Pedro I, leitor de Constant, nele se inspirou ao defender um modelo monárquico constitucional que garantisse o Executivo como o centro das ações políticas.

A Constituição outorgada se modelou

> "não no que havia de mais avançado, mas de moderação. Traduz a influência européia, não a norte-americana. Sua principal fonte é a Carta de 1814, outorgada por Luís XVIII. O radicalismo de 1789 fora contido, é a vez da Restauração na França." (IGLÉSIAS, FRANCISCO, *op. cit.*, pág. 139.)

A Carta outorgada não foi aceita tão passivamente. No Nordeste, em Pernambuco, estourou, no próprio ano de 1824, um movimento de frontal contestação ao imperador. Foi a *Confederação do Equador*.

14.2 . A CONFEDERAÇÃO DO EQUADOR

Em fins de 1823, a província de Pernambuco estava em crise. Essa crise decorria da redução dos rendimentos da venda da produção açucareira e de outros produtos de exportação no mercado internacional. Os proprietários de terras também se revoltaram contra os tributos excessivos cobrados pelo governo central e provincial.

> "Entre 1817 e 1824, pode-se dizer que se manteve o clima revolucionário. Esse período correspondeu, na verdade, ao enraizamento das idéias liberais: a República, o Federalismo, o fim da escravidão.
>
> "A Carta de 1824, representando os interesses lusos recolonizadores e restringindo a representação popular e da aristocracia agrária, fez com que explodissem as contradições. O manifesto dos rebeldes da Confederação do Equador esclarece bem esta questão: 'as Constituições, as leis e todas as instituições humanas são feitas para os povos e não para elas'." (ALENCAR, CHICO *et alli*, *op. cit.*, pág. 121.)

Em Pernambuco, era muito forte a penetração das idéias liberais, tendo como foco propagador o Areópago de Itambé, fundado pelo botânico Manoel da Arruda Câmara. O liberalismo ganhou maior impulso com a chegada da Franco-Maçonaria, cujas lojas e oficinas reuniam pessoas interessadas em discutir questões locais ou nacionais.

Essas idéias, bem como o projeto republicano, tinham suas raízes na Conspiração dos Suassuna, de 1801, e na Revolução de 1817, de que vários dos envolvidos de 1824 haviam participado.

Nesta sociedade pernambucana existia, de longa data, séria divergência entre os proprietários de terras e de escravos, em geral naturais da província, e os comerciantes, na sua maioria portugueses e, em menor escala, nascidos em outros países.

Entre essa minoria branca pairava um constante temor perante o elevado número de negros e mulatos, livres ou escravos, que poderiam se revoltar, como ocorrera no Haiti, onde os brancos haviam sido exterminados.

Desde antes da Independência de 1822, o governo de Pernambuco vinha se caracterizando pela instabilidade em decorrência dos problemas anteriormente citados.

Em 1823, o governo da província estava sob a chefia de Manuel de Carvalho Paes de Andrade. Este havia sido eleito, e sua substituição por Francisco Paes Barreto, nomeado pelo imperador, acabou sendo o estopim da rebelião pernambucana, porque as Câmaras de Olinda e Recife não aceitaram a decisão do imperador e mantiveram no poder o governador eleito.

Ao tomar tal atitude, evidenciavam seu rompimento com o poder central.

A 2 de julho de 1824, Manoel de Carvalho proclamou a Confederação do Equador, em atitude de franca represália ao governo do Rio de Janeiro. Este chegara até a enviar uma força naval, comandada pelo mercenário inglês John Taylor, para bloquear o porto de Recife e garantir a posse de Paes Barreto.

Contudo, a notícia de que Portugal enviara uma esquadra para retomar o controle sobre o Brasil levou D. Pedro I a chamar de volta a frota de Taylor.

"Cessado o bloqueio, Manoel de Carvalho aproveitou para alegar que D. Pedro abandonava as Províncias do Nordeste, Pernambuco entre elas, à invasão portuguesa, preocupando-se apenas com o sul. A população, amedrontada, temia a volta do sistema colonial (...) Manoel de Carvalho enviou correspondência para as Províncias do Nordeste convidando-as a se fazerem representar em uma Assembléia Constituinte que se realizaria no Recife, visando elaborar uma Constituição mais liberal." (ANDRADE, MANUEL CORREIA DE, "Pernambuco imortal: Entre mártires e rebeldes", Recife, *Jornal do Commércio*, 1995, vol. 5, págs. 4 e 5.)

Que províncias comporiam a Confederação do Equador? Pernambuco, Paraíba, Rio Grande do Norte, Ceará "e as demais que (...) no futuro se forem unindo, debaixo da forma de governo que estabelecer a Assembléia Constituinte."

Duas embarcações enviadas a Alagoas, levando recursos para os sublevados daquela província, foram atacadas e dominadas por navios imperiais de guerra. Seus comandantes — João Metrowich, tendo como auxiliar João Guilhermo Ratcliffe, e Joaquim da Silva Loureiro — foram aprisionados e enforcados no Rio de Janeiro. Como Ratcliffe havia liderado uma revolta contra D. Carlota Joaquina, mãe de D. Pedro I, este mandou cortar a cabeça e as mãos do rebelde, enviando-as para Portugal.

Poderosa expedição foi mandada contra os rebeldes de Pernambuco. A esquadra de cinco navios era comandada por Lorde Cochrane. A força terrestre, de mil e duzentos homens, era chefiada pelo brigadeiro Francisco de Lima e Silva, posteriormente regente do Império, e pai do futuro duque de Caxias.

Visando a garantir o apoio da população negra e mulata que constituía a maioria de Recife e da província, o governo Manoel de Carvalho decretou a abolição do tráfico de escravos. Essa medida possibilitou a organização de milícias populares integradas por negros, mulatos e brancos. Mas refletia o receio contra uma sublevação de negros e mulatos a exemplo do ocorrido no Haiti, sem esquecer que na Bahia, em 1823, comerciantes portugueses não haviam tentado provocar a rebelião dos negros escravos contra seus proprietários brasileiros?

Convém lembrar que as tropas portuguesas do general Madeira de Mello, fiéis a Lisboa, somente depuseram as armas em 2 de julho de 1823.

Ora, essa medida entrava em choque com os interesses dos proprietários de terras e de escravos, bem como dos comerciantes envolvidos com o tráfico de escravos.

Nessas condições, foi relativamente fácil a vitória das forças imperiais, cujas fileiras foram engrossadas com a participação de mercenários ingleses e de milícias organizadas pelos proprietários rurais pernambucanos, liderados por Francisco Paes Barreto.

Vários dirigentes da Confederação fugiram para o exterior. Recife, bloqueada por mar e por terra, acabou se rendendo. A resistência passou a ser liderada por frei Joaquim do Amor Divino Rabello e Caneca, da Ordem dos carmelitas, um dos ideólogos do movimento, propagando suas idéias republicanas e liberais nas páginas do jornal *O Tífis Pernambucano*.

O jornal mantinha aceso o ideário republicano e liberal anteriormente defendido pelo *Sentinela da Liberdade da Guarita de Pernambuco*, fundado por Cipriano Barata, em 1823. Este velho lutador da liberdade fora preso e remetido para a capital do Império.

Veja, a seguir, algumas das idéias defendidas por frei Caneca nas *Bases para a formação do pacto social*:

> "(...) 4º. A todo o homem é livre manifestar os seus sentimentos e a sua opinião sobre qualquer objeto.
>
> "5º. A liberdade da imprensa, ou outro qualquer meio de publicar estes sentimentos, não pode ser proibida, suspensa nem limitada.
>
> "6º. A igualdade consiste em que cada um possa gozar dos mesmos direitos.
>
> "7º. A lei deve ser igual para todos, recompensando ou punindo, protegendo ou reprimindo.
>
> "(...) 17º. O direito da propriedade consiste nisto, em que todo o homem seja senhor de dispor, à sua vontade, de seus bens, dos seus capitais, dos seus rendimentos e indústria.
>
> "(...) 22º. A instrução elementar é necessária a todos, e a sociedade a deve prestar igualmente a todos os seus membros."

Frei Caneca já havia participado da Revolução de 1817 e se tornou líder da revolta contra as violências absolutistas de D. Pedro I.

Resolvido a continuar a luta, frei Caneca organizou a *Divisão Constitucional da Confederação do Equador* e marchou em direção ao Ceará, onde supunha continuar a resistência.

> "Verdadeira epopéia, essa marcha cruzou mais de uma vez os atuais Estados de Pernambuco, de Paraíba, do Rio Grande do Norte e Ceará, vai e volta, cercada, emboscada, às vezes vencida, às vezes vitoriosa, sempre esfomeada, sem água, sem mantimentos, varando terras estranhas, subindo serras, atravessando rios, entrando pelos brejos, pelas matas, muito mais tempo pelo sertão brabo, seco, quente, sem um dia sem combates. Essa marcha seria 'por si só, dizia Rocha Pombo, capaz de salvar para a História a causa daqueles homens'." (CARVALHO, GILBERTO VILAR DE, *Frei Caneca*, São Paulo, Editora Três, s/d, pág. 11.)

Finalmente, em 29 de novembro de 1824, os sobreviventes, dentre os quais frei Caneca, acabaram se rendendo, acreditando na promessa de que D. Pedro I os trataria "como pai que os receberia com clemência".

Apesar disso, a promessa não foi cumprida. Muitos sofreram *morte natural*, como consta no decreto do imperador, que puniu os que sonharam em criar uma república liberal. Cinco foram enforcados no Ceará, três no Rio de Janeiro e nove em Pernambuco, como sendo os cabeças do movimento.

Em Recife, o carrasco recusou-se a enforcar frei Caneca, apesar de todas as ameaças e castigos impostos. Diante disso, acabou sendo fuzilado e seu corpo deveria ficar exposto em praça pública.

No entanto, pela madrugada, pessoas encapuçadas seqüestraram o cadáver de frei Caneca, sendo ele enterrado no convento do Carmo.

Assim terminou mais um projeto libertário de um segmento da sociedade brasileira, que, embora fracassando, contribuiu para desgastar a imagem de D. Pedro I.

14.3 . O PREÇO DA INDEPENDÊNCIA

O contexto internacional pós-independência era bastante desfavorável ao Brasil. Se por um lado a onda conservadora que imperava na Europa continental, defendida pela Santa Aliança, ameaçava politicamente o reconhecimento da Independência, por outro a expansão do capitalismo inglês trazia consigo a iminência da subordinação econômica brasileira.

Essa conjuntura era favorecida pelo fato de a autonomia política não ter promovido alteração na estrutura socioeconômica. A opção por um projeto arcaico baseado na relação de produção escravista, grande propriedade rural com produção voltada para o mercado externo e na exclusão das camadas populares do direito de participação nas decisões políticas foram fatores que contribuíram para a subordinação econômica, no momento em que os interesses de uma pequena parcela da população prevaleciam sobre os interesses da maioria.

A Inglaterra, que não integrava a Santa Aliança, buscou tirar proveito da situação e garantir seus interesses na região. Nas negociações, o governo inglês, que também representava Portugal, forçou D. Pedro I à aceitação do fim do tráfico negreiro e impôs o pagamento das dívidas portuguesas. Chegou até a exigir a quitação do empréstimo contraído pela Coroa lusa para combater a própria Independência.

Além disso, estabeleceu que não haveria ingerência brasileira sobre as áreas africanas fornecedoras de mão-de-obra pertencentes ao Império colonial português. Assim, o representante inglês, Charles Stuart, conseguiu o aval de D. João VI para o reconhecimento da emancipação política do Brasil, em 1825, mediante uma indenização de dois milhões de libras, prontamente emprestados pela Inglaterra.

Nas negociações para o reconhecimento da Independência, havia a preocupação da Coroa portuguesa em assegurar também os interesses econômicos de sua burguesia comercial que permaneceu no Brasil. Nesses termos, o título de imperador concedido a D. João VI objetivava, justamente, assegurar tais interesses.

> "(...) Assim é que, em 1825, D. João VI reconheceu a Independência do Brasil recebendo em troca o título pessoal de Imperador, cláusula que mantinha as vantagens da burguesia comercial portuguesa (...)

"Desta maneira, juridicamente, a separação política do Brasil assumia o caráter de transferência de soberania, representada naquele título pessoal concedido a D. João VI. Nesta nova perspectiva, a eventual transformação de D. Pedro I em futuro rei de Portugal já era preparada em termos de reivindicação legal.

"A concessão de iguais direitos aos súditos de ambas as Nações encobria a permanência da dominância econômica e financeira dos representantes da antiga Metrópole no Brasil, circunstância esta que, evidentemente, não se reproduzia em Portugal (...)." (ALBUQUERQUE, MANOEL MAURÍCIO DE, *op. cit.*, pág. 324.)

Fica patente a garantia das vantagens portuguesas ao se observarem os artigos VI e X do Tratado de Paz e Aliança firmado entre Portugal e Brasil. No artigo VI, determinava-se a restituição dos bens confiscados dos lusitanos quando se deu a Independência. No artigo X, impunha-se o pronto restabelecimento das relações comerciais entre as duas nações nos moldes praticados antes da separação.

Logo, diante da atitude da Coroa portuguesa, não restava aos países integrantes da Santa Aliança senão reconhecerem, em 1826, a Independência. No ano seguinte, a Inglaterra afirmava sua posição privilegiada no mercado brasileiro com a assinatura de um acordo que lhe garantia as vantagens comerciais do Tratado de 1810, complementado pela cláusula exigindo o fim do tráfico negreiro até 1830. Nesses termos, a afirmação e o reconhecimento da Independência contribuíram para o desequilíbrio das contas do governo, bem como para facilitar maiores concessões econômicas à Inglaterra, o que significou a ampliação de sua presença na economia do Brasil.

Ainda nesse contexto da luta pelo reconhecimento da autonomia brasileira, cabe destaque à participação dos Estados Unidos. Estes objetivaram ampliar sua penetração no mercado interno do Brasil e, ao mesmo tempo, barrar as pretensões de recolonização do continente pretendida pelas nações européias que integravam a Santa Aliança. Por essas razões, reconheceram, em 1824, o governo brasileiro.

De modo geral, o que se percebe é que a luta pelo reconhecimento da Independência resultou na definição da posição do Brasil, como nação autônoma, na divisão internacional do trabalho. A posição de subordinação ao capitalismo inglês, portanto, decorria de sua fragilidade econômica e financeira, resultado da permanência de uma estrutura econômica e de poder arraigada no arcaísmo.

Além disso, a conjuntura das Guerras de Independência internas, que perduraram até 1824, onerou tanto os cofres do Estado quanto a própria classe dominante. Esses fatores agiram em consonância com as pressões externas, contribuindo, assim, para conduzir o país ao endividamento e à dependência econômica.

14.4 . O LIBERALISMO VENCEU?

A) A ECONOMIA NO PRIMEIRO REINADO

Durante o primeiro Reinado, iniciaram-se significativas mudanças na estrutura econômica em virtude do avanço da lavoura cafeeira, embora fosse mantida a base agrário-exportadora.

Na realidade, dentro do contexto da inserção da economia brasileira nos quadros da economia mundial, podemos afirmar que a principal fonte de obtenção de ganhos por parte do Estado brasileiro "seria, ao longo do século XIX, a renda alfandegária e os empréstimos externos". (COSTA, WILMA PERES, "O processo de construção do Estado no Brasil (1808-1850)", *in*: SZMRECSÁNY, TAMÁS (org.), *História econômica da Independência e do Império*, São Paulo, Editora Hucitec, 1996, pág. 152.)

Um outro dado de importância foi o papel central do Estado imperial na manutenção da escravidão. Cabia ao Estado não só a tarefa de vigilância nas senzalas, combatendo as fugas, os quilombos e esmagando as revoltas. O Estado efetuou também a legalização do sistema escravista mediante a instauração de uma ordem jurídica que, defensora da propriedade privada, não hesitava em definir os negros escravizados como objetos da propriedade dos escravistas, portanto, protegidos pela lei.

No entanto, o ingresso de escravos no Brasil se encontrava ameaçado, em virtude de uma das cláusulas do Tratado de 1810, posteriormente referendadas pelo Tratado de 1827, e que apontavam o interesse inglês em ver extinto o tráfico negreiro. A diminuição do ingresso de novos escravos afetaria sobremaneira a economia do país, em um momento de redefinição de seu papel no contexto da economia mundial.

Na prática, a economia convivia com

> "a decadência da agricultura tradicional brasileira, determinada pela situação internacional e pela impotência interna em reestruturar-se (falta de capitais, ausência de renovação das técnicas, carência de mão-de-obra etc.) (...)." (PINTO, VIRGÍLIO NOYA, "Balanço das transformações no século XIX", *in*: MOTA, CARLOS GUILHERME (org.), *op. cit.*, pág. 134.)

A crise da lavoura açucareira agravou-se pela própria limitação da base fiscal do novo Estado. A arrecadação tributária, em uma sociedade marcada pela pobreza de seu mercado interno, era insuficiente para cobrir os gastos do novo país (Corte, administração pública, conflitos militares em Pernambuco e na província Cisplatina).

Além disso, a abertura do mercado nacional aos produtos ingleses e franceses (após o Tratado de 1827) implicou a ampliação das importações em detrimento das exportações, quebrando o já combalido Tesouro Nacional.

O açúcar, com preço em baixa no mercado internacional, continuava a representar o principal item da pauta de exportações no período entre 1821 e 1830 (30,1% do total). O algodão, que assistiu a uma brutal queda nas exportações, em virtude da concorrência norte-americana — exportava 66.619 sacas em 1820 e passou a vender 41. 822 sacas em 1821 —, ainda era o segundo produto em exportação, representando 20,6% do total negociado no exterior no período entre 1821 e 1830.

Ao mesmo tempo, o café iniciou a sua marcha, aproveitando a conjuntura internacional, que lhe era favorável (aumento do consumo na Europa e principalmente nos Estados Unidos e ausência de significativa concorrência no mercado). Assim, no mesmo período antes citado, o café já representava 18,45% do total das exportações do Brasil.

Diante da expansão do novo setor, concentrado em torno das províncias do Rio de Janeiro e de São Paulo, no vale do rio Paraíba do Sul, ficava claro que as tentativas de extinção do tráfico negreiro tornar-se-iam um violento foco de resistência.

Assim, apesar da expansão da nova lavoura, a economia durante o Primeiro Reinado pode ser caracterizada pelo alto grau de pobreza da maior parte da população, que ainda mantinha, apesar das transformações em curso, marcante continuidade da economia colonial.

A própria inserção no mercado mundial reforçou ainda mais o seu papel periférico, centrado em torno da produção de matérias-primas e alimentos.

B) A IMPRENSA E A OPOSIÇÃO AO IMPERADOR

O desenvolvimento da imprensa no Brasil com o surgimento de novos jornais tornou-se elemento-chave para a compreensão da gradual perda de popularidade do imperador diante da sociedade brasileira.

Já em 1823, após a queda do ministério dos Andrada, surgiu um periódico que representava os interesses do grupo a eles vinculado. Seu nome era *O Tamoio*, jornal de oposição ao imperador, circulando por pequeno período de tempo: fechou em novembro do mesmo ano.

Representando muito mais as tensões palacianas, *O Tamoio* não conseguiu a abrangência que era esperada pelos Andrada. Suas críticas acabaram por assumir um tom revanchista e pessoal, impedindo uma maior articulação com os grupos que lutavam contra o autoritarismo do imperador.

O jornal não conseguiu disfarçar seu tom conservador e, na verdade, questionava muito mais a demissão dos Andrada do que o autoritarismo de D. Pedro I.

Também em 1823 surgiu o jornal *O Tífis Pernambucano*, de circulação restrita ao Nordeste e dirigido por frei Caneca. Expoente das idéias liberais, frei Caneca expôs nas páginas de *O Tífis Pernambucano* suas idéias sobre a melhor forma de governo para o Brasil, e que acabou por influenciar o movimento da Confederação do Equador em 1824.

Para conter as críticas divulgadas pela imprensa, o Estado passou a empregar dupla estratégia: punha obstáculos à aquisição de materiais importados, dificultando a produção dos jornais, e utilizava a censura, visando a conter as publicações mais combativas.

Assim mesmo, em 1826, surgiu *A Aurora Fluminense*, fundada por Evaristo da Veiga e se constituindo no principal órgão dos liberais moderados. O eixo do jornal era claro. Combater tanto os excessos do imperador, quanto os dos liberais radicais. Evaristo da Veiga cunhou a expressão que definiria o pensamento dos liberais moderados no período: "Queremos a Constituição, não queremos a revolução." (SODRÉ, NÉLSON WERNECK, *A história da imprensa no Brasil*, Rio de Janeiro, Editora Civilização Brasileira, 1966, pág. 124.)

Por outro lado, a oposição radical encontrou eco em jornais como a *Gazeta Paraibana*, de Borges da Fonseca, que foi publicada entre 1828 e 1829, sendo então substituída pela *Abelha Revolucionária* (1829 e 1830). Borges da Fonseca editou ainda *O Repúblico*, no Rio de Janeiro, entre 1830 e 1831.

Seguramente, Cipriano Barata (1764-1838) foi a personalidade de maior importância jornalística no período. Simpático aos ideais democratas, participante ativo da Conjuração Baiana de 1798 e da Insurreição Pernambucana de 1817, Cipriano fundou, em 1823, *A Sentinela da Liberdade na Guarita de Pernambuco*. Preso em novembro do mesmo ano, continuou a publicar na cadeia um jornal que denominou de *A Sentinela da Liberdade na Guarita de Pernambuco Atacada e Presa na Fortaleza do Brum por Ordem da Força Armada e Reunida*. A publicação do jornal de dentro da prisão lhe valeu a transferência para a Fortaleza de Santa Cruz, no Rio de Janeiro.

Encarcerado até 1830, foi solto com a saúde abalada aos 66 anos de idade. Apesar disso, voltou a editar *A Sentinela da Liberdade, Hoje na Guarita do Quartel-General de Pirajá na Bahia de Todos os Santos*. Preso outra vez, só foi libertado após a abdicação de D. Pedro I, em 7 de abril de 1831.

A postura de criticidade diante do imperador acabou por resultar no assassinato do jornalista Líbero Badaró em 20 de novembro de 1830, a mando de um juiz paulista ligado a D. Pedro I. Apesar de não se comprovar estreita ligação entre D. Pedro I e a ordem para a execução do atentado, a morte de Líbero Badaró enfraqueceu a autoridade do imperador, principalmente pelo fato de os criminosos não terem sido punidos.

C) A GUERRA NA PROVÍNCIA CISPLATINA

O controle do Império brasileiro sobre a província Cisplatina sempre foi marcado por fontes tensões em virtude da resistência dos uruguaios. Por outro lado, os ricos estancieiros de Buenos Aires financiaram grupos no Uruguai, entre os quais o de Juan Antonio de Lavalleja, com o objetivo de incorporar a Banda Oriental ao seu território.

Em 1820, uma das principais lideranças do Uruguai, o general Lavalleja, foi encarcerado e enviado para a prisão no Rio de Janeiro. Entretanto, Lavalleja conseguiu escapar e, de Buenos Aires, organizou um grupo guerrilheiro que ficou conhecido como *Los Treinta y Tres*.

Em 1825, *Los Treinta y Tres* atacaram a Cisplatina e, contando com forte apoio popular, proclamaram a independência da Banda Oriental e a sua incorporação às Províncias Unidas do Rio da Prata.

Em 10 de dezembro de 1825, D. Pedro I enviou tropas para sufocar o movimento dos uruguaios e, percebendo a participação de Buenos Aires no processo, o Brasil declarou guerra às Províncias Unidas do Rio da Prata.

O conflito durou dez anos. A continuidade de uma guerra que exauria os já combalidos cofres do tesouro imperial provocou uma mudança de posição entre os membros da sociedade brasileira. Lentamente a emancipação da Cisplatina passou a ser vista com bons olhos.

Em 1828, o Brasil e o governo das Províncias Unidas do Rio da Prata assinaram um acordo oficializando a independência de Montevidéu. Para os ingleses, um posto mercantil que garantiria a livre-navegabilidade do Rio da Prata, o que aliás foi oficializado no acordo em que a Inglatera reconheceu o novo país.

O resultado final do conflito enfraqueceu a autoridade do imperador. Para os proprietários rurais, o Estado se ressentia de uma política externa mais incisiva na defesa de seus interesses, principalmente diante da Inglaterra. A proximidade do prazo final para o fim do tráfico negreiro tornou-os indiferentes à sorte de um imperador que era visto como frágil na defesa dos interesses da elite rural.

D) REBELIÕES INTERNAS

O Primeiro Reinado foi ainda sacudido por dois movimentos de rebeldia entre 1828 e 1830. O primeiro foi o chamado *Motim dos Mercenários*, que eclodiu no Rio de Janeiro em 12 de junho de 1828.

A construção do exército nacional durante o período que antececeu o 7 de setembro de 1822 foi caracterizada pela contratação de soldados desempregados com o fim das *Guerras Napoleônicas*. Estes mercenários, em sua maioria alemães, irlandeses e húngaros, eram considerados indisciplinados e controlados somente à custa de elevados soldos.

Por causa da Campanha da Cisplatina, o Estado brasileiro contratou tropas de irlandeses. Reclamando que foram enganados no contrato e que o soldo vinha com atraso, os mercenários se amotinaram e ocuparam o Rio de Janeiro. Após violentos conflitos nas ruas, os irlandeses foram presos e deportados para o Canadá.

O motim implicou a reestruturação das Forças Armadas, incorporando membros das camadas menos favorecidas. Além disso, fortaleceu a posição da liderança, no interior do aparelho militar, do brigadeiro Francisco Alves de Lima e Silva e de seu irmão, o também brigadeiro Manoel da Fonseca Lima e Silva.

O segundo movimento de rebelião no período ocorreu em Pernambuco, no ano de 1829. No dia 1º de fevereiro, populares,

> "em Afogados, vivaram, segundo se afirma, a República, repetindo-se o fato, pouco depois, em Ipojuca, seguindo eles, posteriormente, para Vitória do Santo Antão e Cimbres onde se realizou a dispersão geral." (BUARQUE DE HOLANDA, SÉRGIO (org.), *op. cit.*, tomo. II, vol. 2, pág. 197.)

Diante dos acontecimentos que apontavam um renascimento da oposição liberal em Pernambuco, foram enviadas tropas para Recife, instaurando-se inquérito para julgar e punir com severidade os envolvidos na chamada *República dos Afogados.*

O movimento da República dos Afogados era herdeiro direto das ações dos liberais pernambucanos, como o movimento liderado, em 1827, pelos *irmãos Roma*, que não chegou a se concretizar, embora tenha deixado a marca da agitação na província.

E) A ABDICAÇÃO (7 DE ABRIL DE 1831)

A quebra da autoridade do imperador diante da aristocracia rural se acentuou com a *Questão Sucessória Portuguesa.* Em 1826, o rei D. João VI morreu em Portugal. Disputavam a coroa seus filhos D. Pedro I e D. Miguel.

A conjuntura política no Brasil, caracterizada pela crise econômica e pelo desgaste do imperador, impediu que D. Pedro I fosse coroado monarca português e mantivesse o controle das duas coroas. Para os brasileiros, o temor da recolonização se fazia presente.

D. Pedro I decidiu tomar a dianteira. Nomeou sua filha, D. Maria da Glória, herdeira do trono português e indicou D. Miguel como regente submetido ao controle da Constituição lusitana.

Mais do que o trono português, estava em jogo a política da *Santa Aliança* na Europa. D. Pedro I era apoiado pela Inglaterra, que desejava contrabalançar a crescente influência austríaca na Europa continental. D. Miguel, apoiado pela *Santa Aliança*, em especial pela Áustria, buscava restaurar o absolutismo em Portugal.

Em 1828, D. Miguel destituiu a futura rainha, anulou a Constituição e assumiu o trono português. Os liberais portugueses se exilaram no Brasil, contando com o apoio de D. Pedro I para destituir o monarca absolutista. Iniciou-se, então, a *Guerra Sucessória Portuguesa.*

D. Pedro I tornou a Corte brasileira um foco de articulação dos liberais portugueses na luta contra D. Miguel. Com isso, atraiu maior oposição no Brasil, já que era acusado de se interessar cada vez menos pelos assuntos brasileiros. Além disso, os recursos para a luta dos constitucionalistas portugueses eram obtidos do já combalido tesouro brasileiro.

Por sua vez, o imperador deixava os assuntos relativos ao Brasil nas mãos dos membros do Partido Português, aguçando a tensão interna. A suspeita de utilização dos recursos da nação para proveito próprio foi reforçada com a falência do Banco do Brasil, em 1828, resultado direto dos empréstimos sem aval concedidos aos comerciantes portugueses no Rio de Janeiro, não à toa, a base da sustentação política de D. Pedro I.

Diante disso, liberais radicais e os moderados do Partido Brasileiro se uniram no combate ao imperador. O assassinato de Líbero Badaró atiçou a oposição. Em algumas províncias, como Minas Gerais, o apoio a D. Pedro I praticamente desapareceu entre as lideranças políticas.

Tentando conter a oposição e indeciso quanto a sua capacidade de utilizar efetivamente o exército como um aparato repressivo, D. Pedro I iniciou uma visita a Minas Gerais em dezembro de 1830. A reação fria dos mineiros, que não esconderam a indignação com a morte de Líbero Badaró, provocou o imediato retorno da comitiva ao Rio de Janeiro.

Ao chegar ao Palácio de São Cristóvão em 11 de março de 1831, D. Pedro I era a imagem da derrota. Em uma tentativa de virar o quadro de desgaste, os portugueses decidiram organizar uma grande comemoração no dia 13 para saudar o retorno do imperador. A reação popular não podia ser pior. Um violento conflito entre portugueses e brasileiros explodiu nas ruas da capital, a chamada *Noite das Garrafadas.*

Ficava evidente a incapacidade do imperador em manter a ordem. Uma tentativa de recomposição de seu prestígio resultou na posse de novo ministério, o chamado *Ministério dos Brasileiros,* integrado por políticos sem expressão e, conseqüentemente, sem condições de ameaçar a autoridade do imperador. Era muito tarde para conter a rebelião em curso.

Em 5 de abril, diante da recusa do ministério em enviar tropas para reprimir manifestações populares, D. Pedro I destituiu-os do cargo e convocou um novo, o *Ministério dos Marqueses,* representantes dos interesses dos portugueses.

Uma articulação entre a aristocracia rural e os militares, liderados pelos irmãos Lima e Silva (Francisco, João Manoel e José Joaquim), que detinham grande prestígio na tropa, resultou em um movimento armado que cercou o Paço Imperial.

Apoiados pela população do Rio de Janeiro, os militares tentaram convencer o imperador a chamar de volta o Ministério dos Brasileiros. A intransigente posição do imperador, que recusava qualquer concessão aos militares e ao povo, resultou em arranjo político: a abdicação de D. Pedro I em favor de seu filho de cinco anos, em troca da manutenção da monarquia.

Assim, quando o major Miguel de Frias deixou o Paço Imperial por volta da meia-noite, findava o primeiro governo do Brasil independente, ao mesmo tempo que se consolidava o Estado nacional.

CAPÍTULO 15

AÇÃO E REAÇÃO

15.1 . AS DIFÍCEIS CONDIÇÕES DE VIDA

A posição do Brasil na divisão internacional do trabalho, como país de economia predominantemente agrário-exportadora, definia o espaço rural como principal cenário dos conflitos sociais. Essa posição foi reforçada pela situação das exportações brasileiras: só o volume de vendas do café saltou, no decênio 1821-1830, de 3.178 sacas de 60kg, para 10.430 no decênio subseqüente. Enquanto o Maranhão, em 1821, exportou para a Inglaterra 26.364 sacas de algodão do total de 41.822 produzidas.

Encontrava-se, assim, o país subordinado à lógica do grande comércio mundial, onde a produção interna se submetia às exigências impostas pelas demandas externas, o que aprofundava o fosso entre elite e camadas populares.

> "(...) o comércio (...) submete cada vez mais intensamente a produção ao valor de troca, fazendo com que o prazer e a subsistência dependam mais da venda do que do consumo direto dos produtos. Desse modo ele desagrega as antigas condições. Ele aumenta a circulação de dinheiro. Ele não se limita simples

> mente a se apoderar do excedente da produção, mas pouco a pouco ele ataca a própria produção e coloca sob a sua dependência setores inteiros da produção." (MARX, KARL, *Le Capital*, Editions Sociales, Paris, 1957, T. VI, pág. 339.)

A situação impunha uma concentração da propriedade fundiária, tendo em vista ser a terra o principal meio de produção no Brasil. Ou melhor, em uma estrutura econômica com fortes vínculos de dependência ao mercado externo, exigia-se uma produção com perfil extensivo: a condição básica para a sua satisfação era a grande propriedade fundiária. Nesse caso, então, a pequena propriedade familiar (minifúndio) que se expandiu desde 1822 quando D. Pedro I confirmou o fim do sistema de sesmarias e possibilitou a existência, na prática, do regime de posse, constituía um entrave ao modelo agrário-exportador, pela incapacidade do minifúndio em atender à demanda externa.

Diante da profunda dependência ao mercado externo, o conjunto da população brasileira encontrava-se à mercê das oscilações dos preços internacionais. Tais oscilações afetavam direta e principalmente o nível de vida das camadas populares, já que a classe dominante encontrava no Estado um forte mecanismo de proteção de seus interesses.

Dessa forma, a queda nos preços dos produtos primários exportados pelo Brasil entre 1821 e 1850 implicou igual redução na renda *per capita* da população. Em conseqüência, a capacidade de consumo encontrou-se retraída, impossibilitando a expansão do mercado interno. Aliada a essa situação, não se apresentam condições históricas concretas para o desenvolvimento dos setores industrial e de serviços, o que inviabilizou, igualmente, a urbanização, além de não surgir alternativa que rompesse o ciclo de dependência e a especialidade de economia agrário-exportadora.

> "(...) Entre 1821-30 e 1841-50, o valor em libras das exportações de açúcar cresceu em 24 por cento, vale dizer, com uma taxa média anual de 1,1 por cento; o das exportações de algodão se reduziu à metade; o das de couros e peles se reduziu em 12 por cento, e o das de fumo permaneceu estacionário. Desses produtos, o único cujos preços se mantiveram estáveis foi o fumo. Os

exportadores de açúcar, para receber 24 por cento mais em valor, mais que dobraram a quantidade exportada; os de algodão receberam a metade do valor, exportando apenas 10 por cento menos, e os de couros e peles mais que dobraram a quantidade para receber um valor em 12 por cento inferior (...) A baixa nos preços das exportações brasileiras (...) foi de 40 por cento. No que respeita a importações, o índice de preços das exportações da Inglaterra constitui uma boa indicação. Esse índice, entre os dois decênios referidos, manteve-se perfeitamente estável. Pode-se, portanto, afirmar que a queda do índice dos termos do intercâmbio foi de, aproximadamente, 40 por cento (...)." (FURTADO, CELSO, *Formação Econômica do Brasil*, São Paulo, Cia. Editora Nacional, 1980, págs. 107 e 108.)

O manifesto declínio do preço desses produtos primários no mercado internacional contribuía para aumentar o volume da produção como mecanismo compensatório à desvalorização. Sendo assim, as revoltas de caráter social que pontuaram a História do Brasil nessa primeira metade do século XIX tiveram por característica justamente o envolvimento de amplas massas populares que viram nessa prática o aumento de sua exploração, bem como o entrelaçamento com outros segmentos sociais, na maioria dos casos. Dentre os vários exemplos podemos destacar a Cabanagem no Grão-Pará (1834-1840); a Revolta dos Malês na Bahia (1835); a Guerra dos Farrapos no Rio Grande Sul (1835-1845); a Balaiada no Maranhão e Piauí (1838-1841); e a Revolução Praieira, em Pernambuco (1848).

O envolvimento das massas populares em revoltas, que muitas vezes não buscavam atender a seus interesses, pode ser entendido como uma extensão do descompasso entre crescimento econômico, concentração de rendas e crescimento populacional. Os dois primeiros itens encontram-se intimamente relacionados no momento em que a economia brasileira crescia 0,8% ao ano e o latifúndio avançava no Sudeste. Ou melhor, o baixo desempenho da economia, associado ao modelo agrário-exportador adotado, reforçava, como mecanismo de proteção, o aumento da concentração da renda denunciada, entre outros fatores, pela política de desvalorização cambial.

A adoção desta política cambial ao mesmo tempo, embora favorecendo aqueles que tinham na exportação sua fonte de recursos, trazia consigo o aumento das emissões de dinheiro. Em conseqüência, incentivava tanto o desequilíbrio financeiro interno quanto o aumento da inflação, afetando, dessa forma, as camadas populares da sociedade. Somava-se a isso o fato de a população crescer 1,5% ao ano. Nesse caso, entende-se que a miséria aumentava em ritmo aritmético, penalizando um número maior de brasileiros, tendo em vista o perfil concentrador do modelo econômico adotado.

> "As emissões de papel-moeda, descarregadas sobre a moeda falsa de cobre (30% da massa circulante), elevam-se de 9.171 contos de réis, em 1822 (índice 100), para 13.391 em 1826 (nível 146) e 20.350 em 1830-31 (nível 221), sem que, daí por diante, logrem paradeiro, com nível 431 em 1840. Simultaneamente, a taxa de câmbio parte de Cr$ 4,90, em 1822, para Cr$ 9,60 em 1831, decrescendo, em 1841, a Cr$ 7,92." (FAORO, RAYMUNDO, *Os Donos do Poder: formação do patronato político brasileiro*, 9ª ed., São Paulo, Editora Globo, 1991, pág. 325.)

Tal situação era acompanhada pela escassez de recursos internos para o financiamento da produção agrícola voltada à exportação cujo volume aumentava nesse período. Daí o fato de os primeiros bancos terem surgido a partir da década de 1830: 1836 no Ceará; 1838 no Rio de Janeiro; 1846 no Maranhão; e 1847 na Bahia e no Pará. Essas casas bancárias funcionariam, mais adiante, como a estruturação do sistema produtivo do país controlado pela alta burguesia exportadora.

> "(...) A ascensão cafeeira, no primeiro decênio (1821-1830), não encontra na cidade créditos fáceis, provocando a ebulição inflacionária, insuficiente para financiar as novas lavouras. Logo a seguir, com as exportações, canalizadas quase integralmente pelo porto do Rio de Janeiro, entram em cena, com papel cada vez mais saliente, os comissários ou correspondentes, agora financiadores de mais escravos, de mais mantimentos e — à medida que

o café se valoriza e toma as lavouras de subsistência —, de artigos de luxo (...)." (FAORO, RAYMUNDO, *op. cit.*, pág.328.)

Outro fator que contribuiu para a tensão social em vários pontos do país, foi a política centralizadora predominante no período pós-Independência. Esta fora adotada com claro objetivo de favorecimento dos interesses da classe dominante do Sudeste, representante, então, do núcleo dinâmico da economia.

O crescimento da importância do café na balança comercial brasileira sustentava tal política ao mesmo tempo que desconsiderava, na maioria das vezes, os interesses econômicos das elites de outras regiões. Desse modo, a crise econômica instalada nas regiões em decadência repercutia de duas formas para o conjunto da população: fortalecia os mecanismos de dominação e exploração das elites sobre as camadas populares; e promovia uma relação de dependência e fidelidade das camadas populares para com a classe dominante.

> "Com isso, os direitos dos camponeses que viviam como agregados só eram reconhecidos como extensão dos direitos do fazendeiro, como concessão destes, como questão privada e não como questão pública (...) a relação era essencialmente a relação de troca - troca de serviços e produtos por favores, troca direta de coisas desiguais, controlada através de um complicado balanço de favores prestados e favores recebidos. Nesse plano, a natureza das coisas trocadas sofria mutações - pelo fato de viver e trabalhar autonomamente nas terras de um fazendeiro, um agregado podia retribuir-lhe defendendo o seu direito de se assenhorear de mais terras, de litigar com fazendeiros vizinhos etc. Com isso, o agregado defendia também o seu direito de estar na terra do fazendeiro. Mas não podia defender o direito de estar na terra, sem fazer dessa terra propriedade do seu fazendeiro. A sua luta era luta do outro." (MARTINS, JOSÉ DE SOUZA, *Os camponeses e a política no Brasil*, Petrópolis, Editora Vozes, 1983, págs. 35 e 36.)

Tal situação justificava o envolvimento, muitas vezes, das camadas populares em revoltas que não tinham como epicentro, ou mesmo a remota preocupação, com questões relativas às suas condições de vida. O agravamento das desigualdades sociais promovia, nesse caso, maior submissão dessas camadas aos favores das elites.

15.2 . A ORGANIZAÇÃO DO PODER REGENCIAL

A) O PORQUÊ DA REGÊNCIA

A Constituição outorgada em 1824 não deixava espaços para muitas discussões. O Período Regencial, apesar de representar uma fase de transição entre o Primeiro e o Segundo Reinados, deve ser considerado parte integrante do Segundo Reinado, já que a Constituição estipulava que, em caso de menoridade à época da sucessão, e sem a possibilidade de se contar com um parente maior de 25 anos para o cargo de Regente, o Império fosse governado por uma Regência eleita. Em caso de qualquer contratempo para esta eleição, a Constituição previa o estabelecimento de uma Regência Provisória. Quando D. Pedro I abdicou, em abril de 1831, o Brasil vivia um período de recesso parlamentar, sendo o governo assumido pelo brigadeiro Francisco de Lima e Silva, responsável pela convocação extraordinária do Parlamento para a indicação do Regente Provisório.

A escolha deste Regente demonstra claramente como o início do período caracterizou-se pela busca do consenso entre os elementos moderados e pela exclusão dos radicais. Foram escolhidos como Regentes, além do próprio Francisco de Lima e Silva, representante do Exército, o marquês de Caravelas, um dos responsáveis pela Constituição imperial, portanto, caracterizado pelo conservadorismo, e o senador Nicolau Pereira de Campos Vergueiro, grande proprietário com interesses específicos em São Paulo e ligado ao grupo dos liberais moderados.

Comparando-se com o período anterior, marcado pelo autoritarismo do imperador, não há dúvida de que o Liberalismo conheceu uma fase de avanços, com a anistia aos presos políticos e a reintegração do chamado Ministério Brasileiro, dissolvido por D. Pedro I nos momentos críticos que antecederam sua abdicação. Dentro da tropa, os estrangeiros que não aceitaram a naturalização foram expulsos. Em junho de 1831, a Lei da Regência estabeleceu que o Poder Moderador — constitucionalmente considerado exclusivo do imperador — ficaria nas mãos dos regentes, mesmo assim com inúmeras restrições, dando ao Legislativo uma hegemonia até então nunca conhecida, já que não podia ser dissolvido.

Considerando a Câmara o grande centro de poder da fase regencial, o que já configura um breve ensaio parlamentarista, caberia a ela escolher os regentes permanentes. Francisco de Lima e Silva foi mantido, já que as sublevações da tropa representavam flagrante ameaça à ordem. Muitas vezes sem receber os soldos, além de contar com um número expressivo de portugueses (mesmo naturalizados), os efetivos da tropa logo se tornaram uma importante fonte de preocupações para o governo regencial. Os outros dois regentes foram escolhidos dentro de um critério regional, procurando superar divergências entre Norte e Sul. Representando as províncias do Norte, foi escolhido João Bráulio Muniz, enquanto o Sul era representado por José da Costa Carvalho, marquês de Mont'Alegre.

B) AS FORÇAS EM CONFLITO

Três grupos políticos assumiram papéis expressivos durante o Período Regencial. É importante ressaltar que o país tinha um conjunto de associações políticas, geralmente possuindo um jornal de divulgação, não sendo próprio o uso da expressão partido político nesse momento, considerando-se o sentido dado nos dias de hoje. A terminologia herdada da Revolução Francesa — direita, centro e esquerda — é, entretanto, adequada para a caracterização das forças políticas em cena.

Liberais Exaltados — Em geral, pertenciam a segmentos médios da sociedade: militares, jornalistas, bacharéis em Direito, sacerdotes. Representavam a Esquerda do mosaico político regencial, não podendo ser considerados jacobinos, uma vez que não possuíam um programa eminentemente social, apesar da postura popular, principalmente se comparados com as outras facções. Reunidos nas Sociedades Federais, espalhadas nas mais importantes províncias do Império, defendiam o final do Poder Moderador e do Senado Vitalício, tendo como carro-chefe do programa político a tendência ao federalismo, defendendo a criação das Assembléias Legislativas provinciais. Uma minoria era francamente republicana, incluindo-se Antônio Borges da Fonseca, Cipriano Barata e Miguel Frias de Vasconcelos. Além de *Farroupilhas* (nome ligado às roupas rústicas utilizadas por Cipriano Barata nas cortes de Lisboa) eram muitas vezes chamados de *Jurujubas* (nome de uma praia em Niterói onde realizavam reuniões).

Entre os principais periódicos, destacamos:

O Adotivo; *O Brasil Aflito*; *Brasileiro*; *O Bem-te-vi*; *O Burro Magro*; *A Bússola da Liberdade*; *O Cabrito*; *O Capadócio*; *O Cidadão Soldado*; *O Democrata*; *Esbarra*; *Fado dos Chimangos*; *O Filho da Terra*; *A Formiga*; *O Grito dos Oprimidos*; *O Homem do Povo*; *O Indígena do Brasil*; *Jurujuba dos Farroupilhas*; *A Malagueta*; *A Nova Luz Brasileira*; *Orfeu Paraense*; *Par de Tetas*; *O Paraense*; *O Pardo*; *O Povo*; *O Publicador Paraibano*; *O Recopilador Liberal*; *Republicano da Sempre-Viva*; *O Repúblico*; *A Sentinela da Liberdade*; *A Trombeta dos Farroupilhas*; *A Voz da Liberdade*.

Restauradores — O nome é inequívoco. Representando a Direita, os restauradores eram favoráveis à restauração do governo de D. Pedro I, chegando a manter uma correspondência com o ex-imperador nesse sentido. Pertencentes à nobreza burocrática, ao clero, ao grupo de comerciantes portugueses e a setores militares, reuniam-se em torno de uma associação denominada *Sociedade Conservadora da Constituição Jurada no Império do Brasil*, também chamada de *Sociedade Militar*. Esta associação ligava-se ao antigo Partido Português e já se organizava politicamente antes da própria queda do governo do primeiro imperador. Entre as figuras centrais deste grupo estavam José Bonifácio de Andrada e Silva e seu irmão Antônio Carlos, redator do anteprojeto da Constituição da Mandioca, defendendo seus ideais através de dois jornais: *O Carijó* e *O Caramuru*.

Os restauradores tinham como principais jornais:

O Astro de Minas; *Barbosa*; *O Caolho*; *O Caramuru*; *O Carijó*; *Catão*; *O Crioulinho*; *Diário da Manteiga*; *O Diário do Rio de Janeiro*; *O Inflexível*; *O Instinto*; *O Ipiranga*; *Lafuente*; *A Lima Surda*; *A Loja do Belchior*; *O Macaco*; *O Meia-Cara*; *Pai José*; *O Palhaço da Oposição*; *O Permanente*; *O Restaurador*; *Simplício da Roça*; *O Soldado Aflito*; *O Tamoio Constitucional*; *O Teatrinho do Senhor Severo;* *O Torto da Artilharia*; *O Tupinambá Peregrino*.

Liberais Moderados — Principal grupo da fase inicial da Regência. Estavam reunidos na Sociedade Defensora da Liberdade e da Independência Nacional e representavam basicamente a aristocracia agrária. Apesar de adeptos da Monarquia, temiam basicamente a possibilidade de um retorno ao autoritarismo, se D. Pedro II, quando assumisse, contasse com as prerrogativas conferidas pela Constituição de 1824. Defendiam a manutenção da base censitária para as eleições. Denominados pelos opositores de *Chimangos* (nome de uma ave que se alimenta de carniça e parasitas do gado, comum no sul do Brasil), tinham figuras notórias como Evaristo da Veiga, ligado ao jornal *Aurora Fluminense*, um dos mais importantes do período.

Um dos principais integrantes do grupo, o padre Diogo Antônio Feijó foi escolhido pelo governo regencial para o posto de ministro da Justiça, caso raro de um elemento do baixo clero a ocupar um alto cargo no Brasil Imperial. Deputado paulista, Feijó havia sido um dos representantes brasileiros nas cortes em Portugal, como decorrência da Revolução do Porto, lutando contra as tendências recolonizadoras e contra a intransigência dos deputados portugueses. Feijó ficou ainda mais conhecido nos círculos políticos defendendo o fim do celibato clerical, medida indubitavelmente polêmica, atraindo opositores, mas também adeptos, principalmente os que nele viam uma barreira às tendências ultraconservadoras do clero e do papado. Durante a Regência, sua visão política foi extremamente importante para a montagem de uma estrutura burocrática-militar de um Estado nacional.

Podemos assinalar como principais jornais:

Aurora Fluminense; O Brasileiro; O Carapuceiro; O Chronista; O Farol Paulistano; O Grito da Pátria; O Grito da Razão; O Homem e a América; O Independente; Jornal do Comércio; O Nacional; O Observador Constitucional; O Observador das Galerias; O Observador Paulistano; O Paulista Centralizador; O Parlamentar; O Propugnador da Maioridade; O Paulista Oficial; O Raio de Júpiter; O Recopilador Mineiro; O Sete de Abril; A Voz Paulistana.

C) A GUARDA NACIONAL

As agitações promovidas pela tropa sacudiram a capital em julho de 1831, iniciando-se com a insubordinação do 26º Batalhão de Infantaria, no morro de São Bento, controlada com rigor pela Guarda Municipal. Nesse período, Feijó, ministro da Justiça empossado com plenos poderes, por precaução, já havia prendido líderes preeminentes dos Exaltados, mas alguns acabaram conseguindo fugir. Em breve, a agitação acabou se espalhando, chegando até o Corpo de Polícia, solidário ao 26º Batalhão.

Reunido no Campo de Santana, logo receberia a adesão de populares e representantes dos Exaltados. Quanto à Guarda Municipal, seria impossível desta vez controlar a manifestação. Corria o dia 14 de julho, data repleta de simbolismos, o que certamente não passou despercebido aos revoltosos. Nessa noite, a cidade dormiu sem polícia, à mercê dos manifestantes. Em seguida, um documento foi encaminhado ao governo, apresentando uma série de exigências:

- Reformas constitucionais a partir de uma Assembléia Constituinte.
- Deportação de cidadãos, incluindo senadores e magistrados.
- Destituição de portugueses de cargos públicos e suspensão da imigração portuguesa por dez anos.
- Exoneração do ministro da Justiça.

Feijó procurou agir com energia, reformulando o gabinete e solicitando ajuda aos Batalhões de Infantaria de Minas e São Paulo. Mesmo antes da repressão ser consumada, as tropas revoltosas retornaram aos quartéis, diminuindo o ímpeto da insurreição. Durante a indecisão e a insegurança reinantes, Feijó organizou um batalhão composto de oficiais e parentes de comerciantes e proprietários do Rio de Janeiro que ficou conhecido como *Batalhão Sagrado* e foi comandado por um jovem major — filho de um dos Regentes —, que mais tarde assumiria um papel crucial no Exército Imperial: Luís Alves de Lima e Silva.

A situação parecia temporariamente controlada, sendo denominada posteriormente pela historiografia oficial como *A Crise de Julho.* Sem a menor dúvida, seu principal saldo foi a aprovação de um projeto que já tramitava na Câmara: a criação da Guarda Nacional, consumada em 18 de agosto de 1831.

Substituindo as Guardas Municipais, a Guarda Nacional consistia em uma força paramilitar, subordinada ao Juiz de Paz no plano local e ao Ministério da Justiça em última instância. Composta de acordo com critérios censitários, estabelecia para os integrantes a renda mínima de 200 mil réis anuais nas grandes cidades e 100 mil réis em outras regiões do país. Admitia-se a eleição para os postos de oficiais, o que pode ser considerado um aspecto bem singular para a época. O termo *coronel* passou a ganhar popularidade a partir deste momento, representando o chefe político local — invariavelmente um grande proprietário — que assumia uma alta patente na milícia.

A argumentação de Feijó defendendo a criação da Guarda Nacional é uma peça exemplar da visão política e social dos Moderados:

> "A Câmara dos Deputados deve saber que seis mil cidadãos armados, não da qualidade dos que em 15 de julho derramaram a consternação na Capital, mas seis mil pessoas que representam cada uma família e bens, que constitui a massa mais rica e populosa do Império, têm declarado não mais poder sofrer a inquietação e sobressalto, os incômodos e prejuízos que lhes causam os anarquistas, e que a indiferença da Assembléia Geral, sobre as calamidades que se passam diante de seus olhos, lhes é muito sensível e desagradável." (WERNET, AUGUSTIN, *O Período Regencial*, São Paulo, Global Editora,1982, pág. 35.)

Apesar de ter sido inspirada na Guarda Nacional Francesa, a Guarda Nacional criada no Período Regencial passou por um *processo de abrasileiramento*, em função das próprias oscilações da legislação provincial. Podemos perceber, entretanto, ao longo de sua existência, diversos pontos de aproximação com a *National Guard*, milícia norte-americana. Uma relação fundamental marcou a existência das duas milícias: se por um lado, acabaram contribuindo para manter o contingente do Exército reduzido, por outro, enfraqueceram-se quando o Estado enfrentou um conflito de grandes proporções com um inimigo externo: nos Estados Unidos, com a Segunda Guerra de Independência, em 1812; e no caso brasileiro, com a Guerra do Paraguai.

A criação da Guarda Nacional foi fundamental para que o governo regencial controlasse as inúmeras revoltas que marcaram o período, já que seus efetivos poderiam ser mobilizados nas próprias regiões em distúrbio. Do ponto de vista econômico, a Guarda Nacional possibilitou ao governo ter uma despesa mínima, uma vez que esta milícia-cidadã não recebia soldos, arcando o Estado apenas com os custos do armamento, instrutores e alguns equipamentos utilizados pelos milicianos. O uniforme, por exemplo, ficava a cargo dos integrantes da Guarda, fazendo com que o termo desfardado correspondesse a desertor, o que demonstra que muitos consideravam participar da milícia um dever cívico a ser cumprido. É interessante constatar como o Exército, no Período Imperial como um todo, tinha dificuldades para recrutar os seus soldados, uma vez que o recrutamento era visto como verdadeiro castigo.

A primeira manifestação pública da Guarda Nacional ilustrou bem o objetivo dos Moderados de estabelecer uma conotação cívica, representando a *nação em armas.*

> "O primeiro desfile da milícia cívica, depois de sua criação, é também a primeira manifestação pública da Guarda Nacional do Rio de Janeiro, realizada no dia 2 de dezembro de 1832, aniversário de D. Pedro II. Nela o 'jovem Imperador a cavalo e com farda da Guarda Nacional, dava uma demonstração de confiança e uma prova do prestígio dos participantes'." (CASTRO, JEANNE BERRANCE DE, *A Milícia Cidadã: a Guarda Nacional de 1831 a 1850*, São Paulo, Companhia Editora Nacional, 1979, pág. 28.)

Após dissolver as agitações promovidas pelos Exaltados e extinguir a guarnição do Rio de Janeiro, Feijó enfrentou as manifestações de rua promovidas pela Sociedade Conservadora, ligada a José Bonifácio, tutor do príncipe herdeiro. Na verdade, elementos ligados aos Restauradores tentaram um golpe que chegou a contar com dois pequenos canhões do palácio, utilizados como brinquedos pelos príncipes, sem a menor chance de sucesso. O Ministro da Justiça aproveitou a situação para propor à Assembléia o fim da tutoria de José Bonifácio, aceito pela Câmara, mas rejeitado pelo Senado, onde a influência dos Restauradores era muito forte. Evaristo da Veiga e Feijó acreditavam cada vez mais que só um Executivo fortalecido poderia conter as revoltas, e passaram a articular um golpe com o intuito de formar uma Assembléia Constituinte. Dentre as reformas a serem promovidas na Constituição constava a unificação das regências, o fim do Poder Moderador e do Senado Vitalício e criação das Assembléias Legislativas.

Seguindo a trama golpista, o ministério renunciou, logo seguido pelos três regentes, enquanto Feijó mobilizava a Guarda Nacional. Tudo indicava a posssibilidade da formação de novo governo, fortemente centralizado nas mãos de Feijó. Entretanto, em função da oposição de Honório Hermeto Carneiro Leão, os regentes foram convencidos a voltar atrás e Feijó acabou ficando fora do ministério, sem caracterizar, entretanto, o fim do domínio dos Moderados. As reformas previstas foram adiadas, mas muitos dos temas propostos logo voltariam à pauta política.

Os Restauradores continuaram a sofrer oposição, principalmente à medida que procuravam estabelecer ligações com D. Pedro I, já soberano em Portugal, após vencer o irmão. José Bonifácio perdeu a tutoria do futuro imperador, e chegou a ser preso, enquanto os jornais restauradores foram empastelados. A tutoria de Pedro de Alcântara passou para as mãos do marquês de Itanhaém, que continuou a promover-lhe uma educação voltada para o futuro posto. Em 1834, com a morte de D. Pedro I, a facção dos Restauradores perdeu sua razão de existir, vindo a integrar gradativamente o grupo dos Moderados. Confinado na ilha de Paquetá, José Bonifácio acabou absolvido por unanimidade ainda durante o Período Regencial. Entretanto, problemas de saúde e a idade avançada o retirariam definitivamente da vida política, e ele veio a falecer, com 75 anos, em 1838.

> "Nos seus últimos anos, vivendo à margem da política, veria antigos liberais do primeiro Império, seus adversários ferrenhos de outrora, convertidos em moderados na primeira fase da Regência, tornarem-se cada vez mais conservadores." (VIOTTI DA COSTA, EMÍLIA, "José Bonifácio: homem e mito", *in: 1822 Dimensões*, São Paulo, Editora Perspectiva, 1986, 2ª Edição, pág. 157.)

D) O AVANÇO LIBERAL

Durante o predomínio moderado foi adotado um conjunto de medidas descentralizadoras, caracterizando o período como de *Avanço Liberal.* Em 1832, promulgou-se o Código de Processo Criminal, tendo como principal medida a eleição dos juízes de paz, antes nomeados pelo imperador. Uma vez que o juiz de paz atuava praticamente como se fosse um prefeito, já que, além das funções judiciárias, respondia por questões administrativas, o cargo eletivo acabava representando uma prática descentralizadora.

A medida mais importante da fase do Avanço Liberal foi a reforma constitucional de 6 de agosto de 1834, denominada de *Ato Adicional*. A data escolhida para marcar o início do ciclo reformista não foi decidida ao acaso: 6 de agosto de 1822 correspondia ao manifesto encaminhado às Nações Amigas, ainda antes do *Grito do Ipiranga*. Valorizar essa data era uma manobra simbólica para esvaziar a participação de D. Pedro I no processo de Independência. Um pouco antes, havia ocorrido um forte debate entre o Câmara e o Senado em torno do banimento do Imperador, sendo a proposta rejeitada veementemente pelos senadores. Com a morte de D. Pedro I, em 24 de setembro de 1834, afastando definitivamente o fantasma restaurador, o governo regencial concedeu-lhe algumas honras, estabelecendo luto na corte e nas repartições públicas. Nesse momento, muitos Restauradores passaram para o lado dos Moderados.

Os argumentos em prol da reforma constitucional sustentavam a idéia de que não se esperava uma regência tão longa. Por outro lado, afirmavam os Moderados que as características centralizadoras da Constituição de 1824 precisavam ser revistas, adequando-a ao novo contexto político.

A Câmara vivia a sua terceira legislatura (1834-1837), dominada ainda pelos Moderados. Entretanto, o Ato Adicional foi marcado por uma característica conciliadora, procurando satisfazer as medidas federalistas — antiga reivindicação dos Exaltados — não para os Exaltados, mas sim como forma de retirar-lhes sua principal bandeira. Entre as medidas centralizadoras tomadas, destacamos:

- as províncias não podiam ter Constituição própria;
- os presidentes das províncias continuavam a ser escolhidos pelo poder central;
- a autonomia dos municípios foi suprimida;
- Regência Una.

Por outro lado, medidas federalistas foram adotadas para compensar a centralização. Foram elas:

- fim do Conselho do Estado;
- fim dos Conselhos Provinciais e criação das Assembléias Provinciais;
- eleição direta (eleitores de segundo grau) e secreta para o cargo de Regente Uno (o caráter censitário foi mantido);

- manutenção do Poder Moderador, se bem que com menos amplitude, já que enfraquecido diante do Legislativo.

Por isso mesmo, a aplicabilidade do Ato tornou-se tão difícil. Observando com detalhe a criação da Regência Una, percebe-se claramente o caráter híbrido do Ato Adicional. Se por um lado houve centralização, passando-se de três regentes para um — detentor exclusivo do Poder Executivo —, o esvaziamento do Poder Moderador e o fim do Conselho de Estado balanceavam seu poder, retirando-lhe prerrogativas exclusivas do Imperador. Eleito para quatro anos de mandato, a regência una parecia um posto presidencial, sendo por isso a fase chamada por alguns historiadores de *Experiência Republicana*. Por outro lado, fica evidente que, se as províncias conseguiram alguma autonomia, estavam bem longe da soberania, ocorrendo, portanto, um federalismo inconcluso, na verdade um ensaio federalista sobreposto a um ensaio republicano. Supondo-se que o presidente de província, nomeado pelo poder central, acabasse entrando em desacordo com determinadas diretrizes do governo, seus mecanismos de resistência seriam muito poderosos. Por isso, Bernardo Pereira de Vasconcelos, mais tarde figura central do Partido Conservador, redator do Ato Adicional, ao repassá-lo à Câmara emitiu uma declaração chocante, entretanto bastante compreensível: "Entrego-lhes o Código de Anarquia!"

> "Enquanto o *self-government* anglo-saxão, imposto ao Brasil por cópia do modelo norte-americano, opera articulado às bases sociais da comunidade integrada, com o centro nas famílias e na associação dos grupos locais, organicamente eletivo, o sistema legal imitado nada encontra para sustentar o edifício. Uma longa tradição havia separado a ordem estatal, política, da ordem social, triturando a segunda na poderosa mó da opressão e dos interesses próprios da camada dominante." (FAORO, RAYMUNDO, *op. cit.*, pág. 310.)

O Ato Adicional estabeleceu para a cidade do Rio de Janeiro, capital do país, o *status* de município neutro, desvinculado da província do Rio de Janeiro.

15.3. AS LUTAS POPULARES

A) MOTINS E LEVANTES NO RIO DE JANEIRO (1831-1832)

Inúmeros motins e levantes ocorreram na cidade do Rio de Janeiro, onde governava a Regência Trina Permanente.

Esses movimentos foram, em geral, realizados pelos Exaltados, também chamados de *Jurujubas* — por causa da praia de Jurujuba, em Niterói, de onde sairiam revoltosos para um levante na cidade do Rio de Janeiro —, de *Farroupilhas* ou *Farrapos* — significando maltrapilho porque não usavam roupas adequadas. No Rio Grande do Sul, a palavra *Farroupilha* assumiu o sentido de camarada.

Já os Restauradores ou *Caramurus* defendiam a volta de D. Pedro I ao trono. A denominação *Caramuru* foi dada porque um dos jornais porta-voz dessa facção chamava-se *O Caramuru.*

Os Exaltados, como o major Miguel de Frias de Vasconcelos, e jornalistas, como Luís Augusto May, freqüentemente reuniam-se na Sociedade Federal.

Já os Restauradores por vezes eram antigos auxiliares de D. Pedro I — como os irmãos Andrada e o coronel Augusto Hugo de Hoiser —, e comerciantes e jornalistas portugueses, destacando-se Davi da Fonseca Pinto, proprietário de *O Caramuru.*

O primeiro levante foi realizado pelo 26º Batalhão de Infantaria, ligado aos Exaltados. Era o dia 12 de julho de 1831. Cercados pelos Guardas Municipais Permanentes e outras forças fiéis ao governo, que representava os interesses das oligarquias rurais, os rebeldes se renderam e, como castigo, foram mandados para servir na Bahia.

> "O Corpo de Polícia, entretanto, desde o dia 13 realiza manifestações de solidariedade aos sediciosos e a 14 toma posição em franca revolta no Campo de Honra — como depois de 7 de abril passou a chamar-se o antigo Campo de Santana. Aí instalam seus quartéis os *agitadores exaltados*, atraindo grupos de populares, e ao cair da tarde toda a guarnição da Corte vem agregar-se ao Corpo de Polícia. Apenas a Artilharia da Marinha, o 1º Corpo da Artilharia de Posição

> e uma parte do 2º Corpo conservam-se fiéis ao Governo." (BUARQUE DE HOLANDA, SÉRGIO — *O Brasil Monárquico*, tomo II, 2º volume, *Dispersão e Unidade, História Geral da Civilização Brasileira*, São Paulo, DIFEL, 1964, pág. 17.)

Já no dia 15, dezenas de populares afluíram ao Campo de Honra, sendo na oportunidade redigida uma representação ao governo. Seu teor era claramente antiportuguês, pois pedia-se que fosse proibida a entrada de portugueses no Brasil durante 10 anos, o afastamento de funcionários públicos que agiam contrariamente à causa nacional e a expulsão de 89 pessoas consideradas uma ameaça ao país.

A Câmara não aceitou a representação por considerá-la "inconstitucional e absurda".

> "Admite-se que os tumultos ocorridos, 'se inscrevessem como ações preparatórias no mesmo plano da grande insurreição de 15 a 20 de julho. Espalhavam os agitadores que se tratava de aumentar o ágio do cobre e os manifestantes gritavam: câmbio abaixo! (...) Verifica-se que entre os promotores da representação à Câmara formavam o grupo profissional mais importante os *comerciantes de ouro e prata*, aqueles justamente cujos interesses seriam mais diretamente afetados pelas variações da cotação do cobre amoedado. O governo formado a 16 de julho (...) parece ter representado uma transação imposta pela sedição militar (...)" (BUARQUE DE HOLANDA, SÉRGIO, *op. cit.*, pág. 19.)

Contudo, Diogo Antônio Feijó, ministro da Justiça, procurou enfraquecer o segmento militar dos Exaltados. Batalhões foram transferidos do Rio de Janeiro. Outros foram dissolvidos. Suspendeu-se o recrutamento. Criou-se a Guarda Nacional ligada diretamente ao Ministério da Justiça.

Oficiais fiéis ao governo, porque ligados às oligarquias rurais, se articularam. Formou-se o Batalhão dos Oficiais Voluntários da Pátria. Também denominado de Bravos da Pátria e Batalhão Sagrado, se propunha a manter a ordem e o respeito à lei.

Mesmo assim, em 28 de setembro de 1831, novo conflito explodiu, sendo conhecido como *Os Tiros do Teatro* porque ocorreu no Teatro São Pedro, habitualmente freqüentado por Exaltados. O estopim foi a prisão de dois oficiais por um juiz de paz, o que levou o major Miguel de Frias Vasconcelos, assim como outros Exaltados, a reagir contra o cumprimento daquela detenção. A Guarda Municipal invadiu o recinto empregando métodos extremamente violentos. Por determinação do ministro da Justiça os oficiais envolvidos foram recolhidos presos aos quartéis.

> "Um sintoma da situação foi a facilidade com que Cipriano Barata, que estava preso por crime de imprensa, conseguiu levantar a 6 de outubro a *Presiganga* [navio usado como presídio] e o Grupo de Artilharia da Marinha da ilha das Cobras. Tratava-se de uma das poucas unidades que se haviam mantido fiéis ao governo na insurreição de julho. Submetido, o Grupo de Artilharia pelos Oficiais Soldados e pela Guarda Municipal, foi em seguida dissolvido." (BUARQUE DE HOLANDA, SÉRGIO, *op. cit.*, pág. 21.)

Apesar de toda a repressão e de seguidos fracassos, os Exaltados continuaram conspirando e tentando conquistar o poder mediante insurreições militares.

Já no ano de 1832, no mês de abril, o major Miguel de Frias de Vasconcelos conseguiu sublevar as guarnições das Fortalezas de Santa Cruz e de Villegagnon. De Botafogo marcharam até o Campo de Honra, levando inclusive dois canhões. Contudo, foram atacados por tropas do governo que prenderam muitos dos envolvidos no levante. Miguel de Frias conseguiu escapar, exilando-se nos Estados Unidos.

Foi a última tentativa dos Exaltados no Rio de Janeiro, pois as guarnições militares da cidade haviam sido dissolvidas ou transferidas para outras províncias. Muitos oficiais Exaltados estavam mortos, presos ou exilados.

Era a Guarda Nacional a principal base de sustentação militar da Regência Trina Permanente, que contava ainda com a fidelidade do Batalhão Sagrado.

Ainda no mês de abril, os Restauradores tentaram um golpe. Comandados pelo coronel Augusto Hugo de Hoiser, aventureiro mercenário que se dizia barão de Bülow, os 250 golpistas incluíam criados do Palácio da Quinta, alguns militares portugueses.

"(...) Conduzindo dois canhõezinhos de brinquedo que haviam pertencido a D. Pedro e a D. Miguel, quando crianças, saíram de São Cristóvão, dando vivas a D. Pedro I (...)" (BUARQUE DE HOLANDA, SÉRGIO, op.cit., pág. 22.)

Mas foram facilmente vencidos, tendo, posteriormente, sido apurado que José Bonifácio fora conivente com o movimento. Em conseqüência, acabou destituído da função de tutor do imperador e das princesas imperiais.

B) PERNAMBUCO EM CHAMAS

A província de Pernambuco viveu inúmeros momentos de rebelião durante o Período Regencial. Após a repressão violenta à Confederação do Equador, cujos principais líderes pagaram com a vida seu sonho de liberdade, sucederam-se na província os governantes reacionários empenhados em esmagar movimentos contrários às diretrizes autoritárias de D. Pedro I.

Com a complacência desses governantes fundou-se, em data controvertida, a *Sociedade Coluna do Trono e do Altar*. Esta sociedade secreta, cujo lema era *Imperador sem trambolho*, isto é, sem Constituição, propagava suas idéias antiliberais pelos jornais *O Amigo do Povo* e *O Cruzeiro*.

Coube ao padre Francisco Ferreira Barreto, vigário de Santo Antônio, a presidência da referida sociedade, que acumulava com a direção de *O Cruzeiro*.

Com desprezo, chamavam de *calangos* aos seus adversários, fossem eles republicanos, liberais ou constitucionalistas. *Calango*, ou *calangro*, é um réptil que se alimenta de vermes. Por conseguinte, a denominação era pejorativa e empregada com o sentido de designar o indivíduo capaz dos atos mais abjetos para atingir seus objetivos.

Contra os *colunas*, como eram chamados esses reacionários, fundaram-se vários jornais, como o *Diário de Pernambuco*, *O Constitucional*, *A Bússola da Liberdade*, *O Padre Carapuceiro* e *A Abelha Pernambucana*, tendo a última a direção de Antônio Borges da Fonseca, combativo jornalista republicano que, mais tarde, participou da Revolução Praieira.

Com maior ou menor extensão e gravidade, os antagonismos entre republicanos e monarquistas, liberais e antiliberais, restauradores e exaltados, brasileiros e portugueses foram se aguçando, vindo a explodir durante o Período Regencial.

As primeiras sublevações ocorreram com forte componente antilusitano e giraram em torno da abdicação de D. Pedro I. Suas denominações relacionaram-se aos meses em que explodiram.

Em setembro de 1831 deu-se a Setembrizada ou Setembrada quando, em Recife, sublevaram-se soldados, sem o apoio dos oficiais, e sem que se conhecesse o nome de qualquer líder dos amotinados. Seu início deu-se no quartel do 14º Batalhão da tropa de linha, com adesão do 13º Batalhão e de outros contingentes de praças. Os motivos apresentados para a quartelada foram contra as medidas disciplinares impostas pelo brigadeiro Francisco de Paula e Vasconcelos, comandante das Armas da Província.

> "As raras expressões de sentido político proferidas pelos sediosos são contra os adeptos da *Sociedade Coluna do Trono e do Altar* (...) 'Fora colunas' é o *slogan* que eles, várias vezes lançam.
>
> Difícil foi a tarefa de subjugá-los. As forças legais, em parte concentradas na Boa Viagem, contaram com a participação valiosa dos estudantes de Direito, então fixados em Olinda (...)" (BUARQUE DE HOLANDA, SÉRGIO, *O Brasil Monárquico*, 2º volume: Dispersão e Unidade, *in* op.cit., págs. 199 e 200.)

Antes de serem dominados, os amotinados dedicaram-se a saquear casas comerciais do Recife, cujos proprietários eram portugueses. Aos gritos de *Mata Marinheiro* extravasavam seu ódio aos lusitanos.

Com a derrota, os rebeldes foram enviados presos para o presídio de Fernando de Noronha.

Com caráter fortemente nacionalista e exaltado antilusitanismo, deu-se a Novembrada, também em 1831. O movimento foi iniciado na Fortaleza das Cinco Pontas, em Recife.

Esse antilusitanismo estava presente até nas trovas populares em Pernambuco, onde os portugueses eram chamados de *marinheiros*.

> "Marinheiro Pé-de-Chumbo, / Calcanhar de frigideira, / Quem te deu a ousadia / De casar com brasileira?"(*Apud.* CORREIA DE ANDRADE, MANUEL, *op.cit.*, nº6, pág. 5.)
>
> "Eram os rebeldes chefiados pelo Capitão Antônio Afonso e pelo Segundo-Tenente João Machado Magalhães. O movimento

> tomou certo vulto, em face do grande número de adesões (...).
>
> Formularam (...) uma série de reivindicações, como: exoneração dos cargos que exerciam e expulsão da Província de vários funcionários acusados de absolutistas (...) expulsão de portugueses solteiros, exceto 'artistas, fabris e capitalistas de 2 contos de réis para cima', não se permitindo o desembarque de indivíduos da mesma nação; desarmamento dos lusitanos, ainda quando milicianos. Faziam, também, na representação, que era endereçada ao governo, alusão à atividade perniciosa da *Sociedade Coluna do Trono e do Altar*." (QUINTAS, AMARO, *op.cit.*, pág. 201.)

Francisco de Carvalho Paes de Andrade, que governava a província, era irmão do antigo presidente da Confederação do Equador.

Enfraquecido militarmente devido à prisão dos envolvidos na Setembrizada, o governo provincial prometeu atender às reivindicações dos revoltosos que se dispersaram sem combater.

> "Terminava a insurreição, bem característica daqueles tempos conturbados e instáveis. Tempos bem significativos do estado de espírito que imperava, agitado por concepções ideológicas antagônicas e abalado por uma situação social desajustada. A abdicação agira como estopim em face do momento histórico favorável à ação explosiva das massas." (BUARQUE DE HOLANDA, SÉRGIO, *op.cit.*, pág. 201.)

Contudo, em Pernambuco, como em outras províncias, havia partidários de D. Pedro I e do Absolutismo. Eram os Restauradores que desejavam a volta de D. Pedro I ao trono brasileiro. Os Restauradores conspiraram e tentaram tomar o poder a fim de mais facilmente concretizarem seus objetivos. Somente com a morte de D. Pedro I, em 1834, desistiram de seus intentos e passaram a apoiar a continuidade da monarquia nas mãos de D. Pedro II.

Em 1832, os Restauradores acreditaram ter chegado a sua vez. Daí terem promovido a Abrilada, que se estendeu pelo interior da província, não se limitando a Recife. Seus líderes eram proprietários de terras e tinham grande influência política.

Aproveitando-se do enfraquecimento militar do governo devido principalmente às rebeliões anteriores, dominaram bairros e fortalezas de Recife. Mas acabaram derrotados, sobretudo por sua falta de iniciativa. Houve muitos mortos e um grande número de prisioneiros em Recife. Destacamentos enviados ao interior restauraram a ordem regencial.

Terminava assim a Abrilada, movimento tipicamente reacionário e urbano. Mas a província não conheceria a paz porque o conflito desdobrou-se em um movimento de caráter rural e forte conteúdo social, inclusive pela liderança exercida por elementos ligados às camadas mais pobres da sociedade pernambucana.

Considerada como uma continuação da Abrilada, a *Guerra dos Cabanos* (1832-1835), assim chamada porque muitos dos seus participantes eram camponeses que viviam em cabanas de sapê, também ficou conhecida como *Revolta dos Papa-Méis* — porque muitos desses camponeses livres ou escravos fugidos dos engenhos tinham no mel silvestre das matas uma das principais fontes de alimentação — e como *Revolta das Panelas* — devido ao povoado de Panelas de Miranda, um dos principais focos da luta.

Dentre seus líderes, destacaram-se o padre português José Antônio Proença, além de Caetano Alves, João Timóteo de Andrade, Vicente Mangibura, João Batista de Araújo e Vicente Ferreira de Paula, este último o cabeça do movimento.

Os dirigentes Cabanos propagaram boatos falsos a respeito do governo regencial. Afirmavam que se planejava implantar a República e que se repudiava a propriedade privada, a religião e a organização familiar. Diziam que somente a restauração do poder de D. Pedro I impediria esses projetos maléficos.

Com isso, atraíram camponeses humildes, indígenas confinados em Jacuípe e escravos fugidos. Senhores de engenho e até militares apoiaram, de maneira velada ou ostensiva, a rebelião que se estendeu pelo sul de Pernambuco e o norte de Alagoas.

Usando a tática da guerrilha, marcada por ataques de surpresa e emboscadas às tropas governamentais, os rebeldes puderam manter em xeque as forças legais durante três anos (1832-1835). Além disso, valeram-se do conhecimento do terreno que era propício à guerrilha.

"Outro ponto que beneficiava os rebeldes era a própria desorganização governamental (...) Havia irregularidades no pagamento dos soldos, o que muitas vezes levava os soldados à prática de saques; isto sem falar na deficiência de fornecimentos de alimentos, de armas e de munições." (ANDRADE, MANUEL CORREIA DE, *op.cit.*, nº6, pág. 7.)

O curso do movimento começou a se alterar com a morte de D. Pedro I, o que levou muitos dos rebeldes a abandonar a luta, como o general José Inácio de Abreu e Lima, conhecido como *General das Massas* e participante com Simón Bolívar de guerras de libertação da América Espanhola. Contra ele já pesava a ordem de prisão, não consumada porque fugiu.

"Numerosos Cabanos, sentindo-se inseguros nas matas, passaram a se entregar e a ser transferidos para áreas distantes da zona de operações. Os escravos, quando presos, eram devolvidos aos seus donos, que deveriam pagar a quem os capturasse ou vendê-los para fora da Província." (ANDRADE, MANUEL CORREIA DE, *op.cit.*, nº6, pág. 8.)

As prisões se multiplicaram, alguns de seus líderes morreram em combate, até que Vicente Ferreira de Paula se rendeu, para isso também contribuindo o alastramento de uma epidemia de bexiga.

Entretanto, coexistindo com os estertores da Cabanada, ocorreram as *Carneiradas*, levantes liderados pelos irmãos Antônio e Francisco Carneiro Machado Rios. Ambos levantaram tropas da Guarda Nacional, em Lagoa dos Gatos e Recife.

Por três vezes, ocorreram sublevações liberais causadas pela morosidade das autoridades em eliminar a Cabanada. Em ultimato ao governo, exigiram a prisão dos Restauradores em Fernando de Noronha (1834-1835). Aliás, os irmãos Carneiro enquanto viveram, envolveram-se em vários levantes desde a Setembrada até a Revolução Praieira.

O predomínio dos Moderados, cujas fileiras foram engrossadas com a adesão dos Caramurus face à morte de D. Pedro I, manteve os Exaltados em xeque até 1848, quando a sociedade pernambucana foi convulsionada pela Praieira.

Com características diferentes dos movimentos anteriores, ocorreu, entre 1836 e 1838, o episódio da Pedra do Reino.

Clara manifestação coletiva do Sebastianismo, mito criado em Portugal partindo da afirmativa de que o rei D. Sebastião — desaparecido na batalha de Alcácer-Quibir, travada no Marrocos, em 1578 — ressuscitaria e voltaria a reinar. Seu governo traria de volta uma era de prosperidade e de mudanças benfazejas.

Esse mito ganhou força no Brasil com a instalação da corte no Rio de Janeiro e as mudanças decorrentes que implicaram praticamente o fim do *status* de colônia.

Propagaram-se afirmativas machistas, racistas e otimistas nessa reativação do mito. Dizia-se que as mulheres feias se tornariam belas. Afirmava-se que, ao morrer, os negros pobres ressuscitariam brancos e ricos. Pregava-se que os pobres enriqueceriam e os ricos aumentariam suas riquezas.

Na serra do Catolé, na divisa de Pernambuco com o Ceará e a Paraíba, João Ferreira dos Santos anunciou aos camponeses a existência do *Reino Encantado*, cuja restauração exigia o sacrifício de vidas humanas. Estas forneceriam o sangue necessário à rega do campo, assim desencantando-o. Mas os imolados voltariam à vida em condições melhores, pois seriam ricos, poderosos e felizes.

João Ferreira dos Santos proclamou-se rei da Pedra do Reino, reinando enquanto D. Sebastião não chegasse. Viria comandando as "forças do bem", reforçando os seguidores do Reino pernambucano e ajudando-os a derrotar os "súditos do Mal".

Sob o manto religioso, na realidade, congregaram-se pobres humildes e explorados na esperança de novos tempos de felicidade e riqueza. Foi uma verdadeira antecipação de Canudos, destruído quase 70 anos depois.

Antecedendo a atuação de João Ferreira dos Santos, existiu João Antônio dos Santos, que entrara em choque com sacerdotes católicos e fora obrigado a fugir. Ao sucedê-lo, João Ferreira dos Santos exigia que os fiéis beijassem seus pés. Além disso, tomou sete mulheres como esposas, sendo uma delas a rainha Isabel.

Em 1838, a rainha Isabel, juntamente com inúmeros adeptos, foi degolada para apressar a restauração do Reino Encantado. Na mesma ocasão sacrificaram-se 14 cães que voltariam à vida transformados em dragões protetores da comunidade de fiéis.

Esses fatos provocaram a reação de Pedro Antônio dos Santos, irmão da rainha Isabel, que conseguiu convencer a todos da necessidade de ser João Ferreira dos Santos sacrificado. Assim foi feito e Pedro Antônio proclamou-se rei.

Contudo, os grandes proprietários, a Igreja católica e a Guarda Nacional sentiam-se ameaçados pelo crescimento do Reino Encantado, sobretudo pelo risco de faltarem braços para o trabalho.

Em conseqüência, Francisco do Rego Barros, que governava a província, enviou uma expedição comandada pelo major José Pereira da Silva com a missão de exterminar aquele foco de rebeldia e fanatismo. Era o ano de 1838 quando ocorreu o massacre, do qual poucos conseguiram escapar. Mulheres e crianças sobreviventes foram entregues às autoridades judiciárias.

Seguiram-se dez anos até que Pernambuco fosse novamente palco de uma luta por uma sociedade mais justa: a Praieira.

C) GRÃO-PARÁ: DA INSUBORDINAÇÃO MILITAR À CABANAGEM

A província do Grão-Pará apresentava aparente calma, embora existissem antigos problemas e graves contradições.

Assim é que cada vez mais aumentava o antagonismo entre brasileiros e portugueses, o que se intensificou após a abdicação do primeiro imperador.

Existia ainda o conflito latente entre a minoria proprietária dos meios de produção e a grande maioria de homens livres e de escravos.

> "A classe dos libertos se formou ao longo do processo histórico. Produto da destribalização do índio e da mistura deste com a classe pobre gerada pelo modelo social do colonizador, constituída de camponeses sem terras e habitantes das cabanas miseráveis localizadas na periferia dos centros urbanos, esse produto compõe a presença dominante na Amazônia, a dos chamados *caboclos*, que não chega a ser uma definição étnica, mas social.

> (...) A escravidão negra se concentrou principalmente na lavoura da cana-de-açúcar e no criatório. Mas o negro formou ainda parcela considerável da população nas cidades, exercendo atividades muito diversificadas, como domésticos, artistas, negros de ganho ou negros de aluguel." (SALLES, VICENTE, *Memorial da Cabanagem*, Belém, Edições CEJUP, 1992, págs. 59 e 63.)

Em janeiro de 1831, em Belém, foi fundada a primeira loja maçônica, denominada de *Tolerância*. Seguiu-se a *Sociedade União* aglutinando brasileiros e portugueses caramurus.

Para combater esta última, o cônego João Batista Gonçalves Campos, jornalista e líder popular mais conhecido como Batista Campos, criou a *Sociedade Patriótica, Instrutiva e Filantrópica*, que se afirmava liberal, patriota, exaltada e constitucional.

Dois anos depois, organizou-se a *Sociedade das Novas Amazonas*, também conhecida como *Iluminadas*, integrada apenas por mulheres que se propunham a defender a liberdade e o Brasil.

> "Defender a liberdade, / É das Amazonas guerreiras, / Pela pátria morreremos / Nas falanges brasileiras."

Os versos anteriores — citados por Vicente Salles, *op.cit.*, pág. 49 —, são parte do hino das Amazonas, no qual se evidencia o sentido patriótico.

Em 2 de junho de 1831, rebentou um motim militar em Belém. Indagados da razão da sedição, responderam os sublevados que

> "deporiam as armas e se recolheriam ao quartel, se lhes fossem pagos os seus soldos atrasados, dando-se-lhes anistia por escrito, reunindo-se a Câmara Municipal e demitindo-se as autoridades." (RAIOL, DOMINGOS ANTÔNIO, *Motins políticos — Ou História dos principais acontecimentos políticos da província do Pará desde o ano de 1821 até 1835*, Belém, Universidade Federal do Pará, 1970, 1º volume, pág. 159.)

A reação do governo foi fulminante: atacados, os rebeldes se submeteram, havendo mortos e feridos no embate.

No mesmo ano chegou Bernardo Lobo de Sousa, visconde de Goiana, para governar a província. Conhecido por suas posições liberais, teve contra si a oposição dos Caramurus.

Em agosto de 1831, ocorreu a denominada Agostada, promovida pelos Caramurus, que depuseram o visconde de Goiana, entregaram o governo a Marcelino José Cardoso e prenderam muitos adversários políticos, dentre os quais o cônego Batista Campos.

Contudo, a ordem logo foi restabelecida com a nomeação de novo governante para a província, sendo processados e presos muitos dos sediciosos Caramurus.

O antagonismo entre restauradores e liberais crescia, sucedendo-se conflitos de rua, inclusive por diferenças de vestuário: os primeiros usavam roupa de cor encarnada, ao passo que os segundos preferiam a cor azul-clara.

Pouco efeito causou a anistia dada pelo governo, em outubro de 1833, a todos os envolvidos em rebeliões político-militares.

A prisão de Eduardo Francisco Nogueira, líder popular ligado à facção do cônego Batista Campos, acirrou ainda mais os ânimos. Sua coragem na luta contra os caramurus valeu-lhe o apelido de *Angelim*, nome de uma madeira forte e rija do Pará.

A boataria corria solta na província. Em dezembro de 1834, Batista Campos cortou-se quando fazia a barba. Seu ferimento gangrenou, o que motivou sua morte. Contudo, esta foi atribuída aos governantes civil e militar do Grão-Pará: Bernardo Lobo de Sousa e o tenente-coronel Joaquim José da Silva Santiago. Tudo se complicou com a noticia do assassinato de Manuel Vinagre, pequeno proprietário, e a prisão do tenente-coronel Félix Antônio Clemente Malcher, grande proprietário rural, com o incêndio da sua fazenda, levando seus parentes e amigos a jurarem vingar-se dos autores destas violências.

"Nos primeiros dias de janeiro já se notava na cidade inúmeras pessoas desconhecidas que, pelo andar e pelos trajes, mostravam ser homens do campo. Vindos dos distritos mais próximos da capital, se iam aquartelando em várias localidades. Nas imediações da cidade, no meio do mato de Cacoalinho (...) acha

> va-se reunido um grupo de Guardas Nacionais (...) sob o comando de Antônio Vinagre e seu irmão Francisco Pedro Vinagre.
>
> "Na estrada de Nazaré (...) o crioulo liberto geralmente conhecido pelo nome de Patriota, reunia a plebe e a predispunha para a revolta. No fim da Rua de Pedreira, no ponto chamado Bacuri, também se faziam reuniões de noite, servindo de pretexto a festa de São Tomé, que todos os anos ali solenizavam desde o dia de Natal até o de Reis (...)" (RAIOL, DOMINGOS ANTÔNIO, *op.cit.*, 2º volume, pág. 542.)

Devemos assinalar que Antônio e Francisco Pedro Vinagre eram irmãos de Manuel Vinagre, assassinado pouco antes.

Foi então que explodiu uma das mais violentas e prolongadas lutas populares na sociedade brasileira, com participação intensa de negros, mulatos, índios e brancos miseráveis. Uma população marginalizada que lutou lado a lado e, por vezes, contra segmentos discriminados politicamente, obrigados a viver refugiados no interior ou nas suas fazendas. Seus integrantes identificavam-se pelo uso de distintivos vermelhos. Embora não tivessem um projeto bem definido, os cubanos defendiam o fim do trabalho obrigatório dos indígenas, a distribuição de terras, e a libertação dos escravos que lutassem pelo movimento.

Nessa conjuntura de rivalidades políticas, de contradições de classes, de mortes não apuradas, de transgressões da ordem, na madrugada de 7 de janeiro de 1835, os revoltosos tomaram quartéis, guarneceram pontos-chaves de Belém e mataram o comandante das Armas, coronel Silva Santiago, e Bernardo Lobo Santiago, que governava a província.

Pouco depois, no Largo do Palácio, entregaram o poder a Félix Antônio Clemente Malcher, o primeiro governante cabano do Grão-Pará, na oportunidade lendo-se que

> "se desse conta do ocorrido à Regência, pedindo-lhe que nomeasse mais Presidente para esta Província até que S.M.I. o senhor D. Pedro II chegasse à idade marcada pela Constituição para dirigir as rédeas do governo do Império (...)" (RAIOL, DOMINGOS ANTÔNIO, *op.cit.*, 2º volume, pág. 550.) O documento era assinado por militares, eclesiásticos, juízes e deputados.

Para comandante das Armas, Malcher nomeou Francisco Pedro Vinagre, com quem logo entrou em conflito. No mês seguinte — fevereiro —, ao tentar demitir e prender Francisco Pedro, este acabou sendo protegido por Eduardo Angelim, outro líder popular.

Começava a disputa do poder pelos líderes das várias facções políticas existentes. Despreparado para exercer o governo e cometendo arbitrariedades, Malcher sofreu violentos ataques de jornais paraenses, atribuindo os mesmos a Angelim e a seus irmãos, bem como aos irmãos Vinagre, que mandou prender.

Essa determinação foi a perdição de Malcher.

Novamente explodiu o movimento popular pelas ruas de Belém.

> "Travou-se combate entre as duas forças. Malcher ficou sitiado no Castelo, desbaratados nas ruas os seus soldados. Asilando-se em um dos navios da esquadra [fundeada no porto], ordenou o bombardeio da cidade, no que foi obedecido. Na manhã do dia 21 [de janeiro de 1835], grande parte da força do Castelo ou se passara para Vinagre ou desertara." (BUARQUE DE HOLANDA, SÉRGIO, *op.cit.*, pág. 115.)

Enfraquecido, Malcher acabou se rendendo, sendo também assassinado.

Decidiu-se que Francisco Pedro Vinagre acumularia as funções de comandante das Armas e de presidente da província até a chegada de elementos nomeados pela Regência. Esta, aliás, enfrentava a Revolução Farroupilha, no Sul; a Cabanada, em Pernambuco; e via com temor a Revolta dos Malês, na Bahia.

Para impedir que a Cabanagem se alastrasse pelo interior e se fortalecesse em Belém, a Regência nomeou o marechal-de-campo Manoel Jorge Rodrigues para o cargo de presidente da província. Precedendo a chegada dessa autoridade, o segundo presidente cabano teve de enfrentar a ameaça de navios de guerra da França exigindo satisfações pela invasão do consulado francês durante os tumultos do governo Malcher.

Contornado o problema, Vinagre procurou pacificar os ânimos e se fortalecer. Pôs em dia o soldo da tropa, reintegrou os funcionários anteriormente demitidos, nomeou seu irmão Antônio Vinagre para comandante da Guarda Nacional, reorganizou o Corpo de Municipais Permanentes, além de outras providências.

Contudo, a instabilidade continuava. A Câmara Municipal de Belém considerou ilegal a sua presença à testa do governo. Conflitos explodiram no interior da província.

Aliás

> "a Cabanagem deixou essa contradição: foi forjada na cidade, explodiu nos campos. Foi o epílogo de inúmeras agitações urbanas, com reflexos inevitáveis nos meios rurais. Como forma de luta armada, a liderança absoluta esteve sempre com os sertanejos (...) E quando a luta política foi ultrapassada por uma forma superior de luta, a armada, os sertanejos, a massa de caboclos, atenderam o apelo das armas. A inépcia administrativa de Lobo de Sousa fez surgir imprevistamente (...) Clemente Malcher (...) Conduzido ao poder, foi logo eliminado. Os sucessores, Vinagre e Angelim, eram pequenos lavradores. No poder, revelaram as mesmas fraquezas, vacilações, individualismos e tendências despóticas.
>
> "A Cabanagem foi enfraquecida inevitavelmente por esses chefes, no exercício do poder. Eles romperam com os ideais da rebelião. Tornaram rígidas e insuportáveis as relações com a massa. Desesperaram-na afinal." (SALLES, VICENTE, *op. cit.*, págs. 132 e 133.)

A agitação continuava no governo de Vinagre, para isso contribuindo a ida de uma força naval procedente do Maranhão e com ordens de bombardear Belém, caso necessário. Uma tentativa de desembarque das forças legais fracassou.

Entrementes, chegara a Belém o marechal-de-campo Manoel Jorge Rodrigues, logo empossado no governo em 25 de julho de 1835. Mas logo ressurgiram incidentes, culminando com a prisão de Francisco Vinagre e a ordem de punição a outros chefes cabanos.

Sob a liderança de Eduardo Angelim, os rebeldes retomaram Belém, e Manoel Jorge refugiou-se a bordo de navios legalistas.

Eduardo Angelim foi então empossado presidente da província, o terceiro colocado no poder pelos cabanos.

Aliás, os rebeldes obtiveram seguidas vitórias sobre as forças legalistas, ainda que Antônio Vinagre morresse em combate. A luta alastrou-se pelo interior, cidades e vilas sendo conquistadas pelos cabanos. Na oportunidade, justiçavam comerciantes e proprietários, muitos deles *adotivos*, como eram chamados os portugueses considerados brasileiros.

Diante do controle da província pelos rebeldes, a Regência nomeou Francisco José de Sousa Soares Andréia para restaurar a ordem legal no Grão-Pará. Conhecido por suas atitudes violentas e acusado de ligações suspeitas com os Caramurus, o marechal Andréia, em abril de 1836, conseguiu reconquistar Belém.

> "Encontrou na cidade somente mulheres e a guarnição que Eduardo Angelim deixara; não excedia de duzentos homens. Ordenou que destes fossem presos os intitulados oficiais, e alistados os demais como recrutas.
>
> "(...) A cidade despovoada apresentava por toda a parte um aspecto sombrio e contristador. Os rebeldes se tinham descuidado inteiramente da limpeza pública. As ervas e arbustos invadiam as ruas, as praças e as estradas. As valas nem mais davam esgoto às águas (...) Reconheceu-se então o grande estrago causado pela artilharia dos navios de guerra durante os nove dias de fogo no mês de agosto. As casas estavam abertas e em estado de ruínas, com raras exceções; umas, quase demolidas, outras destelhadas e esburacadas ameaçavam desabar, não tendo muitas nem portas nem janelas (...)" (RAIOL, DOMINGOS ANTÔNIO, *op.cit.*, 3º volume, págs. 965 e 966.)

Angelim havia proposto a suspensão das hostilidades em troca da anistia dos rebeldes. Andréia, que fora acompanhado de poderosa força naval, recusou, embora o interior continuasse em poder dos cabanos. Valendo-se das florestas e da extensa rede fluvial, os cabanos resistiam mediante a tática da guerrilha.

O governo regencial autorizou a suspensão dos direitos constitucionais por seis meses, dissolveu os batalhões de Guardas Nacionais, permitiu que sentenças sumárias fossem aplicadas a qualquer um acusado de crime cometido após janeiro de 1835 e outras medidas repressivas.

Mesmo com a prisão de Eduardo Angelim e de Francisco Vinagre, a resistência dos cabanos prosseguiu.

> "Na zona rural, além do cafuz Hilário do Itapicuru e do tapuio Vicente, os mulatos irmãos Eusébio e Benedito, do Acará, deram grande apoio ao comando geral da rebelião." (SALLES, VICENTE, *op.cit.*, pág. 132.)

Também se destacaram o negro liberto conhecido como *Patriota*, o escravo Francisco de Oliveira Cipião, o aprendiz de sapateiro José Manoel Pereira Feio, os negros Antônio Pereira Guimarães — apelidado de *Gigante Maquedum* — e João do Espírito Santo, chamado de *Diamante*, e muitos outros.

Contudo, a violenta repressão, o aumento das forças militares — reforçadas com a utilização de contingentes estrangeiros e de tropas enviadas de Pernambuco e do Ceará — e a divisão dos rebeldes resultaram no esmagamento dos cabanos. Finalmente, em 25 de março de 1840, rendeu-se Gonçalves Jorge de Magalhães, último líder guerrilheiro.

Terminava, assim, a "guerra dos sem terra contra os proprietários", como afirmou Heinrich Handelmann, em sua *História do Brasil*, Rio de Janeiro, Instituto Histórico e Geográfico Brasileiro, 2º volume, pág. 315. Realmente, é fora de dúvida que a Cabanagem foi uma verdadeira luta de classes. Ainda que elementos de classes urbanas tivessem começado o movimento, foram os libertos e escravos, mulatos, negros e índios, a princípio aliados às classes médias urbanas, que se levantaram contra a política elitista das oligarquias rurais.

Sem dúvida foi a mais séria guerra civil ocorrida na sociedade brasileira no século XIX!

E quanto custou?

> "Consta aproximadamente a mortandade dos rebeldes que pereceram nos navios de guerra, nas prisões, nos hospitais e nos

> conflitos, mas é inteiramente desconhecida a que teve lugar em maior escala pelo centro da província, nas correrias das expedições e longe das vistas do governo. Os seus autores nunca a divulgaram; antes pelo contrário, a ocultaram sempre (...)
>
> "Calculamos que mais de trinta mil homens foram imolados ao furor da demagogia e à reação dos emissários do governo (...) A mortandade foi geral e na maior parte ignorada. Chegadas as coisas a este ponto, tornava-se indispensável a anistia (...)" (RAIOL, DOMINGOS ANTÔNIO, *op. cit.*, volume 3, págs. 1.000 e 1.001.)

E assim ocorreu, em pleno Segundo Reinado, quando o decreto de 22 de agosto de 1840 anistiou todos os que no Império estavam envolvidos em crimes políticos!

D) AS RUSGAS DE MATO GROSSO (1834)

As chamadas *Rusgas*, denominação usada por um movimento popular ocorrido na província de Mato Grosso, não constituíram um fato isolado, mas refletiram, embora de certa maneira distante, o agravamento do antagonismo entre brasileiros e portugueses após a abdicação de D. Pedro I.

Como se sabe, a expressão *rusga* significa desordem, confusão e desentendimento. E foi isso que, na realidade, aconteceu em Cuiabá, em Miranda e na Vila de Diamantino.

Em outras províncias a rivalidade entre portugueses e brasileiros também resultou em conflitos mais ou menos violentos e prolongados.

Desde o século XVIII a coroa portuguesa passara a usar a palavra *colono* para distinguir os brasileiros dos portugueses ou reinóis. Com a Constituição de 1824, no entanto, o Artigo 6º estatuiu que seriam cidadãos brasileiros "todos os nascidos em Portugal e suas possessões que, sendo já residentes no Brasil na época em que se proclamou a independência nas Províncias, onde habitavam (...)".

Em Mato Grosso, os adotivos, portugueses considerados brasileiros, também eram chamados de *Bicudos* e *Pés-de-Chumbo*, denominações usadas com sentido pejorativo.

Bicudo é um peixe voraz cuja boca se prolonga como um bico. Era uma alusão ao caráter destruidor e ambicioso dos portugueses no Brasil, ávidos por ganhar muito dinheiro. A denominação também era empregada em Minas Gerais e na Amazônia.

Já pés-de-chumbo significa aquele que anda lentamente. A utilização da palavra tinha a conotação de pessoa lerda, tola, estúpida.

Em Cuiabá, eram os portugueses que dominavam o comércio local, o que lhes permitia fixar o preço de venda das mercadorias segundo seus interesses. Em Miranda e outras localidades mato-grossenses ocorria monopólio semelhante com implicações iguais.

Em agosto de 1833, o cirurgião Antônio Luís Patrício da Silva Manso fundou, em Cuiabá, a *Sociedade dos Zelosos da Independência* reunindo nacionalistas exaltados, contrários ao absolutismo, à volta de D. Pedro I e aos portugueses. Foi essa instituição, então presidida por seu fundador, quem coordenou a Rusga em Cuiabá.

A sucessão de incidentes de rua refletia a crescente tensão reinante em Mato Grosso.

Em fins de maio de 1834, o governo da província foi confiado ao coronel João Pulpino Caldas.

> "Era a vitória da corrente nacionalista, acusada de tendência republicana. O novo governante trazia uma tradição política que o invulgarizara, realmente, na região: dispunha das simpatias da multidão nativa.
>
> "Seus métodos de ação não lhe asseguravam a confiança dos espíritos moderados." (BUARQUE DE HOLANDA, SÉRGIO, *op. cit.*, pág. 182.)

A inquietação aumentou quando se espalhou o boato de que seriam eliminados os brasileiros natos.

Foi o estopim para que, ao anoitecer de 30 de maio de 1834, a Guarda Nacional, liderada por Bento Franco de Camargo, tomasse o quartel dos Municipais Permanentes.

"O que houve em Cuiabá em 1834 é fácil de descrever. Havia fome, alta de preços de gêneros de primeira necessidade, monopólio do comércio em mãos dos portugueses. O povo, desesperado, naturalmente aproveitando o levante, saqueou as casas de negócios dos adotivos." (MENDONÇA, RUBENS DE, *in: Revista do Instituto Histórico e Geográfico de Mato Grosso.* Cuiabá, 1984, Tomos CXXI e CXXII, Ano LVI, pág. 60.)

A um toque combinado de clarim, dezenas de populares foram às ruas, atacando as moradias e lojas dos comerciantes Pés-de-Chumbo. Houve mortos e feridos.

O governo, sem sucesso, tentou deter a explosão popular reunindo o Conselho da Província, que procurou entrar em entendimento com as lideranças do movimento.

"Propôs o Conselho que se lhes concedesse o prazo de um mês para deixar a Província. O prazo seria de 24 horas, responderam. Sem força para impor-se, contemporizando, cedendo, talvez procurando ganhar tempo, acusados mais tarde de acumpliciados, em maioria, com o motim, os Conselheiros e Pulpino não contiveram a desordem (...) Escravos denunciavam os esconderijos dos senhores. Escoltas vasculhavam casas e propriedades rurais, procurando adotivos. Procedia-se a verdadeira caçada. Descera sobre a Província uma onda de pavor." (BUARQUE DE HOLANDA, SÉRGIO, *op.cit.*, págs. 182 e 183.)

Em junho e agosto, motim semelhante ocorreu na Vila de Nossa Senhora da Conceição do Alto-Paraguai de Diamantino. Em setembro, repetiu-se em Miranda.

No decorrer desses distúrbios chegou Antônio Pedro de Alencastro para governar Mato Grosso, cabendo-lhe restaurar a ordem mediante terrível repressão.

Foram condenados à forca, em 24 de junho de 1835, Manoel Ciríaco, José Ferreira da Silva, Vitoriano Gomes e Francisco Pereira do Nascimento.

Joaquim Leite Pereira, Antônio da Silva Pamplona e Joaquim José de Santana receberam a pena de galé perpétua. Antônio Euzébio e Geraldo Justino, acusados de saquear residências e lojas, tiveram como castigo quatro anos de prisão e pagamento de multa equivalente a 20% do valor dos saques feitos em Cuiabá.

Houve ainda outros líderes presos, como o doutor Pascoal Domingos de Miranda, juiz de Direito; Brás Pereira Mendes, professor de Lógica; José Jacinto de Carvalho, promotor público; Bento Franco de Camargo, Manoel do Nascimento Moreira e Antônio Luís Patrício da Silva Manso, apelidado de *O Tigre de Cuiabá*, que acabou assassinado quando morava em Campinas (1848).

Assim como outras manifestações populares, as Rusgas também terminaram com o esmagamento das lideranças populares.

E) A SABINADA (1837-1838)

Desde os primórdios do Período Regencial, na província da Bahia, como ocorria em muitas outras, havia se intensificado o sentimento contra os portugueses, mesmo porque as guerras de independência foram extremamente violentas.

Sucederam-se conflitos e distúrbios, os chamados *Mata-Marotos*. Maroto era a denominação pejorativa dada aos portugueses, sobretudo na Bahia. A alcunha de maroto era empregada como sinônimo de tratante, velhaco, patife.

Exigia-se até a deportação dos portugueses que viviam na província. Não se levou em conta que o Artigo 6º da Constituição de 1824 considerava cidadão brasileiro "todos os nascidos em Portugal e suas possessões que, sendo já residentes no Brasil na época em que se proclamou a independência (...)".

A existência de civis e militares de tendências republicanas e liberais constituía outro elemento perturbador da ordem monárquica existente. Desde 1822 e 1825, o Terceiro Batalhão de Linha havia se revoltado e fuzilado o comandante das Armas. A repressão imperial resultou no fuzilamento do tenente Gaspar Lopes Villas-Boas e do major Joaquim Sátyro da Cunha, herói das lutas pela Independência. O movimento conhecido como *Levante dos Periquitos*, possivelmente seria um desdobramento da Confederação do Equador.

Nos anos de 1829, 1830 e 1831 multiplicaram-se os conflitos entre brasileiros e portugueses. Os mais graves ocorreram em 1831.

> "A 4 de abril oficiais brasileiros sublevaram a Fortaleza do Barbalho e destituíram o Governador das Armas (...) que era português (...) Gritava-se pelas ruas: *Mata-Maroto!*
>
> (...) Esses incidentes evoluíram do simples *antilusitanismo* para críticas mais diretas ao regime monárquico constitucional unitário. E já em outubro de 1831 circulava a palavra *Federação*, que definia uma velha tendência para a união das províncias com o governo central, mas em regime *federativo*, que lhes permitisse autonomia no Executivo, no Legislativo e no Judiciário." (TAVARES, LUIZ HENRIQUE DIAS, *op. cit.*, págs. 144 e145.)

Já nos anos de 1832 e 1833 explodiu a *Revolta dos Guanais* ou *Revolta Federalista*, liderada por Bernardo Miguel Guanais Mineiro. Este era comerciante, juiz de paz e capitão das milícias, tendo se apoderado do Arraial de São Félix e da Vila da Cachoeira.

Contando com o apoio de grandes proprietários, propôs fosse proclamada a Federação da Província da Bahia. Nomeou-se até um governo provisório separado do governo da Província acusado, juntamente com os portugueses e com o governo do Rio de Janeiro, de ser opressor.

Contra os rebeldes, enviou-se o Exército Harmonizador, sendo presos os principais líderes, inclusive Guanais, todos enviados para o Forte do Mar.

Os federalistas foram derrotados, mas não desistiram. Em 26 de abril de 1833 conseguiram dominar o Forte do Mar. Logo hastearam uma bandeira com duas listras azuis e uma branca e ameaçaram bombardear Salvador, na hipótese de não ser discutido o projeto de uma federação.

A sucessão desses levantes vinha sendo quase que simultânea a revoltas de escravos negros, com clara influência da independência do Haiti. A instabilidade se agravava na medida em que havia a ameaça de incursões de corsários argentinos. A tudo isso somava-se o combate a indígenas não submetidos, além de repressão a desordeiros conhecidos como *Mucunans*.

A atuação das lojas maçônicas era intensa e provavelmente estariam envolvidas na fuga de Bento Gonçalves, líder dos Farrapos.

> "Quem sabe se devido à preeminência de Bento Gonçalves, havia já entre os contemporâneos uma tendência a dar demasiado peso à sua participação no rompimento da Sabinada. Segundo o chefe de polícia de Salvador na época, os 'planos de revolta' teriam sido deixados por ele. (...) Os indícios do levante próximo se avolumavam. A freqüência das reuniões já não tão secretas dos 'clubes' revolucionários, a linguagem desassombrada do *Novo Diário da Bahia*, a pregação corrente entre os soldados — tudo concorria para tornar a intenção de rebelião quase que pública. Os prenúncios tornavam-se anúncios." (SOUZA, PAULO CESAR, *A Sabinada: a revolta separatista da Bahia (1837)*, São Paulo, Editora Brasiliense, 1987, págs. 26 e 27.)

O presidente da província, Francisco de Sousa Paraíso, vinha sendo alertado das proclamações apoiando as rebeliões que ocorriam no Rio Grande do Sul e no Pará, de manifestações contrárias ao envio de tropas para "derramar o sangue de seus irmãos republicanos do Sul".

Finalmente, em 7 de novembro de 1837, a guarnição do Forte de São Pedro se sublevou. Outras guarnições militares de Salvador aderiram. Diante disso, as principais autoridades provinciais buscaram refúgio em navios surtos no porto ou fugiram para Santo Amaro e São Francisco, no Recôncavo.

A Câmara Municipal reuniu-se e, mediante sete artigos, colocou a província "inteira e perfeitamente desligada do governo denominado Central do Rio de Janeiro", proclamou-se "Estado livre e independente". Determinou a organização de uma Assembléia Constituinte e nomeou presidente Inocêncio da Rocha Galvão. Este encontrava-se exilado nos Estados Unidos e, por isso, foi substituído pelo vice-presidente João Carneiro da Silva Rego.

O cirurgião Francisco Sabino Álvares da Rocha Vieira, indicado como secretário de Governo, era, na verdade, o líder da revolta. Afinal, fora ele um dos que prepararam o movimento, um dos que sublevaram o Forte de São Pedro e o principal redator do *Manifesto à Nação*. Daí a denominação de Sabinada aplicada à revolta, tal a atuação do doutor Sabino.

Outros artigos estabeleciam a promoção de militares que haviam aderido e a elevação do soldo da tropa de linha.

Em outra Assembléia posteriormente reunida, aprovou-se que

> "a separação do Estado [*sic*] seria apenas até a maioridade de 18 anos de Sua Majestade o Imperador D. Pedro II, conforme o Artigo 121 da Constituição do Império." (SOUZA, PAULO CESAR, *op.cit.*, pág. 35.)

No entender de diversos historiadores, a referida declaração representava um recuo suicida e definidor do projeto dos revoltosos. Concluem, inclusive, que a mesma comprovava não ter conteúdo republicano.

Tentativas de irradiação do movimento resultaram infrutíferas, e Salvador se viu isolada, contando com as próprias forças. E, assim mesmo, divididas, porque participantes da Sabinada defenderam a abolição do trabalho escravo.

No Recôncavo, os grandes proprietários de terras e de escravos, dispondo de amplos recursos — financeiros, em armas, munições e homens —, prepararam a reação. O comando das tropas foi entregue ao marechal-de-campo Alexandre Gomes de Argolo Ferrão.

Reforços militares partiram de Pernambuco, e para comandante supremo das operações militares a Regência enviou o marechal-de-campo João Crisóstomo Calado.

Além disso, navios de guerra completavam o cerco por mar, patrulhando a barra da baía de Todos os Santos.

Nos combates entre Raposas e Perus — denominações dadas, respectivamente, a rebeldes e legalistas — as tropas governamentais conheceram seguidos sucessos e, em março de 1838, tomaram Salvador, onde cerca de 160 prédios foram consumidos pelas chamas ateadas pelos soldados do Exército Pacificador (?).

A repressão foi violenta. "Até novembro de 1838, 1.820 presos partiram da Bahia: 1.520 para o Rio de Janeiro, 100 para o Pará e 200 para Fernando de Noronha." (SOUZA, PAULO CESAR, *op. cit.*, págs 112 e 113.) Dos enviados a Fernando de Noronha, dez morreram durante a viagem devido às condições subumanas a que foram impostos. Os sobreviventes ficaram submetidos a trabalhos forçados.

Um Conselho de Guerra condenou à morte seis dos militares acusados, e oito receberam a pena de 20 anos de reclusão ou de prisão perpétua.

Quanto aos implicados civis, 57 foram indiciados, vários sendo condenados à morte, como o doutor Sabino. Mas a sentença foi comutada para o degredo em Goiás e, posteriormente, em Mato Grosso, onde ele morreu em circunstâncias não esclarecidas. Tinha apenas 50 anos.

> "O último escrito registrado de Sabino não é um editorial político, mas uma pequena quadra amorosa:
>
> "Na minha pobre cabana / Bem juntinho de meu bem / Desfrutando em paz serena / As delícias que o amor tem."
> (SOUZA, PAULO CESAR, *op. cit.*, pág.127.)

Não parece uma antecipação de outra declaração afirmando que "Es preciso endurecer siempre, sin perder la ternura jamás"?

Com a maioridade de D. Pedro II decretou-se a anistia política, que não chegou a beneficiar muitos dos envolvidos, na sua grande maioria não pertencentes às classes dominantes. Nessas circunstâncias, torna-se mais clara a violenta reação da classe dos grandes proprietários de terras e de escravos.

F) AS REVOLTAS NO CEARÁ

A província do Ceará também foi convulsionada por movimentos de contestação à ordem existente.

Liderada pelo português Joaquim Pinto Madeira, poderoso e influente coronel da milícia que defendia a restauração de D. Pedro I, era, portanto, um movimento caramuru, de tendências absolutistas. Acrescente-se, ainda, o antagonismo existente entre as oligarquias rurais dominantes em Jardim e no Crato.

> "Contando com o apoio do Vigário Antônio Manoel de Souza, conhecido como o *Padre Benze-Cacete* – a alcunha lhe adveio, segundo afirmam, do fato de, diante da escassez de armas de fogo, ter incentivado os seus correligionários a cortarem cacetes nas matas próximas e, em seguida, benzê-los para sua maior

eficiência (...) possuía ele, também, o apelido de *Padre Penca* 'porque gostava de pedir penca de bananas' — Pinto Madeira, cujos pendores reacionários eram notórios pela sua participação em movimentos anteriores, granjeara vasto número de rancorosos inimigos que, aproveitando a reviravolta política, começaram a hostilizá-lo abertamente, inclusive obtendo decreto regencial a tornar sem efeito sua promoção a Coronel (...)" (BUARQUE DE HOLANDA, SÉRGIO, *op. cit.*, pág. 223.)

Chefe político de Jardim, Pinto Madeira tivera importante papel no Ceará nas rebeliões de 1817 e de 1824, sendo conhecido partidário do Absolutismo. Com a renúncia de D. Pedro I, Pinto Madeira foi acusado pelos liberais de pertencer à *Sociedade Coluna do Trono e do Altar*, o que se comprovou posteriormente.

Em hábil manobra política, Pinto Madeira e o padre Penca conseguiram captar o apoio de inúmeros caboclos e remanescentes da tribo dos índios cariris que viviam marginalizados.

As proclamações de Pinto Madeira e do padre Benze-Cacete levaram populações mais pobres do Cariri a lutar fanaticamente pelo imperador D. Pedro I, que já vivia em Portugal.

A propósito, esse movimento é também chamado de *Revolta do Benze-Cacete.*

Elementos aliciados para lutar contra os liberais dominantes na província após o Sete de Abril foram acusados nos documentos oficiais de indisciplinados e de não obedecerem a nenhuma ordem.

"O governo provincial, integrado pela facção liberal que se opunha aos objetivos políticos da *facção imperialista* [*sic*] da Vila do Jardim, não titubeou em exibir, desde o princípio, manifesta ojeriza a esta última e, até com maior intensidade, aos marginalizados que a acompanharam.

As expressões 'criminosos', 'facínoras', 'celerados', 'ladrões' acometem a todo instante os mesmos marginalizados, retirando-lhes a possibilidade de assomarem em cena como negociadores políticos, *como agentes protagonísticos [sic] de um movimento rebelde de efeitos ponderáveis* para a conjuntura regional, da ação deles dependendo o predomínio do grupo político liberal ou do absolutista no Cariri cearense." (MONTENEGRO, JOÃO ALFREDO DE S., "A revolta de Pinto Madeira no Ceará: participação dos segmentos sociais marginalizados", *in*: ANDRADE, MANOEL CORREIA DE, *Movimentos populares no Nordeste no Período Regencial*, Recife, Editora Massangana, 1989, págs. 33 e 34).

José Mariano de Albuquerque Cavalcanti, então governando a província, enviou tropas contra os rebeldes. Eram comandadas pelo general Pedro Labatut. Muitos dos soldados eram negros vindos do Rio de Janeiro e da Bahia,

> "o que fez a trova popular cantar:
> 'Fecha a porta, / Lá vem Labatut / Com tropas de negros; / Parece urubu." (BUARQUE DE HOLANDA, SÉRGIO, *op. cit.*, pág. 223.)

A trova não escondeu seu teor racista.

Sem muitas dificuldades, as tropas da Regência derrotaram os rebeldes, em 1832, sendo Pinto Madeira aprisionado. Submetido a julgamento, foi condenado a morrer na forca. Considerando a pena infamante, pediu para ser fuzilado.

Foi atendido em sua solicitação (1834).

A província era então governada pelo padre José Martiniano de Alencar que, em nova gestão em 1840, teve de enfrentar outra rebelião. O chamado *Levante de Sobral* (1840) ocorreu em função da exacerbação política de facções. Seu chefe militar foi o tenente-coronel Francisco Xavier Torres, que fracassou em seu intento de tomar o palácio governamental, sinalizando o movimento de convulsão na província.

Já então fora dado o golpe da Maioridade, antecipando o reinado de D. Pedro II.

G) DOS MOTINS CONTRA OS CABANOS À BALAIADA

No Maranhão, a abdicação de D. Pedro I acarretou choques de facções políticas opondo governo e elementos civis e militares exaltados. Foi a denominada Setembrada de 1831. Já vimos que, em Pernambuco, também houve um movimento com a mesma denominação.

Na noite de 12 de setembro, os exaltados nacionalistas conseguiram sublevar o quartel da força de linha, em São Luís.

No dia seguinte, pela manhã, entregaram a Cândido José de Araújo Viana, supremo governante da província, uma representação do povo e da tropa. No documento exigiam a expulsão dos portugueses, inclusive os considerados brasileiros adotivos, porque constituíam uma ameaça à nova ordem estabelecida.

Os governantes eram conservadores, sendo chamados de *Cabanos*, denominação que no Pará, Pernambuco e Alagoas cabia aos oposicionistas devido às cabanas em que viviam. No Maranhão, a denominação visava comparar os conservadores aos rebeldes daquelas outras províncias que as elites consideravam bandidos, desordeiros e facínoras.

Araújo Viana protelou a aplicação dos termos da representação, o que provocou crescente insatisfação da parte dos envolvidos na Setembrada. Quando começou a prisão de militares envolvidos na rebelião, a tropa novamente se revoltou.

> "José Cândido [que havia redigido a representação]. apoiado por Francisco Magno de Abranches e Egídio Launé, pôs-se à frente do movimento. A reação do comandante Feliciano Antônio Falcão, com 80 granadeiros vindos de Caxias, a força da marinha desembarcada dos navios surtos no porto, o corpo de artilharia e a indecisão dos rebeldes fê-lo fracassar." (BUARQUE DE HOLANDA, SÉRGIO, *op. cit.*, pág. 156.)

Seguiu-se a prisão de participantes do motim, mas José Cândido e Launé puderam fugir.

Mas o movimento prosseguiu no interior da província, já então liderado por Antônio João Damasceno. Este acabou morrendo em combate após ter fracassado em seu intento de conquistar a capital da província. Enfraqueciam-se, então, os liberais maranhenses, chamados de *Bem-te-vis* por causa do jornal de mesmo nome — pertencente a Rafael de Carvalho e principal porta-voz da facção no Maranhão.

> "Tanta desordem finalmente chegou ao conhecimento da Corte, impondo providências. No fim de contas, os partidários do Sete de Abril é que estavam sendo violentos (...) Em São Luís, o Conselho Provincial, à invectiva da maioria do povo, que exigira paz e liberdade, enviou à Regência um memorial advogando anistia." (BUARQUE DE HOLANDA, SÉRGIO, *op.cit.*, pág. 157.)

Providências foram tomadas a partir de 1832, mas o poder continuou nas mãos dos Cabanos. Estes prosseguiram com suas práticas arbitrárias contra os vencidos Bem-te-vis.

A aprovação da Lei dos Prefeitos, em julho de 1838, anunciou o aumento da repressão.

Por quê?

Porque atribuía-se a prefeitos, subprefeitos e comissários de polícia imensos poderes. Praticamente poderiam dispor dos bens e das vidas dos habitantes colocados sob sua jurisdição. E nas mãos de governantes partidários e arbitrários representava terrível instrumental legal para reprimir adversários políticos a ferro e fogo.

Acrescente-se ainda a prática do recrutamento militar forçado, adotada desde a Época Colonial e intensificada durante as Regências a fim de esmagar os movimentos de contestação que se alastravam pelo país. Na prática, o recrutamento atingia basicamente as camadas populares e contribuía para aumentar a inquietação social.

> "O recrutamento tornou-se uma constante ameaça e pesadelo para grande parte dos brasileiros, provocando pânico e terror. Recrutava-se indistintamente a qualquer hora do dia e da noite, nas residências, embarcações, escolas etc., casados, velhos ou jovens, sem procederem editais para o alistamento. Eram verda-

> deiros seqüestros. Ser recrutado significava, além da separação da família e da terra natal, o envio para tropas de outras Províncias. Os recrutados eram tratados como prisioneiros e mantidos sob rigorosa vigilância nas cadeias ou embarcações até chegarem ao destino. Eram torturados e amarrados com cordas e grilhões de ferro." (DIAS, CLAUDETE MARIA MIRANDA — *Balaios e Bem-te-vis: a guerrilha sertaneja*, Teresina, Fundação Cultural Monsenhor Chaves, 1996, pág. 92.)

Esse quadro de tensões e contradições sociais e políticas se complicava pela existência de incontável número de marginalizados. Milhares deles eram negros fugidos à escravidão e vivendo aquilombados nas matas, de onde freqüentemente saíam para pilhar as grandes propriedades vizinhas.

Havia ainda a camada social formada por barqueiros, artesaos, boiadeiros, marinheiros das embarcações fluviais, lavradores e outros trabalhadores livres das grandes propriedades e muitos outros com ocupações ocasionais.

Isto sem esquecer que

> "pelos sertões perambulavam os ex-combatentes da Independência, com o gosto da liberdade na alma, os escravos promovidos a 'soldados', temidos e respeitados, compelidos agora a regressar à situação anterior de *peças do eito e do engenho*. Gente que, envolvida na luta, distanciara-se de suas terras, e não podia, ou não queria, voltar, fosse porque, depois de tantos acontecimentos, olhos de tantas vistas, braços de tantos feitos, pesava-lhe a idéia de retorno à monotonia da rotina quotidiana, fosse pela frustração da prometida mudança, da sonhada felicidade diferente com a que lhe acenara a Independência. Outros, aventureiros avessos à disciplina militar, ou exercendo-a a seu modo e entendimento, recrutados ao interior e tornados soldados da fortuna, viam-se, terminada a campanha, mercenários sem clientes, mas dispostos a continuar, e continuariam, engajando-se nos movimentos de 24 e 31." (LIMA, CARLOS DE, *op. cit.*, pág. 134.)

Essa massa da população queria se livrar da opressão dos grandes proprietários de terras e de escravos. Muitos desses elementos haviam combatido em guerrilhas.

A capitania do Maranhão tinha dentro de si "elementos combustíveis para a mais terrrível explosão", como advertia o governador Bernardo da Silveira Pinto da Fonseca, em 1819, segundo Carlos de Lima, *op. cit.*, pág. 135.

Uma faísca bastaria para fazer explodir a luta dos muitos que não tinham contra os poucos que tinham.

E tudo começou com um pequeno incidente em 1838. Era o mês de dezembro. Raimundo Gomes Vieira Jutaí, vaqueiro, mulato e por isso conhecido como *Cara Preta*, pertencia à facção bem-te-vi.

Na vila da Manga, liderou um grupo de vaqueiros no assalto à cadeia pública, onde seu irmão estava aprisionado sob a acusação de ter cometido um assassinato. Aproveitou a oportunidade para também libertar os demais presos ali recolhidos, por determinação de autoridades dos cabanos, para cumprir o serviço militar.

As autoridades provinciais ficaram preocupadas, inclusive porque a guarnição de soldados nem reagiu; pelo contrário, aderiu aos rebeldes. Além do mais, o grupo vitorioso acabou dominando a Vila da Manga.

> "Consta-nos que há poucos dias uma partida de proletários (ao muito 15 homens) atacou o quartel do destacamento da Vila da Manga, da qual se apossaram por haver ali soldados, roubando depois o armamento, soltando os presos, prendendo o ajudante e fazendo fugir o Sub-Prefeito. Até as últimas notícias ficavam estes homens na Vila; mas, atento ao seu pequeno número, é de crer que sejam facilmente dispersados e presos por um destacamento de 30 homens que saiu em busca deles desta capital (...) Ainda não sabemos ao certo da ocasião e motivos deste ato, posto que vagamente tenhamos ouvido falar em odiosas vexações praticadas ali contra os homens de cor por meio do recrutamento que em alguns pontos tem sido um grande ramo de negócios (...) O desdobramento de uns, a turbulência de outros, a audácia de alguns facinorosos, como, por exemplo, um dos chefes do bando, que nos dizem ser muito conhecido por seus crimes, ajudado

> pelo despotismo das Prefeituras eis o que provavelmente deu causa a essa desagradável ocorrência." (Jornal *Crônica Maranhense*, São Luís, em 25 de dezembro de 1838, *apud.* DIAS, CLAUDETE MARIA MIRANDA, *op. cit.*, pág. 97.)

Sabedor da aproximação de forças militares provinciais, Raimundo e seus vaqueiros retiraram-se para o Piauí e retornaram ao Maranhão onde se difundira um manifesto por ele assinado.

> "Nele explicitava as principais reivindicações que, naquele momento, norteavam a oposição liberal maranhense: defesa da ordem constitucional; respeito às garantias individuais; demissão do Presidente da Província; abolição dos Prefeitos, Subprefeitos e Comissários por terem sido criados de forma anticonstitucional." (DIAS, CLAUDETE MARIA MIRANDA, *op.cit.*, pág. 97.)

Também exigia-se a expulsão dos portugueses da província, abrindo-se exceção aos maiores de 60 anos e aos casados com brasileiras.

Por onde passava, o grupo de vaqueiros recebia adesões, o que lhe assegurou condições de controlar parte da província. Nas cidades e vilas conquistadas, libertava os presos das cadeias públicas.

O movimento foi se alastrando,

> "seus chefes não se assentavam nas camadas politizadas, mas nos grupos humildes da Província. Seus nomes de guerra iam falar por si — Tigre, Raio, Caninana, Corisco, Sete-Estrelas, Tetéu, Cafuso, Mulungueta, Jitirana, Riachinho, Andorinha, Ruivo, Relâmpago. Outros eram o Teixeira, o Silveira, o Coque, o Pedro de Moura, o Violete." (BUARQUE DE HOLANDA, SÉRGIO, *op. cit.*, pág. 160.)

Sucederam-se vitórias dos rebeldes, entre os quais se destacava Manoel Francisco dos Anjos Ferreira, apelidado de *Balaio* porque vivia de fazer e vender balaios. Por sua causa, o movimento acabou sendo conhecido com *Balaiada*. Sua participação decorria da violência de um capitão governista: ele estuprara duas filhas do *Balaio*.

Também se projetou Cosme, ex-escravo evadido da cadeia em São Luís, que se assinaria D. Cosme Bento das Chagas. Era negro e se intitulava *Tutor e Imperador das Liberdades Bem-te-vis*. Sob seu comando, colocaram-se mais de 3.000 escravos negros fugidos. À medida que se evidenciava a participação popular, aumentavam as cisões entre os bem-te-vis. Grandes proprietários, jornalistas e todos os liberais que tivessem bens foram se omitindo e se retirando da luta. Tornava-se claro o sentido profundo da Balaiada:

> "um grande, formidável desabafo, um protesto contra a espoliação, o despotismo e o furto apoiado na 'lei', a luta contra os ricos e a autoridade corrupta, contra a polícia a serviço do Coronel, contra o feitor cruel e subserviente." (LIMA, CARLOS DE, *op. cit.*, pág. 137.)

Essas forças populares chegaram a tomar a cidade de Caxias, onde se organizou uma Junta Provisória com elementos locais qualificados. Para não continuarem a luta, esses elementos exigiram a não punição dos oficiais revoltosos, a expulsão dos portugueses, o pagamento do soldo às tropas populares e uma anistia geral.

A irradiação da rebelião popular pelas províncias do Piauí e do Ceará levou a Regência a enviar contigentes militares do Pará, Pernambuco, Ceará, Piauí, Bahia, Alagoas e Paraíba, além de uma flotilha de guerra. Além do mais, resolveu nomear comandante das Armas, acumulando as funções de supremo governante da província, o coronel Luís Alves de Lima, homem de confiança do regime e filho do ex-Regente Francisco de Lima e Silva.

> "Com 8.000 homens ao seu dispor, ilimitados poderes, assim mesmo só depois de um ano de lutas, conseguiu sufocar a revolta, dando-se o último combate no lugar Calabouço, no Mearim, de onde D. Cosme (...) foi mandado para a forca. Raimundo Gomes, o humilde boiadeiro de Arari, que, sem querer, dera iní-

cio a movimento de tamanha envergadura, tentou, inutilmente uma reação (...) Mas, tudo estava consumado. Condenado ao desterro, em São Paulo, ele morreu na viagem, ignorando a valia do seu gesto e o que ele veio a representar na História do Maranhão. Era janeiro de 1841 (...) Mais de 10.000 homens tinham pegado em armas. Mais uma vez o povo era traído, sacrificado às ambições e vaidades de meia dúzia de políticos. O governo imperial decretou a anistia. Só uns poucos e os mais pequenos pagaram pelo crime de trazer nas veias o grito de liberdade e de serem bastante ignorantes para não saberem fugir às malhas da justiça." (LIMA, CARLOS DE, *op.cit.*, pág. 139.)

H) CONVULSÕES NO PIAUÍ

Antes mesmo da abdicação do primeiro imperador, a província do Piauí era governada pelo brigadeiro Manoel de Sousa Martins, o barão da Parnaíba. Considerado mau administrador, mesmo assim manteve-se no poder até o ano de 1843.

Segundo documentos da época, o barão era descrito como frio, cruel e vingativo, tendo, por isso, inúmeros inimigos, inclusive seu próprio irmão.

Durante seu governo teve de enfrentar cerrada oposição dos adversários, por vezes complicada com tentativas de incursões de elementos revoltados das províncias vizinhas, como o Ceará e o Maranhão, em 1832.

"No primeiro caso, o pronunciamento de Pinto Madeira impediu que contaminasse o Piauí, colocando destacamentos nas fronteiras e remetendo para lutar contra o chefe rebelde uma força de 500 praças, que atuou com êxito na região do Crato. No segundo, foi episódio da explosão maranhense de João Damasceno que procurou atravessar o Parnaíba sendo batido pelas forças piauienses e obrigado a retroceder." (BUARQUE DE HOLANDA, SÉRGIO, *op. cit.*, pág. 169.)

Também no Piauí existia elevado número de vaqueiros, lavradores, praças da polícia e da Guarda Nacional, escravos negros e índios vivendo em condições de pobreza e miserabilidade. Os documentos a eles se referem como homens de cor, o que nos permite deduzir serem eles mestiços e negros. Como em outras províncias, os documentos se referem aos rebeldes como *chusma de insolentes matutos*, *desordeiros*, *quadrilha de danados lobos*, *bandidos*, *facínoras* e outras designações preconceituosas.

Havia, então, um quadro estrutural semelhante ao da província do Maranhão. Além disso, no Piauí, como no Maranhão, existia profunda revolta e inquietação contra a *Lei dos Prefeitos* e o recrutamento militar forçado que atingia preferencialmente as famílias pobres.

A tudo isso somava-se o caráter arbitrário e clientelista do governo de Manoel de Sousa Martins.

> "Oligarca personalista, dirigiu a Província com férreo despotismo (...) A administração do Barão da Parnaíba cristalizava, no Piauí, a dominação absoluta dos grupos oligárquicos de fazendeiros latifundiários sobre uma população indefesa e abandonada, vítima das contradições de um sistema de produção baseado no latifúndio pecuarista. Então poder político e poder econômico eram emanações diretas da posse cada vez mais exclusiva da terra, de tal forma que a estrutura social, política e econômica do Piauí ficava centrada na família patriarcal apoiada na grande propriedade, na escravatura e em uma clientela de *cabras* submissos." (MENDES DE OLIVEIRA, MARIA AMÉLIA FREITAS, "A Balaiada no Piauí." *in:* ANDRADE, MANOEL CORREIA DE, *Movimentos populares no Nordeste no Período Regencial*, *op. cit.*, págs. 17 e 18.)

No Piauí a Balaiada durou de 1839 a 1841. Tendo chegado à província no primeiro semestre de 1839, logo se expandiu, sobretudo nas comunidades localizadas junto ao rio Parnaíba.

Já em 1840, a Balaiada dominava a maior parte do Piauí, tendo Lívio Lopes Castelo Branco e Silva como seu principal líder. Também se destacaram João da Mata Castelo Branco, que era o comandante-em-chefe das forças rebeldes da província, e Manuel Lucas de Aguiar, expoente do movimento em Parnaguá, no extremo sul do Piauí.

> "A Balaiada piauiense difere da maranhense em seus objetivos e causas. Embora ligada no tempo e no espaço à maranhense vai ter no Piauí um desdobramento autônomo e ao mesmo tempo solitário (...). Enquanto no Maranhão os rebeldes são, na sua maioria quase absoluta, saídos da classe baixa, da massa oprimida, no Piauí, ao lado dos anônimos rebeldes, cabras, vaqueiros e agregados miseráveis, lutam fazendeiros abastados, famílias da 'aristocracia rural' (...). Se no Maranhão o elemento negro era mais preponderante, devido às exigências das atividades agrícolas, no Piauí os negros das fazendas não chegam a assumir número tão expressivo. Os negros, mesmo concentrando-se nas fazendas de gado, não constituíam uma população preponderante. Além disso, estavam dispersos, isolados. A participação do escravo negro na rebelião piauiense fica restrita à prestação de serviços a seus senhores nos acampamentos rebeldes. (...) A Balaiada piauiense — caso inédito em nossa História — constituiu-se na cisão das oligarquias a se digladiarem ferozmente, arrastando consigo a multidão de cabras, vaqueiros e agregados transformados em combatentes. E, nesse engajamento, apenas os escravos não participaram diretamente da luta." (MENDES DE OLIVEIRA, MARIA AMÉLIA FREITAS, A Balaiada no Piauí, *in*: ANDRADE, MANUEL CORREIA DE, *op. cit.*, págs. 24 a 26.)

Mesmo assim, o movimento também atingiu outras províncias: Ceará, Bahia, Pernambuco, Goiás, por vezes por grupos rebeldes que tentavam escapar à feroz repressão das forças do governo.

Em meio à luta encarniçada, uma terrível epidemia de tifo e sarampo paralisou as tropas do Exército, mas os rebeldes sofreram derrotas seguidas.

Contudo, os balaios foram reforçados com a adesão de índios guerreiros que viviam nas serras entre o Piauí e o Ceará.

Além disso, pequenos grupos encarregavam-se de ir às fazendas, vilas e povoados buscar o apoio da população. Ainda que violentamente perseguidos pelas autoridades, conseguiam espalhar as idéias do movimento. Recorrendo à tática da guerrilha, conseguiram sustentar uma luta desigual porque não possuíam armamentos e munição em quantidade suficiente para derrotar as tropas do governo.

Contudo, resistia o chamado Exército da Liberdade, sob comando geral de Raimundo Gomes Vieira Jutaí, o *Cara Preta*, ao qual se submetiam as forças bem-te-vis do Maranhão e do Piauí.

Em agosto de 1840, divulgou-se anistia geral a todos que no Brasil haviam pegado em armas contra o governo provincial ou central. Houve muitas defecções entre os balaios. O movimento começou a enfraquecer.

Mesmo assim, o Balaio continuava popular nas duas províncias, como podemos sentir em versos cantados pela população:

> "O Balaio chegou! / O Balaio entrou! / Cadê o branco! / Cadê o branco! / Não há mais! / Não há mais senhor!" (DIAS, CLAUDETE MARIA MIRANDA, *op. cit.*, pág. 132.)

O movimento foi se esvaziando com a retirada, em plena luta, de elementos das oligarquias rurais, como foi o caso de José Pereira da Silva Mascarenhas, possível autor de um documento chamado *Pacto Social*.

A luta prosseguiu através de grupos no interior, liderados por chefes populares, como Sussuarama e Tatajuba.

Contudo, a repressão do governo acabou esmagando a resistência popular. Para atingir este objetivo, guarneceu as fronteiras mediante acampamentos e postos militares. Divulgou proclamações visando influenciar a população convencendo-a que os balaios eram *bandidos* e *monstros de uma anarquia civil*. Solicitou ajuda militar aos governos provinciais vizinhos e central. Reforçou a Guarda Nacional e os Corpos Municipais. Pressionou os grandes proprietários rurais no sentido de abastecer as tropas governamentais, nada recebendo como pagamento dos mantimentos fornecidos. Prendeu e matou uma infinidade de rebeldes.

> "As estatísticas são confusas e incompletas sobre esta questão, mas pode-se estimar entre três e seis mil prisioneiros e mortos". (DIAS, CLAUDETE MARIA MIRANDA, *op. cit.*, pág. 137.)

Torna-se difícil precisar o número exato de rebeldes punidos porque muitos balaios foram enviados para prisões de outras províncias.

Acrescente-se ainda que o supremo comando militar das tropas governistas no Piauí foi entregue a Luís Alves de Lima, o futuro Duque de Caxias, que recebera o governo e o cargo de comandante das Armas no Maranhão.

Finalmente, em abril de 1841, o barão de Parnaíba, que governava a província do Piauí, divulgou manifesto à população anunciando o fim da Balaiada.

Ao mesmo tempo, determinava às forças governamentais "sejam estuporados esses tratantes. Não tenho onde guardá-los". Consumava-se uma verdadeira *paz de cemitério*!

I) A REVOLTA DE OURO PRETO (1833)

A província de Minas Gerais, a exemplo do ocorrido em outras do Império, foi palco de uma convulsão político-militar.

Foi uma revolta promovida pelos Restauradores ou Caramurus.

> "Motivos menores também alimentaram a insatisfação, como o aumento do imposto sobre a aguardente e a proibição de enterramento nas igrejas. Se à frente se encontravam elementos ligados à causa da Restauração, inteiramente sem perspectiva de êxito, o certo é que não levantaram essa bandeira; insistiam apenas em queixas de perseguidos, capitalizando assim os ressentimentos de quantos viviam indispostos com a situação, e manifestavam apoio ao governo central e ao sucessor de D. Pedro I, seu filho ainda menor, 'amado e inocente Imperador', como consta da proclamação de Manuel Soares do Couto." (BUARQUE DE HOLANDA, SÉRGIO, *op. cit.*, pág. 401.)

Os sediciosos tiveram suas fileiras engrossadas pelos elementos descontentes com preterições em postos militares.

A revolta teve como centro a cidade de Ouro Preto, então capital da província. Aproveitando-se da ausência de Manoel Inácio de Melo e

Sousa, então governante de Minas Gerais, os Caramurus, com apoio de militares, consideraram deposto Manoel Inácio e aclamaram Manoel Soares do Couto como governante.

Contudo, Bernardo Pereira de Vasconcelos, deputado e substituto legal do governante deposto, resolveu resistir aos rebeldes a partir de São João del Rei. Contando com o apoio da Regência, que enviou tropas comandadas pelo marechal-de-campo José Maria Pinto Peixoto, somadas às forças da Guarda Nacional e da chamada *milícia cidadã*, os legalistas derrotaram os insurretos, tendo Manoel Inácio de Melo e Sousa reassumido o poder.

Seguiu-se um período de tenaz perseguição aos participantes da rebelião. Muitos militares foram presos.

> "Em clima de terror policialesco, os processos apontavam responsáveis, envolvendo alguns por simples conhecimento dos sediciosos. Nos processos que se conhece, a pena foi extremamente severa, com prisões perpétuas ou por 28 anos, simples ou com agravante de galés. Ante as perseguições, o Governo Regencial teve que interferir (...) pode decretar a anistia em 19 de junho de 1835 (...) encerrando-se o episódio que se tem chamado de *Revolução do Ano da Fumaça*, pelo fato de se ter assinalado em 1833 em quase toda a Província espessa neblina, durante alguns dias, de modo a aterrorizar as pessoas simples." (BUARQUE DE HOLANDA, SÉRGIO, *op. cit.*, pág. 403.)

15.4 . OS EXTREMOS SE TOCAM

A) AS REVOLTAS DOS NEGROS NA BAHIA

Durante a primeira metade do século XIX a Bahia conheceu diversas insurreições de negros escravizados ou livres.

Entre 1807 e 1835 sucederam-se, quase sempre abortadas, revoltas de graves conseqüências.

"Nina Rodrigues divide esses movimentos em *Insurreições dos Haussás* (1807, 1809, 1813 e 1816) e *Insurreições dos Nagôs* (1826, 1827, 1828, 1830 e 1835). Já Pierre Verger as classifica em *Revoltas dos Haussás* (1807 a 1826) e dos *Nagô Malé* (de 1827 a 1835) frisando que o movimento de 1835 é que ficou de fato conhecido como *Revolta dos Malês*. Afrânio Peixoto, por sua vez, fala de revoltas negras na Bahia em 1807, 1808, 1811, 1813, 1814, 1821, 1822 e 1835." (LOPES, NEI, *Bantos, malês e identidades negras*, Rio de Janeiro, Editora Forense Universitária, 1988, pág. 59.)

Como se vê, existe uma série de divergências entre os historiadores.

Inicialmente deve-se considerar que várias revoltas se deram em épocas distintas. Algumas quando a Bahia era uma capitania submetida ao domínio português. Outras foram descobertas durante o Primeiro Reinado. Uma, por fim, aconteceu no Período Regencial.

Essa variação no tempo necessariamente implicou diferentes razões determinando tais movimentos de rebeldia dos negros. Esses rebeldes pertenciam a duas famílias lingüísticas que possuíam culturas peculiares a cada um dos dois grupos: os *bantos*, ou *bantus*, e os *sudaneses*.

Os sudaneses, vindos da antiga Guiné Portuguesa e predominantes na Bahia, compreendiam inúmeros grupos étnicos, destacando-se os haussás — também conhecidos como háuças, haúças, hauçás, háussas e haússas —, mandingas ou malinkes, minas, daomeanos, iorubas ou nagôs, fulas e tapas. Eram genericamente chamados de *malês*, termo ioruba que designa muçulmano ou Islã.

Os bantos, por sua vez, procediam da África Equatorial e Austral — principalmente de Angola, Moçambique e Guiné —, sobressaindo os congos, cabindas, angolas, macuas e angicos.

Esses levantes de negros na Bahia apresentaram características que os diferenciam de outras manifestações da resistência negra à exploração dos brancos. Em geral, a principal reação negra foi o quilombo. Contudo, as insurreições dos negros na Bahia ocorreram em Salvador e na zona agrícola contínua, ou seja, foram movimentos basicamente urbanos.

E como era a Bahia no início do século XIX?

> "Em uma população de 858.000 habitantes havia 524.000 escravos. Isto sem falarmos dos índios, que viviam em um regime de semi-escravidão, e dos 'forros', que tinham uma vida quase idêntica à dos cativos (...) Era uma enorme massa que constituía a base da pirâmide social baiana e cuja efervescência exigia da parte dos senhores de escravos uma vigilância constante e enérgica. Por este motivo a Bahia era fortemente policiada. A força militar de que dispunha a Província, voltada de maneira aguda contra os escravos dos engenhos, das plantações e das cidades, contava com 23.070 homens." (MOURA, CLÓVIS, *op. cit.*, pág. 133.)

A economia baiana baseava-se quase exclusivamente na exportação de produtos agrícolas, os grandes proprietários não admitindo destinar parte de suas terras ao cultivo de mandioca ou qualquer outro gênero alimentar agrícola.

> "A carne era outro gênero caríssimo. Ninguém podia criar o gado em uma distância inferior a dez léguas do litoral. Além disso, o comércio abatedor era monopolizado, o que concorria ainda mais para o encarecimento do preço da carne. A falta de estradas contribuía para dificultar o transporte do gado para o corte em Salvador." (MOURA, CLÓVIS, *op. cit.*, pág. 131.)

Havia grande descontentamento em amplas camadas da sociedade baiana. Esse descontentamento contribuíra inclusive para a ocorrência da Conjuração Baiana, de 1798.

Além disso, a Revolução Francesa e a independência do Haiti igualmente influíram no contexto das idéias e também como exemplos de luta contra a opressão das elites dirigentes. Essa influência pesou mais ainda no caso do Haiti, onde negros e mulatos, livres ou escravos, constituíram os elementos que lutaram, não só contra a dominação colonial, mas também contra a subordinação à aristocracia branca. Além disso, a luta no Haiti desorganizara sua produção de açúcar e favorecera o crescimento dos canaviais na Bahia, o que implicou a maior demanda de mão-de-obra escrava; uma das conseqüências foi o aumento da população escrava negra masculina, na maioria vinda da Costa da Mina e pertencente à religião islâmica.

Bem diferente é a interpretação de Arthur Ramos.

> "Na Bahia, essas insurreições foram, nada mais, nada menos, do que a continuação das longas e repetidas lutas religiosas e de conquista levadas a efeito pelos negros islamizados no Sudão. Arrancados do seu *habitat*, esses negros, aguerridos, valentes, conquistadores não se sujeitaram à escravidão (...) Embora as autoridades policiais encarregadas da repressão a estes movimentos ignorassem o seu aspecto religioso, este é de uma evidência meridiana: as casas de conspiração eram templos maometanos (...) os donos dessas casas, e ao mesmo tempo chefes daqueles movimentos, eram *alufás* ou *marabus* que exerciam absoluta autoridade sobre os negros seus subordinados; os documentos apreendidos, principalmente na insurreição de 1835, eram papéis escritos em caracteres árabes, *mandingas*, contendo versículos do Alcorão, palavras e rezas cabalísticas etc." (RAMOS, ARTHUR, *As culturas negras no Novo Mundo*, Rio de Janeiro, Civilização Brasileira S.A. Editora, 1937, págs. 336 e 337.)

Não se pode negar, contudo, que as transformações políticas ocorridas nas primeiras décadas do século XIX — do fim do Período Colonial às Regências — contribuíram para dois tipos de tensão na Bahia: as ocorridas no seio da classe escrava e as manifestadas na população livre, onde os interesses das elites dominantes conflitaram com os desejos das camadas menos favorecidas.

Em 1807 as autoridades foram alertadas por um escravo negro, chamado de *chaleira*, que se preparava uma insurreição reunindo escravos dos engenhos do Recôncavo aos existentes em Salvador. Na maioria, pertenciam à nação haussá e tinham como líderes o negro forro Antônio e o negro escravo Baltazar. Apurou-se que o levante estava marcado para a noite de 27 de maio, quando as autoridades e a população branca estariam celebrando o dia de *Corpus Christi*. O conde da Ponte, então governando a capitania, soube também que *capitães* comandariam os rebeldes de cada freguesia e armas haviam sido reunidas em duas casas de Salvador. Uma vez vitoriosos, escolheriam um rei e se apoderariam das embarcações surtas no porto, que os levariam de volta à África.

O conde da Ponte determinou a prisão dos líderes, a apreensão das armas que haviam reunido e a abertura da devassa para apuração dos fatos. Os dois principais líderes, Antônio e Baltazar, foram condenados à morte e outros onze açoitados em praça pública.

Além disso, publicou um bando (proclamação imposta no Período Colonial) mandando fosse açoitado todo escravo encontrado na rua após as 21 horas.

Apesar do fracasso do projeto libertador, os escravos haussás, aliados aos nagôs, empreenderam a organização de outro movimento ocorrido no mesmo ano da chegada da corte portuguesa ao Brasil.

> "Em 26 de dezembro de 1808 — antes de completar um ano que se haviam levantado — os haussás e nagôs dos engenhos do Recôncavo embrenharam-se nas matas, fugindo dos seus senhores. Ali ficariam aguardando os escravos da capital (...)" (MOURA, CLÓVIS, *op. cit.* pág. 138.)

Os sublevados queimaram canaviais, massacraram os que a eles se opuseram e fracassaram ao tentar tomar a localidade de Nazaré. Muitos morreram em combate, mais de vinte foram aprisionados, não poucos se embrenharam nas matas.

Mesmo assim, na tarde do dia 4 de janeiro de 1809, centenas de escravos fugiram de Salvador. Contudo, acabaram derrotados pelas tropas do governo.

Grande número de rebeldes acabou presa, porém muitos conseguiram se evadir para as matas.

De acordo com Clóvis Moura, à página 139, *op. cit.*, "não sabemos das punições a que foram condenados os principais implicados".

Em 1810, 1811 e 1813 novos levantes foram tentados pelos haussás, não havendo muitas informações sobre os mesmos. Pode-se supor que os líderes fossem condenados à morte.

Mais uma insurreição deu-se em fevereiro de 1814 nos limites urbanos da cidade de Salvador, onde se revoltaram cerca de 250 escravos haussás que trabalhavam nas armações de pesca da baleia.

Passando fome, sobretudo pela decadência da pesca, esmagados pela condição escrava e pelos inevitáveis castigos, cerca de 600 escravos sublevaramse. Destemidamente enfrentaram as tropas enviadas para submetê-los.

Cerca de meia centena morreu em combate e, ainda que muitos escapassem para as matas criando novo quilombo, dezenas foram aprisionados.

No processo instaurado pelo aparelho repressor português, a sentença foi impiedosa.

Cinco negros foram condenados à morte na forca, devendo suas cabeças serem cortadas e colocadas em postes altos em diversos pontos da cidade. Sofreram tais punições os escravos Victorino, Caio, Antônio Vasco, Sebastião e João Alasão.

Outros 16 tiveram como penas o degredo perpétuo para presídios em Angola e Moçambique, devendo antes ser castigados com 200 a 500 açoites em público.

Mais de vinte morreram na prisão devido aos maus-tratos sofridos.

Houve ainda escravos que, após sofrer 400 açoites, aplicados à média de 50 por dia, foram vendidos para outras capitanias.

A evidente insatisfação e as sucessivas insurreições, ainda que esmagadas, levaram as autoridades a tomar várias medidas repressivas:

- os *batuques* — danças, com batidas de tambores, cantigas, palmas e sapateados — foram proibidos;
- aos escravos foi proibido o uso de qualquer tipo de arma;
- após o toque de recolher nenhum escravo poderia sair à rua;
- mais de quatro escravos não poderiam se reunir, a não ser quando a serviço dos seus proprietários.

Caso algum escravo infringisse qualquer dessas disposições deveria ser castigado com 150 açoites.

> "Foi nesse contexto que, dois meses depois, em 25 de maio de 1814, o português Joaquim José Correia Passos apareceu no escritório do advogado Elias Baptista Pereira de Araújo Lasso para declarar que tinha sabido por uma negra da Costa da Mina (...) que os escravos e libertos haussás planejavam outro grande

levante (...). Lasso também esteve envolvido na denúncia da revolta de 1807. Depois que Lasso revelou essa nova conspiração (...) o Governador mandou que continuasse a investigação (...) José Ferreira da Silva denunciou que seu escravo haussá Germano e um escravo (...) chamado Jerônimo tinham ouvido outros haussás no porto que falavam entre si de uma 'guerra contra os brancos'(...). A revolta estava planejada para o dia de São João, 24 de junho." (SCHWARTZ, STUART B., "Cantos e quilombos em uma conspiração haussás — Bahia 1814", *in:* REIS, JOÃO JOSÉ e GOMES, FLÁVIO DOS SANTOS, *Liberdade por um fio*, *op. cit.*, pág. 381.)

Segundo se apurou o movimento envolvia negros haussás forros e cativos, mulatos e indígenas.

Na organização do levante foi importante a atuação dos *negros de ganho* — também conhecidos como *escravos de ganho* ou *ganhadores* — que trabalhavam em atividades diversas, transferindo para o proprietário a importância recebida pela sua atividade. Como carregadores, artesãos, mercadores, aguadeiros e serviços ocasionais e domésticos eram obrigados a circular pelas ruas de Salvador, o que permitia manter contatos articulando o levante.

O plano previa ainda a participação de negros aquilombados.

"A reação do governo parece ter sido muda. Nenhuma repressão generalizada teve lugar (...) Aparentemente os planos dos rebeldes tinham sido perturbados o bastante para remover a ameaça à ordem pública. O Governador, Conde dos Arcos, tinha razões para abafar o episódio. O julgamento dos rebeldes de fevereiro estava em curso e talvez ele quisesse evitar o medo dos brancos e as aspirações dos escravos em um momento delicado." (SCHWARTZ, STUART B., *op. cit.*, pág. 387.)

Essas rebeliões de 1814 influíram sobre outra tentada pelos escravos haussás de Alagoas. O plano previa a sublevação para o dia de Natal, mas as autoridades esmagaram o movimento libertário.

Ainda em 1814, as autoridades fizeram abortar uma revolta de escravos na Vila de Cachoeira. Corria então o mês de março e mais uma vez eram haussás os sublevados.

A violência da repressão reduziu drasticamente o número de haussás na capitania e abriu o ciclo das rebeliões lideradas pelos nagôs.

Em 1816 mais uma rebelião de escravos se deu, contudo não existem muitas informações a respeito dessa manifestação da resistência negra.

> "Após a revolta de 1816 e a subseqüente repressão, a população escrava entrou em período de incômoda quietude (...).
>
> Na verdade, porém, os baianos foram distraídos pelas rápidas mudanças políticas ocorridas entre 1818 e 1824. O retorno da Corte a Portugal, a revolta do Porto de 1820, as ações das cortes de Lisboa e, finalmente, a declaração de independência de setembro de 1822 tiveram repercussões políticas e às vezes induziram a lutas na Capitania. A forte guarnição portuguesa em Salvador resistiu à independência, e os simpatizantes realistas tomaram a capital. Forças pró-independência organizaram-se em cidades do Recôncavo (...). Chegaram tropas do Rio de Janeiro (...)" (SCHWARTZ, STUART B. *op.cit.*, pág. 390.)

O *período de incômoda inquietude* explica-se porque na capitania e depois província da Bahia havia numerosos contingentes militares, ampliados com a guerra contra os reinóis durante a Guerra de Independência, que se arrastou até julho de 1823.

Mesmo assim ocorreram algumas tentativas de rebelião de escravos no ano de 1822, a última das quais estimulada por comerciantes portugueses. Como sempre, a repressão dos grandes proprietários foi violenta, envolvendo inclusive a execução sumária de negros escravos sublevados.

Já em 1823, escravos amotinaram-se a bordo de um tumbeiro que se dirigia ao porto de Salvador. Liderados por José Pato ou José Toto, massacraram a tripulação negreira. Não existem informações detalhadas. A rebelião foi esmagada, mas não se conhece a sentença imposta aos derrotados. Sabe-se muito pouco a respeito de mais essa manifestação de resistência negra.

Os documentos, porém, informam da grande seca que assolou a província da Bahia nos anos de 1823 e 1824. Em conseqüência, aumentou a exploração da mão-de-obra escrava e as subumanas condições de vida, envolvendo fome e maiores castigos impostos aos negros. Dezenas e dezenas de escravos fugiram para as matas, formando novos quilombos ou engrossando a população dos já existentes.

Outra insurreição ocorreu em 1826 quando as autoridades tiveram notícia de que negros escravos haviam aclamado um rei que usava coroa e barrete. Acredita-se que estava em andamento um amplo movimento pelo Recôncavo e a cidade de Salvador. A data combinada para a sublevação em Salvador era 27 de dezembro. Entretanto forças militares provinciais desbarataram o plano em combates em Urubu e Pirajá, além de uma verdadeira *operação pente-fino* na capital da província, com numerosas prisões de escravos e forros.

Nos anos de 1827, 1828, 1829 e 1830 outras insurreições se deram com participação dos nagôs, tanto no Recôncavo, como em Salvador.

Após o levante de 1830, as autoridades restabeleceram o toque de recolher às 21 horas e numerosas limitações ao deslocamento de negros escravos e forros pelas ruas de Salvador. Contra essas manifestações, houve sangrentas represálias, as mortes ocorrendo em combate, por linchamento ou enforcamento. Isto sem falar na aplicação de açoites, às vezes até o total de 400.

Por ocasião dos conflitos ocorridos com a abdicação de D. Pedro I, em 1831, os Restauradores estimularam uma fracassada rebelião de escravos em Cachoeira, no Recôncavo Baiano.

A mais séria de todas as revoltas de negros ocorridas na Bahia explodiu em 1835. Foi a *Rebelião dos Malês*, que teve o islamismo como arma de unidade ideológica dos forros e escravos, negros ou mulatos. A documentação — incluindo orações, bilhetes, projetos — era toda redigida em alfabeto árabe e denuncia o cuidado com que o movimento foi preparado. Havia grupos com ramificações em vários lugares em Salvador, todos interligados e mantendo ligações com escravos aquilombados ou em núcleos urbanos do Recôncavo. Seus comandantes eram os alufás ou marabus, sacerdotes muçulmanos, vestidos com suas túnicas brancas (*abadás*) e gorros (*filás*) vermelhos. Os adeptos do movimento usavam um anel e um gorro branco como sinais de identificação. Possuíam ainda um fundo financeiro para as despesas do movimento e formavam verdadeira sociedade secreta com cerca de 1.500 integrantes. Tinham até uma bandeira e armas de fogo, como garruchas e bacamartes.

> "O plano militar foi elaborado antecipadamente e suas conclusões distribuídas entre os principais responsáveis por sua execução: partiria um grupo da Vitória, comandado pelos chefes do Clube (...) onde se reuniriam às demais forças e se juntariam aos escravos dos engenhos. Essas ordens foram também transmitidas em proclamações dirigidas pelos líderes aos demais negros com a assinatura de um que se intitulava Mala Abubaker." (MOURA, CLÓVIS, *op. cit.*, pág. 157.)

Contudo, existiam outros cabeças do movimento, como Pacífico Licutan, Manoel Calafate, Elesbão Dandará, Luís Sanim, Tomás — mestre que ensinava a ler — e muitos outros.

Curiosamente existem indícios de que cidadãos ingleses envolveram-se na preparação do movimento. Chegaram mesmo a ser acusados pelas autoridades, mas nada lhes aconteceu apesar de se apurar que reuniões ocorreram em suas casas; nelas também se encontraram manuscritos suspeitos, vestimentas e inúmeros objetos comprometedores.

Chama a atenção o fato de parcela ponderável dos envolvidos ser africana, predominando escravos nagôs, todavia também houve a participação de haussás, geges e tapas. Além disso, havia esmagadora maioria de jovens do sexo masculino,

> "com expectativas curtas de vida, poucas famílias, poucos filhos. Trabalhavam principalmente no setor de serviços urbanos (...). Seu trabalho era explorado segundo o sistema de 'ganho', levando os escravos para os senhores uma quantia média de mercado previamente estipulada e embolsando o excedente. Nas ruas, ao lado dos africanos já libertos, organizavam-se para o trabalho em grupos chamados 'cantos', que em geral eram etnicamente delimitados. Alguns viviam (...) em quartos que dividiam

> com libertos ou outros escravos. (...) organizavam-se em juntas de alforrias, irmandades religiosas, terreiros de candomblé, grupos islâmicos." (REIS, JOÃO JOSÉ, *Escravidão e invenção da liberdade — Estudos sobre o negro no Brasil*, São Paulo, Editora Brasiliense, 1988, pág. 120.)

Ainda que não se conheça o programa do movimento sabe-se que os malês defendiam o fim da escravidão e a criação de uma Bahia, negra e africana.

A rebelião deveria ocorrer no raiar do dia 25 de janeiro, um domingo em que se dariam festas a Nossa Senhora da Guia. Acabou sendo antecipada porque as autoridades foram avisadas pela escrava Guilhermina Rosa de Souza.

Com o início das prisões, decidiram os cabeças do levante antecipá-lo para a noite anterior ao que fora planejado.

Aos gritos de "Morte aos brancos, viva os nagôs", lançaram-se ao combate pelas ruas de Salvador, tendo participado do movimento a negra escrava Luísa Manim, mãe de Luís Gama, que se tornou destacado jornalista no Segundo Reinado.

Derrotados no combate decisivo de Água de Meninos, também acabaram vencidos nos canaviais do Recôncavo Baiano.

Foi um massacre.

> "O número de escravos mortos durante o levante foi bastante elevado. Talvez tenha chegado à casa dos cem; uns em combate ou afogados, outros nas prisões, vítimas do tétano e dos maus tratos, além dos que foram condenados à morte e executados." (MOURA, CLÓVIS, *op. cit.*, pág. 158.)

Foram cinco os condenados à forca: José Francisco Gonçalves e Jorge da Cunha Barbosa, ambos forros, e Pedro, Joaquim e Gonçalves, todos três escravos. Ainda que se oferecesse a quantia de 30$000 réis a qualquer um dos que se encontrava na cadeia para funcionar como carrasco, ninguém se apresentou. Por isso, os cinco condenados acabaram sendo fuzilados no dia 14 de maio de 1835. Quanto aos demais libertos envolvidos — cerca de 400 —, foram deportados para a África. Torturas e açoites aplicaram-se aos escravos participantes da rebelião.

"As condenações a açoites foram numerosas e severas. Houve dois condenados a mil e duzentos açoites, cada um; três condenados a mil açoites, cada um; dois condenados a oitocentos açoites, cada um; um condenado a setecentos açoites; três condenados a seiscentos açoites, cada um; cinco condenados a quinhentos açoites cada um; três condenados a trezentos açoites cada um; um condenado a duzentos e cinqüenta açoites; dois condenados a cento e cinqüenta açoites. Seja, um total de trezentos mil e quinhentos açoites, aplicados à razão de cinqüenta por dia." (FREITAS, DÉCIO, *op. cit.*, págs. 90 e 91.)

Dezenove escravos foram penalizados com um total de 57 anos de prisão, com trabalhos forçados ou galés. Treze tiveram galés perpétuas como penas. Isto sem falar que duas escravas tiveram de cumprir dois anos de prisão cada uma, unicamente por serem companheiras de dois escravos envolvidos.

Como se vê, a punição contra os que sonharam com a liberdade foi impiedosa. Afinal, na sociedade escravista brasileira a liberdade era exclusiva dos brancos.

Mesmo assim ainda existem notícias de ter havido outra insurreição de negros na capital baiana. Corria então o ano de 1844.

Sabe-se que Francisco Lisboa, negro forro, e Marcelino de Santa Escolástica, negro escravo, foram seus líderes. Apurou-se que o primeiro havia participado da Revolta dos Malês. Mas tudo se pôs a perder quando a companheira de Francisco denunciou o projeto às autoridades.

"Nada mais conseguimos apurar: não sabemos que fim tiveram seus dirigentes, nem quais suas proporções. Parece que o esquecimento caiu sobre essa revolta." (MOURA, CLÓVIS, *op. cit.*, pág. 162.)

Assim encerrou-se o ciclo de insurreições negras na Bahia.

"O que foi que determinou o fracasso das insurreições? Para começar, os escravos não tinham consciência nem unidade de classe. Na verdade, tudo conspirava contra isso: os antagonismos oriundos da África; a cizânia fomentada pelas religiões, a heterogeneidade étnica, lingüística e cultural; a falta de tradição de uma massa renovada incessantemente pelo tráfico. Acrescente-se a solidez e coesão do sistema escravista. Todos os não-escravos — salvo uma parcela dos libertos — estavam interessados na manutenção do sistema. O isolamento social dos escravos era praticamente completo. O apoio apenas dos libertos, não bastava para o êxito das insurreições. Finalmente, contribuiu para o insucesso a eficiência da organização repressiva, sobretudo devido à superioridade das armas de fogo, que os insurretos não conseguiam senão em escassas quantidades.

Em uma perspectiva mais ampla, o insucesso das insurreições proveio da incapacidade dos escravos de formular, a partir de seus interesses de classe, um projeto de reorganização geral da sociedade, resolvendo os problemas impostos pela evolução histórica. Essa a tragédia das insurreições escravas, tanto nos sistemas escravistas antigos, como nos do Novo Mundo." (FREITAS, DÉCIO, *op. cit.*, págs. 97 e 98.)

A falta de consciência de classe explica ainda o papel dos *chaleiras*, cujas denúncias às autoridades contribuíam para abortar o movimento ainda em fase de preparação ou para antecipá-lo de maneira precária inclusive porque estava eliminado o fator surpresa.

Não podemos deixar de considerar que o número de escravos negros, no conjunto da população baiana, tendeu a diminuir. Para isso contribuíram duas razões. Uma delas foi que as severas restrições impostas ao tráfico negreiro, a partir de 1850, acabaram provocando a rápida redução do número de escravos importados. A segunda razão foi uma decorrência de anterior: a diminuição do número de escravos acarretou o aumento do preço de venda do negro escravo.

"Essa mesma valorização do escravo contribuiu, no entanto, para o debilitamento do escravismo baiano. Pois, somente a economia cafeeira, em plena expansão, podia pagar os altos preços atingidos pelos escravos. Surgiu assim o tráfico interprovincial (...). Uma média anual de seis mil escravos saía do Norte para o Sul e apenas a Bahia perdia todos os anos uma média de quase três mil. Crianças, filhas de escravos e libertos, eram seqüestradas e vendidas no Sul." (FREITAS, DÉCIO, *op. cit.*, pág. 96.)

Na segunda metade do século XIX, as insurreições e outras formas de lutas dos escravos negros passaram a ocorrer, com maior freqüência, no Sul do país.

B) A GUERRA DOS FARRAPOS (1835-1845)

Também conhecida como *Revolução Farroupilha*, constitui o movimento mais glorificado pelos historiadores e governantes gaúchos. Tanto isso é verdade que até hoje o Palácio Piratini, centro do governo estadual, deve sua denominação à cidade de *Piratini*. Esta foi a capital da *República Riograndense* instaurada na então Província de São Pedro do Rio Grande do Sul.

"A denominação *Farroupilhas*, ou *Farrapos*, tinha evidente sentido pejorativo, partindo dos adversários que caçoavam das roupas por eles usadas. Há versões que fazem do termo um equivalente a *sans-cullotes* [na Revolução Francesa eram principalmente trabalhadores urbanos procedentes do bairro de Saint Antoine, em Paris] e outras afirmam ser uma tradução da palavra francesa *gueux*, 'mendigo'." (AZEVEDO, ANTÔNIO CARLOS DO AMARAL, *op. cit.* pág. 181.)

O atual Rio Grande do Sul tivera uma formação permeada por constantes conflitos envolvendo até invasões castelhanas e a denominada Guerra Guaranítica. Por muito tempo sucederam-se confrontos com espanhóis, platinos, bandeirantes e indígenas motivados pela posse da terra e do gado. Esse gado bovino fora abandonado pelos jesuítas quando suas missões acabaram destruídas pelos bandeirantes dedicados ao apresamento de índios. Vivendo solto pelas pradarias, esse gado livremente se reproduziu e se tornou selvagem.

Quem deles se apoderasse poderia criar numeroso rebanho e ganhar dinheiro vendendo carne charqueada e couro.

O couro era exportado para a Europa. Já o charque destinava-se ao mercado interno. O salgamento da carne e sua venda tornou-se atividade lucrativa desde a descoberta do ouro na região Centro-Oeste.

> "A criação de gado não demandava grandes somas, salvo aquelas para manter um bando armado que garantisse a posse da terra e do rebanho. Já para a montagem de uma charqueada, tanto se exigiam despesas com mão-de-obra escrava quanto um capital para a aquisição de matéria-prima e de outros insumos para a produção, como o sal, importado de Setúbal [Portugal] ou Cádiz [Espanha].
>
> (...) Ao iniciar o século XIX, o Rio Grande do Sul tinha definido o seu perfil básico: uma economia mercantilizada e fornecedora do mercado interno brasileiro e uma sociedade militarizada que se forjava nas lutas contínuas com os castelhanos." (PESAVENTO, SANDRA JATAHY, *A Revolução Farroupilha,* Coleção *Tudo é História*, São Paulo, Editora Brasiliense, 1985, pág. 23.)

Coexistindo com as grandes propriedades — as chamadas *estâncias* de criação do gado —, a chegada de famílias de açorianos resultou na criação de pequenas e médias propriedades rurais. Formadas desde fins do século XVIII, passaram de produção de consumo local ao cultivo e exportação do trigo. Nelas, como nas charqueadas, se utilizou o trabalho escravo negro. Este não existiu nas estâncias de criação do gado, onde os peões deviam usar armas para melhor enfrentar ladrões de gado. Viessem eles do Prata, de São Paulo ou até mesmo de regiões gaúchas.

Seria uma imprudência dar armas de fogo aos escravos que, certamente, iriam usá-las contra seus proprietários.

> "Imigrantes alemães, localizados na colônia de São Leopoldo, viviam isolados pela língua e pelo trabalho familiar. Na década de

1830 alguns imigrantes já se estabeleceram em Porto Alegre com casas de pasto (restaurantes), de bebidas, ferrarias e hotéis, oferecendo em jornais os serviços de carpinteiro, marceneiro e jardineiro. Os colonos de São Leopoldo, distante sete horas de barco, forneceram gêneros alimentícios a Porto Alegre, durante o sítio farroupilha de 1836 a 1841, pois as chácaras vizinhas da capital foram destruídas pelos revolucionários." (FLORES, MOACYR, *A Revolução Farroupilha*, Porto Alegre, Editora da UFRGS, 1990, pág. 20.)

A província meridional foi se tornando um caldeirão de descontentamento contra o governo regencial. A criação de sociedades secretas e de partidos políticos agravava ainda mais esta situação.

Em 1832, Luís José dos Reis Alpoim fundou o *Partido Farroupilha*, reunindo liberais exaltados, havendo até os defensores de idéias republicanas.

A república era também propagandeada por sociedades secretas organizadas pela Maçonaria. Da Loja Grande Oriente, na cidade do Rio de Janeiro, foi enviado o maçom Francisco Xavier Pereira, mais tarde destacado farroupilha, com a incumbência de organizar lojas maçônicas. Para escapar à fiscalização das autoridades, elas funcionariam como sociedades literárias, sendo a principal a *Filantropia e Liberdade*. Em outras cidades gaúchas — Rio Pardo, Pelotas, Rio Grande e Jaguarão — funcionavam com a denominação de *Sociedade Defensora da Liberdade e Independência Nacional*.

A influência maçônica era intensa através de jornais — como o *Continentino* — de representações teatrais, de debates públicos propagando ideais republicanos, federalistas e de resistência ao poder centralizador sediado na cidade do Rio de Janeiro.

Nesse contexto a política tributária do Império atendia aos interesses agrário-exportadores que atrelavam a seu projeto o conjunto do país, através de rígido controle das províncias pelo poder central. Tal prática política favoreceu o desenvolvimento de fortes oposições das oligarquias provinciais, que se encontravam afastadas do pólo de decisões do Império.

Assim, procurando forçar a baixa do preço do charque, o poder central diminuía a tributação imposta aos produtos importados, o que acabava favorecendo a comercialização do charque platino no mercado brasileiro a um preço inferior ao vendido pelo charque gaúcho. Ao mesmo tempo, mantinha-se a cobrança de elevados impostos alfandegários para o charque gaúcho exportado e para o ingresso do sal produzido em Portugal e na Espanha, matéria-prima fundamental para a produção do charque.

Essas diretrizes do poder central eram economicamente prejudiciais aos estancieiros e charqueadores gaúchos, que desejavam justamente o inverso: baixos tributos ao sal importado e protecionismo alfandegário contra o charque platino.

> "Um outro ponto de atrito se verificava naquilo que os senhores de terras locais acusavam de 'injusta discriminação das rendas provinciais' e que fazia com que o centro determinasse quanto do montante da renda arrecadada na Província revertia para a Corte e qual a que ficava no Rio Grande. Através deste mecanismo centralizador, podia a Província produzir muito, sem que contudo conseguisse reter parte significativa das rendas." (PESAVENTO, SANDRA JATAHY, *op.cit.*, pág. 40.)

Assim, foi aumentando a oposição ao crescente controle exercido pe lo poder central na vida econômica e política do Rio Grande do Sul, oposição que acabou explodindo na Revolução Farroupilha.

Os acontecimentos se precipitaram quando Antônio Rodrigues Fernandes Braga, então governando a província, e Sebastião Barreto Pereira Pinto, que era o comandante das armas provinciais, entraram em choque com a oposição ao denunciarem a existência de um projeto para separar a província do resto do Brasil. Na Assembléia Provincial, além de Pereira Pinto propor a criação de mais um imposto territorial para custear a criação de um corpo especial de polícia, a acusação foi feita a vários deputados presentes. Era o dia 20 de abril de 1835.

Um dos acusados era Bento Gonçalves da Silva, coronel comandante das forças militares da fronteira e rico proprietário de estâncias no Rio Grande do Sul e no Uruguai.

Nessa conjuntura acabaram se unindo Exaltados ou Farroupilhas, monarquistas moderados e republicanos moderados, mesmo porque se sucediam atos de violência praticados por Pedro Chaves, chefe de polícia e irmão do presidente da província.

> "Na realidade, as três correntes liberais (...) pretendiam a mesma coisa: assumir o controle do Executivo e ampliar as atribuições do Legislativo, garantindo maior autonomia à Província. Todos afirmavam que pretendiam corrigir injustiças e acabar com a exploração de que o Rio Grande do Sul se sentia vítima." (FLORES, MOACYR, *Revolução dos Farrapos,* São Paulo, Editora Ática, 1995, pág. 20.)

A ação armada começou em setembro de 1835, quando tropas farroupilhas comandadas por Onofre Pires e José Gomes de Vasconcelos Jardim invadiram Porto Alegre. Vivia-se a madrugada do dia 19.

No dia seguinte a cidade caiu em poder dos rebeldes. O presidente Braga, sem tropas legalistas para defendê-lo, fugiu para a cidade do Rio Grande. As tropas da Guarda Nacional, que se encontravam na capital, aderiram aos revoltosos.

A 21 do mesmo mês e ano, Bento Gonçalves, à frente de seus contingentes militares, fardados com blusas amarelas e barretilhas vermelhas, entrou triunfalmente em Porto Alegre. Atendendo a sua solicitação, a Câmara Municipal empossou no governo provincial a Marciano Pereira Ribeiro, chefe do Partido Farroupilha.

Pouco mais de quinze dias após, quase toda a província estava em poder dos farroupilhas. Ainda que as tropas obtivessem vitórias em Rio Pardo e Capela do Erval, ao findar o ano de 1835, o Rio Grande do Sul estava dominado pelos rebeldes.

O governo central, então confiado a Diogo Antônio Feijó, eleito Regente Uno, adotou uma política de conciliação nomeando José de Araújo Ribeiro, que era primo do coronel Bento Manuel Ribeiro (outro chefe farroupilha), para governar a província.

> "Os Farroupilhas não se mostraram dispostos a colaborar com a política de conciliação tentada por Feijó. Recusaram a anistia oferecida pelo Regente e tumultuaram as sessões da Assembléia impedindo a posse de Araújo Ribeiro (...) ele se retirou para Rio Grande. E foi diante da Câmara Municipal da cidade que

finalmente assumiu o cargo, em 15 de janeiro de 1836."(FLORES, MOACYR, *op. cit.*, pág. 26.)

Esse fato implicou a adesão de Bento Manuel Ribeiro aos legalistas. Os farrapos obtiveram diversas vitórias no Passo do Lageado, em Passo dos Negros e Moscardas, e conquistaram Pelotas. Contudo, perderam Porto Alegre e foram vencidos pela esquadra imperial — comandada pelo mercenário inglês John Grenfell em Itapuã, na passagem entre a lagoa dos Patos e o rio Guaíba.

Quando da conquista de Porto Alegre, os legalistas expulsaram da província mais de 200 pessoas, sendo que 36 líderes farroupilhas foram obrigados a desfilar pelas ruas da cidade, debaixo de uma chuva fina, até o cais de embarque. O episódio ficou conhecido como a *Procissão dos 36 Anjinhos.*

Os combates prosseguiram no interior, na chamada Campanha, onde o coronel Antônio de Sousa Neto teve êxito em Seival, após sangrento combate corpo a corpo.

"Depois desta vitória (...) os rebeldes resolveram dar uma organização política e administrativa que lhes permitisse lutar de igual para igual contra o Império Brasileiro, e não serem somente reconhecidos como um bando de anarquistas. Era necessária uma bandeira para tratar com os países vizinhos ao mesmo nível de soberania e de independência. Mesmo sem consultar a Bento Gonçalves [que era monarquista] Antônio de Sousa Neto sentiu que a decisão tinha que ser tomada (...)" (*A Revolução Farroupilha — História Documental para a Juventude*, Porto Alegre, Comissão Executiva do Sesquicentenário da Revolução Farroupilha, 1985, pág. 59.)

Na manhã de 11 de setembro de 1836, perante suas tropas, Sousa Neto leu a seguinte proclamação:

"Camaradas! Nós, que compomos a 1ª Brigada do exército liberal, devemos ser os primeiros a proclamar, como procla-

> mamos, a independência desta Província, a qual fica desligada das demais do Império e forma um Estado livre e independente, com o título de República Rio-Grandense e cujo manifesto às nações civilizadas se fará oportunamente. Camaradas! Gritemos pela primeira vez: Viva a República Rio-Grandense! Viva a Independência! Viva o exército republicano rio-grandense!" (FLORES, MOACYR, *op. cit.*, pág. 51.)

Procurando consolidar bases de apoio ao movimento em outros territórios, os farrapos apresentaram o *Manifesto de 29 de agosto de 1838*, endereçado às chamadas nações civilizadas, onde procuravam demonstrar os motivos que levaram ao rompimento com o Império e a construção de um Estado republicano.

Acusados de terem projetado o conflito com o objetivo de instaurarem uma república soberana no Rio Grande do Sul, o Manifesto procurou, pelo contrário, demonstrar a inexistência de projeto anterior ao movimento que tivesse como pontos centrais a separação do Império e a construção de um governo republicano.

O parágrafo inicial do Manifesto legitimava os atos efetuados pelos farrapos, já que tinham como objetivo central a reconquista de uma *primitiva liberdade* diante do poder despótico exercido pela corte no Rio de Janeiro.

A defesa dessa soberania ameaçada pelo despotismo da corte justificaria o ato de rebeldia e de enfrentamento realizado pelos farrapos, cuja fonte teórica é claramente emanada dos escritos do teórico inglês John Locke.

A soberania da incipiente república estaria assegurada, no plano econômico, através da própria administração das riquezas naturais existentes no Rio Grande do Sul, garantindo-lhes os recursos necessários para o pleno funcionamento do aparelho estatal.

A separação diante do Brasil fundava-se portanto à luz do Código das Nações, configurando-se como o resultado de um processo maduro e consciente, fruto dos conflitos existentes ante o poder central.

A crítica constatada à administração central tem por base inicial um aspecto apontado como comum ao conjunto de províncias que formavam o Império: déficit público, impostos abusivos, dívidas públicas elevadas e acordos comerciais que não levavam em conta os interesses das oligarquias regionais, entre outros pontos enumerados pelo Manifesto. Dessa forma, o teor do documento procurava demonstrar que o conflito não podia ser visto somente como um movimento de caráter regionalizado, mas, sim, como uma dimensão nacional, pois a política centralizadora adotada pela corte amarrava todas as províncias aos seus interesses.

O controle dos cargos administrativos nas províncias, cuja nomeação era indicada pela corte, garantia-lhe o apoio para as decisões que fossem tomadas, independentemente dos impactos negativos aos interesses provinciais.

Ao controle administrativo somava-se o domínio sobre o Judiciário, fechando às províncias qualquer espaço de autonomia.

Piratini fora proclamada como capital da nova República que, por isso, também tornou-se conhecida como *República de Piratini.*

Vitórias e derrotas ocorreram entre os republicanos gaúchos e as tropas legalistas, onde Bento Manuel Ribeiro continuava a pontificar. Com a ajuda da flotilha comandada por John Pascoe Grenfell, as tropas de Bento Manuel obtiveram importante vitória na ilha de Fanfa, no rio Jacuí. Nesse combate foi aprisionado Bento Gonçalves, líder farroupilha, que foi remetido preso para o Rio de Janeiro. Na mesma oportunidade acabaram aprisionados Onofre Pires, Tito Lívio Zambecari e Pedro Boticário, destacados chefes militares farrapos.

Os farroupilhas se enfraqueceram ainda mais com a proclamação da República, porque muitos Chimangos — ou liberais moderados — abandonaram o movimento e passaram para o lado legalista. Foi o caso de Manoel Luís Osório, mais tarde marquês de Herval.

Contudo, a situação modificou-se em 1837.

> "Pressionado pela Câmara dos Deputados no Rio de Janeiro, o Regente Feijó decidiu combater mais duramente a revolução. Nomeou o Brigadeiro Antero de Brito Presidente e comandante militar da Província e ordenou uma tenaz perseguição aos rebeldes. As cadeias ficaram lotadas de presos. Pessoas influentes e simpatizantes dos Farroupilhas foram expulsas da capital. Funcionários públicos nomeados pelo governo anterior foram demitidos. Até Bento Manuel Ribeiro sofreu acusações de se manter apático diante dos rebeldes." (FLORES, MOACYR, *op. cit.*, pág. 37.)

Defecções ocorreram em massa dentre as forças imperiais, inclusive de Bento Manuel Ribeiro. Além disso, Bento Gonçalves, que havia sido removido para o Forte de São Marcelo, em Salvador, conseguiu escapar com a ajuda da Maçonaria e assumir a presidência da República de Piratini, que possuía hino, bandeira e escudo de armas como símbolos.

Nessa conjuntura, em que as vitórias ocorriam com mais freqüência do que as derrotas, Giuseppe Garibaldi e Davi Canabarro invadiram Santa Catarina e criaram a *República Juliana* ou *República Catarinense* (1839). Garibaldi era italiano e integrante dos Carbonários, sociedade secreta empenhada, sem sucesso, na unificação política da Itália.

A conquista de Laguna deu aos farroupilhas um porto para a importação do material necessário à continuação da luta contra as forças legais. Estas, inclusive, mantinham Porto Alegre sob seu controle.

A sucessão de fracassos levou Pedro de Araújo Lima a dar maior atenção ao conflito no Sul. Poderosa esquadra foi enviada a Santa Catarina e cerca de 22 navios imperiais cercaram e destruíram a frota dos farrapos que estava ancorada no porto de Laguna (1839).

Nesse mesmo ano, Garibaldi encontrou um dos grandes amores de sua vida. Chamava-se Ana Maria de Jesus Ribeiro, mas ficou conhecida como Anita. Nascida em Santa Catarina, largou tudo para acompanhar o italiano, que fora condenado à morte em seu país. Deu-lhe quatro filhos, acompanhou-o ao Uruguai (1841-1846) e depois à Itália, onde chegaram no Ano das Revoluções (1848). Contudo, acabou morrendo no ano seguinte.

Entrementes, a perda de Laguna marcou o declínio dos farroupilhas, que passaram a uma guerra defensiva. Suas capitais sucederam-se ante o avanço das tropas imperiais: Piratini, Caçapava, Alegrete...

O golpe da Maioridade de D. Pedro II, seguido da concessão da anistia política, trouxe defecções entre os farroupilhas. A esmagadora superioridade dos imperiais — seja em homens, seja em recursos — começou a influir na sucessão de derrotas dos farrapos.

Ainda que recebessem ajuda militar de Frutuoso Rivera, caudilho argentino, os farrapos careciam, cada vez mais, de cavalos, armas, munições, mantimentos e homens.

Em novembro de 1842, Luís Alves de Lima, então barão de Caxias, foi nomeado comandantes das armas e presidente da província do Rio Grande de São Pedro.

> "O exército farroupilha, que em seu apogeu chegou a 3.300 homens, estava reduzido a mil combatentes. Este punhado enfrentou o pacificador Caxias, até 1845, em mais de 32 combates, sendo que no de Poncho Verde os Farroupilhas perderam 100 homens, no de Batovi mais de 80 e no de Porongos toda a infantaria, constituída de uma centena de negros." (FLORES, MOACYR, *op. cit.*, pág. 77.)

Aliás, esse massacre de negros atendia às propostas do governo imperial que não queria incluí-los na anistia oferecida.

O líder Davi Canabarro tudo facilitou porque, na véspera do combate, determinara fossem todos desarmados sob a alegação de que poderiam se revoltar.

A sucessão de derrotas estimulou rivalidades entre os farroupilhas, ocorrendo inclusive acusações contra Bento Gonçalves. Chamado de corrupto e ditador, foi acusado de ser o mandante do assassinato de um adversário político. Desafiando Onofre Pires, seu acusador, acabou morrendo em duelo contra o caudilho gaúcho.

Negociações de paz culminaram na assinatura da Paz de Poncho Verde, em 28 de fevereiro de 1845, tendo como principais pontos:

> - "Os rio-grandenses indicariam o novo presidente da província. Foi escolhido o próprio Caxias.
> - O Império pagaria as dívidas do governo republicano.
> - Os oficiais republicanos seriam incorporados ao Exército imperial nos mesmos postos, com exceção dos generais.
> - Eram declarados livres todos os escravos que tinham lutado nas tropas republicanas. (Apesar dessa garantia, muitos dos ex-soldados negros foram levados para o Rio de Janeiro e vendidos como escravos, sem que os republicanos protes tassem.)
> - Continuavam válidos todos os processos em julgamento na Justiça republicana.
> - Seriam garantidas a segurança individual e a propriedade.
> - Seriam devolvidos à província todos os prisioneiros de guerra.
> - Os oficiais e soldados que tivessem aderido à causa rebelde seriam anistiados e reincorporados ao Exército imperial.

> – O Império demarcaria definitivamente a fronteira com o Uruguai." (FLORES, MOACYR, *op. cit.*, pág. 44.)

Verdadeira *pàz honrosa* para os farroupilhas, sem reais condições de sustentar uma luta que durava dez anos, a posição conciliadora do governo imperial explica-se pela conjuntura existente na região platina.

Na República das Províncias Unidas, atual Argentina, existia o governo de Juan Manuel de Rosas (1835-1852), que projetava uma federação de Estados, sob a hegemonia de Buenos Aires. Para atingir seus objetivos, conseguira derrotar as províncias do interior e contribuíra para a vitória de Manoel Oribe à presidência do Uruguai.

> "Para fazer frente aos conflitos que se avizinhavam, o Império tinha necessidade do apoio militar e econômico do Rio Grande do Sul, bem como do uso de seu território como base de operações, daí, o oferecimento da 'paz honrosa' que satisfizesse os rebeldes. Entrava mais uma vez em cena, como elemento de barganha, o 'poder militar' da Província." (PESAVENTO, SANDRA JATAHY, *op. cit.*, pág. 65.)

C) A INSURREIÇÃO DE MANOEL CONGO

Segundo o Código Criminal do Império, em seu Artigo 113, cometia-se o *crime de insurreição* quando se reuniam vinte ou mais escravos para defenderem a liberdade por meio da força.

Era a insurreição enquadrada entre os diversos crimes contra a segurança interna do Império. Figurava entre os delitos de conspiração, rebelião, sedição, arrombamento de cadeia e outros mais. Constituía o mais grave desses crimes, sendo a morte a punição para os líderes, as galés por quinze anos para os participantes e o açoite público para os menos comprometidos.

Justamente na época em que a Regência enfrentava a Farroupilha, no Sul; a Sabinada, na Bahia; a Balaiada, no Maranhão, Piauí e outras províncias vizinhas; a Cabanagem, no Grão-Pará, e a sucessão de revoltas de escravos, na Bahia, na província do Rio de Janeiro explodia a insurreição liderada por Manoel Congo.

Era novembro de 1838 quando, na Freguesia de Nossa Senhora da Conceição de Pati de Alferes, pertencente à comarca da Vila de Vassouras, cerca de 80 escravos se rebelaram.

Viviam eles na Fazenda Freguesia, pertencente ao capitão-mor e fazendeiro Manoel Francisco Xavier, também proprietário da Fazenda Maravilha (para o proprietário, é claro) e de mais de 550 escravos, na rica região cafeeira fluminense.

Segundo ofício de 13 de novembro de 1838, enviado ao governo da província,

> "os escravos, depois de fugirem, arrombaram as portas do engenho, paióis e outras diversas casas de onde roubaram ferramentas, comedorias, assim como capados, carneiros, perus e criação." (PINAUD, JOÃO LUIZ DUBOC *et alii*, *Insurreição negra* e *justiça*, Rio de Janeiro, Editora Expressão e Cultura, 1987, pág. 53.)

O problema tornava-se mais sério porque na Fazenda Maravilha conseguiram a adesão dos escravos aí existentes, bem como o apoio dos concentrados em uma fazenda vizinha, pertencente a Paulo Gomes Ribeiro.

A essa altura já somavam cerca de quatro centenas, número realmente assustador, inclusive porque era preocupante a formação de um quilombo próximo à capital do país.

Chefiados por Manoel Congo — escravo que era ferreiro — embrenharam-se pelas matas da serra de Santa Catarina, onde se aquilombaram como tantos outros haviam feito e continuariam a fazer.

Nesse quilombo, destacaram-se Adão Benguela, Pedro Dias, Canuto Moçambique, Antônio Magro, Miguel Crioulo, Afonso Angola, Belarmino Congo e Justino Benguela, embora incontestavelmente sobressaísse Manoel Congo, que foi aclamado rei. O título de rainha coube a Mariana Crioula, mas outras mulheres tiveram importância: Rita Crioula, Joana Mofumbe, Brígida Crioula, Emília Conga, Josefa Angola e Lourença Crioula.

A sucessão de ataques às fazendas e engenhos vizinhos aterrorizou os grandes proprietários, que apelaram para o juiz de paz de Pati do Alferes, Francisco de Lacerda Werneck, poderoso fazendeiro da região, chefe da

Guarda Nacional local e presidente da Sociedade Promotora da Civilização e Indústria da Vila de Vassouras.

Organizou-se uma primeira expedição para dominar os negros, cuja liberdade era uma ameaça à ordem escravocrata e se chocava com os interesses dos cafeicultores fluminenses.

Às tropas da Guarda Nacional, juntaram-se as enviadas pela Regência

> "que no dia 14 de dezembro de 1838, dá combate ao quilombo [de Santa Catarina de Manoel Congo], fazendo entre os escravos pavorosa matança. Verdadeira carnificina, pois os quilombolas não dispunham de armas capazes de enfrentar, em pé de igualdade, os enviados pelo governo. Foram trucidados sem piedade pelas tropas imperiais." (MOURA, CLÓVIS, *op.cit.*, pág. 100.)

O comandante dos soldados enviados pela Regência era o tenente-coronel Luís Alves de Lima, o futuro Duque de Caxias, cujo comportamento certamente contribuiu para sua indicação para esmagar a Balaiada.

Os principais dirigentes da rebelião foram aprisionados, e dezesseis deles submetidos a julgamento.

Imputaram-lhes a acusação de fuga, furto (mantimentos, armas, ferramentas), resistência armada, arrombamentos, homicídios e lesões corporais.

> "Tais acusações não foram discriminadas e individualmente atribuídas a cada um dos participantes. Uma rede incriminadora os envolveu, em nível inespecífico, em uma generalização acusatória, o que impossibilitaria qualquer defesa se (...) ela tivesse sido possível." (PINAUD, JOÃO LUIZ DUBOC, *op. cit.*, pág. 59.)

Manoel Congo foi condenado à morte, tendo sido enforcado na manhã de 6 de setembro de 1839.

Outros réus — Justino Benguela, Antônio Magro, Miguel Crioulo, Afonso Angola, Canuto Moçambique e Pedro Dias — tiveram como punição andar com gonzos de ferro ao pescoço e a receber, como castigo, 50 açoites por dia, até completar o total de 650 açoites.

Após dez meses de luta, terminou tragicamente mais um movimento de contestação à ordem escravocrata da sociedade brasileira.

15.5 . A REAÇÃO AVANÇOU

A) OS REGRESSISTAS NO PODER

> "A política brasileira tem a perturbá-la, intimamente, secretamente, desde os dias longínquos da Independência, o sentimento de que o povo é uma espécie de vulcão adormecido. Todo perigo está em despertá-lo. Nossa política nunca aprendeu a pensar normalmente o povo, aceitar a expressão da vontade popular como base da vida representativa." (FAORO, RAYMUNDO, *op. cit.*, pág. 323.)

O que você acha desta afirmativa? Não lhe parece que amplos setores da elite brasileira temiam a explosão social que se anunciava no Período Regencial? Tais revoltas, acrescidas do medo do haitianismo, contribuíram para que setores políticos que dominavam o Brasil repensassem as idéias federalistas, que até então vinham sendo adotadas. Chegamos à fase do *Regresso Conservador*, onde o *Regresso*, ou seja, a centralização, passou a ser a tônica dominante.

À medida que as rebeliões explodiam em diversos pontos do Brasil, a pressão sobre o governo, então nas mãos de Feijó, tendia a aumentar. Devemos lembrar que o Regente não assumiu com maioria absoluta, governando com uma base de apoio restrita. Sua postura autoritária não coadunava com o espírito liberal que representava, angariando muitas resistências em uma Câmara onde seus adeptos eram minoria. Questões religiosas — Feijó defendia o fim do celibato clerical — somaram-se às questões políticas, contribuindo para o desgaste do governo.

Entretanto, foi a dinâmica das rebeliões regenciais que tornou a governabilidade impraticável para Feijó. Muitos de seus opositores o acusavam de não tratar os levantes com determinação. Outros afirmavam que Feijó não se importava com a separação de províncias no Norte do Império. Quanto à Farroupilha, dizia-se que a falta de energia do Regente estava ligada a questões familiares, já que um de seus primos participava ativamente do movimento. As tensões em torno de sua política tornaram-se insustentáveis, levando-o à renúncia, em 1837, sem antes tentar colocar alguém de sua confiança no poder, intento que também fracassou.

Pedro de Araújo Lima, membro do governo de Feijó como ministro da Justiça, apesar de representante do grupo regressista, assumiu o posto de Regente, através de eleições, em 1838, após um curto período como interino. Uma reforma ministerial foi processada, levando às principais pastas representantes do grupo regressista. Este ministério ficou conhecido como *Ministério das Capacidades*. O principal expoente do novo governo foi Bernardo Pereira de Vasconcelos, um dos maiores opositores de Feijó, recebendo as pastas da Justiça e do Império. As reformas liberais da fase anterior passaram a sofrer apreciações na Câmara, visando transformá-las em medidas centralizadoras.

A reação avançava, temendo não só o liberalismo, mas o próprio povo, principal agente das rebeliões do Período Regencial.

> "Na verdade, ao entregar a Regência a Araújo Lima, Feijó colocava o governo do Império nas mãos da facção moderada majoritária, acrescida pela aliança com os Restauradores, dentro da qual sobressairia um novo grupo, do Sudeste brasileiro, envolvido com a produção e comercialização do café. De base agrário-escravista esses Barões do Café, concentrados em grande parte no Vale do Paraíba do Sul, com grupos influentes de outras províncias, 'pacificariam' o país e iriam impor a base escravista e latifundiária." (MONTEIRO, HAMILTON DE MATOS, Da Independência à Vitória da Ordem, *in: História Geral do Brasil*, Linhares, Maria Yedda, coordenadora, Rio de Janeiro, Editora Campus, 1990, pág. 124.)

Uma das medidas mais controvertidas de todo o período foi a Lei de Interpretação (também conhecida como Lei Interpretativa), apresentada por Paulino José Soares, ainda antes da queda de Feijó. A intenção do projeto era promover a reforma do Ato Adicional, já que sua aplicação apresentava-se — segundo o autor do projeto — muito confusa, gerando inúmeras interpretações. Apesar de todo o malabarismo verbal utilizado pelo deputado regressista, a intenção era clara: visava a centralização do poder regencial, destituindo das Assembléias Provinciais os poderes delegados pelo Ato Adicional e fortalecendo o poder do ministro da Justiça. Esta lei somente foi aprovada em 1840, três anos depois da apresentação do projeto original, o que demonstra o equilíbrio de poder entre regressistas e progressistas.

B) O GOLPE DA MAIORIDADE

Durante os debates em torno da centralização delinearam-se as forças políticas que dominaram o cenário partidário do Segundo Reinado: o Partido Liberal e o Partido Conservador.

Podemos caracterizar a formação destes partidos a partir do apoio ou oposição à Lei Interpretativa do Ato Adicional. Os liberais colocavam-se contra a idéia de Interpretação, não admitindo o retrocesso centralizador, enquanto os conservadores — cujo principal representante era o próprio regente Araújo Lima — eram favoráveis à Interpretação.

Conscientes de que as medidas centralizadoras se impunham gradativamente, os liberais levantaram a hipótese de antecipar a Maioridade, que só ocorreria em 1844. Acreditavam que poderiam derrubar os conservadores e participar de novo governo imperial, uma vez que eram os organizadores do movimento golpista.

Neste momento, merece destaque uma facção política que procurou afastar-se dos partidos, formando uma composição de corte em torno do Imperador. Denominada *Clube da Joana*, o grupo tinha muita influência sobre o menino Pedro de Alcântara. A idéia de antecipação da Maioridade foi muito bem recebida pelo jovem herdeiro do trono. Segundo a tradição, quando apresentada a hipótese da antecipação, em uma espécie de consulta prévia, Pedro de Alcântara teria dito: "Quero já!".

O grupo liberal organizou uma sociedade secreta, logo conhecida como *Clube da Maioridade*. Antônio Carlos de Andrada era o diretor principal, o que demonstra como a renovação política não era comum no período, já que as mesmas pessoas, ora de um lado, ora de outro, reapareciam no cenário político, em torno do poder. O Clube da Maioridade defendia a idéia de que o regente não tinha isenção política suficiente para conduzir o Brasil, sempre favorecendo grupos que o apoiassem. Os inimigos de Araújo Lima juntaram-se ao clube, destacando-se José Martiniano de Alencar (pai do escritor homônimo), Antônio Francisco de Paula e Holanda Cavalcanti (que perdera as eleições regenciais para Araújo Lima) e Teófilo Otoni.

> "A propaganda maiorista foi favorecida pela gradual melhoria da situação econômico-financeira, ocasionada pela ascensão do café na Província do Rio de Janeiro. Cresciam as exportações deste e de outros produtos tropicais; embora ainda houvesse déficit na balança comercial brasileira, a diferença tendia a diminuir. Em 1838, fora fundado o Banco Comercial do Rio de Janeiro, favorecendo as concessões de crédito e com capacidade emissora. Aos níveis jurídico-político e ideológico, a antecipação da maioridade contava como o peso da legitimidade do exercício do poder por um soberano hereditário e pelo terror da propaganda dos chefes das rebeliões regenciais que, exceção feita dos republicanos gaúchos, sempre protestaram fidelidade a D. Pedro II." (ALBUQUERQUE, MANOEL MAURÍCIO, *op. cit.*, pág. 375.)

Em pouco tempo, a Campanha da Maioridade ganhou as ruas, promovendo agitações populares em prol da entronização de D. Pedro II. Entretanto, a pressão dos conservadores impedia a votação de uma emenda a favor da Maioridade. Antônio Carlos dirigiu uma comissão que levou ao Príncipe Herdeiro o pedido de antecipação, recebendo uma resposta positiva. Estavam dadas as condições para um golpe parlamentar que garantia a antecipação da Maioridade e a conseqüente extinção da Regência.

O Golpe da Maioridade, concluído em 23 de julho de 1840, pode ser considerado uma vitória, a curto prazo, do Partido Liberal, articulador do movimento. De uma forma ou de outra, podemos perceber que liberais e conservadores defendiam a centralização, considerando a experiência federalista da Regência uma perigosa ameaça a seus interesses.

15.6 . A REAÇÃO VENCEU

A) AS ELEIÇÕES DO CACETE

Um problema prático se impunha aos liberais para o pleno exercício do poder, logo após a execução do Golpe da Maioridade. Apesar de formarem o primeiro ministério de D. Pedro II — sendo chamado *Ministério dos Irmãos*, em função da presença dos Andrada e dos Cavalcanti —, os liberais não contavam com maioria na Câmara, onde o predomínio era dos conservadores.

Para resolver esta questão dissolveu-se a Câmara Conservadora e eleições foram marcadas, já com o resultado encomendado. Tais eleições ficaram conhecidas como *Eleições do Cacete*, em função da violência oficial e da fraude generalizada. Começava mal a vida política no Segundo Reinado, dando o tom do que ocorreria no processo eleitoral brasileiro ainda por muitas décadas.

Apesar do sucesso obtido com o Golpe da Maioridade e as Eleições do Cacete, os liberais não conseguiram ficar muito tempo no poder. A Câmara Liberal, formada pelas eleições fraudulentas, não chegou nem mesmo a assumir, uma vez que o Ministério dos Irmãos caiu em 1841, diante das tensões decorrentes da Farroupilha e da política externa em relação ao tráfico de escravos. Chegou ao poder um ministério conservador, contando com figuras preeminentes dos antigos adeptos do Regresso.

Uma das primeiras medidas do novo grupo no poder foi a reforma do Código de Processo Criminal, retirando os poderes do juiz de paz e conferindo-os a um juiz municipal, escolhido pelo poder central. Neste mesmo ano foi restabelecido o Conselho de Estado (Lei 234, de 23 de novembro), órgão que tradicionalmente auxiliava o Imperador. Para alguns o Conselho de Estado era o verdadeiro cérebro da Monarquia.

> "O cuidado na seleção dos Conselheiros estava, naturalmente, ligado à importância do próprio Conselho na engrenagem política do Império (...) É certamente um exagero dizer que se tratava de um quinto poder (...) pois nem era de consulta obrigatória, nem era o Imperador obrigado a seguir a opinião da maioria. Mas na prática havia freqüentes consultas, especialmente às seções em que se dividia o órgão, e muitos decretos do Poder Executivo, assim como muitas decisões do Poder Moderador, foram baseados em pareceres e opiniões de Conselheiros, sem falar de importantes projetos de lei que foram por eles inicialmente redigidos, como a Lei de Terras de 1850 e a Lei do Ventre Livre de 1871." (CARVALHO, JOSÉ MURILO DE, *Teatro de Sombras*, São Paulo, Editora Revista dos Tribunais, 1988, pág. 108.)

Em 1850, a centralização se concretizou, uma vez que a Guarda Nacional ficou subordinada ao ministro da Justiça (ver item E), promovendo o regresso à situação idealizada inicialmente, quando da criação da Guarda.

B) AS REBELIÕES DE LIBERAIS E DE CONSERVADORES

As medidas centralizadoras do início da década de 1840 foram encaradas pelas elites provinciais com muita desconfiança. Em 1842, em Minas Gerais e São Paulo, os protestos assumiram posições mais violentas, sendo necessária a mobilização, por parte do governo imperial, de um esquema repressivo nos moldes dos organizados para pacificar as rebeliões regenciais.

Em São Paulo, liderados por Rafael Tobias de Aguiar, os liberais, organizados em Sorocaba, conseguiram o apoio de algumas vilas e receberam a aprovação do ex-Regente Feijó e do senador Nicolau Pereira de Campos Vergueiro. Apesar de organizar uma tropa, não conseguiram a penetração na capital, onde foram interceptados por Caxias. As tentativas de união com os farroupilhas, uma das metas de Tobias Aguiar, igualmente acabaram frustradas. Logo depois, os ventos da revolta sopraram no Vale do Paraíba, onde os liberais temiam pela perda da autonomia. Nesta região os rebeldes também foram calados pelas tropas do barão de Caxias.

Em Minas Gerais, os liberais levantaram-se contra o governo, acusando-o de entreguista, em função da assinatura de novo Tratado de Comércio com a Inglaterra, onde tradicionais vantagens inglesas eram renovadas. Liderados por José Feliciano Pinto e Nunes Galvão, os liberais receberam apoio de Teófilo Benedito Ottoni, exaltado com idéias originais a respeito do direito à terra, muitas das quais aplicara em sua fazenda, onde viviam índios e ex-escravos.

Caxias mal acabara a repressão em São Paulo e já encontrava nova missão pela frente. Apesar de algumas desvantagens iniciais, as tropas do Império acabaram derrotando os rebeldes em Santa Luzia do Rio das Velhas (por isso, mais tarde os liberais seriam chamados — incomodamente — de *Luzias*) e submetendo a região.

Anistiados mais tarde — em 1844, quando foi formado um gabinete liberal —, os liberais reprimidos nestes levantes retornariam à vida política, resignando-se com a centralização e, uma vez voltando ao poder, não anulariam as medidas do Regresso, além de utilizar métodos parecidos com os dos seus dos adversários políticos. Consolidava-se lentamente a hegemonia política que caracterizaria o Segundo Reinado.

"Embora os Liberais se beneficiassem das medidas centralizadoras quando estavam no poder, nem tudo ocorreu tranqüilamente. Nos primeiros anos da década de 1840, o governo imperial carecia ainda de uma sólida base social de apoio. Escrevendo em 1843, Justiniano José da Rocha, o mais brilhante jornalista conservador, preocupava-se com este problema. Segundo ele, o apoio não poderia vir da inquieta e desiludida massa da população, do campo ou das cidades, mas sim do grande comércio e da agricultura. Em suas palavras, 'dê o governo a essas duas classes toda a consideração, vincule-as por todos os modos à ordem estabelecida, identifique-as com as instituições do país, e o futuro estará em máxima parte consolidado.' (FAUSTO, BÓRIS, *op. cit.*, pág. 176.)

C) A TARIFA ALVES BRANCO

A questão orçamentária era um problema de grandes proporções para o Império. Os críticos do governo monárquico apontavam o déficit como uma das principais chagas do governo. Afinal, quais os motivos que tornavam a situação tão drástica, se o país despontava como o principal produtor de café do mundo? A grande questão é que a principal fonte de receita do governo era a tributação alfandegária. Como sabemos, as diversas vantagens concedidas ao comércio inglês não propiciavam rendimentos aduaneiros apreciáveis. Devemos acrescentar que a situação orçamentária poderia ter sido mais bem gerida se o Império estabelecesse um imposto sobre a grande propriedade rural e vendesse terras públicas, como forma de aumentar a receita, tal qual o governo norte-americano no século XIX.

Em 1844, visando aumentar a renda do Estado, em um momento de consolidação do sistema imperial, o liberalismo alfandegário foi abandonado em prol do protecionismo aduaneiro. Manuel Alves Branco, ministro da Fazenda, tinha em mente aumentar a carga fiscal do Estado, aspecto que foi bem recebido pela Câmara. A nova lei — denominada *Tarifa Alves Branco* — estabeleceu que os tributos sobre os produtos de importação subiriam de 15% para 30% (caso não houvesse similar nacional) ou 60% (caso o artigo fosse produzido no país).

Não se iluda em relação à proteção à indústria nacional. Se as poucas indústrias existentes fossem favorecidas — ou surgissem novas — seria uma mera conseqüência. Especificamente para um homem, a tarifa abria as portas de um verdadeiro mundo de negócios. Seu nome, Irineu Evangelista de Sousa, o futuro Barão de Mauá.

Diante das perspectivas governamentais, os resultados da Tarifa Alves Branco foram positivos, sendo que as novas diretrizes se manteriam por mais de uma década, apesar da pressão inglesa.

> "Havia na decisão uma grande vitória política e um alívio. A vitória era a obtenção de um domínio do governo sobre sua principal fonte de receitas, a Alfândega. O alívio apareceu de imediato, com o rápido equacionamento das contas públicas. A receita, que dependia muito de desempenho da Alfândega, saltou de 15,4 mil contos, em 1843, para 24,8 mil contos, em 1845, com um aumento de 61%." (CALDEIRA, JORGE, *Mauá, Empresário do Império*, São Paulo, Companhia das Letras, 1995, pág. 176.)

D) A PRESIDÊNCIA DO CONSELHO DE MINISTROS

A influência inglesa no Brasil não se deu apenas em termos econômicos. É certo que estes foram muito poderosos, influenciando a política imperial, criando novas expressões, determinando hábitos e ditando modas para a elite do Império. Também no plano político, a projeção inglesa era nítida. Alguns deputados brasileiros, vestidos à inglesa, retiravam seus discursos das atas do Parlamento Britânico, aproximando as situações, com o intuito de utilizar os argumentos dos políticos ingleses. Falava-se em ***mundo civilizado***, ***nação civilizada***, com uma clara postura eurocêntrica. Em relação à Inglaterra, vangloriava-se o sistema monárquico e o parlamentarismo.

Criada em 1847, dentro deste contexto político-cultural, a presidência do Conselho de Ministros seguia, na teoria, a inspiração inglesa de um sistema parlamentar em equilíbrio com a Monarquia, uma vez que o Brasil passou a ter um primeiro-ministro — denominado presidente do Conselho de Ministros. Na prática, o sistema brasileiro assumiu uma postura bem diferente do modelo inglês. Devemos lembrar que, na Inglaterra, o primeiro-ministro distinguia o Poder Executivo do poder Real, seguindo a máxima liberal *o rei reina mas não governa*. No Brasil, era praticamente impossível conciliar tal modelo com um Poder Executivo ancorado em um Poder Moderador, ambos nas mãos do Imperador. Assim, o parlamentarismo brasileiro apresentou-se de uma maneira praticamente inversa do modelo inglês. Vejamos os passos do sistema político imperial a partir da criação da presidência do Conselho.

1º — O Imperador nomeava o ministério. Entre eles, o presidente do Conselho de Ministros, a ser escolhido no Partido Liberal ou no Partido Conservador;

2º — O presidente do Conselho convocava as eleições (caso a legislatura chegasse ao fim, ou em caso de dissolução da Câmara);

3º — As eleições — através do voto censitário — preenchiam as cadeiras da Câmara dos Deputados, e, até certo ponto, do Senado.

Alguns problemas se impõem quando analisamos com mais cuidado esta situação. As diferenças em relação ao modelo inglês são evidentes. Entretanto, mais um aspecto importante nos chama a atenção. Sabemos que as eleições imperiais eram fraudulentas, fartamente manipuladas pelo governo em exercício. Em função disso, as eleições que escolhiam os membros da Câmara dos Deputados já eram direcionadas para formar um grupo de sustentação ao presidente do Conselho, caso contrário o mesmo podia dissolver a legislatura e convocar novas eleições. Quem ganhava com todo o processo era o Imperador, que acabava preservado nos momentos de crise, substituindo o presidente do Conselho.

Em 1868, Nabuco de Araújo resumiu a engrenagem política imperial em conhecido discurso oposicionista.

> "Em seu protesto, o Senador desenvolveu um raciocínio que ficou famoso como 'o sorites de Nabuco de Araújo' (...) *Sorites* é

uma espécie de raciocínio em cadeia em que, ao final, a primeira parte encontra a última. O Senador disse o seguinte: 'O Poder Moderador pode chamar a quem quiser para organizar ministérios; esta pessoa faz a eleição porque há de fazê-la; esta eleição faz a maioria. Eis o sistema representativo deste país'." (CARVALHO, JOSÉ MURILO DE, *A Monarquia Brasileira*, Rio de Janeiro, Ao Livro Técnico, 1993, pág. 43.)

E) A LEI EUSÉBIO DE QUEIRÓS E A LEI DE TERRAS (1850)

A evolução do capitalismo europeu já atravessara sua fase de acumulação primitiva de capitais quando os ingleses levantaram-se contra o tráfico de escravos, preocupados com a dilatação de mercados consumidores, com seus interesses particulares nas Antilhas e com a dinamização da atividade comercial, resultado lógico da liberação de capitais investidos no tráfico.

Desde 1807, a Inglaterra havia abolido o tráfico de escravos para suas colônias, chegando à abolição da escravidão em 1833. A partir desta data, os ingleses voltaram-se contra o tráfico que abastecia o Brasil, a principal área escravista da América.

Os interesses ingleses já tinham sido expostos nos antecedentes da assinatura dos Tratados de 1810, sem sucesso efetivo. Por ocasião do Congresso de Viena, os ingleses voltaram a abordar a questão do comércio negreiro, conseguindo aprovar sua proposta de abolir o tráfico acima da linha do equador, fator que abalava o abastecimento brasileiro pelas colônias africanas portuguesas.

Importante concessão obtida pela Inglaterra, durante o período joanino, foi o *direito de visita*, medida que garantia a vistoria dos navios negreiros que tinham o Brasil como destino. Em 1825, quando a Inglaterra reconheceu a independência, o Império concordou em abolir o tráfico em três anos, medida que se transformou em lei em 1831, apesar de não ter sido cumprida. Dizia-se abertamente: "Uma lei para inglês ver".

"A lei de 1831, no entanto, foi simplesmente ignorada. Para a grande irritação dos representantes britânicos no Brasil, o número de escravos introduzidos no país anualmente aumentou ainda mais

(...) Embora ilegal, o tráfico continuava sendo considerado legítimo pela maioria da população. Fortunas enormes continuavam a ser feitas à custa do tráfico de escravos e negreiros ilustres continuavam a circular entre as elites da época." (VIOTTI DA COSTA, EMÍLIA, *A Abolição*, São Paulo, Editora Global, 1988, pág. 27.)

Internamente, entre os liberais brasileiros, poucas eram as vozes que se colocavam contra a escravidão, não sendo incorreto afirmar que o liberalismo brasileiro só chegava até a porta das senzalas. Hipólito José da Costa foi um dos poucos liberais a se posicionar contra o tráfico e o sistema escravista.

Logo após a promulgação da Tarifa Alves Branco (1844), aumentando os impostos de importação, fator que atingiu os interesses ingleses, a questão da manutenção do tráfico de escravos para o Brasil tornou-se insustentável para o governo britânico. Como represália, em 1845, portanto apenas um ano após a medida brasileira, o Parlamento Britânico aprovou a lei conhecia como *Bill Aberdeen*, sugerida pelo ministro George Aberdeen e marcada pelo seu caráter unilateral. Segundo a lei, os navios ingleses patrulhariam o Atlântico em busca de navios negreiros, e os encontrados seriam comprados pela marinha inglesa — a um preço por ela determinado — ou desmantelados totalmente, tendo suas peças e materiais vendidos em leilão. Os responsáveis pelas embarcações seriam apreendidos a bordo e julgados no almirantado inglês. Com a medida, a Inglaterra claramente equiparava o tráfico à pirataria. Por outro lado, por precaução em caso de retaliação brasileira, a marinha inglesa mobilizava seus barcos estacionados na Bacia Platina, onde seus interesses econômicos também eram muito expressivos.

O Bill Aberdeen acabou transformando a atividade do tráfico em verdadeira aventura. Alguns navios chegaram a ser afundados pela marinha inglesa, enquanto outros, percebendo a aproximação dos navios britânicos, jogavam a *carga* no mar (amarrando pesadas pedras nos escravos). O governo imperial assumiu tímida reação diante da atuação inglesa, limitando-se o ministro do Exterior, Antônio Limpo de Abreu, a protestar formalmente. Alguns navios chegaram a ser capturados em portos brasileiros, o que era visto por setores nacionalistas como uma afronta à nação. Houve inclusive passeatas de protesto na cidade do Rio de Janeiro.

Na verdade, apesar do número expressivo de negreiros capturados pelos ingleses, o tráfico de escravos continuou de vento em popa, ou mais modernamente, a pleno vapor, já que este tipo de embarcação se transformara em instrumento do tráfico. No final de 1840, o número de negros desembarcados no Brasil chegou a um patamar sem precedentes, tal a necessidade de braços para a lavoura cafeeira em expansão. Nunca o tráfico fora tão lucrativo. A fortaleza de Santa Cruz, na entrada do porto do Rio de Janeiro, foi transformada em depósito de escravos, os quais seriam futuramente embarcados para o porto de Santos. Estima-se que, em 1846, as províncias do Rio de Janeiro e o Espírito Santo receberam cerca de 42.500 escravos. Quem transitava pelas estradas ligando a capital a áreas do interior dificilmente deixaria de encontrar bandos de negros, conduzidos por homens armados, para as fazendas de café.

> "A fim de driblar o sistema de repressão britânico, o tráfico de escravos tornou-se bem mais organizado do que antes. 'Todos os instrumentos desse tráfico', recordaria Lord Howden mais tarde, '[foram] levados a um grau de perfeição surpreendente e que nada, senão o imenso lucro, pode explicar'. Foram feitos estudos cuidadosos dos movimentos dos patrulheiros britânicos, já que nem mesmo uma esquadra de cerca de trinta navios podia bloquear efetivamente todo o litoral negreiro da África Oriental e Ocidental." (BETHELL, LESLIE, *A abolição do tráfico de escravos no Brasil*, Rio de Janeiro, Expressão e Cultura; São Paulo, Editora da Universidade de São Paulo, 1976, pág. 271.)

A lei Eusébio de Queirós — abolindo o tráfico negreiro no Brasil — foi sancionada em 4 de setembro de 1850, recebendo o nome do então ministro da Justiça. As ações inglesas no litoral brasileiro contribuíram para a decisão governamental, uma vez que se considerava um inaceitável desrespeito à soberania brasileira. O Partido Conservador no poder, pressionado pelos liberais sob acusação de omissão, acabou aprovando a nova lei antes que a violação inglesa assumisse níveis ainda mais evidentes. Em 1854, a lei Nabuco de Araújo complementou a lei Eusébio de Queiroz, estabelecendo severas punições aos traficantes.

> "(...)solucionados seus problemas com Rosas, a Inglaterra deslocou em 1849 vários navios para as costas brasileiras a fim de empregá-los no combate ao tráfico. A ação inglesa, embora enfrentando oposição na própria Inglaterra, atingiu o auge em junho de 1850, quando o Almirante Reynolds, com apoio de Palmerston e do representante Hudson, passou a invadir portos brasileiros e neles apreender e afundar navios nacionais (...)" (CARVALHO, JOSÉ MURILO DE, *op. cit.*, pág. 54.)

O último conflito importante entre governo e negreiros foi travado em Pernambuco, em 1855. A partir desta data, admite-se que o tráfico negreiro tenha definitivamente chegado ao fim no Brasil. O governo imperial, temendo que a lei não fosse respeitada, tratou de tomar as providências cabíveis. Uma delas foi a centralização da Guarda Nacional, decretando que toda a oficialidade fosse nomeada pelo ministro da Justiça.

Entre as importantes conseqüências da lei Eusébio de Queirós, podemos destacar o redimensionamento da questão da mão-de-obra, uma vez que a expansão da lavoura não podia parar. A proposta da imigração tornou-se um tema cada vez mais constante nos debates políticos, uma vez que já tinha sido realizada uma experiência malsucedida — envolvendo o senador Nicolau de Campos Vergueiro. Neste contexto, outras propostas chegavam a ser risíveis, demonstrando cabalmente o menosprezo da elite agrária brasileira ao trabalho manual. Um deputado chegou a propor a domesticação de macacos para a colheita de café! Visava-se claramente estabelecer com a imigração um branqueamento da população brasileira, sendo necessário rejeitar imigrantes que não fossem europeus, e, mesmo assim, de determinadas áreas.

Uma questão prevista pelos abolicionistas, quando o tráfico fosse extinto, era que o tratamento dispensado aos escravos pelos seus proprietários tenderia a amenizar-se. O acasalamento de escravos tornou-se mais comum, apesar da desproporção entre o número de homens e mulheres entre os cativos.

Possivelmente, a constituição de famílias escravas expandiu-se neste momento, fator que poderia aumentar a população cativa, servir como um atrativo para o escravo, além de inibir a fuga individual, aspecto que afastaria o escravo mais moço, mais apto a fugir — e também mais produtivo — de seus familiares. Por outro lado, estas famílias conseguiriam manter determinados valores culturais de forma bem mais duradoura, resistindo, de certa forma, ao sistema escravista.

Os preços dos escravos subiram enormemente logo após a promulgação da lei Eusébio de Queirós, estimulando o tráfico interprovincial, ou mesmo o deslocamento de escravos em uma mesma província: da zona urbana para a rural, do setor de subsistência para a agricultura de exportação. Outro aspecto importante, decorrente da nova lei, foi a liberação de uma substancial parcela de capitais envolvidos com o tráfico, fator fundamental para o desenvolvimento industrial conhecido como Era Mauá.

Ainda em 1850, uma importante medida foi aprovada pelo governo imperial, decorrente da lei Eusébio de Queirós. A *Lei de Terras.* Temendo que a ocupação indiscriminada de terras comprometesse o projeto de estimular a imigração de trabalhadores para as lavouras de café, promulgou-se uma lei proibindo a ocupação ou a doação de terras por parte dos governantes, passando-se a exigir o certificado de compra de quem ocupasse um terreno. Tal medida visava aumentar o valor das terras e obrigar o emigrado a vender sua força de trabalho para o cafeicultor. Fechava-se a porta a uma reforma agrária no país, garantindo que a cerca, que progressivamente abandonava o trabalho, limitasse o livre acesso à terra.

F) A PRAIEIRA (1848-1850)

1. O QUE FOI

"As ocorrências que conformam a luta armada que atingiu a Província de Pernambuco entre os meses de novembro de 1848 e abril de 1849 têm sido registradas pela historiografia sob

> múltiplas denominações: Revolta, Rebelião, Revolução e Insurreição Praieira. Os contemporâneos da luta a designaram com termos de sentido muito preciso na época: para Urbano Sabino Pessoa de Mello, *revolta*; para Jerônimo Martiniano Figueira de Mello, chefe de Polícia durante o confronto, *rebelião*; e para Antônio Borges da Fonseca, *revolução* de caráter republicano. As interpretações posteriores enriqueceram as conotações desses termos; Joaquim Nabuco (1896) denomina *revolução*, canalizadora de um *turbilhão popular* e complicada por um *fermento socialista*; Caio Prado Jr. (1933) considera uma *revolta* cuja ideologia *popular* a singulariza dentre os movimentos populares da *revolução da Independência*; Amaro Quintas (1946) designa uma *revolução* de duplo *sentido social* (*aspirações populares* e *idéias socialistas*), no que é seguido por Vamireh Chacon (1964); já Edison Carneiro (1960) especifica uma *insurreição* das massas dentro de um processo de *revolução democrático-burguesa*." (MARSON, IZABEL ANDRADE, *O Império do Progresso: a Revolução Praieira em Pernambuco (1842-1855)*, São Paulo, Editora Brasiliense, 1987, págs. 9 e 10.)

Toda essa diversidade de conceituações e de enfoques sobre a *Revolta Praieira*, também conhecida como *Revolta de Praia*, evidencia a complexidade do movimento.

Outra questão polêmica refere-se ao seu desenlace. A maioria dos autores considera ter ocorrido em 1850, quando se deu a prisão do capitão Pedro Ivo Veloso da Silveira, destacado chefe militar praieiro. Izabel Andrade Marson aponta abril de 1849, quando Manoel Vieira Tosta, então governando a província, declarava à Assembléia Provincial que "a guerra civil se achava aniquilada." (*op.cit.*, pág. 107). Já então morrera em combate Joaquim Nunes Machado, deputado e o mais eminente chefe rebelde, e outros líderes haviam sido presos — como o jornalista Antônio Borges da Fonseca — ou mortos, como João Inácio Ribeiro Roma.

A mesma historiadora enquadra a Praieira entre 1842 e 1855. Foi em 1842 que os *Praieiros* — denominação dos liberais em Pernambuco porque ficava na rua da Praia, em Recife, a tipografia que imprimia o *Diário Novo*, órgão da imprensa do Partido Liberal — começaram a se armar porque se sentiam inseguros com a ascensão dos Conservadores ou *Guabirus*. Essa denominação aplicada aos membros do Partido Conservador, em Pernambuco, tem sentido pejorativo, significando *desajustado*, *rato-preto* ou *gatuno*.

Enfim a historiadora Izabel Andrade Marson estende o limite final da Praieira a 1855 porque prolonga a luta popular dos pernambucanos até o *Ronco da Abelha* que estudaremos em *As lutas das camadas populares continuaram* no item 15.9 deste capítulo.

2 . POR QUE FOI

Um dos testemunhos mais vivos sobre a situação geral da província de Pernambuco nos é oferecido por Antônio Pedro de Figueiredo, jornalista e diretor da revista *O Progresso*, editada em Pernambuco às vésperas da Revolução Praieira. Publicada entre 1846 e 1848, a revista viveu até setembro de 1848, seu último número saindo pouco antes do início da Praieira. O texto reproduzido a seguir foi retirado do volume I da obra de R. Magalhães Júnior *Deodoro — A Espada contra o Império*, São Paulo, Companhia Editora Nacional, 1957.

> "A maior parte dos engenhos possui vastas extensões de terrenos incultos, terrenos que seriam eminentemente próprios para a pequena cultura, e que, se fossem cultivados, bastariam para fornecer com abundância farinha, feijão, milho etc. para toda a população da Província e das Províncias vizinhas, e até para exportação. Ora, os proprietários se recusam a vender estes terrenos, e até a arrendá-los. Se possuirdes trinta ou quarenta contos, então podereis comprar um engenho; mas se sois pobre, e quiserdes comprar ou arrendar algumas *jeiras de terra*, não achareis! É isso o que faz que a população improdutiva da cidade, a classe dos solicitadores de empregos públicos se aumente todos os dias, que os crimes contra a propriedade se tornem mais freqüentes e o país se empobreça dia a dia, em conseqüência do aumento do número de consumidores, no entanto, que o dos pro-

dutores permanece estacionário, ou ao menos cresce em proporção muito mais lenta. Mas, dizem os grandes proprietários, estamos longe de recusar, como dizeis, à gente pobre, as terras que ela precisa para cultivar; apresentem-se, e mediante um *foro módico*, e às vezes até por nada, nós lhe daremos não só a terra para plantar, mas madeiras para construir as habitações. É verdade, mas este gozo que lhe proporcionais, só se dá enquanto vos apraz. No momento, porém, em que vos dá vontade, por um capricho vosso, ou porque eles se recusam a votar na vossa chapa nas eleições, ou a executar uma ordem que lhes destes, despejai-os sem remissão. Como é que quereis que estes infelizes plantem, se eles não têm a certeza de colher? Que incentivo há aí que os induza a beneficiar um terreno do qual podem ser despejados de um instante para o outro? Nas vossas terras, eles não gozam direito algum político, porque a sua opinião deve ser por força a vossa; para eles, vós sois a polícia, os tribunais, a administração, tudo, em uma palavra e, afora o direito e a possibilidade de vos deixarem, a sorte desses infelizes em nada difere da dos servos da meia-idade."

A expressão *servo da meia-idade* designa o camponês que, embora juridicamente livre, permanecia preso à terra. A *jeira* é uma medida agrária equivalendo de 19 até 36 hectares, variação existente em países diversos. Já o *foro* é a quantia paga ao proprietário pelo uso da terra pelo posseiro.

A análise do documento revela a predominância do latifúndio no conjunto da economia pernambucana, perpetuando, com modificações secundárias, as estruturas socioeconômicas estabelecidas no Período Colonial.

Uma das conseqüências era a condição de pobreza da maioria da população da província, sem possuir terras, sem trabalho e sem perspectiva de melhoria de vida, a não ser que se subordinasse às exigências do grande proprietário rural ou aderisse ao banditismo.

Não se pode esquecer que a mão-de-obra agrícola básica era formada pelo escravo negro.

O desemprego e o marginalismo nas cidades era grave devido ao êxodo rural provocado pela presença da grande propriedade rural, com amplas parcelas de terras não cultivadas.

As péssimas condições de vida de amplas parcelas da sociedade pernambucana se extravasavam inclusive em quadrinhas populares, como a reproduzida a seguir:

> "Quando for para Pernambuco / Leve contas para rezar. / Pernambuco é um purgatório / Onde gente vai penar."

O documento também revela a preocupação do autor pelas questões sociais e econômicas, explicável pela sua formação filosófica socialista. É inegável que as Revoluções de 1848, iniciadas na França e se propagando a outras sociedades européias — daí, por vezes, serem denominadas de *Despertar das Nações* —, também influíram na Praieira ocorrida em Pernambuco, com repercussões na Paraíba. Na Praieira estiveram presentes idéias que embasaram a onda revolucionária européia: liberais, nacionalistas, socialistas e republicanas.

O nacionalismo está presente em documentos, como o *Manifesto ao Mundo*, de 1º de janeiro de 1849, cuja redação é atribuída a Antônio Borges da Fonseca ou, segundo outros, a Antônio Pedro de Figueiredo. Nele, defendia-se o monopólio do comércio a retalho somente para cidadãos brasileiros. Em clara manifestação antilusitana, reafirmava-se proposta de outros movimentos anteriores visando acabar com o controle que os comerciantes portugueses mantinham desde o Período Colonial. Mais uma vez ouviu-se pelas ruas de Olinda e Recife os gritos de *Mata-Marinheiro*, com a multidão atacando casas comerciais e residências de portugueses, muitos destes sendo massacrados.

> "O povo na grande maioria, bem trabalhado pela abundante imprensa praieira, onde se liam vibrantes e excelentes jornalistas, acreditava que os dois principais inimigos que o impediam de melhorar de vida e alterar o padrão de sociabilidade da Província eram os portugueses que monopolizavam o comércio das cidades, principalmente o varejo, e certos senhores de engenhos, como os Cavalcanti, os Rego Barros que tinham o abarcamento de terras no interior e o controle da política provincial." (GUERRA, FLÁVIO, *op. cit.*, págs. 116 e 117.)

Dentre os participantes ativos da Praieira destacaram-se o general José Inácio de Abreu e Lima, conhecido como *General das Massas* porque lutara com Simon Bolívar pela independência da Venezuela e da Colômbia, e o jornalista Antônio Pedro de Figueiredo, adepto de idéias socialistas. Apelidado de *Cousin Fusco* — denominação pejorativa oriunda de Victor Cousin, socialista francês, e de fusco que significa *escuro*, pois Figueiredo era mulato.

> "A sua notável revista *O Progresso* foi o mais importante veículo para a compreensão do desenvolvimento da idéia socialista (...) e para propaganda de suas concepções doutrinárias (...) Se o *Cousin Fusco* era o homem da ação doutrinária no gabinete, o *Repúblico* [como" era chamado Antônio Borges da Fonseca] era o homem dos comícios turbulentos e das barricadas." (QUINTAS, AMARO SOARES, *O sentido social da Revolução Praieira*, Rio de Janeiro, Editora Civilização Brasileira, 1967, pág. 80.)

Grande influência sobre a sociedade pernambucana exerceu Louis Vauthier. Chefiou uma equipe de engenheiros que chegou a Pernambuco contratada para realizar obras diversas, incluindo-se edificações e estradas. Amigo de Antônio Pedro, era partidário do socialismo utópico de Charles Fourier. Em 1846 voltou à França, após seis anos de permanência no Brasil. Embora não participasse da Praieira, contribuiu para a difusão do ideal socialista.

No contexto pré-revolucinário teve papel significativo a publicação de inúmeros jornais. Além dos já citados, destacaram-se:

- *A Voz do Brasil*, de Inácio Bento de Loyola, de orientação nacionalista exaltada;
- *O Nazareno* e *O Tribuno*, de Antônio Borges da Fonseca, incansável defensor da República;
- *A Barca de São Pedro*, de diretrizes socialistas, como seu proprietário José Inácio de Abreu e Lima;
- *O Grito da Pátria*, de João de Barros Falcão de Albuquerque Maranhão, *O Guarda Nacional*, de Jerônimo Vilela de Castro Tavares, e *A Reforma*, de Afonso de Albuquerque Melo, todos da imprensa liberal e republicana.

Também contribuíram para estimular a explosão praieira inúmeros pasquins, de curta duração e limitada circulação.

Os liberais radicais pernambucanos, ou praieiros, propunham a nacionalização do comércio, o fim do Poder Moderador, a instituição do sufrágio universal, a extinção da lei do juro e do sistema de recrutamento existente, melhorias nas relações de trabalho e o federalismo. Muitos defendiam a proclamação da República e melhor distribuição de terras.

> "A história real da Revolução Praieira, iniciada praticamente em 1848 em Pernambuco, vem, mesmo na sua feitura, de 1844, com a queda do gabinete conservador de 1843, e a ascensão dos liberais ao poder em fevereiro daquele ano, logrando ali conservar-se pelo espaço de quatro anos. Voltando ao governo, os Praieiros, no auge de sua exaltação contra os Conservadores, cuidaram de difundir e até instalar de certo modo na Província as suas idéias de reforma político-social, chegando ao ponto de propor na Assembléia Provincial medidas altamente revolucionárias, como aquela de se 'expulsar de Pernambuco todos os portugueses e se nacionalizar todo o comércio a varejo'. Indo mais além, operários e artífices da Província, insuflados e orientados por eles, enviaram uma representação ao Imperador, pedindo que se proibisse a importação de alguns artigos da Europa, que pudessem ser fabricados no Brasil, e se decretasse a expulsão do país de todos os operários estrangeiros." (GUERRA, FLÁVIO, *op. cit.*, pág. 112.)

Ora, a queda do gabinete liberal e a ascensão dos conservadores ao poder sob a chefia de Pedro de Araújo Lima, em setembro de 1848, implicaram a nomeação do doutor Herculano Ferreira Pena para governar a província de Pernambuco.

Quando o novo governante dos *Guabirus* começou a nomear autoridades do Partido Conservador para substituir liberais nos cargos que ocupavam, os praieiros se sublevaram.

3 . COMO FOI

Em novembro de 1848, os praieiros começaram a concentrar grupos armados em Igaraçu e, sentindo-se fortalecidos, tomaram Nazaré, onde a eles se juntaram novos reforços.

Desde o dia 10 de novembro difundiu-se na província uma proclamação afirmando:

> "Pernambucanos, o partido absoluto miguelista que se acha no poder, unido aos portugueses do Rio de Janeiro daqui, acaba de dar princípio à obra da nossa escravidão, entregando nossas vidas e propriedades aos nossos mais encarniçados inimigos, cujo desejo de vingança contra os verdadeiros pernambucanos é insaciável, porque não podemos suportar o monopólio dos portugueses no comércio e os roubos e os assassinatos (...) Às armas, meus patrícios, às armas!" (*in* GUERRA, FLÁVIO, *op. cit.*, pág. 115.)

Sucederam-se combates entre praieiros e legalistas, predominando vitórias dos últimos, sem, no entanto, impedir o alastramento da rebelião. Devido a isso, o governo imperial substituiu Ferreira Pena por Manuel Vieira Tosta na presidência da província.

Partindo de Água Preta, duas colunas de praieiros tentaram tomar Recife acreditando assim ser vitorioso o movimento. Contudo, foram vencidos, tendo sido presos vários líderes e morto o deputado Joaquim Nunes Machado, um dos principais cabeças da Praieira.

Novo governante da província, Honório Hermeto Carneiro Leão empenhou-se decididamente em pacificar Pernambuco. Combates se sucederam, os praieiros usando a tática de guerra de guerrilhas face à inferioridade militar. As prisões se sucederam. A violência contra os praieiros não excluindo parentes, simples simpatizantes e meros suspeitos.

> "Mais de duzentos mortos, quase trezentos prisioneiros, cujo número se vai a cada hora aumentando." (Proclamação de Manuel Vieira Tosta, então governando Pernambuco, *in:* PESSOA DE

MELLO, URBANO SABINO, *Apreciação da Revolta Praieira em Pernambuco*, Brasília, Senado Federal, 1978, pág. 103).

Ainda que parte das forças dos praieiros invadisse a Paraíba, ameaçando sublevar todo o interior da província, faltavam recursos para continuar a luta. Já então estavam presos os principais chefes rebeldes. Submetidos a julgamento, nove foram condenados à prisão perpétua com trabalhos forçados, destacando-se, dentre eles, Antônio Borges da Fonseca, José Inácio de Abreu e Lima, os ex-deputados Felipe Lopes Neto, Jerônimo Vilela de Castro Tavares e Joaquim Francisco de Faria.

Vivia-se o mês de agosto de 1849.

No interior, o capitão Pedro Ivo Veloso da Silveira prosseguiu liderando a resistência — mediante a guerra de guerrilhas — até fevereiro de 1850, quando foi aprisionado. Levado para a Fortaleza da Laje, na cidade do Rio de Janeiro, no ano seguinte conseguiu escapar. Embarcando em navio estrangeiro que rumava para a Europa, acabou falecendo quando viajava ao largo de Pernambuco, sendo seu corpo jogado ao mar.

"Que importa se o túmulo ninguém lhe conhece? / Nem tem epitáfio, nem leito, nem cruz?... / Seu túmulo é o peito do vasto universo, / Do espaço — por cúpula — as conchas azuis!...

...Mas contam que um dia rolara o oceano / Seu corpo na praia, que a vida lhe deu... / Enquanto que a glória rolava sua alma / Nas margens da história, na areia do céu!... (Pedro Ivo, poema de Castro Alves, *in: Poesias completas de Castro Alves.* Rio de Janeiro, Ediouro, s/d, pág. 42.)

Somente em 1852 foram anistiados os praieiros que cumpriam pena.

Não podemos esquecer que em muitas vilas de Alagoas, Paraíba e Pernambuco continuaram a ocorrer explosões de rebelião. Conhecidas como Revolta do Ronco da Abelha, podem ser consideradas como um prolongamento da Praieira, mas o assunto será estudado mais adiante.

G) A INSURREIÇÃO DE QUEIMADOS

Na província do Espírito Santo, como em outras do Império, a fuga de escravos e a formação de quilombos ocorriam de maneira tão sistemática que as autoridades mostravam-se preocupadas.

Assim é que

> "em Guarapari, na Fazenda de Campos, existiam 400 escravos e, na do Engenho, 200. Quando o último proprietário da primeira faleceu, os escravos se revoltaram e deixaram de trabalhar. Um padre tentou apaziguá-los; mas, os cabeças mataram-no. Armaram-se e formaram, ali nas matas, uma República Negra, que dificilmente se submeteu." (NOVAES, MARIA STELLA DE, *A escravidão e a abolição no Espírito Santo*, Vitória, Departamento de Imprensa Oficial, 1963, pág. 77.)

Em 1822, eclodiu a *Insurreição da Serra*, cuja ocorrência um magistrado espírito-santense informou ao ministro José Bonifácio. Os insurretos pretendiam se tornar homens livres, mas fracassaram, sendo castigados severamente.

Posteriormente, Antônio Pereira Pinto, então governando aquela província, em 30 de agosto de 1848 enviou ofício a Pedro Dias de Carvalho, ministro do Império, revelando sérios temores ante a multiplicação de quilombos no Espírito Santo. Chegara inclusive a mandar mensagem à Assembléia Provincial, em 11 de março de 1849, considerando o risco de decadência da agricultura espírito-santense diante da acentuada incidência de fugas de escravos.

Foi nesse contexto que, em 19 de março de 1849, explodiu a *Insurreição* ou *Rebelião de Queimados*.

Como pivô de outra manifestação de luta pela liberdade encontra-se a figura de frei Gregório José Maria de Bene, que vivia em São José dos Queimados, um distrito do município de Vitória. No ano de 1848, frei Gregório resolveu construir a Igreja de São José, padroeiro da paróquia de São José dos Queimados. Como pretendia que a Igreja estivesse pronta em 19 de março de 1849, dia consagrado a São José, teria prometido a alforria aos escravos negros que trabalhassem na construção do templo.

Estimulados pela promessa do sacerdote, os escravos empenharam-se em suas atividades. Chegaram inclusive a trabalhar aos sábados, domingos, feriados e até em noites de luar.

> "Foi essa uma das versões relativas à origem da insurreição. Entretanto, no 'Livro do Tombo' e no juramento que fez, em sua própria defesa, vê-se que não teve a culpa, que se lhe atribuía. Era apenas imprudente, na exaltação da liberdade e na recriminação do cativeiro, sem pressentir a influência que suas prédicas exerciam, no espírito rude daquela pobre gente." (NOVAES, MARIA STELLA DE, *op. cit.*, pág. 58.)

A versão do frade ganha fundamento quando o inquérito instaurado deixa evidente que os escravos vinham conspirando para se revoltar. Com dificuldade e alto risco, adquiriram armas e escolheram seus chefes:

> "1) a Elisiário, o mais destacado rebelde, cumpria animar os companheiros, em nome de frei Gregório, embora sem a devida autorização, marcando, por conta própria, o dia 19 de março para o motim;
> 2) Chico Prego encarregou-se de recrutar e animar os escravos da Serra e seus arredores;
> 3) a João Pequeno, que considerava único recurso o das armas, coube a zona do Rio Santa Maria da Vitória;
> 4) João da Viúva Monteiro cuidou especialmente de Queimados." (NOVAES, MARIA STELLA DE, *op. cit.*, pág. 58.)

Todos os preparativos foram feitos para a insurreição começar caso não fossem os escravos libertados. Na véspera da inauguração da Igreja São José já se encontravam reunidos mais de 200 escravos.

Como a promessa de frei Gregório não foi cumprida, na hora da missa, os insurretos invadiram a igreja aos gritos de "Viva a liberdade! Queremos carta de alforria."

Em bandos dirigiram-se às fazendas próximas obrigando seus proprietários a conceder a libertação de seus escravos.

Todavia, Elisiário, um dos líderes do movimento, atemorizado face à inevitável repressão das autoridades, procurou o padre Joaquim de Santa Maria Duarte, que sucedera a frei Gregório, destituído de suas funções. Contou-lhe que nas matas concentravam-se dezenas de escravos à espera da prometida alforria.

Tropas foram enviadas de Vitória para reprimir a sublevação. No desfiladeiro chamado de Ladeira de João dos Santos, ocorreu o primeiro combate, seguindo-se incursões militares para dispersar, prender ou matar os sublevados que se dispersaram pelas matas.

A violência da repressão chegou a inspirar quadrinhas populares, como as transcritas por Maria Stella de Novaes, *op. cit.*, páginas 65 e 66:

> "Os negros cativos / Querendo ser forros, / Usavam cabelos / Da 'altura dos morros'".
>
> "Pomada d'Ulanda' / Fazia murrinha, / Em cima do couro / Da carapinha."
>
> "Camisa engomada, / Chapéu de 'lemar' / Diziam os negros / Iam-se acabar."

Muitos dos insurretos foram aprisionados, sendo submetidos a desumanas condições carcerárias e violentas surras de chicote.

O Tribunal do Júri, então reunido em Vitória, de 31 de maio a 2 de junho de 1849, julgou 38 acusados. Seis foram absolvidos; três condenados à morte; dois deveriam ficar submetidos às galés perpétuas, e os demais a receberem de 300 a 1.000 açoites. Embora sendo inocentado, frei Gregório, considerado responsável pela rebelião, foi obrigado a sair da província, tendo sido enviado para o Alto Amazonas.

O advogado de defesa apelou para a clemência do governo imperial. Com isso, protelou-se a execução dos condenados à morte.

A 7 de dezembro de 1849, quatro prisioneiros conseguiram fugir: Carlos, Elisiário, João Pequeno e Eduardo Pinto de Vasconcelos. Os três primeiros, condenados à morte, nunca foram recuperados, embora Carlos acabasse indo viver na fazenda de seu antigo proprietário que o protegeu contra novas repressões. As fontes históricas não registram quando os três morreram.

Menos sorte teve Eduardo Pinto de Vasconcelos, que fora condenado às galés perpétuas, com trabalhos forçados. Acabou sendo alcançado pelos perseguidores que o mataram com um tiro no peito.

Quanto a João da Viúva Monteiro e Chico Prego, que não conseguiram escapar da cadeia, terminaram executados. Era o dia 8 de janeiro de 1850 quando morreram na forca. Seus cadáveres foram massacrados a pauladas!

> "Senhor Deus dos desgraçados / Dizei-me, Vós, Senhor Deus, / Se é mentira, se é verdade / Tanto horror, perante os céus!" (*O Navio Negreiro*, poema de Castro Alves), *in Poesias completas*, Rio de Janeiro, Ediouro, s/d, pág. 136

15.7 . COMEÇOU O REINADO DO CAFÉ

A) MUDANÇAS ESTRUTURAIS E EXPANSÃO CAFEEIRA NO BRASIL DO SÉCULO XIX

A estrutura fundiária do Brasil foi marcada, desde os primeiros momentos de colonização, pela tendência à grande propriedade. O regime de sesmarias que definia os critérios de aquisição de terra através da doação, principalmente por parte do Estado, vigorou de 1530 a 1822, quando foi alterado pela resolução governamental de 17 de julho de 1822, que o extinguiu. Esta foi, por sua vez, confirmada pela provisão de D. Pedro I, em 22 de outubro de 1823, criando, por outro lado, uma situação de indefinição decorrente da ausência de novos critérios.

A nova situação, que perdurou até 1850, permitiu, por sua vez, a formação de pequenas propriedades familiares através da posse. Diferentemente do sistema de sesmarias, segundo o qual primeiro se recebia a terra para depois cultivá-la, com a posse ocorria justamente o oposto: primeiramente passou-se a explorá-la para depois legalizar o direito de propriedade.

Esse tipo de propriedade rural criada sob o regime da posse, impregnada muitas vezes pelo espírito latifundiário, não representou qualquer lucratividade para a economia brasileira, que se caracterizava como primária, voltada para exportação, portanto, por uma produção em larga escala. Era um pré-requisito que não poderia ser satisfeito pela propriedade familiar (minifúndio) que se formou a partir da posse, devido à utilização do reduzido número de trabalhadores envolvidos na produção, o que lhe permitia somente satisfazer parcialmente as suas necessidades básicas. Ocorreu, assim, decorrente da característica latifundiária exportadora da estrutura agrária brasileira, uma dicotomia que perdurou até 1850: a existência de minifúndios foi restringida a partir da promulgação da Lei de Terras, pois a estrutura econômica do país baseava-se no latifúndio exportador.

As limitações de braços nas propriedades familiares não só impossibilitaram a produção em larga escala para exportação, como também dificultaram a produção que deveria satisfazer as necessidades do mercado interno, tendo como alternativa para o seu abastecimento, em grande maioria, produtos alimentícios importados.

O minifúndio tornava-se, por sua vez, a grande oportunidade das camadas desprivilegiadas da sociedade ascenderem socialmente através da aquisição de propriedade rural. Entretanto, o minifúndio esbarrava na hegemonia econômica e nos interesses de expansão da lavoura cafeeira, que necessitava cada vez de mais terras para se expandir.

Seguindo uma tradição exportadora de produtos primários, a economia brasileira optou mais uma vez pela monocultura, o que, no entanto, não pode ser entendido de forma absoluta. Sendo assim, o latifúndio não só dominou a paisagem rural do país como teve, por necessidade, a proteção governamental para a sua expansão. Era de fundamental importância, portanto, a existência de mecanismos que viabilizassem a aquisição de empréstimos para o plantio, obtido tanto pela demarcação da propriedade fundiária pela Lei de Terras, quanto a partir da Lei de Hipoteca Rural, que deu as devidas garantias para os financiadores.

Ao mesmo tempo, o modelo econômico que se estruturava no Brasil constituía um forte vínculo com o capital internacional. Diante da divisão internacional do trabalho, os países cuja estrutura interna se encontrava ainda arraigada às relações de produção de tipo colonial constituíam-se como fornecedores de matéria-prima, bem como consumidores de produtos industrializados. Essa última característica permitiu a penetração do capital estrangeiro no país através, principalmente, da importação de bens de capital para a lavoura cafeeira.

Podemos ressaltar ainda que a conjuntura econômica internacional exigia a ampliação do mercado consumidor mundial, pressionando, assim, para o fim da escravidão, o que teve como conseqüência no Brasil a promulgação da Lei Eusébio de Queirós, da Lei dos Sexagenários, da Lei do Ventre-Livre e da Lei Áurea. Criaram-se dois problemas imediatos: primeiro, a escassez de braços para a lavoura; e, segundo, a falta de trabalhadores mais qualificados para o manuseio do maquinário importado, tendo em vista a característica do escravo constituir um trabalhador de baixa qualificação técnica. Isso pressionou, portanto, a adequação da estrutura econômica brasileira tanto às exigências externas quanto às internas, permitindo o início de um processo de mudanças estruturais no país.

B) A TERRA SE TORNOU UMA MERCADORIA

Com as mudanças que se processaram na estrutura agrária brasileira, principalmente após a Independência, aliadas às contingências externas, foram criadas as condições para a transformação do principal meio de produção da época em mercadoria.

A Lei de Terras foi um fator importante para a transformação da propriedade da terra segundo critérios capitalistas. Quando por exigência legal, então a partir de 1850, as terras não mais poderiam ser ocupadas como ocorria no regime de posse, ou doadas quando no sistema de sesmarias, mudava a forma de se adquirir uma propriedade no meio rural, bem como o seu caráter.

Foi introduzido, então, nas transações de aquisição de uma propriedade rural o valor monetário, ou seja, a terra passava a ser uma mercadoria, pois a utilização da moeda circulante para que se pudesse adquiri-la constituía um pressuposto básico: a terra tornava-se um meio comerciável, portanto, exigia-se a sua compra e não mais a doação ou posse.

Com essa transformação mudava também a mentalidade do proprietário rural. Quando a sua propriedade passou a representar um valor comerciável, alterou-se igualmente o símbolo de poder. Não era mais apenas a extensão da propriedade que representava a riqueza ou seu valor puro e simples, mas, entre outras coisas, a sua potencialidade comercial e produtiva.

Com a lei hipotecária de 24 de setembro de 1864, completava-se a inserção da terra no cenário comercial, pois dava aos grandes proprietários a condição necessária para aquisição de empréstimos para a expansão de suas lavouras e para tornar a sua terra produtiva, além de garantir os interesses dos seus financiadores.

A propriedade rural passava a ter não somente essa característica, mas, também, a de facilitar a aquisição de mão-de-obra, o que levou grandes fazendeiros a ficarem em profunda dependência dos traficantes de escravos. Assim, na segunda metade do século XIX, muitas dessas propriedades passaram para as mãos desses comerciantes, já que com o não pagamento das dívidas a hipoteca dava-lhes a aquisição daqueles bens fundiários.

Dessa forma, o latifúndio cafeeiro foi se organizando em bases capitalistas e por isso se fortalecendo dentro da estrutura econômica do país, pois viu a influência política desses latifundiários aumentar. Era, então, necessário ampliar essas bases, o que muitas vezes não ocorria conscientemente. Portanto, a ampliação dessas bases contribuiu mais adiante para a tentativa de superação de uma estrutura socioeconômica que tinha os seus dias contados. O desejo dos cafeicultores em aumentar os seus lucros levou-os a encontrar alternativas que superaram as que o modo de produção escravista brasileiro poderia fornecer, contudo, sem condições ainda de substituí-lo.

Por conseqüência, o latifúndio cafeeiro se encontrava com dois problemas de primeira ordem: a necessidade de mão-de-obra mais qualificada para esse tipo de lavoura e a viabilização do escoamento dessa produção buscou soluções fora do âmbito do escravismo.

Devemos, portanto, considerar nesse contexto que, além da lei de Terras, outros fatores contribuíram para a alteração da estrutura agrária do país: o problema da mão-de-obra; as condições de escoamento da produção; o afluxo de capitais para a lavoura e as questões políticas que tal situação econômica criou.

C) O PROBLEMA DA MÃO-DE-OBRA

O Brasil, que fora abastecido de mão-de-obra escrava pelo tráfico legal de africanos até 1850, passou para a segunda metade do século XIX com um sério problema a ser resolvido: o da escassez desse tipo de trabalhador, que em decorrência da promulgação da Lei Eusébio de Queirós passou a ter sua entrada no país proibida.

A lavoura de café, que se encontrava em franca expansão, era a grande beneficiada pelo tráfico existente até então e sofreu muito com a promulgação da lei que o extinguiu, e que levou a um problema de abastecimento de braços para os cafezais.

A situação do negro escravo no Brasil, demasiadamente subumana, teve como conseqüência direta o baixo índice de crescimento vegetativo do escravo, não permitindo, assim, a viabilização, de forma satisfatória, da alternativa imediata: o tráfico interno das regiões que se encontravam em decadência econômica para a zona cafeeira. Aliado à alta taxa de mortalidade da população escrava, que se apresentava bem superior à de natalidade, observa-se que o modo de produção escravista se encontrava incapaz, portanto, de criar uma superpopulação relativa de mão-de-obra diante de seu lento progresso tecnológico.

Como o tráfico interno não tinha condições óbvias de suprir integralmente a demanda de mão-de-obra, isso exigiu outra solução para o problema. Para tal, a iniciativa privada tomou para si a responsabilidade da importação de outro tipo de trabalhadores.

A imigração de trabalhadores livres, que se destinavam principalmente à lavoura de café, teve suas conseqüências positivas muito mais para o lado dos grandes proprietários, com a intensificação da lavoura, que pelo lado dos trabalhadores. Não podemos esquecer que estes, apesar de seus contratos, acabavam ficando em uma condição de servidão, devido às dívidas que contraíam na viagem para o Brasil e nas despesas para sua sobrevivência, como observa Celso Furtado:

> "(...) o custo real da imigração corria totalmente por conta do imigrante, que era a parte financeira mais fraca. O Estado financiava a operação, o colono hipotecava o seu futuro e o de sua família, e o fazendeiro ficava com todas as vantagens. O colono devia firmar um contrato pelo qual se obrigava a não abandonar a fazenda antes de pagar a dívida em sua totalidade. É fácil perceber até onde poderiam chegar os abusos de um sistema desse tipo nas condições de isolamento em que viviam os colonos, sendo o fazendeiro praticamente a única fonte do poder político (...)" (FURTADO, CELSO, *Formação econômica do Brasil*, São Paulo, Companhia Editora Nacional, 1980, pág.126.)

Além disso, outro problema foi vivido pelos imigrantes: as péssimas condições de vida a que acabaram submetidos.

Portanto esses fatores contrariavam claramente as promessas feitas aos imigrantes de possibilidade de se tornarem proprietários, o que levou alguns governos europeus a protestarem contra tal situação, como foi o caso da Prússia, que impediu a vinda de imigrantes para o Brasil durante um longo período.

O contato de escravos com trabalhadores livres no mesmo espaço de trabalho também gerou um conflito de interesses dos últimos com os fazendeiros. Estes, ao colocarem os escravos nas áreas de maior rentabilidade da lavoura, inviabilizavam a possibilidade de os imigrantes saldarem suas dívidas, já que recebiam proporcionalmente àquilo que colhiam.

Apesar dos conflitos, os cafeicultores com maior visão empresarial aos poucos foram percebendo as vantagens da substituição do trabalho escravo e se aproximando, assim, de uma lavoura moderna. Parte dos fazendeiros de café introduziu elementos das relações capitalistas de produção, que eram incompatíveis com as relações de produção vigente.

É preciso perceber que a lavoura, ao se modernizar, não teria a necessidade de adiantar um capital para se extrair o sobretrabalho, como ocorria no escravismo, em que o proprietário desembolsava uma soma antes do escravo produzir: os cafeicultores, ao introduzirem o salário como forma de pagamento pela força de trabalho, remetiam o dispêndio desse capital para o futuro, pois no assalariado esse capital é utilizado após o trabalhador ter produzido, portanto, muito mais vantajoso para o proprietário. E foi justamente esse fato que incentivou a expansão da acumulação primitiva no Brasil.

Com o avanço da utilização do assalariado na lavoura e o risco do fim da escravidão, os escravocratas se mobilizaram para retardar a abolição que já se mostrava como inevitável. Uma das mostras dessa mobilização foi justamente a promulgação, em 1871, da Lei do Ventre Livre, assim como a Lei do Sexagenário, de 1885. Era a tese do fim da escravidão de forma lenta e gradual, o que conflitava com os interesses do setor capitalista.

Outro fato que contribuiu para o abastecimento de mão-de-obra às áreas que se encontravam em progresso econômico foi a seca no interior do Nordeste que, segundo Celso Furtado (*op. cit.*, pág. 133), durou de 1877 a 1880. Essa seca criou correntes migratórias para a região amazônica, devido à borracha; sul da Bahia, devido ao cacau; e São Paulo, devido ao café. Com isso, originou-se um afluxo de trabalhadores livres, possibilitando o barateamento do preço da força de trabalho.

D) AS ESTRADAS DE FERRO E A REDE BANCÁRIA

Ao tratarmos as questões ferroviária e bancária juntamente com a questão agrária, objetivamos entender a sua íntima ligação com os interesses do setor capitalista que se formava e necessitava de transporte rápido para o escoamento da produção do interior para o litoral, e de uma rede bancária que fosse capaz de atender às necessidades financiadoras.

Começaremos, então, tratando da expansão da rede bancária a partir do crescimento da importância do café na economia brasileira, quando os principais fazendeiros ligados a essa atividade agrícola não se limitavam somente ao cultivo da terra, mas, também, à atividade financiadora de outros proprietários.

Inicialmente, o recurso dos empréstimos era resolvido através de amigos ou parentes, porém, com o desenvolvimento das atividades agrícolas e comerciais do produto, impôs-se a expansão de uma rede bancária capaz de atender às necessidades que surgiam.

A ampliação dessa rede serviu para dar condições também à expansão da malha ferroviária. Ambas contaram, nesse caso, com uma grande participação do capital cafeeiro, justificado pela característica burguesa deste setor, decorrente de seu envolvimento também na comercialização do produto, e pelo seu interesse em criar uma infra-estrutura que permitisse à cultura do café expandir-se e aumentar a sua lucratividade.

Entretanto, os primeiros bancos brasileiros surgiram a partir da quarta década do século XIX. Em 1836, no Ceará, ocorreu a fundação de um banco, seguida por outra em 1838 no Rio de Janeiro; em 1846, no Maranhão; em 1847, na Bahia e no Pará; e em 1851 o Banco Mauá, também no Rio de Janeiro. Assim, a criação desses bancos contribuiu de forma significativa para o desenvolvimento capitalista quando, de forma gradativa, o capital bancário aumentou a sua participação na dinamização da economia do país.

Como já foi apontado, aliado à expansão do capital bancário e mercantil interno, houve também a ampliação da rede ferroviária. Seu objetivo era a viabilização do escoamento, principalmente, da produção cafeeira, até então feita por tropas de muares, o que deixava a referida produção sujeita a muitos prejuízos.

Observando a tabela que se segue podemos perceber a íntima relação da expansão da malha ferroviária com o capital cafeeiro:

EXPANSÃO DAS ESTRADAS DE FERRO		
ANO	REGIÃO CAFEEIRA (KM)	BRASIL (KM)
1854	14,51859	14,5
1859	77,9	109,4
1864	163,2	411,3
1869	450,4	713,1
1874	1.053,1	1.357,3
1879	2.395,9	2.895,7
1884	3.830,1	6.324,6
1889	5.590,3	9.076,1
1894	7.676,6	12.474,3
1899	8.713,9	13.980,6

(*Fonte:* SILVA, Sergio, *Expansão cafeeira e origens da indústria no Brasil,* São Paulo, Editora Alfa-Omega, 1985, pág.58.)

O interesse e envolvimento de parte do capital cafeeiro com a comercialização do produto levou à alteração do seu perfil dentro do quadro geral dos grandes proprietários rurais. Tal fator lhes deu um caráter burguês, levando-os a relacioná-lo diretamente tanto com a malha ferroviária quanto com a rede bancária.

E) O CARÁTER BURGUÊS DOS CAFEICULTORES

A característica burguesa dos cafeicultores se dava pelo fato de que pela primeira vez na História do Brasil encontrávamos um setor produtivo que se utilizava de relações de produção não escravistas sem, contudo, abrir mão do trabalho escravo. Esses barões do café, como eram chamados, ligavam-se também à comercialização, proporcionando, com isso, uma maior circulação interna de capital.

As atividades produtoras dessa burguesia contavam com algumas inovações importantes, como: introdução do trabalho assalariado, mecanização da lavoura e alteração do caráter da propriedade da terra.

Por outro lado, o caráter mercantil dos cafeicultores, que se preocupavam com a comercialização do produto, permitia que a mais-valia obtida com essa transação ficasse nas mãos da classe produtora e não de intermediários. Isso se deve, como observa Sergio Silva, ao fato de que:

> "Pouco a pouco, eles se afastam das tarefas ligadas à gestão direta das plantações, que são confiadas a administradores. Eles se estabeleceram nas grandes cidades, sobretudo em São Paulo. Suas atividades de comerciantes não se conciliavam com uma ausência prolongada dos centros de negócios cafeeiros.
>
> À medida que a economia cafeeira se desenvolvia, o papel das casas de exportação, centralizando a compra de toda a produção, cresce. A importância dos capitais aplicados nessa esfera da economia está ligada ao nascimento dos primeiros bancos brasileiros. As operações comerciais explicam o nascimento e o desenvolvimento dos bancos." (SILVA, Sergio, *op. cit.*, p.59.)

Com isso, podemos observar a grande participação dos cafeicultores em mais de uma atividade que envolvia o produto. Esse envolvimento dava ao setor latifundiário ligado a essa atividade econômica uma característica que o diferenciava tanto dos senhores de engenho quanto dos fazendeiros ligados à pecuária.

Não podemos considerar que este setor da classe dominante fosse homogêneo. Na verdade, encontramos uma parcela ligada muito mais à atividade mercantil que à produtora, até mesmo pelo fato de que tal parcela desenvolveu práticas capitalistas em suas lavouras, o que não ocorreu com todos os cafeicultores. Assim, o baixo nível de desenvolvimento das lavouras que não adotaram tais práticas levou os seus proprietários a uma posição que se aproximava em muito à de simples proprietários de terra. Entretanto, essa posição dentro da burguesia cafeeira não era a hegemônica, tendo em vista que apenas representava os capitais médios.

A grande expansão da cultura cafeeira levou à integração de sua alta burguesia em assuntos de Estado, isto é, foi crescente a participação política com vistas a defender seus interesses. Esse envolvimento também relacionava-se com as crises cíclicas dessa atividade, quando a lavoura necessitava de proteção governamental.

Não podemos esquecer um outro fato que contribuiu para a expansão do capital cafeeiro. Este capital contou com recursos originários do tráfico negreiro, e após a sua extinção ocorreu, em parte, a inversão para o setor produtivo. Dessa forma, houve um aumento de investimentos nesta lavoura também por parte dos comerciantes de escravos, o que possibilitou sua maior expansão.

Estes constituem elementos de fundamental importância para a caracterização dessa parcela da classe dominante como burguesa. A sua constituição se alterou em decorrência de acontecimentos no quadro internacional e nacional, porém sem se descaracterizar enquanto burguesia.

A própria inversão do capital mercantil vindo do tráfico negreiro teve como conseqüência, em muitos casos, a passagem da propriedade da terra da antiga classe senhorial para as mãos de representantes desse capital, devido às hipotecas dessas propriedades para financiamento da expansão da lavoura cafeeira. Esse fato contribuiu para a formação da nova mentalidade desta classe de produtores, muito mais ligados à comercialização, permitindo um acúmulo de capital de fundamental importância para o avanço do capitalismo e a superação de uma economia de caráter colonial.

F) A MECANIZAÇÃO DA LAVOURA

Os investimentos feitos pelo Estado na agricultura atenderam a objetivos claros de favorecimento dos interesses dos produtores rurais ligados à exportação. Sendo assim, tanto as inovações técnicas quanto a introdução de novas formas de relações de produção — como ocorreu no caso dos canavieiros; dos cafeicultores; e, até de certa forma, dos produtores de algodão — proporcionaram a satisfação dos interesses unilateralmente, isto é, buscavam aumentar a taxa de produtividade da economia e, dessa maneira, melhorar as condições de competitividade dos produtos brasileiros no mercado internacional.

Tendo em vista a crise da lavoura canavieira, que se iniciou a partir da concorrência do açúcar antilhano, a classe de proprietários rurais do

Nordeste passou a conviver, desde então, com um processo de perda de espaço político em âmbito nacional. O espaço deixado pela elite nordestina, por sua vez, foi ocupado, no século XIX, pelos *barões do café*, que viviam uma prosperidade econômica.

Entretanto, objetivando a recuperação da economia nordestina, o Império incentivou a mecanização da lavoura canavieira, o que desembocou nas grandes unidades de escala industrial. Assim, a elite dessa região viu surgir a oportunidade de retorno do prestígio político do período colonial através da modernização da técnica de produção.

Essa oportunidade se manifestou com a criação dos engenhos centrais em meados da década de 1870, incentivada pelo governo através da lei 2.687, de 1875, visando garantir juros de até 7% ao ano sobre os capitais a serem investidos na produção do açúcar. Era uma forma de estimular a maior produtividade com auxílios governamentais destinados a quem utilizasse aparelhamento moderno. Por outro lado, a situação exigia duas obrigações:

> "(...) as companhias concessionárias eram, entretanto, obrigadas a reservar 10% do capital garantindo em um fundo especial destinado a empréstimos aos plantadores e fornecedores [além de que] ... não poderia haver trabalho escravo." (GUIMARÃES, Alberto Passos, *A crise agrária*, Rio de Janeiro, Editora Paz & Terra, 1982, pág.63.)

Devemos lembrar, contudo, que esses engenhos não contavam com produção de cana própria, ficando a produção a cargo de agricultores, que lentamente tornaram-se dependentes dos usineiros.

A experiência dos engenhos centrais mostra claramente a possibilidade de subordinação do setor latifundiário ao setor moderno da economia, sendo que os agricultores ficavam presos não só ao capital financiador da produção, como também este se tornava a grande possibilidade de escoamento desta produção.

Foi, portanto, uma experiência que tentava vencer o atraso da agricultura canavieira pela sua modernização, o que não agradou aos latifundiários da forma como vinha sendo feita, ou seja, pela possibilidade de subordinação deste ao setor moderno. Tal fato conduziu ao fracasso da experiência, levando assim tanto o latifúndio quanto o capital estrangeiro a se apropriarem das unidades usineiras que sobreviveram.

Com relação à lavoura cafeeira ocorreu um processo muito rápido de modernização. Quando as antigas técnicas utilizadas no Período Colonial, e que se arrastavam ao longo da primeira metade do século XIX, foram sendo substituídas pela utilização de máquinas, isso possibilitou aos grandes cafeicultores maior lucratividade.

A utilização de secadeiras mecânicas representava um aumento da lucratividade, junto à comercialização do café no mercado internacional, da ordem de 10% acima daqueles que não as utilizavam. O café que passava pelo beneficiamento da secagem mecânica chegava ao porto para embarque com um menor risco de perecimento.

Já o algodão, por exemplo, teve a utilização de maquinaria não diretamente ligada à produção mas ao seu processo de transformação, o que naturalmente ocorria distante da lavoura sem afetar diretamente a sua característica estrutural.

A mecanização da lavoura significou a grande possibilidade de penetração do capital estrangeiro na economia brasileira, pois não se restringiu somente à comercialização, mas, também, à produção. Isso correspondeu a uma ampliação de sua influência direta na economia do país, o que teve, por assim dizer, reflexos imediatos na política econômica nacional.

G) A CRISE DO ESCRAVISMO E O CRESCIMENTO URBANO

As transformações que vinham se processando na economia agrária do país, principalmente no que concerne à lavoura de café, repercutiram também no meio urbano. No meio rural ocorria a introdução do trabalho assalariado; a transformação da propriedade da terra em algo eminentemente vendável e a modernização do transporte de carga. No espaço urbano se presenciava a expansão da rede bancária, além da proliferação das casas de comércio de café controladas por uma alta burguesia também ligada a sua produção. Todos esses acontecimentos atuaram como sinais da crise do escravismo brasileiro na segunda metade do século XIX.

Dessa forma, o centro urbano ganhava uma projeção no cenário brasileiro, devido aos interesses econômicos dos grandes proprietários rurais, ou seja, da classe dominante. O seu desenvolvimento era reflexo do crescimento e expansão das transações comerciais do café mais as transformações ocorridas em sua lavoura. Reafirmamos que os centros constituíam verdadeiras extensões das atividades econômicas do meio rural.

É lógico que para a sua expansão era necessário, também, o desenvolvimento de outros setores da economia, tais como: transporte, iluminação, saneamento, indústria, habitação etc. As necessidades nem sempre foram atendidas de forma satisfatória, permitindo, muitas vezes, a formação de um mercado especulativo. Entretanto, não podemos desconsiderar a importância dos investimentos nesses setores, que possibilitaram um crescimento significativo das cidades, bem como a expansão do capitalismo no país através de recursos vindos tanto do capital privado nacional quanto do estrangeiro.

Pelo fato de o principal produto da economia encontrar a sua produção no que hoje corresponde à Região Sudeste, vamos nos ater ao processo de desenvolvimento urbano dessa região. Essa opção se deve ao fato de ter sido a região onde efetivamente se desenvolveu a burguesia brasileira.

15.8 . A POLÍTICA EXTERNA DO SEGUNDO REINADO

A) A QUESTÃO CHRISTIE

A chamada *Questão Christie* deve sua denominação a William Dougal Christie, diplomata inglês, credenciado como representante do seu país junto ao governo brasileiro (1859-1863).

O pano de fundo da questão era a pressão do capitalismo inglês no sentido de acabar de vez com a escravidão no Brasil e abrir a bacia amazônica à livre navegação. Dessa forma, melhor expandiria suas atividades comerciais.

Desde a edição do *Bill Aberdeen*, em 1845, sucederam-se incidentes em conseqüência da violenta repressão realizada pelos navios ingleses contra as embarcações brasileiras envolvidas com o tráfico de escravos africanos.

Baseando-se no direito da força, canhoneiras inglesas não hesitaram em invadir portos e rios brasileiros, capturando e afundando navios negreiros.

Paralelamente, não cessaram de exigir o fim do tráfico de escravos e da própria escravidão. Neste sentido, foi intensa a atividade diplomática junto às autoridades brasileiras, levantando inúmeros questionamentos relativos à escravatura.

Dois pequenos incidentes, contudo, levaram a resultados imprevisíveis.

O primeiro deles ocorreu no Rio Grande do Sul. Era o ano de 1861. Navegando próximo ao litoral, a embarcação inglesa *Prince of Wales* naufragou e sua carga acabou sendo pilhada.

> "O autoritário Christie (...) cobrou do governo brasileiro a indenização de 3.200 libras e, arrogantemente, exigiu a participação de um oficial britânico nas investigações que se processavam para apurar o roubo. Aceitar tais atitudes e exigências seria reconhecer uma subordinação à prepotência inglesa." (AQUINO, R.S.L. de e LISBOA, RONALDO C., *op. cit.*, pág. 190.)

O segundo incidente teve como palco a cidade do Rio de Janeiro. Três oficiais ingleses, em 1862, desembarcaram e, embriagados, envolveram-se em um conflito. Como também desacataram autoridades convocadas para pôr fim ao tumulto, acabaram sendo presos.

Em face do ocorrido, Christie exigiu a punição das autoridades brasileiras que "haviam afrontado a honra da marinha britânica". Ora, os oficiais ingleses baderneiros estavam à paisana quando foram recolhidos à cadeia.

Como tais exigências não fossem satisfeitas, em represália, Christie providenciou para que embarcações inglesas apresassem navios brasileiros. Quando tais medidas foram divulgadas, em várias cidades brasileiras explodiram manifestações populares contra os ingleses.

> "Mesmo cedendo 'sob protesto' a algumas exigências britânicas, [o governo brasileiro] passou a fazer contra-exigências e, finalmente, rompeu as relações diplomáticas. Faltava aos ingleses, é claro, a intenção de lutar pelas pequenas questões suscitadas e não podiam, seriamente falando, encarar a possibilidade de uma efetiva invasão do país para acabar com a escravatura. Quando ainda não se sabia qual a resposta inglesa à ruptura das relações diplomáticas, Pedro II insistiu com o gabinete para que considerasse o futuro da escravatura, de modo 'que não nos suceda o mesmo que a respeito do tráfico' de africanos." (BUARQUE DE HOLANDA, SÉRGIO, *História Geral da*

Civilização Brasileira, Tomo II *O Brasil Monárquico*, 4º volume, *Declínio do Império*, São Paulo, DIFEL, 1974, pág. 144.)

A ruptura das relações diplomáticas com a Inglaterra deu-se porque o governo britânico se recusou a apresentar desculpas pelo comportamento de William Christie, ainda que o Império brasileiro tivesse pago a soma exigida pela perda da carga do *Prince of Wales*.

Contudo, o início da guerra contra Atanásio Aguirre, no Uruguai (1864-1865), que levou à Guerra do Paraguai (1864-1870), tornava imprescindível o suporte financeiro dos banqueiros ingleses ao Estado brasileiro. E por outro lado, o capitalismo inglês não podia desprezar as vantagens oferecidas pela Tarifa Silva Ferraz, de 1860, que havia reduzido direitos alfandegários cobrados a produtos importados. Já em 1862, o futuro visconde do Rio Branco denunciava que as diretrizes aduaneiras adotadas resultaram "em proveito do comércio importador, e em não pequeno prejuízo dos cofres públicos".

Em conseqüência, os governos brasileiro e inglês aceitaram submeter a questão ao arbitramento de Leopoldo I, rei da Bélgica. Como a decisão foi favorável ao Império brasileiro, o governo da rainha Vitória enviou representante incumbido de apresentar suas escusas pelo comportamento de William Christie. Era o ano de 1865, já havia começado a Guerra do Paraguai quando foram reatadas as relações diplomáticas entre Brasil e Inglaterra que haviam sido rompidas em 1863!

No ano seguinte, em plena Guerra do Paraguai, a Inglaterra conseguiu que fosse aberta a Bacia Amazônica à navegação internacional.

B) AS GUERRAS CONTRA O URUGUAI E A ARGENTINA

Há um contraste muito grande entre a política externa brasileira nas regiões fronteiriças do oeste e setentrionais com as dos vizinhos Estados Platinos.

Na Amazônia, o governo imperial brasileiro manteve infrutíferas negociações diplomáticas com a Inglaterra e a França buscando solucionar controvérsias com a Guiana Inglesa e a Guiana Francesa.

Mais sucesso teve a diplomacia brasileira que, invocando o princípio da ocupação efetiva ou *uti possidetis*, concluiu tratados com a República da Nova Granada (atual Colômbia) e a Venezuela, respectivamente, em 1853 e 1859.

A Oeste, recorrendo à fundamentação da ocupação efetiva, também se resolveram questões de limites com a Bolívia, em 1867, e o Peru, em 1874.

No Sul, contudo, os interesses conflitantes resultaram até mesmo em guerras contra os governos do Uruguai e da Argentina.

Uruguai e Argentina, bem como o Paraguai, desde fins do século XVIII, passaram a integrar o Vice-Reino do Prata. Com a independência, o vice-reino se esfacelou, o que satisfazia aos interesses do Império Brasileiro, bem como do capitalismo inglês.

Por quê? Porque seria facilitada a livre navegação fluvial pela Bacia Platina, destacando-se os rios Paraná, Uruguai e Paraguai. Através das águas desses rios e seus afluentes, embarcações navegavam carregando mercadorias produzidas nas fábricas européias e transportando produtos destinados aos mercados europeus. Esse comércio fluvial contava com a participação de navios brasileiros.

Para o governo do Brasil impunha-se garantir a livre passagem de seus navios para atingir a então província de Mato Grosso e o oeste das províncias do Paraná e Santa Catarina.

Torna-se evidente que projetos de unificação política do Uruguai, Argentina e Paraguai não eram admitidos pelo Império do Brasil, temeroso de se criarem obstáculos ao livre trânsito de navios pelos rios platinos.

> "A questão se complicava porque o Uruguai, imprensado entre o Brasil e a Argentina, ora se aliava aos brasileiros, ora se unia aos argentinos. Isso se explica porque havia dois importantes partidos políticos uruguaios: o *Colorado* e o *Blanco*. Ambos disputavam o poder e se ligavam a grupos e idéias diferentes. O *Blanco* era apoiado pelos pecuaristas do interior. Defendia um Estado descentralizado e buscava se aliar à Argentina.
>
> O *Colorado* representava os comerciantes de Montevidéu. Era favorável a um Estado centralizado, com supremacia de Montevidéu, e se apoiava no Brasil." (AQUINO, OSCAR E MARIA EMÍLIA, *Do Segundo Reinado ao Brasil Atual*, Coleção *Você É a História*, Rio de Janeiro, Editora Ao Livro Técnico, 1995, pág. 25.)

Além do mais, desde a década de 1850 havia crescido o interesse do governo brasileiro sobre o Uruguai. Mais de 20 mil brasileiros, especialmente gaúchos, viviam naquele país platino. Muitos possuíam extensas propriedades, as chamadas *estâncias*, com milhares de cabeças de gado. Calcula-se que controlavam 30% das terras uruguaias e chegavam a 10% da população daquele Estado platino.

> "Mas a administração de Berro, eleita em 1860, tinha começado a adotar uma linha mais dura, tentando restringir o assentamento de brasileiros (e o direito de possuir escravos) e procurando controlar — e taxar — o comércio feito através da fronteira. O Rio Grande do Sul, Estado dominado por tendências liberais, que há apenas 15 anos tinha desistido da luta para se tornar independente, julgou que o governo imperial do Rio de Janeiro fosse proteger seus interesses no Uruguai." (BETHEL, LESLIE e outros, *Guerra do Paraguai — 130 Anos Depois*, Rio de Janeiro, Relume-Dumará, 1995, pág. 23.)

Como se conclui, os interesses brasileiros eram amplos, não só no plano político, mas também com motivos econômicos.

Durante o Segundo Reinado, tropas imperiais brasileiras invadiram o Uruguai por duas vezes visando pôr fim a governantes do Partido *Blanco*. Na primeira vez, em 1851, depôs o presidente Manuel Oribe. Este era apoiado por Juan Manuel Rosas, governante argentino, que pretendia formar uma confederação republicana incluindo o Uruguai.

Este projeto não interessava ao governo brasileiro, que se uniu aos colorados uruguaios e às forças militares de Justo José Urquiza, governador da província de Entre Rios, na Argentina.

Derrotado Rosas na batalha de Monte Caseros,

> "a oposição federalista dissidente ganhou proeminência política (...) As oligarquias provinciais, em sua maioria, manifestaram apoio ao projeto de criação da (...) Confederação Argentina, cujo corpo legal foi expresso em uma nova Constituição (...)."

(AQUINO, JESUS, OSCAR, *História das sociedades americanas*, Rio de Janeiro, Editora Ao Livro Técnico, 1990, pág. 214.)

Nova intervenção no Uruguai ocorreu em 1864 contra Atanásio Aguirre, do Partido *Blanco*, que reconquistara o poder presidencial e contava com o apoio de Francisco Solano López, presidente do Paraguai. Este chegou a notificar os governos brasileiro e argentino

> "contra o que considerava uma ameaça crescente ao equilíbrio de poderes existentes no Rio da Prata, que, em sua opinião, garantia a segurança, a integridade territorial e a independência do Paraguai." (BETHEL, LESLIE, *op. cit.*, pág. 24.)

Não podemos esquecer que o Paraguai é um Estado interior e sua ligação com o Atlântico dependia da livre navegação através dos rios da Bacia Platina. As crescentes ligações entre o Brasil, a Argentina e um governante colorado no Uruguai poderiam estrangular economicamente o Paraguai.

Por essas razões, López enviou um ultimato ao Brasil, em 30 de agosto de 1864, contra qualquer intervenção no Uruguai. Apesar disso, tropas brasileiras invadiram o Uruguai para colocar o colorado Venâncio Flores na presidência. Era o dia 16 de outubro de 1864.

A 13 de dezembro do mesmo ano, o Paraguai declarou guerra ao Brasil, começando o mais sangrento conflito entre sociedades latino-americanas.

C) A GUERRA DO PARAGUAI

Também chamada de *Guerra da Tríplice Aliança*, *Guerra Grande*, *Guerra Guaçu*, *Guerra contra o Paraguai* ou *Guerra Maldita*, como a denominou o Duque de Caxias, pode ser considerado o principal conflito entre sociedades latino-americanas.

A seu respeito muito se escreveu, existindo visões e conclusões bastante distintas e controvertidas.

Uma das questões mais polêmicas se refere aos interesses do capitalismo inglês na guerra. Em que pese às opiniões discordantes, o capitalismo inglês muito lucrou com o conflito. Além do mais, o governo da rainha Vitória não manteve uma postura neutra em ralação à Guerra do Paraguai. Na verdade, atuou sempre nas sombras, estimulando a aproximação entre Brasil, Argentina e Uruguai, sem esquecer os empréstimos concedidos aos três aliados.

> "Sabe-se que o representante britânico em Buenos Aires, Edward Thorton, participou ativamente do conflito, a ponto de ter sido assessor do governo da Argentina. Tamanha foi sua importância que ele participava das reuniões do Gabinete da República Argentina, onde se decidia o curso da guerra. Ele ali tinha assento, como símbolo de confiança, junto ao Presidente Mitre (...) Ademais, Thorton participou ativamente do processo de organização do acordo de aliança entre Argentina e Brasil contra o Paraguai. Ele evidentemente não teria atuado assim sem o apoio do *Foreign Office* britânico." (AMAYO, ENRIQUE e outros, *Guerra do Paraguai — 130 anos depois*, Rio de Janeiro, Relume-Dumará, 1995, pág. 162.)

Como já mencionamos antes, o governo paraguaio desenvolvia um modelo econômico não dependente ao capital internacional. A partir da Independência, ocorreram reformas diversas. Ordens religiosas foram suprimidas, seus bens confiscados e transferidos ao Estado. Extinguiu-se o Tribunal da Inquisição. Aprovou-se a liberdade religiosa. Criaram-se as *Estâncias da Pátria*, fazendas estatais surgidas em conseqüência do confisco de grandes propriedades. Nelas se criava gado e se plantavam produtos agrícolas. O comércio externo tornou-se monopólio do Estado. A instrução pública foi incrementada possibilitando que a maioria soubesse ler e escrever. O desenvolvimento econômico autônomo igualmente implicou a fundação de fundição, de arsenal, de indústrias de tecidos, de pólvora, de armas.

Por muito tempo, adotando uma política isolacionista, era o único país latino-americano que não havia solicitado empréstimos externos.

Com o término da guerra, porém

> "residentes da Grã-Bretanha fizeram seu primeiro grande investimento no Paraguai [imediatamente após a guerra] nos anos 1871 e 1872, comprando emissões do governo paraguaio por um total de 1.500.000 libras esterlinas." (RIPPY, E., *British Investments in Latin America*, Mineápolis, University of Minnesota Press, 1971, pág. 98.)

Como se conclui, o Paraguai constituía um problema para os interesses do Brasil, da Argentina, do Uruguai e da Inglaterra, cujos governantes integravam-se a partidos liberais.

Somente em 1844, o governo brasileiro reconheceu a independência do Paraguai. Alguns compromissos diplomáticos foram concluídos entre os dois governos: em dezembro de 1850, comprometiam-se "a manter a independência da Banda Oriental do Uruguai; em fevereiro de 1858, firmaram uma convenção fixando a abertura à navegação dos rios até as suas vertentes originais."

Entretanto, existiam disputas fronteiriças, com inúmeros incidentes. Em 1850, o governo brasileiro ergueu um forte em *Fecho de Morros*, uma área controvertida, o que levou tropas paraguaias a atacar e destruir a citada fortificação. Em 1855, o Brasil realizou outra tentativa de ocupação da fronteira setentrional, construindo um posto militar em Salinas, na margem direita do rio Paraguai e ao norte do Forte Olimpo. Novamente foi destruído pelo exército paraguaio. Parecia que a guerra ocorreria, tanto mais que poderosa esquadra brasileira, comandada pelo almirante Pedro Ferreira de Oliveira, subiu os rios Paraná e Paraguai rumo a Assunção. A conclusão de um Tratado de Amizade, Comércio e Navegação evitou o conflito armado.

> "A usurpação brasileira de terras paraguaias ou em litígio continuou. Em fevereiro de 1862 uma patrulha paraguaia comprovou a existência dos Fortes Dourados e Miranda em território neutralizado pelo Tratado de 1856. A força paraguaia exigiu a evacuação dessas posições (...) Em dezembro de 1864 os paraguaios ocuparam os territórios disputados com o Brasil entre os Rios Apa e

Branco." (POMER, LEÓN, *La Guerra del Paraguay i Gran Negocio!*, Buenos Aires, Ediciones Caldén, 1968, pág. 88.)

Já então existia o estado de guerra com o Brasil, precipitado pela intervenção brasileira no Uruguai, como já estudamos anteriormente, e pelo aprisionamento do navio brasileiro *Marquês de Olinda*, que se dirigia a Mato Grosso.

O conflito militar pode ser dividido em três fases distintas.

A primeira dessas fases estendeu-se de dezembro de 1864 a dezembro de 1865. Caracterizou-se pelas ofensivas paraguaias, ocupando territórios brasileiros na província de Mato Grosso, invadindo as províncias argentinas de Corrientes e Missiones e penetrando em terras do Rio Grande do Sul, visando atingir o Uruguai. No entanto, fracassou o avanço paraguaio pelos territórios riograndenses, tendo as forças guaranis se rendido em Uruguaiana, em 14 de setembro de 1865.

Já em 1º de maio de 1865, foi firmado o Tratado da Tríplice Aliança contra o Paraguai.

Dentre os objetivos fixados, destacavam-se a livre navegação dos rios platinos, a extinção do governo de Francisco Solano López e a anexação de territórios paraguaios pelo Brasil e pela Argentina. Foi decisiva a vitória naval em Riachuelo, em 11 de junho de 1865, quando a esquadra paraguaia foi destruída por navios da marinha brasileira.

Em conseqüência, o Paraguai perdeu o controle dos rios platinos, ficava aberto o caminho fluvial para Assunção e passava a sofrer os efeitos do bloqueio naval. É bem verdade que o avanço das tropas aliadas, comandadas pelo presidente Bartolomeu Mitre, da Argentina, foi paralisado pela derrota de Curupaiti e pelo fogo de barragem dos canhões da Fortaleza de Humaitá.

Ao terminar o ano de 1865, o exército paraguaio estava concentrado em suas fronteiras meridionais e se limitava a ocupar alguns territórios de Mato Grosso.

A segunda fase da guerra foi marcada pela ofensiva da Tríplice Aliança, cada vez mais reduzida às forças navais e terrestres brasileiras. Cada vez mais a presença militar uruguaia tornava-se simbólica. A participação argentina também foi se reduzindo, tendo Bartolomeu Mitre passado o comando supremo ao então marquês de Caxias a fim combater a revolta das oligarquias provinciais contrárias à centralização do Estado. Recorrendo às *montoneras*, velozes embarcações fluviais, obrigaram Mitre a retirar tropas da guerra externa para reprimir a revolta das províncias.

A impopularidade de Mitre cresceu e ele perdeu as eleições presidenciais para Domingo Sarmiento, eleito pelo voto provincial, em 1868. Nesse mesmo ano, o então marquês de Caxias assumiu o comando supremo das forças aliadas. Ao término do conflito, o contingente militar argentino não ultrapassava quatro mil homens.

Nesta segunda fase, o território paraguaio foi invadido, ocorrendo a sangrenta batalha de Tuiuti, em que fracassou uma contra-ofensiva paraguaia. O general Manoel Luís Osório, comandante das tropas brasileiras, insistiu na necessidade de aproveitar a vitória e prosseguir o avanço por terras do Paraguai. Não sendo atendido por Mitre, retornou ao Brasil.

Nova vitória aliada se deu com a tomada do Forte de Curuzu, após intenso bombardeio da esquadra brasileira. Mas a acachapante derrota em Curupaiti acarretou longo período de afrouxamento da ofensiva aliada.

Em fins de 1866, Caxias, com amplos poderes sobre as forças terrestres e navais brasileiras, chegou com reforços e procurou reorganizar o exército, duramente atingido por epidemias e pelos ataques inimigos.

Nessa ocasião, o exército paraguaio já incluía em suas fileiras muitos jovens de 15 anos de idade e mulheres.

Executando um movimento de flanco, os aliados contornaram a fortificação de Humaitá, principal centro da resistência guarani, conquistando-a em 1868, após um ano de luta.

Pouco antes, em Tuiuti, feriu-se nova batalha em que fracassou uma contra-ofensiva paraguaia.

Sucederam-se vitórias brasileiras em Itororó, Avaí, Lomas Valentinas e Piquissiri. Foi a *Dezembrada*, porque ocorreram em dezembro de 1868.

Destruído o exército paraguaio, ficou aberto o caminho para Assunção, finalmente ocupada em janeiro de 1869.

Caxias considerou que a guerra terminara, mas López escapou para as Cordilheiras, onde formou novo exército e recorreu à guerra de guerrilhas.

A terceira e última fase da guerra teve o conde d'Eu, genro de D. Pedro II, como comandante-em-chefe das forças militares brasileiras. Foi o período de perseguição a López e destruição das combalidas tropas guaranis em Peribebuí e Acosta Ñu ou Campo Grande. Até que em

Cerro Corá, a 1º de março de 1870, um destacamento da cavalaria cercou o acampamento onde estava López, com sua família, e alguns partidários. Sua morte pôs fim ao drama da guerra.

Derrotado, o Paraguai perdeu cerca de 40% do seu território. O Brasil garantiu territórios entre os rios Apa e Branco. A Argentina anexou a região de Missões e o Chaco Central.

Grande parte da população masculina do Paraguai morreu durante a guerra, tanto nos campos de batalha, como por doenças.

> "A economia do Paraguai ficou em ruínas, suas bases de produção e de infra-estrutura foram destruídas (...) Indenização vultosa foi imposta pelos vencedores, embora acabasse sendo revista (não no caso do Brasil, até a Segunda Guerra Mundial) (...) Tropas brasileiras (e algumas argentinas) mantiveram a posição no Paraguai por quase uma década." (BETHEL, LESLIE, *op. cit.*, 31.)

A guerra contribuiu decisivamente para consolidar a República Argentina. Não só Buenos Aires firmou sua posição como capital do Estado argentino, como prevaleceu o princípio unitário sobre as tendências federalistas provinciais. Além do mais, a ampliação de suas fronteiras mediante a anexação de territórios paraguaios e a livre navegação irrestrita do rio Paraguai e seus afluentes muito contribuíram para o desenvolvimento econômico do país.

Para o Brasil, sobre quem recaíra a maior contribuição para o esforço de guerra, os resultados foram problemáticos. A guerra representou a perda de cerca de 50 mil vidas, acrescidas de mortes por doenças e fome, como ocorreu na Retirada da Laguna, quando o Corpo Expedicionário de Mato Grosso, após invadir o Paraguai, teve de se retirar, ficando reduzido a menos de 1/4 de seu contingente inicial.

Além do mais, cresceram os problemas que levaram ao fim da Monarquia. O Exército, cuja atuação foi decisiva para a vitória, converteu-se em uma força organizada, fortemente influenciada por idéias republicanas e com marcante atuação política. A oposição liberal aumentou, envolvendo a expansão dos princípios federalistas e de abolição da escravidão. Coincidentemente, no ano em que findou a guerra, fundou-se o Partido Republicano.

Sem disparar um só tiro, o grande vencedor foi o capitalismo inglês. A destruição do Paraguai viu acabar a existência do único Estado americano economicamente livre e cujo modelo poderia estimular outras sociedades americanas a seguir seu exemplo.

Foram os banqueiros londrinos Rotschild que obtiveram vantagens. Sabe por quê? Porque o custo da guerra obrigou o Brasil a contrair sucessivos empréstimos entre 1865 e 1889, perfazendo o total de 52.504,100 libras esterlinas. A Argentina, por sua vez, entre 1865 e 1876, negociou oito empréstimos no valor de 18.747,888 libras esterlinas. Até mesmo o Uruguai, cuja participação foi limitada, aumentou sua dependência ao capitalismo inglês: em 1864 e 1871 realizou dois empréstimos no valor de 4.500,000 libras esterlinas.

Por essas e outras é que León Pomer, professor da Universidade Estadual de São Paulo, afirma que a Guerra do Paraguai foi um *grande negócio!* Para os ingleses, acrescentamos nós!

15.9 . AS LUTAS DAS CAMADAS POPULARES CONTINUARAM

A) O CARÁTER DESSAS LUTAS

Na segunda metade do século XIX, em diversas províncias do Nordeste, ocorreram movimentos de protesto contra a imposição da lei de recrutamento, do aumento da tributação, da alta de preços de venda de produtos de consumo da população.

Por vezes, a insurreição ficava restrita à área rural e surgia como contestação a uma das razões anteriormente citadas.

O movimento podia também se dar apenas nos centros urbanos, sobretudo os que funcionavam como capitais das províncias.

Não se tratava de revoluções porque não se levantou a bandeira de destruição do sistema econômico, social, político e jurídico existente.

Os engajados nesses movimentos agiam motivados pelo descaso das autoridades, insensíveis às reclamações contra imposições e situações responsáveis pelo agravamento das condições de vida dessas camadas populares.

Os participantes desses movimentos

"(...) acusam a autoridade mais próxima, atacam os comerciantes, enfim, aqueles que muitas vezes são apenas executores e/ou sofrem os efeitos dos mesmos problemas. Não conseguem ainda relacionar fatos isolados e, muitas vezes, conjunturais, com contradições estruturais (...) É assim que devemos entender as rebeliões nordestinas. Elas anunciavam as transformações que se operavam na sociedade local. Apontavam a necessidade de mudanças globais, o que pode ser atestado pelo incremento do banditismo rural e do fanatismo religioso (...)" (MONTEIRO, HAMILTON DE MATTOS, *Nordeste insurgente (1850-1890)*, Coleção *Tudo É História*, São Paulo, Editora Brasiliense, 1981, pág. 32.)

A História Oficial, contudo, silencia esses movimentos e, impondo uma *paz de cemitério*, procura difundir a imagem de que o Segundo Reinado foi marcado pelo progresso e pelo caráter pacífico do período.

B) A REVOLTA DO RONCO DA ABELHA (1851-1852)

Ocorrida principalmente em Pernambuco, estendeu-se às províncias da Paraíba, Alagoas, Ceará e Sergipe.

A denominação surgiu porque o burburinho de concentrações populares agitadas se assemelha ao zumbido ou ronco das abelhas.

Inegavelmente, as manifestações, que se deram em vilas e localidades nordestinas, não se subordinaram a um poder central. Foram manifestações isoladas, embora em áreas marcadas por conflitos pela posse de terra.

No dizer do historiador Hamilton de Mattos Monteiro, essas explosões de descontentamento popular tinham ligações com a Revolução Praieira, sobretudo com a figura do capitão Pedro Ivo Veloso da Silveira. Apesar de já estar morto, fato ignorado pelos grupos rebeldes do interior de Pernambuco, permanecia a idéia de que ele retornaria para comandar a luta por uma *nova idade de ouro*. Entretanto, outros historiadores, como Izabel Andrade Marson, apontam para o fato de que a Revolta do Ronco da Abelha espraiou-se por uma área muito maior do que a convulsionada pela Revolução Praieira. De acordo com a referida historiadora, à pág. 418 do seu estudo *O Império do Progresso: A Revolução Praieira*:

> "O aspecto mais discrepante está na maneira como o governo tratou o Ronco da Abelha. Suas forças permaneceram na espreita dos acontecimentos, e não provocaram enfrentamentos. Não houve combates, nem prisões, nem julgamentos, nem processos, e os episódios não foram alvo de nenhuma *Crônica*. O Ronco da Abelha foi relegado ao esquecimento e, o que é mais notável, os dois decretos que o motivaram de imediato foram *suspensos* um mês após o início das manifestações, à espera de uma ocasião mais propícia."

E que decretos foram esses? O decreto 797, determinando a realização de um censo geral no Império, e o decreto 798, estabelecendo que, a partir de 1º janeiro de 1852, todas as pessoas livres ficavam obrigadas ao registro civil feito pelos escrivães dos juízes de paz do distrito. Os dois decretos foram promulgados, em 18 de julho de 1851, por Eusébio de Queirós, ministro da Justiça. Como a instituição do Registro de Nascimentos e Óbitos e o Censo Geral do Império exigiam que fossem indicadas a *origem* e a *cor da pele*, espalhou-se notícia de que o governo pretendia reduzir à escravidão as pessoas livres, recém-nascidas ou não. Embora fosse uma notícia sem fundamento, a abolição do tráfico de escravos, fixada pela lei 581, de 1850 (mais conhecida como Lei Eusébio de Queirós), dava margem a que rendeiros, moradores, pequenos proprietários, lavradores, homens livres em geral, brancos ou não, se sentissem atemorizados.

Na realidade, o governo pretendia ter elementos para melhor exigir obrigações devidas ao Estado, sobretudo o serviço militar.

Apesar disso, os dois decretos foram o estopim que fez explodir a revolta.

> "Em todos os pontos, os fatos foram idênticos. Ataques às vilas e engenhos, fuga das autoridades e grandes proprietários, ameaças e reuniões suspeitas feitas por 'conspiradores' que, dentro dos engenhos, incitavam os moradores a tomarem das armas 'se não

> querem ficar reduzidos com seus filhos ao cativeiro." (MONTEIRO, HAMILTON DE MATTOS, *op. cit*, pág. 37.)

A documentação existente não registra nenhum chefe, mas as fontes históricas insinuam que os revoltosos teriam sido instigados por sacerdotes, políticos e grandes proprietários ligados ao Partido Liberal, então na oposição ao Partido Conservador, que estava no poder.

As autoridades provinciais enviaram tropas do Exército e convocaram a Guarda Nacional, as quais não chegaram a entrar em combate contra os revoltosos. Dentre outras coisas porque os participantes do movimento fugiam para o interior da mata. Além disso, o governo imperial suspendeu a aplicação dos decretos 797 e 798.

Assim fazendo, o Partido Conservador, então no poder, procurava

> "aparecer perante a Nação como o restaurador da paz interna e não o 'divisor de águas'; a eclosão de uma nova Praieira demonstraria não só sua debilidade, como também a capacidade de resistência e luta do adversário." (MONTEIRO, HAMILTON DE MATTOS, *op. cit.*, pág. 39.)

C) O CONFLITO DO PANO DE TEATRO SÃO JOÃO (1854)

Na segunda metade do século XIX, a sociedade baiana enfrentava sérias dificuldades econômicas. Havia carestia de gêneros de primeira necessidade e seus preços de venda eram elevados.

Acontece que o comércio atacadista, bem como o de retalho, em grande parte era controlado pelos portugueses, os chamados Marinheiros ou Marotos. Em conseqüência, cresceu um forte sentimento antilusitano, mesmo porque esses comerciantes eram responsabilizados por usarem sua influência para retardar a legalização de proposta de nacionalização do comércio apresentada na Assembléia do Império desde 1848.

A imprensa baiana não perdia oportunidade para alimentar o sentimento antiportuguês destacando-se a violenta campanha de *O Século*, jornal liberal dirigido por João Barbosa de Oliveira, pai de Rui Barbosa.

Esta campanha devia-se também às rivalidades políticas. Desde setembro de 1852, a província era governada por João Maurício Wanderley, filiado ao Partido Conservador e futuro barão de Cotegipe.

Na oposição, os integrantes do Partido Liberal não hesitavam em usar seus jornais para fazer cerrada oposição ao governo provincial. Este era responsabilizado pelo alto custo de vida e por colocar os conservadores como associados aos comerciantes portugueses.

Em tal conjuntura de exaltação das paixões, qualquer incidente poderia fazer explodir descontentamento e ódios represados.

E foi o que acabou acontecendo no Teatro São João, em Salvador.

> "Por ordem de Wanderley, fora concluída a reforma do prédio e aberta a concorrência para a pintura do pano [boca do Teatro]. Foi vitorioso o alemão Bauch que, conforme estabelecia o edital, pintou uma cena da História do Brasil. A cena era a chegada de Tomé de Sousa à Bahia; nela figuravam os índios, depondo os arcos, admirados e prostrados ante o Governador que empunhava a bandeira portuguesa. A oposição viu nisto mais uma prova para seus ataques e recrudesceu a campanha contra o governo e 'seus aliados' portugueses." (MONTEIRO, HAMILTON DE MATTOS, *op. cit.*, pág. 83.)

Em correspondência enviada por João Maurício Wanderley, em 22 de setembro de 1854, a Honório Hermeto Carneiro Leão, chefe do Conselho de Ministros, foi dito:

> "Escrevem e proclamam que a cena é um insulto à nacionalidade, porque estão os brasileiros (tupinambás) curvados ante os portugueses; que foi muito de propósito escolhida para indicar ao povo o plano do Absolutismo que o governo quer proclamar." (PINHO, WANDERLEY, *Cotegipe e seu tempo.* São Paulo, Companhia Editora Nacional, 1937, pág. 273.)

Ao remeter a carta citada ao marquês de Paraná, já fora alertado que, na noite de reabertura do Teatro São João, a oposição provocaria manifestações. Por isso mesmo, reforçou o policiamento, colocou a força pública de prontidão e foi ao teatro.

Mal terminou a apresentação, um dos presentes, o militar reformado João José Alves — que, por sinal, era tio de Castro Alves — dirigiu-se, aos brados e agressivamente, ao presidente da província. Exigiu a retirada do pano de boca e acusou Wanderley de traidor.

Criou-se o tumulto, em meio ao qual, Wanderley foi atingido por uma pedra, após dar ordem de prisão a João José. Fora do teatro, a multidão sofreu o ataque da polícia e da tropa de linha. Muita gente ficou ferida, embora sem gravidade.

No Teatro São João houve a substituição do pano, que funcionara como estopim para o conflito. Ao ser reinaugurado, os presentes viram que representava figuras da mitologia e se chamava *Pano da Aurora.*

O episódio é pouco conhecido e tem sido apresentado pelas autoridades como

> "uma ridícula desordem motivada pela pintura do pano do teatro público. Dessa forma, omitiam-se ao país as condições da população soteropolitana [nascida em Salvador] que, como diz Kátia Mattoso, estava à beira da indigência e vivia na dependência de uma estrutura de abastecimento exploradora e monopolista". (MONTEIRO, HAMILTON DE MATTOS, *op. cit.*, pág. 85.)

D) MOTIM DA CARNE SEM OSSO. DA FARINHA SEM CAROÇO E DO TOUCINHO GROSSO (1858)

Novamente a cidade de Salvador foi palco de violenta insurreição popular nos dias 28 de fevereiro e 1º de março de 1858.

O confronto entre as forças militares provinciais e os elementos das camadas populares também é chamado de *Sedição dos Chinelos*, ou, ainda, *Revolução dos Chinelos.* O porquê dessas denominações pejorativas deve-se a um fato curioso: na Praça do Palácio e em outras vias públicas em que ocorreram as refregas encontravam-se centenas de chinelos dos manifestantes. Eram chinelos de todos os tamanhos, feitios, qualidades, cores e estado de conservação.

Outro nome dado à insurreição é de *Revolta das Pedras* porque a multidão enfurecida não hesitou em apedrejar o palácio em que residia João Luís Vieira Consanção de Sinimbu, então governando a província.

Ligado ao Partido Conservador, teve de enfrentar a crescente hostilidade da Câmara Municipal de Salvador, que não aceitou a limitação de suas atribuições pelo chefe do Executivo.

O confronto de autoridades levou até a acusações entre o presidente da província e a Câmara Municipal por causa da comercialização da carne e da farinha de mandioca. Sinimbu foi acusado de favorecer os atacadistas e três ou quatro monopolizadores daqueles produtos, sujeitos a constantes aumentos devido ao desequilíbrio entre produção e consumo. A Câmara Municipal, por sua vez, empenhou-se em defender os consumidores.

> "Com o propósito de evitar os constantes aumentos de preço da farinha, a Câmara Municipal vota, a 16 de janeiro de 1857, uma postura pela qual aquele gênero só poderia ser vendido em lugares determinados por aquele conselho. Sinimbu determina a suspensão do ato até que fosse votado pela Assembléia Provincial." (MONTEIRO, HAMILTON DE MATTOS, *op. cit.*, pág. 86.)

Acontece que se encerrou o ano de 1857 sem que a Assembléia Provincial se pronunciasse. Diante disso, a Câmara Municipal oficiou a Sinimbu comunicando-lhe que determinaria a vigência da postura em causa. O presidente da Bahia ordenou fosse revogado o edital da Câmara e colocou a polícia para proteger os comerciantes.

Houve protestos violentos dos vereadores, que acabaram sendo suspensos por 160 dias pelo chefe do Executivo, que, na oportunidade, convocou os suplentes desses vereadores.

O conflito político complicou-se porque era da competência da Câmara Municipal a apuração de votos para o Senado, onde o governo provincial apoiava claramente um dos candidatos.

A oposição explodiu em comícios reunindo populares em vários locais de Salvador. A escassez de alimentos e seus elevados preços de venda estimulavam a exaltação e a concentração do povo, que até se dispôs a impedir a posse dos suplentes.

Foi nesse ambiente conturbado que um incidente acabou dando maior dimensão à revolta contra o governo.

Desde o início do século XVII fora construído o Recolhimento de Mulheres, pertencente à Santa Casa da Misericórdia e destinado a acolher moças pobres.

Já no século XIX essa instituição acabou se convertendo em motivo de escândalo, uma vez que se tornou público e notório o comportamento das mulheres recolhidas. Falava-se à boca pequena que as moças recebiam visitas masculinas, sucedendo-se verdadeiras orgias sexuais.

Visando restaurar a disciplina e a moral da instituição, a Santa Casa da Misericórdia entregou a direção do estabelecimento a freiras francesas da Ordem de São Vicente de Paulo.

Contudo, as freiras tiveram de enfrentar a hostilidade das mulheres recolhidas, o que implicou fossem as mais rebeldes transferidas para o Convento da Lapa. O conflito explodiu, sendo as freiras expulsas e o prédio invadido por populares que atenderam aos pedidos de socorro das mulheres.

O chefe de polícia foi chamado e procurou pôr fim ao tumulto.

Liderados pelo mulato Pedro José de Sant'Ana, pertencente à Guarda Nacional e armado de uma tranca, outros populares concentraram-se no Pelourinho.

Quase ao mesmo tempo, um terceiro grupo foi se formando nas proximidades da Igreja de São José.

Contra os grupos que iam se organizando, lançaram-se tropas da polícia, da guarda urbana e da cavalaria.

Era o dia 28 de fevereiro. A multidão invadiu a Casa da Câmara e, aos gritos, pediu farinha barata, carne fresca, iluminação a gás, estradas de ferro e outros melhoramentos. Por troça, havia os que repetiam: "Queremos carne sem osso e farinha sem caroço". Foi nesse mesmo dia que grupos populares apedrejaram o Palácio do governo e a sua guarda.

Contra os manifestantes, houve carga da cavalaria e até tiro. Somente pelas nove horas da noite a ordem foi restabelecida.

No dia seguinte, enorme multidão concentrou-se em frente ao prédio da Câmara, onde os suplentes convocados tomariam posse de seus cargos. Parte da multidão invadiu o prédio e mais uma vez ouviu-se a reclamação: "Queremos carne sem osso e farinha sem caroço!"

Com violência, uma força militar evacuou o recinto. A multidão dirigiu-se, então, ao Palácio do governo.

> "Coplas espirituosas, e algumas até obscenas, eram cantadas em altas vozes, ridicularizando o Presidente, misturando a sua vida íntima com alusões grosseiras e imorais às irmãs de caridade e por mais de uma hora isto durou, voltando ao fim deste tempo a recomeçar o apedrejamento." (AMARAL, BRAZ HERMENEGILDO DO, *Revista do Instituto Histórico e Geográfico da Bahia*, nº 43, Salvador, 1917, pág. 112.)

Entretanto, o governo novamente recorreu à violência contra a multidão. Pelas ruas que conduziam ao Palácio, avançaram piquetes da cavalaria e da infantaria. A tiros e golpes de espada, os manifestantes foram postos a correr, perseguidos a pranchadas.

> "Não houve mortos, mas sobraram os contusos, uns espancados pelos soldados e pisados pelos cavalos, outros maltratados e arrasados pelos próprios companheiros de atropelo e fuga. A nota cômica do caso foi que naquela noite e na manhã seguinte se encontraram muitas centenas de chinelos na Praça e por todos os lugares da refrega, chinelos de todas as qualidades (...) Por isso chamaram a esse motim *Revolução dos Chinelos*. Os soldados, vencedores nesse dia, diziam por ironia que o poviléu tivera o que estava a pedir, *Carne sem osso e farinha sem caroço*." (AMARAL, BRAZ HERMENEGILDO DO, *op. cit.*, pág. 114.)

Ainda no mês de março, atiraram em Sinimbu, que conseguiu escapar, mas, ao ser substituído no governo da província, teve de se retirar de Salvador protegido por tropas do Exército, que não puderam impedir as vaias e insultos partidos da multidão.

Já no mês de agosto de 1858, houve a reintegração dos vereadores à Câmara Municipal de Salvador.

15.10 . IDÉIAS E COSTUMES NOVOS EM UM QUADRO VELHO

A emancipação política do Brasil, ocorrida em 1822, apesar de ter sido promovida pela classe proprietária de terra e de gente, classe que já compunha o aparelho burocrático de Estado no Período Colonial, não deixou de impulsionar a emergência de novas idéias, bem como a alteração de costumes e valores culturais. Tal situação gerou o agravamento das contradições, um certo descompasso entre uma estrutura socioeconômica baseada no trabalho escravo e uma produção prioritariamente agrícola realizada de forma extensiva e voltada para a exportação, com idéias originariamente de conteúdo iluminista, burguesas, de forte vínculo com a Revolução Industrial.

Criou-se, portanto, com a emancipação, uma nova situação. O recente país necessitava de uma estrutura jurídico-política própria, o que incentivou a elite econômica a formar os seus quadros de bacharéis em Direito, cujas principais faculdades localizavam-se em Olinda e São Paulo. Muitos desses bacharéis, no entanto, logo se transferiam para o Rio de Janeiro, objetivando notoriedade profissional e o ingresso na carreira política, controlando, assim, dois importantes mecanismos de poder e de defesa dos interesses dessa elite. Entretanto, não só de advogados era composto o corpo parlamentar brasileiro; militares, grandes proprietários, clérigos e jornalistas também se faziam presentes. Os últimos, cabe destacar, desempenharam relevante papel nesse contexto de organização do Brasil.

Com a expansão da imprensa e sua afirmação em todo o país, pois em 1850 não havia uma província sequer que não contasse com um jornal, foi esse veículo de informação/formação um dos grandes responsáveis pela definição do perfil da identidade cultural brasileira. Ou seja, através da imprensa, um mecanismo de poder, estabeleceram-se os parâmetros da brasilidade sustentados e reforçando princípios norteadores da Igreja católica, então a principal base ideológica do Império. Dessa forma, popularizava ainda mais tais princípios remetendo-os para um outro fórum, tendo em vista que era comum primeiro a publicação dos romances em folhetins.

O debate de idéias, contudo, ficou restrito a uma pequena parcela da população, ou melhor, à minoria letrada, que em 1875 correspondia a apenas 15,7% da população, isto é, para uma população de 9.930.472, somente 1.564.481 sabiam ler e escrever. Dessa minoria 50% era constituída de menores de idade, o que significa dizer que ainda não participavam dos debates então travados. Outra observação bastante pertinente é que ao se somar o número de analfabetos, 8.365.991, 84%, com os 7,8% de menores, o contingente de excluídos chegava a 92% da sociedade brasileira. Assim, o contingente que participou da fundação da brasilidade, autores e leitores, girou em torno dos 8% da população. Dentre este percentual, podemos destacar o papel das mulheres, que, com o crescimento urbano datado da segunda metade do século XIX, passaram a freqüentar salões de festas, consumir livros etc., e dos jovens estudantes que em futuro bem próximo iriam compor os quadros dirigentes do país, além de funcionários públicos e médios comerciantes.

A vida na capital do Império também se modificou. Surgiram inovações nos serviços de transportes coletivos, destacando-se os bondes de tração animal.

> "Sua presença altera os hábitos do fluminense: ele aproxima as famílias e permite a descoberta de locais distantes, afastados nunca vistos até então. Sua exploração é bom negócio e algumas empresas estrangeiras a ele se dedicam. As mais sólidas são a *Rio de Janeiro Street Railway Company*, a *Ferro Carril de Vila Isabel*, a de *Carris Urbanos* (...) O preço da passagem, conforme o percurso, varia de 200 a 500 réis." (RENAULT, DELSO, *O dia-a-dia no Rio de Janeiro, segundo os jornais: 1870-1889*, Rio de Janeiro, Editora. Civilização Brasileira, 1982, pág.18.)

Apesar da expansão e popularização do serviço de bondes, com ele coexistiriam os tradicionais tílburis, os faetontes, as caleças, as diligências e os coches.

> "Cronistas e contistas acompanharam o desenvolvimento do transporte urbano. Manuel Antônio de Almeida e os folhetinistas. Agora, além do cronista do folhetim, vamos seguir os passos de Machado de Assis, de Joaquim Manuel de Macedo e de José de Alencar nos seus romances urbanos. O bonde está na literatura

(...) o fluminense já pode viajar no bonde aberto, arejado, com local para o fumante." (RENAULT, DELSO, *op. cit.*, pág. 48.)

Mas a vida urbana continuava sujeita a tragédias, como a febre amarela, os temporais na cidade do Rio de Janeiro, a Grande Seca de 1877 a 1879 — só no Ceará vitimou 60 mil pessoas — e a epidemia de bexiga em Petrópolis. O viver nas cidades também envolvia a falta de trabalho, a sujeira das ruas, a escassez de água, o mau calçamento, a violência dos capoeiras, os crimes passionais, o *trottoir* das prostitutas e assaltos a residências ou nas ruas.

Mesmo assim os divertimentos se multiplicavam. Na cidade do Rio de Janeiro, cafés e confeitarias reuniam variada clientela, atraída pelas guloseimas e bebidas locais ou importadas. No Segundo Reinado causou verdadeiro furor a oportunidade de grã-finos e grã-finas, intelectuais e boêmios, figurões e peralvilhos poderem saborear refrescos gelados de frutas da terra e sorvetes feitos com gelo importado.

"São de uso mais ou menos difundido o caldo de cana, o mel e o guaraná, ainda não industrializado. Outras casas mais populares estão afastadas do centro [da cidade do Rio de Janeiro], como *Ao Chalet das Sanguisses*, no Engenho Novo, 'onde a rapaziada encontra cerveja nacional, dita inglesa, licores, conhaque, genebra, vinho do Porto, fino, dito Bordeaux etc.'" (RENAULT, DELSO, *op. cit.*, pág. 21.)

Bailes e saraus em casas de família e clubes tornaram-se cada vez mais animados. Ainda que o banho de mar se popularizasse, especialmente nos fins de semana, a palidez das mulheres prevalecia e, a partir de 1871, começou a ser disfarçada pelo uso do ruge, importado da Europa.

A sociedade continuava preconceituosa, não obstante se transformasse.

"O uso do país nega às mulheres as prerrogativas de saírem para fazerem compras. O ponto de vista espanhol e português sobre a liberdade de locomoção permitida às mulheres, segundo o modo de pensar mouro sobre a falta de dignidade e a virtude femininas, proíbe-lhes aqui, em grau muito grande, os privilégios da rua." (STEWART, CHARLES SAMUEL, *Brazil and La Plata: the personal record of a cruise*, Nova York, G. P. Putnam & Co, 1856, pág. 147.)

O comentário anterior, embora referente à situação das mulheres no Rio de Janeiro,

"(...) não é em absoluto particular ao local nem ao ano, tendo-se os mesmos registros ao longo do século, e para todo o país, tanto na capital como no interior (...) As mulheres não acompanham os funerais, nem mesmo dos parentes mais próximos, privilégio só dos amigos do sexo masculino (...) As festas de casamento, se não se chegava a esse extremo, não eram permitidas, entretanto, às moças solteiras.

(...) os passeios públicos são pouco freqüentados, as reuniões sociais são insossas, com excessiva separação de sexos, um rapaz solteiro não devendo ousar conversar com uma moça a quem não foi apresentado." (AUGEL, MOEMA PARENTE, *Visitantes estrangeiros na Bahia oitocentista*, São Paulo, Editora Cultrix, 1980, págs. 219, 220 e 221.)

Nesse contexto, a imprensa incentivou a expansão do Romantismo no Brasil, gerando as bases da literatura nacional em um campo completamente adverso ao que teve origem o movimento. Isto é, as bases surgiram e se estabeleceram não obstante o Romantismo ter sua origem na Europa como expressão e afirmação do poder da burguesia, no campo cultural, rompendo a hegemonia da aristocracia sobre a literatura e integrando novos elementos temáticos, proporcionando, desse modo, uma aproximação com as camadas menos favorecidas da fortuna. Tal aproximação, na Europa, pôde se fazer mais presente, principalmente, no teatro, cujo cenário constituía-se de temas variados com um forte conteúdo sentimental. Nesse caso, apelava-se

"(...) mais à imaginação do que à inteligência, predomínio da sensibilidade sobre a razão, ruptura com as regras e modelos que li-

> mitam a criação individual, exploração da natureza e dos seus aspectos pitorescos (...) substituição do geral pelo particular e, com destaque, a exaltação do individualismo (...) a escolha dos temas líricos, o retorno à balada, a propensão para as histórias de amor e de heroísmo para as narrativas aventurosas, fantásticas ou pitorescas (...) 'os neoclássicos pregaram o culto da Antigüidade pagã; os românticos, o culto da Idade Média: exumaram lendas medievais e um riquíssimo material folclórico. Ao paganismo opuseram os românticos o cristianismo'." (WERNECK SODRÉ, NELSON, *História da literatura brasileira*. Rio de Janeiro, Editora Civilização Brasileira, 1964., págs. 192-193.)

Entretanto, no Brasil a conciliação não ocorreu com as camadas populares como na Europa. Diante da ampla parcela de excluídos, 92% da população, o Romantismo brasileiro elegeu, sistematizou e difundiu, favorecido pela expansão da arte gráfica no país, aqueles elementos que não se chocavam com a estrutura sócio-político-econômica aqui reinante, isto é: o cristianismo, o pitoresco, o mundo rural, as lendas, a sensibilidade, as histórias de amor e de heroísmo, e as aventuras fantásticas. Eram aspectos que reforçavam e legitimavam o perfil da estrutura social, além de serem facilmente identificáveis e aceitos pelo público leitor. Ou seja, a formação de uma consciência nacional circulou basicamente entre os integrantes da elite político-econômica que não raramente se manifestou concretamente com a mudança de nomes de origem lusitana para indígenas, além da busca de uma diferenciação também no campo lingüístico, como formas de marcarem a diferença em relação ao antigo colonizador, apesar de que

> "Até 1831, são somente especialistas estrangeiros que encaram as letras brasileiras em perspectivas críticas, assim demonstrando haver percebido antes de nós mesmos o aparecimento de uma entidade nacional caracterizada no contexto do Império. Na expressão 'luso-brasileiro', é o segundo adjetivo que

> passa rapidamente a preponderar e a distinguir-se." (MARTINS, WILSON, *Crítica literária no Brasil*, vol. 1, Rio de Janeiro, Francisco Alves Editora, 1983, pág.82.)

O relevante papel desempenhado pela arte gráfica, nesse contexto, poder ser percebido a partir do surgimento de grande número de revistas, jornais, pasquins e impressão de livros. Foi um período, após a consolidação do Império, de afirmação da imprensa também como espaço de difusão literária, quando se observa que entre os anos de 1843 e 1862 vários jornais e revistas sugiram e desapareceram, mostrando, dessa forma, a efervescência da vida intelectual no país:

> "(...) é impossível omitir a *Minerva Brasiliense*, que circulou na Corte, entre 1843 e 1845, e principalmente Guanabara, que durou mais, de 1851 a 1855. Outras foram menos importantes, como a *Iris* (1848-1849), o *Beija-Flor* (1849-1852), a *Revista Mensal do Ensaio Filosófico Paulistano* (1850-1861), a *Revista do Instituto Científico* (1860-1864), a *Revista Popular* (1859-1862). É a imprensa do Romantismo, como observou Sílvio Romero (...)" (WERNECK SODRÉ, NELSON, *História da imprensa no Brasil*, São Paulo, Livraria Martins Fontes, 1983. pág.183.)

Percebe-se, assim, que a efervecência intelectual foi viabilizada e acompanhou de perto os passos da arte gráfica que, ao se expandir, ampliava a capacidade da imprensa em se constituir enquanto espaço e mecanismo de poder. Importa-nos, com isso, observar que esse espaço permitiu estabelecer que "(...) desde 1853, pelo menos, o romance brasileiro havia alcançado maturidade insuspeitada (...) (MARTINS, WILSON. *História da inteligência brasileira*, vol. III. São Paulo: Editora Cultrix/EDUSP, 1977, pág.251). Assim, as tipografias que durante o Período Colonial tinham sido proibidas no Brasil assumiram, como meio material, o papel de viabilizadoras de um determinado conceito de identidade nacional. A elaboração dessa identidade foi prenunciada por acontecimentos como:

"(...) a fundação do Instituto Histórico e Geográfico, com o aparecimento de sua Revista, em 1838; ano em que, aliás, tem início o trabalho teatral de Martins Pena, com o lançamento de *O juiz de paz da roça*. Em 1843, começa a ser publicado o *Correio Mercantil*, jornal que teve papel importante na atividade literária da fase romântica; Paula Brito edita o romance de Teixeira e Sousa, *O filho do pescador*; e a *Minerva Brasiliense*, publicação literária dos românticos, aparece com a *Brasiliana*, de Manuel de Araújo Porto Alegre. Em 1844, vem a público o livro de Dutra Melo, *O ramalhete de flores*, e Martins Pena apresenta mais duas comédias, *O Judas em Sábado de Aleluia* e *Os irmãos das almas*. Em 1845, Martins Pena lança várias peças: *Os dous ou O inglês maquinista*, *O noviço*, *Quem casa quer casa*, *Os Três médicos* e *Os namorados*; Varnhagen publica, em Lisboa, os *Épicos Brasileiros* e acontece o mais importante, com o lançamento do romance de Joaquim Manuel de Macedo, *A Moreninha*, que, no ano seguinte, fato pela primeira vez ocorrido no país, alcança a segunda edição (...) Em 1849, Macedo lança *Rosa*, a terceira edição de A Moreninha e estréia no teatro, com a peça *O cego*. Em 1850, Varnhagen, em Lisboa, publica o primeiro volume do *Florilégio da Poesia Brasileira*, em cuja introdução faz um balanço da nossa literatura (...)José de Alencar preferiria a tipografia do jornal *Diário do Rio de Janeiro* para publicar o seu primeiro romance, *Cinco minutos*, lançado antes em folhetins no mesmo jornal e depois por este distribuído, em livro, como prêmio aos assinantes. Em 1857 (...) aparecia o poema de Joaquim Manuel de Macedo, *A Nebulosa*; a edição alemã dos *Cantos*, de Gonçalves Dias; a *Revista Brasileira*, em sua primeira fase, que durou até 1860. Dois livros, nesse ano, marcariam mudanças de rumos, entretanto, um de poesias, outro de ficção. Pois foi o ano em que apareceram Os *Timbiras*, de Gonçalves Dias, e *O Guarani*, de José de Alencar. O indianismo fazia sua tempestuosa irrupção" (WERNECK SODRÉ, NELSON, *História da literatura brasileira*, *op. cit.*, págs. 215-217.)

O Indianismo foi lançado, assim, como a versão original brasileira do Romantismo. A partir da utilização dos elementos consagrados na Europa, como valorização da natureza, histórias heróicas e dos princípios norteadores do cristianismo, o Indianismo associou-os ao nativo cristianizado e o elemento branco para, então, definir a identidade do brasileiro, excluindo, obviamente, o elemento negro ou qualquer traço que se aproximasse deste.

Mas as atividades artísticas e políticas, as tipografias, as faculdades, a indústria, o comércio etc. fazem parte da efervescência da vida urbana e por característica esse espaço é palco de constantes tensões, pois nele as contradições se apresentam de forma mais latente. A intensificação das atividades urbanas, incentivadas pela crescente expansão do capital cafeeiro, atraiu, dessa forma, novas formas de pensar que não se coadunavam com a incapacidade de reprodução do regime escravista após o fim do tráfico negreiro em 1850.

O início do terceiro quartel do século XIX prenunciava a crise do próprio Império brasileiro no momento em que "(...) a religião de Estado parecia se acomodar mais do que perfeitamente com o regime servil, cada um deles sublinhando o que o outro já então parecia ter de anacrônico (...)" (MARTINS, WILSON, *História da inteligência brasileira*, *op. cit.*, p. 230). A partir desse momento, o processo de transformação da mentalidade no país tem início com o ingresso do pensamento positivista através, principalmente, do seu primado cientificista, mais do que o filosófico e o religioso. Nesse contexto, a Faculdade de Medicina do Rio de Janeiro e a Escola de Medicina da Bahia constituíram dois centros de referência de estudos científicos orientados por esse pensamento.

Os positivistas passaram a desenvolver uma luta no plano intelectual e político objetivando a transformação da sociedade brasileira, tendo em meta a superação do "atraso". Baseados na teoria dos três estados, elaborada por Augusto Comte, reclamavam a superação dos entraves que impediam a industrialização do país. Nesse sentido, engajaram-se na campanha abolicionista, mas sem perder de vista o culto ao dever e à ordem.

Assim, as várias leis que anunciavam o fim do regime escravista de produção correspondiam, em outras palavras, ao declínio do Império. Dessa forma, a sua expressão cultural, o Romantismo com sua vertente indianista, também entrou em crise. Era o anúncio de novos tempos prenunciados por notórios positivistas que reclamavam a reforma moral e material da sociedade, como Joaquim Nabuco, Miguel Lemos, Joaquim Manuel de Macedo, Teixeira Mendes e Pereira Barreto, entre outros.

BIBLIOGRAFIA

ACCIOLI, Inácio de Cerqueira e Silva e **AMARAL,** Braz Hermenegildo. *Memórias Históricas e Políticas da Província da Bahia.* Salvador, Imprensa Oficial do Estado, 1919-1940.

ALBUQUERQUE, Manoel Maurício. *Pequena História da Formação Social Brasileira.* Rio de Janeiro, Edições Graal, 1986.

ALENCAR, Chico *et.alii. História da Sociedade Brasileira.* Rio de Janeiro, Editora Ao Livro Técnico, 1996.

ALVES FILHO, Ivan. *Memorial dos Palmares.* Rio de Janeiro, Xenon Editora e Produtora Cultural Ltda, 1988.

AMAYO, Enrique e outros. *Guerra do Paraguai — 130 Anos Depois.* Rio de Janeiro, Relume-Dumará, 1995.

AMEAL, João. *Breve resumo da História de Portugal.* Lisboa, s/d.

ANDERSON, Perry. *Transiciones de la Antigüedad al Feudalismo.* Madri, Siglo Veintiuno de España Editores, 1979.

ANDRADE, Manuel Correia de. *Pernambuco Imortal.* Recife, Jornal do Comércio, 1995.

________. *Movimentos Populares no Nordeste no Período Regencial.* Recife, Editora Massangana, 1989.

ANTONIL, André João. *Cultura e opulência do Brasil por suas drogas e minas.* São Paulo, EDUSP -Editora Itatiaia, 1982.

ANUÁRIO DO MUSEU DA INCONFIDÊNCIA. Ministério da Educação e Saúde. Diretoria do Patrimônio Histórico e Artístico Nacional, Ouro Preto, 1952.

AQUINO, Rubim Santos Leão de e outros. *Fazendo a História: as sociedades americanas e a Europa na Época Moderna.* Rio de Janeiro, Editora Ao Livro Técnico, 1996.

________ *et.alii. Você é a História: Do Segundo Reinado ao Brasil Atual.* Rio de Janeiro, Editora Ao Livro Técnico,1996.

________ *et.alii. História das Sociedades Americanas.* Rio de Janeiro, Editora Record, 2000.

ARAÚJO, Alceu Maynara. *Brasil: Histórias, Costumes e Lendas.* São Paulo, Editora Três Ltda, 1990, vol.II.

ATTALI, Jacques. *1492.* Rio de Janeiro, Editora Nova Fronteira, 1992.

AUGEL, Moema Parente. *Visitantes estrangeiros na Bahia Oitocentista.* São Paulo, Editora Cultrix, 1980.

AUTOS DA DEVASSA. *Prisão dos Letrados do Rio de Janeiro, 1794.* Rio de Janeiro, UERJ, 1994.

AVANCINI, Elsa Gonçalves. *Doce Inferno.* São Paulo, Atual Editora, 1991.

AZEVEDO, Antônio Carlos do Amaral. *Dicionário de Novos Termos e Conceitos Históricos.* Rio de Janeiro, Editora Nova Fronteira, 1990.

AZEVEDO, João Lúcio. *História dos Cristãos-Novos Portugueses.* Lisboa, Livraria Clássica Editora, 1975.

BARROS, Edgard Luiz de. *Os sonhadores de Vila Rica. A Inconfidência Mineira de 1789.* São Paulo, Atual Editora, 1989.

BETHEL, Leslie e outros. *Guerra do Paraguai — 130 Anos Depois.* Rio de Janeiro, Relume-Dumará, 1985.

BLAKE, Augusto Victorino Alves Sacramento. *Dicionário Bibliográfico.* Rio de Janeiro, Typographia Nacional, 1970.

BOSI, Alfredo. *Dialética da colonização.* São Paulo, Companhia das Letras, 1992.

BOXER, C.R. *Os holandeses no Brasil: 1624-1654.* São Paulo, Companhia Editora Nacional, 1961.

________. *A Idade do Ouro no Brasil.* São Paulo, Companhia Editora Nacional, 1963.

________. *A Igreja e a Expansão Ibérica (1440 — 1770).* Lisboa, Edições 70, s/d.

BUARQUE DE HOLANDA, Sérgio. *Visão do Paraíso.* São Paulo, Editora Brasiliense, 1992.

________. *Raízes do Brasil.* Rio de Janeiro, Livraria José Olympio Editora, 1984.

________. *Caminhos e Fronteiras.* São Paulo, Companhia das Letras, 1994.

________. *História Geral da Civilização Brasileira: O Brasil Monárquico: Declínio e Queda do Império.* Tomo II, volume 4º, São Paulo, DIFEL, 1974.

________. *História Geral da Civilização Brasileira: A Época Colonial.* Tomo I, volume 1º, São Paulo, DIFEL, 1985.

________. *História Geral da Civilização Brasileira: A Época Colonial.* Tomo I, volume 2º, São Paulo, DIFEL, 1985.

________. *História Geral da Civilização Brasileira: O Brasil Monárquico: O processo de Emancipação*. Tomo II, volume 1º, São Paulo, DIFEL, 1962.

________. *História Geral da Civilização Brasileira: O Brasil Monárquico: Dispersão e Unidade*. Tomo II, volume 2º, São Paulo, DIFEL, 1964.

CABRAL, Maria do Socorro Coelho. *Caminhos do gado, conquista e ocupação do sul do Maranhão*. São Luís, Edições Secma, 1992.

CABRAL DE MELLO, Evaldo. *Olinda restaurada*. Rio de Janeiro, Editora Forense — EDUSP, 1975.

________. *A Fronda dos Mazombos-Nobres contra Mascates: Pernambuco 1666-1715*. São Paulo, Companhia das Letras, 1995.

CANALS FRAU, S. *Prehistoria de America*. Buenos Aires, Editorial Sudamericana, 1950.

CÂNDIDO, Antônio e **CASTELLO,** J. Aderaldo. *Presença da Literatura Brasileira: Das Origens ao Romantismo*. São Paulo, DIFEL, 1968.

CARDOSO, Ciro Flamarion. *Economia e Sociedade em Áreas Coloniais Periféricas: Guiana Francesa e Pará (1750-1817)*. Rio de Janeiro, Edições Graal, 1984.

CARDOSO, Ciro Flamarion Santana. *Escravo ou camponês? O Protocampesinato Negro nas Américas*. São Paulo, Editora Brasiliense, 1987.

CARNEIRO, Edison. *O quilombo de Palmares*. São Paulo, Companhia Editora Nacional, 1988.

CARVAJAL, Frei Gaspar de. *Relatório do Novo Descobrimento do Famoso Rio Grande Descoberto pelo Capitão Francisco Orellana*. São Paulo, Editora Scritta, 1992.

CARVALHO, Gilberto Vilar de. *Frei Caneca*. São Paulo, Editora Três, s/d.

CARVALHO, Jarbas Sertório de. *O homicídio do Desembargador Cláudio Manoel da Costa*. São Paulo, Revista do Instituto Histórico e Geográfico de São Paulo, volume LI, 1951-1953.

CASTELO, José Aderaldo. *A Literatura Brasileira: Manifestações Literárias da Era Colonial (1500-1800/1836)*. São Paulo, Editora Cultrix, 1965.

CASTRO, Jeanne Berrance de. *A Milícia Cidadã: a Guarda Nacional de 1831 a 1850*. São Paulo, Companhia Editora Nacional, 1979.

CASTRO, Sílvio. *A carta de Pero Vaz de Caminha.* Porto Alegre, Editora L&PM, 1985.

CASTRO, Therezinha de. *História Documental do Brasil.* Rio de Janeiro, Distribuidora Record, 1968.

CHAUNNU, Pierre. *Expansão européia do século XIII ao XV.* São Paulo, Livraria Pioneira Editora, 1978.

CIPOLA, Carlo. *História Econômica da Europa Pré-Industrial.* Lisboa, Edições 70, 1975.

CROSBY, Alfred W. *O imperialismo ecológico. A expansão biológica da Europa: 900-1900.* São Paulo, Companhia das Letras, 1993.

CRULS, Gastão. *As Artes Plásticas no Brasil: Arte Indígena.* Rio de Janeiro, Tecnoprint Gráfica Ltda, 1952.

DAVIDOFF, Carlos. *Bandeirantismo: verso e reverso.* São Paulo, Editora Brasiliense, 1982.

DEAN, Warren. *A ferro e fogo: a História da destruição da Mata Atlântica.* São Paulo, Companhia das Letras, 1996.

DEL PRIORE, Mary. *Ao sul do corpo.* Rio de Janeiro, Livraria José Olympio Editora, 1993.

DELUMEAU, Jean. *Nascimento e afirmação da Reforma.* São Paulo, Livraria Pioneira Editora, 1989.

DIAS, Claudete Maria Miranda. *Balaios e Bem-te-vis: A Guerrilha Sertaneja.* Terezina, Fundação Cultural Monsenhor Chaves, 1996.

DIFFIE, Bailey W. e **WINIUS,** Gorge D. *A fundação do Império Português 1415-1580.* Volume 1, Lisboa, Editora Vega, s/d.

DOZER, Donald Marquand. *América Latina: Uma Perspectiva Histórica.* Porto Alegre, Editora Globo-EDUSP,1966.

DUBY, Georges. *Economia rural e vida no campo.* Lisboa, Edições 70, 1962, vol.2.

________. *A Europa na Idade Média.* São Paulo, Editora Martins Fontes, 1988.

FAORO, Raymundo. *Os donos do poder.* Volume 1. Rio de Janeiro, Editora Globo, 1989.

FERLINI, Vera Lúcia Amaral. *A Civilização do Açúcar (Séculos XVI a XVIII).* São Paulo, Editora Brasiliense,1988.

FERRO, Maria José. *Os judeus em Portugal no século XIV.* Lisboa, Guimarães & Cia. Editores, 1979.

FLORENTINO, Manolo. *Em costas negras.* São Paulo, Companhia das Letras, 1997.

FLORES, Moacyr. *A Revolução Farroupilha.* Porto Alegre, Editora da UFRGS, 1990.

________. *Revolução dos Farrapos.* São Paulo, Editora Ática, 1995.

FONSECA, Célia Freire de A. *O realismo da Colonização Portuguesa no Brasil, nos séculos XVI e XVII.* Tese do concurso. Recife, s/d.

FRAGOSO, João e **FLORENTINO,** Manolo. *O Arcaísmo como Projeto: mercado atlântico, sociedade agrária e elite mercantil no Rio de Janeiro c.1790 — c.1840.* Rio de Janeiro, Diadorim Editora, 1993.

FRANCO, Francisco de Assis Carvalho. *Dicionário de Bandeirantes e Sertanistas do Brasil — Séculos XVI, XVII e XVIII.* São Paulo, Comissão do IV Centenário da Cidade de São Paulo, 1953.

FRANCO JR., Hilário. *O Feudalismo.* São Paulo, Editora Brasiliense, 1987.

FREITAS, Décio. *Palmares, a guerra dos escravos.* Porto Alegre, Mercado Aberto, 1984.

FURTADO, Celso. *Formação Econômica do Brasil.* São Paulo, Companhia Editora Nacional, 1980.

GIUCCI, Guillermo. *Viajantes do Maravilhoso.* São Paulo, Companhia das Letras, 1992.

GOULART, José Alípio. *Tropas e tropeiros na formação do Brasil.* Rio de Janeiro, Conquista, 1961.

GUENÉE, Bernard. *O Ocidente nos séculos XIV e XV.* São Paulo, Livraria Pioneira Editora, USP, 1981.

GUERRA, Flávio. *História de Pernambuco.* Recife, Editora Massangana, 1992.

GUGLIELMI, Nilda e outros. *Léxico Histórico del Occidente Medieval: La sociedad feudal.* Buenos Aires, Editorial Biblos, 1991.

GUIMARÃES, Alberto Passos. *A crise agrária.* Rio de Janeiro, Editora Paz e Terra, 1982.

GUREVIC, Aron Ja. *O Homem Medieval.* Lisboa, Editorial Presença, 1987.

IGLÉSIAS, Francisco. *Trajetória política do Brasil: 1500-1964.* São Paulo, Companhia das Letras, 1993.

JANCSÓ, István. *Na Bahia contra o Império — História do Ensaio de Sedição de 1798.* São Paulo-Salvador, HUCITEC — UFBA, 1996.

KIEFER, B. *História da Música Brasileira — Dos primórdios ao início do século XX.* Porto Alegre, Editora Movimento, 1982.

KLEIN, Herbert S. *A escravidão africana. América Latina e Caribe.* São Paulo, Editora Brasiliense, 1987.

LE GOFF, Jacques. *A Bolsa e a Vida.* São Paulo, Editora Brasiliense, 1989.

LEITE, Glacira L. *A Insurreição Pernambucana de 1817.* São Paulo, Editora Brasiliense, 1984.

________. *Pernambuco 1817: Estrutura e Comportamento Sociais.* Recife, Fundação Joaquim Nabuco, 1988.

LIMA, Carlos de. *História do Maranhão.* Brasília, Centro Gráfico do Senado Federal, 1981.

LINHARES, Maria Yedda L. *História Geral do Brasil.* Rio de Janeiro, Editora Campus, 1990.

LOPES, Marco Antônio. *A Imagem da Realeza.* São Paulo, Editora Ática, 1994.

LOPES, Nei. *Bantos, Malês e Identidades Negras.* Rio de Janeiro, Editora Forense Universitária, 1988.

LÓPEZ, Luiz Roberto. *História do Brasil Colonial.* Porto Alegre, Mercado Aberto, 1993.

MACEDO, José Rivair. *Movimentos populares na Idade Média.* São Paulo, Editora Moderna, 1983.

MAGALHÃES JR., R. *Deodoro, a espada contra o Império.* São Paulo, Companhia Editora Nacional, 1957.

MARANHÃO, Ricardo; **MENDES JR.**, Antônio e **RONCARI**, Luís. *Brasil História. Texto e Consulta. Colônia.* São Paulo, Editora Brasiliense, 1976.

MARCHANT, Alexander. *Do escambo à escravidão.* São Paulo, Companhia Editora Nacional, 1980.

MARSON, Izabel Andrade. *O Império do Progresso: A Revolução Praieira em Pernambuco (1842-1855).* São Paulo, Editora Brasiliense, 1987.

MARTIN, José Luís. *La Península en la Edad Media.* Barcelona, Editorial Teide, 1978.

MARTINS, Wilson. *História da Inteligência Brasileira (1550-1794).* 1º Volume. São Paulo, T.A.Queiroz Editor, 1992.

________. *Crítica Literária no Brasil.* Volume 1. Rio de Janeiro, Francisco Alves Editora, 1983.

________. *História da Inteligência Brasileira.* Volume III. São Paulo, Editora Cultrix-EDUSP, 1977.

MARX, Karl. *Le Capital*, Paris, Editions Sociales, 1957.

MATTOS, Florisvaldo. *A comunicação social na Revolução dos Alfaiates.* Salvador, UFBA, 1974.

MATTOSO, Kátia de Queirós. *Ser escravo no Brasil.* São Paulo, Editora Brasiliense, 1990.

MAURO, Fréderic. *A expansão européia.* Lisboa, Editorial Estampa, 1988.

MAXWELL, Kenneth. *Marquês de Pombal, Paradoxo do Iluminismo.* Rio de Janeiro, Editora Paz e Terra, 1996.

________. *A Devassa da Devassa — A Inconfidência Mineira: Brasil-Portugal — 1750-1808.* Rio de Janeiro, Editora Paz e Terra, 1985.

MEGGERS, B.J. *América Pré-Histórica.* Rio de Janeiro, Editora Paz e Terra, 1979.

MELLO E SOUZA, Laura de. *Inferno Atlântico.* São Paulo, Companhia das Letras, 1993

________. *História da vida privada no Brasil.* Volume 1. São Paulo, Companhia das Letras, 1997.

________. *Discurso Histórico e Político sobre a Sublevação que nas Minas houve no Ano de 1720.* Belo Horizonte, Fundação João Pinheiro, 1995.

________. *Desclassificados do ouro — A pobreza mineira no século XVIII.* Rio de Janeiro, Editora Graal Ltda,1982.

MICELLI, Paulo.*O ponto onde estamos.* São Paulo, Editora Scritta, 1994.

MONTEIRO, Hamilton de Mattos. *Nordeste Insurgente (1850-1890).* Coleção Tudo É História, São Paulo, Editora Brasiliense, 1981.

MOTA, Carlos Guilherme. *Brasil em Perspectiva.* Rio de Janeiro, Editora Bertrand do Brasil, 1988.

MOTA, Carlos Guilherme e **NOVAIS,** Fernando Antônio. *A Independência Política do Brasil.* São Paulo, Editora Moderna, 1986.

MOURA, Clóvis. *Rebeliões da Senzala: Quilombos, Insurreições, Guerrilhas.* São Paulo, Livraria Editora Ciências Humanas, 1981.

NADDAI, Elza e **NEVES,** Joana. *História do Brasil.* São Paulo, Editora Saraiva, 1995.

NIZZA DA SILVA, Maria Beatriz. *Dicionário da História da Colonização Portuguesa no Brasil.* Lisboa, Editora Verbo, 1994.

NOVAES, Maria Stella de. *A Escravidão e a Abolição no Espírito Santo*, Vitória, Departamento de Imprensa Oficial, 1963.

NOVAIS, Fernando A. *Portugal e Brasil na Crise do Antigo Sistema Colonial (1777-1808).* São Paulo, Editora Hucitec, 1981.

NOVINSKY, Anita. *Cristãos-Novos na Bahia: a Inquisição.* São Paulo, Editora Perspectiva, 1992.

OLIVEIRA LIMA, M. de. *D. João VI no Brasil (1808-1821).* Rio de Janeiro, Tipografia do Jornal do Commércio, 1º volume, 1908.

PEREIRA DOS REIS, Paulo. *O colonialismo português e a Conjuração Mineira.* São Paulo, Companhia Editora Nacional, 1964.

PESAVENTO, Sandra Jatahy. *A Revolução Farroupilha. Coleção Tudo É História.* São Paulo, Editora Brasiliense, 1985.

PESSOA DE MELLO, Urbano Sabino. *Apreciação da Revolta Praieira em Pernambuco.* Brasília, Senado Federal, 1978.

PINAUD, João Luiz Duboc et *alii. Insurreição Negra e Justiça.* Rio de Janeiro, Editora Expressão e Cultura,1987.

PINHO, Wanderley. *Cotegipe e seu tempo.* São Paulo, Companhia Editora Nacional, 1937

PINSKY, Jaime. *A escravidão no Brasil.* São Paulo, Editora Contexto, 1988.

POMER, León. *La Guerra del Paraguai i Gran Negocio!* Buenos Aires, Ediciones Caldén, 1968.

PRADO JR., Caio. *História Econômica do Brasil.* São Paulo, Editora Brasiliense, 1977.

QUINTAS, Amaro Soares. *O sentido social da Revolução Praieira.* Rio de Janeiro, Editora Civilização Brasileira,1967.

RAIOL, Domingos Antônio. *Motins Políticos — Ou História dos Principais Acontecimentos Políticos da Província do Pará desde o Ano de 1821 até 1835.* Belém, Universidade Federal do Pará, 1970, 3 volumes.

RAMINELLI, Ronald. *As imagens da colonização. A representação do índio de Caminha a Vieira.* Rio de Janeiro, Jorge Zahar Editor, 1996.

RAMOS, Arthur. *As culturas negras no Novo Mundo.* Rio de Janeiro, Civilização Brasileira S.A. Editora, 1937.

RAYNAL, Guillaume-Thomas François [Abade Raynal]. *A Revolução Americana.* Rio de Janeiro, Arquivo Nacional, 1993.

REIS, João José e **GOMES,** Flávio dos Santos. *Liberdade por um fio.* São Paulo, Companhia das Letras, 1996.

________. *Escravidão e invenção da liberdade — Estudos sobre o negro no Brasil.* São Paulo, Editora Brasiliense, 1988.

RENAULT, Delso. *O Dia-a-Dia no Rio de Janeiro, segundo os jornais (1870-1889).* Rio de Janeiro, Editora Civilização Brasileira, 1982.

REZENDE, M.C. *A Música na História de Minas Colonial.* Belo Horizonte, Editora Itatiaia, 1969.

RIBEIRO, Berta. *O índio na História do Brasil.* São Paulo, Global Editora, 1987.

RICHARDS, Jeffrey. *Sexo, Desvio e Danação.* Rio de Janeiro, Jorge Zahar Editor, 1993.

RIPPY, F. *British Investments in Latin America.* Mineápolis, University of Minnesota Press, 1971.

RITCHIE, Carson I.A. *Comida y civilización.* Madri, Alianza Editorial, 1994.

RUCQUOI, Adeline. *História Medieval da Península Ibérica.* Lisboa, Editorial Estampa, 1995.

RUY, Affonso. *A Primeira Revolução Social Brasileira (1798).* Salvador, Tipografia Beneditina,1951.

SALE, Kirkpatrick. *A conquista do Paraíso.* Rio de Janeiro, Jorge Zahar Editor, 1992.

SALLES, Vicente. *Memorial da Cabanagem.* Belém, Edições CEJUP, 1992.

SCHAMA, Simon. *O desconforto da riqueza — A cultura holandesa na Época do Ouro.* São Paulo, Companhia das Letras, 1992.

SCSÏNÍO, Alaôr Eduardo. *Dicionário da Escravidão,* Rio de Janeiro, Léo Christiano Editorial, 1997.

SCHWARTZ, Stuart B. *Segredos internos. Engenhos e escravos na sociedade colonial.* São Paulo, Editora Companhia das Letras, 1995.

SERRÃO, Joel e **MARQUES,** A.H. de Oliveira. *Nova História da Expansão Portuguesa. O Império Luso-Brasileiro 1500-1620.* Lisboa, Editorial Estampa, 1992 vol. 6.

________ *et alii. O Império Luso-Brasileiro: 1750-1822.* Lisboa, Editorial Estampa, 1986.

________ *et alii. Nova História da Expansão Portuguesa: O Império Brasileiro (1620-1750)*. Lisboa, Editorial Estampa, 1991.

SILVA, Marcos A. *Repensando a História*. Rio de Janeiro, Editora Marco Zero, 1984.

SILVA, Sérgio. *Expansão Cafeeira e Origem da Indústria no Brasil*. São Paulo, Editora Alfa-Omega, 1985.

SOBOUL, Albert. *A Revolução Francesa*. Rio de Janeiro, Zahar Editores, 1964.

SOUSA, Octávio Tarquínio. *Bernardo Pereira de Vasconcelos*, Rio de Janeiro, Livraria José Olympio, 1937.

SOUZA, Paulo Cesar. *A Sabinada: A Revolta Separatista da Bahia (1837)*. São Paulo, Editora Brasiliense,1987.

SOUZA, Pero Lopes. *Diário de Navegação. In: Pauliceae Lusitana Monumenta Histórica (1434-1600)*. Volume l. Lisboa, Real Gabinete Português de Leitura, 1956.

STEWART, Charles Samuel. *Brazil and La Plata: the personal record of a cruise*. Nova York, G.P. Putnam & Co.,1856

SJMERECSÁNYI, Tamás. *História Econômica do Período Colonial*. São Paulo, Editora Hucitec, 1996.

________. *História Econômica da Independência e do Império*. São Paulo, Editora Hucitec, 1996.

TAVARES, Luiz Henrique Dias. *História da Sedição Intentada na Bahia em 1798 (A Conspiração dos Alfaiates)*. São Paulo, Livraria Pioneira Editora, 1975.

TAVARES, Luiz Henrique Dias. *História da Bahia*. São Paulo, Editora Ática, 1979.

________. *As idéias dos revolucionários de 1798*. Rio de Janeiro, Ministério da Educação e Cultura, 1964.

TEIXEIRA DA SILVA, Francisco Carlos. *Sociedade feudal*. São Paulo, Editora Brasiliense, 1988.

________. *Portugal — das origens agrárias às grandes navegações*. Revista Ciência Hoje, volume 15, número 86,1992.

TINHORÃO, José Ramos. *Música Popular de Índios, Negros e Mestiços*. Petrópolis, Editora Vozes, 1972.

________. *História Social da Música Popular Brasileira*. Lisboa, Editorial Caminho, 1990.

VAINFAS, Ronaldo. *América em tempo de conquista.* Rio de Janeiro, Jorge Zahar Editor, 1992.

________. *Ideologia e escravidão. Os Letrados e a sociedade escravista no Brasil Colonial.* Petrópolis, Editora Vozes, 1986.

________. — *Trópico dos Pecados, Moral, Sexualidade e Inquisição no Brasil.* Rio de Janeiro, Editora Campus, 1989.

VASCONCELLOS, Diogo de. *História Antiga de Minas Gerais.* Rio de Janeiro, Imprensa Nacional, 1948.

VIANNA, Hélio. *História do Brasil: Período Colonial.* São Paulo, Edições Melhoramentos, 1961.

________. *História do Brasil: Monarquia e República.* São Paulo, Edições Melhoramentos, 1962.

VOLPATO, Luiza. *Entradas e Bandeiras.* Rio de Janeiro, Global Editora, 1991.

WEHLING, Arno e **WEHLING,** Maria José C. de. *Formação do Brasil Colonial.* Rio de Janeiro, Editora Nova Fronteira, 1994.

WERNECK SODRÉ, Nelson. *Formação histórica do Brasil.* Rio de Janeiro, Editora Bertrand Brasil, 1987.

________. *História da Literatura Brasileira.* Rio de Janeiro, Editora Civilização Brasileira, 1964.

________. *História da Imprensa no Brasil.* São Paulo, Livraria Martins Fontes, 1983.

WERNET, Augustin. *O Período Regencial.* São Paulo, Global Editora, 1982.

WOLFF, Philippe. *Outono da Idade Média ou Primavera dos Novos Tempos?* Lisboa, Edições 70, 1986.

Este livro foi composto nas tipologias
Galliard em corpo 11/14,5 e Temtlategothic
em corpo 11/15,5 e impresso em papel
Offset 75g/m² no Sistema Cameron da
Divisão Gráfica da Distribuidora Record.